DisPosiTiVos UrBanOs E traMa dOs ViVenteS

Patricia Birman | Márcia Pereira Leite
Carly Machado | Sandra de Sá Carneiro (orgs.)

DISPOSITIVOS URBANOS E TRAMA DOS VIVENTES

ORDENS E RESISTÊNCIAS

FGV EDITORA

FAPERJ
Fundação Carlos Chagas Filho de Amparo
à Pesquisa do Estado do Rio de Janeiro

Copyright © 2015 Patricia Birman, Márcia Pereira Leite, Carly Machado, Sandra de Sá Carneiro

Direitos desta edição reservados à
EDITORA FGV
Rua Jornalista Orlando Dantas, 37
22231-010 — Rio de Janeiro, RJ — Brasil
Tels.: 0800-021-7777 — (21) 3799-4427
Fax: (21) 3799-4430
e-mail: editora@fgv.br — pedidoseditora@fgv.br
web site: www.fgv.br/editora

Impresso no Brasil / *Printed in Brazil*

Todos os direitos reservados. A reprodução não autorizada desta publicação, no todo ou em parte, constitui violação do copyright (Lei nº 9.610/98).

Os conceitos emitidos neste livro são de inteira responsabilidade dos autores.

1ª edição, 2015.

Revisão de originais: Sandra Frank
Editoração eletrônica: FA Editoração
Revisão: Fatima Caroni e Aleidis de Beltran
Capa: Ilustrarte Design e Produção Editorial
Imagem da capa: © Filipe Frazao / Shutterstock

FICHA CATALOGRÁFICA ELABORADA PELA
BIBLIOTECA MARIO HENRIQUE SIMONSEN/FGV

Dispositivos urbanos e a trama dos viventes : ordens e resistências / Organizadoras: Patricia Birman ... [et al.]. – Rio de Janeiro : Editora FGV, 2015.
504 p.

Inclui bibliografia.
ISBN: 978-85-225-1622-3

1. Antropologia urbana. 2. Etnologia. 3. Sociologia urbana. 4. Pobreza urbana. 5. Violência urbana. I. Birman, Patrícia. II. Fundação Getulio Vargas.

CDD – 307.76

Sumário

APRESENTAÇÃO		7
	Luiz Antonio Machado da Silva	
INTRODUÇÃO	Tramas e dispositivos urbanos nas cidades contemporâneas	15
	Patricia Birman, Márcia Pereira Leite, Carly Machado e Sandra de Sá Carneiro	
PARTE I	**Das tramas e dos dispositivos urbanos**	31
CAPÍTULO 1	Do refúgio nasce o gueto: antropologia urbana e política dos espaços precários	33
	Michel Agier	
CAPÍTULO 2	Fronteiras da lei como campo de disputa: notas inconclusas a partir de um percurso de pesquisa	55
	Vera Telles	
CAPÍTULO 3	Sujeição criminal: quando o crime constitui o ser do sujeito	77
	Michel Misse	
PARTE II	**Entre o legal e o ilegal: práticas e discursos sobre o urbano**	93
CAPÍTULO 4	Comércio ambulante no Rio de Janeiro e em São Paulo: grupos de poder e instrumentos contemporâneos de governo	95
	Daniel Hirata	
CAPÍTULO 5	"Saindo do crime": igrejas pentecostais, ONGs e os significados da "ressocialização"	121
	César Teixeira	
CAPÍTULO 6	Favelas cariocas, acesso a direitos e políticas urbanas: práticas e discursos	141
	Rafael Soares Gonçalves	
CAPÍTULO 7	Ocupações: territórios em disputa, gêneros e a construção de espaços comuns	163
	Patricia Birman	
CAPÍTULO 8	Governamentalidade e mobilização da pobreza urbana no Brasil e na África do Sul: favelas e townships como atrações turísticas	187
	Bianca Freire-Medeiros	

PARTE III	Presos do lado de fora: periferias, quilombos, favelas e ocupações	199
CAPÍTULO 9	Regimes de diferenciação, registros de identificação: identidades, territórios, direitos e exclusão social *Véronique Boyer*	201
CAPÍTULO 10	Quilombos e cidades: breve ensaio sobre processos e dicotomias *José Maurício Arruti*	217
CAPÍTULO 11	O quilombo como metáfora: espaços sociais de resistência na região portuária carioca *Jérôme Souty*	239
CAPÍTULO 12	Dois agenciamentos e uma ocupação de moradia *Adriana Fernandes*	271
CAPÍTULO 13	Favelas, campos de refugiados e os "intelectuais das margens" *Amanda S. A. Dias*	303
CAPÍTULO 14	O "repertório dos projetos sociais": política, mercado e controle social nas favelas cariocas *Lia de Mattos Rocha*	319
CAPÍTULO 15	Sociabilidade de grades e cadeados e ordem de tranquilidade: da cidadania dos adimplentes à "violência urbana" em condomínios fechados da Zona Oeste do Rio de Janeiro *Jussara Freire*	343
CAPÍTULO 16	De territórios da pobreza a territórios de negócios: dispositivos de gestão das favelas cariocas em contexto de "pacificação" *Márcia Pereira Leite*	377
PARTE IV	Experiências de terror: revelação e ocultamento	403
CAPÍTULO 17	Tempos, dores e corpos: considerações sobre a "espera" entre familiares de vítimas de violência policial no Rio de Janeiro *Adriana Vianna*	405
CAPÍTULO 18	Da capa de revista ao laudo cadavérico: pesquisando casos de violência policial em favelas cariocas *Juliana Farias*	419
CAPÍTULO 19	Morte, perdão e esperança de vida eterna: "ex-bandidos", policiais, pentecostalismo e criminalidade no Rio de Janeiro *Carly Machado*	451
CAPÍTULO 20	O espetáculo da destruição e a manutenção do sistema *Myrian Sepúlveda dos Santos*	473
SOBRE OS AUTORES		497

Apresentação

LUIZ ANTONIO MACHADO DA SILVA*

SER CONVIDADO PARA prefaciar um livro é sempre, ao mesmo tempo, receber uma honra e aceitar uma tarefa. Do afago no ego que o convite representa é desnecessário falar, pois ele é óbvio e universal. Da tarefa, não: às vezes ela é enfadonha, mas os deveres de gentileza obrigam que a apresentação, mesmo quando não muito elogiosa, disfarce a verdadeira opinião do autor. Decidir quais torções de retórica são necessárias para conciliar gentileza e honestidade torna esse exercício um pesado sofrimento intelectual.

Disso, as organizadoras da coletânea me livraram: adorei a tarefa, o que redobra a gratificação representada pelo convite. Como conjunto, o livro — assim como o seminário que lhe deu origem — é um extremamente bem-sucedido esforço de reunião de pessoas, tópicos e perspectivas analíticas em favor de um leque articulado de argumentos. Como um todo, é um trabalho coletivo flexível e polifônico. Além de individualmente muito bons, os artigos detalham uma série de eixos de reflexão convergentes e bem integrados, elaborados em torno de três *keynotes* um pouco mais gerais, embora baseadas em extenso trabalho de campo, de Michel Agier, Vera Telles e Michel Misse. Definitivamente, não se trata de uma reunião aleatória de textos, como muitas vezes é o caso de coletâneas: nesta, as organizadoras lograram constituir um *corpus* criativo, inovador e altamente relevante.

Conheço e admiro o trabalho das organizadoras e de vários outros participantes do livro (com alguns só tomei contato durante a leitura da coletânea) — arrisco até apresentar-me como parceiro, sem nenhuma intenção de tomar carona no sucesso da(os) autora(es). Esse contato pessoal, de longo prazo, fez-me acreditar que o trabalho seria muito bom antes mesmo de lê-lo. Mas isso não impediu que eu me surpreendesse com a

---

*Luiz Antonio Machado da Silva é doutor em Sociologia pela Rutgers — The State University of New Jersey —, professor do Instituto de Estudos Sociais e Políticos da Universidade do Estado do Rio de Janeiro (Iesp/Uerj), Cientista do Nosso Estado da Fundação de Amparo à Pesquisa do Estado do Rio de Janeiro (Faperj) e pesquisador do Conselho Nacional de Desenvolvimento Científico e Tecnológico (CNPq) e do Coletivo de Estudos sobre Violência e Sociabilidade da Universidade do Estado do Rio de Janeiro (Cevis/Uerj). Desenvolve pesquisas sobre os temas favela, sociabilidade, violência, cidadania e informalidade.

alta qualidade de todos os textos e com as costuras possíveis de cruzamento entre eles.

Note-se o termo "costuras" no plural, pois na introdução geral as organizadoras articularam apenas uma delas. Assim é que os textos foram reunidos em torno de uma clara tomada de posição teórica e política, de modo que eles compartilham uma vocação polêmica. Mas o risco de derrapar para a mera denúncia estreita e dogmática é sempre evitado pelo caráter tolerante, aberto e receptivo a leituras alternativas.

O impacto positivo que a coletânea me causou fica demonstrado por essa enxurrada de elogios. Resta, agora, uma apreciação mais substantiva do conteúdo. Comentar os trabalhos um a um tornaria esta apresentação cansativamente longa. Para não abusar da paciência do leitor, farei apenas dois ou três rápidos comentários sobre os três primeiros artigos que, como já indiquei, respondem pela estrutura da coletânea.

***

O extenso trabalho comparativo de Michel Agier é muito interessante e empiricamente bem fundamentado. Acho que, na coletânea, ele representa uma "abertura para o mundo", uma vez que generaliza o argumento proposto para muito além das fronteiras nacionais e das cidades singulares que foram o centro do trabalho de campo do autor. O título é provocador, resume a tese desenvolvida sobre o que, em minha leitura, corresponde a uma "história estrutural" da fragmentação das cidades contemporâneas.

Para comentá-la, seja-me permitido repetir as duas frases iniciais do artigo:

> [falo dos guetos] como processos inéditos de formação urbana, que têm raiz nos campos de refugiados, acampamentos informais e toda a sorte de *foras de lugar* tendo a função de refúgios. O ponto de partida empírico de minha reflexão é, então, o *refúgio*: que é, primeiramente, um abrigo criado em um contexto hostil de guerra, de violência, de rejeição xenófoba ou racista (grifos do autor).

Os guetos corresponderiam, então, à transformação estabilizadora no tempo, sob certas condições, dos abrigos de refugiados. O desenvolvimento dessa tese, como já disse, conta com massivo fundamento etnográfico, de modo que não pretendo negá-la. Não obstante, eu gostaria de sustentar, muito brevemente, que o "caso" brasileiro — que é o que o restante dos artigos põe em questão —

corresponde ao que se costuma chamar de um ponto fora da curva. É claro que a onda de migração rural—urbana em nosso país envolveu "rejeição xenófoba (o alegado *atraso* cultural dos migrantes) *e* racista", assim como a estabilização de ambos esses preconceitos segregadores, de modo que cabe por aqui a metáfora dos casos *fora do lugar*. Porém considero que, no Brasil e em muitos outros países, a guerra e a violência, que também existiram, não foram as únicas razões do movimento para as cidades. Este foi muito mais influenciado pela atração das cidades, que começavam a se industrializar e a necessitar de força de trabalho; por estas bandas, o repúdio aos migrantes sempre foi muito menor, assim como qualitativamente mais brando, do que nos casos analisados por Michel Agier.

As ambiguidades da dominação no Brasil urbano sempre foram marcadas por uma incorporação seletiva que mitigou a opressão unilateral, ao implicar, ao mesmo tempo, repressão e aceitação, em doses variadas ao longo do tempo. Por exemplo, no que diz respeito às favelas, que são — ou melhor, foram — a mancha urbanística mais próxima da noção de refúgio, denominei a modalidade de controle da década anterior ao golpe de 1964 de "controle negociado", para indicar uma forma de afunilamento coercitivo da absorção do trabalho que não a eliminava e, mais do que isso, associava o reconhecimento da subalternidade com a esperança e a luta concreta em torno da mobilidade ascendente (Machado da Silva, 1971; ver, também, Santos, 1987). Este era o pano de fundo da formação dos projetos de vida dos segmentos populares, que refreavam o ímpeto revolucionário do conflito social, enquadrando-o como reprodução de um sistema estável de dominação. Por fim, não obstante a dolorosa adaptação à vida urbana e as precárias condições de vida da imensa maioria dos migrantes, não se deve esquecer que o próprio deslocamento para a cidade grande era, em si mesmo, um salto crucial para a mobilidade ascendente, seja em termos socioeconômicos, políticos ou culturais.

***

Se entendi bem o desenho da coletânea, seria o caso também de indagar sobre a consistência das três conferências que balizam os grandes temas tratados nos demais artigos. Quanto a este ponto, considero que se produziu o que pode ser qualificado de "feliz incongruência". Tentarei explicar em poucas palavras o que quero indicar com essa estranha expressão.

Grande parte dos textos lida com regimes territoriais de controle social (ou de "poder", mas prefiro o termo anterior, para indicar que qualquer modalidade de convivência implica limitações de alguma espécie, unilaterais e/ou concertadas); a outra parte, parece-me, lida com a formação de "públicos" e os processos conflitivos de publicização. Reconheço que essa classificação dual é altamente simplificada, e não faz jus à riqueza dos excelentes trabalhos reunidos na coletânea. Não pretendo insistir nela; uso-a apenas para ressaltar que estão presentes no livro duas concepções de espaço. É claro que a noção de "margem", inspirada na coletânea de Das e Poole (2004), e muito presente em diversos artigos, evita o dualismo, mas não impede a prevalência, na análise empírica (em todos os artigos adequadamente contextualizada, como requer a boa etnografia) de uma das alternativas.

Este, creio, é outro ponto que justifica a inclusão da conferência de Agier e, a respeito deste aspecto, o que sugeri ser uma generalização exagerada é irrelevante. Quero dizer que o texto desse autor tematiza diretamente uma presença-ausente, apenas implícita e mesmo ignorada pela maioria dos demais artigos. Mesmo quando a noção de "território" (ou "lugar") marca a definição da situação pelos atores e pelos pesquisadores, tornando-se uma "causa" para os primeiros, e um "objeto" para os segundos, seus efeitos específicos não são tratados de forma direta. Aqui, a reflexão de Michel Agier sobre o desenvolvimento da forma "refúgio" (caso extremo de um regime territorial de controle, tão exacerbado que sua universalização é problemática, como sugeri anteriormente) ganha toda a sua relevância para a coletânea, à medida que tematiza a concretização, no território físico, da segregação, que, sob certas condições, gera uma confrontação hierarquizada entre modos de vida sob um único regime de poder, que pode se estabilizar.

Em resumo, é justamente a incongruência com os demais artigos do livro que confere toda a relevância do texto de Agier. No próximo comentário, volto a esta mesma questão — a feliz incongruência — em um nível mais teórico.

***

Embora nem todos os trabalhos enquadrem suas análises a partir da obra de Foucault, este autor é uma presença constante, espécie de patrono da coletânea, desde o título até a ótima introdução das organizadoras, passando pela estrutura mesma de duas das três conferências e por muitas referências mais. Assim, a criativa noção de "sujeição criminal" elaborada por Michel Misse abre espaço para um tratamento heurístico das ideias centrais daquele filósofo, flexibilizadas pela absorção de elementos do interacionismo simbólico. Segundo creio, Misse evita os sobretons liberais do individualismo metodológico e retém a tomada de posição crítica constante da associação poder/saber.

Em seu excelente artigo, Vera Telles adota uma perspectiva bastante próxima, retirando diretamente do trabalho de Foucault sua discussão sobre os "ilegalismos". A propósito, não custa lembrar que esta é uma discussão perfeitamente compatível com a noção de coprodução entre Estado e "margem", também muito presente em vários artigos: a normatividade institucionalizada (a lei) seria apenas um marcador, não uma barreira, de modo que os "ilegalismos" não são desvios, mas parte integrante da lei que, para existir, depende deles. O esquema analítico desenvolvido em Das e Poole (2004), em seu esforço para inserir a reflexão sobre o laço indissociável Estado/margem nos processos cotidianos, também está espalhado por toda a coletânea.

Também aqui creio que o trabalho de Agier contém certa ambiguidade. Com alguma boa vontade, ele pode ser aproximado de um estudo sobre a evolução da margem. Porém, se o esquema apresentado por Das e Poole se inspira em Foucault, Michel Agier trata da transformação do refúgio em gueto não como a gestão por "dispositivos", mas como desenvolvimento de uma "forma" que pode estar associada a vários conteúdos no tempo e no espaço. Um dispositivo remete a uma episteme, não a uma forma.

Quanto ao horizonte das análises, talvez seja possível aproximar as contribuições de Michel Misse e Vera Telles à de Michel Agier, mas esta não é uma tarefa fácil. Penso que se trata de duas formas muito distintas de totalização: nos dois primeiros casos, o processo social não é abordado como homogêneo, mas é tratado como um todo coerente — ou, se preferirmos uma sofisticação que se encaixa mal na simplicidade desta apreciação, um todo articulado pela circulação do "poder", em um tipo de reflexão que desdenha o efeito-território em favor de uma "reterritorialização pelo direito" (ou seja, pela lei e suas extensões de sentido), na aguda expressão de Robert Castel (1995). No caso de Agier, o interesse cognitivo central que organiza a compreensão do processo social é, ao contrário, a fragmentação urbanística ou, melhor dizendo, ecológica.

Resumindo ainda mais, o mais forte elemento que permite a convivência entre os três pilares estruturais da coletânea não é a perspectiva teórica nem a orientação analítica, e sim a proximidade das tomadas de posição críticas. A convivência é tensa, como venho insistindo, mas é justamente isso que confere ao conjunto do livro seu caráter aberto, polêmico e generoso.

**

Para terminar, quero deixar mais explícita a chave de minha leitura, que deu origem à apreciação contida nos comentários que acabei de fazer. Incluo esta observação em respeito à seriedade do debate proposto pelo conjunto de artigos. Penso que parte crucial de qualquer diálogo é apresentar, ainda que minimamente, de onde se está falando, como fazem com toda a competência as organizadoras.

Meu ponto de partida é que, mesmo quando radicalmente oprimidos ou "diferentes", os atores, como quer que sejam conceptualizados, são competentes no uso da linguagem ordinária para compreender a vida diária e organizar suas disposições para a ação (cf. Boltanski e Thévénot, 1991; ver, alternativamente, a trilogia de Archer, 1988, 2000, 2003); na ausência dessa competência, o próprio controle social seria impossível. Existe uma amplíssima literatura que reafirma a competência a partir de casos tidos como excepcionais (cito apenas dois exemplos: Schutz, 1964, Peters, 2014). De outro lado, lembro também que, por mais unilateral que seja a coerção envolvida, os atores precisam ter a capacidade de reconhecê-la para submeter-se.

Como quer que seja, este ponto de partida leva a privilegiar a *descrição* dos significados adotados pelos próprios atores nos debates cognitivos e morais, em detrimento das interpretações críticas de boa parte da reflexão acadêmica. Evidentemente, trata-se de uma tomada de posição nada neutra, porém muito distante da(s) "sociologia(s) pública(s)" (Braga, 2012; Burawoy, 2005), que se apresenta(m) como crítica social, na qual considero incluída a presente coletânea. Talvez seja desnecessário acrescentar que esta opção pelo engajamento não precisa ser sectária ou visar à mera denúncia, do que a alta qualidade do livro é demonstração cabal.

A operação heurística dessas duas grandes ideias-chave me leva a desenvolver particular interesse em uma compreensão do processo (não do estado sincrônico) de integração social enquanto modos de convivência social (os variáveis conteúdos da sociabilidade no espaço e no tempo — e aqui sou claramente influenciado pelo programa durkheimiano, sem incorporar o conceito de solidariedade) organizados pelas formas, também variáveis, de controle imposto e/ou concertado. Esta é uma maneira corrente, nada original, mas também nada consensual, de estudar as relações sociais substantivas por meio da descrição de suas limitações institucionalizadas, formalmente ou não.

***

Deixo à imaginação do leitor completar a compreensão dos termos de minha leitura da coletânea. Até porque, insisto, ela é apenas uma de muitas outras possíveis, que os próprios leitores vão se encarregar de desenvolver. O ponto alto do livro em seu conjunto é justamente sua abertura, que representa uma verdadeira convocação para o diálogo.

Para terminar, decerto não tenho bola de cristal, mas quero vaticinar: esta coletânea está destinada a ser um marco nos estudos dos diversos temas de que trata. Ela veio para ficar. Está longe da fugacidade da produção intelectual dos tempos atuais.

Referências

ARCHER, Margareth S *Culture and agency*. Cambridge: Cambridge University Press, 1988.

_____. *Being Human*: The Problem of Agency. Cambridge: Cambridge University Press, 2000.

_____. *Structure, Agency and Internal Conversation*. Cambridge: Cambridge University Press, 2003.

BOLTANSKI, Luc; THÉVÉNOT, Laurent. *De la justification. Les Économies de grandeur*. Paris: Gallimard, 1991.

BRAGA, Ruy. *A política do precariado* — do populismo à hegemonia lulista. São Paulo: Boitempo/PPGS-USP, 2012.

BURAWOY, M. For public sociology. American Sociological Association Presidential Address. *American Sociological Review*, v. 70, n. 1, p. 4-28, 2005.

CASTEL, Robert. *Les Métamorphoses de la question sociale*. Paris: Fayard, 1995.

DAS, Veena; POOLE, Deborah (org.). *Anthropology in the Margins of the State*. Nova Déli: Oxford University Press, 2004.

PETERS, Gabriel Moura. *Do existencialismo sociológico à epistemologia insana*: a ordem social como problema psíquico. Rio de Janeiro, 2014. Tese (Doutorado em Sociologia) — Instituto de Estudos Sociais e Políticos, Universidade do Estado do Rio de Janeiro. Rio de Janeiro, 2014.

SANTOS, Wanderley Guilherme dos. *Cidadania e Justiça*. Rio de Janeiro: Campus, 1987.

SCHUTZ, Alfred. *Collected Papers*. Haia: Martin Nijhoff, 1964. V. 2.

SILVA, Luiz Antonio Machado da. *Mercados metropolitanos de trabalho manual*. Rio de Janeiro, 1971. Dissertação (Mestrado em Antropologia Social) — Programa de Pós-Graduação em Antropologia Social, Museu Nacional, Universidade Federal do Rio de Janeiro. Rio de Janeiro, 1971. Mimeo.

INTRODUÇÃO

Tramas e dispositivos urbanos nas cidades contemporâneas

PATRICIA BIRMAN
MÁRCIA PEREIRA LEITE
CARLY MACHADO
SANDRA DE SÁ CARNEIRO

UM OLHAR DESPREVENIDO sobre as grandes cidades valoriza a potência de seus aglomerados, de seus circuitos e sua heterogeneidade, tão inegavelmente atraentes. Mas não raro naturaliza sua ordem e seus ordenamentos. E, ao assim fazer, esse olhar possivelmente se volte para buscar as chaves teóricas e práticas que dariam a solução a seus problemas mais visíveis: a "violência", a "desordem", a "pobreza", a "falta do Estado", sempre mencionados por seus governos e habitantes. Os "problemas", identificados como rupturas pouco funcionais de uma ordem supostamente natural, constantemente são enumerados, identificados como algo passível de ser corrigido por uma boa gestão — sem que se analisem os dispositivos que, no cerne das relações citadinas, provocam a precarização da vida da maioria de seus habitantes. O objetivo deste livro não é oferecer soluções para os *problemas* supostamente "ainda" mal resolvidos nas cidades, mas sim *problematizar* a produção deles como "questões sociais" que mobilizam o medo, o racismo e favorecem as políticas de exclusão e de segregação de grande parte de seus habitantes. Alguns estudiosos, cuja preocupação comum tem sido a de analisar criticamente as histórias das relações sociais e de seus lugares, bem como os espaços sem histórias e suas ordens nem sempre visíveis, aceitaram o nosso convite para refletir sobre as temáticas relacionadas ao título do colóquio que está na origem deste livro — *Dispositivos urbanos e tramas dos viventes: ordens e resistências*. Em Foucault, a ideia de dispositivo, essencialmente estratégica, é de um conjunto produzido pelo cruzamento heterogêneo de relações de poder e de saber. Convidamos os autores deste livro a tomarem essa ideia como ponto de partida para pensar algumas questões relativas ao "urbano" associadas à produção de desigualdades e às formas específicas de precarização da vida. Os espaços urbanos e suas periferias têm enfrentado permanentemente imposições do modelo econômico liberal que, por sua vez, se apresentam e se articulam com projetos variados de estruturação e ordenamento das cidades no plano político, social e cultural.

Com essa proposta em mente convidamos vários colegas e, entre eles, pedimos a Michel Agier, Vera Telles e Michel Misse que se dedicassem a abrir a discussão em suas respectivas conferências, para debater seus campos e resultados de pesquisa em torno dos temas seguintes, de forma a estruturar conosco alguns parâmetros centrais para refletir sobre os dispositivos que fazem a cidade, posteriormente abordados nas três mesas-redondas que compuseram o colóquio: 1) "Entre o legal e o ilegal: práticas e discursos sobre o urbano"; 2) "Presos do lado de fora: periferias, quilombos, favelas e ocupações"; 3) "Experiências de terror: revelação e ocultamento". Há entre esses temas, e também no tratamento de que foram objeto, uma afinidade, ou melhor, uma convergência que gostaríamos de destacar. Cresceram e se modificaram, como sabemos, nessa ordem globalizada, as modalidades de tratamento das populações que são mantidas em posições subalternas tanto no plano nacional quanto nos circuitos internacionais. Essas formas de precarização, que atingem um contingente significativo da população das cidades, envolvem processos políticos de recusa à absorção digna da vida urbana através de novas formas de territorialização e gestão da pobreza, em favelas, periferias e campos, distanciados da perspectiva de integração social, urbana, de seus habitantes. Mas não só. Sua inserção parcial e também precária nas cidades se faz por intermédio das relações de trabalho, em circuitos opacos da economia, em vastas redes que articulam bens, riquezas e pessoas em escala local e de circulação mundial. Por outro lado, e de forma não excludente, com frequência, amplos contingentes populacionais são alvos de um processo de criminalização que lhes retira do campo social e simbólico da vida citadina, transformando-os em alvo de extermínio com a complacência e mesmo a determinação dos gestores das políticas públicas. Territórios de exclusão, circuitos econômicos "informais" e opacos, ordens políticas e jurídicas marcadas pela ilegibilidade e formas variadas de estigmatização e de extermínio formam o conjunto no qual a precariedade, como parte da vida urbana, se tece hoje nas cidades. Temos, pois, de um lado, a face violenta e largamente disseminada dessa globalização em suas cores locais e, de outro, as formas de resistência e os muitos agenciamentos, jogos de poder e interações que constituem a trama complexa da vida social. Na primeira das quatro partes que compõem este volume, Das tramas e dos dispositivos urbanos, Michel Agier, Vera Telles e Michel Misse tratam desses diferentes aspectos e/ou de seu embaralhamento na constituição e na gestão de nossas cidades.

Das tramas e dos dispositivos urbanos

Não será da recusa de acolher aqueles que buscam refúgio que emergem os guetos? Com um instigante argumento, Agier propõe uma reviravolta no olhar usual sobre a cidade, ou melhor, sobre o *fazer cidade* a partir de duas ordens de argumentos. Da primeira, relacionada mais diretamente às multidões que circulam no mundo — e que são impedidas de entrar nos espaços cada vez mais murados do continente europeu —, Agier destaca como essas populações de refugiados que vivem em campos, em acampamentos e também em centros de retenção transformam seus espaços de confinamento em *cidades*, submetendo-os às demandas de suas relações de proximidade e a seus recursos para garantir sua sobrevivência física e social. A segunda, por sua vez, é relacionada às dinâmicas pelas quais se forjam os guetos nas cidades existentes. Afinal, diz ele, os guetos historicamente provêm do não acolhimento de populações que buscaram hospitalidade e refúgio na vida citadina. Seus habitantes são "presos do lado de fora", mantidos à *margem* do ponto de vista espacial (acampamentos e favelas, por exemplo), da ordem política (são cidadãos sem direitos plenos) e do ponto de vista institucional (são percebidos como "desviantes"). Os acampamentos de hoje serão (e muitos já o são), possivelmente, porções de cidades "guetizadas" de amanhã.

Agier retém dessas *margens* três características que permitem pensá-las como *lugares heterotópicos* por excelência, segundo a terminologia de Michel Foucault (1967): a *extraterritorialidade*, a *exceção* e a *exclusão*. O processo de *guetização* e as *heterotopias* que dele emergem precedem, sociológica e historicamente, as qualidades moral, étnica, racial e religiosa que terminam por identificá-las e, é bom reconhecer, frequentemente essencializá-las através dessas características. A relação entre esses espaços heterotópicos, "cidades fora da lei", e a cidade seria fundamentalmente de ordem política. Como argumenta Agier, em seu capítulo neste livro, "as formas materiais e sociais dessas instalações somente são definidas como 'selvagens' enquanto sua 'realidade' é representada em uma ligação com o Estado" (p. 49), que concentra o poder de definir "o limite da ordem comum", assim constituindo suas *margens* pela distância que atribui a territórios e populações específicos em relação ao centro — do poder, da lei, da ordem, da racionalidade burocrática —, nelas localizando o "lugar de sua desordem, seu fora e sua fronteira exterior" (p. 49). Assim, o Estado circunscreve e encerra "toda ideia de uma alteridade definida por dissecação e separação, por distância e por oposição a um território formado pela cidade e pelo Estado" (p. 49-50).

Uma perspectiva crítica tem guiado análises que buscam novas maneiras de compreender a relação entre estado e sociedade, e inspirou a organização do colóquio e deste livro. Trata-se de abandonar, como sugeriram Veena Das e Deborah Poole (2004), a dicotomia entre Estado e sociedade, herança da perspectiva weberiana que valoriza sua soberania, com base em uma ordem racional-legal que constitui o fundamento da obrigação política, fazendo da "sociedade" o lugar da falta, exemplo maior do que "ainda" não conseguiu impor. Assim se estabelece uma visão binária que faz da sociedade o lugar por excelência da indisciplina e da desordem, da anomia e da incivilidade, e do Estado a instituição que, do "centro", buscaria combater a desordem, ao se espraiar por suas periferias, impor sua racionalidade, garantir o cumprimento da lei e da ordem. Esse tema foi abordado por Vera Telles, que, em seu capítulo, analisa: os "jogos de poder inscritos na trama dos ilegalismos que se alojam, hoje, no cerne da vida e economia urbana, aqui e alhures" (p. 55). Prisioneiros da suposta racionalidade do Estado moderno que, entre nós, buscaria incessantemente constituir-se do centro para suas *margens*, territoriais, sociais, muitas vezes terminamos por não compreender a transitividade permanente entre legal e ilegal da qual participa o próprio Estado, não por omissão ou disfuncionalidade, mas como modalidade específica de atuação em relação a certos lugares, populações, situações. Vera Telles nos demonstra a insuficiência do modelo weberiano em vários momentos e a fecundidade analítica de etnografar esses lugares *margens* e "pontos de fricção" entre o legal e o ilegal, mas também entre legítimo/ilegítimo, formal/informal, legível/ilegível como espaços de diversos agenciamentos. Recorrendo à noção de "mercadoria política" de Michel Misse (2006) e às muitas passagens que os indivíduos fazem em seus percursos cotidianos e que, assim, constituem suas trajetórias e suas experiências de cidade, Telles analisa o caráter multidimensional dos conflitos (econômicos, jurídicos, políticos) nesses "pontos de fricção", revelando como esse jogo binário que opõe Estado e sociedade é atualizado/negado/valorizado/investido de poder por seus agentes locais e/ou reinterpretado segundo outras hierarquias.

Bem distante do modelo weberiano, o Estado que emerge dessa análise é, como ressaltam Das e Poole (2004), o Estado incorporado, o Estado embebido em práticas diversas, relacionadas a jogos de poderes e conflitos locais, em situações em que sua modalidade específica de atuação é precisamente a "gestão diferenciada dos ilegalismos", conforme diz Telles seguindo Foucault (2009). Nela, os agentes do Estado estão autorizados a definir a distância que seus "outros", da "sociedade", possuem deles — como enfatiza Agier em seu capítulo — e a usar do seu arbítrio em relação à aplicação da lei. Evidentemente, como sustenta Talal Asad (2004), sempre haverá uma distância entre a lei abstrata e sua aplicação e, nesse sentido, uma certa discricionariedade é exigida daqueles (os agentes do Estado) que se encarregariam de fazer cumprir a lei. Dessa perspectiva, "tudo" é *margem*, ainda que os agentes do Estado busquem em muitos casos cumprir rigorosamente a "lei". Entretanto, há *margens* e *margens*. E a própria ilegibilidade de parte dos ordenamentos legais abre a brecha para que "na ponta", em situação, o agente possa decidir se, quando, como e em relação a quem aplicar a lei. Mais do que os estigmas e preconceitos que norteariam suas decisões, vemos operando uma abertura para que a gestão dos ilegalismos incida sobre aqueles que o Estado relega às suas *margens*, os que são relacionalmente situados como menos civilizados, menos racionais e mais potencialmente criminosos nas situações precisas.

Michel Misse complementa esse enquadramento, que nos parece extremamente fecundo, ao examinar em detalhe a dimensão objetivante presente nessas modalidades de identificação, que se articulam estreitamente à estigmatização e ao controle social, mas que a eles não se reduzem, como dispositivos constituídos no interior de relações de poder e operados por aqueles que, como sustenta Noiriel (2007:5), "têm os meios de definir a identidade dos outros e aqueles que são objeto de seus empreendimentos". Discutindo incriminação e sujeição criminal do ângulo do processo de "assujeitamento do indivíduo a normas morais e jurídicas constitutivas da sociedade disciplinar, baseadas em microrrelações de poder", Misse, em seu capítulo (p. 79), foca sua análise no modo como se constrói o "sujeito criminoso e [em] como ele se diferencia de uma variedade de indivíduos que podem ser incriminados, mas que não serão considerados 'portadores' do crime" (p. 84). Situados no "mundo do crime", pela percepção social dominante, tais indivíduos são, também em certo sentido, territorializados: das favelas e periferias, das penitenciárias de segurança máxima, das redes de mercados ilegais, enfim das *margens* da cidade e da sociedade proviria o perigo a ameaçar a ordem pública e os "cidadãos de bem". O capítulo de Michel Misse abre ainda um vasto campo de diálogo com outros deste livro pelas pistas que fornece para a compreensão da distância que pode se constituir entre o sujeito e a ordem através da análise de processos de subjetivação daqueles que são identificados com o crime e a violência. Com efeito, mostrar o quanto a análise weberiana de Estado é insatisfatória não significa deixar de reconhecer que o Estado se constrói na vida social também através desse modelo. Mais do que uma mera retórica ou justificação, trata-se aqui da positividade que a reivindicação constante do Estado — como aquele que busca agir do centro, a partir da racionalidade que lhe é própria, mas que é "boicotado" pelas suas *margens* — possui. Se, de fato, o Estado não possui a racionalidade que reivindica, isso não quer dizer que ele não insista constantemente em se apresentar como soberano, embora afirmando que ainda não realizou plenamente seu projeto "moderno" em uma sociedade como a nossa porque "tudo" da sociedade atrapalha... Assim é que o dualismo entre Estado e sociedade se reintroduz por meio de suas acusações constantes a respeito da incivilidade das *margens*. Seria esta, declinada de muitas maneiras, o que atrapalharia sua ação e dificultaria — e mesmo contaminaria — seus agentes. O braço forte do Estado e o aumento do poder discricionário de seus agentes na base estariam assim vinculados a esse projeto, que se apresenta como um chamamento à ordem, dirigido especialmente aos "cidadãos de bem", ao mesmo tempo que constrói a "desordem", nomina seus autores e produz diversos dispositivos de identificação, de regulação, de controle e de exceção para realizar esse empreendimento em suas *margens*.

As partes subsequentes do livro, estruturadas em consonância com as temáticas acima, dialogam, de formas diversas, com os eixos analíticos que privilegiamos. "Entre o legal e o ilegal: práticas e discursos sobre o urbano" trata do deslizamento entre o "legal" e o "ilegal" como parte constitutiva das políticas urbanas praticadas nas metrópoles contemporâneas. Os diferentes capítulos analisam políticas variadas que se projetam em nome do combate ao crime, da "pacificação" de territórios, do "meio ambiente", da "modernização" da cidade, do "desenvolvimento do turismo" e do "resgate do patrimônio", enfocando, de um lado, os entrelaçamentos, contradições e complementaridades que se apresentam na definição dos estatutos e nas atribuições de seus funcionários, bem como nas modalidades de identificação de suas "populações-alvo". De outro lado, o foco dos capítulos recai sobre as atribuições e pertencimentos identitários das populações concernidas que têm engendrado efeitos também múltiplos nas tramas de vida dos indivíduos. Em seguida, "Presos do lado de fora: periferias, quilombos, favelas e ocupações" aproxima diferentes identificações territoriais que hoje concernem aos moradores das metrópoles, levando em conta o fato de que todos esses espaços são marcados por uma forma de exclusão da cidade "oficial". Os capítulos buscam compreender como esses espaços de *margem* são construídos e geridos pelo Estado como lugares de uma alteridade radical em relação à cidade e à sociedade ("heterotopias", no sentido proposto por Foucault) a partir de agenciamentos diversos. Examinam, de um lado, os dispositivos estatais e as relações de poder situadas que participam fundamentalmente dessa construção e, de outro, as críticas, demandas, deslocamentos, resistências de seus habitantes marcados por essa identificação territorial, buscando dotar de outro sentido sua experiência da/na cidade. Nessa "trama dos viventes", os diferentes capítulos discutem, de formas variadas, as dificuldades, ações e dinâmicas que acompanham a identificação, sempre instável, das fronteiras impostas e dos estatutos sociais e políticos dos seus habitantes. "Experiências de terror: revelação e ocultamento", quarta e última parte do livro, trata daquilo que se encontra em uma zona submersa e quase invisível no meio urbano, entre projetos de ordem e resistências mais ou menos explícitas. Não é que não se saiba; ao contrário, tortura e crimes bárbaros estão sempre nas manchetes dos jornais. A revelação, como diria Michael Taussig (2003), não exclui, mas exige também um ocultamento. Nessa circunstância, como identificar e analisar os contextos, as situações e os atores dessas experiências de terror? Os diferentes capítulos tratam da dinâmica que envolve esses dois movimentos: de um lado, através do que se destaca, e de outro lado, através do que se oculta, ou ainda do que se invisibiliza quando se revela o terror dos crimes cotidianos. E como comunicá-los, obtendo alguma ressonância e legitimidade às suas denúncias, críticas e demandas? Uma questão comum a esses capítulos diz respeito às possibilidades e limites de tomada de voz e acesso ao espaço público de indivíduos e grupos encompassados pelas identificações, territoriais ou não, que os mantêm à *margem* da cidade e da sociedade.

Entre o legal e o ilegal: práticas e discursos sobre o urbano

A temática do trabalho foi um dos campos centrais de produção de um importante debate sobre os ilegalismos na cidade, tal como trabalhado por Vera Telles. Partindo desse âmbito temático, mais especificamente das questões pertinentes às fronteiras do formal e do informal, do lícito e do ilícito, Daniel Hirata sugere, em seu capítulo, uma análise comparativa de alguns pontos de inscrição dos mercados ilegais, informais e ilícitos nas cidades do Rio de Janeiro e de São Paulo. Ao analisar as questões específicas das dobras do legal e do ilegal nesses mercados, Hirata faz uma reflexão importante sobre poder, controle social e a circulação da mercadoria política na cidade (Misse, 2006). Sensível a um complexo processo de idas e vindas que participam da construção das fronteiras entre o legal e o ilegal na regulação desse comércio na cidade, Hirata analisa os programas e tentativas governamentais de organização desses mercados por meio de projetos de fiscalização e repressão, assim como políticas estatais no sentido da integração econômica e urbanística desses mercados no conjunto das cidades. Na leitura do trabalho de Hirata somos capazes de analisar em detalhes a complexa construção de fronteiras entre o legal e o ilegal na trama dos mais variados agentes, inclusive — e centralmente — aqueles do Estado. Mas, se nessa composição e recomposição de legalismos e ilegalismos vislumbramos fluidez e mobilidade, a marca da categoria "crime" imprime estabilidade e fixação ao estatuto do "criminoso" enquanto aquele que, em dada circunstância, foi identificado como havendo cruzado a fronteira — aí tomada como fixa e dura — da sociedade legal para o "mundo do crime".

César Teixeira traz então para nosso debate práticas que se dão nas tentativas de construção de caminhos de retorno, de "passagens" entre o legal e o ilegal. Analisando instituições que visam dar soluções ao "problema do bandido" e do crime no Rio de Janeiro, Teixeira ilumina com muita perspicácia a temática específica da ressocialização de criminosos, analisando as "soluções" morais, subjetivas, religiosas e "cidadãs" apresentadas à questão do crime na cidade através de tais projetos. Fundamentando-se nos debates acerca da sujeição criminal, tal como pautados por Misse, Teixeira discute trajetórias diversas de ressocialização, tanto em relação ao tipo de crime cometido e à forma de engajamento na atividade ilícita quanto em relação aos caminhos de "saída do crime" — conversão religiosa, adesão a ONGs, inserção no mundo do trabalho, entre outros. No entanto, há algo que, na leitura de Teixeira, alinha essas histórias de vida: são "ex-criminosos" que atuaram em favelas do Rio de Janeiro. São "ex-criminosos" das áreas pobres da cidade. Esse ponto comum entre os "ex-bandidos" em ressocialização trabalhado no capítulo de César Teixeira reafirma a relevância de enfatizarmos uma reflexão acerca da produção de "territórios da pobreza" na cidade, e sobre os dispositivos urbanos que operam em sua reprodução.

O capítulo de Rafael Gonçalves discute como a complexa realidade das favelas cariocas, com sua multiplicidade de estatutos fundiários e sua histórica heterogeneidade social, foi encoberta pela construção social da favela como objeto jurídico. O autor demonstra como a identificação genérica do conjunto das favelas à ilegalidade fundiária permitiu ao Estado mantê-las em situação de "congelamento urbanístico", traduzida nos aspectos precários e provisórios desses espaços que limitam o acesso de seus moradores aos serviços coletivos, bem como seu exercício da cidadania. Discute como essa construção significou encapsular seus moradores em uma espécie de "ilegalidade moral" que, mais recentemente, projeta-se em sua criminalização por uma aproximação dos mesmos com o narcotráfico. Promovendo um produtivo diálogo entre a análise histórica e o debate no campo do direito, Rafael Gonçalves discute, enfim, o modo como a pretensa ilegalidade fundiária das favelas se projeta no próprio conteúdo das políticas públicas em relação a estes espaços, assim como nas estratégias de mobilização política e no cotidiano de seus moradores. O autor ainda atualiza esse debate, apontando questões sobre como os preparativos para os "grandes eventos esportivos" trouxeram novamente à tona as remoções como "solução" do problema das favelas na urbe carioca.

Patrícia Birman, examinando os caminhos, obstáculos e situações vividas pelos moradores de uma ocupação no Centro do Rio de Janeiro, analisa os arranjos da gestão dos ilegalismos na cidade. Em produtiva interlocução com Vera Telles, explora etnograficamente as tramas que articulam o legal, o ilegal e o ilícito presentes nas formas da vida precária dos ocupantes, e os circuitos em que se inserem em suas conexões com o "governo dos pobres", tal como vem se realizando hoje em nossas grandes cidades e naquele território em particular. Dessa angulação, analisa como os dispositivos urbanos, produzidos, acionados, justificados no interior de jogos de poder, relacionam-se a disputas sobre projetos de construção de cidade que têm no Estado um ator fundamental, mas impossível de se separar, analítica e politicamente, da sociedade. A autora detém-se nas subjetividades e nos horizontes que então se forjaram para os moradores da ocupação e nas diversas negociações, envolvendo ofertas de dinheiro, de moradia e de aluguel social e formas diversas de coação e de criminalização dos ocupantes como "homens infames", para que abandonassem o prédio e se pudesse favorecer a reforma urbana na região. Compreendemos, assim, como se armou esse jogo, suas linhas de força, seus principais componentes e seu desfecho, acompanhando como se "embaralharam" os fios que sustentavam o ato de *ocupar* no interior da causa dos "direitos".

Entre as diversas soluções para o "problema da favela" na atualidade, cuja construção histórica e jurídica é apresentada por Rafael Gonçalves em seu capítulo, Bianca Freire-Medeiros enfoca a produção estratégica do "turismo" nas favelas cariocas. Comparando os casos das favelas do Rio de Janeiro às *townships* da Cidade do Cabo (África do Sul), Freire-Medeiros analisa a produção de uma governamentalidade na qual as relações de poder inscritas no campo do turismo aparecem embaçadas pelas estatísticas oficiais e índices de negócio que enfatizam seu caráter apolítico e gerencial. A dimensão produtiva desse poder é evidente nas múltiplas especializações profissionais que têm emergido em torno do tema do turismo, na sofisticação do discurso de legitimação do turismo como prática e como objeto de reflexão, na geração de uma enorme diversidade de *"commodities* turísticas"* que produzem discursos e dispositivos cada vez mais especializados, ao mesmo tempo que necessitam deles para se legitimar. Na análise dessa autora, evidencia-se a importância concedida à "gestão" técnica e administrativa, aliada ao empreendedorismo dos moradores — com ênfase no turismo — como as grandes chaves de um projeto moral específico de redenção de moradores e territórios perigosos. Estes convertem-se, finalmente, em atrações turísticas.

Presos do lado de fora: periferias, quilombos, favelas e ocupações

O trabalho de Veronique Boyer sobre quilombos na Amazônia assume como provocação a ideia de pensarmos grupos e populações enquanto "presos(as) do lado de fora", posicionando nesse debate específico aspectos relacionados ao ordenamento de territórios e grupos por suas identidades. Algumas populações, na visão de Boyer, são isoladas em razão de sua suposta periculosidade para o resto do corpo social: é o caso das favelas, com o argumento da predominância do narcotráfico, e das ocupações, com o argumento do respeito à propriedade privada. Para outras, ao contrário, o objetivo buscado é o inverso: não se trata de separar determinados grupos para proteger as populações ao redor, mas sim de proteger os grupos em questão de agressões exteriores. Boyer examina, em seu trabalho, as orientações políticas atuais relacionadas a certas populações tratadas como quilombolas, em que o Estado adota as categorias jurídicas e legais baseadas no pressuposto de identidades obviamente diferenciadas, histórica e culturalmente fundamentadas. Assim, ao invés de destacar o que o ordenamento torna homogêneo em grupos, territórios e identidades, Boyer dedica seu esforço analítico ao trabalho de destrinchar uma imbricada trama de experiências e de conflitos de interesses que produzem cotidianamente novas fronteiras entre grupos, seus territórios e suas identidades.

O capítulo de José Maurício Arruti soma-se ao debate sobre os quilombos enquanto dispositivos territoriais e populacionais, assumindo como temática central a discussão acerca dos "quilombos urbanos". Dessa angulação, o autor dedica-se a analisar certo "emaranhado de categorias sobrepostas" que é acionado pela ideia de quilombos urbanos. Acompanhando sua argumentação, podemos destrinchar os variados sentidos relacionados ao conceito de quilombo e suas "ressemantizações": como metáfora de resistência política e cultural, quilombo referido a algo entre o rural e o urbano, e o sentido de quilombo na militância camponesa negra, entre outros significados discutidos pelo autor. Ao dedicar-se especificamente às questões dos quilombos urbanos, José Maurício Arruti busca evidenciar que o problema das gêneses e configurações sociais do termo e dos usos do termo quilombo deve ser distinguido do problema das gêneses e configurações sociais das próprias comunidades hoje designadas por ele.

Dialogando com o mesmo campo de questões acionado por Arruti em suas reflexões sobre os quilombos urbanos, Jérôme Souty explora mais especificamente a ideia do quilombo como metáfora, valorizando seus múltiplos sentidos. Com seu interesse focado na região portuária do Rio de Janeiro, Souty retoma historicamente os usos dessa região como "espaço social e simbólico de resistência popular", costurando os elos desses espaços de resistência com a história da cultura negra no Rio de Janeiro e a ideia de quilombo que dela se deduz. Souty privilegia, como exemplo do quilombo como metáfora, as ocupações urbanas coletivas da região do Porto do Rio de Janeiro. O trabalho do autor indica que o imaginário do quilombo está vivo nessas ocupações e opera em diversos espaços de resistência na cidade, quer estes reivindiquem ou não diretamente o estatuto de quilombo urbano. O quilombo como metáfora cruza a cidade e redefine suas fronteiras. Assim como os quilombos, as ocupações urbanas apresentam-se como um importante espaço analítico para pensar grupos "presos do lado de fora". Como o intuito deste livro é apresentar diferentes perspectivas de manejo dos dispositivos urbanos, interessam-nos olhares sobre diferentes arranjos de grupos e populações que estão na cidade e, ao mesmo tempo, "fora" dela. O quilombo é um desses casos. As ocupações, as favelas e os condomínios são, como veremos, outros que fazem operar de modos diferentes essa dinâmica de estar, ao mesmo tempo, dentro e fora da cidade. Continuemos, então, com as ocupações.

O trabalho de Adriana Fernandes tem por foco o que a autora denomina uma análise da "micropolítica das relações" existentes dentro de uma ocupação na região portuária do Rio de Janeiro. Fernandes trabalha, em sua análise, dois agenciamentos coletivos que buscavam legitimar a ocupação na rede dos movimentos sociais locais: o agenciamento "necessitados" e o agenciamento "afro". Analisando a experiência cotidiana dos moradores dessas ocupações, Fernandes demonstra como estes se apropriam de políticas públicas que lhes dariam acesso, por um viés identitário, a direitos sociais e culturais. A autora evidencia ainda a forma como essas tentativas de produção de identidades redundaram em vazios e perdas pouco produtivos a seus supostos beneficiários. Mais uma vez, assim como marcado no trabalho de Boyer, por baixo de aparentes homogeneidades identitárias, tecem-se, ao mesmo tempo em que se desperdiçam, esforços de superar formas variadas de exclusão e segregação. Criatividade, invenção e um trabalho de mobilização permanente marcam assim modos peculiares e ousados de se viver em *espaços de exceção*, tal como formulado por Agier.

O capítulo de Amanda Dias sobre os "intelectuais das margens" nos convida a pensar de forma especialmente interessada estes que muitas vezes são esquecidos nas análises sociológicas e invisibilizados em sua função de mediadores entre os pesquisadores e os grupos pesquisados. Lidando com duas realidades distintas — um campo de refugiados no Líbano e uma favela carioca —, Dias nos provoca com a seguinte pergunta: "O que o pintor palestino e o poeta carioca possuem em comum?" Assumindo o desafio delicado de comparar "campos", em consonância com as reflexões de Agier sobre a formação das cidades, Dias acompanha a trama cotidiana da vida desses agentes que operam como produtores de uma visão crítica sobre as *margens* e que enunciam outras formas possíveis de relação destas com a cidade, conferindo-lhes outros sentidos para além dos déficits, carências e ausências. Os chamados "intelectuais das margens" operam nas fronteiras, nas passagens possíveis, inventadas e mesmo forçadas, que possibilitam as mediações entre grupos e territórios. São muitos os mediadores de passagens nas e das *margens*. Vimos no trabalho de Teixeira sobre "ressocialização" e no trabalho de Bianca Freire-Medeiros sobre empreendedorismo turístico em favelas cariocas análises de certas vias de passagem e de suas regras.

O capítulo de Lia Rocha sobre "projetos sociais" em favelas cariocas discute essas passagens a partir das ações voltadas para a juventude e suas particularidades. A autora analisa ações de ONGs que formulam seus projetos para jovens favelados, "em situação de vulnerabilidade social", com base na dicotomização da vida e da sociabilidade locais: um lado "bom" da favela — sob crivo do mundo do trabalho — em contraposição ao seu lado "negativo" — o tráfico e o mundo do crime. Esse mapeamento moral da favela e de sua juventude opera assim na construção de fronteiras simbólicas e práticas entre a favela e a cidade e sua cidadania, formulando um modelo de "jovem cidadão" competente em reproduzir-se dentro de regras sociais bem demarcadas sobre como se comportar, e devidamente adequado à ordem citadina. O trabalho de Rocha visibiliza, desse modo, as fronteiras morais vividas pelas juventudes das *margens* e a pedagogia e gestão de passagens promovidas pelos "projetos sociais" enquanto dispositivos civilizatórios paraestatais que deixam claros os limites entre o que está dentro e o que está fora do âmbito legítimo da cidadania.

Jussara Freire soma-se a essa reflexão acerca da cidadania, de sua produção e reconhecimento, tomando por foco a construção de repertórios gramaticais de classes médias, moradoras de condomínios cariocas, que acionam seu "estatuto de contribuintes" para estabelecer uma gradação de *cidadanias* na cidade do Rio de Janeiro. O trabalho de Freire aponta para o fato de que os condomínios cariocas são importantes analiticamente por se constituírem como partes de dispositivos urbanos eficazes em agenciar o medo e promover a autossegregação de uma determinada classe média do Rio de Janeiro. O caso específico discutido por Freire, a autossegregação de um condomínio da Zona Oeste do Rio, constitui-se em uma relação direta com o território de favela localizado em seu entorno. Na perspectiva apontada pela autora, a oposição entre adimplentes — condôminos — e inadimplentes — favelados, ou melhor, moradores das *margens* — aciona um questionamento acerca do próprio grau de humanidade que teriam estes últimos. Por seus territórios de moradia não serem regidos pelo mesmo sistema de tributação da cidade formal, os moradores de favelas são acusados de cruzar as fronteiras entre o legal e o ilegal, o legítimo e o ilegítimo, e são afastados de sua condição não apenas de cidadãos, mas também de uma humanidade comum. Temos aí, mais uma vez, um processo de exclusão configurado e justificado através de uma estratégia de autossegregação.

Dialogando com os capítulos anteriores e enfocando as favelas, o trabalho de Márcia Leite retoma as temáticas da segregação e da cidadania, analisando os dispositivos que as reatualizam na cidade do Rio de Janeiro. Discutindo os diferentes contextos e formas de produção das favelas cariocas como lugares de *margem* que delimitam, através de dispositivos diversos, as possibilidades de acesso de seus moradores à cidadania e de integração urbana desses territórios, a autora detém-se nos dispositivos de gestão das favelas "pacificadas" como parte de um processo de produção de regimes territoriais diversos nas favelas cariocas. Assim é que, argumenta, enquanto a grande maioria dessas localidades permanece submetida à lógica da "metáfora da guerra", que combina segregação e cidadania "precária", nas favelas "pacificadas" dispositivos governamentais e não governamentais e agenciamentos (realizados "de fora para dentro" e estimulados para que se reproduzam "de dentro para fora") operam em um novo projeto de cidade. Da perspectiva da autora, tais dispositivos e agenciamentos inscrevem-se em uma racionalidade de gestão urbana que considera a virtualidade de esses territórios e moradores alterarem seu lugar nas *margens* a partir do agenciamento de si próprios como "empreendedores" e da reconfiguração de seus territórios de moradia em "territórios seguros" e que oferecem "oportunidades de negócios". Nisso residiria a possibilidade de inclusão social que postulam e lhes oferecem.

Experiências de terror: revelação e ocultamento

Adriana Vianna, em seu capítulo neste livro, trata do sofrimento próprio das famílias cujos membros foram vítimas da violência policial. Segundo Vianna, tal sofrimento tem uma expressão afetiva, social e política. Esta última é particularmente elaborada pela autora através da ideia do "tempo da espera" que atravessa a luta desses familiares, predominantemente mulheres, por justiça. Na cartografia afetiva do que se dá em torno da visibilidade e objetividade dos processos judiciais e sua agenda própria, Vianna discute a invisibilidade da temporalidade própria das famílias de vítimas de violência e sua espera marcada por dores, desânimo, cansaço: efeitos variados de seu confronto com o Estado e suas ações nas *margens*. O caso específico analisado pela autora diz respeito ao cancelamento de uma audiência pública relativa ao assassinato do morador de uma favela carioca, há cerca de dois anos. Essa audiência, que teria como motivo a oitiva judicial de uma testemunha presa, já tinha sido adiada uma vez, e havia grande expectativa dos familiares em relação a ela. O tempo do adiamento e da espera, analisado por Vianna, cria subjetividades que se formam nessa dolorosa trama da busca por justiça, em que se multiplicam sofrimentos, memórias, expectativas, agências e construções de si.

Nessa complexa trama de visibilizações e invisibilizações, Juliana Farias apresenta duas formas antagônicas de representar a morte de vítimas de violência policial na cidade: de um lado, o esforço de visibilização produzido na esfera pública pelas famílias de vítimas; de outro, as estratégias de ocultamento efetivadas pelo Estado nas tramas dos processos judiciais. Farias nos mostra como as cores de cartazes, fotos e panfletos do movimento de familiares tenta deixar legível aquilo que o preto, o branco e sobretudo a "zona cinzenta" dos laudos cadavéricos — que compõem os "casos" relacionados a essas mortes — tentam ocultar. Em tais laudos, entre desenhos, formas e textos, todos devidamente criptografados para que alguns os entendam e outros não, Farias analisa a construção de (i)legibilidades, formas de ler e produzir as verdades por agentes do Estado. Esses documentos, que compõem os processos e produzem as imagens dos sujeitos ali retratados, colocam-se em oposição direta ao que os enunciados dos familiares das vítimas afirmam. Forjam-se, assim, "vítimas legítimas", autos de resistência, mesmo diante de imagens que na mesma folha de papel mostram claramente jovens sacrificados pela força policial em nome da segurança de uma cidade com medo.

Configura-se assim, na cidade, uma trama de vida e morte que envolve diretamente dois grupos: policiais e bandidos. Todos os que morrem são tratados como bandidos pelos policiais e pelo Estado. Todos os que matam, considerados policiais sanguinários, soltos pela cidade, e legitimados pelo Estado para matar quem julgarem de direito, ou "sem direitos".

O trabalho de Carly Machado discute a relação de "ex-bandidos" convertidos e policiais pentecostais com a morte e a violência na cidade. Machado analisa como o ministério de uma igreja evangélica e o ministério religioso da banda *gospel* do Bope — Batalhão de Operações Especiais da Polícia Militar do Rio de Janeiro — oferecem uma versão para a experiência de sofrimento de bandidos e policiais que pode ser ultrapassada através da conversão religiosa. Essa conversão de pessoas e moralidades que se torna possível no contexto da crueldade própria das práticas e vivências de policiais e bandidos, em que morrer e matar são uma realidade cotidiana, se coloca como uma via de salvação e esperança de vida eterna àqueles considerados irrecuperáveis pela maior parte da sociedade. Se a igreja analisada por Machado lida com a violência na cidade "resgatando da morte" moradores de favelas entregues à própria sorte nos territórios de pobreza, de forma complementar o Estado e seus agentes incrementam suas ações de encarceramento lotando prisões e delegacias e inflando esses espaços de terror.

Em seu capítulo, Myrian Sepúlveda dos Santos descreve as implosões de diversos presídios e discute o contraste entre o espetáculo midiático em torno das mesmas e a invisibilidade da manutenção de um sistema que se caracteriza pela violência, pela tortura e pelo terror. Bandidos e criminosos são submetidos à face oculta desse regime em outros territórios da *margem* do Estado, onde legal e ilegal, legítimo e ilegítimo novamente se combinam. Lado a lado com uma demolição espetacularizada, sustentam-se modelos de gestão precária das populações carcerárias e do sistema prisional, invisibilizados pela aparente mudança de paradigmas veiculada pela mídia, que transmite a explosão dos prédios como se transmitisse a explosão desses modelos.

O título do colóquio que está na origem desta publicação, *Dispositivos urbanos e tramas dos viventes: ordens e resistências*, indica um embaralhamento do que seria proveniente da ordem do Estado com o que seria da ordem da sociedade. A noção de dispositivo, em Foucault, permitiu-nos essa articulação e, no caso, também nos possibilitou ir para além dela, reconhecendo uma presença intermitente do Estado no interior de tramas sociais que, no entanto, não podem ser analiticamente a ele reduzidas. Estado e sociedade conjugam-se, desfazendo dualismos e essencialismos que forjam fronteiras, quase fossos, entre ambos e que, ao separá-los, invisibilizam seus modos entrelaçados de presença. Como os leitores podem facilmente deduzir, os capítulos deste livro apresentam tramas e dispositivos por meio de manobras, resistências, negociações e projetos de soberania que, em seu conjunto, revelam os processos urbanos dominantes nas cidades contemporâneas.

Referências

ASAD, Talal. Where are the margins of the State? In: DAS, Veena; POOLE, Deborah (Ed.). *Anthropology in the Margins of the State*. Oxford: School of American Research Press/James Currency, 2004.
DAS, Veena; POOLE, Deborah (Ed.). *Anthropology in the Margins of the State*. Oxford: School of American Research Press/James Currey, 2004.
FOUCAULT, Michel. De outros espaços. Trad. Pedro Moura. *Virose ACR*, Porto, 1967. Conferência proferida no Cercle d'Études Architecturales em 14 mar. 1967. Disponível em: <www.virose.pt>. Acesso em: nov. 2011.
_____. *Vigiar e punir*: nascimento da prisão. Petrópolis: Vozes, 2009.
MISSE, Michel. *Crime e violência no Brasil contemporâneo*: estudos de sociologia do crime e da violência urbana. Rio de Janeiro: Lumen Juris, 2006.
NOIRIEL, Gerard. *L'Identification*: génèse d'un travail d'État. Paris: Belin, 2007.
TAUSSIG, Michael. Viscerality, Faith, and Skepticism: Another Theory of Magic. In: PELS, Peter; MEYER, Birgit. *Magic and Modernity*: Interfaces of Revelation and Concealment. Stanford, CA: Stanford University Press, 2003.

PARTE I

DAS TRAMAS E DOS DISPOSITIVOS URBANOS

CAPÍTULO 1

Do refúgio nasce o gueto: antropologia urbana e política dos espaços precários*

MICHEL AGIER

NESTA INTERVENÇÃO, NÃO falo dos guetos como já sendo partes — eventualmente "marginais" — da estrutura urbana, mas como processos inéditos de formação urbana que têm raiz nos campos de refugiados, acampamentos informais e toda sorte de *fora de lugar*[1] tendo a função de refúgios. O ponto de partida empírico de minha reflexão é, então, o *refúgio*, que é, primeiramente, um abrigo criado em um contexto hostil de guerra, de violência, de rejeição xenófoba ou racista. Sua permanência, em certas condições, faz surgir o *gueto*. É a lógica contemporânea do gueto que é o objeto da presente reflexão, uma lógica processual do lugar "se fazendo" e que eu descrevo de perto, fazendo evoluir a análise com a transformação do lugar. Vista dessa maneira, é uma lógica urbana que é trazida à luz, antes que apareçam as dimensões identitárias e, sobretudo, políticas que contribuem para a sedimentação e a fixação do gueto e que vêm da relação do acampamento urbano com seu entorno.

As descrições que podem ser feitas dessa lógica contemporânea e urbana do gueto são incertas, como o é o futuro desses próprios lugares. O espectro do desaparecimento determina o cotidiano dos ocupantes, bem como a precariedade técnica de suas instalações. Ele determina também o estado de espírito do refúgio, ansiogênico e paranoico, um lugar cujos ocupantes são animados por uma tensão permanente em face do risco próximo da violência, da destruição e da expulsão. Contudo, embora respeitando essas características de incerteza, procurarei transmitir, de minha experiência de pesquisa nos campos de refugiados (na África e no Oriente Próximo) e nos acampamentos de migrantes autoestabelecidos (na África e na Europa), a convicção que ali é formada: a de uma

---
*Traduzido por Débora de Castro Barros, mestre em tradução de língua francesa pela Universidade Federal do Rio de Janeiro (UFRJ) e especialista em tradução de língua francesa pela Universidade do Estado do Rio de Janeiro (Uerj); copidesque e revisora de textos. E-mail: <dcastrobarros.textos@gmail.com>.
[1] *Hors-lieux*, no original.

metamorfose social, urbana e cultural do refúgio do gueto. Exatamente como se pôde dizer, após o historiador Jules Michelet, que "a cidade começa por um asilo", o estudo dos campos e acampamentos no mundo mostra que o horizonte do refúgio é o gueto.[2]

Na escala do antropólogo, isto é, daquilo que é observável aqui e agora e que está "em processo", tenho-me questionado sobre a transformação dos campos, acampamentos e outros *fora de lugar* criados como refúgios. Se os campos são cidades em devir ou "campos-cidades", como pude sustentar com base em pesquisas *in loco* realizadas em alguns campos bastante grandes de refugiados africanos,[3] devo precisar e aprofundar a análise, pois essa metamorfose fica com muita frequência inacabada. O que se observa mais comumente, quando há tempo e transformações, é que uma organização social, por mais precária que seja, bem como um crescimento demográfico e uma história própria, se desenvolvem naquele espaço de clausura. O lugar é mantido à parte, e estabelecer relações com o mundo exterior é difícil, até mesmo impossível, visto que este o mantém a distância. É isso que nos convida a reler as transformações urbanas passadas, para questionar de modo geral o início do gueto sob a forma do refúgio. O asilo — até onde podemos dizer que ele existe, por exemplo, em políticas públicas de acolhimento concebidas como recursos institucionais da hospitalidade — seria o que faz os refugiados saírem do refúgio. O asilo como colocação em prática institucional da hospitalidade é o que faz desaparecer o próprio refúgio pelo abandono de seus ocupantes ou por sua própria transformação, pois elimina a necessidade (sempre na urgência) do refúgio, que provém da hostilidade, da guerra ou da xenofobia. Em outras palavras, a hospitalidade favorece uma partilha da cidade como espaço comum, enquanto o refúgio é o abrigo que se cria para si mesmo diante da falta de hospitalidade.

Campos, acampamentos e outros refúgios

Eu procederei segundo uma *démarche* indutiva, partindo de um estado de fato bastante indiscutível tanto em sua materialidade estranha quanto em sua globa-

---

[2] "A *cité* começa por um asilo", escrevia precisamente Jules Michelet em 1831, comentando a história da fundação de Roma (Michelet, 1833:94). As análises dessa comunicação são mais amplamente desenvolvidas no ensaio *Campement urbain: du refuge naît le ghetto* (Agier, 2013).
[3] Ver Agier (2011b) e a primeira formulação dessa tese em "Between war and city: towards an urban anthropology of refugee camps", seguida de um debate com Zygmunt Bauman e Liisa Malkki (Agier, 2002:317-366).

lidade — a multiplicidade e a variedade das formas de *acampamento* na escala mundial —, para me interrogar, em seguida, sobre sua transformação (o parâmetro da duração sendo o essencial) e sobre o nascimento de novos guetos, não segundo uma lógica identitária (étnica, religiosa), mas segundo uma lógica ao mesmo tempo urbana e política, isto é, do ponto de vista da relação com a cidade e da distância do Estado.

Um primeiro balanço concerne à existência, atualmente relativamente estável, de um vasto dispositivo de campos, zonas de espera, centros de detenção e acampamentos que se encontram na rota dos refugiados, migrantes e/ou pleiteantes de asilo. Eu gostaria de, primeiramente, precisar esse balanço traçando um breve quadro das formas de acampamento hoje.[4]

O Alto Comissariado das Nações Unidas para Refugiados (Acnur) gere, atualmente, mais de 300 campos de refugiados no mundo, dos quais várias dezenas têm mais de 25 mil habitantes e alguns até 100 mil. Cerca de 6 milhões de refugiados estatutários[5] são mantidos nesses campos, dos quais perto da metade se encontra na África e a terça parte, na Ásia. Nos países do Oriente Próximo, contam-se 60 campos de refugiados geridos pela UNRWA (a Agência das Nações Unidas de Assistência aos Refugiados Palestinos, criada depois do êxodo de 1948). No seio desses campos, vive 1,5 milhão de pessoas. Enfim, os campos de deslocados internos[6] são, ao mesmo tempo, os mais numerosos e os mais informais, seu número podendo ser estimado em 600 no mundo, embora eles dificilmente sejam passíveis de recenseamento, pois surgem com frequência como campos autoestabelecidos: a única província de Darfur, no Sudão, contava com 65 deles em 2008, nos quais viviam perto de 10 milhões de pessoas deslocadas. O de Gereida abrigava, no mesmo ano, 120 mil pessoas, sendo então conhecido por ser o maior campo de deslocados do mundo, mas ele praticamente desapareceu e restavam apenas alguns milhares de habitantes em 2012. Além do Sudão, outros quatro países — Uganda, República Democrática do Congo, Afeganistão e Iraque — eram, em 2008-2009, os principais países de concentração dos deslocados internos em dezenas, até mesmo centenas de campos. No Haiti, centenas de campos de deslocados foram construídos depois do terremoto de 12 de janeiro de 2010. Dois anos mais tarde, por volta de 500 mil pessoas viviam ainda nos campos, a população de cada campo podendo variar de algumas

---

[4] Uma análise detalhada dessas formas de acampamento, bem como monografias de vários campos de refugiados e a análise do dispositivo humanitário mundial, se encontra em Agier (2011b).
[5] Isto é, reconhecidos e registrados como tal pelo Acnur.
[6] "*Internally displaced persons*" (IDPs), na linguagem da ONU. Trata-se de pessoas que foram obrigadas a deixar seu lugar de residência, mas que não ultrapassaram as fronteiras de seu Estado.

dezenas de pessoas autoinstaladas a mais de 70 mil pessoas, como é o caso do campo Corail, a alguns quilômetros da capital, Porto Príncipe. Desse campo, o antigo presidente haitiano, René Preval, pôde dizer que ele "se tornaria uma cidade", os membros de ONGs internacionais considerando, de sua parte, que estavam agindo no campo "no lugar do governo".

Conta-se, no total, mais de um milhar de campos bem estabelecidos no mundo, nos quais vivem ao menos 12 milhões de pessoas, refugiadas ou deslocadas, sem contar os milhares de acampamentos autoestabelecidos, os mais efêmeros e os menos visíveis.[7] Essas estimativas são constantemente alteradas, devido à precariedade e às transformações das instalações, bem como à diversidade e à incerteza do *status* de seus ocupantes: refugiados reconhecidos ou não pelas agências internacionais, deslocados internos a cargo ou não de ONGs, migrantes considerados clandestinos ou não, em estada provisoriamente regular, regularizada, depois novamente irregular, pessoas reconhecidas durante vários anos como pleiteantes de asilo à espera de uma resposta. Sobre as mesmas características, esses *status* colocam máscaras, institucionais e sociais, marcadas pela incerteza e pelos riscos das burocracias nacionais e internacionais.

O acampamento informal e autoestabelecido ocupa um lugar à parte no conjunto dos campos criados atualmente. É, primeiramente, um esconderijo em um percurso perigoso, um refúgio estabelecido urgentemente em um ambiente hostil, sem hospitalidade nem política de acolhimento; frequentemente, é também o primeiro passo em um longo corredor de exílio que pode ter várias etapas, segundo os trajetos migratórios. Por exemplo, é sobre o acampamento autoinstalado que virá a ocorrer uma intervenção humanitária, ao lado dos migrantes que estão, nesse momento, ainda sem *status*. Na África, em particular, o acampamento informal poderá ser transformado progressivamente em um campo de deslocados internos se as pessoas em deslocamento tiverem ficado próximas de uma fronteira nacional sem ultrapassá-la: a chegada das organizações humanitárias ensejará algumas disposições sanitárias, logísticas (notadamente para a instalação de grandes tendas coletivas para aguardar outra solução) ou cuidados médicos (com a turnê das "clínicas móveis" ao longo das fronteiras). Ou então, se uma fronteira nacional tiver sido ultrapassada, seus ocupantes serão agrupados e transportados em um caminhão na direção de um campo que já exista mais distante, organizado pelo Acnur, frequentemen-

---

[7] Todos esses dados e suas fontes foram apresentados em detalhes em Agier (2011b). Observemos também que essa estimativa não inclui os centros de retenção administrativa, que são 250 na Europa e que conhecem um *turn over* incessante, por onde passaram mais de 500 mil pessoas para o conjunto do ano 2009.

te já antigo. Eu voltarei mais adiante às transformações urbanas dos campos de refugiados que estão instalados há muito tempo, estando no lugar há várias décadas. Antes disso, convém voltar nossa atenção um instante para a evolução particular do acampamento que permanece em estado informal, eventualmente ilegal, mas tolerado.

Tornar o acampamento habitável

Tomarei o caso dos acampamentos estabelecidos na rota dos migrantes afegãos na Europa, seja na cidade grega de Patras e perto de seu porto, seja na floresta próxima a Calais no norte da França. Lugares de sobrevida, de esconderijo, de invasão urbana, isto é, no sentido primeiro dos campos de *refúgio*, tornam-se parte das formas de *habitat*, mesmo que sejam apenas tolerados durante vários anos — antes de serem destruídos e evacuados pela polícia. Esse foi o caso do acampamento de Patras, que foi criado no fim de 1996 e destruído em julho de 2009 pelos *bulldozers* da polícia e pelos incêndios provocados no mesmo momento, depois de ter abrigado até 2 mil ocupantes, curdos iraquianos primeiramente e, depois, afegãos (*pachtuns* e *hazaras*). Esse foi igualmente o caso, alguns meses mais tarde, dos 60 barracos e cabanas do acampamento dos afegãos de Calais — chamado *jungle* por seus ocupantes, termo retomado pejorativamente pela imprensa — destruídos em setembro de 2009 pela polícia francesa.

Esse acampamento havia sido estabelecido após a evacuação e o desmantelamento do campo de Sangatte, no fim de 2002, depois de três anos de existência. Um balanço da experiência da permanência no campo de Sangatte pelos migrantes foi objeto de uma pesquisa de Smaïn Laacher (2002), que desempenhou um papel importante entre os que revelaram o fenômeno dos campos de estrangeiros na Europa, tanto no mundo associativo quanto entre os pesquisadores em ciências sociais. Nesse mesmo período, entre as publicizações do campo de Sangatte, convém mencionar a exposição e a obra de fotografias de Jacqueline Salmon (2002). Numerosas mobilizações sociais e intelectuais seguiram a polêmica pública em torno do "campo" de Sangatte ("centro de hospedagem e de acolhimento de urgência humanitária" da Cruz Vermelha, na linguagem oficial) e da violência de seu fechamento, no fim de 2002, por Nicolas Sarkozy, então ministro do Interior do governo francês, que evidencia a vontade de evacuação, de expulsão e, mais geralmente, de invisibilização dos exilados, potencialmente pleiteantes de asilo, ou trabalhadores imigrados.[8]

---

[8] Nesse mesmo momento político aconteceram, no início do ano 2003, as criações de Migreurop (rede de associações para a observação das migrações, das fronteiras e dos campos na Europa.

Foi, então, em um contexto nacional e europeu de "guerra" aos migrantes (Blanchard e Wender, 2007) que esses refúgios surgiram. Sua existência durante vários anos foi o resultado de uma relação de força entre os poderes nacionais e locais, de um lado, as associações de defesa dos direitos dos estrangeiros e as organizações humanitárias que agem nessas cidades, de outro, e, enfim, a insistência, a resistência e certa resiliência dos "estrangeiros" presentes nesses lugares, dispondo-os e instalando-os na paisagem urbana. A ideia de tolerância corresponde a esse produto instável das relações de força ligadas à existência desses espaços: não acolhidos e sem hospitalidade, os ocupantes são apenas tolerados.[9] Em Patras, foi assim que mais de 100 cabanas foram construídas (e frequentemente reconstruídas após uma destruição parcial pela vizinhança ou pela polícia) durante 12 anos, além da ocupação de um imóvel em construção abandonado e deixado vazio. Esse espaço se ancorou em um terreno vago cercado por imóveis e residências de habitantes das classes médias, embora estando situado a algumas dezenas de metros da entrada do porto de Patras (de onde partem os cargueiros para a Itália).

Com o tempo, o que emerge do interior desses lugares precários, no lugar das primeiras tendas e dos toldos de urgência, são porções de cidades feitas de tecidos e de papelões, de sucatas e de plásticos. Tábuas ou cercas roubadas perto do porto servem para fabricar as armações dos barracos. Paletas de manutenção são colocadas sobre o solo para isolar o chão, enquanto as paredes são isoladas graças a placas de poliestireno achadas e reunidas, o restante dessas "paredes" sendo feito de toldos de tecido plastificado e de papelões. Pedaços de carpete recuperados tornam-se tapetes, e *patchworks* de tecidos e cobertores fazem cortinas.

Em Patras, no acampamento autoestabelecido que durou 12 anos, do fim de 1996 a julho de 2009, certo "modelo" de *habitat* se desenvolveu: em um dia, uma "casa" (composta de um único ambiente de cerca de 12 m^2) podia ser reconstruída por um coletivo de trabalhadores que pareciam estar lá há tanto tempo quanto o próprio acampamento, enquanto, na verdade, o *turn over* das pessoas era elevado (alguns meses em geral, mesmo que as dificuldades de circulação dos migrantes tenham levado uma pequena parte deles a ficar mais de um ano, até mesmo dois). Mas os abrigos eram frequentemente destruídos e deviam ser reconstruídos rapidamente: uma dúzia de estacas fazia "pilotis" de 50 cm de al-

---

Disponível em: <www.migreurop.org/>) e da rede científica Terra (acrônimo em francês para Travaux, Etudes, Recherches sur les Réfugiés et l'Asile. Disponível em: <www.reseau-terra.eu/>).

[9] O termo "tolerado" é o que designa esse *no man's land* simbólico do *status* dos exilados tchetchenos na Polônia, nem integrados nem expulsos, apenas tolerados e mantidos em centros de retenção.

tura, um chão de tábuas de madeira recuperadas era colocado em cima, paredes de papelão eram recobertas por toldo plastificado.[10] Essa "arquitetura" faz pensar naquela que aparece nos campos de refugiados quando eles duram vários anos. Voltaremos a isso mais adiante.

Nos acampamentos clandestinos das florestas de Belyounech e de Gurugu, no norte do Marrocos, a alguns quilômetros das passagens fronteiriças em direção aos enclaves espanhóis no território marroquino de Ceuta e Melilla, os ocupantes chamam seus acampamentos de "guetos". Outros acampamentos, ditos *self-settled* (autoinstalados) pelas agências internacionais e humanitárias que tentam localizá-los, desenvolveram-se, por exemplo, na Libéria e em Serra Leoa durante a guerra da Mano River (1989-2004). Esse foi o caso de um acampamento autoinstalado perto da cidade de Buedu, em Serra Leoa, a cerca de 15 km da fronteira liberiana, onde foram encontrados exilados liberianos antes de qualquer reconhecimento e de qualquer controle pelo Acnur. Um número grande de refugiados liberianos havia chegado em 2001 à região, no momento da retomada dos combates na Libéria. Vindos de cidades e de aldeias situadas exatamente do outro lado da fronteira, mais de 35 mil liberianos chegaram apenas ao distrito de Buedu. Mesmo sendo eles procedentes de localidades próximas e pertencendo a linhagens aliadas, sua chegada saturou a disponibilidade residencial e, em grande parte, alimentar dos habitantes. Estes, então, pediram a seus "parentes" refugiados para se instalar em um espaço vazio na saída de Buedu. A ocupação tornou-se um campo "autoinstalado" em 2001. Ele reagrupou até 4 mil pessoas, antes que o Acnur o evacuasse inteiramente e à força, depois de cerca de dois anos de existência, argumentando que se encontrava muito perto da fronteira e que todos os refugiados deveriam ser reagrupados nos campos do Acnur situados no centro do país (eixo Bô-Kenema).

No seio do acampamento de Buedu, uma organização rigorosa dos refugiados se estabeleceu, com notadamente um *chairman* e um *secretário* do acampamento, que tinham um cálculo rígido das chegadas e partidas dos liberianos, da composição de suas famílias etc. Dois anos mais tarde, o secretário e o antigo *chairman*, que haviam recusado sua própria transferência para os campos do Acnur, haviam guardado a memória e o registro dos habitantes do acampamento. Uma organização social do mesmo tipo foi observada por vários pesquisadores nos autodenominados "guetos", "habitações" e outros acampamentos informais do norte do Marrocos (em Rabat, Gurugu e Bel Younes) para os migrantes subsaarianos em rota para o norte da África e a Europa, ou para o norte

---

[10] Ver Agier e Prestianni (2011).

do Mali, para o acolhimento e a organização dos "expulsos" dessas mesmas regiões.[11] Mesmo que esses sejam lugares de trânsito e que, de fato, o *turn over* seja alto, alguns cargos hierárquicos asseguram sua continuidade e sua organização social interna. Enfim, se esses acampamentos ganham o nome de *jungle* ou de "gueto", notemos também que, inversamente, em uma cidade de Serra Leoa na fronteira com a Libéria e a Guiné, Kailahun, no momento da saída da guerra em 2002-2003, um bairro que reagrupava migrantes liberianos não reconhecidos como "refugiados" estatutários pelo Acnur tomou o nome de "Kula *camp*": o bairro "campo" se transformara em lugar de instalação das últimas vagas de migrantes, mas também dos serra-leoneses, dos quais alguns eram deslocados internos e outros, *returnees*.[12] A maioria deles não havia encontrado na zona rural as terras perdidas por sua família durante a guerra, e o bairro dito "Kula *camp*" representava a etapa lógica de um longo deslocamento. Como foi o caso também em Angola, em seguida ao acordo de paz de 2002 (depois de mais de 30 anos de guerra e, para alguns, de exílio ininterrupto), em que o "retorno" dos refugiados e dos deslocados internos deu lugar a um crescimento urbano produzido em grande parte por instalações precárias e provisórias. Em Angola, foi pela aglomeração em torno dos antigos campos de deslocados que essa urbanização pós-guerra se caracterizou.

Nesses lugares nascidos como refúgios, abrigos ou esconderijos no coração da Europa ou na África, aquilo que seus ocupantes fazem parece o que se chama, nos bairros periféricos das cidades da África, da Ásia ou da América Latina, de bairros em "autoconstrução": as práticas e os saberes aprendidos e experimentados em situações políticas ou socioeconômicas frágeis são comparáveis. Uma transformação dos estabelecimentos provisórios se faz ao longo do tempo. É particularmente claro no caso das favelas, espaços inicialmente criados por migrantes em busca de um lugar autoestabelecido às margens da cidade e que permitiram uma ancoragem urbana original: por meio de conflitos locais, novos deslocamentos intraurbanos e reinstalações, uma estabilidade é feita sobre os limiares da grande cidade. É um processo urbano que se encontra na história popular do Brasil. Depois da implantação de abrigos nas *faveleiras*, ou *favelas* (origem do nome das construções de periferia no Brasil), no limite exterior do perímetro urbano, teve lugar sua transformação *in loco*, depois em barracos, paralelamente vindo uma densificação do *habitat* e uma complexificação do urba-

---

[11] Ver Laacher (2007:92-147) e Pian (2009). Sobre os "guetos" dos migrantes expulsos no Mali, ver Lecadet (2012).
[12] Os *returnees* são refugiados instalados na Guiné durante a guerra e repatriados em Serra Leoa pelo Acnur, com frequência coletivamente e contra sua vontade.

nismo dos lugares (ruas, escadas, sobreposições das habitações). Enfim, assiste-se à construção com material permanente, eventualmente com andares, o que se torna então casas e pequenos imóveis. Além disso, os combates políticos dos *favelados* no Brasil permitiram que, em paralelo, uma terceira evolução se fizesse e consolidasse as duas primeiras, arquitetural e urbana: uma consolidação político-administrativa graças ao reconhecimento do mundo social povoando e habitando a favela, a qual acede finalmente ao *status* de "bairro" com a chave, a oficialização do acesso às redes técnicas da cidade (água, eletricidade, rede de esgotos, coleta de lixo, transportes) e ao reconhecimento político municipal, até mesmo *in fine* à entrega dos títulos de propriedade urbana para os ocupantes.[13]

Essa história, que vai dos abrigos precários ao bairro da cidade (*favela-bairro*), é evidentemente bem mais complexa em cada caso particular do que aquilo que acaba de ser sumariamente resumido, e, sobretudo, se estende por várias décadas. Contudo, é encontrada, ainda assim, como uma tendência urbana forte em numerosos países latino-americanos entre os anos 1940 e 2000. Em um primeiro momento, nos anos 1940-1960, as "invasões" e "ocupações" urbanas dos migrantes são seguidas por expulsões violentas desde a cidade "legal" intramuros, ela mesma em crescimento demográfico e extensão geográfica, em direção à periferia exterior, marcando com frequência uma rejeição social e uma vontade política de colocar a distância migrantes pobres ou indesejáveis (1960-1970). Depois do fracasso, da resistência dos favelados e do custo econômico e político dessas estratégias de ordenação urbana, desencadeou-se, a partir dos anos 1990, uma mudança política, consistindo desde então em negociar a transformação *in loco* e progressiva dessas zonas urbanas precárias.

Transformar o campo, fundar o gueto

Se podemos, como fiz até aqui, estabelecer uma relação analítica direta entre o acampamento autoestabelecido — cujo princípio é o refúgio em um contexto que, por hostilidade ou talvez por saturação, segrega os refugiados em uma "margem" que ele simultaneamente cria — e um devir urbano que pode tomar a forma do gueto, essa relação pode rumar também para o estabelecimento de um dispositivo de controle e de assistência humanitária à margem.

---

[13] Para aproximações arquitetural e estética do *habitat* das favelas, ver Drummond (1981) e Jacques (2003). Uma síntese histórica das favelas e de sua representação no Brasil foi proposta por Valladares (2006). Para análises comparativas desse fenômeno, ver também Agier (2011a).

Tratarei, a fim de compreender esse encaminhamento, do caso dos campos de refugiados na África negra. A *démarche* considerada é a de uma etnologia urbana dos campos, a distância de outras abordagens mais antigas e mais aguardadas desse tema, como as que derivam da moral humanitária ou da geopolítica dos conflitos e deslocamentos forçados. Além disso, a questão da urbanidade não tem nenhum conteúdo normativo ou evolucionista: eu não questiono os campos em função de um objetivo que seria predefinido e que eles deveriam atingir — "a" cidade como organização do espaço, formas arquiteturais e estruturas institucionais já normatizadas e definidas como modelos. Procuro, antes, analisar criações sociais, mudanças culturais e eventualmente novas formas políticas que aparecem, uma vez que pessoas se encontram reunidas por um tempo indefinido em determinado espaço, qualquer que seja ele, e podendo mesmo ser descrito com as palavras que um dos pioneiros dos estudos urbanos utilizou para definir a cidade, isto é, como uma "implantação relativamente permanente e densa de indivíduos heterogêneos" (Wirth, 1984:260). Eu me interesso também por compreender o espaço que essa situação implica. Um campo que tem cinco anos de existência não é mais um alinhamento de tendas; ele pode assemelhar-se a uma imensa favela, bem como pode fazer pensar em uma espécie de museu espontâneo do *habitat*, no qual cada um tenta, com os materiais que encontra *in loco*, reconstituir mediocremente a forma da casa que ele conhece e que talvez saiba edificar. O resultado é uma paisagem multicolorida, de formação híbrida, os toldos de cor azul e branca do Acnur recobrindo frágeis construções em ramagem ou em terra, tecidos de sacos marcados com os selos da "União Europeia" ou "USA" servindo de cortinas na entrada das cabanas.

No nordeste do Quênia, uma zona humanitária é formada, em torno do povoado de Dadaab, por quatro campos instalados uns próximos aos outros. Eles reuniam 125 mil pessoas em 2000, cerca de 170 mil em 2008 e, em 2012, falava-se de 450 mil ocupantes, sobretudo pela chegada maciça de novos refugiados somalis em razão da retomada da guerra interna e da fome. Os campos estão lá desde 1991 e abrigam, na maioria, refugiados somalis, mas também sudaneses e eritreanos. Embora sua população seja mais numerosa que a do departamento no qual eles se encontram, os campos não aparecem no mapa do Quênia, pois são espaços concedidos pelo país ao Acnur, mas que esse país não toma a cargo. Por isso, do ponto de vista do território nacional, eles não existem, e pode-se dizer que tudo está na imagem dessa inexistência aparente e dessa ausência de reconhecimento. Os refugiados dos campos vivem à espera, uma espera que já dura mais de 20 anos para os mais velhos, e são organizações não governamentais que tomam a cargo sua alimentação, sua segurança sanitária e alguns fragmentos de animação social. Eles não têm, a princípio, o direito de trabalhar nem de circular no país, e sua presença no espaço humanitário é pensada apenas como uma etapa de transição para um retorno à "sua casa", retorno, contudo, amplamente incerto. Que eles estejam habituados a viver em um canto de espaço no campo ou que eles circulem no país de maneira clandestina, fazendo idas e vindas ao bairro somali de Nairóbi ou a seu país de origem (e pagando para isso, em segredo, os policiais que controlam seu salvo-conduto), os refugiados de Dadaab parecem ter integrado o espaço do campo a suas vidas atuais, enquanto a perspectiva do retorno se afasta.

O espaço dos campos é, *a priori*, definido da seguinte maneira: o Acnur construiu cercas que são feitas de espinhos e de arame farpado para o fechamento dos campos e, no interior, para o fechamento dos "blocos" (conjuntos de abrigos que reagrupam entre 300 e 500 refugiados em média). Os refugiados foram reagrupados segundo sua proveniência, etnia e eventualmente clãs de origem, e são em geral designados segundo sua origem étnica bastante global ou nacional. Na origem, todos eles receberam os mesmos toldos de plástico do Acnur, um colchão, alguns utensílios de cozinha e foram procurar lenha em torno do campo para fabricar cabanas com os toldos recebidos. Eles recuperaram as caixas de conserva dadas pelo PMA (Programa Mundial de Alimentos da ONU): abrindo e juntando as folhas das caixas, fazem portais, janelas, mesas. Há agrupamentos por "bloco" de abrigo. Nestes, existem às vezes interdições, ligadas a conflitos étnicos passados ou temidos. Algumas minorias étnicas internas no campo, por exemplo, os sudaneses ou os ugandeses, em parte os etíopes, têm tendência a fechar seus espaços em face dos somalis majoritários, o que traduz comportamentos de apreensão, de rejeição, de recuo ou de autodefesa. É assim que um bloco agrupa sul-sudaneses cristãos e de origem citadina. São, sobretudo, homens jovens que fugiram de sua região ainda crianças ou adolescentes, passam de um campo a outro há mais de 10 anos e criaram, em determinado momento, uma espécie de universo próprio, fechando seu bloco com altas cercas e arames farpados. No interior, recriaram um espaço microurbano todo construído em terra seca, com uma rua central, uma igreja católica em um extremo e, no outro, um templo reagrupando vários cultos evangélicos, com habitações alinhadas nas duas bordas da rua central, um canto com banheiros e duchas, e uma quadra de voleibol. Tudo isso produz a imagem de um bairro de cidade em miniatura. Todas as noites, rapazes se revezam para vigiar o perímetro do bloco. Seu temor se dirige àqueles seus vizinhos imediatos, "somalis bantos" (grupo fora de casta vindo da

Somália e reconhecido como minoria pela administração do campo), com os quais querelas às vezes acontecem, em particular por causa das crianças, que passam de um bloco a outro sem se preocupar com os temores dos adultos.

Se alguns espaços são assim fechados e protetores, seus habitantes frequentam outros lugares, mais abertos e mistos. É o que se vê com a multiplicação dos *coffee-shops* e dos *video-shops*, situados a certa distância dos setores de habitação, perto da entrada dos campos, das vias de circulação e dos pequenos mercados que se encontram também na entrada. Ali, encontros interétnicos acontecem, em detrimento dos mais velhos de alguns clãs superiores somalis. Entre os fatores de mudança importantes, é preciso igualmente mencionar o trabalho em organizações internacionais ou em associação com elas: aquelas e aqueles que são empregados pelas ONGs como "trabalhadores comunitários voluntários" ou que, sendo considerados entre as populações como os mais vulneráveis (viúvas, portadores de deficiência, castas inferiores), recebem créditos para conduzir projetos ditos "de atividades geradoras de dividendos", ou ainda aqueles e aquelas que são nomeados *leaders* de setores,[14] todos eles compõem uma categoria de refugiados levada a concorrer com ou a contestar o poder dos mais velhos étnicos (*elders*) e os valores que fundamentam esse poder.

Os ocupantes dos campos tomaram o hábito de nomear os lugares onde vivem e que eram completamente anônimos e insignificantes quando de sua chegada. Em um dos campos, por exemplo, duas pequenas ruas de terra, de 50 m de comprimento cada uma, são ladeadas por barracas nas quais alguns refugiados revendem partes da ração alimentar do PMA, ou vegetais (tomates ou cebolas) ausentes da ração e cultivados nos recantos dos blocos, ou ainda objetos de primeira necessidade. Esse lugar é chamado pelos refugiados de *the town*, em inglês, ou *magalo*, em língua somali, ou seja, "a cidade". Depois, partindo dessa "cidade", uma extensão de areia conduz às zonas onde se encontram as cabanas dos refugiados; é uma via muito larga e longa, de pelo menos 1 km: as pessoas a chamam *highway*, a autoestrada.

A observação dos campos mostra, de modo geral, um espaço emergente e literalmente desconhecido, tanto pelo pesquisador quanto pelos ocupantes quando de sua chegada.

---

[14] Um "setor" é um espaço que agrupa vários blocos de abrigos. Conta-se uma dezena deles por campo, para a representação dos quais a administração nomeia *leaders* entre os refugiados — um homem e uma mulher.

Extraterritorialidade, exceção, exclusão: heterotopias contemporâneas

Neste ponto da reflexão, é necessário forjar um conceito que dê conta da descrição generalizada e do sentido comparável dos diferentes espaços engendrados por uma exclusão igualmente comparável na escala mundial: podemos dizer, primeiramente, que se trata de espaços outros, heterotópicos, isto é, no sentido de Foucault, "espécies de lugares que estão fora de todos os lugares, embora, contudo, sejam efetivamente localizáveis" (Foucault, 2001:415). O fato de serem localizáveis permite precisamente observá-los, permanecer neles, e assim compreender pela pesquisa etnográfica sua experiência interior para descrevê-los operando um descentramento e apreender o poder de transformação que deles emana. Dessas observações de campo, proponho reter três traços comuns — a extraterritorialidade, a exceção e a exclusão —, cujo peso, comparável, mas não idêntico, variável segundo os contextos, permite compreender melhor o que une o campo, o acampamento e o gueto.

Primeiramente, esses "lugares fora de todos os lugares" são *fora de lugar* no sentido em que se constituem em *exteriores*, colocados nas bordas ou nos limites da ordem normal das coisas. São assim caracterizados pelo confinamento e por certa *extraterritorialidade*. Esta se define pelos refugiados e deslocados na experiência de uma dupla exclusão da localidade: uma exclusão de seus locais de origem, que foram perdidos pelo deslocamento, e uma exclusão do espaço das "populações locais" perto das quais se encontram implantados os campos e as outras zonas de trânsito. Outra noção foucaultiana, a dos "encarcerados fora", deve então ser reaproximada da heterotopia: é a propósito dos *boat people* do Vietnã, barcos cheios de refugiados e errando pelo mar, que no início dos anos 1980 Michel Foucault declarou, em uma intervenção militante: "Os refugiados são os primeiros encarcerados fora". E alguns anos mais tarde ele declarava: "A embarcação é a heterotopia por excelência" (Foucault, 2009:35). Um inventário dos "pedaços de espaço flutuante" (Foucault, 2009:35) é possível. Deveriam aí ser incluídas as pequenas ilhas de Nauru e de Christmas, no Pacífico, que são utilizadas pelo governo australiano como vastos centros de retenção para exilados afegãos e cingaleses colocados assim na incapacidade de penetrar no território australiano para nele fazer um pedido de asilo. Barcos, ilhas, zonas de espera portuárias, centros de retenção, campos de refugiados: o fato de que esses *fora de lugar* sejam constituídos de verdadeiros "pedaços de espaços" indica que uma segregação espacial é decretada na origem de sua existência, que uma aglomeração é formada por uma decisão do poder soberano de separar e confinar uma alteridade indesejável em tal ou tal momento da história a outra extremidade do espaço comum.

Em segundo lugar, um regime de *exceção* está necessariamente associado a essa extraterritorialidade, pois, do ponto de vista do poder soberano que decreta a heterotopia, a ficção do fora é pura miragem, sem sujeito pensante, nem identidade, nem limite material *a priori*: o espaço que representa o fora daquele que exclui se define, assim, em uma tensão entre um dentro inacessível do ponto de vista das categorias cidadãs e um fora vivido como uma forma de sobrevida, *a minima*, sob coerção e sob ameaça de afastamento. É nessa tensão ou dupla coerção que a heterotopia constitui seu artefato de exceção — barco, ilha ou campo —, um lugar de confinamento e de vida que parece se situar no meio do vazio, mas que está sempre na fronteira de uma ordem social e nacional. Quaisquer que sejam seus gestores efetivos (humanitário, administrativo, policial ou comunitário), os espaços assim *colocados em heterotopia* têm por característica comum separar, retardar ou suspender todo reconhecimento de uma igualdade política entre seus ocupantes e cidadãos comuns. É nesse sentido que se pode dizer que um regime de exceção está associado a esses espaços e que ele "contém" a ficção de extraterritorialidade.

Em terceiro lugar, à exceção no plano jurídico e político, à extraterritorialidade no plano da organização dos espaços e das fronteiras corresponde uma exclusão do ponto de vista da estrutura social. É a parte sensível e sociológica que reúne mais amplamente as formas heterotópicas. De fato, a exceção pode ser decretada para estabelecer em alguma parte uma "crise" (pessoal ou coletiva) ou um "desvio" (distância da norma e do crime): é o que fundamenta, segundo Foucault, as clínicas psiquiátricas, as prisões ou os asilos (Foucault, 2001:416). Observemos, desse ponto de vista, que os habitantes dos refúgios, campos e acampamentos põem em destaque lógicas de "crise" (uma guerra, um êxodo em massa), bem como de "desvio" (estar mesmo provisoriamente sem "documentos" ou sem visto de permanência). Mas fixando-os e reagrupando-os em coletivos nos espaços outros, a decisão do afastamento cria ao mesmo tempo comunidades sem identidade e categorias novas de párias. Segundo os contextos, os substantivos de "refugiados", de "clandestinos" ou de "guetizados" intercambiáveis.

Atualmente, os primeiros espaços nos quais vai se aninhar o refúgio são os interstícios urbanos, as construções deixadas vazias, os terrenos baldios, as florestas (ou fragmentos de floresta no quadro urbano), os cais. O estado de abandono desses espaços confirma e redobra a ausência de cidadania territorial daqueles que os ocupam: nem o Estado do qual eles têm a nacionalidade nem aquele de seu exílio lhes garantem o exercício localizado de uma cidadania nesses lugares preliminares nos quais eles se encontram. O afastamento territorial é um componente de uma exclusão social mais geral, o que não impede (e, ao contrário, permite) um uso pontual e geralmente não oficial de sua força de trabalho à margem, que se encontra por todo lado, sobretudo no trabalho ocasional e ilegal, em setores como o comércio, o trabalho doméstico, a construção ou o trabalho agrícola. Mas essa exclusão social mais geral, a que é vivida no dia a dia e se traduz em palavras repetidas por muitos com sofrimento e revolta, é também a que, com o tempo, pode fazer evoluir o coletivo, posto a distância em uma comunidade. Comunidade do instante, de sobrevida, em nada essencialista, mas que deve dar um sentido à sua existência. É uma vida de risco, e é preciso reconhecer que aqueles que a vivem não se surpreendem com a perseguição policial com a qual se deparam a cada dia. É preciso ver uma forma de objetivação e de afirmação do sujeito nessas autodesignações que são ouvidas entre os ocupantes dos acampamentos encontrados *in loco*, como "gueto", ou *jungle*, ou "cidade fora da lei". Essas palavras dão um sentido próprio e assumido (senão positivo) aos lugares que eles ocupam e habitam, e à condição de que eles partilham nesse lugar.

O gueto na globalização

Tratarei finalmente das questões relativas à qualificação urbana e política do gueto.

Uma vez que desessencializamos a fabricação do gueto, autorizamo-nos a pensar em um posicionamento dele entre as formas de socialização (aí compreendidas as urbanas) das figuras heterotópicas. Há aí um elemento de discussão com a análise das condições de classe, de relações raciais e de contextos sociológicos dos espaços de relegação que faz com que Loïc Wacquant diga, por exemplo, que há realmente gueto no caso negro americano e não no caso multiétnico francês (Wacquant, 2006).[15] Esse ponto é indiscutível na perspectiva dos contextos e das linguagens do afastamento; é, além disso, um ângulo comparativo importante sobre as polêmicas públicas (quer elas tenham por objeto a política urbana, a escola, a nacionalidade ou a religião) que colocam em cena regularmente na França a questão das periferias populares e o imaginário repugnante do gueto que as elites lhes acrescentam. Por essa razão, a antropologia dos processos do "fazer cidade" desenvolvida aqui[16] não pode atualmente dei-

---

[15] Ver também a obra coletiva de Hutchison e Haynes (2012) e, em particular, a síntese histórica e sociológica do sentido do gueto, na introdução da obra, pelos dois editores.
[16] Ver também a descrição desse processo de invenção social e de transformação urbana em Agier (2005:167-178).

xar de se questionar sobre a multiplicação das situações em que, como vimos a propósito dos campos, uma vida social e cultural se desenvolve sobre os lugares mesmos e nos limites de seu confinamento. Trata-se de um processo *urbano*, cuja qualificação moral,[17] étnica, racial, religiosa etc. se edifica em relação a esse enclausuramento urbano, para justificá-lo, consolidá-lo, adaptá-lo a ela. Em outras palavras, as alteridades aparentemente radicais e primeiras que se aninham aí e parecem lhe dar um sentido próprio ou interno são, em realidade, o fruto da relação de conflito, rejeição e resistência entre o poder soberano sobre um território e a margem que ele institui.[18] Se há realmente, como defendemos aqui, um gueto sempre *urbano*, ele se constitui em uma relação política, e a definição identitária, quer seja ela afirmativa ou negativa, é sempre predeterminada. É necessário, ainda, precisar esse ponto essencial, que recoloca em causa toda visão identitária (étnica, racial ou religiosa) *a priori* da forma gueto.

Voltemos ao refúgio, a seu princípio. Quando nos indagamos o que um campo pode virar, não há melhor forma de responder que observar o que se tornaram os campos nascidos há várias décadas, no Oriente Médio, na Ásia ou na África. Todo visitante de repente se apressará em observar que já não são exatamente campos, que são espécies de guetos ou porções de cidades. De fato, seu mundo vazio na fundação se transformou e se "encheu" interiormente; progressivamente, o espaço nu inicial se povoou; relações sociais, culturais, políticas se desenvolveram no seio de um espaço delimitado, se não totalmente fechado; hierarquias sociais, famílias, clãs e alianças se desenvolveram; ricos e pobres se dividiram; grupos políticos se formaram. Do mesmo modo que na história geral dos guetos urbanos, o desenvolvimento de uma vida "outra" no interior de um enclausuramento relativo e durável favoreceu igualmente as estratégias "identitárias", e isso qualquer que seja a linguagem que elas adotem para se distinguir (étnica, racial, nacional, religiosa etc.).

Além disso, a consolidação territorial e social dos campos tem numerosas consequências para seus habitantes, para além das traduções políticas as mais visíveis. Por exemplo, o fechamento de um campo e a devolução de sua população podem provocar um deslocamento forçado tão violento quanto aquele que acarretou a chegada dos refugiados ao campo. Em outras palavras, quando

---

[17] Penso, em particular, nas "regiões morais" de Robert Ezra Park (1984).
[18] Para um estudo da fabricação relacional, urbana, social e política da "margem" na França, ao mesmo tempo objeto de afastamento na história social e urbana e de estigmatização no presente político e simbólico, ver Beaud e Pialoux (2003).

a ideia do "lugar antropológico"[19] começa a se introduzir no mundo originalmente vazio dos *fora de lugar*, então a forma urbana que a acompanha é aquela do gueto. Podemos em seguida nos indagar se não vale mais um gueto do que um campo, no sentido de que esse mesmo gueto seria o campo que desenvolveu uma vida social e cultural no espaço mesmo de seu confinamento.

Um lugar que se quer deixar assim que a mobilidade social o permita e que pôde, contudo, se tornar um lugar de identificação, de ancoragem social, cultural, eventualmente política, é o que acontece no gueto negro americano e na periferia dita "guetizada" francesa, mas é também o que se observa nos campos de refugiados palestinos. O fato é que ser refugiado vivendo em um campo em território palestino, por exemplo, no campo de Balata em Nablus (25 mil habitantes em Balata por 300 mil no conjunto de Nablus), é, no cotidiano, viver na cidade de Nablus em posição subalterna: ali, refugiado é o *status* inferior da condição urbana palestina. Há realmente uma forma urbana que emerge na história dos refugiados palestinos: é a "guetização" dos campos (no sentido de um relativo enclausuramento espacial, sociojurídico, cultural e político), uma *forma gueto* que incita os refugiados a deixar os campos se quiserem se elevar socialmente, ou a transformá-los graças ao desenvolvimento de uma economia informal, mas também e contraditoriamente, a neles localizar sua identidade de vítimas da *Naqba* (o êxodo de 1948 depois da fundação do Estado judeu em sua terra) e então de palestinos como encarnações da ausência e da espera do "retorno".

Antes ainda da alteridade do gueto, convém evocar que um migrante afegão e *leader* do acampamento de Patras, descrito anteriormente, utilizava a denominação "cidade fora da lei" para definir essa instalação. As formas materiais e sociais dessas instalações somente são definidas como "selvagens" enquanto sua "realidade" é representada em uma ligação com o Estado. Ora, é este último que tem o poder de decretar a distância em relação ao Estado e o limite da ordem comum. Os espaços do degredo [*ban*] ou do degredado [*banni*] (literalmente o "lugar banido" [*ban-lieu*]), mantidos a distância e à margem da vida como do Estado, estão em uma distância e em uma margem decretadas pelo próprio Estado.[20] Este último localiza sua própria margem, lugar de sua desordem, seu fora e sua fronteira exterior, e nesse fora circunscreve e encerra toda ideia de uma

---

[19] Para Marc Augé (1992), o que caracteriza o "lugar antropológico" é o fato, para determinado espaço, de ser o referencial e o suporte de uma memória, de uma identidade e de um conjunto de relações.

[20] A propósito do "lugar banido [*ban-lieu*]", ver Agamben (1997).

alteridade definida por dissecação e separação, por distância e por oposição a um território formado pela cidade e pelo Estado.

É nesse mesmo quadro que se desenha em seguida uma evolução tanto urbana quanto política, em que o nome substantivado de gueto acaba por significar esse espaço colocado à parte nesse momento do processo. Como se sempre estivesse estado aí, realidade primeira e evidente, ele seria dotado de sentido intrínseco ("interno") natural e, assim, essencialista: o Estado em sua função de polícia será bem-sucedido em apontar os perigos do essencialismo do qual ele produziu o lugar, os contornos e as razões. A relação desses *espaços outros* com o Estado toma a aparência de uma relação de exterioridade, até mesmo de conflituosidade (por exemplo, na retórica republicana francesa do Estado contra os "comunitarismos"), enquanto é sempre uma política de rejeito e de afastamento, portanto um laço forte (encarnado notadamente pela violência do Estado quando ele define seu limite, seu lugar do degredo), que produz a verdadeira "essência" do gueto como distância política territorializada.

Nascido como refúgio, todo gueto se transforma segundo uma dinâmica cujas descrições da vida cotidiana de seus habitantes mostram o caráter ambivalente, contraditório, em particular nas relações de poder. Nesse registro, a relação com "o exterior" do gueto é onipresente e constituinte: ela é *a minima* representada pela relação com a força pública do Estado, sua polícia, sua administração, sua violência, sua ordenação.

É possível que haja no mundo, em determinado momento, Estados diferentes dessa forma urbana no limite. Assim, a estrutura interna do gueto se desfez nos Estados Unidos, segundo Loïc Wacquant, com os processos institucionais que ligaram sua história ao resto da sociedade americana. Êxodo das famílias negras em ascensão social para outros bairros próximos (eles mesmos deixados pelos brancos por causa da proximidade do gueto) e empobrecimento (por causa do desemprego) daqueles que ficaram no gueto. A "desproletarização" e o "isolamento social aumentado" de uma parte da população negra de Chicago nos anos 1970-1980 desfazem violentamente a estrutura social do que Wacquant chama de "gueto comunitário". É a época em que emerge a figura do "hipergueto", definido como "território de abandono" (Wacquant, 2006:57-76).

Eu me pergunto se, atualmente, outra história, globalizada, já não substituiu histórias locais e nacionais, que não são mais em nenhuma parte somente locais ou nacionais. Certamente, se acreditamos em Wacquant, o "hipergueto" é localmente uma transformação interna do gueto — que remeteria, então, a uma história americana, social e racial —, mas a análise comparativa mostra que ele participa também, e além disso, de uma evolução mundial em direção a uma fragmentação "solidificada" do mundo e a uma fabricação de um vasto espaço de relegação, ou um tecido global de espaços locais, formando um *lugar banido* generalizado ao mesmo tempo que a globalização avança. Tornando-se o espaço de seu remanescente e de seu limite, ele depende, então, de uma história mundial, o gueto em sua forma "americana" sendo de algum modo ultrapassado, redefinido e por toda parte "reinterpretado" pelo processo de uma globalização excludente.[21] Uma variedade de espaços intermediários, de trânsito ou transição, de espaços limites e liminares permite caracterizar o estado mais ou menos socializante e mais ou menos urbano desse lugar banido da globalização.

Uma mudança de escala é, então, necessária. Nos campos, nos acampamentos, nos espaços transitórios e temporários, a possibilidade do "gueto comunitário" e a do *status* legal de inscrição local como "refugiado" ou "migrante" tornaram-se horizontes desejados porque interditados, perdidos ou de acesso extremamente difícil. Estabelecendo uma relação constante entre as escalas mundial e local, urbana e política, impõe-se a evidência de que a problemática do refúgio, do acampamento urbano e do gueto é essencialmente anticulturalista, mesmo que se construa em uma soma sem fim de processos locais. De fato, trata-se de compreender a formação de novos espaços que se edificam sempre na fronteira, nos limbos e nos limites do social e do nacional — as linguagens culturais vindo legitimar, de modo arbitrário e relativo, as separações e as partições do comum. Essa globalização do rejeito do lugar banido conduz necessariamente a uma reflexão sobre a ficção extraterritorial que determina o sentido desses *fora de lugar*. Esta toma dois aspectos que podemos identificar como duas "narrativas" do gueto.[22] Ambas estão estreitamente ligadas a uma mesma tensão que caracteriza a relação dos guetos com seu Estado. De um lado, a do poder soberano, uma retórica estigmatizante de rejeito de tudo o que é definido como "guetizado": são discursos governamentais de caráter político, identitário e culturalista (étnico-nacionais em particular, para evocar o caso europeu da última década). Eles visam a legitimar a proliferação dos muros, das barreiras, das expulsões de estrangeiros, dos campos e dos bairros fechados, inventando sem parar novas estraneidades. Para eles, o gueto é um mal que deve ser reprimido e erradicado.

De outro lado, a da política: outra globalização do gueto se realiza na rápida e ampla circulação da própria palavra. A palavra simboliza reunião: da autodesignação dos grupos de *rap* dos meios populares, urbanos e cosmopolitas na

---

[21] Ver Bauman (2006).
[22] Didier Lapeyronnie (2008:189) evoca em um contexto francês e em um sentido um pouco diferente as duas narrativas, positiva e negativa, do gueto.

França, em Burkina Faso, no Senegal ou no Brasil aos percursos urbanos dos bandos de rua em Abidjan, ou aos acampamentos auto-organizados de migrantes africanos nas florestas do Marrocos próximas da fronteira espanhola, *gueto* é o nome próprio e o sentido reapropriado de uma resposta imediata a toda forma de afastamento, o título da retórica inversa da precedente, vindo em sustentação de uma sobrevida e das "resistências" que se organizam *in loco* e podem talvez se projetar em um horizonte mais aberto, global e em rede. Mais do que um bairro, do que um local específico, a palavra *gueto* designa, então, o cotidiano da própria vida, a rede dos lugares frequentáveis pelas "crianças do gueto".[23] Para eles, o gueto não é um bem, mas é o lugar, os lugares ou o mundo vivido a partir de onde se inventa a sequência... "o direito de existir".

Há, hoje em dia, um conflito entre essas duas narrativas e as linguagens que elas portam, como há um conflito mais amplo, na escala mundial, entre a produção das classes, dos lugares e das nações que dominam a formação do mundo globalizado e a globalização de seus restos.

Referências

AGAMBEN, Giorgio. *Homo sacer*: Le Pouvoir souverain et la vie nue. Paris: Seuil, 1997. (Coleção L'Ordre Philosophique).

AGIER, Michel. Between War and City: Towards an Urban Anthropology of Refugee Camps, *Ethnography*, Londres, v. 3, n. 3, p. 317-366, 2002.

_____. Faire ville aujourd'hui, demain: réflexions sur le désert, le monde et les espaces précaires. In: CAPRON, G.; CORTES, G.; GUETAT, H. (Org.). *Liens et lieux de la mobilité, ces autres territoires*. Paris: Belin, 2005. p. 167-178.

_____. *Antropologia da cidade*: lugares, situações, movimentos. São Paulo: Terceiro Nome, 2011a.

_____. *Managing the Undesirables*: Refugees Camps and Humanitarian Government. Cambridge: Polity Press, 2011b.

---

[23] Ver, por exemplo, a canção "Ghetto biiga" ("Crianças do gueto", em língua *moore*), pelo grupo de *rap* burkinense Faso Kombat (álbum *Diamant et miroir*, 2007) (cf. Cuomo, 2012). Sobre o fundo de um trecho de áudio do filme brasileiro *Cidade de Deus* (F. Meireles e K. Lund, 2003), cujo sucesso mundial trouxe à cena tanto o enclausuramento urbano desse bairro periférico do Rio de Janeiro quanto certa estetização da violência, as palavras da canção "Ghetto biiga" evocam, por sua vez, o reconhecimento e o respeito: "*Je portais un flingue, mais j'suis pas un gangster, juste un business man. Tu comprends? C'est important l'allure, dans le gueto il faut faire reconnaître qui tu es.* [...] *La persévérance affaiblit la difficulté, ton insistance te donne le droit d'exister*" (Eu andava armado, mas não sou um gânster, somente um *business man*. Compreende? É importante a atitude, no gueto é preciso mostrar quem você é. [...] A perseverança diminui a dificuldade, sua insistência te dá o direito de existir) (Cuomo, 2012:81).

_____. *Campement urbain*: Du Refuge naît le ghetto. Paris: Payot, 2013.
_____; PRESTIANNI, Sara. *Je me suis réfugié là!*: bords de routes en exil. Paris: Donner Lieu, 2011.
AUGÉ, Marc. *Non-lieux*: introduction à une anthropologie de la surmodernité. Paris: Seuil, 1992.
BAUMAN, Zygmunt. *Vies perdues*: La Modernité et ses exclus. Paris: Payot, 2006.
BEAUD, Stéphane; PIALOUX, Michel. *Violences urbaines, violence sociale*: genèse des nouvelles classes dangereuses. Paris: Fayard, 2003.
BLANCHARD, Emmanuel; WENDER, Anne-Sophie (Coord.). *Guerre aux migrants*: Le Livre noir de Ceuta et Melilla. Paris: Syllepse/Migreurop, 2007.
CUOMO, Anna. *Entre représentations et stratégies personnelles*: Une Ethnographie auprès de rappeurs à Ouagadougou (Burkina Faso). Memorial (mestrado 2 em antropologia) — École des Hautes Études en Sciences Sociales, Paris, 2012. (Orientação de Fabienne Samson).
DRUMMOND, Didier. *Architectes des favelas*. Paris: Dunod, 1981.
FOUCAULT, Michel. Outros espaços. In: _____. *Estética*: literatura e pintura, música e cinema. Rio de Janeiro: Forense Universitária, 2001. v. III.
_____. Les Hétérotopies. In: _____. *Le Corps utopique, les hétérotopies*. Paris: Nouvelles Éditions Lignes, 2009. (Textos inéditos seguidos de uma apresentação de Daniel Defert).
HUTCHISON, Ray; HAYNES, Bruce D. (Org.). *The Ghetto*: Contemporary Global Issues and controversies. Boulder, Colorado: Westview, 2012.
JACQUES, Paola Bereinstein. *Estética da ginga*: a arquitetura das favelas através da obra de Hélio Oiticica. Rio de Janeiro: Casa da Palavra, 2003.
LAACHER, Smaïn. *Après sangatte*: nouvelles immigrations, nouvelles questions. Paris: La Dispute/Snédit, 2002.
_____. *Le Peuple des clandestins*. Paris: Calmann-Lévy, 2007.
LAPEYRONNIE, Didier. *Le Ghetto urbain*. Paris: Robert Laffont, 2008.
LECADET, Clara. Tinzawaten, c'est le danger pour nous les immigrés!. *Hermès*, n. 63, 2012.
MICHELET, Jules. *Histoire romaine*. Paris: Hachette, 1833.
PARK, Robert Ezra. La Communauté urbaine: Un Modèle spatial et un ordre moral. In: GRAFMEYER, Yves; JOSEPH, Isaac (Org.). *L'École de Chicago*: naissance de l'écologie urbaine. Paris: Aubier, 1984.
PIAN, Anaïk. *Aux nouvelles frontières de l'Europe*: L'Aventure incertaine des sénégalais au Maroc. Paris: La Dispute, 2009.
SALMON, Jacqueline. *Sangatte, le hangar*. Paris: Trans Photographic, 2002.
VALLADARES, Licia. *La Favela d'un siècle à l'autre*. Paris: Maison des Sciences de l'Homme, 2006.
WACQUANT, Loïc. *Parias urbains*: ghetto, banlieues, État. Paris: La Découverte, 2006.
WIRTH, Louis. Le Phénomène urbain comme mode de vie (1938). In: GRAFMEYER, Y.; JOSEPH, I. (Ed.). *L'École de Chicago*: naissance de l'écologie urbaine. Paris: Aubier, 1984.

CAPÍTULO 2

Fronteiras da lei como campo de disputa: notas inconclusas a partir de um percurso de pesquisa

VERA TELLES

ESTE TEXTO TRATA dos jogos de poder inscritos na trama dos ilegalismos que se alojam, hoje, no cerne da vida e economia urbanas, aqui e alhures.[1] Toma como referência as evidências de um mundo urbano alterado e redefinido por formas contemporâneas de produção e circulação de riquezas, que ativam os circuitos da chamada economia informal, que mobilizam as várias figuras do trabalho precário e se processam nas fronteiras incertas do formal e informal, legal e ilegal, também o ilícito (Telles, 2009). O fato é que a transitividade entre formal e informal, legal e ilegal, também o ilícito constitui um fenômeno transversal na experiência contemporânea e está no cerne dos processos de mundialização, que fizeram expandir os circuitos informais e ilegais das economias. E é isso justamente que exige um esforço no sentido de prospectar o modo como esses deslocamentos e essa transitividade se fazem em suas interações com os circuitos urbanos de circulação de riquezas e as relações de poder em seus pontos de interseção.

Essas são questões que eu trabalhei em textos anteriores, apoiando-me em um programa de pesquisas já de muitos anos, envolvendo um coletivo de pesquisadores em duas frentes articuladas de investigação: os mercados de consumo popular no centro da cidade de São Paulo e o varejo da droga em um bairro da periferia da cidade. De forte conteúdo etnográfico, tais pesquisas nos permitiram seguir e descrever essa transitividade de pessoas, bens e mercadorias entre o formal e o informal, o legal e ilegal, o lícito e o ilícito. Mais ainda, o mais importante: as pesquisas nos permitiram flagrar as fricções engendradas nas passagens dessas fronteiras porosas. Fronteiras porosas, mas não vazias: os espaços não são lisos e sim estriados, para usar os termos de Deleuze e Guatarri

---

[1] Devo aqui agradecimentos mais do que sinceros aos comentários e sugestões que Patrícia Birman fez a propósito da versão original deste texto. Não estou nada segura de ter conseguido respondê-los, mas a tentativa foi feita.

(1980), e é justamente nesses estriamentos que se dão os agenciamentos políticos que condicionam (permitem, bloqueiam, filtram, direcionam) a circulação de pessoas, bens e mercadorias nos espaços urbanos.

Em um primeiro momento, essas questões se apresentaram nas filigranas dos percursos, que tratamos de reconstituir, de trabalhadores que lançavam mão de forma descontínua e intermitente das oportunidades legais e ilegais que coexistem e se superpõem nos mercados de trabalho: as "mobilidades laterais" entre o formal e o informal, legal e ilegal, para usar os termos de Ruggiero e South (1997) ao descreverem situações parecidas, alojadas, hoje, no coração das economias urbanas também dos países do Norte. Ao seguirmos esses percursos, chamava-nos a atenção o modo como os indivíduos transitavam (e transitam) nas fronteiras porosas do legal e do ilegal, fazendo uso dos códigos e repertórios de ambos os lados. Sobretudo, chamava-nos a atenção o exercício de algo como uma "arte do contornamento" dos constrangimentos, ameaças e riscos (também riscos de morte) inscritos nesses pontos de passagem: o pesado jogo de chantagem e extorsão de fiscais de prefeitura e das forças da ordem; a violência da polícia sempre presente nesses percursos; também os controles mafiosos de territórios e pontos de venda, bem como a eventualidade de algum desarranjo nos acertos instáveis com os empresários do ilícito (não apenas dos negócios da droga). "Ardis de uma inteligência prática", essa noção trabalhada por Detienne e Vernant (1974) nos foi especialmente valiosa para entender o modo como os indivíduos lidam com as circunstâncias movediças nas fronteiras do legal-ilegal e fazem, a cada situação, a negociação dos "critérios de plausibilidade moral" de suas escolhas, para usar os termos de Ruggiero e South ao caracterizar a lógica da "economia de bazar" que hoje se instala no coração das economias urbanas: nos termos nativos, os critérios do "certo" e do "errado" — "é preciso andar pelo certo" é a expressão que se ouve nesses lugares. Também: o modo como, nesses pontos de fricção, os indivíduos negociam os parâmetros do aceitável e os limites do tolerável nos jogos de poder que se estruturam nesse seu encontro com as injunções da lei e da ordem (Telles e Hirata, 2010; Telles, 2010a; Hirata, 2010).

Esses agenciamentos práticos nas dobras do legal e ilegal nos pareciam (e nos parecem) estratégicos para entender os ordenamentos sociais que se processam nos circuitos dos mercados informais e ilegais da cidade. Foi daí que partimos, desdobrando nossas questões de pesquisa à medida que tratamos de entender a mecânica desses agenciamentos. O que poderia ser visto como versão atualizada da "viração" associada à cultura popular ou à "dialética da malandragem", para lembrar aqui o texto famoso de Antônio Candido, passava a ganhar outra fatura. Muito longe das visões algo pacificadas do mundo social veiculadas por essas expressões, essas dobraduras do legal e ilegal pareciam circunscrever jogos de poder e relações de força, campos de tensão e de conflito, que precisariam ser bem entendidos. Certamente, algo constitutivo da "economia de bazar," para reter os termos de Ruggiero e South, e que, no caso de nossas cidades, carrega uma história de longa data, acompanhando os percursos dos desde sempre expansivos mercados informais, sempre próximos e tangentes aos mercados ilícitos, entrelaçados, ambos, nos tempos, fatos e circunstâncias da história urbana. Mas esses agenciamentos nos pareciam, sobretudo, estratégicos para entender as inflexões recentes desses mercados por conta de suas conexões com os circuitos ilegais de economias transnacionais. No coração da modernidade globalizada da(s) cidade(s), esses mercados mudaram de escala e ganharam outras configurações, acompanhando ritmos e evoluções aceleradíssimos da abertura dos mercados e expansão de circuitos transnacionais por onde circulam bens e mercadorias, transpassando fronteiras, regulamentações, restrições nacionais, de que o fenômeno massivo do contrabando e falsificações é o registro visível nos centros urbanos dos países a norte e a sul, leste e oeste do planeta. Em São Paulo, no mesmo período e mais intensamente a partir dos anos 2000, o mercado varejista de droga se estruturou de forma mais ampla e mais articulada do que em décadas passadas. Mas isso também significa dizer que a expansão da economia da droga e suas capilaridades no mundo urbano acompanharam a aceleração dos fluxos de circulação de riquezas em uma cidade que, no correr desses anos, também se firmou e se confirmou na potência econômica e financeira própria de uma cidade globalizada (Telles, 2010b).

Era (e é) possível seguir — e fazer a etnografia — dos agenciamentos políticos dos quais depende essa ampla circulação de bens, produtos e populações que transitam nesses mercados, ou seja, jogos de poder que se faziam nas dobras do legal e ilegal, quer dizer: corrupção, mercados de proteção e práticas de extorsão que variam conforme circunstâncias, contextos e microconjuturas políticas, também dos níveis de tolerância ou incriminação que pesam sobre essas atividades (Freire, 2012). Isso, em um primeiro momento, aparecia nas filigranas das "histórias minúsculas" que recolhíamos em nosso trabalho de campo, ganhava outra envergadura e delineava a face política desses mercados. E era o que nos parecia (e nos parece) importante de ser bem entendido. Aqui, neste registro, a noção de mercadoria política proposta por Michel Misse (2006) foi (e é) de especial importância para conferir inteligibilidade a esses agenciamentos nas dobras do legal e ilegal. É uma noção que opera efetivamente como um operador analítico: desativa a categoria moral-normativa de corrupção, desloca a discussão do campo da avaliação moral dessas práticas e define um espaço conceitual a partir do qual é possível deslindar a dinâmica política desses mercados, melhor dizendo: o lugar do Estado na formação e estruturação desses mercados. O que está aqui sendo formulado como dobras do legal e ilegal qualifica-se e ganha em precisão. Nos termos de Misse, trata-se da articulação desses mercados, informais e ilícitos, como outro mercado, um mercado político, também ilegal, que passa por dentro dos aparatos legais/oficiais e nos quais são transacionadas as mercadorias políticas (acordos, suborno, compra de proteção, corrupção) das quais dependem o funcionamento desses mercados e que são constitutivos de seus modos de regulação.

Nas páginas que seguem, eu gostaria de retomar e desdobrar algumas dessas questões (apenas algumas) em uma tentativa de avançar o que pode ser entendido como pistas e hipóteses de trabalho a serem experimentadas em nossas pesquisas. Isso também esclarece, assim espero, o estatuto deste texto: não se trata de apresentar e discutir as cenas etnográficas encontradas em nossas pesquisas, mas de um esforço de refletir sobre (e a partir) dessa experiência compartilhada de pesquisa, em uma tentativa de qualificar os jogos de poder e relações de força que se armam nos meandros desses mercados.

A discussão que segue se organiza em torno de duas ordens de questões:

a) primeiro ponto — os campos de força que se estruturam nas dobras do legal e ilegal. Isso me parece importante para conferir estatuto (e disso tirar consequências) à dinâmica dos conflitos, disputas e tensões que se armam nesses pontos de fricção com as forças da lei e da ordem, no jogo oscilante de práticas que transitam entre tolerância, formas de negociação, dispositivos de controle e repressão. É por esse prisma que se pode dizer que nesses campos de força se processa uma disputa pelos sentidos de ordem e seu inverso, bem como os critérios de legitimidade dos ordenamentos sociais que vêm se engendrando nas fronteiras incertas — e em disputa — do legal e ilegal. Essa é uma hipótese lançada em textos anteriores (Telles e Kessler, 2010; Telles e Hirata, 2010; Telles, 2010a) e que eu gostaria aqui de retrabalhar.

b) segundo ponto — o estatuto e o lugar das etnografias desses mercados, informais e ilegais, já aviso, de partida, que não se pretende aqui entrar na espinhosa polêmica, cara aos antropólogos, sobre a escrita etnográfica e, tampouco, se pretende enfrentar a também espinhosa discussão sobre os desafios teórico-metodológicos postos pelas dinâmicas transnacionais que redefinem por inteiro o campo empírico do trabalho etnográfico. Essas são questões importantes, mas sua discussão ficará para outro momento. Aqui, o ponto é outro e diz respeito ao estatuto da informação que se pode produzir na descrição desses agenciamentos políticos, que nos interessa aqui bem entender. Na verdade, é uma segunda hipótese que eu gostaria de experimentar, uma hipótese teórico-metodológica que diz respeito ao modo de tratar a presença (e o lugar) do Estado e dos dispositivos legais nesses mercados e que remete ao que alguns autores vêm propondo nos termos de uma antropologia do Estado visto pelo ângulo de suas práticas em contextos situados ou, como propõem Das e Poole (2004), a partir de suas "margens". Se essa é uma perspectiva fecunda de análise, será preciso então levar a sério o que as autoras (e outros autores, em outras chaves teóricas) propõem, quando dizem que é nessas "margens" que o "Estado está redefinindo seus modos de governar e legislar", pois isso requalifica as "cenas etnográficas" que trabalhamos em nossas pesquisas, postos de observação privilegiadíssimos para entender o modo como ordenamentos sociais são fabricados no coração dos campos de tensão e disputa que se armam justamente nos seus pontos de fricção com a lei e o poder.

As fronteiras da lei como campo de disputa

Antes de mais nada, será preciso se deter sobre essa transitividade entre o formal e o informal, legal e ilegal, e também o ilícito, que está no centro das dinâmicas urbanas de nossas cidades. Como muitos já notaram, trata-se de uma trama intrincada de relações que torna inviável sustentar definições fixas, classificatórias e normativas dessas categorias. A etnografia desses mercados mostra uma composição variada de procedimentos e expedientes formais e informais, legais e ilegais postos em ação para a circulação e transação desses produtos: as mercadorias podem ter uma origem formal-legal, chegando ao consumidor pelas vias das práticas do comércio de rua, da fraude fiscal nas lojas em que são negociadas, passando (ou não) pelos trajetos do "contrabando de formiga" nas regiões de fronteira ou, então, pelos trajetos mais obscuros e mais pesados dos empresários dos negócios ilegais que agenciam o contrabando dos produtos que chegam pelos contêineres desembarcados nos principais portos do país (Freire, 2012). Os atores também transitam de um lado e de outro das fronteiras porosas do legal e do ilegal: ambulantes em situação regularizada pela prefeitura, mas que se abastecem de produtos de origem incerta, quase sempre indiscernível (contrabando, falsificações, "desvio"); pequenos comerciantes envolvidos nos negócios do contrabando, mas que cuidam de respeitar (na medida do possível) os códigos legais na montagem de seus negócios. Ainda: migrantes bolivianos em situação regularizada e que estão à frente (patrões) de confecções de produtos falsificados, infringindo ao mesmo tempo códigos da legislação do trabalho, além do emprego de migrantes em situação irregular (conterrâneos e outros, como os paraguaios), tudo isso se compondo (mas nem sempre), como mostra Tiago Cortês (2013), em modulações variadas, em uma nebulosa de situações incertas entre o legal e o ilegal, que acompanham as extensas redes de subcontratação vinculadas ao poderoso e globalizado circuito da moda e das grifes famosas. Também: empresários chineses bem estabelecidos, migração mais antiga, situação regularizada e de posse de títulos da cidadania brasileira e que, como mostra a pesquisa de Douglas Toledo Piza (2012), fazem uso dos recursos legais de que dispõem para se lançar nos nebulosos negócios de importação (quer dizer: contrabando) e os negócios imobiliários, também nebulosos, vinculados às galerias que se multiplicaram nos últimos anos nos centros do comércio popular em São Paulo: verdadeiros *scale makers* (Schiller e Simsek-Caglar, 2011) que alteram a dinâmica desses mercados, ativando recursos e dispositivos que viabilizam a circulação ampliada dos produtos *made in China.*

Quanto aos mercados de bens ilícitos, essa transitividade entre o formal e o informal, legal e ilegal, processa-se nos meandros da "economia de bazar" que hoje se instala no coração dinâmico das economias urbanas. É questão que também aparece nas filigranas das etnografias desses mercados, aqui e alhures (Kokoreff, 2000; Peraldi, 2007; Guez, 2007): uma superposição de atividades informais e ilegais na qual os fluxos de dinheiro, de mercadorias, de bens de origem ilícita e também as drogas se entrecruzam em um complexo sistema de trocas, inscrevem-se no jogo das relações sociais e passam a compor as dinâmicas urbanas que transbordam amplamente o perímetro dos territórios da pobreza. Mesmo quando se consideram as atividades inequivocamente criminosas (quer dizer: sujeitas aos processos de incriminação), como é o caso dos pontos de venda de droga em um bairro de periferia, as situações perdem a nitidez suposta nessas formas de tipificação quando seguimos os traços dos percursos de bens e pessoas nas dinâmicas locais e do entorno imediato.

Assim, por exemplo, na região em que fazemos nossas pesquisas, temos o exemplo do traficante local, patrão da "biqueira" instalada no bairro e que, preocupado com seu futuro e o de sua família, trata de abrir um pequeno empreendimento no entorno próximo, uma loja de roupas ou, então, no caso de um gerente desse mesmo ponto de drogas, uma *lan-house* intensamente frequentada pelos jovens da região. Um e outro, com a *expertise* própria dos que sabem lidar com os meandros das atividades ilegais, tratam de se precaver e evitar complicações com fiscais da prefeitura, de tal modo que seus empreendimentos, na contramaré do que acontece em todos os lugares, são mais do que legais —

produtos comprados em lojas, com nota fiscal, nada pirateado, nada falsificado, tudo comprovado e tudo muito bem documentado em registros formais-legais. Ao mesmo tempo que se tornam pequenos empreendedores locais, são eles, junto com outros tantos seus parceiros nos negócios ilícitos, que fazem circular algo como os "excedentes" dos negócios da droga ao promover melhorias nos campos de várzea, distribuir cestas básicas, organizar festas juninas e, não poucas vezes, fazer a mediação e a negociação com órgãos da prefeitura responsáveis por esses assuntos locais. A descrição dessas situações já foi feita em outras ocasiões e não é o caso de retomá-las (Telles e Hirata, 2007, 2010; Telles, 2010a; Hirata, 2010).

Poderíamos multiplicar os exemplos. Por ora, importa salientar essa multiplicidade e heterogeneidade interna às situações de formalidade ou legalidade, tanto quanto às situações informais e ilegais. Esta a primeira questão a ser destacada: as fronteiras do legal e do ilegal não são lineares, muito menos dicotômicas. Dispositivos (e práticas) formais e informais, legais e ilegais operam como agenciamentos práticos, situados, fazendo a combinação de recursos e repertórios de um lado e de outro; algo como marcadores e pontos de referência que fazem o traçado de territórios rizomáticos transpassados por redes superpostas de coisas e pessoas, transversais às várias situações de vida e trabalho e que se desdobram em outras tantas situações e outras tantas teias de relações situadas em outros contextos próximos ou superpostos (Chauvin, 2009; Fischer e Spire, 2009; Heyman, 1999).

Se é verdade que essa transitividade entre o legal e ilegal, entre o formal e informal vem sendo flagrada em inúmeras pesquisas e está no cerne das questões discutidas por vários autores, também é verdade que as dimensões políticas dessas práticas e dessas atividades nem sempre são problematizadas. E é isso que será preciso entender. O fato é que se há porosidade nas fronteiras do legal e ilegal, formal e informal, nem por isso a passagem de um lado a outro é coisa simples. Esse o ponto a ser discutido: leis e códigos formais têm efeitos de poder e condicionam o modo como esses mercados e essas atividades se estruturam.[2] Circunscrevem campos de força e é em relação a eles que essa transitividade de pessoas, bens e mercadorias precisa ser situada. E, a rigor, descrita. São campos de força que se deslocam, se redefinem e se refazem conforme a vigência de formas variadas de controle e também, ou sobretudo, os critérios e procedimentos de incriminação dessas práticas e dessas atividades, oscilando entre a tolerância,

---

[2] Essa é questão trabalhada, e bem trabalhada, por Rabossi (2004). Para uma discussão próxima ao que se está aqui propondo, ver Cunha (2006).

a transgressão consentida e a repressão conforme contextos, microconjunturas políticas e as relações de poder que se configuram em cada qual.[3]

Essas fronteiras, portanto, são politicamente sensíveis. E isso significa dizer que será importante colocar no foco da análise justamente os jogos de poder que se processam nas dobras do legal e ilegal, do formal e informal. É por esse prisma que se pode dizer que nesses campos de força se processa uma disputa surda ou aberta sobre os sentidos de ordem e seu inverso, bem como dos critérios de legitimidade dos ordenamentos sociais (também em disputa) que vêm se engendrando nessas fronteiras incertas.

***

Para bem situar essas questões, permito-me lançar mão de uma situação trabalhada por Maria Pita (2012) em Buenos Aires: é uma situação que nos interessa, pois, no conflito aberto em torno de ambulantes senegaleses, é possível apreender o que parece estar em jogo nesse campo de disputa estruturado em torno dos centros de comércio popular em São Paulo, quiçá em outros lugares. Migrantes recentes, em sua maioria em situação irregular, desenvolviam um comércio de rua interditado por lei e pelos códigos urbanos nos lugares em que se instalaram. As denúncias se multiplicaram: maus-tratos por parte das forças policiais, violência, abuso de poder, discriminação racial, além da expropriação dos bens e ganhos obtidos com o comércio informal. Também: o escândalo da diferença de tratamento em relação a outros ambulantes, com os quais prevaleciam acordos (*arreglos*, como se diz em espanhol) e transações em troca de garantia de não serem molestados, o que supunha certas credenciais de que os senegaleses se viam despojados (familiaridade com a língua, também com as regras do jogo, além dos traços evidentes da discriminação étnico-racial). A situação terminou por mobilizar advogados ativistas dos direitos do homem e desdobrou-se nas instâncias judiciais para resolver um litígio em que estavam em jogo os modos de aplicação da lei e os modos de operação das forças da ordem.

Este o ponto que interessa frisar: nas cenas descritas por Maria Pita, os sinais do legal e ilegal se invertem, para colocar em foco a irregularidade, quando não a ilegalidade, nos modos de operação das forças de ordem: os *arreglos* e a compra de proteção para uns; a violência extralegal para os outros, os senegaleses. Quanto a estes, a suposta ilegalidade de suas atividades foi colocada em questão

---

[3] Em textos anteriores, essas questões foram desenvolvidas pela perspectiva da "gestão diferencial dos ilegalismos". Cf. Telles (2010a); Telles e Hirata (2010).

em uma disputa de interpretação da própria lei, alimentada pelas ambivalências dos códigos legais que abririam brechas pelas quais a atividade de sobrevivência que eles desenvolviam não poderia ser tipificada como ilegal, nem crime, nem contravenção. No final, a solução não foi favorável aos senegaleses. Em nome da lei e da ordem, os poderes de polícia foram reafirmados como modo de gestão e regulação desses territórios. Na prática, pelo ângulo dos modos de operação das forças da ordem, nos contextos situados em que operam, os poderes de polícia foram reafirmados na sua faculdade de aplicar (ou não aplicar) a lei conforme as circunstâncias e segundo seu poder discricionário, autorizando uns e interditando outros, tipificando os supostos delitos de uns e outros (crime, contravenção), também abrindo a uns (e não a outros) um muito ambivalente e cambiante jogo de acordos e negociações, entre chantagem e compra de proteção em troca da não aplicação da lei.

Nessa cena aberta em torno dos senegaleses em Buenos Aires, temos, em filigrana, o que parece estar contido nos campos de força estruturados em torno dos mercados informais de São Paulo. Assim, por exemplo: recentemente (desde 2009), para contornar as formalidades legais para prender e submeter a julgamento alguém pela prática de pirataria (exigência de ordem judicial a partir de denúncia das "vítimas", os representantes das marcas), as forças policiais passaram a aplicar amplamente outros modos de tipificação legal — crime contra as relações de consumo, sonegação fiscal ou formação de quadrilha. Ao mesmo tempo, em nome da lei e segundo a lógica do "combate à pirataria" e da "guerra ao crime", nesse mesmo período, a prefeitura de São Paulo revogou as licenças de trabalho de que se beneficiava uma parte dos ambulantes na cidade. São os chamados termos de permissão de uso (TPUs). Mas também aqui, para contornar as formalidades administrativas e legais existentes para a cassação de uma licença antes concedida, os recursos foram variados: a força policial foi usada amplamente para repressão dos ambulantes e confisco de suas mercadorias com justificativas nebulosas, de legalidade mais do que duvidosa, como a "desobstrução de vias públicas para propiciar o acesso das viaturas policiais", o "aumento do campo de visão para a melhoria do policiamento" e a "necessidade de limpeza urbana". Quanto aos demais, a maioria dos ambulantes, que trabalhavam sem o TPU, a violência da repressão policial foi ainda mais agressiva e multiplicaram-se situações de abusos de poder, chantagem, práticas de extorsão, tudo isso misturado com acordos nebulosos com uns e outros, acertos de conta e histórias de morte.[4]

---

[4] Essas situações foram matéria de inúmeras denúncias e reportagens de imprensa. O histórico dessas medidas, suas circunstâncias e impacto no comércio informal em São Paulo podem ser encontrados no dossiê organizado pelo Centro Gaspar Garcia de Direitos Humanos (2012).

Nessa espécie de "desordem" instaurada nos modos de operação das forças da ordem, embaralham-se, tal como aconteceu com os senegaleses em Buenos Aires, os sinais do legal e ilegal, da ordem e seu avesso, esfumaçando, no limite, a diferença entre a lei e a transgressão da lei. Mas é nisso, precisamente nisso, que se configuram campos de tensão e conflito, que colocam em cena ambulantes e pequenos comerciantes que reagem ao fechamento ou interdição de seus negócios, saem às ruas em protesto e pelo "direito ao trabalho", independentemente do estatuto legal ou ilegal de suas atividades ou da condição regular ou irregular de sua situação. Mas foi também nesse terreno nebuloso que entrou igualmente em ação o ativismo jurídico, que recorreu às instâncias judiciais para reverter a suspensão das TPUs, alegando sua discricionariedade e as irregularidades contidas nesse ato administrativo.[5]

Trata-se certamente de um endurecimento das formas de controle, em que se conjugam interesses e escalas diversas de poder, tudo isso temperado pela lógica securitária de gestão dos espaços urbanos: demandas e pressão por parte de empresas privadas e suas associações de defesa de marcas e combate à pirataria, pequenos lojistas espalhados entre as ruas e galerias da região; grandes grupos econômicos interessados no chamado "potencial econômico" do hoje expansivo circuito do comércio popular em São Paulo, grupos de interesse envolvidos nos projetos de intervenção urbana em curso na região (Freire, 2012; Hirata, 2011).

Porém, o que nos interessa aqui colocar em foco é o modo como as forças da ordem operam. É nesse plano miúdo e cotidiano que se pode flagrar o poder discricionário de que dispõem as forças policiais nos modos de aplicar (ou não aplicar) a lei, e que se duplica e se amplia na própria medida em que se referem a situações também elas muito embaralhadas e intrincadas quanto ao estatuto das atividades desenvolvidas. Mas é nesse terreno que também se amplia uma zona cinzenta em que entram em cena as práticas nebulosas que oscilam entre

---

Daniel Hirata (2011) discute essas questões, situando essas medidas no contexto de formas de intervenção urbana e política que afetam e, a rigor, redefinem os contornos do comércio informal em São Paulo.

[5] Em 2012, uma ação civil pública foi proposta pelo Centro Gaspar Garcia de Direitos Humanos e pela Defensoria Pública de São Paulo, pedindo "a declaração de nulidade de todos os procedimentos administrativos em razão do descumprimento dos princípios contidos na lei específica" (Centro Gaspar Garcia de Direitos Humanos, 2012:36). Ademais, em nome do "direito social ao trabalho", que o interesse público deveria garantir, foi também exigida "a inclusão do comércio ambulante no planejamento urbano, seguindo as diretrizes do Estatuto da Cidade e do Plano Diretor Municipal" (Centro Gaspar Garcia de Direitos Humanos, 2012). O resultado foi uma "medida liminar" que garantia, mesmo antes do julgamento, o retorno dos ambulantes que tiveram seus TPUs revogados em 2012. Na prática, uma situação precária, sem garantias de continuidade para os que conseguem se manter nas ruas por força da ação judicial.

acordos, corrupção, troca de favores, compra de proteção, enfim, a transação das "mercadorias políticas", de que trata Michel Misse (2006), tudo isso se declinado segundo modalidades variadas conforme os interesses em jogo e o cacife político e econômico dos atores envolvidos, sempre no limiar da chantagem e da extorsão.

Tudo isso é matéria da etnografia fina que os autores aqui citados nos entregam. Por ora, vale dizer que essas rápidas (e incompletas) indicações interessam pelas questões que suscitam. Esses dois exemplos, ou melhor, essas duas cenas urbanas — senegaleses em Buenos Aires, trabalhadores ambulantes em São Paulo — fazem ver os modos operantes da lei e dos códigos formais, melhor dizendo: as práticas e agenciamentos situados pelos quais a presença do Estado deixa suas marcas impressas na cartografia cambiante desses territórios. Nos termos de Veena Das (2004), "assinaturas do Estado" impressas no modo como códigos, normas, leis circulam, são agenciados, negociados, postos em ação nos contextos situados desses territórios, redefinindo a distribuição do permitido, do tolerado e do reprimido, e também o jogo oscilante entre repressão e acordos negociados, entre o legal e o extralegal. Alteram-se a cartografia política tanto quanto a distribuição dos lugares, das posições, das hierarquias na ocupação desses espaços.

Importante notar: as "assinaturas do Estado" são o registro da presença do Estado, sua face legal-burocrática, como diz a autora, incorporada nas regras e regulações desses espaços e dessas atividades, nos seus dispositivos, agentes e procedimentos pelos quais elas se efetivam; operam como uma "força gravitacional" das práticas e dos modos como os atores lidam com a situação e seus pontos de fricção, bem como dos recursos mobilizados para contornar, resistir, enfrentar e, no final das contas, sobreviver nesses lugares (Das, 2004).

Como nota Talal Asad (2004) em seu comentário a esse texto de Veena Das, é também nesse registro que o poder soberano do Estado — e a "força da lei", como se diz — mostra seus efeitos na produção das suas margens, na própria medida de seu poder de definir os critérios de pertinência política, bem como os de inclusão ou exclusão conforme as credenciais de reconhecimento de uns e não de outros. Essa é uma questão que concerne diretamente aos temas aqui tratados. No que diz respeito aos mercados informais, nos casos aqui relatados, trata-se de territórios nos quais as regras e regulações legais são não apenas evidências incontornáveis, como são proliferantes, seja no registro, como mostra Maria Pita, da incrível extensão e abrangência dos códigos urbanos que regulam o uso dos espaços públicos em Buenos Aires e em torno dos quais os poderes de polícia se exercem; seja no registro das atuais investidas do Estado no sentido de redefinir o comércio informal e os critérios de uso dos espaços urbanos, no caso de São Paulo, que sempre foram, ademais, igualmente regulados por um feixe considerável de códigos legais e administrativos. Evidências, talvez, do que Asad sugere, da força da lei que se expressa justamente em uma contínua e sempre refeita tentativa de controlar e fixar o que lhe escapa no "contínuo fluxo de incerteza" próprio do mundo social e de subjugar, por consentimento ou por coerção, as margens que ela própria produz (Asad, 2004).

O caso dos senegaleses é interessante também por isso. Aqui, a lei foi rigorosamente aplicada, segundo o argumento de que a igualdade de procedimentos tem que ser respeitada, nada justificando um tratamento diferenciado a eles (em relação às práticas irregulares dos outros ambulantes) e, no caso, o problema da discriminação étnico-racial levantado pelos advogados foi invalidado em sua pertinência política. Ao discutir a situação, Maria Pita relança e reatualiza a complicada e controvertida questão das relações entre igualdade e diferença. Mas poderíamos formular a questão em outros termos, colocando em foco o campo de incerteza e indeterminação que se abre entre a lei e a aplicação da lei, ou melhor: a incerteza e indeterminação que é própria dos seus modos práticos de operação e da arbitrariedade contida na ação das autoridades legais nos contextos em que atuam (Asad, 2004). Como diz Hélène L'Heuillet (2004), a polícia se situa no terreno entre a lei e a aplicação da lei, mas em seus modos de agir (e decidir o que fazer) ela compõe com as circunstâncias, acasos e tudo o mais que é visto como desordem a ser controlada. Ela age por "delegação de soberania" e é essa a dimensão de arbitrariedade que lhe permite acionar a violência, também a violência extralegal sob a cobertura da autoridade que essa soberania lhe confere (L'Heuillet, 2004). No caso dos senegaleses, criminalizados em nome da lei (a letra da lei), também se encontravam desprovidos dos recursos e credenciais de reconhecimento para entrar no jogo dos agenciamentos extralegais que fazem parte dos modos como a "ordem urbana" se realiza pelas vias dos acertos (o *arreglo*) em torno da própria aplicação da lei — ou melhor: da não aplicação da lei em troca de proteção para o exercício de atividades interditas nos espaços urbanos. Tal como Maria Pita descreve as situações, os senegaleses parecem ou pareciam estar fora justamente das regras que regulam essas trocas legais e ilegais que fazem parte dos modos de gestão e regulação desses territórios.

No caso de São Paulo, a questão é mais intrincada e mais complicada, pois aqui está em curso uma redefinição dos mercados informais, de seus modos de funcionamento, seus espaços. No campo de conflito e disputas que se arma nesses territórios estão em jogo, a rigor, as próprias fronteiras do formal e informal, do legal e ilegal. E no centro desse conflito está propriamente o poder do Estado, quer dizer: o poder soberano de definir ou suspender as regras que permitem ou interditam uns e outros de exercer suas atividades, colocando uns (e não outros) no universo da ordem e da lei, jogando outros tantos no limbo social e também jurídico, no terreno incerto entre a ilegalidade e o crime, sob suspeita e sujeitos ao controle e à repressão, mas também ao uso da violência extralegal (chantagem, extorsão, expropriação de mercadorias) que, também aqui, faz parte dos modos de gestão e regulação da "ordem urbana".[6]

Retomando questão discutida páginas atrás, o uso discricionário dos termos de permissão de uso (TPUs) é especialmente revelador. Trata-se de uma "licença" por definição precária, sem garantias de continuidade, à medida que deriva de um ato administrativo discricionário que pode ser extinto unilateralmente pelo Estado. O fato é que, desde 2007, a emissão de novos TPUs foi proibida por meio de portaria, e essa interdição foi renovada na sequência dos anos. A partir de 2010, quase todos os TPUs concedidos nos anos anteriores foram revogados e, além disso, também por meio de decretos, a prefeitura revogou a permissão de funcionamento de bolsões de comércio ambulante na cidade.

É verdade que a grande maioria nunca chegou a ser brindada pela concessão de uma TPU, e sua distribuição nos espaços do comércio informal dependia dos "acertos" (quer dizer: transação de mercadorias políticas) e dos instáveis acordos com autoridades responsáveis pela gestão e fiscalização desses espaços (fiscais da prefeitura, gestores urbanos, forças policiais). Por anos seguidos, os conflitos e tensões no universo do comércio informal giravam justamente em torno desses modos formais e informais, legais e extralegais pelos quais se faziam a gestão e a regulação dos espaços do comércio de rua. Conflitos e tensões em torno dos "acertos" pelos quais se negociava o uso dos espaços urbanos, acertos que se processavam em equilíbrios instáveis, sempre no limiar de serem desfeitos em função das oscilações dos jogos políticos locais, desencadeando histórias de violência, chantagem, extorsão (Freire, 2012). Conflitos e tensões também em torno dos critérios nebulosos pelos quais as TPUs eram concedidas

---

[6] Devo dizer que essa formulação inspira-se nas proposições de Ananya Roy (2005), em outro contexto de discussão, pertinente aos programas de regularização de assentamentos urbanos irregulares nas metrópoles do chamado Sul global. Lançando mão da noção de estado de exceção formulada pelo filósofo Giorgio Agamben, a autora sugere que a definição do formal e informal pode ser vista como expressão do poder soberano do Estado, seu poder justamente de suspender a lei e decretar a exceção: "A informalidade é expressão do poder soberano do Estado de decretar o estado de exceção. Os aparatos estatais legais e de planejamento têm o poder de determinar quando decretar a suspensão [da lei] e de determinar o que é e o que não é informal, quais formas de informalidade podem prosperar e quais devem desaparecer. O poder estatal é reproduzido por meio da capacidade de construir e reconstruir categorias de legitimidade e ilegitimidade" (Roy, 2005:149).

a uns e não a outros, e nos quais se inscreviam acordos obscuros, quando não mafiosos, com gestores urbanos, fiscais da prefeitura, representantes políticos e suas máquinas partidárias, tudo isso misturado com relações de clientelismo com vereadores, práticas de corrupção e compra de favores (Freire, 2012). Não poucas vezes, esses conflitos desdobraram-se em verdadeiras batalhas campais e enfrentamentos violentos com as forças policiais.

Com a suspensão das TPUs, essa cartografia política do comércio informal se altera drasticamente. Os ambulantes que tiveram suas licenças cassadas não foram os únicos afetados, pois, por esse ato, todo o comércio de rua é posto sob suspeita, na própria medida em que o que antes era visto (e assim tipificado) como irregularidade ou possível transgressão de códigos urbanos de uso dos espaços desloca-se para o terreno incerto entre a ilegalidade e o crime. De novo, aqui, é importante notar o *modus operandi* desse combate aos ambulantes. Em nome da "guerra à pirataria" e da "guerra ao crime", agora associadas ao comércio de rua, a fiscalização e o controle das ruas passaram a ser capitaneados pela Polícia Militar, em função de um muito controvertido acordo da prefeitura de São Paulo com o governo do estado, a chamada "Operação Delegada": a rigor, um dispositivo administrativo-político, de legalidade duvidosa, que suspende as circunscrições legais que definem as atribuições da Polícia Militar, de modo a ampliar seu espaço de atuação nesse terreno em que as funções de fiscalização e controle eram de responsabilidade de outras instâncias políticas (fiscais da prefeitura) e outros órgãos de polícia (Polícia Civil, Guarda Civil Metropolitana). Como diz Daniel Hirata (2012) sob a lógica de "tecnologias securitárias como modo de gestão do espaço urbano", processa-se a simbiose entre ordem pública e segurança urbana. Na prática, enfatiza Hirata, trata-se de uma legislação de exceção que amplia os poderes discricionários da polícia na execução dessas operações, alterando as formas de controle e os modos de incriminação das transgressões legais ou irregularidades urbanas do comércio de rua.[7]

O impacto dessas medidas no comércio de rua em São Paulo foi considerável. A presença dos ambulantes nas ruas diminuiu drasticamente e eles praticamente desapareceram dos locais em que a fiscalização é mais rigorosa e a repressão é mais violenta. Para os que tinham mais recursos, a alternativa foi

---

[7] Sem eufemismos, assim justifica o comandante-geral da Polícia Militar a eficácia da Operação Delegada: "antes o camelô desrespeitava (o fiscal da prefeitura ou o guarda municipal) porque não havia crime. Ele tinha consciência de que só estava cometendo uma infração administrativa [...]. Quando se delega a tarefa de fiscalização à Polícia [Militar] [...] a partir daí ele sabe que, se enfrentar a ordem policial, ele pode ser preso por desacato à autoridade" (declaração ao jornal *O Estado de S. Paulo*, 30 jan. 2011).

alugar um boxe nas galerias que se multiplicaram nos últimos anos nos centros do comércio popular. Outros simplesmente se tornaram empregados de comerciantes estabelecidos, chineses sobretudo (mas não apenas), nas galerias e outros locais de concentração do comércio popular. É nesse terreno que passa a ganhar eficácia o incentivo, por parte das autoridades governamentais, ao chamado empreendedorismo como recurso para a regularização do comércio informal. Para se converter em microempreendedor o ambulante pode lançar mão do quadro jurídico criado pelo governo federal, com a Lei do Microempreendedor Individual (MEI), promulgada em 2009.

É uma possibilidade. Mas não é para todos. Nas galerias onde poderiam se estabelecer, a transação das mercadorias políticas também é operante, seja para a distribuição dos locais mais vantajosos, seja, sobretudo, para garantir a circulação de mercadorias de origem "duvidosa". Mas os interesses em jogo aqui são mais pesados, pautados pela presença dos grandes comerciantes chineses e lojistas estabelecidos. Como mostra Daniel Hirata (2011), as taxas cobradas são restritivas aos pequenos revendedores, e os mercados de proteção operam em outras escalas de poder, distantes do jogo miúdo e cotidiano que, antes, regulava as relações dos ambulantes com os fiscais da prefeitura nas ruas da cidade. Mas também aqui arma-se um campo de conflitos e tensões, que não poucas vezes tem desfechos violentos quando as redes de compromissos e acordos são, por motivos os mais diversos, rompidas.

É um campo de disputa que parece se estruturar justamente em torno das regras de ocupação desses espaços. Regras cambiantes e incertas quanto aos critérios que abrem a uns, e não a outros, o acesso a esses espaços para o exercício de suas atividades, e que definem sua distribuição entre os lugares mais valorizados e os que ficam nas suas fímbrias. Campos de tensão e conflito que também se estruturam em torno das taxas cobradas de uns e outros para o exercício das atividades; taxas de legalidade duvidosa em alguns casos, de legitimidade contestada em outros, até porque é tudo mesmo muito nebuloso: nunca se sabe ao certo se são dispositivos legais ou formas quase institucionalizadas dos mercados de proteção ou acordos mafiosos com as autoridades informais que fazem a gestão desses espaços. Ou, então, os circuitos intrincados da corrupção, mobilizando atores e suas redes de relações: empresários dos negócios ilegais, forças policiais, políticos e suas máquinas partidárias, gestores urbanos, funcionários de agências estatais, também empresas privadas envolvidas nos chamados projetos de recuperação urbana na região e nas quais não faltam conexões transnacionais (fontes de financiamento, acionistas, consultores). Nos meandros dessa cadeia de relações, processam-se os agenciamentos políticos igualmente nebulosos, entre acordos e negociações, conflitos, disputas e, muito frequentemente, histórias de morte (Freire, 2012; Hirata, 2011).

No quadro das mutações recentes (e em curso) desses mercados, as formas de intervenção governamental poderiam ser vistas como "um conjunto de táticas que recriam a informalidade, transformando-a em governamentalidade" (Alsalyyad e Roy, 2009), táticas que combinam dispositivos político-jurídicos (conversão dos ambulantes em microempreendedores), o uso da coerção para impor as novas regras, entre a repressão policial e o uso da violência extralegal (chantagens, extorsão, expropriação de mercadorias). Há toda uma cartografia política do comércio de rua que se redefine, cujos contornos são cambiantes tanto quanto as regras — formais e informais, legais e extralegais — que regem o acesso e o funcionamento desses mercados, ao mesmo tempo que há uma legião de ambulantes que, desprovidos de recursos e condições para compor essa intrincada rede de relações, são expulsos, sujeitos às formas mais agressivas de controle e repressão, espalhando-se por outros cantos da cidade e, com isso, desenhando outras territorialidades urbanas a serem ainda conhecidas (e prospectadas).

Antropologia do Estado: apontamentos

Se é importante entender o lugar do Estado e da lei nesses ordenamentos, isso nos leva a uma questão de ordem teórico-metodológica: de partida, será preciso se desvencilhar das "imagens verticais" do Estado (Ferguson e Gupta, 2002) e das definições normativas da lei e do direito. Quer dizer: o Estado e as leis tomados como entidades unitárias (ou típico-ideais), pressuposto e axioma a partir do qual tudo o que ocorre no plano das práticas efetivas aparece no registro da falta, da falha ou, então, no caso de nossas sociedades, das "heranças malditas" legadas por uma história de longa duração (Das e Poole, 2004). Exigência, portanto, de um deslocamento de perspectivas para perscrutar as relações de poder tal como elas se processam nos contextos situados de tempo e espaço (Misse, 2009).

Mais ainda: exigência de um deslocamento de perspectiva para dar conta das redefinições dos jogos de poder nesses pontos de inflexão do mundo contemporâneo e bem situar as interrogações (outras perguntas) acerca dos ordenamentos sociais que vêm se desenhando nas últimas décadas. Como dizem Das e Poole (2004), é o caso de se perguntar pela relação entre práticas extralegais e os modos de funcionamento do Estado, algo que se instala no interior de suas funções de ordenamento. É isso, dizem as autoras, que pode nos dar uma chave para entender a própria produção da ordem, rastreando os modos de operação dos dispositivos legais e das agências estatais, seus tempos, seus procedimentos, suas técnicas e tecnologias de ação, em contextos situados no tempo e no espaço. Mais ainda e mais fundamentalmente: ao invés de partir da imagem consolidada do Estado como entidade política e administrativa que supostamente tende a se debilitar ou se desarticular nas suas margens territoriais e sociais (os confins do Estado, vistos como zonas sem lei, territórios do não direito) é o caso de deslocar o campo a partir do qual as perguntas podem ser colocadas e as questões podem ser formuladas. Se é o Estado que produz essas "margens", trata-se, então, de rastrear o modo como "as práticas e políticas da vida nessas áreas modelam as práticas políticas de regulação e disciplinamento que constituem aquilo que chamamos 'o Estado'" (Das e Poole, 2004:3). É nessas margens que "o Estado está constantemente redefinindo seus modos de governar e legislar", justamente nesses pontos de fricção com práticas e outras formas de regulação inscritas nas tramas da vida nesses lugares.

Esse deslocamento de perspectivas é questão também proposta por Ferguson e Gupta (2002) para conferir estatuto político e teórico a um reordenamento social e político no qual os chamados "atores locais" são, a rigor, operadores de forças econômicas e políticas conectadas a redes de extensão variada, também transnacionais, que transbordam amplamente o perímetro local. E isso redefine os espaços e escalas em que os jogos de poder se processam. Importante notar: as escalas são, antes de tudo, escalas de ação e os atores operam algo como um *jumping scales* (Roy, 2005), mobilizando recursos de poder e autoridade de escalas diversas, muitas vezes disputando com os poderes locais do Estado as prerrogativas na definição das regras e normas que regem esses espaços também em disputa. Nessa relação entre Estado, espaço e jogos de escala, define-se um plano de referência que permite rastrear os mecanismos de governamentalidade e suas instrumentações, as relações de poder e seus efeitos na distribuição das pessoas e coisas nesses espaços e nesse jogo feito de acomodações, convergências e disputas em torno das regras e normas que afetam o governo dos homens. As redefinições recentes e em curso nos centros do comércio popular em São Paulo (e em outras cidades) podem ser vistas por essa perspectiva.

A questão está no centro dos debates contemporâneos, questões de fronteira certamente, aqui apenas muito rápida e toscamente indicadas. Nos limites destas páginas, vale dizer e enfatizar: é nesse plano que o exercício etnográfico ganha toda a sua importância para perscrutar os agenciamentos práticos dos dispositivos políticos postos em ação, suas técnicas, protocolos, modos de operação. Não por acaso, os autores aqui citados (e outros) chamam a atenção justamente para isso — a importância de uma antropologia do Estado: na formulação de Das e Poole (2004), trata-se de tomar como perspectiva o que acontece nas suas "margens" e, por essa via, entender a mecânica de funcionamento do próprio Estado ao rastrear as relações que articulam internamente lei e exceção, direito e "vida nua". No caso do programa empírico e etnográfico proposto por Ferguson e Gupta, trata-se de colocar no foco das atenções as relações entre espaço e dispositivos de governamentalidade, perspectiva que permite colocar em evidência os agenciamentos políticos e dos jogos de poder que solapam a soberania exclusiva do Estado e se desdobram em algo como uma multiplicidade de soberanias em disputa em torno das regras e critérios dos ordenamentos locais. Na versão de Fischer e Spire (2009), o ponto de mira são as arenas de gestão diferencial dos ilegalismos, que permitem rastrear as redefinições e o deslocamento da lei e do direito (e do lugar da lei e do direito) que acompanham o atual centramento das atividades do Estado e seus operadores em torno dos dispositivos de governamentalidade (quer dizer: gestão das populações). Na proposta de Heyman (1999), trata-se de colocar em foco as práticas e processos (e não regras e estruturas) e, por essa via, entender os nexos que articulam o Estado e as práticas ilegais que perpassam os modos de operação de suas agências, suas instâncias, seus postos burocráticos e que podem abrir um caminho para o entendimento dos modos formação e da mecânica de funcionamento das leis e do Estado. É por essa perspectiva, dizem os autores, que é possível se desvencilhar do cânone que postula o Estado como uma entidade unitária e portador de uma única racionalidade. O Estado não é uma invenção da lei e da ordem, dizem os autores, mas uma rede complexa do legal e ilegal: as leis criam inevitavelmente sua contrapartida, zonas de ambiguidade e de ilegalidade, que criam, por sua vez, todo um campo de práticas e agenciamentos que se ramificam por vários lados, também mercados alternativos e oportunidades para bens e serviços ilegais.

Esses autores, cada qual a partir de suas respectivas chaves teóricas e campos de problematização, tratam de colocar no foco do trabalho etnográfico os nexos que articulam Estado e práticas ilegais, regulações estatais e não estatais, entre o formal e o que escapa às suas codificações. Transversal a todas essas questões está uma indagação de fundo sobre os processos pelos quais Estado, leis e ordem se constituem e como operam em contextos situados. Eu arriscaria dizer ser esse um registro pelo qual apreender o sentido das transformações que abalaram, nos últimos tempos, justamente as relações entre Estado, economia e sociedade, de tal forma que essas categorias (Estado, leis, ordem) perdem sua autoevidência como referência normativa e axioma não refletido das categorias cognitivas (e normativas) das ciências sociais. E é justamente nesses deslocamentos que, ao invés do uso normativo e pré-codificado dessas categorias, estas assinalam o lugar de uma questão, questão política, também questão ou questões de pesquisa — o que precisa ser problematizado.

Essa é uma discussão de fundo, que vai além do que se pretende e se tem condições de fazer nos limites destas páginas. Mas é importante reter essas questões, pois elas ajudam a qualificar o campo de disputa que se estrutura nessas fronteiras incertas, também elas em disputa, do formal e informal, do legal e ilegal. No que diz respeito aos mercados informais, seria possível dizer que, nas filigranas das cenas descritivas comentadas páginas atrás, parece se explicitar um campo de disputas em que as próprias fronteiras da economia estão se redefinindo nos meandros, também em disputa, desses mercados: campos de força e de disputa que se estruturam em torno das regras e critérios que introduzem novas clivagens, definem a cartografia política, sempre cambiante, desses lugares, e regem o acesso (e bloqueios) a esses mercados; disputas em torno dos modos legais e extralegais de regulação desses mercados; disputas em torno dos meios legais e extralegais de apropriação da riqueza circulante; disputas em torno dos critérios de ordem e seu avesso. Seguindo Beatrice Hibou (1998), em outro contexto de discussão, mas com fortes ressonâncias com o que se está aqui discutindo, a incerteza quanto às fronteiras do legal e ilegal, bem como das regras do jogo nesses campos de disputa, é também uma forma de governo e um instrumento de poder. Mas, então, seria possível desdobrar a questão, pois fica a sugestão de que se trata de "modos de governar as fronteiras de criação de riquezas", para usar os termos de Jannet Roitman (2004), em um texto no qual essas linhas estão fortemente inspiradas.

Se isso faz algum sentido, seria então possível dizer que esses territórios podem ou poderiam ser tomados como "fronteiras analíticas", para usar a expressão de Saskia Sassen (2008), nos quais é possível acompanhar e flagrar o modo como as regras e jogos de poder são engendrados e se redefinem. Essa é uma aposta que se poderia fazer: esses territórios são um lócus privilegiado para entender os nexos que articulam lei e exceção, direito e violência, contratos e força no próprio modo como os mercados são produzidos. Em termos mais gerais, seria possível dizer que em torno desses nexos se estruturam os campos de força contidos nos modos como ordenamentos sociais se fazem nas fronteiras incertas do legal e ilegal. Nas microcenas que pontilham esses territórios, temos as pistas para entender o modo como os ordenamentos sociais são fabricados, engendrados em um campo de disputa que desloca, faz e refaz a demarcação entre a lei e o extralegal, entre justiça e força, entre acordos pactuados e a violência, entre a ordem e seu avesso. Também os limites do tolerável e intolerável, esse ponto que estala nas formas abertas de conflito e que também se pode ouvir nos "rumores da multidão" (Thompson, 1998). Menos do que conclusões, são pistas a serem seguidas e uma aposta quanto ao lugar estratégico desses territórios — e as cenas etnográficas que eles nos entregam — para entender, um pouco que seja, o que pode estar em jogo nos campos de tensão que se constituem nas "margens" engendradas no coração de nossas cidades.

Referências

ALSALYYAD, N.; ROY, A. Modernidade medieval. *Novos Estudos*, n. 85, p. 105-118, 2009.
ASAD, T. Were are the margins of the State? In: DAS, V.; POOLE, V. (Ed.). *Anthropology in the Margins of the State*. Santa Fé: School of American Research Press, 2004. p. 279-288.
CENTRO GASPAR GARCIA DE DIREITOS HUMANOS. *Trabalho informal e direito à cidade*: dossiê de violações de direitos de trabalhadores ambulantes e domiciliares imigrantes. São Paulo: CGGDH, 2012.
CHAUVIN, S. En attendant les papiers. *Politix*, v. 87, n. 3, p. 47, 2009.
CORTÊS, T. *A migração da cultura e o trabalho escravo*. Dissertação (mestrado) — Faculdade de Filosofia, Letras e Ciências Humanas, Universidade de São Paulo, São Paulo, 2013.
CUNHA, M. I. P. Formalidade e informalidade: questões e perspectivas. *Etnográfica*, v. 10, n. 2, p. 219-231, 2006.
DAS, V. The Signature of the State: The Paradox of Illegibility. In: DAS, V.; POOLE, D. (Org.). *Anthropology in the Margins of the State*. Santa Fé: School of American Research Press, 2004. p. 225-252.
_____; POOLE, V. (Ed.). *Anthropology in the Margins of the State*. Santa Fé: School of American Research Press, 2004.
DELEUZE, Gilles; GUATARRI, Félix. *Mil platôs*. São Paulo: Ed. 34, 1980.
DETIENNE, M.; VERNANT, J. P. *Les Ruses de l'intelligence*: le metis des Grecs. Paris: Flammarion, 1974.
FERGUSON, J.; GUPTA, A. Spatializing States: Toward an Ethnography of Neoliberal Governmentality. *American Ethnologist*, v. 29, n. 4, p. 981-1002, 2002.
FISCHER, N.; SPIRE, A. L'État face aux illégalismes. *Politix*, v. 87, n. 3, p. 7-20, 2009.
FREIRE, Carlos. Mercado informal e Estado: jogos de poder entre tolerância e repressão. In: AZAÏS, C.; KESSLER, G.; TELLES, V. S. *Ilegalismos, cidade e política*. Belo Horizonte: Fino Traço, 2012. p. 57-80.
GUEZ, S. À la frontirère du légal et illégal. *Problèmes d'Amerique Latine*, v. 66-67, p. 10-20, 2007.
HEYMAN, J. (Ed.). *States and Illegal Practices*. Chicago: Berg Editorial, 1999.
HIBOU, B. Retrait ou redéploiement de l'Etat? *Critique Internationale*, v. 1, n. 1, p. 151-168, 1998.

HIRATA, D. V. *Sobreviver na adversidade*: entre o mercado e a vida. Tese (doutorado) — Faculdade de Filosofia, Letras e Ciências Humanas, Universidade de São Paulo, São Paulo, 2010.

_____. *Ilegalismos, controle social e mercadorias políticas no Rio de Janeiro e São Paulo*: uma pesquisa comparativa. Rio de Janeiro: NECVU/UFRJ, 2011. (Relatório de pesquisa).

_____. A produção das cidades securitárias: polícia e política. *Le Monde Diplomatique Brasil*, n. 56, 2012.

KOKOREFF, M. Faire du business dans les quartiers. *Déviance et Societé*, v. 24, n. 4, p. 403-423, 2000.

L'HEUILLET, H. *Alta polícia, baixa política*: uma abordagem histórica da polícia. Cruz Quebrada: Editorial Notícias, 2004.

MISSE, M. *Crime e violência no Brasil contemporâneo*. Rio de Janeiro: Lumen Juris, 2006.

_____. Trocas ilícitas e mercadorias políticas. *Anuário Antropológico*, n. 2, p. 89-107, 2009.

PERALDI, M. Economies criminelles et mondes d'affaire à Tanger. *Cultures & Conflits*, v. 68, p. 111-125, 2007.

PITA, Maria V. Poder de polícia e gestão de territórios: o caso dos ambulantes senegaleses na cidade autônoma de Buenos Aires. In: AZAÏS, C.; KESSLER, G.; TELLES, V. S. *Ilegalismos, cidade e política*. Belo Horizonte: Fino Traço, 2012. p. 109-140.

PIZA, D. T. *Tramas relacionais de migrantes chineses e comércio informal*. Dissertação (mestrado) — Faculdade de Filosofia, Letras e Ciências Humanas, Universidade de São Paulo, São Paulo, 2012.

RABOSSI, F. Dimensões da espacialização das trocas: a propósito de mesiteros e sacoleiros em Cuidad del Este. *Revista do Centro de Educação e Letras*, v. 6, p. 151-186, 2004.

ROITMAN, Jannet. Produtivity in the Margins: The Reconstitution of the State Power in the Chad Basin. In: DAS, V.; POOLE, D. *Anthropology in de margins of de State*. Santa Fé: School of American Research, 2004. p. 147-158.

ROY, A. Urban Informality: Toward an Epistemology of Planning. *Journal of the American Planning Association*, v. 71, n. 2, p. 147-158, 2005.

RUGGIERO, V.; SOUTH, N. The Late-Modern City as a Bazaar. *The British Jounal of Sociology*, v. 48, n. 1, p. 54-70, 1997.

SASSEN, S. *Territory, authority, rights*. Princeton: Princeton University Press, 2008.

SCHILLER, N. G.; SIMSEK-CAGLAR, A. *Locating Migration*: Rescaling Cities and migrants. Ithaca, NY: Cornell Universty Press, 2011.

TELLES, V. S. Ilegalismos urbanos e a cidade. *Novos Estudos*, n. 84, p. 152-173, 2009.

_____. *A cidade nas fronteiras do legal e ilegal*. Belo Horizonte: Fino Traço, 2010a.

_____. Nas dobras do legal e ilegal. *Dilemas*: revista de estudos de conflitos e controle social, Rio de Janeiro, v. 2, n. 5-6, p. 97-126, 2010b.

_____; HIRATA, D. V. Cidade e práticas urbanas: nas fronteiras incertas entre o informal, o ilegal e o ilícito. *Estudos Avançados*, v. 21, n. 61, p. 173-191, 2007.

_____; _____. Ilegalismos e jogos de poder em São Paulo. *Tempo Social*: revista de sociologia da USP, São Paulo, v. 22, n. 2, p. 39-59, 2010.

_____; KESSLER, G. Ilegalismos na América Latina. *Tempo Social*: revista de sociologia da USP, São Paulo, v. 22, n. 2, p. 9-16, 2010.

THOMPSON, E. P. *Costumes em comum*. São Paulo: Companhia das Letras, 1998.

CAPÍTULO 3

Sujeição criminal: quando o crime constitui o ser do sujeito

MICHEL MISSE

FOUCAULT DISSE ALGUMA vez que o terrível sofrimento produzido pela fria racionalidade da pena de prisão e do isolamento prisional experimentado, anos a fio, pelo preso, seria análogo, na experiência do apenado, ao que teria sido para o escravo a preferência da sobrevivência servil em lugar da morte, e do trabalho compulsório em troca do suplício final. O tema foucaultiano, de origem hegeliana mas devidamente revertido por Nietzsche, punha o escravo não mais na dialética que o libertará da servidão pela cidadania, mas na tragédia de, tendo feito do senhor seu escravo, tornar-se, com ele, o cidadão assujeitado.[1]

Os filósofos iluministas da prisão, como Beccaria, Bentham e Feuerbach, conscientes da investidura racional exigida pela prisão moderna como sistema que substituiria o suplício mortal, abriram para o direito penal as portas de três princípios fundamentais: a generalidade, a igualdade e a proporcionalidade da pena. Tais princípios, agregados à temporalidade legal do processo penal, desinvestem qualquer vestígio de vingança e de emoção no moderno processo de criminalização. Não haveria mais qualquer traço de monstruosidade na aplicação da pena e nem mesmo qualquer medida de Talião — a pena deixaria de visar à reparação do mal para se produzir como principal modelo do dispositivo dissuasório, característico da sociedade disciplinar. A certeza da pena, mais do que o tamanho do sofrimento que ela causaria, se tornará, por isso, o fator essencial de justificação da "preferência" do cidadão pelo assujeitamento às leis e ao Estado, em lugar da escolha "irracional" de manter-se "fora da lei", impossivelmente "livre".

Hegel o percebe quando, na *Fenomenologia do espírito*, repete que a pena é aplicada em respeito à autonomia, à liberdade e à razão do indivíduo. Mesmo a pena de morte segue o mesmo parâmetro, pois o que se visa não é a vingança, mas a dissuasão racional. Como diriam hoje economistas liberais como Carl Becker e Milton Friedman, a pena tem de representar um custo maior que o

---
[1] Trato desse tema mais amplamente em Misse (1996).

benefício relativo que o tipo de crime cometido pode propiciar ao indivíduo, para que ele prefira, racionalmente, não "passar ao ato". Reconhece-se, nessa abordagem, que qualquer ser humano pode desejar cometer um crime, que o crime não é um atributo anormal e exclusivo de certos indivíduos, mas confia-se em que o dispositivo do autocontrole racional funcionará para evitar a passagem ao ato. Ou, então, o custo do crime, sendo baixo em relação ao benefício, propiciará que a passagem ao ato se torne não apenas racional mas normal para indivíduos corajosos e aventureiros.[2]

O tema do *assujetissement* (que estou traduzindo ora por assujeitamento, ora por sujeição) tem várias facetas, desde que Foucault o reintroduziu ao voltar a tratar da genealogia do sujeito na hermenêutica greco-latina do "cuidado de si".[3] Compreender o poder como formador do sujeito, como a verdadeira condição de sua existência, é, em certo sentido, paradoxal. Como observa Judith Butler,

> sujeição significa tanto o processo de tornar-se subordinado pelo poder quanto o processo de tornar-se um sujeito. Seja pela interpelação, no sentido de Althusser, ou pela produtividade discursiva, como em Foucault, o sujeito é iniciado através de uma submissão primária ao poder [Butler, 1997:2].

O paradoxo é desenvolvido quando se põe a questão da relação entre sujeito e agência:

> Como pode ser que o sujeito, considerado como a condição para e instrumento da agência, seja ao mesmo tempo o efeito da subordinação, compreendida como privação de agência? Se a subordinação é a condição de possibilidade para a agência, como poderia a agência ser pensada em oposição às forças de subordinação? [Butler, 1997:10].

A solução proposta por Butler/Foucault, a de compreender o processo de assujeitamento como idêntico ao processo de subjetivação, passa, portanto, pela formulação de que

---

[2] A recuperação da abordagem utilitarista da escola clássica tem orientado não apenas as abordagens de *racional choice* (Gary Becker, 1968, por exemplo) como também as que acentuam a importância do autocontrole (Hirschi e Gottfredson, 1990), do controle preventivo situacional (Clarke, 1997) e das atividades rotineiras (Felson, 2002; Clarke e Felson, 2004).

[3] Ver, especialmente, Foucault (2006).

no ato de opor-se à subordinação, o sujeito reitera sua sujeição (uma noção compartilhada tanto pela psicanálise quanto pela abordagem foucaultiana). Um poder exercido sobre um sujeito, a sujeição é entretanto um poder assumido pelo sujeito [Butler, 1997:11].

Deve-se provavelmente a Tannenbaum (1938), na linha de G. H. Mead, a primeira tentativa de compreender o processo social através do qual você se torna o que dizem que você é. Em 1951, Edwin Lemert definiu o processo através do qual se transfere ao indivíduo portador do comportamento desviante uma identidade desviante, distinguindo o primeiro (desvio primário) do segundo (desvio secundário). Howard Becker (1966) e outros, entre 1961 e 1963, desenvolveram o que veio a ser conhecido como *labeling theory*, quase ao mesmo tempo que Goffman preparava seu livro sobre o estigma. Em 1966, a antropóloga Mary Douglas, partindo de uma perspectiva distinta, investiga os processos sociais que identificam e classificam objetos, situações e indivíduos em "limpos" e "sujos", "puros" e "perigosos" (Douglas, 1970). Em 1972, Michel Foucault começa a desenvolver uma abordagem que pretende esclarecer processos diferenciais de subjetivação e a genealogia da ideia moderna de "sujeito", remetendo-a ao assujeitamento do indivíduo a normas morais e jurídicas constitutivas da sociedade disciplinar, baseadas em microrrelações de poder e à governamentalidade biopolítica. Mais recentemente, autoras como Judith Butler e Veena Das têm procurado aprofundar a compreensão do processo de emergência do sujeito própria à situação de subalternidade ou de sofrimento (Butler, 1997, 2005; Das, 2007).

Todo esse esforço teórico, que parte de pressupostos nem sempre coerentes entre si, desenvolvidos diferentemente em disciplinas como a psicologia social, a antropologia cultural, a linguística estrutural, a sociologia, a psicanálise, o marxismo e diferentes correntes da filosofia contemporânea, resulta decepcionante em virtude de dificuldades de formalização que sejam aceitáveis por todos. Persistem conceitos, nem sempre compatíveis, que disputam ao indivíduo biológico a preeminência da explicação do processo de subjetivação, de formação da consciência de si, do *self*, da agência, do ator e do sujeito. Um dos problemas que atravessam o conjunto heterogêneo de conceitos é a oposição de pressupostos que separa a filosofia da consciência da psicanálise e da linguística estrutural. Outro, o que resulta da oposição entre interacionismo simbólico e macrossociologia. Ainda outro, o que deriva da oposição entre a insistência etnometodológica na contextualização de sentido das regras práticas seguidas pelo indivíduo segundo suas categorias nativas e a abordagem genealógica, que busca o sentido constituído nas sucessivas formações discursivas que se estabilizaram historicamente nos últimos 2 mil anos.

A questão do sujeito e do *assujetissement* nos tem interessado por uma razão específica. Embora investida de abordagens que se associam à emergência de *novos sujeitos* (feminismo, movimento negro, movimento GLBT e outras minorias), não se tem dado atenção suficiente ao *sujeito* da prisão e da punição preventiva pela morte (física ou social), ou, melhor dizendo, a certo tipo de *sujeição* que se afasta radicalmente dos pressupostos iluministas da prisão moderna e da concepção moderna do criminoso como ente livre, racional e responsável por seus atos.

É próprio da concepção moderna que o *desvio* seja concebido não como atributo do indivíduo, mas como resultado da função normalizadora. Comentando as contribuições de Foucault, Anthony Giddens avança que "a criação do 'desvio', dentro do Estado moderno, é contemporânea ao fato de sua supressão. O 'desvio' não é um conjunto de atividades ou atitudes separadas das operações de vigilância do Estado, mas é formado dentro delas e por meio delas" (Giddens, 2008:321). O extremismo da segregação do sujeito criminal no isolamento prisional ou na morte física é a medida discriminadora da *sujeição criminal*, ao constituir-se como parâmetro limite do que se considera sua *irrecuperabilidade* para uma política correcional e sua *periculosidade* que, entranhada em sua subjetividade, o separa definitivamente da concepção moderna do criminoso. Puni-lo, portanto, não visa a qualquer racionalidade dissuasiva, visa a *incapacitá-lo*, impedi-lo de continuar a agir socialmente. Uma extensão dessa lógica para populações inteiras conduz a um tipo de prisão *definitiva*, o campo de concentração que antecede a eliminação física. Como lembra Giddens, citando Hannah Arendt, "o terror, aqui, não se refere à provocação de medo em si mesmo, mas, ao contrário, expressa a extremidade do 'desvio' atribuído àqueles internados, dos quais a maioria de fora precisa ser protegida"(Giddens, 2008: 316).

Sujeição criminal, rótulo e estigma: diferenciais de uso

O que vem a ser, então, "sujeição criminal"? De um ponto de vista formal, a sujeição criminal refere-se a um processo social pelo qual se dissemina uma expectativa negativa sobre indivíduos e grupos, fazendo-os crer que essa expectativa é não só verdadeira como constitui parte integrante de sua subjetividade. O conteúdo de sentido dessa expectativa não é apenas um atributo desacreditador, como no *estigma*, nem decorre apenas de um processo de *rotulação* de um comportamento desviante de primeiro grau (como no desvio primário); antes parece ser determinante desses ou, ao menos, enlaçado a eles. Refere-se a um *set* institucionalizado denominado "Código Penal", historicamente construído e administrado monopolisticamente pelo Estado, que se confunde inteiramente com o moderno processo de criminalização. Assim, a discriminação que fundamenta a diferença do sujeito criminal em relação aos demais sujeitos sociais não decorre de estereótipos arbitrários ou preconceitos que lhe sejam anteriores, mas, pelo contrário, é sua explicação estabilizada em crença compartilhada. Tal crença, profunda, sustenta que, em certos casos, o crime habita o indivíduo transgressor e seu tipo social mais geral. Na sujeição criminal, o crime é reificado no suposto sujeito autor de crimes. O rótulo e o estigma, nesses casos, são efeitos, ou se articulam à sujeição criminal, mas não lhe são causas, não lhe são logicamente anteriores. Pode haver estereótipos, rótulos e estigmas relacionados a acusados de crimes e incriminados, sem que haja sujeição criminal. Ao contrário, onde há sujeição criminal haverá abundância de estereótipos, rótulos e estigmas circulando no sujeito e em suas extensões sociais (família, vizinhança, bairro etc.).

O conceito foi proposto no quadro de uma situação particular, a do tráfico de drogas no Rio de Janeiro (Misse, 1999), mas vem ganhando abrangência em novos estudos realizados desde então.[4] Ele parece incorporar algumas das dimensões formais do estigma e do rótulo, cujo conteúdo de sentido é inteiramente arbitrário, pois decorrente da vitória de uma orientação moral sobre outras, em qualquer plano, em uma situação social na qual a desigualdade social demarca e naturaliza diferentes graus de legitimação do processo de criminalização. Também se diferencia do conceito de desvio secundário, que se refere ao reforço de uma identidade desviante pelo fato de que não é seu corolário e nem decorre do conceito de desvio, mas, pelo contrário, lhe é logicamente anterior.

Como já afirmei (Misse, 2011), há uma diferença fundamental entre um atributo desacreditador e uma expectativa social de que o outro queira ou possa, intencionalmente, lhe fazer mal. Quando se trata de definir padrões de sociabilidade, essa diferença ganha relevância especial, pois no primeiro caso o conflito pode resultar do atributo, enquanto no segundo o atributo é decorrência da expectativa de conflito. Quando Goffman escreveu *Estigma*,[5] ele estava interessado no atributo desacreditador (defeitos físicos, defeitos de caráter etc.) e na relação social do *self* desacreditado com a atribuição desacreditadora. Visto da

---

[4] Cf. referências bibliográficas no verbete "sujeição criminal", de onde retirei parte dos argumentos apresentados aqui. O verbete consta do livro *Crime, polícia e justiça no Brasil* (Ratton Jr., Lima e Azevedo, 2013).
[5] Cf. Goffman (1963).

perspectiva de quem se "encaixa" no atributo desacreditador, este pode ser concebido como um "rótulo" (*label*) e foi assim que o *labeling approach* (abordagem do rótulo)[6] pôde propor uma ampliação do conceito para abarcar o portador de um comportamento desviante. Ao fazê-lo, incluiu o criminoso, o delinquente, e sublinhou a diferença entre o rótulo e o que seu portador pensava a respeito de si mesmo. Nesse sentido, a abordagem do rótulo antecipava o tema de Goffman e o desenvolvia em outra direção. Mantinha-se no interior de uma teoria dos papéis sociais e de sua importância crucial para a formação da identidade social, embora a ênfase recaísse mais na incorporação do atributo na identidade social e seus efeitos sobre o portador do que propriamente em sua manipulação para ocultá-lo, como em Goffman.

Em momento algum, nem a abordagem do rótulo, nem Goffman interessaram-se pelo conteúdo de sentido do atributo desacreditador, dirigindo-se mais a seu uso na interação social, especialmente na interação face a face, do que às justificações de sentido moral que lhe subjazem. O mais das vezes, essas foram tratadas como arbitrárias ou, ao menos, como dispensáveis para a compreensão da forma da interação, já que — numa linhagem que mantém afinidade com a obra sociológica de Simmel — buscava-se a forma geral da interação, fosse qual fosse o conteúdo de sentido que a preenchesse.[7]

Ainda em meu primeiro trabalho sobre o estigma (Misse, 1979), manifestei interesse em resgatar os conteúdos de sentido que comparecem nas relações sociais para compreender definições de situação que dependem da articulação entre interação e produção de sentido. Assim, procurei construir uma ponte entre a abordagem interacionista, a fenomenológica e a estrutural, à medida que concedi à abordagem estrutural a função de me prover conteúdos de sentido "estabilizados", referenciais institucionalizados, conteúdos de sentido de longa duração, como em sistemas de pensamento, estruturas de crenças e ideologias, e sua presença constitutiva na interação social. Assim, em *Crime: o social pela culatra* (Misse e Motta, 1979:27-32), criticamos Becker não por enfatizar a reação moral na construção social do comportamento desviante, mas por não levar em conta a estabilização institucional do desviante em "criminoso", chamando a atenção para a diferença entre a competição moral na criminalização das drogas e a estabilidade estrutural da criminalização do roubo, por exemplo. Do mesmo modo, no mesmo livro, criticamos Edmundo Campos Coelho não por mostrar o diferencial de roteiros típicos seguidos pela polícia no processo de incrimi-

---

[6] Sobre a *labeling theory*, ver Schur (1971). A expressão *label* é uma categoria nativa nos Estados Unidos e muito usada, popularmente, no mesmo sentido da *labeling theory*.
[7] Cf. Simmel (1908).

nação, mas por negligenciar as diferenças e estratificações que explicam esses roteiros típicos como regras de experiência (Misse e Motta, 1979:40-44). Em 1995, retomei a polêmica brasileira sobre a falsa relação entre pobreza urbana e crime para argumentar sobre a crítica fácil a uma correlação também falsamente simplificada. Sem a mediação da sujeição criminal, a relação entre pobreza urbana e crime tornava-se incompreensível e preconceituosa.

Essa insistência sobre o tema da sujeição criminal deve-se ao fato de que estou interessado em sugerir ao leitor que todos esses desenvolvimentos, ainda que algumas vezes contraditórios entre si, serviram de referencial teórico para minha incursão no tema do "bandido" em meus trabalhos de campo no Rio de Janeiro, já lá se vão quatro décadas.[8] A experiência de campo no Rio de Janeiro levou-me à conclusão de que a construção da identidade social do "bandido", no Brasil urbano da segunda metade do século XX, ganhou uma particularidade que a tornava mais complexa e nitidamente distinguível seja da noção de rótulo, seja da de estigma e mesmo do conceito de desvio secundário de Lemert, aproximando-a, por outro lado, de temas tratados por Foucault e por autores que se utilizam da referência a "processos de subjetivação". A expressão "sujeição ao crime" aparece pela primeira vez no último capítulo do livro de José Ricardo Ramalho, *O mundo do crime: a ordem pelo avesso* (Ramalho, 1979). Ali encontrei uma expressão que me pareceu capaz de interligar minhas hipóteses sobre o bandido com os desenvolvimentos teóricos acima referidos, em particular Foucault, que também inspirou a pesquisa de Ramalho.

O ponto central que justifica, a meu ver, o uso da sujeição criminal em lugar de rótulo, estigma e desvio secundário é que, nesse caso, a identidade social se subjetivava não apenas como incorporação de um papel social ou de um *self* deteriorado, mas como "personificação" do crime. E não de qualquer crime, mas do crime violento, cujo fantasma social está associado à ideia do criminoso como inimigo, que, pela sua periculosidade, é tomado como sujeito irrecuperável para a sociedade. A expectativa social de que esses indivíduos estão prontos a fazer mal intencionalmente a cidadãos "de bem" separa-os do tipo geral do desviante, para alojá-los no "mundo do crime", cujas fronteiras sociais coincidem com territórios urbanos localizados "nas margens do Estado", com as penitenciárias de segurança máxima e com redes que articulam e desarticulam diferentes e sobrepostos mercados ilegais.

Dado que também a sujeição criminal não se confunde com o estigma, pois não comparece apenas na interação social, mas está estabilizada institucional-

---

[8] Desde a pesquisa de 1971-1972 sobre a delinquência juvenil na Guanabara (Misse et al., 1973).

mente no Código Penal, nas instituições de controle social e nas práticas mais variadas de contenção desse indivíduo que é tomado como a "subjetivação do crime", é preciso levar a sério o modo como, nesse processo social, constrói--se de fato um sujeito criminoso e como ele se diferencia de uma variedade de indivíduos que podem ser incriminados, mas que não serão considerados "portadores" do crime. No caso da sujeição criminal temos uma figura, um tipo social, que "carrega" o crime. Nisso se aproxima da descrição clássica que Agambem (2007) fez do *homo sacer*. Ele pode ser morto ou sua morte pode ser amplamente justificada: mesmo nas reportagens da mídia, sua morte é apresentada em oposição à morte de pessoas "inocentes". No limite, sua morte pode ser amplamente desejada. Não foram poucos os votos que elegeram deputado por três vezes o ex-policial Sivuca, no Rio de Janeiro, cuja campanha se desenvolveu com sua frase mais famosa: "Bandido bom é bandido morto", estampada em painéis e camisas. Institucionalmente, pode-se incluir a pena de morte para ele, mas em geral isso é dispensável, já que sua morte — em confronto com a polícia ou não — provocará mais indiferença ou alívio que compaixão.

De modo geral, o sujeito criminal partilha com o desviante estigmatizado o "fechamento" das relações sociais, mas com ele a evitação social é diferente, é essencialmente baseada em seu perigo potencial. A sua subjetividade é, no limite, inaceitável; sua diferença é, por definição, antissocial. Se podemos acompanhar campanhas de descriminalização de *sujeitos* desviantes para os quais há conflito moral ativo quanto ao sentido de continuarem a ser rotulados como *desviantes*, como ocorre com drogados, sadomasoquistas, é, no entanto, impensável a possibilidade de descriminalização do sujeito que pratica assaltos a mão armada, que mata sempre que acha necessário, que explora, estupra e viola mulheres e crianças, que sequestra, que se organiza em grupos e que sustenta mercados ilegais com violência. Esse é o *sujeito* do crime para o qual mobiliza-se a contraviolência da sujeição criminal. Ao tornar-se "monstro", deixa de ser humano, pode ser confinado à plena exclusão social.

O fetichismo penal do bandido e a restituição da vingança

O crime não existe nem no evento, nem na pessoa. É uma relação social e é através de abrangente reação moral que ele começa a existir, primeiramente na forma de acusação moral que o constitui como ofensa e, posteriormente, caso essa ofensa ganhe maior abrangência e reação continuada, ao vir a ser inscrito em códigos, leis, instituições. A estabilização da reação moral produz um *set* de expectativas quanto à natureza do ofensor, que será discriminado em função da maior ou menor gravidade da ofensa e do caráter recorrente em cometer ofensas atribuído ao ofensor. Quando essa relação social estabilizada no tempo e no espaço de um Estado-nação dissemina-se, na expectativa social, por meio do processo de tipificação, vindo a constituir um tipo de pessoa, um *tipo social*, ofensa e ofensor tendem se confundir, produzindo um resultado contraditório com a concepção racionalista de crime e criminoso. Se, para esta, qualquer pessoa pode vir a cometer crimes, já que não há qualquer diferença essencial entre criminosos e não criminosos que não seja a passagem ao ato, para o processo social de tipificação, que subordina a lei à norma moral, a diferença existe e é essencial: há pessoas que, *por alguma razão*, tendem a confundir-se com o crime e a tal ponto e com tamanha gravidade que precisam ser *discriminadas* em um tipo social específico, por um processo de tipificação preventiva. São concebidos como *inimigos internos*, inimigos públicos, bandidos. No limite, quando não se encontra a razão da diferença, e seus atos são indecifráveis, são relegados à condição de *monstros*. Mas, em geral, cabem na classificação de pessoas más, maus-caracteres e, como tipo social, *bandidos*, para os quais reserva-se — em cada caso — o estigma adequado.

À reificação do crime na pessoa do ofensor segue-se, pela experiência prisional, seu processo de fetichização penal: é insuportável que ele não seja punido — não pelas razões iluministas da dissuasão ou mesmo da incapacitação pela prisão (para evitar que cometa outros crimes), mas simplesmente pela necessidade de justiça, de ressarcimento moral, de reciprocidade negativa, de vingança. A pena — uma relação social — também passa a ser colada à pessoa, completando-se a fetichização da pena no tipo social. O "apenado", o "condenado", devidamente estigmatizado, vê realizada em si a fusão fetichista da pena em sua pessoa. Como a medida moral da punição pode não coincidir com as penas definidas nos códigos, mesmo que esse indivíduo (esse "elemento", como se diz) seja sentenciado à perda de liberdade, isso não bastará. Será preciso cuidar para que ele não retorne à sociedade, já que nada o corrigirá, sendo ele irrecuperável e inevitavelmente perigoso. Sendo o que é, será melhor incapacitá-lo definitivamente — assim se obtém duplamente o resultado necessário: a vingança e a incapacitação, o ressarcimento emocional da justiça direta, feita com as próprias mãos, e a incapacitação racional porque definitiva e legítima, justificada.

A sucessão, ao menos no Rio de Janeiro, de diferentes grupos de "oferta" de proteção, primeiramente nas casas de prostituição, depois no jogo do bicho, em seguida na Baixada Fluminense com o aparecimento da "guarda noturna" de Caxias, seguida pelos esquadrões da morte nos anos 1950 e 1960, completada pelos grupos de extermínio dos anos 1970 e 1980 e, finalmente, pelas milícias da Zona Oeste e pelo volume de mortos em confronto com a polícia na virada do milênio, revela um padrão na relação de parte da população e da polícia com a sujeição criminal que associa a reprodução ampliada da sujeição criminal à produção de mercadorias políticas (propinas, extorsão, corrupção policial etc.).

Mercadorias políticas e reprodução ampliada da sujeição criminal

Identifiquei, no caso do Rio de Janeiro, três momentos através dos quais uma parte significativa de agentes policiais confundiu-se com seu objeto de perseguição, dissolvendo na prática sua própria sujeição criminal potencial sob uma legitimidade paralela construída em nome da eficácia contra os bandidos (Misse, 1999). Esses momentos são historicamente simultâneos, mas se produzem também como uma "acumulação" sucessiva e ampliada, que "extermina" a sujeição criminal ao se confundir com ela. A frase de Lúcio Flávio Villar Lírio, um assaltante de bancos do final dos anos 1960 e início dos 1970, demandando a separação dos papéis ("bandido é bandido, polícia é polícia, senão vira zona") é extremamente importante e significativa, principalmente à vista do que está ocorrendo hoje no Rio de Janeiro. Mas a confusão já estava estabelecida muito antes que Lúcio Flávio a percebesse, pois apenas se acumulara. Há muito ela decorria da apropriação privada dos meios estatais de incriminação.

Minha proposição principal, apresentada há vários anos (Misse, 1999), é que a apropriação privada dos meios de incriminação é um dos principais fatores da acumulação social da sujeição criminal, contribuindo para suas metamorfoses e, por conseguinte, para a acumulação social da violência. Essa apropriação tanto pode ocorrer entre cidadãos (justiçamentos, linchamentos, criação de grupos de proteção) quanto entre diferentes agentes do Estado vinculados à administração estatal da distribuição de justiça, mas foi na polícia que ela sempre ganhou maior visibilidade pública e importância. Os sucessivos "esquadrões da morte" formados por policiais, com conhecimento de seus superiores, incentivaram a disseminação da "polícia mineira", ligando comerciantes a policiais e ex-policiais no "justiçamento" de assaltantes. A extorsão ao lenocínio e ao jogo do bicho abriu caminho para a "mineira", a extorsão aos traficantes do varejo. Não são processos estanques, isolados em sua época, mas uma estrutura de redes e de subculturas que interliga duas ou mais gerações de bandidos e policiais. Como me disse certa vez um gerente de bicho, "isso é manjado há muito tempo, o cara já entra lá e já sabe".

A demanda, entre o início do século e os anos 1960, para que a polícia cumprisse uma função normalizadora dos costumes fez com que se elegesse a pobreza urbana, as minorias étnico-culturais e os comportamentos representados como "incivilizados" e "imorais" como o principal foco da atenção policial, ao mesmo tempo alargando e autonomizando a função de polícia para esferas de ação que permitiam um gradiente de interpretações e representações mais abrangentes que o da criminalidade legalmente sancionada. A disputa entre juristas, nos anos 1950 e 1960, sobre o significado (e os limites de interpretação) da "vadiagem", do "lenocínio", do "uso de entorpecentes", da "prisão preventiva", entre tantos outros itens, já indicava o quanto o *poder de definição* da polícia se antecipara à jurisprudência e até mesmo influíra sobre esta.

É importante, no entanto, ressalvar que não foi a polícia quem inventou isso. Ela apenas *condensou* em seu trabalho cotidiano as representações dominantes que vinculavam os comportamentos não normalizados ou desnormalizados à potencialidade criminal. A legitimidade de suas interpretações, no entanto, começou a diminuir quando os excessos de poder de sua autonomia, através do uso continuado da tortura e da confissão como *meios de incriminação* preferenciais, começaram a produzir reações nas elites da classe média urbana, principalmente durante a ditadura Vargas e, especialmente, na ditadura militar. As mudanças nas representações dominantes a respeito da "cultura popular", com a crescente aceitação do "malandro" idealizado como um dos "símbolos culturais" da nação, ampliaram e contextualizaram a ambivalência moral de determinados cursos de ação para a perspectiva normalizadora convencional. Por outro lado, a criminalização do jogo do bicho, uma loteria muito popular, aumentava a ambivalência moral em prossegui-lo, abrindo espaços para negociações que não podiam se realizar legalmente. O mesmo, mais tarde, se passou com os usuários da maconha na classe média, cuja incriminação produziu também reações nas elites das classes médias.

A diferenciação legal entre rufião e prostituta, entre prostituta e seu cliente, entre bicheiro e seu cliente, como, depois, entre traficante e usuário de drogas, criminalizava a oferta mas não o consumo, privilegiava a oferta da mercadoria ilícita e não mais a desnormalização que caracterizava seu consumo. A sinalização moral perdia posição para a sinalização econômico-aquisitiva na mesma medida em que as classes médias ampliavam sua participação nos mercados ilícitos e criavam, com isso, um sério problema de interpretação para o que seria apenas um desvio de conduta, um comportamento divergente ou uma contravenção e um crime. A revolução de costumes dos anos 1960 e 1970 completou o processo através do qual a polícia pôde *fixar* determinadas áreas de comportamento como passíveis de uma apropriação diferencial dos meios de incriminação: prendiam-se os malandros por alguns dias, negociava-se com os bicheiros, extorquiam-se rufiões ou "maconheiros", matavam-se os bandidos e marginais. Esses três momentos se completam quando vários agentes policiais passam também a *oferecer* mercadorias ilícitas, principalmente "mercadorias políticas", como no caso da venda de armas reservadas às Forças Armadas nos morros, da venda de liberdade a presos comuns sentenciados por assaltos a banco e da troca de proteção nas áreas do varejo de drogas, que cresciam rapidamente nos anos 1970.

A exploração dos ilegalismos pela polícia (não pela instituição, é óbvio, mas por muitos de seus agentes), com base em seu próprio poder de definição, é usual no Brasil há muito tempo. A propina em troca de uma multa fiscal ou a propina em troca de uma multa de trânsito é tão generalizada que já se incorporou à "normalidade". Mas a exploração contínua da sujeição criminal aparentemente nasceu com o lenocínio, o jogo do bicho e o contrabando. A proibição do rufianismo, da cafetinagem e do jogo do bicho permitiu que se desenvolvesse um mercado de "proteção" através do qual trocavam-se imunidades à detenção e à multa por dinheiro ou favores. Ainda na década de 1930, Noel Rosa expressa toda a ambiguidade com a frase, anotada em seu caderno: "Um gatuno seria um ótimo policial se fosse bem pago". A acumulação dessas práticas com a violência das torturas nas delegacias jamais se interrompeu. Quando o malandro sai de cena e "aparece" o marginal, a extorsão e a proteção se desenvolvem na relação com os banqueiros do bicho, reservando-se ao marginal a política do extermínio. Nada mais ilustrativo disso que a notícia veiculada por *O Dia*, em 1º de setembro de 1958:

> Corrupção no gabinete do chefe de polícia. Os jurados não encontraram razão para repelir a denúncia do jornalista Geraldo Rocha — Jogo, suborno e inquéritos abordados pelo advogado Araújo Lima. Banqueiros do "jogo do bicho" faziam "caixinha" de 1 milhão de cruzeiros para subornar policiais. General Amaury Kruel envolvido; [...]

Nesse mesmo ano, Kruel havia criado o "Grupo de Diligências Especiais", um eufemismo para o que a imprensa passou a chamar de "Esquadrão da Morte". O extermínio dos bandidos começa oficialmente nesse ano, e prossegue nos anos seguintes. Em 1967, Santos Lemos publica um livro-reportagem que reconstitui a política do extermínio na Baixada, particularmente em Duque de Caxias, na década de 1950. O subtítulo do livro dá a medida do seu conteúdo: "Presos, vivos ou mortos, desapareciam do xadrez, tomando destino ignorado. O repórter, inspirado no cadáver de uma criança, desvendou o grande mistério".[9] A associação entre extermínio e extorsão encontrará nova visibilidade pública por ocasião da criação

---

[9] Cf. Lemos (1967).

de novo grupo especial da polícia, os "Homens de Ouro", no início dos anos 1960, do qual farão parte policiais que serão mais tarde acusados de pertencerem ao esquadrão e de viverem da extorsão contra bandidos e estelionatários. O mais célebre desses policiais foi Mariel Mariscott.

Durante a ditadura militar, uma parte desses e de outros policiais civis (inclusive em outros estados) vincula-se à organização da cúpula do jogo do bicho. Outros constroem uma ligação entre as rotas do contrabando, o roubo de carros e o tráfico de cocaína, que começava a crescer. Cargos de delegados em determinados bairros da cidade, onde já existiam redes de exploração da sujeição criminal, são "comprados", transformam-se em capital para quem detinha o poder de nomeá-los. Até mesmo conseguir ser colocado como guarda de trânsito numa esquina movimentada já implicava pagamentos regulares, aos seus superiores imediatos, de parte da propina arrecadada. Comandar um batalhão da PM num certo bairro poderia significar acessar um capital potencial de mercadorias políticas.

Diferentes notícias na imprensa num período longo, de meio século, além de entrevistas que realizei com jornalistas, policiais, bicheiros, traficantes e advogados criminais permitem a reconstrução geral dessas ligações, no topo do "mundo do crime" (isto é, na sua parte com menor visibilidade pública e menor sujeição criminal), entre *extermínio* de bandidos e *queimas de arquivo*; entre homicídios dolosos e *extorsão policial*; entre jogo do bicho e contrabando; entre contrabando e roubo de carros; entre carros roubados (que funcionam como "moeda") e tráfico de armas e de cocaína a partir da Bolívia e do Paraguai. Como sempre, ao varejo dessas mercadorias fica reservada a sujeição criminal e a fragmentação dos contatos com os intermediários do atacado.

A entrada dos colombianos no mercado de cocaína, no final dos anos 1970, apenas dá continuidade e aprofunda uma tendência que se acumulara nas décadas anteriores, com diferentes mercadorias e "serviços". A venda de liberdade aos "lei de segurança nacional",[10] em troca de muito dinheiro, e, em seguida, o fornecimento de armas e mesmo de drogas apreendidas ao varejo do tráfico completarão o processo de acumulação da sujeição criminal. O crescimento "para cima", na estratificação social, das ligações indiretas com o topo do "submundo" do tráfico decorreu do crescimento da oferta e da demanda de drogas e de sua alta lucratividade, já nos anos 1980. Mas as condições de sua reprodução ampliada já estavam criadas há muito tempo. A entrada da Polícia Militar nessas redes data dessa época e acarretará um maior volume de "violência a varejo"

---

[10] "Lei de segurança nacional" era o nome que se dava aos condenados por roubo a banco incursos na Lei de Segurança Nacional.

na relação com as comunidades postas sob o alargamento da sujeição criminal nas bases visíveis da sua demarcação social.

O resultado de todo esse processo histórico pode ser contabilizado nas centenas de milhares de mortos direta ou indiretamente vinculados ao que estamos designando aqui pelo conceito de "sujeição criminal".[11] Não se trata e nunca se tratou de um processo moderno de incriminação, pelo Estado, de pessoas que cometeram crimes e foram processadas de acordo com a lei. Mesmo quando isso se deu, desenvolveu-se numa forma que discriminava, nas pessoas incriminadas, aquilo que, nelas, revelava ou produzia sua sujeição ao crime. Sua contraparte ilegal, o justiçamento puro e simples, impune quase sempre, era — e continua a sê-lo — apenas a parte mais visível do fetichismo penal brasileiro e da restituição social da vingança na reprodução ampliada da sujeição criminal. À fria racionalidade da prisão, criticada por Foucault, prefere-se muitas vezes, no Brasil, a cólera fria e racional do suplício e do extermínio.

Referências

AGAMBEM, Giorgio. *Homo sacer*: o poder soberano e a vida nua. Belo Horizonte: UFMG, 2007.

BECKER, Gary. Crime and Punishment: An Economic Approach. *Journal of Political Economy*, v. 76, n. 2, 1968.

BECKER, Howard. *Outsiders*: Studies in the Sociology of Deviance. Nova York: The Free Press, 1966.

BUTLER, Judith. *The Psychic Life of Power*: Theories in Subjection. Stanford: Stanford University Press, 1997.

_____. *Giving an Account of Oneself*. Nova York: Fordham University Press, 2005.

CHAMBLISS, William J.; ZATZ, Marjorie S. (Ed.). *Making Law*: The State, the Law, and Structural Contradictions. Indianápolis: Indiana University Press, 1993.

CLARKE, Ronald V. (Ed.). *Situational Crime Prevention*. Nova York: Harrow and Heston, 1997.

_____; FELSON, Marcus (Ed.). *Routine Activity and Rational Choice*. New Brunswick: Transaction, 2004.

COELHO, Edmundo Campos. A criminalização da marginalidade e a marginalização da criminalidade. *Revista de Administração Pública*, v. 12, n. 2, 1978.

---

[11] Ver, a propósito, a macabra contabilidade dos mortos pela polícia e seu iníquo processamento penal no Rio de Janeiro em Misse, Grillo, Néri e Teixeira (2013) e, também, no Rio e em São Paulo, no mais recente relatório da Human Rights Watch (2013). Apenas no Rio de Janeiro, em oito anos (2003-2010), mais de 10 mil pessoas foram mortas pela polícia, um terço das quais menores de 18 anos.

DAS, Veena. *Life and Words*: Violence and the Descent into the Ordinary. Berkeley: University of California Press, 2007.
DERRIDA, Jacques. *Force de loi*. Paris: Galilée, 1996.
DOUGLAS, Mary. *Pureza e perigo*. São Paulo: Perspectiva, 1970.
FELSON, Marcus. *Crime and Everyday Life*. Londres: Sage, 2002.
FOUCAULT, Michel. *Hermenêutica do sujeito*. São Paulo: Martins Fontes, 2006.
GIDDENS, Anthony. *O Estado-nação e a violência*. São Paulo: Edusp, 2008.
GOFFMAN, Erving. *Estigma*: notes on the management of spoiled identity. Nova Jersey, NJ: Prentice-Hall, 1963.
HIRSCHI, Travis; GOTTFREDSON, Michael. R. *A General Theory of Crime*. Stanford: Stanford University Press, 1990.
HUMAN RIGHTS WATCH. *Força letal*: violência policial e segurança pública no Rio de Janeiro e São Paulo. S.l.: Human Rights Watch, 2013. (Relatório).
LEMERT, Edwin. *Social Pathology*. Nova York: McGraw-Hill, 1951.
LEMOS, Silbert dos Santos. *Sangue no 311*. Rio de Janeiro: Reper, 1967.
MISSE, Michel. *O estigma do passivo sexual*: um símbolo de estigma no discurso cotidiano. Rio de Janeiro: Achiamé, 1979.
_____. O senhor e o escravo: tipos limites de estratificação e dominação. *Dados*: revista de ciências sociais, Rio de Janeiro, v. 39, n. 1, 1996.
_____. *Malandros, marginais e vagabundos:* a acumulação social da violência no Rio de Janeiro. Tese (doutorado em sociologia) — Instituto Universitário de Pesquisas do Rio de Janeiro, Rio de Janeiro, 1999.
_____. Crime, sujeito e sujeição criminal: aspectos de uma contribuição analítica sobre a categoria "bandido". *Lua Nova*, São Paulo, n. 79, p. 15-38, 2010.
_____. A categoria "bandido" como identidade para o extermínio: algumas notas sobre a sujeição criminal a partir do caso do Rio de Janeiro. In: BARREIRA, César; SÁ, Leonardo; AQUINO, Jânia Perla de (Org.). *Violência e dilemas civilizatórios*: as práticas de punição e extermínio. Campinas, SP: Pontes, 2011.
_____; GRILLO, Carolina; NÉRI, Natasha; TEIXEIRA, César. *Quando a polícia mata*: os homicídios por "autos de resistência" no Rio de Janeiro (2001-2011). Rio de Janeiro: Booklink, 2013.
_____; MOTTA, Dilson. *Crime*: o social pela culatra. Rio de Janeiro: Achiamé, 1979.
_____ et al. *Delinquência juvenil na Guanabara*: uma introdução sociológica. Rio de Janeiro: Tribunal de Justiça do Estado da Guanabara, 1973.
RAMALHO, José Ricardo. *O mundo do crime*: a ordem pelo avesso. Rio de Janeiro: Graal, 1979.
RATTON JR., José Luiz; LIMA, Renato Sérgio de; AZEVEDO Rodrigo, (Org.). *Crime, polícia e justiça no Brasil*. São Paulo: Contexto, 2013.
SCHUR, Edwin M. *Labeling Deviant Behavior*: Its Sociological Implications. Nova York: Harper & Row, 1971.
SILVA, L. A. Machado da. Violência, sociabilidade e ordem pública no Rio de Janeiro: uma tomada de posição. In: BARREIRA, César (Org.). *Violência e conflitos sociais*: trajetórias de pesquisa. Campinas: Pontes, 2010.
SIMMEL, Georg. *Sociología*: estudios sobre la forma de socialización. Madri: Revista del Occidente, 1908.
TANNEMBAUM, Frank. *Crime and Community*. Boston: Ginn, 1938.

PARTE II
ENTRE O LEGAL E O ILEGAL: PRÁTICAS E DISCURSOS SOBRE O URBANO

CAPÍTULO 4

Comércio ambulante no Rio de Janeiro e em São Paulo: grupos de poder e instrumentos contemporâneos de governo

DANIEL HIRATA

Introdução

Continuando pesquisas e desdobrando questões que venho tentando trabalhar a partir de alguns pontos de inscrição dos mercados ilegais, informais e ilícitos (Telles e Hirata, 2007), o presente capítulo refere-se ao projeto "Mercados Ilegais, Mercadorias Políticas e Organização Local do Crime no Rio de Janeiro", vinculado ao Necvu (Núcleo de Estudos da Cidadania, Conflito e Violência Urbana). Dentro do quadro mais geral de questões em que o projeto se encontra inserido, o objetivo é realizar uma pesquisa comparativa entre Rio de Janeiro e São Paulo. Mais especificamente, a tentativa será compreender algumas das dinâmicas do comércio popular realizadas pelos vendedores ambulantes nas ruas e nos espaços fechados chamados de "mercados populares" ou "camelódromos". Para tanto, está sendo conduzida uma pesquisa de campo nos centros comerciais mais significativos das cidades: no caso de São Paulo, a "feira da madrugada" e o eixo principal formado a partir da rua Oriente, no bairro do Brás; no Rio de Janeiro, o "Mercado Popular da Uruguaiana" e suas adjacências, no centro da cidade. A abordagem comparativa nesse caso é central porque permitirá esclarecer e qualificar de forma mais precisa:

a) os programas e tentativas governamentais de controle desses mercados por meio de projetos de fiscalização e repressão, assim como programas que organizam a integração econômica e urbanística desses mercados no conjunto das cidades;
b) os grupos que disputam e negociam sua participação nesses mercados, assim como as diferentes formas de dependência, vinculação e tensão desses grupos com "agências de proteção" ilegais, algumas das quais constituídas por agentes do Estado.

A descrição e análise dessas duas dinâmicas em que está inserido o comércio popular relaciona-se a duas perspectivas ou dimensões analíticas das formas de governo[1] intrinsecamente articuladas. Seguindo a sugestão de Beatrice Hibou, poderíamos distinguir a *formação* e *construção* das formas de governo, considerando *formação* o "esforço mais ou menos consciente de criar um aparelho de controle" e *construção* "o processo histórico amplamente inconsciente e contraditório de conflitos, negociações e compromissos entre diversos grupos" (Hibou, 1998:152).

Para entender a *formação* do governo é importante a análise de seus instrumentos de ação (Lascoumes e Le Galès, 2004), ou seja, o conjunto de dispositivos técnico-sociais que organiza a relação entre governantes e governados. Dessa perspectiva, as transformações nas escolhas dos instrumentos das ações governamentais ajudam a compreender suas formas de legibilidade dos processos (Desrosières, 2008) e seus efeitos próprios de diferenciações e seletividades (Hacking, 2006). No caso do setor do comércio informal estudado, poderíamos distinguir duas transformações nos instrumentos de ação do governo que são muito semelhantes em ambas as cidades.

Em primeiro lugar, é preciso destacar a criação de um novo *design* institucional a partir da criação de novas secretarias que, através de suas atribuições próprias, reorganizam antigas coordenadorias, subsecretarias, autarquias e outras instituições relacionadas à construção da ordem pública. Em segundo, e como consequência da criação dessas novas secretarias, as prefeituras lançam mão de uma série de programas que de um lado iluminam novas técnicas de aferição, mensuração e identificação da questão da ordem pública, cuja instrumentação se operacionaliza através da ocupação do espaço urbano e a territorialização da atuação das forças policiais. Foi assim que alguns anos depois da criação da SMSU (Secretaria Municipal de Segurança Urbana), a chamada "operação delegada", resultado de um convênio do governo do estado de São Paulo por meio da Polícia Militar e da prefeitura da cidade através da Secretaria de Coordenação das Subprefeituras, alterou completamente o modo como o controle do comércio informal se estrutura. No Rio de Janeiro, logo após a criação da Secretaria Especial de Ordem Pública (Seop), a operação "choque de ordem"

---

[1] Sobre a questão do governo, suas diferenças com as abordagens tradicionais de análise do Estado e as duas perspectivas de análise, Michel Foucault diz: "Essa abordagem implica que coloquemos no centro da análise não o princípio geral da lei, nem o mito do poder, mas as práticas múltiplas e complexas da governamentalidade, que supõem, de um lado, as formas racionais, os procedimentos técnicos, as instrumentações através das quais ela se exerce, de outro lado, os jogos estratégicos que tornam instáveis e reversíveis as relações de poder que devem garantir" (Foucault, 2008).

também reorganizou a coordenação dos modos de fiscalização e controle. De outro lado, ambas as cidades planejam implementar projetos de renovação urbanística em suas regiões centrais, onde se localiza de forma mais intensa o comércio informal. Ambiciosos projetos em São Paulo e no Rio de Janeiro, ainda que de maneiras diversas, procuram tornar o Centro uma região atrativa para o investimento privado com vistas ao desenvolvimento da economia das cidades. Para tanto, um conjunto de ações parece convergir no sentido do estímulo à forma empresa, do empreendedorismo e da incitação ao crédito popular, ao mesmo tempo que reformas urbanísticas e paisagísticas são implementadas nesses centros populares de comércio. Todas essas modificações recentes nas formas de governo das economias populares serão descritas com maior profundidade à frente, cabendo aqui apenas apontar, *grosso modo*, suas aproximações.

A analise da *construção* do governo está sendo realizada a partir de uma etnografia dos grupos que disputam os mercados populares nas duas cidades. A dinâmica dessa competição pela riqueza que circula nos dois grandes centros urbanos é influenciada por uma história própria, que combina múltiplos arranjos entre grupos que negociam proteção e facilidades nos mercados de bens políticos (Misse, 2006) dentro e fora do ordenamento estatal.[2] A relação com fiscais, policiais militares, civis e federais, assim como o clientelismo político dos partidos, estrutura as clivagens e sobreposições de uma miríade de associações, sindicatos e demais formas de organização desses trabalhadores. Evidentemente os arranjos dos grupos que disputam e negociam a participação no comércio informal nas duas cidades foram afetados pelos programas governamentais de fiscalização e renovação urbana acima citados, através de uma reorganização das relações de poder que tais grupos estabelecem entre si. Mas não é menos importante reconstruir uma história social desses grupos anterior aos programas que serão estudados, pois parte dessas disputas e negociações também interfere em larga medida na construção dos programas de intervenção governamental nos mercados populares. Esse será o segundo eixo analítico apresentado a seguir.

Este capítulo tem como objetivo apontar algumas direções do funcionamento desses mercados a partir dos dois eixos analíticos, que compõem as formas heterogêneas de governo desse ponto tão importante das economias populares urbanas das duas cidades. O texto pretende, em primeiro lugar, uma organização de parte das informações que foram coletadas; em seguida, um apontamen-

---

[2] O conceito de mercadoria política, fundamental para a análise dos grupos que compõem o campo de forças da política dentro e fora do ordenamento legal, foi formulado e amplamente discutido por Michel Misse. Ver Misse (2006).

to das questões que serão perseguidas em sua continuação. Nesse sentido, cabe primeiramente realizar uma apresentação das características gerais dos dois territórios onde as pesquisas serão conduzidas para, em seguida, apresentar as questões desenvolvidas até o presente momento.

São Paulo – bairro do Brás: os camelôs e a "feirinha da madrugada"

Durante os últimos 20 anos, os camelôs instalados no bairro do Brás ganharam muita força e visibilidade em toda a cidade através de diversos embates com a prefeitura municipal. Esses embates, que começam em 1993 e somente em 2001 vão perdendo força gradualmente, denunciam um grande esquema de corrupção nas antigas administrações regionais (suplantadas em seguida pelas atuais subprefeituras). O esquema, conhecido como "a máfia das propinas", articulava, pela base, o pagamento feito por camelôs a fiscais das regionais pelo depósito de mercadorias, pela instalação das bancas e pelo aviso de blitz. Em seguida os administradores regionais recolhiam dinheiro dos fiscais e repassavam a vereadores vinculados à base governista. Esse esquema tinha como finalidade o financiamento das campanhas eleitorais e enriquecimento pessoal desse grupo, mas era, sobretudo, uma forma de estruturação local do poder clientelista tradicional em São Paulo (Cardozo, 2000).[3] A violência servia como tentativa de intimidação das testemunhas e recurso último para interromper as investigações, mas não impediu que a longa CPI municipal terminasse com a cassação do então prefeito Celso Pitta (1997-2001), sucessor direto do antigo prefeito Paulo Maluf (1993-1996).

As organizações de camelôs saíram muito fortalecidas desses 10 anos de mobilizações, e, ainda que divididas internamente em dois grandes grupos principais, durante a eleição municipal do ano seguinte apoiaram conjuntamente a candidatura do Partido dos Trabalhadores. Com a eleição de Marta Suplicy (2001-2005), as organizações de camelôs se aproximaram da municipalidade na expectativa de conseguir apoio e transformar a prefeitura em um parceiro, não um adversário como anteriormente. Contudo, os termos em que a parceria foi realizada e os parceiros que a prefeitura elegeu como os interlocutores privilegiados bloquearam uma ampla aliança com os camelôs. A principal diretriz da nova gestão foi o favorecimento dos camelódromos, chamados na época de

---

[3] Durante o processo da CPI, diversas lideranças dos camelôs foram assassinadas, como Reinaldo Ferreira de Santana, Daniel Ferreira de Farias e Gilberto Monteiro da Silva, e outras foram alvo de atentados, como José Ricardo Alemão e Afonso Camelô.

"mercados populares", o que entrava em choque com as organizações de camelôs que reivindicavam o "direito ao trabalho na rua". Aqui encontramos um ponto de inflexão que terá consequências até o período atual: o trabalho em lugares fechados, que, naquele momento, não era visto com bons olhos pela maior parte dos camelôs. Em primeiro lugar porque se chocava com a dinâmica de venda para pessoas em trânsito, característica dos vendedores ambulantes, visto que os lucros de venda estimados em ambientes fechados eram mais baixos que aqueles obtidos diretamente na rua. Em segundo lugar, a luta política havia sido construída inteiramente ao redor do "direito ao trabalho na rua", ou seja, por melhores condições de venda nas ruas e a regularização dos TPUs (termos de permissão de uso) dos trabalhadores que exigiam o uso do espaço da cidade.

As duas lideranças principais oriundas das mobilizações dos anos 1990, Afonso Camelô (Sindicato dos Camelôs Independentes de São Paulo — Sindcisp), ligado à Força Sindical, e José Ricardo Alemão (Sindicato dos Trabalhadores na Economia Informal de São Paulo — Sintein), da CUT, tinham como sustentação política uma base territorial que dividia a região do Brás em duas metades delimitadas pela rua Oriente. Outras lideranças menores, entretanto, passaram a pensar os ambientes fechados como uma "janela de oportunidades" que possibilitaria um ganho real de regularização e renda e sua projeção como representantes dos camelôs. No caso dessas novas lideranças, a matriz prático--discursiva se desloca do "direito ao trabalho na rua" para "as oportunidades empreendedoras".[4] Nesse caso, a ideia era estreitar os laços com instituições como o Serviço Brasileiro de Apoio às Micro e Pequenas Empresas (Sebrae), com o intuito de criar as condições de instalação dos camelódromos. Abdicavam das reivindicações da rua ligadas aos TPUs e começavam a desenvolver sistemas de parcerias com empresas que pudessem se vincular ao projeto de construção de uma rede de vendedores autônomos através do sistema de facilidades fiscais e de concessão de alvarás simplificados no formato atual do microempreendedor individual (MEI).

Muito interessante é que essa nova matriz prático-discursiva nasce de dentro do sindicalismo antigo. Já no final do mandato de Marta Suplicy, Afonso Camelô cria a "feirinha da madrugada", primeiro próximo à rua 25 de Março e, em seguida, a transfere para sua localização atual, no final da rua Oriente, em um terreno da União sob posse da Rede Ferroviária Federal (RFFSA). A ideia era criar uma feira de venda no atacado durante a madrugada, distinta da venda no

---

[4] Essa diferença, que não poderá ser explorada neste texto, remete diretamente às considerações que Luiz Antonio Machado da Silva fez em seu texto. Ver Silva (2002).

varejo durante o dia, direcionada apenas para os revendedores dessas mercadorias. O sucesso da feira foi imediato. Comerciantes de todas as partes do Brasil e de outros países próximos se deslocavam para fazer suas compras no local, que rapidamente se tornou um grande polo regional de gravitação do comércio de confecções. As vendas também se espalharam por todas as ruas transversais à rua Oriente, do lado de fora do camelódromo. Mas o fato é que, ao mesmo tempo, os lucros provenientes desse grande mercado atacadista passaram a ser alvo de enormes disputas entre diferentes grupos. Com o surgimento da feira da madrugada o campo conflitivo dos grupos que disputavam e negociavam sua participação no comércio do bairro do Brás se transformou intensamente. Já no interior do grupo de Afonso Camelô, a divisão entre as matrizes do "direito ao trabalho na rua" e as "oportunidades empreendedoras" parecia germinar de forma importante. As negociações com lojistas, anteriormente rivais comerciais e estratégicos na ocupação do espaço nas calçadas, passa a acontecer de maneira mais ou menos sistemática.[5]

Essa mudança de atuação política conduz a uma polarização crescente com o grupo de Alemão, que nunca demonstrou interesse em atuar na parte interna da feira da madrugada, nem mudar de filiação partidária, mantendo-se fiel ao Partido dos Trabalhadores, principalmente na figura de José Eduardo Cardozo, que havia sido presidente da CPI da Máfia dos Fiscais. Alemão e seu sindicato, contudo, sofreram muito mais no período posterior à CPI e seu poder se viu cada vez mais reduzido: sete diretores de seu sindicato foram assassinados quando a atenção midiática no bairro se tornou menos intensa e ele mesmo, depois de sofrer um atentado, teve de se afastar do Brás no programa de proteção à testemunha, onde permaneceu isolado durante algum tempo. O que Alemão questionava em relação ao sindicato de Afonso é que ele começava a retomar as mesmas práticas denunciadas na CPI, a partir das alianças descritas acima, mas, sobretudo, com a cobrança de uma taxa de seus associados, o que segundo ele configurava uma extorsão contra os camelôs.

Se o primeiro fato decisivo dessa reconfiguração do campo dos grupos de poder no bairro do Brás é que a feira da madrugada criou uma nova clivagem entre os dois grupos sindicais do bairro, em seguida é importante destacar que a atuação da prefeitura ganhou uma importância decisiva. Depois da rápida pas-

---

[5] Coincidentemente ou não, os partidos escolhidos para estabelecer alianças também começaram a se diversificar: no momento da CPI, Afonso Camelô foi eleito vereador pelo PCdoB, apoiando posteriormente o PDT, depois o PSB e finalmente o PSDB. Afonso começa também a atuar em alguns bairros das periferias da cidade, tendo como parceiros ora a prefeitura, ora os lojistas, e transitando em diversos partidos de quase todo o espectro ideológico.

sagem de José Serra (2005-2006) como mandatário da prefeitura de São Paulo, Gilberto Kassab (2006-2012) assume o cargo com projetos de intervenção muito mais incisivos que as gestões anteriores. Em janeiro de 2008 o coronel da reserva da polícia militar Rubens Casado assume a subprefeitura da Mooca (onde está localizado o bairro do Brás), colocando entre suas prioridades um rígido controle do comércio ambulante.[6] Na verdade, desde a gestão de Marta Suplicy, a prefeitura já havia transferido as atribuições de fiscalização dos fiscais das subprefeituras para a GCM (Guarda Civil Metropolitana) através de uma série de leis e decretos (especialmente a Lei nº 13.866/2004), como uma tentativa de recrudescer o controle do comércio ambulante. Os ambulantes imediatamente responderam ao aumento de rigidez do controle com grandes manifestações por melhores condições de trabalho na rua durante os meses posteriores. Alemão havia voltado para o trabalho no bairro e organizou essas importantes mobilizações que duraram até a metade do ano 2009, mas essas seriam as últimas grandes manifestações que ele conseguiria emplacar. Em 2 de dezembro de 2009, um convênio entre a prefeitura, por meio da Secretaria de Coordenação das Subprefeituras, e o governo do estado, via Polícia Militar, transformaria definitivamente o jogo de forças do Brás. A chamada Operação Delegada (Lei nº 14.977/2009 e Decreto nº 50.994/2009) permitia que policiais em dias de folga trabalhassem até 96 horas por mês para a prefeitura, ganhando uma gratificação extra paga pela municipalidade. Através dessa precarização das condições de trabalho dos policiais militares, a grande estrutura da corporação foi mobilizada para atuar no bairro do Brás: tropa de choque, cavalaria, bases móveis e unidades especiais em grande número foram deslocados para realizar a ocupação do bairro. Sem a visibilidade que outras ocupações de combate ao narcotráfico ganharam nos últimos anos, o bairro se encontrou cercado pela polícia, sem resistência possível de ser esboçada pelos camelôs.[7] Os principais líderes, como Afonso Camelô (que no momento mais crítico decidira estabelecer uma "alian-

---

[6] O coronel Rubens Casado foi o primeiro de uma série de coronéis da reserva da PM que assumiram as subprefeituras da cidade de São Paulo. Atualmente mais de 80% (25 das 31) das subprefeituras são comandadas por policiais da reserva da PM, que nomearam outros oficiais de mais baixa patente para ocupar outros cargos nas administrações das subprefeituras, totalizando 55 policiais militares em altos cargos desses órgãos. Além disso, existem policiais militares na Secretaria do Transporte, na Companhia de Engenharia de Tráfego, no serviço funerário, no serviço ambulatorial, na Defesa Civil e na Secretaria de Segurança, cujo secretário também é da reserva da Polícia Militar (Moncau, 2011).

[7] A primeira mobilização do contingente policial foi na rua 25 de Março (outro grande centro de vendedores ambulantes), sendo estendida a outros centros de consumo popular, como o largo 13 de Maio, em Santo Amaro, e o largo da Concórdia, no Brás.

ça estratégica" com Alemão), foram identificados, presos e mantidos em cárcere durante os primeiros meses da megaoperação.

Uma vez feita a ocupação, que segue em curso atualmente, a fiscalização tornou-se mais rígida no cotidiano do bairro. Um segundo aspecto, mais decisivo que o pagamento pelas horas extras aos policiais militares, mas que não se encontra explicitado na lei e no decreto que a regulamenta, foi a delegação de funções que nomeia a operação e estabelece uma transferência das atribuições de controle do comércio informal dos fiscais das subprefeituras e policiais da Guarda Civil Municipal para a Polícia Militar. Essa delegação permite mais agilidade e maior eficácia do controle, centralizando, na atuação da PM, atribuições anteriormente divididas nos diversos agentes do controle de ambulantes. O major Wagner Rodrigues, chefe da Divisão de Administração e Operação do Centro, em entrevista relatou que essa maneira de conceber a fiscalização foi desenvolvida a partir da experiência de diversas operações anteriores que ele próprio havia comandado, em que se percebia que a divisão de atribuições impedia a eficiência do controle. Exemplifica que os chamados "paraquedas", vendedores que estendem suas mercadorias sobre panos no chão para conseguir fugir da fiscalização fechando-os, eram vendedores impossíveis de serem presos porque, quando o pano encontrava-se esticado, a atribuição de fiscalização de pontos na rua cabia à GCM, e quando fechado e transformado em "bolsa", somente a Polícia Militar poderia revistar o pertence pessoal.

A partir do convênio entre governo do estado e prefeitura, essa pequena cena interativa do controle social altera-se completamente: de um lado os poderes discricionários de um policial durante seu "bico" são mais extensos que aqueles que ele tem quando trabalha oficialmente, pois durante a Operação Delegada concentra as atribuições da GCM e dos fiscais da subprefeitura, ampliando seu poder na rua; de outro essa ampliação é garantida pelos seus superiores, os policiais no comando das subprefeituras, que organizam todo o planejamento e operacionalização da fiscalização, da apreensão e da possível prisão dos camelôs através de uma espécie de insulamento administrativo.

Finalmente, como última consequência da implementação da Operação Delegada e do controle das subprefeituras pela PM, o Fórum Permanente dos Ambulantes foi esvaziado de suas funções de mediação política. Em um bairro em disputa, como o Brás, a instituição foi sempre vista como uma conquista democrática resultante do primeiro escândalo da máfia dos fiscais e espaço de interlocução entre camelôs e a prefeitura. Ainda que existindo formalmente, ao perceberem que as decisões mais importantes relativas ao trabalho na rua passavam ao largo das deliberações do fórum, e com as repetidas ausências do coronel subprefeito e seus assessores, os representantes dos camelôs passaram a não mais frequentar essas reuniões. De fato, os interlocutores privilegiados da subprefeitura e dos oficiais que realizam a fiscalização agora são os lojistas. Em seguidas entrevistas com a Associação Alô Brás foi possível constatar que os lojistas mantiveram em reuniões fechadas as decisões relativas ao bairro, como o embelezamento do largo da Concórdia, cujo custo de R$ 2 milhões foi inteiramente pago com o dinheiro da Alô Brás, ou ainda o ambicioso projeto de reforma da rua Oriente, cujos recursos, de mesma proveniência, já se encontram disponíveis, somando R$ 5 milhões. Os representantes dos camelôs ainda denunciam que o dinheiro pago aos policiais militares da Operação Delegada é fornecido pelos lojistas, o que tornava evidente a aproximação com as instâncias públicas. É de menor interesse um denuncismo desse fato, mas de grande interesse para a pesquisa uma convergência entre os lojistas e a prefeitura, pois isso reconfigura o campo conflitivo dos grupos que disputam e negociam sua participação no mercado popular do bairro do Brás.

Essa aproximação entre lojistas e prefeitura se formalizou no projeto do chamado "corredor de compras", apresentado no final de 2010 pela prefeitura e resultado de reuniões com a associação de lojistas do Brás. Trata-se de uma tentativa de afirmação da vocação comercial de boa parte da região central, através de uma ligação dos bairros do Bom Retiro, Santa Efigênia, Sé e Brás, onde se encontram os principais centros comerciais da cidade. No centro desse circuito interligado encontra-se o local da feirinha da madrugada, onde se planeja a construção, em regime de PPP (parceria público-privada), de um empreendimento com prédios comerciais, residenciais, estacionamento para ônibus e carros, áreas de alimentação e alguns prédios de serviços públicos. A avaliação, segundo a associação dos lojistas e a prefeitura, é que São Paulo precisa se preparar para a competição com outras cidades sul-americanas que começam a despontar como possíveis concorrentes desses mercados populares.[8]

Esse projeto para a feira da madrugada indica uma mudança de escala dos atores que começaram a fazer parte do comércio popular no bairro do Brás, sendo que, nessa nova configuração das relações de poder no bairro, a dificuldade do trabalho na rua foi ficando cada vez maior, e o espaço interno da feira

---

[8] Impressiona o fato de a empresa que provavelmente será a parceira preferencial da prefeitura no projeto ter como acionistas um *pool* de bancos, como Banco do Brasil, Banco do Espírito Santo, Banco Votorantim, Bradesco, Citibank, Itaú e Santander, e manter como parceiros preferenciais grandes empresas de consultoria corporativa, nacionais e internacionais, de viabilidade logística (Logit), jurídica (Sundfeld), urbana (Urban Systems), financeira (Accenture), de comunicação (Burston Marsteller) e digital (DBI) (Centro Gaspar Garcia de Direitos Humanos, 2011).

da madrugada foi-se tornando cada vez mais importante. Os dois principais líderes dos camelôs foram perdendo força, uma vez que o número de camelôs nas ruas reduziu-se drasticamente. Ao mesmo tempo, os novos grupos de poder que emergiam a partir da organização da feira da madrugada eram muito diferentes dos sindicalistas da matriz do "direito ao trabalho na rua". Como já foi dito, no início a feira era organizada por parte do grupo de Afonso Camelô, mas uma nova liderança, vinculada a outros interesses, começou a ganhar muita força: Ailton Vicente de Oliveira e a Associação Novo Oriente. Através de um grande esquema publicitário que apresentava o "maior projeto social do Brasil", Ailton começa a realizar a gestão da feira da madrugada através do pagamento de "taxas" de sublocação, segurança privada, água, luz e banheiro. Essa gestão, que antes foi realizada por Afonso Camelô e denunciada por Alemão como extorsão contra os ambulantes, agora passava a cobrar um valor muito mais elevado e a privilegiar outros grupos dentro da feira da madrugada. Quando a gestão da feira passa a ser feita por Ailton, os camelôs se deslocam para lugares menos privilegiados de venda, e "pontos avançados" de lojistas e comerciantes chineses passam a ocupar os melhores pontos de venda. Atualmente, os trabalhadores que se encontram nos boxes de venda são, em sua maioria, vendedores de lojistas ou de grandes distribuidores chineses e, em menor número, autônomos que revendem mercadorias, como é o caso dos camelôs.

A diminuição do número de camelôs autônomos e seu afastamento dos pontos privilegiados de venda em detrimento de grandes comerciantes chineses e lojistas estabelecidos ocorreram pelo aumento exponencial das "taxas" cobradas, restritivas a pequenos revendedores. Essa tendência ilumina um duplo processo cruzado, que é central para a pesquisa em andamento e será detalhado à frente: de um lado, a entrada massiva de corporações de porte internacional nos projetos municipais e de grandes comerciantes formais no mercado informal indica uma concentração dos recursos econômicos do mercado popular no bairro do Brás; de outro, a inflação do mercado de extorsão a que estão submetidos os participantes desses mercados não regulados formalmente pelo Estado aponta para uma centralização dos meios de coerção legais e extralegais que regulam o mercado e realizam a extração da renda desses mercados.

As antigas lideranças dos camelôs se encontraram mais ou menos desorientadas por essa nova dinâmica que combinava maior repressão nas ruas e a entrada de novos grupos de poder na feira da madrugada. Alemão passou a adotar uma nova estratégia, já que as mobilizações nas ruas se tornaram cada vez mais difíceis com a ocupação policial no bairro: tendo em vista que a subprefeitura, durante os meses seguintes à Operação Delegada, cassou os TPUs vigentes para os anos 2010 e 2011, Alemão buscou, através de liminares e medidas de proteção, nem sempre bem-sucedidas, continuar a defender os interesses dos camelôs nas ruas, forçando a prefeitura a aceitar o pagamento dos TPUs na Justiça. Mesmo que considere sua militância importante, Alemão avalia que sua atuação é apenas paliativa, pois não consegue mais exercer pressão sobre os poderes municipais. Ainda assim, espera que as próximas eleições municipais possam alterar a correlação de forças e, nesse sentido, abandonou o apoio que sempre deu a vereadores, concentrando-se apenas no cargo majoritário, pois considera que assim poderá atuar futuramente em um cargo executivo.

Afonso Camelô, com seu grupo dividido entre atuar dentro ou fora da feira da madrugada, sofreu muitas pressões internas. Parte de seu grupo, incluindo o próprio Afonso, continuou a disputar o pequeno espaço de representação dos camelôs nas ruas. O problema é que as hesitações de Afonso fizeram com que ele perdesse força junto aos camelôs das ruas, forçando-o a tentar representar os interesses dos recém-chegados bolivianos durante a madrugada na rua Barão de Ladário. Essa tentativa não foi bem-vista pelos próprios diretores de seu sindicato, que pensavam em fazer outros acordos locais. Durante a madrugada, fora da feirinha, encontramos certamente as disputas mais violentas entre os camelôs. Uma miríade de pequenos grupos com acertos com os poucos policiais que se encontram no lugar da disputa, de forma territorial e violenta, o controle dos pontos de venda na rua com outros acertos entre grupos criminosos. Isto se explica pelo monopólio que a interferência da prefeitura gerou dentro da feirinha, colocando grupos maiores no controle do ambiente fechado. A crescente tensão entre esses pequenos grupos termina no assassinato de Afonso na sede de seu sindicato em dezembro de 2010. Ainda mais dividida em diversos subgrupos após a morte de Afonso, essa parte do grupo continua a disputar espaço nas ruas durante a madrugada.

Outra parte do grupo de Afonso separa-se e começa a atuar dentro da feira da madrugada através de denúncias à imprensa e representações contra a administração. As denúncias eram referentes à cobrança das taxas pelo grupo gestor da feira da madrugada. No final de 2010, após conseguirem destituir Ailton da gestão da feira através de denúncias dos pagamentos das "taxas" dos camelôs, teriam conseguido assumi-la não fosse a intervenção municipal recolocar outro coronel da reserva da Polícia Militar no cargo. Voltaram, então, a denunciar nos grandes jornais a extorsão que ocorria na feira da madrugada e conseguiram exonerar seguidamente dois coronéis encarregados do grupo gestor e forçar a transferência do subprefeito — coronel Rubens Casado — para outra subprefeitura. Por uma conjunção inesperada de eventos, como quase sempre se passa em denúncias desse tipo, o desequilíbrio de forças que motivou as denúncias acaba com um fim inesperado: as denúncias chegam a Brasília e derrubam o ministro dos Transportes. O dinheiro da extorsão dos grandes grupos agora presentes na feirinha da madrugada era utilizado para o pagamento de campanhas e o enriquecimento pessoal do Partido da República nacional.[9]

Essa parte do grupo de Afonso aproveitou a repercussão das primeiras denúncias e ocupou um enorme galpão ao lado da feira, instalando 2,5 mil camelôs. A tentativa era, por meio de uma cooperativa de microempreendedores, conseguir fazer frente aos poderosos grupos que atuavam na feirinha da madrugada. Em uma operação ilegal comandada pelos fiscais da subprefeitura, com o apoio da GCM, destruiu os boxes recém-instalados e lacrou a porta de entrada. O grupo então montou um acampamento improvisado e ocupou o terreno onde estava localizado o galpão. A ocupação durou quase um ano, mas por decisão judicial foi cumprida a reintegração do espaço e não se conseguiu emplacar um novo espaço que pudesse concorrer com a feira da madrugada.

Rio de Janeiro: o Mercado Popular da Uruguaiana

O Mercado Popular da Uruguaiana é o mais antigo e o maior mercado popular da cidade do Rio de Janeiro. Sua história esta intimamente ligada às disputas dos grupos que se estruturam em associações de ambulantes. A história dessas associações do comércio ambulante no Rio de Janeiro pode não ser mais antiga que a das associações paulistanas, mas suas filiações têm proveniências que remontam a um passado anterior na capital fluminense. A Acac (Associação dos Comerciantes e Ambulantes do Centro) data da década da 1970, e com impressionantes 40 anos continua sendo uma das associações mais importantes no mercado da Uruguaiana. João Pires, um dos fundadores da Acac e apontado como o primeiro presidente da associação, organizava as mobilizações ao redor da questão da regularização no início dos anos 1980. O objetivo, segundo os relatos das lideranças mais antigas, foi sempre o terreno atual do mercado da Uruguaiana, lugar que na época era um estacionamento que cobria as quatro quadras ocupadas atualmente. Os vendedores ambulantes instalavam-se ao redor

---

[9] As denúncias derrubaram o ministro Alfredo Nascimento e comprometeram a alta cúpula do PR, inclusive seu presidente, Valdemar Costa Neto. A questão fugiu tanto ao controle do que seria o objetivo das denúncias *a priori*, que o PR sentiu-se traído pelo PT e abandonou a base aliada do governo. Em São Paulo, uma subcomissão foi instaurada para apurar as denúncias, mas Geraldo Amorim, então gerente do Comitê Gestor da Feirinha da Madrugada, foi assassinado, fato que interrompeu as investigações.

desse estacionamento, sobretudo na rua Uruguaiana, pois trata-se de um lugar de passagem muito importante de diversas direções que atravessam o Centro da cidade. Os camelôs relatam tempos muito difíceis durante a primeira gestão municipal de Marcelo Alencar (1983-1986), pois havia recorrentes confrontos com os fiscais da prefeitura. João Pires e Antônio Perez, outro líder dos camelôs e futuro presidente da Acac, organizavam os camelôs da rua Uruguaiana no enfrentamento com a fiscalização, mas também procuraram alternativas para o trabalho na rua, visando a uma regularização dos ambulantes.

As tentativas de instalação dos ambulantes em ambientes fechados também são muito anteriores no Rio de Janeiro em relação à capital paulista. Em 1984, portanto 20 anos antes da criação da feirinha da madrugada, é feita a primeira tentativa, pela prefeitura, de criação de um camelódromo para abrigar os ambulantes da rua Uruguaiana. Antônio Perez e João Pires participaram do cadastramento dos ambulantes que deveriam ser transferidos para o futuro camelódromo a ser instalado na praça XI (Decreto Municipal nº 4.615/1984). Mas essa tentativa de criação de um camelódromo na praça XI não foi vista com bons olhos pelos camelôs, pois o ponto de vendas era muito menos atrativo que a rua Uruguaiana. Ao contrário desta última, um lugar de cruzamento dos deslocamentos no Centro da cidade, a praça XI era vista como um lugar ermo e isolado, o que na verdade somente reforçava a desconfiança de que o prefeito queria apenas desbloquear a rua Uruguaiana, e não ajudar a instalar os ambulantes que lá trabalhavam. Ainda que alguns camelôs tenham tentado se instalar na praça XI para poderem trabalhar de maneira regularizada, o baixo fluxo de vendas forçou muitos deles a voltar aos lugares de origem. Aqueles que nem chegaram a se transferir para a praça XI, a maior parte dos ambulantes da rua Uruguaiana, entravam em uma escalada de conflitos com os agentes de controle da prefeitura, que, por ordem do mandatário, tornavam a fiscalização ainda mais rígida, pois consideravam que já haviam sido tomadas as medidas necessárias para contemplar as demandas dos ambulantes. Dada a maneira pouco hábil de conduzir a questão, essa primeira tentativa de instalação do mercado popular na praça XI fracassou e apenas acentuou a tensão entre ambulantes e prefeitura.

Talvez devido à desastrosa experiência de 1984, somente em 1994 uma segunda tentativa de instalação dos ambulantes da rua Uruguaiana é realizada, agora sob o mandato de Cesar Maia (1993-1997) — apesar de o período de sua gestão ser marcado por constantes conflitos entre os ambulantes e a recém-criada Guarda Municipal. Agora, já com Antônio Perez na presidência da Acac, a associação consegue consolidar o desejo de se estabelecer no antigo espaço do estacionamento que se encontrava em frente à rua Uruguaiana. Em uma articulação com o então governador Nilo Batista, os diretores da Acac entregam uma proposta de criação do Mercado Popular da Uruguaiana. A manobra pretendia contornar a negociação com a prefeitura, vista como antagonista do projeto, e se justificava, pois o terreno pertencia ao governo do estado ao encargo da Riotrilhos. Após uma reunião com Leonel Brizola, que foi considerada histórica pelos membros mais antigos da diretoria da Acac, o projeto é autorizado por Nilo Batista e o cadastramento dos ambulantes que deveriam ser realocados no espaço interno ao mercado popular começa a ser feito pela Acac.

O prefeito Cesar Maia, que primeiramente havia sido resistente à ideia, começa a apoiá-la, organizando uma grande festa de fundação para o mercado popular no Sambódromo da cidade. A festa foi realizada no Dia dos Pais de 1994, com a presença do então mandatário municipal, e deveria sortear os camelôs contemplados. O fato relatado, entretanto, é que a Acac já havia feito a escolha dos ambulantes que deveriam ser realocados no mercado popular a partir de um cadastramento feito pela própria associação. O simbólico sorteio acabou servindo apenas para a escolha dos lugares, não das pessoas que deveriam ser escolhidas segundo os critérios publicados na Lei nº 1.876/1992, que regulamenta o trabalho dos ambulantes. O que ainda parece ser uma incrível confusão é que o mercado, instalado em área do governo do estado, passou a ser regulado por uma legislação municipal, o Tuap (Termo de Utilização de Áreas Públicas), pensado para trabalhos realizados em logradouros públicos.[10] A irregularidade, que se mantém até hoje, invalidou em poucos anos qualquer tentativa de formalização do espaço, relegando mais uma vez os ambulantes instalados a uma condição de trabalhadores informais.

Essa condição de irregularidade se acentua e permite a cobrança de taxas no mercado popular. Como entidade gestora do espaço, a Acac cobrava a chamada "contribuição social", que na verdade é uma sublocação do espaço, além das taxas de luz, água, ar-condicionado e segurança, esta última realizada por uma empresa privada, apesar de ser garantida em última instância por quatro policiais civis que recebiam uma parte do dinheiro arrecadado. Os relatos apontam que o não pagamento das taxas era cobrado mediante roubo das mercadorias que ficavam alojadas na quadra C do mercado popular pelo grupo de policiais civis. Essa cobrança extorsiva que a Acac realizava criou tensões que resultavam

---

[10] Criado em 1994, o Mercado Popular da Uruguaiana foi regulamentado no ano seguinte, em 20 de março de 1995, pela portaria AP-1, nº 2/1995, assinada em conjunto pelo coordenador da Área de Planejamento-1 (AP-1) e pelo coordenador da Coordenadoria de Licenciamento e Fiscalização (CLF), órgãos ligados à Secretaria de Fazenda da Prefeitura Municipal do Rio de Janeiro.

em conflitos entre os comerciantes do mercado popular, mesmo dentro da diretoria da Acac.

Diante desses fatos, em 1998 foi fundada uma nova associação com dirigentes dissidentes da Acac, a chamada União (União dos Comerciantes do Mercado Popular da Uruguaiana). A União ganhou muita força entre os comerciantes do mercado popular ao redor da aliança entre duas importantes figuras da Acac: o policial civil Ernesto e Alexandre Farias. O primeiro fazia parte do grupo de quatro policiais que vendiam proteção para a gestão da Acac, sendo considerado o mais corajoso entre eles e, ao mesmo tempo, mais solidário porque tinha uma prática recorrente de emprestar dinheiro para os camelôs do mercado popular. O segundo era um diretor carismático porque se mantinha sempre em uma posição de independência em relação a toda a diretoria da Acac e, cada vez mais, se colocava contra Antônio Perez. A aliança entre esses dois novos personagens foi crucial e acabou em um episódio decisivo na história do mercado popular, que ficou conhecido como "o golpe de estado". Ernesto e Alexandre, juntos, invadiram a sede da Acac e expulsaram os membros da diretoria, agredindo Antônio Perez e jogando-o na calçada do outro lado da rua. Logo após, a sede da Acac foi lacrada e soldada para impedir que os diretores conseguissem voltar a ocupar a sala de direção do mercado, que foi transferida para a sede da União. Sendo Ernesto delegado da Polícia Civil e Alexandre uma pessoa conhecida por uma história criminal importante, anterior ao seu trabalho como ambulante, o temor impediu que os diretores da Acac tentassem retomar o controle do mercado.

Em um primeiro momento o "golpe de estado" aparentemente foi visto com bons olhos pela maior parte dos camelôs do mercado, seja pelo descontentamento com a diretoria da Acac, seja pelo carisma dos dois aliados principais da nascente União. Conta-se que o dia da expulsão da Acac terminou com grande comemoração e que Alexandre e Ernesto foram muito aplaudidos pelo gesto. Mas o fato é que a cobrança das taxas continuou a ser realizada pela União, e o novo presidente, Alexandre, tinha uma maneira mais agressiva de se comportar com as pessoas inadimplentes, tomando os pontos de venda dentro do mercado e revendendo-os para outras pessoas. Durante os 10 anos da presidência de Alexandre, as tímidas tentativas de oposição que se formaram foram reprimidas com grande violência tanto por Ernesto como também por ele próprio. João Pires, em uma discussão no interior do mercado, foi baleado por Alexandre, fato testemunhado por muitas pessoas, e Jorge, outro importante diretor e futuro presidente da Acac, também brigou com Alexandre em frente ao mercado popular. Apesar da violência contra seus opositores, a União promovia churrascos gratuitos para seus associados na sexta-feira à noite, na tentativa de agradar os comerciantes do mercado popular.[11]

Como último recurso para reconquistar o poder dentro do mercado popular, a Acac começa a realizar uma série de denúncias nos jornais contra as irregularidades da gestão de Alexandre: primeiro, em um momento no qual ele tirou o ponto de 291 comerciantes para revender; depois, contra a venda de mercadorias pirateadas.[12] As denúncias acabam com a prisão do presidente da União em 2006, que logo após sua saída promete vingança contra seus delatores. A tensão aumenta nos meses seguintes, culminando com a morte de Alexandre em 18 de maio de 2007. Seu assassinato é cercado de mistérios e controvérsias, mas ninguém duvida que o motivo foram as desavenças cultivadas em sua gestão. Quatro dias depois da morte de Alexandre, Rosalice Oliveira assume o cargo de presidente da União.[13]

Mas isso não quer dizer que os arranjos de proteção sejam menos fortes. Em 2008, a Acac realiza uma eleição em que Jorge Nepomuceno é escolhido o novo presidente e, em seguida, reocupa a sede da associação, lacrada desde o "golpe de estado" de Alexandre. No momento em que os diretores da Acac adentram o espaço do mercado popular, os seguranças da União os cercam e, logo depois, os policiais civis aparecem e impedem que as portas sejam abertas. Os diretores da Acac decidem entrar na Justiça com um pedido de reintegração de posse

---

[11] Como alternativa para conseguir voltar a realizar a gestão do mercado popular, os diretores da Acac começam a conversar paralelamente com Ernesto, tentando convencê-lo de que seria mais "vantajoso e justo" que ele deixasse de apoiar Alexandre. Diziam a Ernesto que ele era "um homem diferente de Alexandre" e que, apoiando a Acac, "todos os negócios continuariam como antes", mas com uma diretoria menos violenta. Ao que parece Ernesto estava propenso a aceitar a proposta, sobretudo porque apresentou aos diretores da Acac um advogado que poderia levantar e encaminhar denúncias que tirariam Alexandre do poder e que segue até hoje como parceiro da associação. Em 2000 Ernesto sofre um acidente de carro em uma noite chuvosa na serra das Araras e morre em circunstâncias que parte da diretoria acredita terem sido criminosas. De toda maneira, o fato atrapalhou muito os planos conspiratórios da Acac, porque os outros policiais civis que vendiam proteção a Alexandre não estavam dispostos a abandonar seu apoio ao presidente da União.

[12] Alexandre foi preso pela Delegacia Regional de Repressão aos Crimes contra a Propriedade Imaterial em março de 2006, sob a acusação de comandar esquema de distribuição de produtos "piratas", violação de direitos autorais, formação de quadrilha, crime contra a ordem tributária e usurpação do poder público.

[13] O fato de ser Rosalice a presidente é polêmico, pois o vice-presidente abdica de assumir o cargo e existem diversas acusações de que uma ata em que a assinatura de Alexandre teria sido falsificada permitia que ela assumisse. Para muitos, trata-se de mais uma virada nas relações de poder, agora internas à União, em que os policiais civis tomam o controle do mercado popular. Rosalice dificilmente é encontrada no mercado, e sua gestão é marcada por ser discreta. Ao contrário de Alexandre, a cobrança das taxas é feita de maneira menos violenta e ela ainda amplia os serviços que a associação promove, oferecendo serviços médicos, odontológicos e de assessoria jurídica.

de sua sede e, no ano seguinte, cercados de seguranças contratados e da decisão favorável expedida pelo juiz, tentam novamente abrir as portas da sede da associação. Os policiais aparecem mais uma vez, e toda a confusão termina na delegacia, mas dessa vez, com o documento oficial favorável, são autorizados a abrir as portas da associação.

A reabertura da Acac é o início do capítulo final da história recente das disputas dos grupos de poder no mercado popular. Uma vez reaberta a sede, a associação inicia uma concorrência por associados, oferecendo basicamente os mesmos serviços da União. Atualmente, estima-se que a União ainda tenha a maioria dos comerciantes do mercado popular, totalizando aproximadamente mil associados, contra 600 da Acac. Mas a estratégia da Acac desde então, com seu novo presidente, Jorge Nepomuceno, parece ser diferente da maneira como as disputas foram conduzidas até o momento. O novo presidente diz que não quer mais disputar "na força" sua influência frente à União, mas através de projetos em parceria com a prefeitura.

Apesar disso, logo no primeiro dia do mandato de Eduardo Paes (2009-2012) surge a Seop (Secretaria Especial de Ordem Pública). Criada a partir de um decreto (nº 30.339/2009), sem qualquer consulta legislativa ou participação da população, o ato normativo reorganiza boa parte da arquitetura institucional do poder administrativo municipal, graças ao seu pretenso caráter "excepcional". Constituem a secretaria órgãos já existentes na estrutura municipal, mas que tradicionalmente atuavam com autonomia e isolamento: as subsecretarias de fiscalização (incorporação da Companhia de Licenciamento e Fiscalização — CLF — e Companhia de Fiscalização de Estacionamento e Reboque — CFER), de Controle Urbano (incorporação do órgão Companhia de Controle Urbano CCU) e de Operações (Guarda Municipal). A criação da Seop e seus programas subsequentes diferenciam-se do "ordenamento a varejo" na gestão César Maia — atuações pontuais por instituições isoladas — na direção de um "ordenamento no atacado" na gestão Eduardo Paes, com planos e coordenação até então inéditos.[14] Ainda que fosse de interesse detalhar o funcionamento dessa nova maneira de produzir a ordem urbana, cabe, nos limites deste texto, apenas apontar que, para a nova presidência da Acac, essa mudança de atuação da prefeitura parece convergir com seus interesses. Jorge não apenas avalia a nova atuação municipal como salutar, como também encaminha para a Seop pedidos

---

[14] Essa distinção é nomeada e trabalhada no excelente texto de Nacif: "Se antes observávamos atitudes isoladas (tomadas por decreto) orquestradas por entidades de atuação separada, hoje observamos a existência de um plano e de ações coordenadas por agentes reunidos em uma secretaria especial" (Nacif, 2011).

específicos de controle dos vendedores do chamado "pulo", que trabalhavam nas áreas externas ao camelódromo.

A aliança estratégica de Jorge com a prefeitura se aproxima em outras áreas, sobretudo através da matriz prática discursiva que chamei anteriormente de "oportunidades empreendedoras". Não por acaso, considera que os comerciantes que estão instalados no mercado popular não são camelôs, mas microempreendedores individuais, diferenciando-os dos ambulantes que trabalham na rua.[15] Nesse sentido dois grandes projetos parecem direcionar as ações de Jorge: a reforma do mercado popular e a criação de um centro de abastecimento.

O primeiro projeto já custou à Acac quase todo o dinheiro que consegue arrecadar e ainda obrigou a associação procurar empréstimos com amigos para conseguir pagar todos os custos com assessorias e consultorias. Trata-se de uma grande reforma de ampliação da área das quadras que compõem o mercado popular através de sua verticalização. A estrutura em quatro andares pretende abrigar um grande estacionamento e um depósito para todos os comerciantes do mercado e arredores, área de alimentação, de serviços públicos, incluindo um Poupa Tempo, teatro e centro de convenções, além de ampliação do número de comerciantes do lugar. O presidente da Acac mostra com orgulho um croqui feito em uma grande empresa de arquitetura, que na fachada faz referência aos arcos da Lapa: "Isso aqui vai virar um ponto turístico", diz ele. Segundo Jorge, a quase totalidade do dinheiro que será utilizado para as reformas já está apalavrada com grandes empresas cujos nomes prefere não revelar. Seus contatos com a prefeitura e o governo do estado se comprometeram a criar uma tributação especial para o espaço, assim como passar a concessão definitiva do terreno para a Acac, e repassar individualmente o alvará a cada comerciante segundo o regime de alvará de autorização especial emitido pela Coordenação de Licenciamento e Fiscalização.

---

[15] Durante um fórum na Câmara dos Vereadores acerca da atualização da Lei dos Camelôs (Lei nº 1.876/1992), Jorge defendeu exatamente essa posição, expondo uma proposta de formalização dos comerciantes do mercado popular através de seu cadastramento via alvará de autorização especial e não mais da Tuap. Pessoas da Coordenação de Licenciamento e Fiscalização que estavam presentes no fórum procuraram Jorge depois do término da reunião para uma conversa. Alguns dias depois, ele foi apresentado ao secretário dos Transportes, Júlio Lopes, que em uma reunião também demonstrou muito interesse em formalizar o estatuto do terreno e reformar o mercado popular. A partir desses contatos com a prefeitura e o governo do estado, Jorge foi orientado em como convergir seus interesses com aqueles que as autoridades planejavam para o espaço.

O segundo projeto é a criação do centro de abastecimento do mercado popular. Nesse caso, a ideia é organizar uma espécie de cooperativa para que a compra das mercadorias não seja dependente dos intermediários atuais, ou seja, os importadores estabelecidos no Saara e os policiais civis. Para tanto, os comerciantes se associariam para conseguir comprar suas mercadorias diretamente no Paraguai e na China a um custo mais baixo que o atual. Para viabilizar esse projeto, a Câmara de Comércio dos Pequenos e Médios Empresários do Brasil e Mercado Internacional (CCEB) foi fundada recentemente em uma luxuosa festa na sede da Associação Comercial do Rio de Janeiro (ACRJ), com a presença do secretário especial de Desenvolvimento Econômico Solidário da prefeitura, de representantes do Itamaraty, da Secretaria de Estado dos Transportes, do presidente da ACRJ, representantes das câmaras de comércio bilaterais Brasil/China e Brasil/Paraguai, entre outras autoridades.

É sempre possível duvidar das promessas de uma liderança que tenta disputar os associados com outra associação, mas é importante destacar que esse é o horizonte de possibilidades em que ele procura direcionar suas ações. Esses dois projetos e a criação da Seop parecem apontar uma mudança na maneira de organizar a disputa pelo espaço do mercado popular, procurando contornar "por cima" os jogos de poder que se estruturavam de forma quase local. Mas isso não garante, por tudo o que foi mostrado acerca das duas cidades, uma necessária formalização, e, mesmo nesse caso, não se imagina facilmente um rompimento com o mercado de bens políticos, mas sim uma transformação, ou um deslocamento para acordos feitos de outras maneiras.

Análise dos grupos de poder seguindo as transformações dos instrumentos de ação governamental

Os mercados informais de vendedores ambulantes apresentam-se de forma muito diferente nas cidades de São Paulo e do Rio de Janeiro, contudo parece-me pertinente a abordagem comparativa a partir de características semelhantes nas duas cidades. De um ponto de vista analítico, poderíamos aproximar as cidades em diversos pontos: os atores são sempre as associações e sindicatos, que representam tanto pequenos comerciantes autônomos quanto camelôs e microempreendedores como também grandes comerciantes e até atacadistas; os partidos políticos das mais diferentes "cores e sabores", diferentes em suas práticas; os policiais civis, militares, municipais e os fiscais da prefeitura, cada qual com uma atribuição em constante transformação; eventualmente grupos criminosos, com atuações não menos obscuras que todos os outros atores. O que ocorre é que a composição desses grupos de poder que negociam e disputam a riqueza que circula nas cidades varia ao longo do tempo de formas imprevisíveis, segundo as conjunturas políticas e a trama das alianças entre esses conjuntos de grupos tão heterogêneos. Essas poderosas alianças, que estabelecem composições entre associações, partidos políticos e agentes do controle, poderiam ser pensadas a partir de outro corte analítico, transversal ao primeiro, entre aqueles que participam desses mercados em atividades relacionadas à produção e circulação da riqueza constitutiva dos recursos econômicos presentes nesses mercados populares e aqueles outros, que participam através da extração dessas mesmas riquezas em um mercado auxiliar que combina o uso de meios de coerção para obtenção de vantagens fiscais oficiais ou não oficiais.

O fato é que, nesse segundo corte analítico, o objeto privilegiado de análise é a *interação decisiva* entre atores mercantis e agentes encarregados de seu controle. Nas disputas e negociações que constituem essa interação decisiva, o poder de instituição legal das instâncias de governo é, a um só tempo, produto e produtor de conjunturas que estabelecem novas alianças, sempre provisórias: cada vez que uma nova portaria, lei ou decreto é sancionado pelos poderes municipais, estaduais e federais, as relações de disputas e negociações entre os grupos de poder se transforma. Ao mesmo tempo os grupos de poder também tentam influir na maneira pela qual o enquadramento legal deve ser feito. A história social conjunta desses grupos e suas relações com as instâncias de governo se referem principalmente à própria história das cidades, e em São Paulo e no Rio de Janeiro se desenvolvem segundo uma sobreposição ou "acumulação social" (Misse, 2006) própria, construindo parte de uma "cartografia política" (Telles e Hirata, 2010) de cada cidade.

Contudo, ainda que tais processos sejam específicos e situados nas singularidades das histórias urbanas de cada lugar, é possível identificar processos semelhantes, que poderiam ser periodizados a fim de construir tendências comuns visando a uma perspectiva comparativa. A ideia deste texto é fazer isso a partir dos dois eixos analíticos apresentados na introdução (*formação* e *construção* do governo). Esses dois eixos analíticos operam a partir de processos sociais que iluminam a permanente transformação dos modos de governar e suas disputas. *Grosso modo*, pode-se dizer que, a partir de uma transformação recente na escala dos fenômenos observados, encontra-se em curso uma mudança das formas de incidência dos diversos níveis da gestão pública e dos grupos de poder que participam desses mercados nas duas cidades, ou seja, dos elementos que constituem suas formas de governo. O item 1 propõe uma *periodização* desses processos; em seguida, o item 2, uma descrição das *composições de alianças* que procura estabelecer as correlações que tornam pertinentes a periodização proposta. Vejamos.

1. *Periodização dos processos* — Em primeiro lugar, a periodização segue as transformações nas formas de incidência governamentais nas duas cidades por meio de programas de fiscalização e repressão, assim como as recentes políticas estatais no sentido da integração econômica e urbanística desses mercados no conjunto das cidades. A partir das breves histórias acima expostas, a periodização segue os seguintes momentos:

   I. quase ausência de políticas públicas, com baixo nível de controle municipal, mas com grande uso de violência física;

   II. políticas de favorecimento dos ambientes fechados, com um nível intermediário de controle municipal e federal nos ambientes internos e maior nível de controle municipal nos ambientes externos, com uso da violência física somente nos ambientes externos;

   III. incitação ao empreendedorismo e ao microcrédito, com controle ocasional, mas em nível federal, estadual e municipal nos ambientes internos e alto controle municipal nos ambientes externos, com grande uso da violência física;

2. *Composições de alianças* — A essa periodização, segue-se um esquema da composição de alianças entre os grupos que disputam e negociam sua participação nesses mercados, sobretudo a partir das diferentes formas de dependência, vinculação e tensão que estruturam os mercados de bens políticos. Em cada um dos arranjos, sugere-se uma *dominância* particular, o que não significa que nos casos concretos os outros não estejam presentes:

   I. dominância do clientelismo político tradicional:
   - mercadoria política no varejo, com eixo vertical no sistema político-partidário municipal;
   - controle feito pelos fiscais;
   - vendas no varejo por pequenos comerciantes;

   II. dominância do sindicalismo dos ambulantes:
   - mercadoria política no atacado, com polarização em dois sindicatos;
   - controle feito pelas guardas municipais;

- início da internacionalização do comércio e da venda no atacado, feita através dos sindicatos;
III. dominância dos grandes comerciantes:
- mercadoria política no atacado com verticalização nos sistemas político-partidários municipal, estadual e nacional;
- controle feito pela Guarda Municipal no Rio de Janeiro e pela PM no caso de São Paulo, ocasionalmente pela Polícia Federal em ambos lugares;
- grande capital comercial e financeiro nacional e transnacional, tentativa de cooperação econômica sindical nos moldes das "oportunidades empreendedoras".

Esses esquemas, construídos a partir dos relatos e da observação das transformações nos mercados populares das duas cidades, foram feitos pensando as composições dos grupos de poder em cada um dos momentos. As características que estilizam cada composição das alianças vêm da correlação entre, de um lado, a dinâmica dos grupos que atuam no comércio de mercadorias, concorrendo pelos recursos econômicos dele provenientes, de outro, aquela dos grupos que agem sobre os meios de coerção. Evidentemente que o mediador decisivo da relação entre essas dimensões é a mercadoria política: ela cristaliza, de diferentes maneiras, a dinâmica entre a circulação da riqueza, o uso da coerção e as formas de extração da riqueza, iluminando, ao mesmo tempo, como esses mercados são regulados em suas práticas cotidianas.

Se seguirmos esse critério, o momento I (dominância do clientelismo político tradicional e mercadoria política no varejo com eixo vertical no sistema político municipal) caracteriza-se pela desconcentração dos recursos econômicos e descentralização dos meios de coerção; o momento II (dominância do sindicalismo dos ambulantes e mercadoria política no atacado com polarização em dois sindicatos) constitui-se em um nível intermediário de concentração dos recursos econômicos e de polarização dos meios de coerção; o momento III (dominância dos grandes comerciantes e mercadoria política no atacado com verticalização no sistema político-partidário nacional) é marcado pela concentração dos recursos econômicos e centralização dos meios de coerção. A ilustração gráfica pode ajudar a compreensão do argumento.

O gráfico 1 diz respeito à hierarquia e centralização dos grupos mais ligados ao uso dos meios de coerção, dentro e fora do ordenamento legal nos três momentos.

Gráfico 1
HIERARQUIA E CENTRALIZAÇÃO

```
+
|           MEIOS DE COERÇÃO        III
Hierarquia
|                    II
|
| I
-
 ─────────── Centralização ─────────── +
```

O gráfico 2 diz respeito à hierarquia e concentração dos grupos mais ligados aos recursos econômicos, isto quer dizer, ao comércio de mercadorias, também nos três momentos.

Gráfico 2
HIERARQUIA E CONCENTRAÇÃO

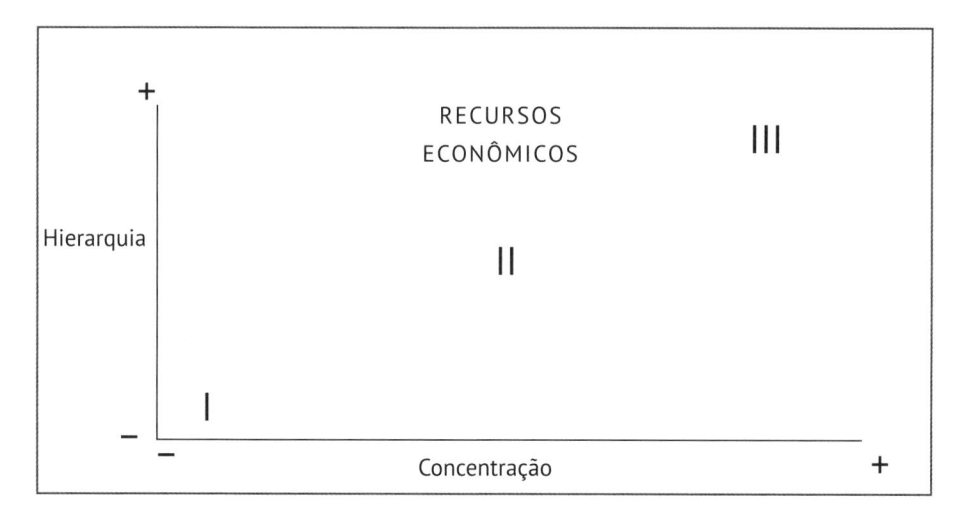

```
+
|           RECURSOS
|           ECONÔMICOS              III
Hierarquia
|                    II
|
| I
-
 ─────────── Concentração ─────────── +
```

O gráfico 3 busca sobrepor os dois primeiros, dada sua simetria, para situar as mercadorias políticas e a extração do valor circulante nos três momentos.

Gráfico 3
HIERARQUIA, CENTRALIZAÇÃO E CONCENTRAÇÃO

```
+
                        MERCADORIAS
                        POLÍTICAS              III

Hierarquia e
concentração                        II
dos recursos
econômicos


        I
-
                    Hierarquia e centralização         +
                    dos meios de coerção
```

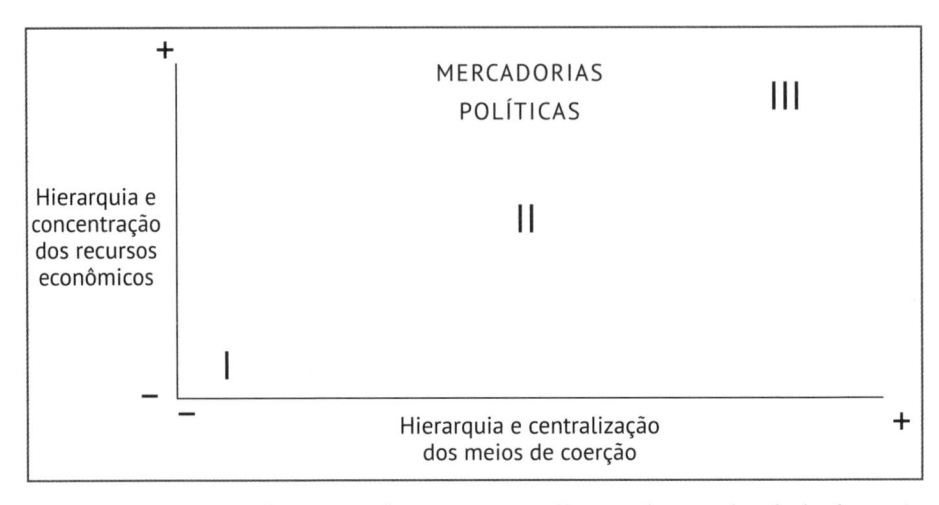

A primeira consideração, talvez um tanto óbvia pela simplicidade dos gráficos, é que há uma tendência de maior concentração dos recursos econômicos e maior centralização dos meios de coerção, e as duas coisas ao mesmo tempo em relação às mercadorias políticas. Mas o que é menos óbvio é que essa tendência ocorre em conjunto com uma incidência maior dos diversos níveis dos poderes governamentais aprofundando suas relações com esses mercados (como apontado no item 1 — *periodização dos processos*). Nesse caso, trata-se de dois vetores que não se sucedem ao longo do tempo, mas se sobrepõem e se complementam: o favorecimento dos ambientes fechados e a incitação ao empreendedorismo. Isso quer dizer que a mercadoria política tende a se concentrar e centralizar à medida que *certa* condução ao processo de formalização e de estímulo à forma empresa e ao crédito popular é realizada. Seria exagerado dizer que a mercadoria política se transforma *para permitir* que funcione dessa maneira, pois todas as dimensões são afetadas simultaneamente pela mesma tendência de mudança de escala e das formas de governo, mas apontar a relação parece relevante.

A tentativa é justamente de trabalhar esses dois eixos (itens 1 e 2) de forma conjunta, de modo a auxiliar a compreensão e a maneira pela qual os mercados populares em São Paulo e no Rio de Janeiro são regulados e governados dentro e fora do ordenamento estatal. O mercado de bens políticos é uma espécie de ponto de equilíbrio entre os sistemas político e econômico, ajustado sempre em função do enquadramento jurídico que o governo oferece, ou seja, do grau de tolerância ou repressão que incide sobre esses mercados em cada um dos níveis de governo e seus objetos ou alvos de ação. Quando um camelô diz que agora é um microempreendedor, significa que suas relações com essas dimensões alteraram-se completamente: sua dependência em relação aos fiscais é mínima, e a polícia extrai seu excedente de forma mediada por uma associação ou sindicato, que faz a gestão de um ambiente fechado e deve estar atento à Polícia Federal. A formalização e o empreendedorismo, como vetores da regulação do setor, aprofundam a hierarquia e concentração dos grupos políticos e econômicos, alterando também a maneira como se apresentam os bens políticos. O que é importante como processo é que a mudança de escala dos fenômenos torna mais complexo o cenário pela sobreposição de diferentes escalas de atores que vendem mercadorias, facilidades e proteção em nível municipal, estadual, federal e transnacional. Contudo, quanto mais complexo esse cenário se torna, mais é simples observar, de um lado, sua concentração e centralização, de outro a seletividade governamental operante.

O papel da chamada "corrupção" nesse processo é uma espécie de "fiel da balança", que conserva o equilíbrio fantasmagórico do "mercado perfeito", ainda que as denúncias (reais ou potenciais) produzam o efeito inverso. Cada vez que a estrutura de compromissos se concentra e centraliza, no momento das denúncias o abalo atinge camadas econômicas e políticas superiores, mas nesse caso, para que isso ocorra, toda a rede de compromissos tem de ser rompida, o que leva normalmente a um desfecho violento, mas preciso.

Em 2006, Michel Misse fazia um comentário sobre a passagem dos anos 1970 nesses mercados:

> A antiga prática dos malandros — camelôs, com seus produtos "originais" e sua arenga sedutora —, uma atividade que exigia habilidades específicas, entre as quais principalmente a persuasão retórica e a astúcia, vai dando lugar, no início dos anos 70, ao crescimento do mercado informal em tendas, barracas, mesinhas desmontáveis, que ofereciam produtos importados ou exóticos a preço fixo menor do que nas lojas. [...] seria preciso analisar as correlações entre os ciclos econômicos e políticos da cidade e o comportamento desses mercados, para que se pudesse compreender melhor os fatores que estão envolvidos em sua expansão [Misse, 2006:214].

Ao que parece, e é justamente isso que os argumentos construídos neste texto apontam, vivemos o início de mais um ciclo econômico e político na cidade do Rio de Janeiro, com semelhanças importantes com aqueles da cidade de São Paulo.

Referências

CANELLAS, Lidia. *Camelô no camelódromo não fica na pista*: uma etnografia acerca da construção e desconstrução de regras no Mercado Popular da Uruguaiana — RJ. Dissertação (mestrado) — Programa de Pós-Graduação em Antropologia, Universidade Federal Fluminense, Niterói, 2010.

CARDOZO, José Eduardo. *A máfia das propinas*. São Paulo: Fundação Perseu Abramo, 2000.

CENTRO GASPAR GARCIA DE DIREITOS HUMANOS (CGGDH). *Relatório do projeto Trabalho Informal e Direito à Cidade*. São Paulo: CGGDH, 2011.

DAS, Veena; POOLE, Deborah. *Antropology in the Margins of the State*. Santa Fé: School of American Research Press, 2004.

DESROSIÈRES, Alain. Historiciser l'action publique: L'État, le marché et les statistiques. In: LABORIER, Pascal; TROM, Danny. *Historicités de l'action publique*. Paris: PUF, 2003. p. 207-221.

_____. *Gouverner par les nombres*. Paris: l'École de Mines, 2008.

FOUCAULT, Michel. *Segurança, território, população*. São Paulo: Martins Fontes, 2008.

GUPTA, Akhil; SHARMA, Aradhana. *The Anthropology of the State*. Oxford: Blackwell, 2006.

HACKING, Ian. Making up People. *London Review of Books*, Londres, v. 28, n. 16, p. 161-171, 2006.

HIBOU, Beatrice. Retrait ou rédeploiment de l'État. *Critique Internationale*, v. 1, p. 151-168, 1998.

HIRATA, Daniel V. *Sobreviver na adversidade*: entre o mercado e a vida. Tese (doutorado) — Programa de Pós-Graduação em Sociologia, Universidade de São Paulo, São Paulo, 2010.

LASCOUMES, Pierre; LE GALÉS, Patrick. *Gouverner par les instruments*. Paris: Fondation Nationale de Sciences Politique, 2004.

MISSE, Michel. *Crime e violência no Brasil contemporâneo*. Rio de Janeiro: Lumen Juris, 2006.

MONCAU, Gabriela. Kassab reforça o estado policial em São Paulo. *Caros Amigos*, São Paulo, p. 29-31, jul. 2011.

NACIF, Cristina L. Estado de choque: legislação e conflito no espaço público da cidade do Rio de Janeiro-Brasil (1993-2010). In: ENCONTRO NACIONAL DA ANPUR, 14., 2011, Rio de Janeiro. Anais.... Rio de Janeiro: Anpur, 2011. (Paper).

ROSE, Nicolas; MILLER, Peter. *Governing the Present*. Cambridge: Polity Press, 2008.

SILVA, Luiz Antonio Machado da. Da informalidade à empregabilidade (reorganizando a dominação no mundo do trabalho). *Cadernos CRH*, Salvador, n. 37, 2002.

TELLES, Vera; HIRATA, Daniel V. Cidade e práticas urbanas: nas fronteiras incertas entre o ilegal, o informal e o ilícito. *Estudos Avançados*, v. 21, n. 61, p. 173-191, 2007.

_____; _____. Ilegalismos e jogos de poder em São Paulo. *Tempo Social*: revista de sociologia da USP, São Paulo, v. 22, n. 2, p. 39-59, 2010.

CAPÍTULO 5

"Saindo do crime": igrejas pentecostais, ONGs e os significados da "ressocialização"

CÉSAR TEIXEIRA

"SAIR DO CRIME" não é uma expressão que descreve meramente uma ação. Com isso quero dizer que quando alguém utiliza essa expressão não está apenas indicando ter deixado de praticar ações classificadas como criminosas. O uso dessa expressão no contexto carioca de "violência urbana" pressupõe a existência de limites que definiriam espaços sociais: moralidades, estilos de vida, maneiras de ser e estar no mundo. Desse modo, não parto do princípio de que "crime" possa ser compreendido somente a partir de sua definição sociológica mais clássica, como um curso de ação que é classificado como tal tendo por base um conjunto de regras estabelecidas e tipificadas. Deve-se também levar em conta que "crime" pode ser operacionalizado pelos atores como algo mais amplo, que se enforma a partir desses cursos de ação classificados como criminosos e de suas tipificações jurídicas. Do mesmo modo, parto da hipótese de que a ideia de uma "vida fora do crime", ou utilizando o termo mais comum, a "sociedade", também é compreendida e experimentada pelos atores a partir de uma perspectiva específica, como a representação social de um *mundo particular*. Assim, embora eu pressuponha que "crime" e "sociedade" devam ser compreendidos como categorias nativas que descrevem moralidades, estilos de vida etc., adianto que meu objetivo neste texto não é a desconstrução das reificações contidas na dicotomia "crime/sociedade", e sim a compreensão dos modos como os atores constroem essas fronteiras e de como operam com elas.

Além disso, "sair do crime" não pode ser compreendida como uma expressão utilizada apenas por aqueles diretamente envolvidos com práticas criminosas. Diversas coletividades (traficantes de drogas que atuam em favelas, policiais, grupos religiosos, ONGs etc.) costumam utilizá-la para ajudar a descrever algumas das relações sociais que se desenrolam no contexto de "violência urbana". Contudo, a crença na separação entre uma "vida do crime" e uma "vida normal" é construída e operada de diferentes modos por essas coletividades. E este é precisamente o sentido deste texto: descrever o modo como algumas coletividades lidam com a ideia de "saída do crime" a fim de, com isso, compreender melhor o modo como constroem, desconstroem e reconstroem as fronteiras entre uma "vida no crime" e uma "vida fora do crime". A partir da análise da forma como os atores manipulam esse repertório, podemos compreender algo a respeito do emaranhado de representações que compõem o contexto de "violência urbana" no Rio de Janeiro.

Para situar com mais precisão essas observações iniciais e o modo como pretendo desenvolver essas questões, trago algumas considerações a respeito da ideia de "ressocialização" — termo amplamente utilizado para descrever o suposto processo pelo qual os criminosos devem passar para que efetivamente "saiam do crime". Nesse sentido, algumas questões relativas às prisões representam um bom ponto de partida. O debate sobre o sistema prisional moderno gira em torno de duas questões básicas e que se relacionam intimamente: a punição e a ressocialização (Thompson, 1991). Por exemplo: diante de crimes chocantes que, evidentemente, ganham destaque na mídia, as falas públicas a respeito do sistema penal tendem a ganhar certa polaridade — de um lado, pede-se o endurecimento das leis e das penas; de outro, apresentam-se soluções bem conhecidas, como educação, trabalho, cultura, as quais sugerem que a pena sirva como instrumento de "inclusão social" e de "recuperação do preso". Eis um desenho bem esquemático do cenário. Nele, a prisão aparece como um bom ponto de partida, uma vez que dela são esperadas ambas as "soluções": a punição e a ressocialização (Thompson, 1991). A denúncia de falência do sistema penitenciário brasileiro, por exemplo, seria justificada exatamente por sua incapacidade de "ressocializar" os criminosos que por lá passam — e que terminam por reincidir em seus crimes. As presenças de instituições religiosas e de ONGs nesse contexto de "fracasso" do sistema prisional são vistas como peças importantes para se alcançar o objetivo da "ressocialização". De acordo com a antropóloga Regina Novaes (2005:7):

> Composta por segmentos cada vez mais jovens, a população carcerária parece viver um "caminho sem volta". Sem minimizar outras tantas e diversificadas expressões de violências (físicas e simbólicas) presentes no cotidiano das grandes cidades brasileiras, ainda somos frequentemente impactados por cenas de motins que eclodem no interior do chamado "sistema prisional". Nestes momentos, fica evidente o fracasso da gestão governamental e salta aos olhos o quanto falta para que os órgãos fiscalizadores do sistema penitenciário cumpram seu papel. De fato, de maneira geral, as prisões se

tornaram espaços caracterizados pela ausência de bens materiais básicos — como água, sabonete e papel higiênico; pela ausência de atendimento médico; pela marcante presença de tortura, tratos desumanos e humilhações. Por outro lado, também nestes momentos de crise evidenciam-se os complexos desafios que são colocados para os organismos dos Direitos Humanos e para outras tantas organizações da Sociedade Civil que buscam saídas e alternativas de ressocialização com o objetivo de reverter este processo no qual se conjugam carências e violações. Menos evidentes, no entanto, são os desafios e repercussões sociais da crescente presença das religiões no universo penitenciário.

No Brasil, como em outros lugares do mundo, alguns dos críticos que anunciam o "fracasso" do sistema prisional (Passos, 2008; Monteiro, 2008; Silva, 2003) dizem que, de fato, a prisão cumpre bem o objetivo da punição, mas não o da "ressocialização". Mais que isso: o excesso de punição (que, em geral, equivale à violação de direitos) prejudicaria, ou mesmo impediria, a "ressocialização dos criminosos". Nesse contexto, ONGs e instituições religiosas aparecem como organizações importantes para a demanda por "ressocialização" e por "prevenção". Elas atuam dentro e fora das prisões, a partir de diversos *projetos*. Como vimos na fala de Novaes, elas são pensadas também como propositoras de "saídas e alternativas de ressocialização".

De modo geral, proponho pensar a construção da ideia de "ressocialização" como um problema socioantropológico a partir de uma perspectiva comparativa: observando, compreendendo e analisando diferentes discursos, práticas institucionais e experiências subjetivas de "saída do crime". Ao utilizar os termos "ressocialização" e "saída do crime", tomo o devido cuidado das aspas justamente porque elas possibilitam uma aproximação devida em relação ao tema. Ou seja, eu não pretendo partir de uma ideia previamente constituída de "ressocialização" e avaliar, a partir dela, a atuação de instituições religiosas e ONGs; não pretendo tomar "ressocialização" como dado. Ao contrário, deparo-me com esse termo tomado por um estranhamento e, assim, investigando diferentes práticas, métodos e experiências subjetivas, procuro torná-lo uma questão.

Aposto em uma abordagem que trata, por um lado, da formação de saberes específicos acerca de criminosos a partir de seus processos de "ressocialização" e, por outro, do modo como os criminosos (objetos dos *projetos*) experimentam/vivenciam os mesmos. Tomando essa perspectiva como norte, apresentarei algumas notas reflexivas baseadas em um conjunto de dois materiais empíricos: um relativo a uma pesquisa de campo com ex-bandidos que se converteram a igrejas evangélicas pentecostais e outro relativo a uma pesquisa de campo com ex-bandidos que trabalham em ONGs.

Contudo, devo traçar alguns comentários a respeito das categorias criminoso e bandido. Há uma diferença tão sutil quanto importante no modo como esses termos são operados pelos atores. É preciso realizar essa distinção, que é fundamental para delimitar os contornos do meu objeto de pesquisa, antes de prosseguir.

Criminação, incriminação e sujeição criminal

Algo que chama a atenção é que a ideia de "ressocialização" não faz muito sentido para todo o universo possível de praticantes de crimes. Cito brevemente um exemplo. Não custa muito perceber que a prisão do juiz Nicolau dos Santos Neto (que ficou popularmente conhecido como *juiz lalau*), ocorrida em 2000 por causa do desvio de verbas públicas, apesar de toda a repercussão midiática, não gerou nenhum debate público a respeito da eficácia do sistema prisional como instrumento de "ressocialização". Por outro lado, a ideia de "ressocialização" parece fazer muito mais sentido quando pensada em relação aos traficantes de drogas das áreas pobres da cidade. Para as igrejas e as ONGs que tive a oportunidade de pesquisar, criminosos como o *traficante de morro* não poderiam ser apenas punidos pelo ato infracional cometido; seria indispensável que eles passassem por um processo que supostamente diminuiria ou anularia as chances de reincidência. E, em geral, a reincidência de criminosos como esses é que dá a medida da "falência" do sistema prisional.

Para nos ajudar a compreender essas especificidades, trago para a discussão a ideia de *sujeição criminal* (Misse, 1999, 2010). A fim de apresentá-la concisamente, utilizo a esclarecedora distinção entre o processo de sujeição criminal e o processo de *criminação/incriminação*. Neste, em primeiro lugar, nós temos um curso de ação que pode ser enquadrado em um código específico, que classifica as ações como criminosas ou não (*criminação*). A *incriminação* consiste, por sua vez, na atribuição de uma ação *criminada* a um indivíduo. Aqui o criminoso é a pessoa que comete uma ação rotulada (juridicamente) como criminosa. Por sua vez, a *sujeição criminal* diz respeito à construção social de uma *subjetividade* que é reconhecida (e que, algumas vezes, reconhece a si mesma) como criminosa. Nesse caso, o curso de ação classificado como crime já não é capaz, por si só, de definir o criminoso. Na *sujeição*, há um processo de inversão da *incriminação*: não é o cometimento de um ato desviante que faz de uma pessoa um criminoso; é uma suposta *condição subjetiva peculiar* que explicaria de antemão a ação criminosa. Aqui, o criminoso é pensado como um sujeito, como alguém que carrega o crime "dentro de si", como alguém cuja regularidade comportamental é baseada no crime.

A *sujeição criminal* é um dispositivo, bastante específico, de criminalização da pobreza: ela separa e distancia os indivíduos, dividindo-os, estamentalmente, em bandidos e não bandidos. Em sua tese de doutorado, Misse estuda detalhadamente o desenvolvimento da *sujeição criminal* na história do Rio de Janeiro a partir do período republicano. Ele nos mostra de que modo cada configuração sócio-histórica produziu tipos distintos de *sujeitos criminais*. Assim, teríamos o malandro, que foi o grande personagem perigoso da cidade do Rio de Janeiro no início do século XX e cujo comportamento era associado às habilidades sociais que usava para viver às margens do mundo burguês do trabalho; o marginal, de meados do mesmo século, cujo traço distintivo era a prática de assaltos a bancos e a outros estabelecimentos; e o vagabundo (ou simplesmente, bandido), do final da década de 1970 e início dos anos 1980, que está diretamente associado ao início do tráfico de cocaína nas favelas cariocas e à difusão da arma de fogo como instrumento indispensável para o funcionamento do negócio. Assim, a partir do final da década de 1970, há o processo de construção de uma representação genérica da *sujeição criminal*, que é feito a partir do modelo do traficante de drogas de áreas pobres. Porém, o que marca a ideia de *sujeição criminal* é o fato de que a categoria *bandido*, quando utilizada para referir criminosos pobres (sobretudo o *traficante de morro*), descreve algo para além de alguém que pratica crimes; descreve um sujeito que possuiria um modo supostamente específico de agir, pensar, sentir e ser.

Como demonstrei em outros trabalhos (Teixeira, 2011a, 2011b), a relação dos atores com *sujeição criminal*, no contexto do tráfico de drogas nas favelas cariocas, é extremamente complexa. Observei que a *sujeição* consiste tanto em um *olhar sobre o outro* quanto em um *olhar sobre si* — e que essas duas dimensões da ideia podem aparecer de forma desconectada. Analisando alguns casos empíricos, percebi que o simples fato de alguém estar envolvido com o tráfico não é suficiente para que haja subjetivação (a *sujeição* como um *olhar sobre si*), embora possa haver *sujeição criminal* na sua dimensão de *olhar sobre o outro*. Com isso quero dizer que para os atores é possível "estar no crime" e não "ser bandido". Porém, também observei que uma vez que o indivíduo esteja inserido na rede criminosa, haverá a expectativa de que ele atue como bandido, isto é, há a expectativa da subjetivação do "crime" (é preciso ter, por exemplo, "disposição" para castigar e matar os "vacilões" e os "inimigos"). Em algumas narrativas, pude observar como algumas pessoas envolvidas com o tráfico diziam ter de simular o comportamento que é esperado de um bandido, mas que não viam a si mesmas dessa forma. A subjetivação do "crime" ocorre, de acordo com os casos empíricos a que tive acesso, em situações nas quais a experiência naquilo que os atores reconhecem como "mundo do crime" é considerada mais intensa, nas quais há um engajamento mais aberto e comprometido com a atividade ilícita. Há, por exemplo, o caso do rapaz que "se torna" bandido após participar de uma "guerra" e o de outro, que após ser acusado de traição na própria quadrilha, "transforma-se" em bandido para defender-se das perseguições de seus próprios companheiros. De acordo com os relatos, é exatamente no decorrer dessas experiências que o criminoso "se transforma" e radicaliza sua relação com o "crime". Nessa radicalização, emergiria, então, um sujeito, mais precisamente um *sujeito criminal*: alguém cuja trajetória individual seria supostamente marcada pela "internalização" do "crime" (do "mundo do crime" e das suas relações sociais, regras e demandas supostamente específicas) como uma verdade de si; alguém que constrói seu *self* a partir dos elementos disponíveis no "mundo do crime" (categorias sociais que comporiam uma visão de mundo supostamente específica: "revolta", "disposição para matar e castigar", "ser sujeito-homem" etc.).

Tanto o *juiz lalau* quanto o *traficante do morro* são criminosos, pois ambos praticaram infrações previstas em lei. Entretanto, criminosos como o juiz Nicolau não costumam ser afetados pela *sujeição criminal* (em nenhuma de suas dimensões). É interessante notar que a palavra bandido até pode ser utilizada para se referir ao juiz. Mas tal utilização geralmente é operada com a finalidade de se lançar uma ofensa àquele cujo comportamento é desviante. No caso do traficante, a palavra bandido parece descrever mais que o cometimento de um ato infracional e ir além de uma acusação. Ela parece descrever a própria pessoa: seu estilo de vida, seu *ethos*, seu *habitus*, enfim, parece descrever algo que se acredita que a pessoa *seja*. Por exemplo, quando um jornalista chama o *traficante do morro* de bandido, em geral não há a intenção de ofendê-lo, mas apenas de descrevê-lo: como se costuma dizer de alguém do sexo masculino que é homem, ou de alguém do sexo feminino, que é mulher.

É precisamente este o contorno do objeto que me foi apresentado pelo próprio campo de pesquisa com o qual me deparei: as ações de instituições religiosas e ONGs no campo da "ressocialização". É o criminoso pobre, que vive no processo de *sujeição criminal*, o grande objeto dos projetos de "ressocialização". As possibilidades de pesquisa são tantas quanto as repostas que podemos buscar no campo: prisão, morte, educação, trabalho, cultura, conversão — o campo de soluções para o "problema do bandido" é bastante diversificado. Devo deixar bem claro que não tenho a intenção de dizer se tais propostas de solução funcionam ou não, nem mesmo dizer o que deve ser feito para que elas funcionem. Minha intenção é apenas compreender as diferentes representações da "vida no crime" e da "vida fora do crime" através de uma investigação a respeito das soluções para o "problema do bandido" propostas por igrejas pentecostais e ONGs.

Igrejas pentecostais e ONGs

As observações a respeito dos evangélicos estão baseadas em pesquisas anteriores (Teixeira, 2008, 2011a, 2011b), que tratam, respectivamente, do impacto da presença pentecostal em áreas pobres dominadas pelo narcotráfico e da conversão religiosa de traficantes de drogas. O material empírico é constituído por: uma etnografia do cotidiano de uma igreja pentecostal (realizada entre 2004 e 2006) localizada em Magé, cidade da Baixada Fluminense; e por um conjunto de 10 entrevistas em profundidade com ex-bandidos convertidos de diversas cidades da Região Metropolitana do Rio de Janeiro (realizadas em 2008). Nas entrevistas, eles contam suas histórias de vida: como "entraram no crime" e como "saíram" dele.

A pesquisa com as ONGs está organizada da seguinte forma: produção de entrevistas com os idealizadores e operadores de três "projetos de ressocialização" que acontecem na cidade do Rio de Janeiro, bem como com os ex-bandidos que passaram por tais projetos ou deles fazem parte. Além disso, também realizei um acompanhamento desses projetos ao longo do ano de 2011. Todos os projetos são de orientação laica. Há uma série de nuances entre eles que não serão trabalhadas aqui. Para a finalidade deste texto, interessa mais o que há de comum nesses projetos (e que serve, em larga medida, de contraponto às igrejas pentecostais): a ideia de que a entrada para a "vida do crime" está ligada à "exclusão", à "desigualdade" e à "falta de oportunidades". Assim, o critério de escolha dessas organizações tem menos a ver com o fato de serem ONGs que com os pressupostos contidos em suas propostas de "saída do crime". É justamente na medida em que igrejas pentecostais e ONGs me oferecem diferentes conteúdos para a questão da "ressocialização" que procuro elaborar a comparação entre elas.

Irei, então, apresentar em linhas gerais as teorias nativas sobre o bandido, bem como as propostas de "solução". Além disso, trago alguns exemplos que mostram um pouco a maneira como os indivíduos que passam pela experiência da "ressocialização" percebem o processo. Adianto que as notas reflexivas que aqui desenvolvo não esgotam o material empírico, mas apresentam os resultados parciais de uma pesquisa que ainda se encontra em andamento. A partir de uma breve comparação, traço a indicação de algumas possibilidades analíticas.

"Saída do crime" como conversão religiosa

A batalha espiritual (Mariz, 1999) é uma das noções mais presentes na perspectiva pentecostal. Ela descreve um mundo dividido entre Deus e o Diabo, com um lado santo e outro mundano. Para os pentecostais, o bandido é, antes de qualquer coisa, alguém que se posiciona do lado considerado errado da batalha espiritual: do lado do Demônio, obviamente. A ação criminosa do bandido é, assim, explicada com base na ideia da existência de um pecador que não luta contra o pecado (por desconhecimento do Evangelho ou por opção deliberada), que se entrega à "vida torta" e que, por esse motivo, abre espaço para que o Diabo atue na sua vida, levando-o a cometer crimes.

Para os pentecostais, os traficantes seriam agentes a serviço do Demônio: usam e vendem drogas, agem violentamente com as pessoas, matam, vestem-se de modo considerado indecente, escutam músicas que falam sobre drogas, crime e sexo. Para os pentecostais, essas seriam evidências de que os traficantes estão do lado do Diabo na batalha espiritual. Os crentes, por sua vez, para serem reconhecidos como tais, devem usar roupas consideradas decentes, não devem usar gírias nem palavrões ao se comunicar com os demais, não devem utilizar a violência física em seus conflitos do cotidiano, são contra o consumo e a venda de drogas e álcool, entre outras coisas que caracterizam uma certa distância moral entre as duas coletividades.[1]

De acordo com a leitura que os pentecostais fazem do contexto carioca de "violência urbana", as ações do bandido, além de estarem relacionadas a uma vida de pecados (ou precisamente por causa disso, isto é, além de serem explicadas com base num afastamento de Deus), podem ser explicadas com base na ação de seres espirituais. E é principalmente nas entidades das religiões afro-brasileiras que os pentecostais encontram os demônios que podem fazer alguém roubar, matar e traficar drogas (Birman, 1997; Mariz 1997). Por exemplo,

---

[1] Entretanto, essa distância moral não implica algo como o isolamento das duas coletividades, isto é, não significa que as pessoas se encerrem em uma moralidade ou noutra. Um dado interessante é a recente adoção, por parte de muitos bandidos, de certa gramática pentecostal: leem a Bíblia, fazem orações tipicamente pentecostais, não usam drogas, evitam matar os inimigos etc. Em alguns casos, os bandidos se autodenominam "bandidos evangélicos", indicando que a fricção entre essas moralidades pode produzir tipos sociais ambíguos (Vital, 2008; Teixeira, 2011a).

a figura de Zé Pelintra[2] é constantemente utilizada para explicar casos de crime e de violência.[3]

Patrícia Birman (2009) faz uma excelente análise da complexa teia de significados composta pelas leituras religiosas da experiência da "violência urbana" nos *territórios da pobreza* (Silva, 2008). Birman analisa o caso de Alice (ex-candomblecista, moradora de favela e mãe de uma moça que era namorada de um dos rapazes que integravam o tráfico de drogas da localidade), que faz uma espécie de leitura pentecostal de sua saída do candomblé (embora não tenha se convertido a nenhuma igreja em particular). Certa vez, indignada com o namoro da filha, Alice pediu auxílio a Exu a fim de que a filha terminasse a relação com o traficante. Pouco tempo depois, a favela foi tomada por uma facção rival e o namorado da filha fora morto durante o conflito. Ao sair de casa, logo após o tiroteio, Alice ainda teve tempo de cruzar com o assassino na rua. Este pisca para ela — que então reconhece nele seu Exu. Algum tempo depois, a filha começa a namorar o próprio assassino do ex-namorado, que também morre violentamente durante um confronto. Alice o vê morrer e, nessa ocasião, ela reconhece o Exu na sua imagem tradicional de Zé Pelintra.

De acordo com Birman (2009:329):

> o Exu de Alice adquiriu um perfil que se assemelha àquele atribuído pelos pentecostais às entidades afro-brasileiras: mostrou-se sob uma face demoníaca, comprometida com o Mal e responsável por crimes executados por traficantes e polícia, disseminando o terror e a morte.

Ao realizar uma interpretação pentecostalizada do modo como recorreu a suas antigas crenças a fim de interferir no namoro da filha, Alice conclui que elas foram as responsáveis pelas consequências negativas do episódio, uma vez que o apelo à entidade é percebido por ela como a causa da morte dos jovens. Conforme a narrativa de Alice, recorrer a Exu não só não representou uma so-

---

[2] Zé Pelintra é uma entidade das religiões de matriz africana associada a um tipo social muito comum no Rio de Janeiro do início do século XX: o malandro. De acordo com Misse (1999), o malandro encarna o *sujeito criminal* dessa configuração sócio-histórica. Com o processo de acumulação social da violência, as representações sobre o *sujeito criminal* são transformadas e há uma metamorfose que transforma o malandro em marginal e, posteriormente, em vagabundo ou bandido.

[3] Porém, é importante dizer que a associação entre crime, mal e práticas religiosas de matriz africana não é realizada apenas pelos pentecostais. Autores como Maggie (1992), Contins e Goldman (1983) mostram como organismos do Estado já operaram no sentido de criminalizar práticas de religiões afro-brasileiras.

lução para aquele caso (o afastamento da filha do namorado traficante e, consequentemente, da possibilidade de vê-la envolvida em circuitos de violência), como também potencializou a dinâmica de violência do local. E, ainda segundo a narrativa, esse teria sido o principal motivo que a fizera abandonar o candomblé.

O contexto no qual costumam ocorrer as conversões de bandidos também pode ser compreendido a partir do cruzamento de leituras religiosas com as dinâmicas de violência, assim como Birman descreve a trajetória de Alice com base na leitura pentecostal de suas antigas crenças, aposto na ideia de que a conversão dos traficantes pode ser descrita como uma leitura pentecostal da sujeição criminal.

O contexto no qual costumam ocorrer as conversões de bandidos também pode ser compreendido a partir do cruzamento de leituras religiosas com as dinâmicas de violência. Assim como Birman descreve a trajetória de Alice com base na leitura pentecostal de suas antigas crenças, aposto na ideia de que a conversão dos traficantes pode ser descrita como uma leitura pentecostal da *sujeição criminal*. E para explorarmos melhor as relações possíveis entre *sujeição criminal* e pentecostalismo, apresentarei o caso de Alex, que também foi explorado em meus trabalhos anteriores (Teixeira, 2011a, 2011b).

Alex se envolvera com o tráfico desde bastante jovem. Era o filho mais novo de uma família de cinco irmãos. Todos moravam na parte mais pobre de uma favela que se localiza no Centro da cidade do Rio. Todos experimentaram as condições de miséria e todas as limitações que dela decorrem. Todos tiveram algum tipo de experiência com o uso de drogas. Porém, de todos os irmãos, Alex fora o único que havia se envolvido com o tráfico e que "se tornara" um bandido. Apesar de reconhecer que as condições socioeconômicas tiveram peso em sua trajetória pessoal, ele, com base nisso, não é capaz de explicar para si mesmo por que seus irmãos não entraram para o "movimento" como ele — já que eles também estavam nas mesmas condições. É a partir desse ponto, aparentemente inexplicável para Alex (o qual ele mesmo poderia dizer que é fruto do acaso e do caráter contingente da vida social), que ele utiliza o mito (religioso) de origem de sua "subjetividade criminosa". Alex nos conta que quando ainda estava no ventre da sua mãe fora por ela oferecido a Zé Pelintra, durante um ritual realizado para que ela conseguisse algum dinheiro. Como ela o conseguira, de acordo com a narrativa, Alex tivera então sua alma "dada à entidade". Zé Pelintra se tornara uma espécie de "dono do coração" dele. Para Alex, precisamente por esse motivo, ele havia "se tornado" um bandido.

Histórias como essa indicam que o pentecostalismo é capaz de oferecer os instrumentos simbólicos necessários para que muitos bandidos possam, simultaneamente, reconhecer e interpretar o processo de *sujeição criminal*. A construção da fronteira entre "vida do crime" e "vida fora do crime" é realizada com base na ideia de que o "mundo do crime" é, antes de qualquer coisa, um "mundo de pecados" e que isso é o que explicaria trajetórias singulares como a de Alex. No caso de Alex, uma vez que ele acreditava que sua alma tinha sido vendida ao Diabo, a única solução possível seria a conversão religiosa. Porém, a possibilidade de interpretação da *sujeição criminal* não implica diretamente a opção pela conversão. Isso deve ser compreendido, assim como no caso de Alice, como o contexto no qual a conversão religiosa torna-se uma "saída" posível.

A opção pela conversão (isto é, o engajamento no estilo de vida evangélico) implica, evidentemente, uma reforma moral do sujeito. Dessa maneira, ao se converter, a pessoa deve rejeitar a vida de pecados e adotar uma nova vida, considerada moralmente digna, pura e limpa, de onde deve emergir um "novo ser". Este deve conduzir sua vida de modo bastante rigoroso para que não venha ceder ao pecado e às possíveis "tentações demoníacas", evitando, dessa forma, abrir-se aos entes espirituais que o conduziriam a práticas criminosas e à condição de subalternidade. O controle sobre a "nova vida" é baseado em restrições como: não é permitido frequentar bailes *funk*, frequentar bocas de fumo, andar com más companhias — a não ser que se esteja pregando o Evangelho —, falar palavrões e gírias, usar drogas, envolver-se em situações de violência etc. Muitas dessas restrições morais não são cumpridas, como observam os pentecostais, pelos bandidos. Ao contrário, estes levariam uma vida de pecados e isso explicaria, em grande medida, sua condição supostamente peculiar (sua *sujeição criminal*). Após a conversão religiosa, os "deslizes" podem vir a ser interpretados como a possibilidade de um "retorno" da sua condição subjetiva anterior. No caso do ex-bandido convertido, ações como "parar em um bar para tomar cerveja com os amigos" poderiam ser consideradas bem mais que meros desvios do caminho do Senhor; poderiam ser compreendidas como uma forte evidência de que o indivíduo não mudou e de que permanece um bandido.

Os pentecostais acreditam que mecanismos como o trabalho e a educação podem até afastar as pessoas das práticas criminosas, mas a "saída do crime" só seria garantida ao se aceitar Jesus e ao se aderir a uma vida santificada. Aqui, o sucesso da "ressocialização" é pensado em termos de conversão religiosa. Os ex-bandidos convertidos, evidentemente, vivem a "saída do crime" como uma passagem do mal para o bem, como sendo a saída de uma vida impura, de pecados, e a entrada em uma vida pura, santa. Ou seja, a "travessia" da fronteira entre "vida do crime" e "vida fora do crime" é experimentada como um processo de *ascensão moral*, já que o ex-bandido teria de deixar para trás não apenas as práticas classificadas como criminosas, mas tudo aquilo que é considerado pelos pentecostais como pecado. Assim, teria de se engajar em uma "vida nova" — embora sempre sujeita a tentações demoníacas capazes de desviar o crente do caminho do Senhor. De modo geral, o ex-bandido precisa, o tempo todo, atualizar sua condição de crente, regulando rigorosamente seu comportamento, a fim de se manter no "caminho correto".

Entretanto, também é preciso dizer que a forma como alguns pentecostais constroem e operam suas representações acerca das fronteiras que envolvem "crime" e "sociedade" podem adquirir nuances importantes que demandam uma análise também mais complexa. Em uma excelente análise a respeito de como os pentecostais constroem mapas morais que lhes permitem compreender e atuar, de um modo um tanto alternativo, em relação às fronteiras que dividem "crime" e "sociedade" (e que de algum modo também dividem "favela" e "asfalto", "bandidos" e "ex-bandidos", entre outras), Birman e Machado (2011) destacam que uma característica importante da reinterpretação pentecostal reside no modo como eles operam a ideia de *força* e de *poder*. Ao explorar o caso do pastor Marcos Pereira, da Assembleia de Deus dos Últimos Dias, eles constatam que, na conversão ao pentecostalismo, o ex-bandido convertido experimenta a transformação de sua força (física/bélica) em poder (moral). Esta é uma ideia que nos permite pensar que não se trata meramente de duas moralidades distintas e que os bandidos (assim como todas as pessoas) optariam por uma ou por outra. Trata-se de moralidades que se leem e se interpretam mutuamente e, mais que isso, absorvem-se umas às outras. Na análise das autoras, a tarefa de redimir os bandidos não os destitui de uma corporalidade associada ao crime e à violência; trata-se de "redirecionar seus atributos físicos para o sentido moral que, momentaneamente, deles se ausentou" (Birman e Machado, 2011:61). Desse modo, também é preciso levar em conta que, em algumas experiências pentecostais, há a possibilidade de que o processo de *ascensão moral* não *rebaixe* completamente a condição anterior a ponto de que tudo nela seja descartado ou visto como descartável.

"Saída do crime" como oportunidade

Nas ONGs, observei que o bandido é visto como aquele que vive em uma "situação de opressão", que — para utilizar a terminologia da abordagem mertoniana do desvio (Merton, 1970) — suprime o campo de possibilidades de alcance dos objetivos culturalmente definidos através dos meios socialmente legitimados.

Para as pessoas ligadas às ONGs com as quais trabalhei, o criminoso age do modo que age porque esta seria a "única opção disponível". Considerado "vítima da ausência do Estado", da "exclusão" e da "falta de oportunidades", a ele restaria apenas o "caminho do crime".

Nesse modelo, o "crime" é pensado como um meio de vida, uma forma de ganhar a vida, de se manter. E o bandido é visto como um produto da desigualdade, da pobreza, da exclusão social. Não por acaso é comum vermos diversos pesquisadores se referirem às áreas pobres como "socialmente vulneráveis" e à situação das pessoas que nelas vivem como "situação de risco" (Abramovay, 2002). Aqui, o indivíduo que se torna bandido é compreendido como um "ser bom e ordeiro por natureza", mas que é incapaz de realizar-se como tal, uma vez que seria "vítima" de uma "opressão" (cultural, social, política e econômica) que o impede de ter acesso aos recursos legítimos disponíveis para alcançar seus objetivos. Assim, reivindica-se que o criminoso tenha acesso a trabalho, cultura e educação. Dessa forma, crê-se, é possível ampliar as possibilidades de ação, de modo que o "crime" já não seja a "única opção disponível". Aqui, a "ressocialização" é uma questão de dar oportunidades, ampliar as possibilidades, oferecer novos caminhos. Desse modo, o bandido é compreendido a partir do discurso individualista moderno: é o indivíduo que não se realiza, que não é capaz de descolar seu *self* das circunstâncias sociais nas quais se encontra. Em outras palavras, o bandido seria o cidadão privado de sua cidadania, seria o indivíduo privado de sua liberdade.

Minha hipótese é de que esse tipo de teoria nativa pode caracterizar outra forma de lidar com a *sujeição criminal*. Entretanto, ela não apareceria de modo tão explícito no discurso das ONGs. A princípio, como descrevi, a "ressocialização" seria encarada como algo que depende da mudança de condições "externas" ao bandido. A aposta nativa é a seguinte: uma vez que as pessoas tenham acesso a oportunidades de trabalho no mercado formal, elas tenderiam a "sair do crime". Contudo, mesmo diante das oportunidades, muitas vezes as pessoas não optam pelo engajamento nelas. Por exemplo: há pessoas que se apresentam a um projeto para conseguir emprego e, conseguindo-o, não permanecem nele por muito tempo; há pessoas que conseguem emprego, mas reclamam do salário e das condições de trabalho, e ameaçam sair; há pessoas que se negam a estudar para conseguir um emprego melhor e também ameaçam voltar ao crime por isso; enfim, todos esses são casos em que muitos técnicos e avaliadores descrevem como casos de pessoas que, para "saírem do crime", precisariam passar por "transformações internas". Alguns técnicos chegam a descrevê-las como pessoas com algum tipo de "problema psicológico". Ou seja, se a explicação socioeconômica para a ação criminosa do bandido não dá conta de algum caso, a *sujeição criminal* logo é explicitada: haveria algo de errado no "interior" daquela pessoa que possui a oportunidade e que não a aproveita, algo que necessitaria ser "curado" ou "transformado".

Na perspectiva das ONGs, a "ressocialização" é uma questão de saber aproveitar as oportunidades que são oferecidas e, mais que isso, de desejar aproveitá-las também. Muitos projetos pretendem ensinar aos jovens como aproveitar suas oportunidades: ensinando-lhes, por exemplo, como se portar em uma entrevista de emprego, que tipo de roupa usar, qual é a linguagem mais adequada para se comunicar etc. (Araújo e Rocha, 2008). Dessa forma, a construção da fronteira entre "crime" e "sociedade" é realizada pelas ONGs com base na ideia de que o "mundo do crime" é aquele composto por atores que não tiveram acesso a oportunidades ou que não tiveram condições de agarrar as oportunidades, mesmo que estas tenham surgido.

Em nenhuma das entrevistas que fiz, a oportunidade de entrar no mercado formal de trabalho[4] aparece como um objetivo em si mesmo. Os ex-bandidos dizem que tornar-se trabalhador é um modo de conseguir uma "vida tranquila", sem os riscos inerentes à atividade criminosa que praticavam. A atividade no tráfico não é necessariamente vista como algo imoral (embora seja, evidentemente, percebida pelos traficantes como algo ilegal), e sim como "uma vida muito arriscada" (Fefferman, 2006), que já não valeria mais a pena. Para a grande maioria deles, o processo de "ressocialização" é vivido como um processo de mobilidade descendente e a entrada no mercado formal de trabalho quase sempre requer certa capacidade de resignação perante as novas condições de vida. Em primeiro lugar, essa resignação passa certamente por uma questão financeira: para viver honestamente, é preciso aprender a viver com menos dinheiro que antes, em condições financeiras mais difíceis que antes. Como vimos, este é o foco da solução apresentada pelas ONGs: oferecer aos que querem "sair do crime" os meios socialmente legítimos para alcançar os objetivos culturalmente definidos. Contudo, para o ex-bandido, trata-se de um cálculo racional que envolve ter mais dinheiro vivendo uma "vida arriscada" ou ter menos dinheiro vivendo uma "vida tranquila".

Entretanto, a resignação de que falo não se restringe a essa possibilidade. A mobilidade descendente pode ir além de questões financeiras. E esse ponto é extremamente importante, uma vez que nos permite perceber como a construção da fronteira entre "vida do crime" e "vida fora do crime" não consistiria

---

[4] Em geral, as ONGs não oferecem postos de trabalho no mercado informal.

apenas em um cálculo racional envolvendo a correlação entre ganhos monetários e possibilidades de sofrer violência física, mas também seria baseada nas moralidades que supostamente definiriam os limites de um e de outro "mundo". De modo diferente do caso que analisei na seção dedicada aos evangélicos, a pesquisa com as ONGs nos permitiu acessar um caso em que a "ressocialização" é experimentada como uma *decadência moral*.

Para explicar melhor esse ponto, lanço mão de um caso ocorrido no trabalho de campo. Eu estava com Júlio, ex-traficante, em uma festa produzida pela ONG em que trabalha. Estávamos perto de uma mesa de frios, comendo e bebendo. Júlio dizia, jocosamente, que teria de aproveitar a festa para comer bastante, pois em casa ele poderia comer menos e, assim, economizar. Uma das produtoras da festa se aproximou de Júlio e disse a ele, de modo um tanto ríspido, que não era para começar a comer naquele momento, pois eles estavam esperando o presidente da ONG chegar para tirar algumas fotos perto da mesa. Júlio ficou furioso por ter sido repreendido pela produtora. Paramos de comer e nos afastamos um pouco do local. Júlio não falava de outra coisa, pois estava muito aborrecido com aquela situação. Passados alguns instantes, ele observou que algumas pessoas iam à mesa, pegavam a comida e a bebida, mesmo sob o olhar vigilante da produtora que o repreendera por isso, e nada acontecia. A mulher não chamara a atenção de mais ninguém. Júlio comentou comigo que aquelas eram pessoas importantes na ONG e que ele achava aquilo muito injusto, pois aquela ONG dizia que batalhava pela igualdade, que era contra o preconceito etc. Depois, afastou-se por um tempo. Quando retornou, disse-me o seguinte: "deve haver alguma coisa de errado comigo mesmo e eu sei o que é: isso é resquício do crime; essa coisa de eu achar que tudo tem de ser certinho, se é pra um é pra todo mundo e tal, isso é resquício do crime. Eu tenho de mudar isso em mim, não tem jeito". Após esse comentário, Júlio contou diversos episódios sobre quando era gerente no tráfico de drogas, nos quais ele sempre tratava todos do modo mais justo possível. E ele fazia questão de dizer que isso era mais que bondade: era uma estratégia para ficar vivo, pois os líderes injustos não costumavam ter vida longa e próspera no crime e geralmente eram mortos por seus próprios comandados.

Esse caso é extremamente interessante para se observar o modo como os atores constroem e operam as fronteiras entre "vida no crime" e "vida fora do crime", pois mostra com clareza que a construção da *sujeição criminal* também pode vir a ser baseada justamente naquilo que a maioria dos discursos sobre o bandido diz que lhe falta: moral, ética e respeito às regras. Júlio experimenta a "ressocialização" como um processo de *decadência moral*. Tornar-se ex-

-bandido, nesse caso, é ter de se resignar com uma certa discrepância entre o "discurso igualitário da ONG" e suas "práticas hierárquicas"; é ter de se resignar com a "hipocrisia da vida certa". Júlio dizia que, no "mundo do crime", que ele reconhece como o circuito do tráfico de drogas nas favelas cariocas, isso jamais aconteceria, pois aquele seria um "mundo de sujeito homem", onde as regras são claras e respeitadas: se algo não é para todos, então não o é; se é, respeita-se o combinado. Este seria um "mundo" em que as pessoas cumprem com os acordos e com sua palavra, pois desvios ficariam sujeitos a castigos violentos e até mesmo à morte.

Perguntei a Júlio se esse tipo de situação o tentava a retornar ao tráfico. Ele disse que sim, mas que o tráfico também tinha seus contratempos: "Lá é muito violento e eu estou velho, preciso de uma vida mais tranquila". "Sair do crime", como esse caso exemplifica, pode significar bem mais do que deixar de praticar uma atividade ilícita, pode significar um processo de resignação a uma moralidade considerada inferior, que seria feita em nome de uma "vida tranquila".

Certamente, uma boa etnografia do cotidiano de uma quadrilha de narcotraficantes de uma favela carioca evidenciaria facilmente que o que Júlio diz a respeito do "mundo do crime" não passa de uma idealização. Como já ouvi de muitos ex-bandidos, "lá" também há hipocrisia e falta de respeito às regras. Inclusive já ouvi isso de Júlio diversas vezes: casos sobre gerentes que roubavam seus patrões, vapores que roubavam a boca, soldados que eram benevolentes com estupradores etc. Contudo, o que interessa aqui é justamente a idealização que Júlio faz do "mundo do crime" em um momento de constrangimento em sua vida como ex-bandido. Diante da situação descrita, ele experimenta certa nostalgia de sua "outra vida" a partir dessa idealização — não por causa do dinheiro, do poder ou das mulheres (o que geralmente é experimentado como "tentação" pelos ex-bandidos convertidos), mas por conta da "ética do crime". É ela que Júlio reconhece como "resquício interno" que deve ser mudado para que seu processo de "ressocialização" aconteça.

Se do ponto de vista das ONGs, a "ressocialização" consiste em criar as condições para que os bandidos optem por alcançar seus objetivos trilhando pelo "caminho correto", da perspectiva dos ex-bandidos há a possibilidade de se experimentar o processo de "saída do crime" como um processo não apenas de mobilidade descendente (em termos financeiros), mas de *decadência moral*, isto é, podem experimentar a *oportunidade* (a entrada no "caminho correto") como um processo no qual eles devem abrir mão daquilo que acham que é "correto" (e que aprenderam "no crime") a fim de conseguir viver em um ambiente em que se acredita que o risco de sofrer violência física é menor. Nesse caso, a *su-*

jeição criminal aparece na forma de uma "ética do crime" que é positiva para o ex-bandido, embora não o ajude em seu processo de "ressocialização".

Palavras finais

Apresentei, em linhas gerais, o modo como igrejas evangélicas pentecostais e ONGs compreendem a ideia de "ressocialização", de "saída do crime", bem como algumas das possíveis maneiras a partir das quais os ex-bandidos experimentam esses processos. Observei, em relação ao pentecostalismo, que a "saída do crime" representa a "saída de uma vida de pecados", que é operada através de uma "transformação de si": de suas relações consigo e com os outros. O bandido compreende seu processo de "ressocialização" como uma passagem do mal ao bem, que é realizada em nome da salvação de sua alma. A "vida do crime" é vista como uma vida de perdição, cujo destino é conhecido: "cadeia ou cemitério". Para os pentecostais, "sair do crime" representa muito mais que ganhar a vida de modo honesto, através de uma atividade lícita; significa ser uma pessoa diferente, melhor, santa, posicionando-se do lado de Deus na batalha espiritual. Aqui, a *sujeição criminal* é posta em evidência à medida que o processo de "ressocialização" visa transformar um sujeito imoral (pecador) em um sujeito moral (santo).

Em relação às ONGs, observei que a tônica da "ressocialização" está diretamente ligada à ideia de ampliação das oportunidades: emprego, trabalho, educação, cultura como meios de "inclusão social". Como a maior parte dos bandidos não possui condições de reproduzir, ao menos no mercado de trabalho formal, os ganhos financeiros possíveis na "vida do crime" — já que eles têm baixa escolaridade e, em geral, não possuem formação profissional —, a "saída do crime" é experimentada como um processo de mobilidade descendente, que é feito em nome de uma "vida tranquila", sem as dificuldades e os riscos próprios do "mundo do crime". Desse modo, a "ressocialização" é vista como um penoso processo de resignação. Contudo, a resignação não se limita apenas aos aspectos econômicos da "nova vida", mas também pode estar diretamente relacionada a aspectos morais. A "ressocialização" pode ser vista como o processo que envolve a saída de um mundo violento, mas ético, e a entrada em um mundo tranquilo, mas imoral, hipócrita e injusto — e ao qual é necessário se adaptar em nome de uma "vida pacificada". Assim, a *sujeição criminal* aparece aqui de modo muito distinto do universo evangélico: revela que o bandido pode experimentar a "vida do crime" como um espaço ético, moral e justo, apesar de violento, e que isso o constitui como sujeito.

Evidentemente, os casos descritos não esgotam as possibilidades empíricas. As ideias de *ascensão* e de *decadência moral* não devem ser pensadas como modelos que definem peremptoriamente igrejas pentecostais e ONGs. É possível que essas diferentes experiências subjetivas do processo de "ressocialização" aconteçam nas duas coletividades — sobretudo nas ONGs. O objetivo deste texto consistiu apenas em descrever alguns dos significados possíveis da "ressocialização" (do ponto de vista de seus empreendedores e de seus objetos), que se ancoram em casos e situações particulares, e mostrar, a partir dessas ideias de "saída do crime", os diferentes modos como os atores constroem e operam as fronteiras entre uma "vida do crime" e uma "vida fora do crime". Pudemos perceber que essas fronteiras não se definem somente a partir das tipificações jurídicas que classificam as atividades como criminosas ou não. A etnografia realizada com igrejas pentecostais e ONGs nos permitiu compreender um pouco da diversidade e da complexidade moral envolvida tanto na construção quanto na operação das fronteiras em jogo.

Referências

ABRAMOVAY, Miriam (Org.). *Juventude, violência e vulnerabilidade social na América Latina*: desafios para políticas públicas. Brasília, DF: Unesco/Banco Interamericano de Desarrollo, 2002.

ARAÚJO, Emanuelle; ROCHA, Lia de Mattos. Programa Nacional de Estímulo ao Primeiro Emprego no Rio de Janeiro: desafios para a inserção no mercado de trabalho. In: ENCONTRO NACIONAL DE ESTUDOS POPULACIONAIS, 16., 2008, Caxambu, MG. *Anais...* Belo Horizonte, MG: Abep, 2008.

BIRMAN, Patrícia. Males e malefícios no discurso pentecostal. In: _____; NOVAES, Regina; CRESPO, Samira (Org.). *O mal à brasileira*. Rio de Janeiro: Eduerj, 1997.

_____. Feitiçaria, territórios e resistências marginais. *Mana*, Rio de Janeiro, v. 15, n. 2, p. 321-348, 2009.

_____; MACHADO, Carly. A violência dos justos: evangélicos, mídia e biopolítica — o caso do pastor Marcos. In: CONGRESSO INTERNACIONAL DA ALAS, 28., 2011, Recife, PE. *Anais...* Miami, FL: Alas, 2011. (GT 21: Sociologia da Religião).

CONTINS, Márcia. Os pentecostais e as religiões afro-brasileiras. *Textos Escolhidos de Cultura e Arte*, Rio de Janeiro, v. 2, p. 37-50, 2005.

_____; GOLDMAN, Marcio. O caso da pomba-gira. Religião e violência: uma análise do jogo discursivo entre umbanda e violência. *Religião & Sociedade*, Rio de Janeiro, v. 1, n. 11, p. 103-132, 1983.

CORDEIRO, Suzan. *Até quando faremos relicários?* A função social do espaço penitenciário. Maceió, AL: Edufal, 2006.

CÔRTES, Mariana. Modernidade, assimilação e ambivalência no Brasil: a construção social da ambivalência na sociedade brasileira contemporânea. In: CONGRESSO

DA BRAZILIAN STUDIES ASSOCIATION, 9., 2008, Nova Orleans, *Anais*...Champaign, IL: Brasa, 2008.

FEFFERMANN, Marisa. *Vidas arriscadas*: um estudo sobre jovens inscritos no tráfico de drogas. Petrópolis: Vozes, 2006.

MAGGIE, Yvonne. *Medo do feitiço*: relações entre magia e poder no Brasil. Rio de Janeiro: Arquivo Nacional, 1992.

MARIZ, Cecília. O Demônio e os pentecostais no Brasil. In: BIRMAN, Patrícia; NOVAES, Regina; CRESPO, Samira (Org.). *O mal à brasileira*. Rio de Janeiro: Eduerj, 1997.

_____. A teologia da batalha espiritual: uma revisão da bibliografia. *BIB — Revista Brasileira de Informação Bibliográfica em Ciências Sociais*, Rio de Janeiro, n. 47, 1999.

MERTON, Robert K. *Sociologia*: teoria e estrutura. São Paulo: Mestre Jou, 1970.

MISSE, Michel. *Malandros, marginais e vagabundos*: a acumulação social da violência no Rio de Janeiro. Tese (doutorado em sociologia) — Instituto Universitário de Pesquisas do Rio de Janeiro, Rio de Janeiro, 1999.

_____. Crime, sujeito e sujeição criminal: aspectos de uma contribuição analítica sobre a categoria "bandido". *Lua Nova*, São Paulo, n. 79, p. 15-38, 2010.

MONTEIRO, Ingrid M. S. Baratta. *Sistema penitenciário*: cogestão — uma realidade! Fortaleza, CE: Imprece, 2008.

NOVAES, Regina. Apresentação. *Cadernos do Iser — Religiões e Prisões*, Rio de Janeiro, v. 24, n. 61, 2005.

PASSOS, José Olavo Bueno dos. *Educação como meio de ressocialização do condenado à pena privativa da liberdade*. Pelotas, RS: Educat, 2008.

SILVA, Luiz Antonio Machado da (Org.). *Vida sob cerco*: violência e rotina nas favelas do Rio de Janeiro. Rio de Janeiro: Nova Fronteira, 2008.

SILVA, Manoel da Conceição. *Reeducação presidiária*: a porta de saída do sistema carcerário. Canoas, RS: Ulbra, 2003.

TEIXEIRA, Cesar Pinheiro. O pentecostalismo em contextos de violência: uma etnografia das relações entre evangélicos pentecostais e traficantes de drogas em Magé. *Ciências Sociais e Religião/Ciencias Sociales y Religión*, v. 10, n. 10, 2008.

_____. *A construção social do "ex-bandido"*: um estudo sobre sujeição criminal e pentecostalismo. Rio de Janeiro, 7 Letras, 2011a.

_____. De "corações de pedra" a "corações de carne": algumas considerações sobre a conversão de "bandidos" a igrejas evangélicas pentecostais. *Dados: Revista de Ciências Sociais*, Rio de Janeiro, n. 54, set. 2011b.

THOMPSON, Augusto. *A questão penitenciária*. 5. ed. Rio de Janeiro: Forense, 1991.

VITAL, Christina. Traficantes evangélicos: novas formas de experimentação do sagrado em favelas cariocas. *Plural*, São Paulo, v. 15, p. 23-46, 2008.

CAPÍTULO 6

Favelas cariocas, acesso a direitos e políticas urbanas: práticas e discursos

RAFAEL SOARES GONÇALVES

Em razão de resultados negativos advindos de mal planejadas iniciativas de relocação de famílias na década de 60, críticas populistas ao reassentamento urbano tiveram o dom de, por muitos anos, tornar essa imperiosa solução um tabu nos programas governamentais. Mas, enfim, de alguns anos para cá, o poder público tem se curvado aos interesses maiores do desenvolvimento urbanístico, e voltou a incluir tal medida no manual da administração.
Editorial do jornal O Globo, 13 out. 2011.

O TEXTO EM epígrafe, publicado pelo jornal O Globo, traz algumas informações importantes das mudanças das políticas públicas em relação às favelas. Desqualificando, como populistas, conquistas históricas contra a destruição em massa de favelas da década de 1960, o jornal, porta-voz dos interesses imobiliários na cidade, afirma que existe um tabu em relação às remoções. Em uma reportagem anterior sobre a necessidade de retomar as remoções como forma de controle urbano, a manchete de toda uma página do jornal anunciava: "A palavra proibida. Tabu ideológico e semântico cerca debate sobre a remoção de favelas" (O Globo, 2009). A profusão atual de projetos nas favelas, como veremos, impõe novas práticas de governamentalidade desses espaços e seus moradores, e está trazendo modificações concretas na gramática política consolidada desde os anos 1980, que se pautava, sobretudo, na urbanização e regularização das favelas.

Apesar da multiplicidade de estatutos fundiários e da histórica heterogeneidade social das favelas cariocas, estas foram e continuam sendo associadas, em seu conjunto e de forma homogênea, a toda forma de ilegalismo: do fundiário ao narcotráfico. A pretensa ilegalidade fundiária das favelas se projeta no próprio conteúdo das políticas públicas em relação a esses espaços, assim como nas estratégias de mobilização política e no cotidiano de seus moradores. Visões simplistas e negativas das favelas permitiram, historicamente, uniformizar as políticas públicas para o conjunto das favelas da cidade, sem levar em consideração a complexidade e diversidade das relações sociais e jurídicas internas a cada uma.

O contexto atual de renovação urbana do Rio de Janeiro, dentro do quadro de preparativos para os grandes eventos esportivos, trouxe novamente à tona práticas e discursos voltados para a solução do problema das favelas na urbe carioca. Mesmo após décadas de mudanças substanciais das políticas urbanas e com a emergência de uma nova ordem jurídico-urbanística, este capítulo pretende demonstrar que muitas das intervenções atuais se configuram em "encanecidas novidades", reproduzindo envelhecidas utopias de uma cidade sem favelas, ou, no mínimo, com suas fronteiras muito bem circunscritas e seu crescimento, ao menos nas áreas mais nobres da cidade, definitivamente congelado.

Partindo sempre de uma reflexão histórica, o presente capítulo pretende analisar, em primeiro lugar, a construção da favela como um objeto jurídico, associado à ilegalidade. Posteriormente, aprofundar essa construção a partir da reflexão sobre o processo de congelamento urbanístico da favela. E, por fim, identificar que mesmo as políticas atuais voltadas para a urbanização, pacificação e regularização de favelas podem trazer impactos que não condizem com a ambição de garantir o direito à cidade aos beneficiados por tais medidas.

Favelas, espaços ilegais?

As favelas são uma realidade marcante da cidade do Rio de Janeiro, desde o final do século XIX. Em trabalho anterior (Gonçalves, 2013), abordamos a construção histórica das favelas como objeto jurídico. Esse longo e cumulativo processo associou sistematicamente as favelas à ilegalidade, classificando-as, em poucas palavras, como uma invasão de terreno, em que suas construções desrespeitavam as normas urbanísticas vigentes. Essa definição jurídica da favela teve profundas repercussões no cotidiano dessa população, o que nos remete ao poder do direito de nomear as diferentes realidades sociais e de institucionalizar uma classificação específica da estrutura da sociedade. Como analisa Pierre Bourdieu (1986), essa função nominativa do direito revela-se um poder ideológico significativo, que permite ocultar as contradições da sociedade, legitimando certo modelo específico de dominação política. Clifford Geertz (1988:287) confirma esse poder quando afirma que o estudo do direito deve levar em conta, por exemplo, a noção de que o pensamento jurídico é construtivo em matéria de realidades sociais, ao invés de ser apenas um simples reflexo. O direito funciona como um indicador privilegiado de fenômenos sociopolíticos mais amplos.

O ato de identificação requer que a coisa referida seja colocada dentro de uma categoria e que o ato de nomear forneça uma diretriz para a ação (Strauss, 1999:38-41). O fato de identificar genericamente o conjunto das áreas faveladas como espaços ilegais permitiu políticas homogêneas para essas áreas, sem contar o fato, confirmado pelas pesquisas de Boaventura de Souza Santos (1980), de que a ilegalidade fundiária e urbanística das favelas significou também uma espécie de ilegalidade moral de seus moradores, limitando o acesso deles a serviços coletivos e condicionando o próprio exercício da cidadania por esse grupo de citadinos, ou seja, a favela e seus moradores eram considerados ilegais.

Se as favelas são associadas à ilegalidade desde suas origens e, ao menos desde a promulgação do Código de Obras de 1937, consideradas oficialmente ilegais,[1] a indagação que se impõe é: como elas puderam se consolidar no espaço urbano carioca, reunindo mais de 1 milhão de habitantes? Se retomarmos o pensamento de Henri Lefebvre (1970), compreenderemos que a configuração urbana é projeção e, ao mesmo tempo, instrumento de reprodução das estruturas societárias sobre o espaço. O espaço, nesse sentido, é ideológico e político. Ora, em uma sociedade extremamente desigual, patrimonialista e fortemente hierárquica, é previsível a formação de espaços onde seus moradores não gozam dos mesmos direitos civis e sociais dos demais cidadãos da *polis*.

No que tange às favelas cariocas, a explicação se concentra, em termos práticos, na histórica aplicação arbitrária e seletiva da legislação urbanística. Ao menos até a década de 1980, a legislação urbanística considerava as favelas espaços ilegais que deveriam ser, mais cedo ou mais tarde, removidos e substituídos por habitações de tipo mínimo. O que importava não era a aplicação das prescrições legais contra as favelas, mas, sim, a possibilidade iminente de aplicá-las. Nesse sentido, o processo de classificação das favelas como objeto jurídico específico reforçou e consolidou o aspecto ilegal desses espaços, permitindo, no entanto, sua existência na prática, ou seja, a não aplicação seletiva e arbitrária da legislação não poderia se configurar em um reconhecimento de fato dessa realidade. A legislação urbanística em relação às favelas e, sobretudo, sua não aplicação se

---

[1] "Art. 349. A formação de favelas, isto é, de conglomerados de dois ou mais casebres regularmente dispostos ou em desordem, construídos com materiais improvisados e em desacordo com as disposições deste decreto, não será absolutamente permitida. §1º. Nas favelas existentes é absolutamente proibido levantar ou construir novos casebres, executar qualquer obra nos que existem ou fazer qualquer construção. [...] §9º. A Prefeitura providenciará como estabelece o Título IV do Capítulo XIV deste Decreto para a extinção das favelas e a formação, para substituí-las, de núcleos de habitação de tipo mínimo" (Prefeitura do Distrito Federal, 1937).

consolidavam como um mecanismo de poder, uma prática de governamentalidade nesses e desses espaços. Aplicando a reflexão de Giorgio Agamben sobre o estado de exceção para o caso das favelas, podemos afirmar, a partir do pensamento do filósofo italiano, que essa suspensão da norma "não significa sua abolição e a zona de anomia por ela instaurada não é (ou, pelo menos, não pretende ser) destituída de relação com a ordem jurídica" (Agamben, 2004:39). As normas jurídicas se manifestam, assim, a partir do pensamento de Foucault, como dispositivos que, articulados com outros, expressos nos discursos e nas distintas formas de intervenção nas favelas, consolidam essas áreas como espaços de exceção.

Nesse sentido, podemos criticar uma série de afirmações formuladas com frequência em relação às favelas. Em primeiro lugar, os poderes públicos jamais estiveram ausentes das favelas, conforme teimamos em afirmar para valorizar os pretensos logros de certas políticas públicas atuais. Nunca existiu ausência de poderes públicos. A formação e expansão das favelas não é um processo marginal ou espontâneo, mas contou com a tolerância ou mesmo o estímulo direto dos poderes públicos. Muitas favelas, por exemplo, se instalaram em terrenos públicos, frequentemente com a anuência de funcionários. Da mesma forma, apesar do entendimento jurídico de que não se podiam instalar redes públicas de serviços coletivos nas favelas cariocas até, ao menos, o final da década de 1970, os poderes públicos, através de subterfúgios diversos, chancelaram a presença precária de tais serviços. É o caso, por exemplo, das bicas d'água que se proliferaram nas favelas, a partir da década de 1930, ou então da permissão do comércio de energia por particulares ou por comissões de luz muito antes de a Light decidir instalar suas redes nas favelas. Enfim, a tolerância precária desses espaços não poderia absolutamente resultar em um reconhecimento de fato. A prática jurídica integrava a lógica clientelista, de forma que o próprio fato de tolerar tais espaços se tornava uma benesse e uma moeda de troca, à imagem das bicas d'água instaladas às vésperas das eleições. Enfim, os poderes públicos não estavam ausentes, mas governavam tais espaços a partir da premissa que estes deveriam manter seus aspectos precários e provisórios.

Outro aspecto que deve ser questionado é o papel exercido pelos favelados nesse processo. Diversas análises sobre os movimentos sociais dos favelados (Lima, 1989; Fischer, 2008; Gonçalves, 2010; Silva, 2005) demonstram que, desde o início da formação das favelas, seus moradores souberam se mobilizar para garantir o direito à cidade, inclusive fazendo jus a uma avançada cultura jurídica. O acesso a juristas e ao Judiciário sempre foi uma constância na história das favelas.² No entanto, para se compreender a consolidação do que Stephen Conn (1968) definiu como *status* jurídico *sui generis* das favelas, é preciso compreender a participação ativa dos moradores nesse processo. Voltando ao Código de Obras de 1937, apesar de condenar oficialmente as favelas, essa norma garantiu certos direitos aos favelados, já que não se podia removê-las sem a construção, para substituí-las, de habitações de tipo mínimo. Nesse contexto, reafirmar que certos espaços eram favelas garantia, paradoxalmente, aos seus moradores, direitos que não eram usufruídos da mesma forma por simples ocupantes isolados de terrenos.

Entendemos que essa mesma questão se manifesta também nos dias atuais: tanto o art. 234, I, da Constituição do Estado do Rio de Janeiro³ como o art. 429, VI, da Lei Orgânica Municipal⁴ garantem o princípio da não remoção das favelas, estipulando que os moradores só podem ser removidos por motivos vinculados ao risco de suas moradias. E, mesmo nesse caso, seria necessário respeitar certos procedimentos para efetivar a remoção, como a exigência de um laudo técnico proferido por órgão competente, a participação efetiva da população em todo o procedimento e a exigência de que o remanejamento seja realizado para os arredores da área em questão. A despeito das incongruências nas definições legais das favelas, o fato de a legislação urbanística em vigor no Rio de Janeiro proibir expressamente a política de erradicação das favelas faz com que a definição legal destas adquira, evidentemente, uma importância singular. Como o prova, aliás, o debate acerca do Projeto nº 9/2005 de emenda à Lei Orgânica da Cidade do Rio de Janeiro, visando modificar o conteúdo de seu art. 429. Esse projeto de emenda à Lei Orgânica não apenas buscou ampliar o leque de justificativas permitindo as remoções, mas principalmente propôs modificar

---

² Podemos citar figuras pioneiras da década de 1950, como os advogados Antoine de Magarinos Torres, próximo ao Partido Comunista e atuante em diversas favelas da Tijuca e no complexo da Maré, assim como o vereador pelo PTB, Geraldo Moreira, atuante sobretudo nas favelas da Barreira do Vasco e do Jacarezinho.

³ "Art. 234. No estabelecimento de diretrizes e normas relativas ao desenvolvimento urbano o Estado e os Municípios assegurarão: I. urbanização, regularização fundiária e titulação das áreas faveladas e de baixa renda, sem remoção dos moradores, salvo quando as condições físicas da área imponham risco à vida de seus habitantes" (Rio de Janeiro, 1989).

⁴ "Art. 429. A política de desenvolvimento urbano respeitará os seguintes preceitos: [...] VI. urbanização, regularização fundiária e titulação das áreas faveladas e de baixa renda, sem remoção dos moradores, salvo quando as condições físicas da área ocupada imponham risco de vida aos seus habitantes, hipótese em que serão seguidas as seguintes regras: a) laudo técnico do órgão responsável; b) participação da comunidade interessada e das entidades representativas na análise e definição das soluções; c) assentamento em localidades próximas dos locais da moradia ou do trabalho, se necessário o remanejamento" (Rio de Janeiro, 1990).

o próprio conceito de favela.⁵ Apesar das representações negativas das favelas, o que explica, em parte, a própria difusão indiscriminada por moradores e autoridades do uso da expressão comunidade para designá-las,⁶ classificar certas áreas como favelas assegura(va) a seus moradores certos benefícios. Assim, em contextos de conflito, os favelados souberam mobilizar os recursos jurídicos existentes.

Por fim, como dito, a construção social da favela, como objeto jurídico, trouxe repercussões simbólicas e concretas que influenciaram a vida de seus moradores. No entanto, a tentativa de uniformizar um conceito de favela ao conjunto das favelas não condiz com a complexa e heterogênea realidade desses espaços, tanto em seus aspectos sociais quanto jurídicos. Analisamos recentemente (Gonçalves, 2011) a existência do mercado de aluguel na história das favelas e demonstramos como essa prática era comum desde a origem das primeiras favelas no século XIX, ou seja, as práticas mercantis de aluguel e mesmo de venda do solo ou de barracos foram (e são) correntes nas favelas, o que justifica relativizar a alusão de que estas são necessariamente invasões de terrenos. Silva (2005) relata casos em que escrituras públicas foram registradas, reforçando, assim, nosso entendimento de que as representações, associando genericamente o conjunto das favelas à ilegalidade, não condizem absolutamente com a realidade.

A partir da década de 1980, com a consolidação das políticas de regularização e urbanização de favelas, foi preciso reconstruir o conceito jurídico desses espaços, de forma que permitisse sua integração à ordem jurídica. A nova ordem jurídica pós-1988 trouxe novas garantias e direitos aos favelados. No entanto, as novas definições de favelas, como a do Plano Diretor de 1992, continuaram marcando a precariedade desses espaços, salientando que estas seriam, *grosso modo*, a antítese da cidade. Segundo seu art. 147:

> Para fins de aplicação do Plano Diretor Decenal, favela é a área predominantemente habitacional, caracterizada por ocupação da terra por população de baixa renda, precariedade da infraestrutura urbana e de serviços públicos, vias estreitas e de alinhamento irregular, lotes de forma e tamanho irregular

---

⁵ O impacto político negativo desse projeto, atingindo quase um terço dos moradores da cidade, impediu sua aprovação pela Câmara Municipal.

⁶ Como analisa Patrícia Birman (2008), o uso generalizado do termo "comunidade" tem-se manifestado como um contradiscurso que procura ressaltar suas boas qualidades morais em contraponto às representações negativas associadas às favelas. No entanto, o sentido positivo do termo comunidade não é suficiente para suprimir as identificações negativas e generalizantes impostas historicamente às favelas e seus habitantes, nem reflete um possível aspecto homogêneo da realidade social das favelas.

e construções não licenciadas, em desconformidade com os padrões legais [Rio de Janeiro, 1992].

Houve tentativas, ao menos no que diz respeito aos aspectos fundiários, de alargar o conceito de favelas, como a definição de aglomerados subnormais pelo IBGE, a partir do censo de 1991. Esse instituto passou a utilizar tal expressão para designar "favelas e similares", definindo-as como um

> conjunto constituído por no mínimo 51 unidades habitacionais (barracos, casas etc.), ocupando — ou tendo ocupado — até período recente, terreno de propriedade alheia (pública ou particular); dispostas, em geral, de forma desordenada e densa; e carentes, em sua maioria, de serviços públicos e essenciais [IBGE, 2010].[7]

Observamos que, segundo tal conceito, a disposição das favelas não está necessariamente em desordem, assim como nem todas as favelas são carentes de serviços públicos essenciais. Outro aspecto que merece destaque é a menção à questão da ocupação ilegal do solo, já que, segundo tal conceito, o que caracteriza tais espaços é menos a irregularidade atual da ocupação do solo do que o fato de que esses espaços tenham surgido a partir de uma ocupação ilegal do solo. Embora continuando a atribuir um aspecto negativo às favelas — como o prova, antes de tudo, o próprio termo utilizado para indicar esses espaços (aglomerados subnormais) —, esse novo conceito abre pelo menos a perspectiva de considerar uma nova definição para as favelas, que ultrapasse, finalmente, a reflexão centrada estritamente na precariedade jurídica das mesmas.

No entanto, compreendemos que esse processo de reconstrução jurídica das favelas está ameaçado. Como veremos no decorrer deste capítulo, identificamos uma retomada, sobretudo a partir de 2009, de um novo discurso de criminalização das favelas e de seus moradores, sustentando indiretamente o retorno das remoções. A política do prefeito Eduardo Paes, centrada na noção de choque de ordem, as chuvas de abril de 2010 e, por fim, a retomada do dinamismo econômico da cidade, advinda, em grande parte, das recentes descobertas petrolíferas e da escolha da cidade como sede de grandes eventos internacionais, recoloca novamente em xeque a sorte das favelas. O atual Plano Diretor do Rio de Janeiro (Lei Complementar nº 111, de 1º de fevereiro de 2011), apesar de ter previsto todo o arcabouço jurídico existente para promover a regularização fundiária

---

[7] Disponível em: <http://censo2010.ibge.gov.br/materiais/guia-do-censo/glossario>. Acesso em: ago. 2011.

dessas áreas, focalizou sobretudo a contenção do crescimento dessas áreas. Seu art. 3º, VI, prevê, por exemplo, que uma das diretrizes da política urbana do município é a contenção do crescimento e expansão das favelas, através da fixação de limites físicos e estabelecimento de regras urbanísticas especiais. Da mesma forma, ele traz uma nova definição de favelas, caracterizando-as como ocupações clandestinas, impondo um juízo de valor que não leva em consideração a complexidade e heterogeneidade das situações sociais e fundiárias presentes no processo histórico de formação e consolidação das favelas:

> Art. 234. [...]
> §3º. Entende-se por favela a área predominantemente habitacional, caracterizada *por ocupação clandestina* e de baixa renda, precariedade da infraestrutura urbana e de serviços públicos, vias estreitas e alinhamento irregular, ausência de parcelamento formal e vínculos de propriedade e construções não licenciadas, em desacordo com os padrões legais vigentes [Rio de Janeiro, 2011a, grifos nossos].

Congelamento urbanístico da favela

O procedimento descrito acima, de tolerância precária das favelas, baseou-se na manutenção dos aspectos precários e provisórios desses espaços, o que denominamos, aqui, em termos práticos, "congelamento urbanístico da favela". Na verdade, tal procedimento é antigo e nos remete às medidas higienistas contra os cortiços da cidade oitocentista. A legislação urbanística referente aos cortiços proibia toda e qualquer melhoria dessas construções, desde meados do século XIX. O princípio de tal legislação defendia que a degradação paulatina dessas construções forçaria seu fechamento. As obras de melhoria só adiariam o inevitável: a eliminação de todos os cortiços da cidade. Esse processo de congelamento foi certamente permeado de transgressões por parte dos proprietários e/ou arrendatários de cortiços e de tolerâncias esporádicas pelas autoridades públicas, que, diante da ausência de políticas de produção de moradia popular, permitiram certas melhorias para minorar as péssimas condições de vida nesses locais. São bem conhecidas, por exemplo, as críticas do engenheiro Everardo Backheuser, membro da equipe do prefeito Pereira Passos, às autorizações de melhorias concedidas pelo jovem sanitarista Oswaldo Cruz para combater as péssimas condições higiênicas dos cortiços da cidade, no início do século XX (Backheuser, 1906).

A despeito das prescrições legais do Código de Obras de 1937, a única tentativa institucionalizada de remoção das favelas até a década de 1960 foram os parques proletários provisórios implementados pelo governo Dodsworth, no início da década de 1940. Ambicionando reassentar provisoriamente, em casas de madeira, os favelados para poder urbanizar suas favelas, esses parques acabaram se tornando definitivos. Nenhuma favela foi urbanizada e tais parques já eram considerados novas favelas pelo censo de 1950. Não era possível consolidar a presença de favelados em áreas nobres da cidade. Esses parques eram a síntese do que foi a política pública em relação às favelas do pós-guerra, até a reviravolta da política urbana do governador Carlos Lacerda, em 1962, que passou a priorizar as remoções de favelas.[8] À imagem dos parques provisórios, não se podia, nas favelas, construir em alvenaria. Estas deveriam manter seu aspecto provisório, como uma realidade temporária da cidade, ao ponto de a prefeitura exigir dos moradores de casas de alvenaria, segundo o relatório Sagmacs (1960:24), uma declaração isentando a municipalidade de toda e qualquer responsabilidade, em caso de demolição de suas casas.

Esta realidade não se manifestava somente nos aspectos externos das construções das favelas, mas também no *status* jurídico dessas áreas. Em primeiro lugar, houve um interessante debate, durante este período, sobre a cobrança de aluguel nas favelas (Gonçalves, 2011). Apesar de muitos juízes aceitarem essa relação jurídica, os poderes municipais, através de portarias e decretos, procuraram sistematicamente criminalizar tal atividade. Da mesma forma, se não existia uma política institucional de remoção das favelas até os anos 1960, muitos proprietários e grileiros de terras na cidade entraram com processos judiciais, requerendo a reintegração de posse dessas áreas. Ora, uma decisão favorável aos proprietários acarretaria um impacto social imenso, com a expulsão, em alguns casos, de milhares de habitantes. Uma espécie de "teatro processual" (Gonçalves, 2010:139) se configurou. O chefe de polícia do Distrito Federal nos anos 1954-1955, coronel Menezes Cortes, afirmou que, apesar de concordar que os mandados judiciais deveriam ser cumpridos, sua aplicação no Rio de Janeiro poderia produzir uma verdadeira convulsão social com consequências imprevisíveis (Cortes, 1959:23). Diante do aumento dos processos judiciais, foi promulgada a Lei Federal nº 2.875, de 19 de setembro de 1956, conhecida como

---

[8] Precisamos salientar a exceção à regra que foi o projeto de mutirões desenhado por José Arthur Rios, secretário de Serviço Social nos dois primeiros anos (1960-1962) do governo Lacerda. A pressão do mercado imobiliário pela remoção impediu que tal projeto se concretizasse e José Arthur Rios foi substituído por Sandra Cavalcanti, que tornou possíveis as remoções em grande escala.

Lei das Favelas, que além de proibir durante dois anos todo e qualquer despejo nas favelas, assegurou aos favelados o direito de ficarem em suas casas, condicionando a remoção de suas moradias à construção de casas populares. Tratava-se, como bem explicitou o jornal *Imprensa Popular*, do dia 4 de janeiro de 1956, de uma "medida legal que estabeleça uma trégua nos conflitos". Tais preceitos reproduziram no corpo da lei a política pública de tolerância precária das favelas, concedendo "ao favelado um direito de ocupação, a título precário" (Meuren, 1959:466).

Essa política de "contenção das favelas" foi, aliás, duramente criticada pelo relatório Sagmacs (1960:23):

> Ainda quando a proibição de melhoria é francamente burlada ou não existe, há um motivo psicológico que faz o favelado hesitar na transformação do barraco em moradia mais condigna. Existe sempre o receio de que o dono do terreno o expulse e ponha abaixo o trabalho de anos e o fruto de suas economias. Como a maioria das favelas se instala em terrenos de propriedade incerta ou litigiosa, esse receio tem muita razão de ser. Mesmo os que economizam, que têm seu pé de meia, hesitam em aplicar o dinheiro na construção de uma casa melhor. Fariam isso, entretanto, sem hesitação, se tivessem certeza de que as autoridades não se oporiam à construção. [...] o crescimento das favelas, a pressão demográfica sobre o terreno e a capacidade dos barracos são processos irreversíveis e, na atual política de "contenção" da favela, a medida só tende a diminuir os padrões já baixos de habitação, a intensificar a promiscuidade, o contágio, a imoralidade.[9]

A consolidação da política de urbanização de favelas, a partir da década de 1980, que sucedeu às remoções dos anos 1960 e 1970, não centrou suas preocupações no controle do crescimento horizontal e vertical das mesmas. No entanto, críticas começaram a ser veiculadas, sobretudo a partir do projeto municipal de urbanização Favela-Bairro, do perigo de que a urbanização estivesse estimulando o crescimento exponencial das favelas. Em um contexto de crise econômica, da ausência de políticas de habitação social e da inexistência

---

[9] As críticas do relatório Sagmacs (1960:39-40) foram lúcidas e pioneiras sobre o absurdo de tal política: "No maior número de casos, porém, a administração municipal está criminosamente dificultando a transformação da favela em bairro e o acesso do operário à condição de proprietário. [...] A política absurda da contenção chegou ao extremo ridículo de proibir a melhoria do barraco. Essa melhoria, ao contrário, tem de ser incentivada, instruída, orientada. A transmissão de propriedade nas favelas, após a urbanização, só poderá ser feita de acordo com os favelados".

de controle urbanístico mais rígido no interior das favelas, essas conheceram efetivamente um forte crescimento nas últimas décadas. O Favela-Bairro foi objeto de fortes críticas, sobretudo a partir de meados dos anos 2000, como se pode analisar na série de artigos do jornal *O Globo* intitulada "Ilegal. E daí?". A questão da remoção das favelas retorna definitivamente ao léxico político carioca, provocando discussões acaloradas nas arenas públicas da cidade. Além de reforçar a associação das favelas à ilegalidade e à marginalidade, o discurso em prol das remoções nos últimos anos se revestiu especialmente de um forte tom ambiental: as favelas não eram somente um risco social e político, mas doravante também ecológico.

Ora, a angústia da questão social, como analisa Topalov (1997:36), deu lugar nas últimas décadas, a outra, a da catástrofe ecológica. Os processos de relegação dos pobres foram reforçados, ao mesmo tempo que as camadas superiores poderiam preservar as localizações privilegiadas. Dentro do contexto da emergência e consolidação do discurso ambiental, a noção de risco é um fator central para compreender a sociedade atual, condicionando relações sociais e decisões políticas, sobretudo no planejamento e na gestão das cidades. A despeito da importância das medidas de mitigação e eliminação de possíveis riscos para a população, a generalização arbitrária da noção de risco acaba ocultando fatores objetivos de análise da questão, contribuindo na consolidação de representações sociais extremamente negativas a certas zonas da cidade e seus habitantes, como as favelas. Neste sentido é preciso conter, delimitar, controlar esses espaços e, se possível, eliminá-los. Como analisamos em um trabalho anterior (Gonçalves e França, 2010), a retórica ambiental foi empregada, por exemplo, para justificar o projeto de murar as favelas da cidade no final dos anos 2000. A proposta anunciada pelo projeto era proteger o Parque Nacional da Tijuca, mas seu objetivo principal era, na verdade, delimitar o crescimento das favelas e oferecer melhores condições para o combate ao narcotráfico, já que a mata que circunda certas favelas sempre foi usada pelos traficantes como rota de fuga das operações policiais.[10]

As chuvas de abril de 2010 reforçaram claramente o uso do discurso ambiental para justificar o retorno das remoções. Nos dias seguintes à catástrofe, o discurso pela remoção foi retomado com força, conforme demonstram os trechos abaixo do jornal *O Globo*:

---

[10] As críticas contra esse projeto ganharam repercussão internacional e limitaram a extensão de sua aplicação. O único muro construído foi na favela Santa Marta.

A tragédia de 2010 tem de ser o marco zero de uma política séria de remoções de áreas de risco e de pequenas favelas, ainda em condições de ser erradicadas. Não há mais por que manter o preconceito contra remoções, quando é possível fazê-las sem os erros do passado, e por se tratar de medida inadiável para a preservação de vidas [*O Globo*, 9 abr. 2010, p. 6].
Esta última enxurrada sobre a região metropolitana do Rio força uma reviravolta na lista de prioridades de qualquer administrador público de boa-fé, que não se deixe levar por ideias preconcebidas, inspiradas em razões político-partidárias e ideológicas. Se alguém, sem segundas intenções, se opunha às remoções, a esta altura já reviu a posição [*O Globo*, 10 abr. 2010, p. 6].

A prefeitura estipulou que quase duas centenas de favelas deveriam ser removidas parcial ou totalmente. Apesar de ter removido "apenas" algumas centenas de casas, algumas realmente em áreas de risco, a mobilização popular arrefeceu os ânimos da prefeitura. O discurso do risco ambiental estava legitimando um número de remoções muito superior aos riscos realmente existentes e que eram, em vários casos, totalmente sanáveis.[11] No entanto, se as águas de abril justificaram a retomada das remoções, a ambição dos poderes municipais de suprimir as favelas é bem anterior aos acontecimentos pontuais das chuvas de abril de 2010.[12] O novo Plano Estratégico da prefeitura, de 2009, já estipulava que era necessário "coibir novas ocupações ilegais e a expansão horizontal ou vertical das comunidades estabelecidas, a partir do uso efetivo de ecolimites e de um monitoramento aerofotográfico constante" (Rio de Janeiro 2009:31). Este plano prevê reduzir em pelo menos 3,5% as áreas ocupadas por favelas na cidade até 2012, tendo como referência o ano de 2008 (Rio de Janeiro, 2009:46). Por sua vez, segundo o jornal *O Globo*, de 14 de setembro de 2009, a meta do Plano Plurianual do governo Eduardo Paes era ainda mais ambiciosa e preten-

---

[11] O discurso ambiental em torno do risco foi abundantemente empregado, conforme demonstra a reportagem abaixo do jornal *O Globo* de 19 de abril de 2010 (seção "Opinião", p. 6): "As águas de abril, infelizmente ao custo de vidas, deixaram evidente — por inúmeras vezes denunciado em alertas da imprensa e de especialistas em urbanismo — o tamanho do perigo da ocupação desordenada de morros e outras áreas de risco. [...] É incontestável que a remoção de favelas, inchadas ante a complacência do poder público, não pode mais ser termo proibido a governantes. A tragédia deste mês não deixa espaço para novas contemporizações. Há comunidades inteiras vivendo sob risco, à parte os agravos ao meio ambiente decorrentes da degradação de áreas preserváveis. [...] O combate ao problema pressupõe ações de desfavelização de áreas já ocupadas".
[12] O jornal *O Globo*, na edição de 8 de janeiro de 2010, anunciou que a prefeitura pretendia remover 119 favelas. A mesma reportagem (Bastos e Schmidt, 2010) afirma que: "Desmistifica-se, afinal, o termo 'remoção', para o bem de todos os cariocas. Espera-se, no entanto, que a promessa seja para valer e não caia no esquecimento quando o carnaval chegar. Vidas estão em jogo".

dia, até 2013, reduzir em 5% a área ocupada por 968 favelas do Rio. Segundo a mesma reportagem, tal redução seria aplicada a partir de três medidas: (i) a construção de 50 mil casas populares, que serão oferecidas aos moradores de baixa renda; (ii) a transferência das famílias que hoje moram em áreas de risco; e, por fim,(iii) a urbanização das favelas.

Nesse contexto, é preciso salientar que o atual projeto municipal de urbanização de favelas, o Morar Carioca, pretende investir vultosos recursos na urbanização total ou parcial de 253 favelas ou aglomerados de favelas. Foi realizado, para esse fim, um grande concurso público, em parceria entre a Secretaria Municipal de Habitação (SMH) e o Instituto de Arquitetos do Brasil (IAB), para a escolha dos 40 escritórios de arquitetura, que se responsabilizarão pelas distintas áreas de intervenção. O regulamento do concurso exige que as distintas equipes prevejam mecanismos para conter o aumento horizontal das favelas e disciplinar seu crescimento vertical (Rio de Janeiro, 2011b:2). Da mesma forma, quando for necessário remover moradores por causa das obras, é preciso prever de antemão o local onde estes serão reassentados. A primeira fase do projeto, de responsabilidade somente da SMH e que não foi objeto desse concurso, já está sendo implementada. Enfim, ao menos nessa primeira fase, o projeto Morar Carioca se distingue do Favela-Bairro no que diz respeito aos reassentamentos, já que este último previa que as recolocações tinham de ser evitadas e, quando necessárias, não deveriam ultrapassar 5% das moradias. Em certos casos, como o atual projeto Morar Carioca na favela da Providência, anuncia-se a remoção de um terço a quase metade da favela para a construção, entre outros equipamentos, de um plano inclinado e de um teleférico.[13] Os moradores acusam a falta de diálogo da prefeitura, sublinhando que tais intervenções objetivam integrar a favela ao enorme projeto de renovação da zona portuária sem dar ênfase aos reais interesses da população local.[14]

A despeito dos importantes investimentos que serão realizados nas favelas, o governo Eduardo Paes se pauta pelo retorno do princípio do congelamento urbanístico das favelas. A urbanização e a regularização fundiária, instituídas pela prefeitura, almejam, em primeiro lugar, um controle efetivo do crescimento das favelas, sem prever um crescimento administrável dessas áreas, que respeite, ao menos em parte, a lógica própria da ocupação do solo aí existente. Tal procedimento se observa no conteúdo do Decreto Municipal nº 33.648, de 11 de abril

---

[13] E preciso salientar que essa favela já foi objeto do projeto de urbanização Favela-Bairro, sem que tenha sido necessário reassentar tantos moradores.
[14] Segundo o jornal *O Povo*, do dia 21 de janeiro de 2012, aproximadamente 800 famílias seriam removidas para a construção do teleférico.

de 2011, que revogou todos os decretos anteriores reguladores de construção de edificações em favelas declaradas como áreas de especial interesse social. Em princípio, tais decretos devem se coadunar com a realidade própria de cada favela, a partir de um processo de elaboração que conte com a participação efetiva da população. O conteúdo do supracitado decreto proíbe, de forma anacrônica e que nos remete aos primórdios da legislação urbanística referente às favelas, toda e qualquer nova construção ou reforma daquelas edificações já existentes. O conteúdo desse decreto é significativo das mudanças políticas atualmente em vigor:[15]

> Art. 1º. Fica vedado iniciar a construção de novas edificações em favelas declaradas por Lei como Áreas Especiais de Interesse Social — AEIS.
> Parágrafo único. Excetuam-se as construções de iniciativa e responsabilidade do Poder Público destinadas ao reassentamento de população situada em áreas de risco, de preservação ambiental e em áreas objeto de projeto de urbanização de comunidade, que poderão ser licenciadas observando os decretos específicos.
> Art. 2º. Serão permitidas apenas reformas nas edificações existentes, comprovadamente para melhoria das condições de higiene, segurança e habitabilidade, desde que:
> I. Seja comprovada sua existência na data da publicação da Lei que declarou a respectiva área como de especial interesse social;
> II. *Não promova acréscimo de gabarito ou expansão horizontal e vertical*;
> III. *Não se constituam em novas unidades habitacionais*;
> IV. Não se situem em Zona de Risco ou de preservação [Rio de Janeiro, 2011c, grifos nossos].
> [...]

O mesmo decreto faz também alusão às favelas declaradas como áreas de especial interesse social, que ainda não possuem legislação específica, afirmando que as construções nessas áreas também são passíveis de regularização, desde que atendam aos seguintes parâmetros urbanísticos, que acabam reforçando a ideia aventada aqui do congelamento urbanístico:

> Art. 3º [...]
> I. *gabarito máximo de 02 (dois) pavimentos de qualquer natureza*;

---

[15] A aplicação desse decreto ao conjunto das favelas da cidade é improvável, mas ele já está sendo aplicado nas favelas mais centrais e ocupadas pela polícia, como é o caso da favela da Rocinha, onde a prefeitura empreende um choque de ordem desde a ocupação policial.

II. não estejam situadas em áreas de risco, de preservação ambiental, em espaço público e non-aedificandi;
III. apresentam condições suficientes de higiene, segurança e habitabilidade;
IV. contenham, no mínimo, um compartimento habitável, um banheiro com instalação sanitária e uma cozinha, podendo esta ser conjugada com o compartimento habitável;
V. respeitem o alinhamento definido, caso exista; e
VI. *comprovem sua existência na data da publicação da Lei de declaração de AEIS para a favela que se situe.*
Parágrafo único. Este artigo só se aplica nas favelas declaradas como Áreas de Especial Interesse Social e que tenham sofrido obras de urbanização pelo Poder Público [Rio de Janeiro, 2011c, grifos nossos].

Urbanizar as favelas ou desfavelizar o urbano?

Desde o final de 2008, algumas favelas estão sofrendo um processo radical de transformação interna com a instalação das unidades de polícia pacificadora. A polícia resolveu ocupar, no final de 2008, a favela Dona Marta, após conflitos entre os traficantes e a polícia. Apesar da retomada de crescimento econômico do estado, o governo não conseguia dar uma resposta definitiva à sensação de violência na sua capital, sendo esse setor o tendão de aquiles da administração estadual. Essa ocupação se manifestou como uma possibilidade única de rever a política de segurança pública na cidade. Apenas algumas semanas depois dessa ocupação, o jornal *O Globo*, de 21 de dezembro de 2008, já anunciava que a ocupação tinha provocado uma variação (para mais) de 25% a 30% dos valores dos bens imóveis no bairro de Botafogo. Apesar dos custos, a pacificação das favelas, ao menos daquelas mais centrais, se revelava fundamental para as pretensões da cidade em sediar grandes eventos.

A pacificação se tornou, assim, o norte da Secretaria Estadual de Segurança Pública, tendo instalado até o mês de novembro de 2014, 38 unidades de polícia pacificadora (UPPs).[16] A previsão era a instalação de 40 UPPs até a Copa do Mundo de 2014. A escolha das favelas pacificadas se dirige abertamente para áreas estratégicas relacionadas aos eventos esportivos que a cidade iria sediar nos anos seguintes. Tratava-se, assim, de proteger, em primeiro lugar, áreas turísticas e os bairros onde estariam os equipamentos esportivos e por onde pas-

---
[16] Ver <http://upprj.com>. Acesso em: nov. 2014.

sariam atletas e turistas. É o caso, por exemplo, da área da Grande Tijuca, que se beneficiou do maior número de UPPs, por causa, certamente, da proximidade com o estádio do Maracanã.

Além das críticas quanto às arbitrariedades cometidas pela polícia e aos vários casos de corrupção, o projeto, por instante, não conseguiu reduzir substancialmente a presença de grupos fortemente armados em todas as favelas "pacificadas". Um dos perigos é que a presença do poder público esteja associada somente à polícia, e, o pior, que esta exerça um rígido controle social interno, transformando-se na nova "dona" do morro. Não cabe aqui analisar os inúmeros meandros dessa política; vamo-nos deter somente nos seus impactos econômicos como desencadeadores de um processo de formalização das favelas. Como demonstra o jornal *O Globo*, de 13 de setembro de 2009, o entorno das áreas pacificadas passou a atrair novamente indústrias e casas comerciais. Teixeira (2011) relata que a multinacional Procter & Gamble instalou uma unidade fabril na Cidade de Deus. Ela foi, inclusive, estimulada a se instalar ali com a redução de impostos municipais (IPTU e ISS). Segundo o mesmo autor, a Philips já sondou a Secretaria Estadual de Segurança Pública para verificar se existe a possibilidade de instalar uma UPP na favela do Dendê, na Ilha do Governador.

Os impactos econômicos foram tão expressivos que, segundo o jornal *O Globo*, de 25 de agosto de 2010, foi criado um fundo privado para auxiliar o processo de instalação das UPPs. Segundo o artigo (Cândida, 2010), esse fundo já conta com cerca de R$ 24 milhões. Somente o Grupo EBX, do empresário Eike Batista, comprometeu-se a doar R$ 20 milhões por ano até 2014. A revista *Veja*, por sua vez, afirmou, na sua edição de 31 de março de 2010, em matéria intitulada "Na guerra contra o crime", a possibilidade de aumento de até 20% do PIB da cidade com a expansão das UPPs. No entanto, no interior das favelas, as UPPs não trouxeram somente benefícios econômicos. A diminuição das atividades relacionadas ao narcotráfico trouxe inexoravelmente impactos às economias locais, mas também permitiu a emergência de novas atividades econômicas, como o turismo, por exemplo. Da mesma forma, o maior dinamismo econômico dos bairros adjacentes pode trazer, em médio prazo, maiores possibilidades de emprego para os moradores das favelas atendidas pelo projeto.

Observa-se, ainda, um *boom* do mercado imobiliário, provavelmente um dos setores que mais se beneficiou com a instalação das UPPs. É bem verdade que a atual valorização imobiliária da cidade não é decorrente somente das UPPs. A expectativa de sediar os grandes eventos, a maior facilidade de acesso ao crédito, os novos programas públicos de subvenção da habitação popular, assim como as inúmeras intervenções urbanísticas na cidade já estavam provocando uma valorização importante do solo. As UPPs aceleraram tal processo, reforçando a enorme especulação imobiliária no Rio de Janeiro. Esse processo se observa também, logicamente, no interior das favelas. O jornal *O Globo*, de 30 de maio de 2010, observou que imóveis em favelas com UPPs tinham subido mais de 400%. O crescimento do mercado imobiliário informal tornou ainda mais visível a estratificação social no interior das favelas, provocando não apenas o aumento do número de inquilinos, mas também uma mudança gradual do *status* social dos favelados: estes não podem mais ser considerados, simploriamente, ocupantes de terrenos, já que, mais do que nunca, a maioria dos moradores adquiriu ou alugou suas moradias. Embora a precariedade dos serviços públicos e a violência ainda imposta por traficantes e milicianos na maioria das favelas reforcem a hierarquia espacial entre as favelas e os demais bairros da cidade, a dinâmica do mercado imobiliário, o desenvolvimento do comércio local e a paulatina instalação de serviços no interior das favelas, nesses últimos anos, mostram, mais do que nunca, a plena integração desses espaços à dinâmica urbana.

Conforme relata Teixeira (2011), o próprio portal eletrônico do programa de pacificação de favelas declara que após a polícia vem a "invasão dos serviços". Serviços geralmente pagos, como a eletricidade, a água e a televisão a cabo. A melhoria da renda da população favelada já tinha indicado a certos grupos criminosos, como as milícias, que a exploração dos serviços no interior das favelas era uma mina de ouro, tão rentável quanto o comércio de drogas. A pacificação permite a entrada das empresas privadas, concessionárias dos serviços públicos. Esse processo, de um lado, reforça a esperança da perenidade do projeto de pacificação, com a participação de vários setores da sociedade, sobretudo daqueles com forte poder político para influenciar decisões governamentais. No entanto, a formalização desses serviços não significa a efetiva "pacificação" desses espaços e traz, evidentemente, um custo que terá de ser absorvido pelos lares favelados. Ora, esse custo trará certamente consequências sobre o cotidiano da população e, no médio e no longo prazos, sobre a própria configuração social desses espaços. É preciso salientar que, apesar dos custos da informalidade, foi graças a ela que muitos moradores mais pobres conseguiram assegurar seu direito à cidade, instalando-se nas favelas. Defendemos, assim, que a informalidade exerce uma importante função social, que deve ser levada em conta no atual processo de pacificação e formalização das favelas.

O combate à violência armada aumentou a atração, para as favelas, de capitais externos a elas. Tal processo será certamente reforçado com a perspectiva de implantação de projetos de regularização fundiária. A pacificação, aliada à perspectiva de implantação de tais projetos, pode mesmo atrair para as favelas, ao menos naquelas mais centrais, grandes incorporadores imobiliários, que teriam maior segurança jurídica para investir no mercado imobiliário em seu interior, o que certamente reforçaria a expulsão de grupos mais pobres desses espaços. Nesse contexto, os poderes públicos não podem deixar de levar em consideração, quando da implementação dos projetos de regularização fundiária, as repercussões sociais e econômicas acarretadas pelo aspecto informal das favelas. Não se trata aqui apenas de regularizar o solo, mas de promover a integração social de seus moradores. A regularização fundiária pode certamente consolidar o acesso dos favelados a determinados direitos sociopolíticos, desde que esse processo estabeleça mecanismos formais e que estimule a permanência dos favelados em seus locais de moradia. A valorização excessiva, decorrente das intervenções urbanísticas e da regularização fundiária, pode acarretar a modificação completa da estrutura social de certas favelas cariocas.

Tal processo, segundo Teixeira (2011), pode provocar uma ruptura do pacto socioespacial que vigorava tacitamente na cidade, já que, como vimos, a informalidade fundiária não é fruto da incapacidade do Estado de gerir o problema das favelas, mas é um elemento estruturante do desenvolvimento econômico da cidade, permitindo manter em níveis extremamente baixos os custos da reprodução da mão de obra, assim como legitimando os parcos investimentos públicos nessas áreas. Tal procedimento permitiu manter em níveis toleráveis as tensões sociais, garantindo a moradia a uma grande parte da população que jamais poderia adquirir sua moradia pelo viés do mercado formal.

Como dito, a construção da favela, enquanto categoria jurídica específica, constituiu-se progressivamente em uma variável jurídica em si, que, ao mesmo tempo que se enxertava no feixe de questões jurídicas relativas às favelas, trouxe-lhe uma uniformização simplificadora da representação jurídica, e isso malgrado as particularidades inerentes à multiplicidade dos *status* jurídicos fundiários existentes entre as diversas favelas e até mesmo no interior de uma mesma favela. A informalidade do acesso à moradia nas favelas provocou uma fortíssima estigmatização espacial de seus habitantes, marcados pelo fato de habitar um espaço definido por uma pretensa ausência de referências da/na cidade. Entretanto trata-se, paradoxalmente, desse mesmo processo de exclusão ou de marginalização que permitiu a uma parte das camadas populares ter acesso às vantagens indissociáveis das regiões centrais, o que nunca teria sido possível através do mercado imobiliário formal.

Não se pode deixar de constatar, finalmente, que as favelas suscitaram o surgimento de uma urbanidade bastante interessante, que não pode limitar-se às representações das favelas como espaços marginais e violentos. O dinamismo e a diversidade de usos, conforme defende Jane Jacobs (2000), é o fator essencial da regeneração das grandes cidades, enquanto políticas de renovação urbana, marcadas por um planejamento tecnocrático, destroem o quadro das trocas sociais tradicionais. A integração das favelas não deve se confundir com a homogeneização socioespacial da cidade. As favelas são perfeitamente capazes de se transformar em bairros plenamente integrados ao resto da cidade, embora guardem certos elementos da organização do espaço que lhes são característicos.

Nesse sentido, é preciso desconstruir a polarização favelas *versus* bairros e ousar afirmar que as áreas faveladas podem ser bairros, sem necessariamente negar sua história e memória de favela. A recente decisão do Instituto Pereira Passos, anunciada pela mídia no mês de maio de 2011, de reclassificar algumas favelas como "comunidades urbanizadas" parece se encaixar nessa reflexão. Segundo reportagens do jornal *O Globo*,[17] 44 favelas entrariam nessa nova conceituação. O fato de adquirir certas características urbanísticas e sociais permitiria reclassificá-las, retirando o peso do estigma "favela" dessas áreas. A despeito de esse instituto não ter empregado o termo "ex-favela", foi este que se propagou nas manchetes das reportagens de jornais. Ora, conforme afirma Maurice Halbwachs (2006:170), não há memória coletiva que não aconteça em um contexto espacial. O espaço é uma realidade que dura; não é possível retomar o passado, se ele não estiver conservado no ambiente material que nos circunda. No caso das favelas, a memória desses lugares persiste, apesar das elucubrações classificatórias das autoridades públicas. Se as favelas, como foi abordado neste trabalho, garantiu a seus moradores, mesmo que precariamente, o direito à cidade, negar a memória desses lugares, reconfigurando-os completamente, não pode ter resultado inverso?

Referências

AGAMBEN, Giorgio. *Estado de exceção.* São Paulo: Boitempo, 2004.
A PALAVRA proibida: tabu ideológico e semântico cerca debate sobre a remoção de favelas. *O Globo*, Rio de Janeiro, 12 abr. 2009.
BACKHEUSER, Everardo. *Habitações populares.* Rio de Janeiro: Imprensa Nacional, 1906.
BASTOS, Isabela; SCHMIDT, Selma. Prefeitura removerá 119 favelas até o fim de 2012. *O Globo*, Rio de Janeiro, 7 jan. 2010. Disponível em: <http://oglobo.globo.com/rio/prefeitura-removera-119-favelas-ate-fim-de-2012-3072053>. Acesso em: ago. 2014.

---

[17] Ver jornal *O Globo*, 29 e 31 maio 2011.

BIRMAN, Patricia. Favela é comunidade? In: SILVA, Luiz Antonio Machado da (Org.). *Vida sob cerco*: violência e rotina nas favelas do Rio de Janeiro. Rio de Janeiro: Nova Fronteira, 2008. p. 99-114.

BOURDIEU, Pierre. La Force du droit: éléments pour une sociologie du champ juridique. *Actes de la Recherche en Sciences Sociales*, n. 64, p. 13, 1986.

CÂNDIDA, Simone. Governo do Rio anuncia fundo para a realização de obras nas UPPs. *O Globo*, Rio de Janeiro, 25 ago. 2010. Disponível em: <www.conversaafiada.com.br/brasil/2010/08/24/eike-bradesco-e-coca-cola-financiam-upps-no-rio/>. Acesso em: ago. 2014.

CONN, Stephen. The Squatters' Rights of Favelados. *Ciências Econômicas e Sociais*, n. 2, p. 50-142, 1968.

CORTES, Geraldo. *Favelas*. Rio de Janeiro: Imprensa Nacional, 1959.

EDITORIAL. *O Globo*, Rio de Janeiro, 13 out. 2011.

FISCHER, Brodwyn M. *A Poverty of Rights*: Citizenship and Inequality in Twentieth-Century Rio de Janeiro. Stanford: Stanford University Press, 2008.

GEERTZ, Clifford. *Savoir local, savoir global*: Les Lieux du savoir. Paris: PUF, 1988.

GONÇALVES, Rafael Soares. *Les Favelas de Rio de Janeiro*: histoire et droit — XIX-XX siècles. Rio de Janeiro: Harmattan, 2010.

_____. Le Marché de la location informelle dans les favelas de Rio de Janeiro et as régularisation dans une perspective historique. *Revue Tiers Monde*, n. 206, p. 21-36, 2011.

_____. *Favelas do Rio de Janeiro*: história e direito. Rio de Janeiro: Pallas/PUC-Rio, 2013.

_____; FRANÇA, Bruno. Entre o muro e a remoção: meio ambiente e favelas no Rio de Janeiro. In: GOMES, M. F. C. M.; BARBOSA, M. J. S. (Org.). *Cidade e sustentabilidade*: mecanismos de controle e resistência. Rio de Janeiro: Terra Vermelha, 2010.

HALBWACHS, Maurice. *A memória coletiva*. São Paulo: Centauro, 2006.

INSTITUTO BRASILEIRO DE GEOGRAFIA E ESTATÍSTICA (IBGE). Glossário. In: _____. *Guia do Censo 2010*. Rio de Janeiro: IBGE, 2010. Disponível em: <http://censo2010.ibge.gov.br/materiais/guia-do-censo/glossario>. Acesso em: ago. 2011.

JACOBS, Jane. *Morte e vida das grandes cidades*. Rio de Janeiro: Martins Fontes, 2000.

LEFEBVRE, Henri. *La Revolution urbaine*. Paris: Gallimard, 1970.

LIMA, Nísia V. Trindade. *O movimento de favelados do Rio de Janeiro*: políticas do Estado e lutas sociais (1954-1973). Dissertação (mestrado em ciências políticas) — Instituto Universitário de Pesquisas do Rio de Janeiro, Rio de Janeiro, 1989.

MEUREN, Waldir. Breves considerações sobre a lei das favelas. *Revista Forense*, n. 56, p. 462-467, 1959.

PREFEITURA DO DISTRITO FEDERAL. *Código de Obras de 1937*. Rio de Janeiro: Prefeitura do Distrito Federal, 1937.

PROGRESSO não ouviu a voz de quem mora no Morro. *O Povo*, Rio de Janeiro, 21 jan. 2012. Disponível em: <http://forumcomunitariodoporto.files.wordpress.com/2012/01/materia-opovo.jpg>. Acesso em: ago. 2014.

RIO DE JANEIRO (estado). *Constituição do Estado do Rio de Janeiro*. Rio de Janeiro: Alerj, 1989. Disponível em: <www.alerj.rj.gov.br/processo6.htm>. Acesso em: jul. 2014.

RIO DE JANEIRO (município). Lei Orgânica do Município. *Diário da Câmara Municipal do Rio de Janeiro*, Rio de Janeiro, ano 1, n. 104, 5 abr. 1990. Edição especial. Parte 2. Disponível em: <www.rio.rj.gov.br/dlstatic/10112/1659124/DLFE-222901.pdf/LeiOrganica.pdf>. Acesso em: jul. 2014.

_____. Lei Complementar nº 16, de 4 de junho de 1992: dispõe sobre a política urbana do município, institui o plano diretor decenal da cidade do Rio de Janeiro, e dá outras providências. *Diário Oficial*, Rio de Janeiro, 9 jun. 1992.

_____. *Plano Estratégico da Prefeitura do Rio de Janeiro 2009-2012*: pós 2016: o Rio mais integrado e competitivo. Rio de Janeiro: Prefeitura do Rio de Janeiro, 2009. Disponível em: <www.rio.rj.gov.br/dlstatic/10112/2116763/243779/planejamento_estrategico_site.pdf>. Acesso em: jul. 2014.

_____. Lei Complementar nº 111, de 1 de fevereiro de 2011: dispõe sobre a política urbana e ambiental do município, institui o Plano Diretor de Desenvolvimento Urbano Sustentável do Município do Rio de Janeiro e dá outras providências. *Diário Oficial*, Rio de Janeiro, 3 fev. 2011a.

_____. Regulamento do concurso Morar Carioca. In: _____. *Plano Municipal de Integração de Assentamentos Precários Informais — Morar Carioca*. Rio de Janeiro: Prefeitura do Rio de Janeiro/IAB, 2011b.

_____. Decreto Municipal nº 33.648, de 11 de abril de 2011: regula a construção de edificação em favelas. *Diário Oficial*, Rio de Janeiro, 12 abr. 2011c.

SANTOS, Boaventura de Souza. Notas sobre a história jurídico-social de Pásargada. In: SOUTO, Cláudio; FALCÃO, Joaquim (Org.). *Sociologia e direito*: leituras básicas de sociologia jurídica. São Paulo: Pioneira, 1980.

SILVA, Maria Lais P. da. *Favelas cariocas*: 1930-1945. Rio de Janeiro: Contraponto, 2005.

SOCIEDADE DE ANÁLISES GRÁFICAS E MECANOGRÁFICAS APLICADAS AOS COMPLEXOS SOCIAIS (SAGMACS). Aspectos humanos da *favela* carioca. *O Estado de S. Paulo*, São Paulo, 15 abr. 1960. (Encarte 2).

STRAUSS, A. *Espelhos e máscaras*: a busca de identidade. São Paulo: Edusp. 1999.

TEIXEIRA, Eduardo Tomazine. La Pacification des favelas de Rio de Janeiro: une "contre-insurrection préventive"? *Alterinfos*, 9 maio 2011. Disponível em: <www.alterinfos.org/spip.php?article4919>. Acesso em: jul. 2014.

TOPALOV, C. Do planejamento à ecologia: nascimento de um novo paradigma da ação sobre a cidade e o habitat? *Cadernos IPPUR*, n. 1-2, 1997.

UNIDOS defenderão seus barracos os moradores da favela do Arará. *Imprensa Popular*, Rio de Janeiro, 4 jan. 1956.

CAPÍTULO 7

Ocupações:
territórios em disputa, gêneros
e a construção de espaços comuns

PATRICIA BIRMAN

FOI EM 2004 que a Frente de Luta Popular (FLP) começou um movimento de ocupação de alguns imóveis abandonados no antigo Centro do Rio de Janeiro. Este texto pretende contar um pouco das suas histórias, situadas em uma zona de comércio e moradias populares: a zona portuária, o bairro da Gamboa, a Central do Brasil e também o morro da Providência. Foram quatro as ocupações organizadas e/ou apoiadas nessa área pela FLP e por outros grupos políticos. Seus nomes, todos referidos à cultura negra, indicam como os militantes buscaram aliar traços frequentemente acionados pelos movimentos negros, de grande ressonância na região, com as motivações políticas das lutas por moradia. Foi um momento importante em que a FLP conseguiu mobilizar moradores de rua e trabalhadores informais, como um *movimento social*[1] para a ocupação de imóveis abandonados.[2] Buscaram também promover as formas de participação direta dos moradores na gestão autônoma e coletiva dos imóveis ocupados.

Este texto discorre sobre alguns caminhos, obstáculos e situações vividas pelos moradores, principalmente em uma dessas ocupações, a chamada João Cândido, em um momento decisivo, quando seus moradores resolveram aban-

---

[1] Não tenho a competência necessária nem é minha intenção rever aqui a literatura disponível sobre os movimentos sociais.
[2] Este texto deve muito ao trabalho de tese de Adriana Fernandes, cujas análises orientam muitas das sugestões apresentadas aqui. Adriana Fernandes e Camila Pierobon integram o grupo de pesquisa que deu origem a este trabalho. As ocupações de imóveis em centros urbanos têm sido objeto de discussão no grupo de trabalho do qual participam Carly Machado, Edson Miagusko, Sandra Sá Carneiro e Lia Rocha, além de vários estudantes, todos sempre argutos e generosos em seus comentários. O livro de Edson Miagusko (2012) sobre ocupações em São Paulo e os comentários de Carly Machado e Márcia Leite foram também importantes para organizar analiticamente a minha experiência com o tema *ocupações*. Sou particularmente grata à Vera Telles pelos seus comentários e também pela sua generosa e amistosa acolhida. A leitura dos seus textos, incluindo o que se encontra publicado neste volume, foi fundamental para a estruturação do meu argumento: abriu um caminho precioso para pensar as micropolíticas, associando-as mais claramente à produção e gestão de ilegalismos.

donar o imóvel. Meu intuito é destacar a conjunção de fatores que levou a um impasse, resolvido com o abandono do imóvel, após cinco anos de ocupação. O processo foi interrompido quando a prefeitura conseguiu, através de uma negociação complicada, que envolveu ofertas de dinheiro, de moradia e de aluguel social acompanhadas de formas diversas de coação, obter uma maioria favorável ao abandono do prédio. Meu objetivo é entender como se armou o jogo, quais foram suas linhas de força e seus principais componentes, de modo a, de um lado, favorecer os interesses imobiliários que nasciam com o projeto Porto Maravilha[3] nessa região e, de outro, embaralhar os muitos fios que sustentavam a causa dos "direitos" tal como o ato de *ocupar* possibilitou ao mesmo tempo como prática e como horizonte de vida.

Um dos aspectos mais importantes desta ocupação é o fato de ela ter se constituído como um espaço em que se processaram arranjos específicos da gestão dos ilegalismos na cidade. As articulações entre ilegalismos diversos que atravessam as condições de vida das classes populares não podem ser compreendidas se as separarmos do papel do Estado em sua produção e em sua gestão. Trata-se de um aspecto fundamental do governo dos pobres. O Estado esteve presente de muitas maneiras: como aquele que possui um diferencial no poder de governar, coagindo e incitando os ocupantes a abandonarem o imóvel; como força de polícia, que sustenta um regime de produção da delinquência (Foucault, 2009:262)[4] para dar lugar à reforma urbana em curso no antigo Centro

---

[3] Projeto intervenção urbana em desenvolvimento no centro do Rio antigo, particularmente associado a interesses especulativos e imobiliários e direcionado à ocupação de uma área ampla (que recobre em parte os bairros da Gamboa, Saúde, morro da Providência, e região do porto) até agora de forte presença popular na cidade. Essa reforma urbana realiza-se em consonância com a política de remoções parciais da população de favelas, atualmente em curso (Bentes, 2012).

[4] A *delinquência*, segundo Foucault, em uma formulação valorizada no artigo seminal de Vera Telles (2009) *é um efeito da penalidade da detenção*. "[...] é uma ilegalidade que o 'sistema carcerário', com todas as suas ramificações, investiu, recortou, penetrou, organizou, fechou num meio definido e ao qual deu um papel instrumental, em relação a outras ilegalidades. Em resumo, se a oposição jurídica ocorre entre a legalidade e a prática ilegal, a oposição estratégica ocorre entre as ilegalidades e a delinquência" (Foucault, 2009:262). "Os tráficos de armas, os de álcool nos países de lei seca, ou mais recentemente os de droga, mostrariam da mesma maneira esse funcionamento da 'delinquência útil'; a existência de uma proibição legal cria em torno dela um campo de práticas ilegais, sobre o qual se chega a exercer um controle e a tirar um lucro ilícito por meio de elementos ilegais, mas tornados manejáveis por sua organização em delinquência. Esta é um instrumento para gerir e explorar as ilegalidades" (Foucault, 2009:265). "Pode-se dizer que a delinquência, solidificada por um sistema penal centrado sobre a prisão, representa um desvio de ilegalidade para os circuitos de lucro e de poder ilícitos da classe dominante" (Foucault, 2009:265). Creio que esse ponto de vista é de grande utilidade porque permite, ao mesmo tempo, separar e pôr em relação a delinquência como organização relacionada ao sistema carcerário — tal com aquela também analisada por Biondi (2010) —, por exemplo, à pequena delinquência que

do Rio; como parte ativa na configuração dos ilegalismos urbanos, no dizer de Vera Telles (2009), em que opera no interior das múltiplas tramas que articulam o legal, o ilegal e o ilícito, presentes nas formas da vida precária dos ocupantes.

As ocupações podem ser aproximadas de tentativas de arregimentar "a dimensão política das ilegalidades populares", nas palavras de Foucault.[5] A *invasão*, experiência partilhada entre as camadas populares no meio urbano — cujo caráter ilícito faz parte do seu cotidiano —, serviu para atribuir densidade a um gesto que alterou seu sentido social e político. Em vez de circular em *invasões*, como moradias também precárias, buscou-se construir *ocupações*. Com efeito, nessa região de uma história densa de cortiços, moradias e sociabilidades populares (Chalhoub, 1996; Svecenko, 1984; Souty, capítulo 11 deste volume) emergiram *ocupações políticas* que cotejam as *invasões*, os comércios ambulantes, as populações de rua que até agora permanecem nesse espaço do "antigo centro" do Rio. Hoje, como no final do século XIX, as práticas populares foram instituídas como ilegais, de modo a dar lugar às reformas urbanas. Prosseguindo o caminho aberto por Pereira Passos, surge o urbanismo renovado do Porto Maravilha.

Assinalemos que a população dessas *invasões*, que habita em casarões semidestruídos, alguns transformados em cortiços, hotéis baratos, prostíbulos misturados com moradias, e que circula entre pontos de comércio atacadista e ambulante, não difere substancialmente daquela das *ocupações*. Temos, assim, um movimento que se introduziu em um campo de micropolíticas no interior do qual se conjugam elementos ilícitos e ilegais amplamente estabelecidos na configuração social e espacial da região. Assim, se as invasões e as ocupações são, enquanto modos de habitar a cidade, partes dos ilegalismos populares, estas, por sua vez, integram os circuitos que envolvem práticas legais, ilegais e ilícitas, como analisa Vera Telles (2009:100), em que "fluxos de dinheiro, de mercadorias, de bens e produtos legais, ilegais ou ilícitos se superpõem e se entrelaçam nas práticas sociais e nos circuitos da sociabilidade popular".

A análise da "desocupação" é também a história de como, nos termos de Telles (2009), *a gestão diferencial dos ilegalismos* aconteceu, tendo o imóvel ocupado como foco. Com efeito, houve um combate sem tréguas por parte dos agen-

---

atravessa os ilegalismos populares, como destacaram Vera Telles (2009), Gabriel Feltran (2008, 2010) e Daniel Hirata (2010), em suas articulações também verticalizadas.
[5] "Em todo caso, no horizonte dessas práticas ilegais — que se multiplicam com legislações cada vez mais restritivas — entreveem-se as lutas propriamente políticas; nem todas têm em mira a eventual derrubada do poder, longe disso, mas boa parte delas pode se capitalizar para combates políticos de conjunto e às vezes até conduzir diretamente a isso" (Foucault, 2009:259).

tes da prefeitura à apropriação política das invasões através, por um lado, de uma instrumentalização das dificuldades associadas à vida precária e, por outro, da instrumentalização da delinquência como uma ferramenta de intervenção. Mas essa gestão também operou em outro plano de que trataremos aqui, a saber, aquele relativo às condições de vida na moradia, o que permitiu restringir, através de certas exigências judiciais e certas formas de pressão, o campo de possibilidades daqueles que se viam associados à vida precária. Os espaços de uso comum pouco a pouco se transformaram em um lugar de conflitos e antagonismos, que incidiam com particular violência sobre as mulheres. Os ocupantes, sobretudo as mulheres, incitados a se adaptarem a um modo de vida próprio de uma classe laboriosa bem instalada, viram-se, no contexto da reforma urbana nessa região, pouco adaptados para obter, em um futuro indefinido, a condição de citadinos/cidadãos.

O início: coletivos em construção, *confrontos, resiliência e conflitos*

Veremos assim, em primeiro lugar, algumas características do modo de *habitar* que criaram tensões e conflitos com o *ato de ocupar*, relacionadas às experiências de vida dos habitantes/ocupantes e também às formas de construção da cidade (Agier, 2008).

Formulava-se correntemente que as ocupações não tinham líderes, tampouco representantes. As assembleias, propunham os militantes, deveriam se constituir como a fonte reconhecida de poder decisório daqueles que desafiavam o aluguel, a moradia distante e a estadia nas ruas. Com essas marcas políticas emblemáticas, as ocupações foram, pouco a pouco, reconhecidas nas redes variadas do ativismo político carioca por possuírem todas uma mesma configuração. Seus moradores identificavam facilmente a inscrição desse modelo político na gestão dos espaços, bem como aqueles que seriam suas lideranças naturais, a saber, os militantes que buscavam com muito empenho garantir o projeto político em curso, comprometendo-se com seu andamento.

A presença militante defendia, pois, valores calcados em um individualismo libertário, expresso por um modelo normativo de autogestão cuja implantação estaria assegurada, em parte, ao menos, pela adesão a um código de regras. Havia uma forte dimensão contratual, reassegurada por assembleias nas quais os indivíduos livres e iguais — ao menos como horizonte político — deliberariam sobre o bem comum, garantiriam a gestão coletiva dos lugares e, principalmente, se organizariam para resistirem às tentativas de expulsá-los dali. Um ato político, em suma, direcionado para edificar uma comunidade de interesses que afrontaria, pela desobediência às políticas do Estado, a recusa deste a lhes dar acesso aos direitos reclamados. Esse foco contestatário de poder político, em busca de uma inscrição local, tinha como adversários o governo do estado em várias de suas organizações e em diferentes escalas de poder, por um lado, e como concorrente imediato e adversário temido, a organização local do tráfico de drogas, já instalada em alguns casarões abandonados e também presente em vários pontos de venda nas ruas do bairro.

Fazer frente à pretensão dos poderosos do Estado e da sociedade de expulsá-los dali constituiu-se como um horizonte de ação, de modo geral partilhado pelos moradores que demonstravam, no entanto, formas variadas de relação com o ideário que os movia (Miagusko, 2012). Assim, se certas forças políticas orientavam-se para valorizar uma permanência nos imóveis como habitação coletiva, correlata a práticas cultivadas pelo ideário militante, outras, em confronto potencial com estas, pretendiam apropriar-se desses imóveis com finalidades mais "comerciais". Tomar o controle do imóvel para pô-lo a serviço da organização do tráfico volta e meia aparecia como ameaça para os ocupantes. Não eram incomuns, em consequência, as tentativas de escapar do assédio do tráfico como organização poderosa, bem como o levar em conta a interação com seus atores, alguns com relações de família e que circulavam no cotidiano das ocupações. Tema onipresente nas transações dos ocupantes, como demonstra a excelente etnografia de Adriana Fernandes:

> Na Machado de Assis, logo nas primeiras semanas quando era premente a possibilidade de que pessoas ligadas ao tráfico entrassem no prédio. [...] uma das propostas, então vitoriosa, a despeito da oposição da maior parte dos militantes do operativo (numa votação em que eu também votei contra), era de que uma comissão tirada entre os ocupantes subiria a Providência para falar com o chefe da boca. A ideia da proposta objetivava duas coisas, primeiro explicar o sentido político da ocupação, segundo, conferir a veracidade das informações a respeito de quem havia se autointitulado ser do tráfico de drogas local e que, com esse argumento, pretendia se instalar na ocupação ou colocar algum conhecido, namorada e/ou parente como morador. A proposta da comissão e da visita ao "dono da boca" da Providência, por sua vez, foi comemorada de forma efusiva por quem a apoiou, em especial, pelos ocupantes mais jovens. [...] A ameaça de invasão pelo "tráfico" ou "movimento" marca a ocupação com um repertório de tensões e dilemas. Durante as assembleias, entre um reclame e outro, repetem-se as variações:

"O tráfico vai invadir", "O tráfico vai tomar", "O tráfico está de olho no terreno" [Fernandes, 2013:139].

Alguns momentos da ocupação Machado de Assis, enfatizados por Adriana Fernandes (2013), indicam o quanto era difícil fazer funcionar o tal do *coletivo*, categoria prezada e também difícil de operar. Certas iniciativas surgiam como necessárias para fortalecer o *coletivo* conforme as normas autogestionárias, para facilitar as interações, garantir a manutenção do prédio e a convivência nos espaços comuns. Curiosamente "morriam", por uma inércia distraída, indicadora de um movimento de resiliência, constante e altamente eficaz. Não foi diferente do que percebi em conversas com militantes de outras ocupações, particularmente na João Cândido. Estes queixavam-se do esvaziamento das assembleias, da dificuldade de garantirem um compromisso efetivo dos moradores. O modelo dos militantes estava, pois, permanentemente sendo posto à prova como objeto de negociações e, ao mesmo tempo, ao ser negociado, possibilitava a construção da *viração* como modo de vida e forma de resistência através da *arte do contornamento*.[6] Embora, muitas vezes, as aplicações de suas regras estivessem aprovadas em assembleias e palavras de ordem fossem repetidamente acionadas, estas não "aconteciam". Em outros termos, havia sempre bons motivos — aparentemente circunstanciais e gratuitos — para que as decisões coletivas nunca se efetivassem inteiramente. O "endurecimento" dos controles, os meios coercitivos que os militantes buscavam empregar não conseguiam verdadeiramente se impor.[7] Geravam, ao contrário, críticas, tensões e conflitos que emergiam através de comentários, às vezes ferinos, boatos, e sarcasmos sobre a onipresença do *coletivo* como palavra de ordem, às vezes incômoda, para resolver conflitos pontuais.

Não foram poucas as vezes em que falharam as resoluções *coletivas* para expulsar alguns indesejáveis dessas ocupações: mães que resistiam ou namoradas que insistiam provocavam um "amolecimento" naqueles que tentavam aplicar

---

[6] Cf. Telles (2009), Fresia (2004) e Fernandes (2013). Citemos um pequeno trecho de Fernandes (2013:255), que, acompanhando as autoras citadas, ao associar a *arte de contornar* a vida precária apoia-se na noção de *estado de exceção* de Agamben: "A experiência numa ocupação autogestionária, a despeito de suas inúmeras dificuldades, derrocadas, ameaças, usurpações, etc., se constitui, efetivamente, como uma arte de contornar a exceção, cujas formas de circular na cidade surgem potencializadas neste tipo de moradia".

[7] Comentava-se, entre a admiração e a crítica, que a ocupação Manuel Congo, associada ao Psol, e também a Quilombo das Guerreiras aplicavam um regime mais "duro", isto é, com menos concessões à desobediência aos princípios acordados. Cf. os trabalhos de Moreira (2011) e de Ostrower (2012) sobre essas ocupações.

as resoluções tomadas em nome do *coletivo*. A instalação de uma moradia em comum, pois, nunca deixou de ser instável. O barco andava graças a trabalhos de mediação que operavam à sombra. Mas como estes espaços se inscreviam na cidade através de um quadro complexo, como vemos, as questões concernentes às disputas, à desordem e aos movimentos disruptivos ganharam uma enorme importância. A micropolítica da *arte do contornamento* defrontava-se com as formas da *gestão diferencial dos ilegalismos* (Foucault, 2009; Telles, 2009).

Ligações perigosas e trabalhos de mediação: *ocupar* não é *invadir*

Com efeito, o trabalho de mediação dos militantes para garantir um coletivo autogestionário era enorme e permanente. Não é difícil imaginar que a gestão dos conflitos internos não se fazia como se na ocupação morassem indivíduos "desconectados" de suas redes de pertencimento e, portanto, isolados uns dos outros. Bem ao contrário. Além de partilharem ali um modo de vida em comum, revelavam, através de seus conflitos, os vínculos que rapidamente podiam acionar. O líder mais reconhecido de uma das ocupações nos relata como, sem cessar, buscava resolver imbróglios que envolviam moradores e suas redes, que estes acionavam para defender suas causas. Negociar com alguém do tráfico para saber se o fulano, realmente, tinha a proteção que afirmava ter e em nome da qual tentava se impor pela força. Negociar o caso de um roubo, de uma ameaça, de uma agressão, de uma tentativa de se apoderar de um quarto cujo dono estava ausente; desapartar uma briga; compadecer-se da vida infame e sentir-se concernido pelos dramas em cascatas que pontilhavam o cotidiano; e também, é claro, circular entre fofocas e acusações diversas. As regras finalmente (e felizmente) eram maleáveis, adaptadas às forças em jogo e às circunstâncias em causa. Mas as condições para aplicá-las, ou melhor, para torná-las realistas, dependiam, *grosso modo*, de que se pudesse garantir um controle mínimo dos espaços de vida em comum.

Assim é importante destacar: a normatividade reclamada pelos princípios da autogestão militante tinha como objetivo central associar a permanência dos moradores no imóvel sem deixar esvair-se seu caráter político. Tratava-se, em suma, de impedir que a *ocupação* se transformasse em *invasão* pela ausência de determinação política (em seu sentido formal) e de empreendedorismo de seus militantes.

Mas também era preciso impossibilitar que esse poder político minoritário, que afrontava a distribuição excludente dos espaços na cidade, fosse minado e substituído pelo tráfico, sob proteção da polícia local e de vínculos cultivados nos circuitos globalizados da droga. A obediência às normas que constavam do momento fundador e inaugural das ocupações, de fato, não foi seguida ao pé da letra. Como veremos, sua aceitação em um primeiro momento na ocupação João Cândido e nas demais foi importante para se partilhar, através de dimensões corporais e afetivas, no cotidiano dos afazeres, um horizonte comum e um sentido comunitário.⁸ As tentativas de instalação foram também vividas como expressão de uma experiência transgressora e rebelde, porém marcada por uma resistência difusa ao poder político que ditava as normas e que constrangia os imperativos relacionais dos moradores, como descreve Adriana Fernandes (2013).

Em um contexto posterior, as normas apresentaram-se como um instrumento de adequação a exigências postas pelos poderes públicos, sob uma evidente resistência e ambivalência dos moradores. Tratava-se ali, como veremos, de uma submissão a um modelo de vida cujo efeito prometido (e não cumprido) seria a posse do imóvel em um horizonte nunca claramente delimitado. Esse segundo momento, de fato, pode ser compreendido também através de tentativas de imprimir, na relação com os ocupantes, certos princípios de governabilidade cuja vigência ultrapassava o âmbito limitado e circunstancial dos esforços de acomodação propostos pelos militantes.

Se a FLP e outros grupos buscavam construir pequenos territórios através da transgressão política e ideológica, o tráfico, principalmente a partir da criação da Unidade de Polícia Pacificadora (UPP) no morro da Providência, tentava dominar certos territórios assegurando o controle sobre eles por formas de coerção impostas pelas armas e pela violência física.⁹ E, finalmente, o Estado, em relação com estes dois atores, visava recuperar o imóvel, enviando sua população para lugares distantes e periféricos. Esse objetivo não pode ser dissociado de um projeto de governabilidade no qual certas modalidades de controle da população pobre apresentam-se como essenciais. A bem da verdade, não se pode tampouco separar, como assinalamos, o tratamento dos chamados traficantes e bandidos desses procedimentos, no âmbito da *gestão diferencial dos ilegalismos*.

No caso de ocupações da FLP, duas delas *caíram* nas as mãos do tráfico,¹⁰ segundo os termos empregados por seus militantes. Essa *queda*, isto é, a perda

---

⁸ Cf. Arjun Appadurai (2001) em sua discussão sobre a formação de comunidades.
⁹ Cf. a coletânea organizada por Luis Antonio Machado da Silva (2008), os trabalhos de Márcia Leite (2000, 2008) e os de Alba Zaluar (1985, 1999) que discutem o tráfico pela perspectiva da análise da violência como categoria social.
¹⁰ Em uma delas, seus militantes ainda buscam resistir, tentando recuperá-la, apesar de já terem sido fortemente ameaçados por aqueles que recentemente decidiram se impor aos moradores como seus "donos".

do controle por parte dos militantes, antecedeu, no caso da Machado de Assis, a retomada pelas forças do Estado que, sem enfrentar maiores resistências, conseguiu *esvaziar* o imóvel.[11] A ocupação João Cândido não foi, em nenhum momento, "controlada" pelo tráfico, apesar de indivíduos que, de forma dispersa e circunstancial, reclamavam vínculos com este e interferiam em sua dinâmica. No entanto ela "caiu" nas mãos da prefeitura, que conseguiu esvaziá-la, negociando diretamente com seus moradores.

Cadastrar os pobres e regular suas condutas: o processo judicial da João Cândido

Essa ocupação, como as outras da FLP, foi instaurada desafiando as regras relativas à primazia do direito à propriedade e também o consenso social e político a respeito da legitimidade de sua existência. No momento imediatamente posterior à ocupação do imóvel, entraram em cena os defensores públicos, com o intuito de garantir a posse provisória até que o juiz decidisse seu destino. Havia a possibilidade de regularizar a posse do imóvel com o apoio do Ministério das Cidades. Se os moradores ganhassem a causa, eles obteriam a regularização da posse de uma propriedade que estava abandonada, em nome do seu uso social. Durou cinco anos o interregno criado pela briga no plano judicial. Durante esse período muitos entraram e saíram do imóvel.

É sabido que o direito de propriedade não é facilmente posto em questão pelo Estado e que, historicamente, ele prevalece sobre o direito de posse ou do dispositivo constitucional "concessão por uso especial".[12] No entanto, é importante considerar que, constitucional e legalmente, o direito à propriedade é submetido a limites e a expectativas que dizem respeito ao seu "uso social". A não aplicação desses limites, isto é, os abusos cometidos em nome do direito à propriedade, tornada pública pelo movimento da ocupação, transformou, bem ou mal, um ato considerado "ilegal" em um evento político. Diante desse evento,

---

[11] Quando a ocupação João Cândido foi esvaziada, algumas famílias que lá moravam construíram casas provisórias no "quintal da Machado", controlado pelo tráfico, e assim puderam se manter no Centro da cidade enquanto recebiam o "aluguel social" pago pela prefeitura. No início deste ano foram definitivamente desalojados.

[12] Um dos defensores públicos que estiveram à frente do processo nos explicou, em uma entrevista, as dificuldades gigantescas que se interpõem ao questionamento do direito da propriedade a favor do direito de posse (utilizado para discussões na esfera das propriedades privadas) ou da "concessão para uso especial" (no caso das ocupações), também legalmente assegurado. Indicou que o direito administrativo, isto é, a esfera que rege a aplicação das leis, opera tradicionalmente, impedindo o favorecimento dos posseiros, de modo geral.

instâncias variadas de poder foram obrigadas a se pronunciar, legitimando-o em alguma medida. Foi assim que o *ocupar* virou um objeto de litígio e de controvérsia no plano jurídico e político, expandindo seus sentidos, associando-os mais visivelmente à questão de acesso a "direitos". Mas alterou-se também de outra maneira: discutiu-se o acesso a direitos também através de uma diferenciação daqueles que poderiam obtê-los.

Um conjunto de decisões tomadas pela juíza no processo judicial (que visava à reintegração da posse do imóvel) alinha-se entre os dispositivos do governo dos pobres, que podemos reconhecer aqui em seus usos e efeitos particulares. Havia, pois, um espaço de negociação (mínimo, convenhamos) no desenrolar do processo para fixar, naquele caso específico, quem poderia obter ganho de causa, em nome de quais direitos. Havia também um conjunto de práticas do Estado que, de fato, limitava o campo possível de aplicação de dispositivos legais a favor dos moradores. Com efeito, as ofertas realizadas pela prefeitura, acompanhadas por medidas de coerção, de chantagem e de assédio moral, a partir de certo momento, deixaram de ser simplesmente plausíveis — isto é, reconhecidas como parte da experiência corrente da vida precária — para poderem ser reconhecidas como resultantes de uma mesma governabilidade cujo caráter normativo seria legítimo. Nesse sentido, impuseram-se como política e moralmente aceitáveis (e mesmo bem-vindas) para um número significativo de moradores.

A aplicação da lei de modo favorável à demanda dos ocupantes dependia da verificação — mesmo que intencionalmente complacente e dadivosa — de uma identificação prévia de seus atributos sociais e morais. Merecedores de viverem ali, no Centro, ninguém poria isso abertamente em questão. No entanto, talvez não exatamente em um prédio caro e em uma zona urbana valorizada. Assim, as formas de identificação negativa dos moradores, como seres associados às "margens do Estado" (Das e Poole, 2004), tiveram um efeito circular: ocasionavam o descaso e, em alguns momentos, o corte de serviços públicos essenciais (luz e água, esgoto): afinal, tudo ali era impróprio... Ao mesmo tempo, exigia-se um ambiente "bem tratado", adequado para se viver onde o imóvel se situava e nas condições urbanas que sua localização demandaria.

Buscou-se, através dos defensores públicos, acionar, junto ao Estado, as figuras de desemparo calcadas na imagem do *pobre*: este ainda não é bom porque vive desamparado. A figura imaginária e potente do *pobre* em que, para as políticas públicas valeria a pena "investir", parecia ignorar a complexidade e fragmentação das relações sociais, a precariedade crescente no mundo do trabalho, a transformação dos valores familiares e dos acertos domésticos, as clivagens no plano religioso, de gênero e entre as gerações. No entanto, trata-se de algo muito além de um suposto desconhecimento, à medida que, como vemos, em contraponto, este orienta também sensorial e afetivamente um processo seletivo constante e central nos programas de salvação da chamada *pobreza* na cidade.[13]

Aqueles que no plano judicial apoiavam a causa dos moradores buscaram viabilizar a apresentação das famílias. Suas deficiências seriam facilmente sanadas, segundo eles, pelo compromisso que assumiam em colaborar para a construção desse lar coletivamente edificado. Em dois momentos importantes no processo judicial, as intervenções de um militante da FLP conseguiram favorecer os ocupantes, acionando a normatividade que parecia consensual entre os adversários e também para a juíza, como descrevo adiante. Apesar de benéficas em certos aspectos, as intervenções produziam novas dificuldades. Estas recaíram sobre dois aspectos interligados — o primeiro, relativo à qualificação moral dos moradores, posta em relação com as condições do espaço; e o segundo, relativo a dados de natureza sociológica (formação profissional, trabalho, moradias anteriores, família, nível de renda) —, relacionados, por sua vez, a uma responsabilidade a ser assumida pelos moradores na manutenção da ocupação em bom estado.

A aparência dos imóveis e suas condições de habitabilidade colocaram-se imediatamente como cruciais para o sucesso de todas as ocupações mencionadas. Tanto porque a degradação física da construção é um fator incômodo do ponto de vista da vida cotidiana, quanto porque o julgamento sobre a expulsão dos ocupantes dos prédios dependia também de alguns signos que vinculavam o estatuto moral e social dos moradores às condições de ordem, higiene e limpeza em que os imóveis se encontravam.

Nas palavras da assistente social em um dos processos, os moradores queriam fazer da ocupação "um lar". Tal categoria, densa, aliás, carrega, em princípio, os valores positivos associados a espaços de intimidade e de partilhamento comunitário, como também explicitavam os moradores. Lar e dignidade aparecem para todos intrinsecamente associados, através dos cuidados ofertados ao prédio como um *lugar*, isto é, submetido à ordem social e moral determinada pelos seus moradores, vistos pelo prisma de suas unidades familiares. Escreve a assistente social:

> O ambiente no geral nos pareceu digno, no sentido de que aquelas pessoas pretendem fazer daquele prédio abandonado o seu lar. No entanto, pela pró-

---

[13] Cf. o trabalho de Laura Stoler (2004) sobre as dimensões morais e sentimentais presentes nas práticas e concepções dos agentes do Estado. Cf. também o trabalho de Lia Rocha, neste volume (capítulo 14).

pria estrutura, trata-se de um prédio comercial, sem as condições próprias para a habitação de famílias, especialmente com crianças — pelo menos a princípio.

A Defensoria Pública argumenta em prol da permanência dos moradores no prédio, associando a dignidade das pessoas ao empenho que estas demonstravam em organizar os espaços de uso coletivo, como podemos ler no processo:

> Para garantir a moradia digna para todos, o primeiro ato praticado no imóvel foi uma limpeza em todos os cômodos e a arrumação do espaço, organizando de plano a cozinha onde são preparadas as refeições coletivas, com a utilização de mantimentos arrecadados pelos moradores e recebidos por doação. As famílias preencheram o imóvel com seus escassos bens, mas também com muita alegria, fé na justiça e esperança de fixar moradia e conseguir sobreviver com um mínimo de dignidade, concretizando assim o direito inscrito na Constituição Federal, que sai do papel para a vida real daqueles que inspiraram a norma constitucional: os cidadãos desamparados [Processo Ocupação João Cândido, 12 maio 2005].

Comprovando o empenho dos moradores, os defensores públicos adicionaram fotos de mulheres limpando a cozinha e homens consertando a fiação elétrica. A sobrevivência com dignidade exige, assim, que estes possam, como *cidadãos desamparados*, sair de uma situação descrita como insustentável:

> Não há como negar que neste caso estamos diante de cidadãos desamparados, que urgem a proteção estatal, *que antes eram obrigados a dormir sob marquises de prédios, praças, ruas de nossa cidade ou em barracos precários*, com a possibilidade de ter confirmado o fundamento do Estado Brasileiro na Cidadania e na proteção da Dignidade da Pessoa Humana (art. 1º da Constituição Federal, grifos meus)

A juíza, em certo momento, favorecendo a interpretação do proprietário, desqualifica o que seria a busca genuína para a realização de uma vida cidadã e digna. Ao invés desse desejo legítimo de *construir um lar*, os ocupantes estariam somente *fazendo política*, seriam, pois, como ela disse: "Pseudos 'sem-teto' que não se apresentam em nome próprio e não se deixam cadastrar".[14]

---

[14] Referência da juíza à resistência dos moradores em preencherem um cadastro, com seus dados pessoais, que seria anexado ao processo.

A finalidade social do movimento foi interpretada em consonância com um empreendimento levado a cabo por famílias *sem lar* e, nessa medida, em busca de dignidade, como *cidadãos desamparados*. O ato de ocupar como forma de dar visibilidade aos que não contam para a distribuição de direitos ganhou, no processo judicial, outra construção: a pobreza digna mostrava então limites que realisticamente tornavam quase impossível governá-la. Uma biopolítica assim se impõe, ou, como diria Jacques Rancière (1998), *a política como polícia*, isto é, como forma de controle. O advogado do proprietário, o INSS, questionou: como os moradores da ocupação poderiam habitar este prédio se não dispunham de renda suficiente para mantê-lo em boas condições? Sua destinação natural seria para a classe média, capaz de pagar elevadores e a cara manutenção do seu espaço. O prédio teria, em sua estrutura arquitetônica, um indicativo realista e preciso de sua função social adequada.

No entanto, as controvérsias sobre a pertinência daquela ocupação para aquele tipo de gente em certo momento pendeu favoravelmente para os moradores. Com efeito, por ocasião de uma audiência coletiva, a juíza resolveu aceitar o convite de um militante para visitar o imóvel. E, para surpresa geral da comitiva, a juíza alterou sua opinião.

O mais interessante dessa audiência foi o seguinte: os procuradores do INSS, pensando em trabalhar o preconceito de classe da juíza, foram falando o seguinte: "Não, mas ali é um lugar muito desorganizado, a senhora tem que ir lá pra ver". Aí ela falou: "Vamos lá agora. Podemos ir lá agora?". Aí os caras, os procuradores, ficaram felizes. Pensando que a gente ia ser contra. Aí eu falei: "Vamos lá agora. Nesse momento, vamos agora, vamos sair". Eu saí inclusive no mesmo carro dela. E fomos lá na João Cândido. Chegamos juntos. A [juíza], eu e a comissão de moradores que a gente tinha entrado na audiência e os procuradores. Aí começou a andar e a [juíza] começou a falar: "Não, isso aqui oh, e esse armário aqui, vocês podem usar uai. Vai usando enquanto não tiver...". E os procuradores que entraram numa de muita confiança começaram a ficar pra trás. Eu lembro que a gente ia andando junto, eles começaram a ficar pra trás. E ficou eu e a [juíza] lá. E a [juíza]: "Não, isso aqui vocês podem fazer isso aqui, isso aqui vocês podem fazer isso e aquilo" [...].[15]

Essa pequena vitória que a juíza assegurou parcialmente a respeito do caráter dos ocupantes não os livrou de outro obstáculo maior, a saber, o preenchimento do *cadastro geral* para serem identificados no processo. Embora a demanda no processo judicial estivesse assinada por alguns moradores e pelos defensores

---

[15] Entrevista realizada por Adriana Fernandes com um militante da ocupação.

públicos como seus representantes legais, foi exigida a identificação de todos para constar no processo o registro dos ocupantes como indivíduos verdadeiramente *sem-teto*. Os *invasores*, nos termos dos adversários no processo, sujeitos à suspeição, motivaram a exigência de um cadastro em que todos seriam apresentados e classificados. A legitimidade da demanda que apresentavam passou, em certo momento, a depender da integração nominal de todos às folhas do processo. Como mencionamos, a juíza associou a recusa da identificação a movimentos ilegítimos de "pseudos sem-teto".

A leitura do processo permite perceber a resistência dos moradores à identificação. Os oficiais de justiça, ao serem enviados à ocupação, no início, não obtinham o nome de ninguém e não conseguiam ser recebidos em nenhuma das moradias. O preenchimento do cadastro foi obtido através de outra negociação: os militantes dedicaram-se a realizá-lo como uma obrigação necessária para viabilizar a posse do imóvel. Adicionou-se, pois, ao processo, um formulário preenchido pelos responsáveis de cada quarto. O teor de algumas perguntas nos chamou a atenção. Eram perguntas cujas respostas, de fato, indicavam a subscrição de um compromisso. E mais, assinalava para os moradores que cada um assumia como tarefa colaborar para a manutenção do *coletivo*. O compromisso assinado era, portanto, um aceno a respeito da responsabilidade dos moradores como um atributo necessário à regularização da posse. No entanto, buscava, ainda que não explicitamente, responder também pelas dificuldades no presente enfrentadas pelos militantes para gerir o coletivo que assim se formava. O acesso ao direito à moradia foi inscrito nesse momento por intermédio de um acordo quanto à governabilidade daquele pequeno território: caberia a todos os habitantes se responsabilizarem pelas boas condições a serem mantidas no espaço comum. Havia boas razões para que assim se fizesse — afinal esse tinha sido um compromisso firmado com o próprio do movimento. Ao introduzir esse compromisso no formulário a ser entregue à juíza, estava-se, contudo, apontando para outra ordem de razões — aquelas decorrentes da necessária identificação dos moradores como dignos e alcançáveis pelo controle do Estado e das agências que se dispunham a colaborar com eles.

Não deixou de ser um documento perigoso: não deve ter sido por outra razão que as dificuldades iniciais dos oficiais de justiça exasperaram a juíza. O cadastro, sem dúvida, poderia ser objeto de muitas apropriações no interior da máquina do Estado. Fonte que reassegurava a governabilidade do pequeno território, fonte que reassegurava seu controle pelos militantes, representados pelos defensores públicos, fonte — quem poderia saber? — de informações sensíveis a respeito de seus habitantes ou ainda da responsabilidade penal pela *invasão* de uma propriedade alheia.

Sua dimensão explosiva não se devia unicamente ao controle que ameaçaria os moradores do imóvel. Esse controle também colocava em risco outro princípio vigente, embutido no desenrolar da vida em comum. Identificar quem morava ali era também permitir aos gestores da ocupação saber se as regras de moradia, determinadas pelas assembleias, estavam ou não sendo cumpridas. Significava identificar possíveis "clandestinos", ou melhor, os ainda não conhecidos que teriam se esgueirado para dentro de algum quarto através de relações de amizade ou parentesco, ou simplesmente pela "compra" deste, "passado" por alguém que saía. Em outras palavras, o cadastro fazia uma fotografia dos moradores que congelava suas presenças e suas relações, sem mencionar o que, de fato, não era conveniente aparecer em público: as muitas formas de mobilidade que transcorriam por intermédio das relações interpessoais ali dentro.

Com efeito, a mobilidade dos habitantes foi sempre considerada uma fonte de problemas.[16] Problemas insolúveis, muitos diriam, já que presenças nômades e provisórias não podiam realisticamente ser excluídas e contrariavam também a imagem do pobre laborioso bem distante dos *infames* (Foucault, 1977) que respeitavam pouco as exigências da identificação e de gestão associadas a um quadro fixo de permanência.

Havia um compromisso, considerado importantíssimo pelos militantes da ocupação, e sempre desobedecido — por todos, aliás —, que dizia respeito a não "passar" o imóvel para alguém exterior à ocupação sem uma decisão tomada em assembleia. O *passar* o quarto para alguém sem a mediação da assembleia apresentava-se, portanto, como uma prática que tinha legitimidade embora todos se queixassem de seus efeitos perniciosos. Como abandonar um quarto sabendo-se que ele tinha um valor de mercado e que poderia permitir a seu dono um pequeno ganho para seguir adiante? Como não tentar incluir um parente na ocupação, negociando em surdina um quarto vago momentaneamente? Como deixar esse quarto vago se, no limite, era possível arrombar sua porta e ocupá-lo, jogando com o próprio poder de silenciar os vizinhos? Como não buscar desenvolver pequenos negócios no interior da ocupação, cujas faces ilícitas e/ou ilegais eram evidentes? Como impedir a entrada do filho de uma boa senhora evangélica, que rumores apontavam como traficante? Como exigir que ela o expulsasse e que outros moradores aceitassem expulsar pessoas cujas condutas se mostravam nocivas e antissociais? Como impedir que se instalassem situações de ameaça a pessoas, principalmente a mulheres sozinhas ou jovens adolescentes? Como impedir que um ex-presidiário que conseguiu se fixar

---

[16] Cf. Valladares (1978).

ali dentro ameaçasse alguém que estaria com alguma dívida em relação a ele? Como lidar com roubos, ou ameaças de invasão de quartos que volta e meia se apresentavam? Como lidar com conflitos que se resolviam através do uso da força física e mantinham tensões intactas? Finalmente, com que autoridade coletiva era possível impor esses limites e fixar um modo de funcionamento sem congelar essas formas de circulação que se apresentavam como inerentes à vida social em suas faces precárias? O cadastro não operou como um instrumento eficaz que ajudasse na gestão da ordem interna.

Mas as exigências contraditórias que apareciam entre a vida dignificada pela estabilidade, expressa na obediência às regras, e a vida da *viração*, atacada pela desordem imposta pelo assédio da prefeitura e pelas tensões associadas à transitividade entre atividades legais e ilegais, abalaram a convicção a respeito das possibilidades de se manter um espaço partilhado ali dentro. O abalo atingiu particularmente as mulheres. De certo modo, essas exigências foram capazes de mobilizar as queixas das mulheres e o sentido de responsabilidade que compartilhavam para o cuidado dos espaços comuns. Espaços *entre lugares*, nem públicos nem privados, mas centrais para o funcionamento das unidades domésticas (e para a representação de uma pobreza digna) respondiam publicamente pela imagem da ocupação, e era neles que todos os conflitos desembocavam: incivilidades associadas ao machismo corrente, às disputas por quartos, à limpeza e manutenção, à guarda das crianças.[17] Assinalemos que as ocupações, em diferentes momentos, não conseguiram evitar os indícios que as aproximavam da degradação física cujo sentido negativo foi enfatizado por aqueles que já buscavam signos para comprovar a inadequação de seus habitantes ao lugar. O esgoto na calçada em frente, os ratos que passeavam nas áreas abandonadas, os vidros quebrados, os muros rabiscados, a falta de pintura nas paredes. Tudo recaiu sobre aqueles que, justamente, buscaram interromper esse círculo vicioso no qual a sujeira não parou de circular como discurso e a "vassoura" (velha imagem!) como arma de combate. Varrer a sujeira, como tanto fizeram e fazem as mulheres — garantia da dignidade que se queria ver reconhecida — ou varrer as pessoas, como faz e propõe o prefeito, se constituiu como um imperativo também ideológico acionado contra a luta pelo direito à cidade.[18]

---

[17] Isabel Ostrower (2012) e Mariana Moreira (2011) deram especial importância à família e à noção de lar para as militantes das ocupações que estudaram.
[18] Refiro-me à política do atual prefeito da cidade do Rio de Janeiro, que cunhou a expressão e a política "choque de ordem" como uma forma de "limpar" a cidade de todas as formas de ilícito, principalmente aquelas relativas aos trabalhos informais. Ver o texto de Daniel Hirata, neste volume (capítulo 4).

Fraturas políticas e ambivalências entre os gêneros

Vamos então nos deter rapidamente sobre a trajetória de uma das moradoras em que essas dimensões conflitivas e contraditórias são fundamentais para sua vida, em que a *arte do contornamento* é central. Maria, moradora de vários anos na ocupação, construiu a narrativa sobre seu percurso enfatizando as marcas de uma autonomia que cultivou como trabalhadora em muitos circuitos e como mulher sozinha. Aponta por meio dessa sua dupla condição as dificuldades que viveu para garantir-se como chefe de família, responsável pelos cuidados de suas três filhas. As relações familiares atravessaram suas preocupações ao mesmo tempo que orientaram grande parte de sua conduta nos conflitos e situações correntes.

Assim, valoriza, ao relatar os problemas que enfrentou durante os cinco anos de ocupação, a defesa de suas filhas, ao longo das muitas intempéries cotidianas. Maria entrou na ocupação pela mediação de uma amiga, mas pôde permanecer por outras razões: em primeiro lugar, obteve acesso a um apartamento de alguém para guardá-lo enquanto seu "dono" não morasse ali. Chegava ali de uma situação complicada, com filhas de diferentes companheiros e nenhuma pensão. Naquele momento, estava saindo de uma pequena favela nos arredores, onde ocupava um quarto com suas filhas, depois de ter saído de uma *invasão*, controlada pelo tráfico, onde ficou por algum tempo, abrigada em nome de relações de amizade. Já trabalhou como encarregada de limpeza por intermédio de firmas de terceirização, em supermercados, em prédios. Também foi empregada em *casas de família*, foi ambulante, vendendo água e cerveja, e ajudante de um camelô. Foi no Centro da cidade que obteve seus últimos trabalhos.

Rapidamente integrou-se aos esforços dos militantes. Como muitas outras mulheres, ela insiste sobre o trabalho que realizava na cozinha, na limpeza coletiva e no esforço cotidiano para organizar o lugar. Insiste também sobre os bons momentos, as festas, as viagens, as bebidas, a camaradagem entre os participantes do movimento. Foi a Brasília com alguns moradores e os sem-terra de outros movimentos sociais para reivindicar direitos. Em certas assembleias, foi responsável pela redação das respectivas atas.

Maria estava alojada em um dos últimos andares do prédio, o que, na hierarquia espacial existente, não era uma boa posição. Quanto mais alto o andar, mais perigoso era considerado: menos controlado, mais sujeito a invasões, a roubos e à presença de usuários de drogas. A localização do seu apartamento não era das piores, dadas as especificidades de sua entrada associada a seu estatuto social: chefe de família, vivia com filhas mais velhas, "sem marido" e com pouco dinheiro. Com efeito, em nossas conversas apareciam, de mais a mais, relatos em que se apresentava brigando com alguém da ocupação para defender suas filhas, sua casa e sua pessoa. Nessas brigas, não hesitava em usar força física ou outro meio de coerção que estivesse a seu alcance. Em uma ocasião, nos contou, "deu queixa" da vizinha e esta ameaçou revidar com o emprego de sua força, afiada pelo aprendizado que tivera na prisão: já tinha "tirado cadeia" e era, portanto, bem formada no uso de meios violentos. A mulher acabou se recolhendo, o que permitiu a Maria contar esse caso e os outros também, como de uma combatente vitoriosa dessas escaramuças cotidianas.

Apontava constantemente para o fato de que, em sua vida, reagir a situações como essas era parte do cotidiano. Diferentes modalidades de violência atravessam suas relações nos espaços de coabitação e de trabalho. As relações de confiança e de solidariedade apresentam-se através de suas relações de amizade, que entrelaçam vínculos familiares e religiosos. Maria ficou em alguma medida conhecida, como pudemos perceber, como uma pessoa que praticava o candomblé e dispunha de elos fortes nesse meio para defender-se dos conflitos existentes. Guardando sua porta havia objetos rituais para a proteção da casa. Ela mesma frisou que as pessoas tinham muito medo da macumba. Soubemos que seu apartamento chegou a ser lugar de consultas de uma *pombagira* da mãe de santo do terreiro que frequentava na época. Não é por acaso que este está localizado no mesmo terreno em que moram seus parentes, situado na Baixada Fluminense. O deslocamento da mãe de santo para *dar consultas* na ocupação fazia parte de um circuito em que os elos de parentesco se atualizavam, pois o vínculo com o candomblé era também um vínculo de parentesco biológico e social que assim se fortalecia, criando um elo entre três espaços: o quarto na ocupação onde a mãe de santo dava consultas, o terreiro ao qual ela e o pai de uma das suas filhas pertenciam e o quintal onde sua mãe morava. A circulação de seus parentes por esses espaços assim interligados nos permite compreender a inutilidade de tratar o quarto na ocupação como um espaço doméstico dissociado das relações familiares e de seus circuitos. E ainda, a inutilidade analítica de tratar a família como uma unidade espacialmente isolada (Duarte e Gomes, 2008). É necessário reconhecer que a mobilidade de Maria indica também como um território como uma ocupação pode ser composto por muitos lugares articulados entre si, pelas mobilidades e fluxos do mundo contemporâneo (Appadurai, 2001).[19]

---

[19] Diz Appadurai (2001:247): "a localidade é antes de tudo uma questão de relação e de contexto, mais do que de escala ou de espaço. Eu a vejo como uma qualidade fenomenológica complexa, formada de uma série de elos entre o sentimento de imediaticidade social, as tecnologias da in-

A *bagunça* era o termo empregado por Maria para definir a fragilidade da ordem coletiva nos aspectos que lhe concerniam. E dado que a *bagunça* existia, era preciso se defender. Essas histórias de Maria são também histórias de negociações bem-sucedidas, em que recorreu a relações possíveis para "ganhar". Mas outras vezes "perdeu". Ao escolher a opção de receber os R$ 20 mil da prefeitura como compensação pela saída do imóvel, ela perdeu. O dinheiro lhe foi imediatamente confiscado, na saída da boca do caixa, por alguém que cobrou uma suposta dívida com o tráfico, assumida por um parente seu.

Maria, como muitas mulheres ali dentro, não acionava suas diferenças de opinião e de comportamento em relação às dificuldades locais para afirmar um posicionamento de caráter político na forma de uma adesão à "guerra" que o Estado movia aos "bandidos" e "traficantes" e, muito menos, às transações nas muitas fronteiras entre os circuitos legais e ilegais que atravessava.[20] No entanto, reclamava ordem e respeito, o que demonstrava pela sua conduta em defesa de suas filhas. Como grande parte das mulheres, mantinha, pois, uma reserva frente às figuras do bom pobre, por um lado, mas reclamava, por outro, da impossibilidade de responder adequadamente às exigências morais relativas ao espaço comum, no qual se sentia obrigada a combater as incivilidades cotidianas que atingiam sua família. Em certa medida, as providências da prefeitura atendiam a suas demandas: garantiam uma solução que lhe dava certo capital em dinheiro ou em respeitabilidade, possibilitando formas de sair de uma ocupação que não se sustentava mais como projeto, em sua opinião.[21]

A ruptura e clivagens de gênero

Foi Eqeia quem teria acionado, segundo ela própria, junto com um número de mulheres que não saberíamos precisar, o repertório relacionado à governabilidade dos pobres, apontando uma conexão entre as *virações*, os abusos masculinos e o poder político dos militantes.

Livrar-se desse domínio masculino e violento, politicamente organizado como "Ocupação João Cândido", transformou-se em uma bandeira que ela e

---

teratividade e a relatividade dos contextos". Cf. também a etnografia de Adriana Fernandes já referida e, ainda, Birman (2008) sobre os sentidos de comunidade.

[20] Cf. os trabalhos de Gabriel Feltran (2008, 2010), que apontaram precisamente para um processo de relativização moral da relação dos trabalhadores com o crime no plano das relações interpessoais e familiares. Ver, também, a dissertação de mestrado de Natânia Lopes (2011), que analisa interações entre traficantes e moradores em favelas cariocas.

[21] Para alguns aspectos relacionados à trajetória de Maria, ver Birman e Vieira (2011).

outras defenderam. Discorreu para nós sobre uma relação de confronto entre as mulheres mais velhas da ocupação e os militantes que, ao insistirem em permanecer no imóvel, impediam as pessoas de obterem a compensação prometida pela prefeitura. Em seu relato, o esforço permanente das mulheres para cuidar dos espaços comuns, em certo momento, assumiu a forma de um empreendimento direcionado às crianças e, posteriormente, de um combate contra a permanência da ocupação. Assim, *os homens,* como categoria acionada, incluíam indivíduos que teriam comportamentos abusivos e violentos, militantes e também aqueles favoráveis à ocupação, situados nas altas esferas do poder. Todos, indistintamente, queriam se apropriar do lugar para usos em benefício deles mesmos, sem considerar as pessoas que sofriam as consequências de toda aquela desordem. O movimento de mulheres foi, assim, apresentado contra o controle masculino em diversos planos. O único contrapoder, segundo ela, favorável às mulheres, veio da prefeitura, que ofereceu uma saída para estas se libertarem daquilo que designou como *escravidão*.

Assinalemos que o movimento militante à frente dessas ocupações buscou inscrevê-las em uma tradição de lutas de resistência da cidade etnicamente marcada (Adriana Fernandes, capítulo 12, neste volume). As referências ao período escravagista, à tradição cultural de origem africana (Moura, 1983) e aos movimentos quilombolas passaram, também, por intermédio das ocupações, a ressoar na mídia carioca e nas redes sociais, vinculando às lutas libertárias e à cultura negra os coletivos que assim surgiram.[22] Segundo nos contou, ela também teria disposto, no altar da sua igreja, o *cadastro* preenchido pelos moradores que, em seguida, teria sido entregue à prefeitura. Recorrendo ao repertório evangélico e na contramão dessas narrativas associadas ao movimento negro, Edileía qualificou a saída da ocupação como uma *libertação* das mulheres e de todos os moradores. João Cândido, ao invés de símbolo de *luta* e de *revolta*, teria sido, de fato, um emblema da escravidão no presente. A libertação associou-se a um horizonte de redenção, e ambos foram vinculados à sua perspectiva da moral evangélica. Vinculando João Cândido à escravidão exercida pelos homens ligados às esferas de poder, Edileía participa de um movimento que faz da diferença e da hierarquia de gêneros uma clivagem a partir da qual seria possível às mulheres recuperarem seus poderes relacionados à divisão de trabalho entre os gêneros.[23]

---

[22] Cf. Roberta Guimarães (2011) e Jérôme Souty (capítulo 11 deste volume) sobre as relações entre o movimento negro na região e as ocupações.

[23] É interessante observar que o sucesso relativo da ocupação Quilombo das Guerreiras é associado à transformação da ocupação em um *lar* na dissertação de Mariana Moreira (2011). Isabel

Ediléia apresentou-se a nós como uma das pessoas que estabeleceu uma relação de confiança com o agente da prefeitura. Como um dos porta-vozes dos moradores, prontificou-se a influir e também a relatar quais eram as intenções daquele que exercia o poder soberano em nome do Estado sobre o destino de todos ali dentro. Boatos incessantes circulavam a respeito de decisões que os obrigariam a sair até a semana seguinte, ouvia-se que o prazo para as negociações já se teria esgotado, que a luz seria cortada a partir do final do mês, da manhã seguinte etc. As pressões visavam mobilizar os renitentes, empurrando-os para irem o mais rapidamente possível preencher o novo cadastro. Quase todos estavam convencidos de que a saída era inevitável, embora hesitassem em abandonar a região que lhes trazia benefícios evidentes ou mesmo se recusassem a fazê-lo. Em conversas esparsas, ouvimos alguns homens afirmarem que, por eles mesmos, não sairiam, mas suas mulheres não aceitavam mais ficar naquelas condições.

Para concluir

Finalmente todos assinaram. E, em janeiro de 2011, fizeram suas mudanças. Mas a história dessa ocupação continua reverberando em outros espaços e através de tentativas dos antigos moradores de se manterem no "centro". Ediléia optou por um apartamento em um conjunto habitacional distante do "centro" como território, mas permaneceu próxima do "centro" na função de mediadora, junto à prefeitura, das demandas referentes à sua nova moradia, como queria implementar. Maria, ao perder o dinheiro, voltou para o *quintal* da sua mãe. Atualmente frequenta o culto de uma pastora evangélica e faz faxinas em algumas casas. Sua filha menor ficou, ao menos um ano, morando com uma amiga sua na invasão do "quintal da Machado", que recentemente foi desmantelada. Vários dos antigos moradores continuam a circular pela região, em busca de oportunidades de trabalho e/ou de outras soluções para moradia. Alguns buscam acionar novamente o processo judicial para obterem mais dinheiro como compensação pelo abandono do prédio próximo à praça Mauá.

Ostrower (2012), por sua vez, ao tomar como eixo de sua análise os cruzamentos entre o território doméstico e o político na ocupação Manuel Congo, destaca como próprio de sua dinâmica política o controle exercido pelas mulheres. Comentando uma afirmação de que nessa ocupação a "lei das mulheres" prevalece, Ostrower (2012:217) sugere que "isso não significa que os homens estejam subjugados a ela, mas que as regras de ocupação, as redes de cuidado, os espaços físicos e simbólicos, a gestão da casa e dos filhos são construídos pela presença central das mães neste universo".

Em suma, os aspectos que ressaltei nessas histórias sinalizam para exercícios de governo em que também é difícil separar os atores do "Estado" daqueles da "sociedade", na *gestão diferencial dos ilegalismos*. Busquei também chamar a atenção sobre subjetividades e horizontes que se forjaram para os diferentes atores mencionados. O que se apresentou como uma constante, nos eventos que privilegiei, foi um conjunto de negociações, em condições desfavoráveis, no qual a moradia não se constituiu como um bem abstrato, mas, ao contrário, apareceu intimamente associada a sensibilidades e valores que informaram as ações dos atores governamentais e também os esforços e a determinação dos moradores de obterem um lugar na cidade no desenrolar sempre meio nômade de suas vidas precárias.

Referências

AGIER, Michel. *Gérer les indésirables*: Des Camps de réfugiés au gouvernement humanitaire. Paris: Flammarion, 2008.

APPADURAI, Arjun. *Après le colonialisme*: Les Conséquences culturelles de la globalisation. Paris: Payot, 2001.

BENTES, Júlio Claudio Gama. Porto Maravilha: estética burguesa e perspectiva de ganhos (para uma minoria). *Matutações*, Rio de Janeiro, 2012. (Análise dos planos urbanísticos recentes para a região portuária do Rio de Janeiro). Disponível em: <http://matutacoes.org/2012/10/31/porto-maravilha-estetica-burguesa-perspectiva-ganhos-minoria/>. Acesso em: jul. 2014.

BIONDI, Karina. *Junto e misturado*: uma etnografia do PCC. São Paulo: Terceiro Nome, 2010.

BIRMAN, Patrícia. Favela é comunidade? In: SILVA, Luiz Antonio Machado da (Org.). *Vida sob cerco*: violência e rotina nas favelas do Rio de Janeiro. Rio de Janeiro: Nova Fronteira, 2008. p. 99-114.

_____; FERNANDES, Adriana. Os sem-teto nos projetos de ordem do Rio de Janeiro: exceção e resistência na metrópole (uma análise preliminar). In: REUNIÃO DE ANTROPOLOGIA DO MERCOSUL, 9., 2011, Curitiba. *Anais...* Curitiba: UFPR, 2011.

_____; VIEIRA, Flávia. Circuitos e acessos: como chegar ao "centro" vindo das "margens". In: CONGRESSO INTERNACIONAL DA ASSOCIAÇÃO LATINO-AMERICANA DE SOCIOLOGIA (ALAS), 28., 2011, Recife. *Anais...* Recife: UFPE, 2011.

CHALHOUB, Sidney. *Cidade febril*: cortiços e epidemias na corte imperial. São Paulo: Companhia das Letras, 1996.

DAS, Veena; POOLE, Deborah. *Antropology in the Margins of the State*. Santa Fé: School of American Research Press, 2004.

DUARTE, Luiz Fernando; GOMES, Edlaine. *Três famílias*: identidades e trajetórias transgeracionais nas classes populares. Rio de Janeiro: FGV, 2008.

FELTRAN, Gabriel. Trabalhadores de bandidos: categorias de nomeação, significados políticos. *Temáticas*, Campinas, SP, v. 15, p. 11-50, 2008.

_____. Fronteiras de tensão: política e violência nas periferias de São Paulo. *Lua Nova*, São Paulo, n. 79, p. 201-233, 2010.

FERNANDES, Adriana. *Escuta ocupação*: arte do contornamento, viração e precariedade no Rio de Janeiro. Tese (doutorado) — Programa de Pós-Graduação em Ciências Sociais, Universidade do Estado do Rio de Janeiro, Rio de Janeiro, 2013.

FOUCAULT, Michel. A vida dos homens infames. In: _____. *Ditos e escritos*. Rio de Janeiro: Forense Universitária, 1977. v. IV, p. 203-222.

_____. *Vigiar e punir*. Petrópolis: Vozes, 2009.

FRESIA. Frauder lorsqu'on est refugié. *Politique Africaine*, n. 93, p. 42-62, 2004.

GUIMARÃES, Roberta Sampaio. *A utopia da Pequena África*: os espaços do patrimônio na zona portuária carioca. Tese (doutorado) — Programa de Pós-Graduação em Sociologia e Antropologia, Instituto de Filosofia e Ciências Sociais, Universidade Federal do Rio de Janeiro, Rio de Janeiro, 2011.

HIRATA, Daniel. *Sobreviver na adversidade*: entre o mercado e a vida. Tese (doutorado) — Programa de Pós-Graduação em Sociologia, Universidade de São Paulo, São Paulo, 2010.

LEITE, Márcia. Entre individualismo e solidariedade: dilemas da política e da cidadania no Rio de Janeiro. *Revista Brasileira de Ciências Sociais*, v. 15, n. 44, 2000.

_____. Violência, risco e sociabilidade nas margens da cidade: percepções e formas de ação de moradores de favelas cariocas. In: SILVA, Luiz Antonio Machado da (Org.). *Vida sob cerco*: violência e rotina nas favelas do Rio de Janeiro. Rio de Janeiro: Nova Fronteira, 2008. p. 115-141.

LOPES, Natânia. *Os bandidos da cidade*: formas de criminalização da pobreza e processo de criminalização dos pobres. Dissertação (mestrado) — Programa de Pós-Graduação em Ciências Sociais, Universidade do Estado do Rio de Janeiro, Rio de Janeiro, 2011.

MIAGUSKO, Edson. *Movimentos de moradia e sem-teto em São Paulo*: experiências no contexto do desmanche. São Paulo: Alameda, 2012.

MOREIRA, Mariana Fernandes. *Um palacete assobradado*: da reconstrução do lar (materialmente) à reconstrução da ideia de "lar" em uma ocupação de sem-teto no Rio de Janeiro. Dissertação (mestrado) — Instituto de Geociências, Universidade Federal do Rio de Janeiro, Rio de Janeiro, 2011.

MOURA, Roberto. *Tia Ciata e a Pequena África no Rio de Janeiro*. Rio de Janeiro: Funarte, 1983.

OSTROWER, Isabel. *Cuidar da "casa" e lutar pela "moradia"*: a política vivida em uma moradia urbana. Tese (doutorado) — Programa de Pós-Graduação em Antropologia Social, Museu Nacional, Rio de Janeiro, 2012.

RANCIÈRE, Jacques. *Aux bords du politique*. Paris: Gallimard, 1998.

SEVCENCO, Nicolau. *A revolta da vacina*: mentes insanas em corpos rebeldes. São Paulo: Brasiliense, 1984.

SILVA, Luiz Antonio Machado da (Org.). *Vida sob cerco*: violência e rotina nas favelas do Rio de Janeiro. Rio de Janeiro: Nova Fronteira, 2008.

STOLER, Ann Laura. Affective States. In: NUGENT, David; VINCENT, Joan (Org.). *A Companion to the Anthropology of Politics*. Oxford: Blackwell, 2004.

TELLES, Vera. Nas dobras do legal e do ilegal: ilegalismos e jogos de poder nas tramas da cidade. *Dilemas*: revista de estudos de conflito e controle social, Rio de Janeiro, v. 2, n. 5-6, p. 97-126, 2009.

_____. *A cidade nas fronteiras do legal e do ilegal.* Belo Horizonte: Argumentum, 2010.

VALLADARES, Lícia. *Passa-se uma casa*: análise do programa de remoção de favelas do Rio de Janeiro. Rio de Janeiro: Zahar, 1978.

_____. *A invenção da favela*: do mito de origem a favela.com. Rio de Janeiro: FGV, 2005.

ZALUAR, Alba. *A máquina e a revolta*: organizações populares e o significado da pobreza. São Paulo: Brasiliense, 1985.

_____. Violência e crime. In: MICELI, Sérgio. *O que ler na ciência social brasileira (1970-1995)*. São Paulo: Sumaré, 1999. p. 13-107.

CAPÍTULO 8

Governamentalidade e mobilização da pobreza urbana no Brasil e na África do Sul: favelas e townships como atrações turísticas

BIANCA FREIRE-MEDEIROS

EM SINTONIA COM as narrativas neoliberais que ressignificam a pobreza como objeto de consumo (Halnon, 2002), coloca-se no mercado um tipo inusitado de mercadoria, a que chamo de *pobreza turística* — uma pobreza emoldurada, anunciada, vendida e consumida com um valor monetário acordado entre promotores e consumidores (Freire-Medeiros, 2009a, 2013). Esse é o caso, desde os anos 1990, das Cape Flats[1] da Cidade do Cabo, de Soweto em Johanesburgo e da Rocinha no Rio de Janeiro.

Como se sabe, durante a política de segregação racial implementada no país entre 1948 e 1990 pelo Partido Nacional da África do Sul, os negros não podiam ser proprietários de terras e eram obrigados a viver exclusivamente nas *townships*, isolados dos centros comerciais e das áreas habitadas por brancos. A catalogação racial de toda criança recém-nascida, a Lei de Repressão ao Comunismo e o incentivo à divisão tribal com a formação dos bantustões, em 1951, foram os grandes pilares do *apartheid*. Com poucas exceções, o espaço urbano foi designado "apenas para brancos" (*whites only*), permitindo ao Estado evitar o surgimento de bairros racialmente integrados.

No contexto pós-*apartheid*,[2] alguns desses territórios foram convertidos em destinos turísticos de expressiva relevância graças à iniciativa privada local

---

[1] As fronteiras geográficas das "Flats" não são precisas e variam de acordo com diferentes recortes, mas em geral incluem as localidades de Macassar, Khayelitsha, Mitchells Plain, Greater Philippi, Crossroads, Gugulethu, Nyanga, Langa, Manenberg, Lansdowne, Bonteheuwel, Greater Athlone, Woodstock, Salt-River e District Six.

[2] Com a instauração do regime democrático, os níveis de segregação caíram em muitas cidades sul-africanas, sobretudo nas áreas habitadas por negros e asiáticos. A Constituição progressista fez da moradia um direito constitucional, mas o déficit habitacional ainda é extremamente alto, assim como os níveis de segregação urbana. O Estado segue efetuando remoções em massa e, quando não há compensação adequada, sul-africanos e imigrantes (legais ou não) têm respondido com ocupações de áreas públicas, de prédios deteriorados (*bad buildings*) e de espaços privados sem uso. Cf. Bremner (2000); Cohre (2005); Kihato (2007); Mbembe A. e Nuttall (2008); Winkler (2009).

(de propriedade branca, na maioria dos casos³) e à demanda dos visitantes internacionais: são, em média, 300 mil turistas por ano nos *township tours* da Cidade do Cabo e 450 mil em Soweto, levados por uma das três dezenas de operadoras de turismo que atuam nessas localidades.

Enquanto os passeios guiados pelas vilas rurais oferecem *flashes* de uma cultura e de uma etnicidade africanas que evocam o bucólico e o atemporal, as *townships* podem ser comercializadas como lócus de uma "cultura viva", símbolos da resistência política contra a segregação e da nova democracia. Por US$ 45,00, o turista tem oportunidade de "interagir com os locais" em um *shebeen* (espécie de taverna onde se toma uma bebida fermentada produzida localmente), de comprar suvenires e artesanatos, e de se consultar com um *sangoma* (curandeiro que trabalha com ervas medicinais). Nos passeios são apresentadas várias áreas residenciais, tanto as mais "desenvolvidas" e "promissoras" quanto sua contrapartida mais precária. Dependendo do nível de intimidade do guia com os moradores, é permitido aos turistas entrar nos barracos e fotografar.

Soweto disponibiliza basicamente esses mesmos atrativos, porém é na inclusão de seus diferentes marcos históricos de resistência política contra a segregação e da luta pela democracia — Vilakazi *street*, Casa Museu Mandela, Museu Kliptown, Memorial West & Hector Peterson, igreja Regina Mundi — que a pobreza turística de Soweto busca realizar seu diferencial no mercado.

Fenômeno comparável e praticamente simultâneo teve lugar entre nós. Ao cardápio turístico "Carnaval, praias, futebol e mulatas", operadoras de turismo privadas acrescentaram, em resposta a uma demanda crescente dos turistas estrangeiros, um território até então impensado: a favela carioca (Freire-Medeiros, 2006). Concebida como lócus da escassez e da criminalidade violenta, do autêntico e da solidariedade, a favela tornou-se, ao longo dos anos, parte constitutiva da imagem estereotípica do "pacote Brasil". A favela turística que as câmeras estrangeiras capturam, como demonstra Palloma Menezes (2007), é composta de ruelas e valas, de fios emaranhados, de uma vista deslumbrante para o mar, de plantas e bichos exóticos ao olhar forasteiro. Mais do que qualquer outro elemento, porém, são as casas — tijolos desalinhados e paredes coloridas — e os moradores — quase sempre negros e preferencialmente crianças — que mobili-

---

³ Na maioria dos casos, agências contratam guias negros, moradores do local, o que dá aos turistas a falsa impressão de que o dinheiro pago pelos passeios reverte em ganhos diretos para as *townships*.

zam a atenção fotográfica. Nesse território da imaginação combinam-se samba, *funk*, filantropia, exotismo e perigo.

Na África do Sul assim como no Brasil, o discurso turístico, salvo raríssimas exceções, insiste no registro da generalidade e da redução. A despeito das distâncias históricas e estruturais que separam as *townships* das nossas favelas, bem como das diferenças internas que as singularizam, pobreza e violência, em ambos os casos, são acionadas como elementos de equivalência que remetem a um Sul global carente, indistinto e sedutor (Steinbrink, 2012). Aliás, é importante deixar claro ao leitor que atividades turísticas também ocorrem periodicamente nas áreas segregadas do rico Norte: turistas podem usufruir dos *gangster tours* em Los Angeles e dos *gospel tours* do Harlem (Nova York), para citar apenas dois exemplos. O que chamo de *tours de pobreza*, contudo, apresenta um caráter sociogeográfico particular: diz respeito a territórios — favela, *townships*, *slums* — que habitam a imaginação internacional como uma metonímia e uma metáfora para subdesenvolvimento e iniquidade. Se as megacidades têm funcionado como um atalho cognitivo para as condições urbanas e humanas do Sul (Roy, 2011), não é excessivo afirmar que a *genérica Third World slum* constitui sua geografia icônica. O mercado turístico se faz valer justamente dessa moldura interpretativa para vender *slums/townships/*favelas como o itinerário mais adequado para que a realidade da megacidade seja descortinada e apreendida.

O poder público, lá e aqui, a princípio ignorou (e muitas vezes reprovou abertamente) a existência dos crescentes fluxos turísticos em direção a áreas da cidade que sempre se procurou esconder, sobretudo do olhar estrangeiro. A bem da verdade, como demonstram Frenzel, Koens e Steinbrinck (2012), atitudes de negação e rejeição marcam os primeiros estágios de desenvolvimento do que os autores chamam de *slum tourism* em diferentes partes do mundo. Uma longa lista de exemplos poderia ser citada para corroborar o que digo, tanto em relação às *townships* quanto às favelas, mas recorro à eloquência da matéria publicada na revista *Veja* por ocasião do 45º Congresso Mundial da American Society of Travel Agents (Asta), evento que reuniu no Rio de Janeiro alguns dos milhares de profissionais do setor turístico em outubro de 1975. Observe-se o que é dito daquela que seria, duas décadas depois, a nossa favela turística por excelência:

> E mesmo a paisagem em torno do Hotel Nacional, local das reuniões diárias, foi habilmente modificada para não chocar os visitantes. Assim a feia

favela da Rocinha, próxima e fatalmente visível, foi dissimulada por muro e cartazes publicitários. Até mesmo a bica de água, onde os favelados lavam suas roupas, foi mudada das proximidades da pista de acesso do túnel Dois Irmãos para o interior da favela [O congresso do turismo, 1975:63-64].

Atualmente, os *township tours* e os favela *tours* são não apenas tolerados, mas recebem incentivos públicos, constituindo-se em alvo de políticas públicas específicas. Nos dois casos, a pobreza territorializada nos enclaves urbanos converte-se em pobreza turística e, ao mesmo tempo que se veem sob a mira de ações arbitrárias e muitas vezes violentas, essas localidades e suas populações recebem investimentos governamentais diretamente ligados à promoção do turismo. Provocada pelo convite das organizadoras dessa coletânea, sugiro que o caráter aparentemente ambíguo dessas políticas públicas pode oferecer um chão empírico interessante para pensarmos possíveis atualizações da noção de governamentalidade de Michel Foucault. Como observa Ahluwalia (2010), Foucault usou o termo governamentalidade pelo menos de três maneiras diferentes: para descrever a "conduta da conduta" em geral; na análise das diferentes mentalidades ou racionalidades que sustentam o governo; e para se referir a uma prática historicamente específica de regras que emergem na Europa ocidental do século XVIII, mas que é contemporaneamente associada ao neoliberalismo do final do século XX. Essa abordagem analítica, a despeito de sua imprecisão, parece-me particularmente interessante porque permite a comparação entre racionalidades governamentais concorrentes, suas sobreposições no tempo e no espaço, sua visibilidade e sua invisibilidade.

É importante esclarecer, contudo, que o uso que faço de Foucault vem, em larga medida, informado por um diálogo com o paradigma das novas mobilidades (Urry, 2007; Elliot e Urry, 2010), o qual propõe, em linhas gerais, uma teorização do "mundo social" como uma vasta coleção de práticas econômicas, sociais e políticas, bem como de infraestruturas e ideologias, que envolve, demanda ou (im)possibilita a movimentação de pessoas, objetos, informações e imagens. O desafio passa a residir na identificação e compreensão dos sistemas lógicos que potencializam ou inibem, em determinados momentos e contextos específicos, a mobilidade de uns e não de outros. A capacidade de experimentar a mobilidade ou a imobilidade define, portanto, a sociedade contemporânea como uma sociedade permanentemente *on the move*.

Ao longo do século XVIII, a mobilidade, em suas diferentes acepções, colocou desafios de inéditas proporções à soberania dos Estados nacionais. Uma das respostas encontradas para o enfrentamento desses desafios foi, segundo Foucault, a busca da governamentalidade sobre as respectivas populações. O fato de as sociedades modernas conceberem a "população" como uma entidade passível de inteligibilidade é chave para sua efetiva governamentalidade. Governar, para Foucault (1991:31), implica "uma forma de vigilância e controle tão atenta como a do chefe de família sobre a sua casa e seus bens". A partir do século XIX, a governamentalidade passa a envolver não apenas um território com uma população fixa, mas uma população móvel, deslocando-se pelo território e além dele. Nesse sentido, a soberania de Estado seria exercida sobre territórios, populações e, como observa John Urry (2007), sobre o movimento dessas populações em dado território. Os aparatos de segurança voltam-se para "populações", mas estas encontram-se cada vez mais dispersas e em movimento, dificultando seu controle, mensuração e rastreamento. Não por acaso, sofisticam-se os sistemas que permitem a localização e a plotagem das populações, bem como o acesso físico e virtual a elas. A criação do passaporte é apenas uma marca, entre tantas outras, desse sistema de controle.

A noção de governamentalidade complica a formulação do poder como simplesmente binário e aponta para sua complexidade quando exercido por meio do que Foucault chama de "práticas de liberdade", como é o caso do turismo. O repertório de ações e estratégias direcionadas para — outra expressão de Foucault — "conduzir as condutas" do turismo nas *townships* e favelas tem-se multiplicado nos últimos anos. São muitos os exemplos, mas evoco duas experiências recentes que se caracterizam pela confluência entre macrotecnologias (Estados e autoridades sociais governando territórios e populações) e microtecnologias (indivíduos se relacionando e governando a si mesmos) resguardadas sob o "manto mágico dos megaeventos esportivos": o programa federal de incentivo às hospedagens domiciliares em Soweto e o programa conhecido como Rio Top Tour, do Ministério do Turismo brasileiro. Comecemos por Soweto.

O Plano de Desenvolvimento Turístico de Soweto foi formulado tendo como principais objetivos a transformação social, o desenvolvimento econômico, a geração de trabalho decente e a constituição de um mercado de turismo doméstico. O relatório prevê que "até 2013, o turismo será reconhecido como a maior potência econômica de Soweto" (Soweto, 2007). Incluído em um projeto mais amplo de revitalização urbana, produto de uma estreita aliança entre o governo municipal, o governo da província de Gauteng e o setor privado, o plano ganhou fôlego com a seleção da África do Sul como país sede da Copa do Mundo de Futebol realizada em 2010.

KLIPTOWN, VISTA DO SOWETO HOTEL AND CONFERENCE CENTER

Kliptown, vista do Soweto Hotel and Conference Center, pode ser visitada — e fotografada — pelos turistas.
Fonte: Bianca Freire-Medeiros (acervo da pesquisadora), 2011.

Diante daqueles objetivos nada modestos, foi desenhado um conjunto de medidas para fazer de Soweto um lugar não apenas de visitações de curta duração, mas também de compras e, principalmente, de hospedagem durante a Copa do Mundo. Duas ações complementares foram postas em prática. Por um lado, investiu-se na inauguração do primeiro hotel localizado em uma *township*, o Soweto Hotel and Conference Centre. Estrategicamente localizado no centro histórico (praça Walter Sisulu), o hotel dispõe de 48 quartos, incluindo duas suítes presidenciais, além de uma vista privilegiada para Kliptown, uma das áreas mais pobres de Soweto.

Por outro lado — e é o que me parece mais interessante — foi idealizado um pacote de ações para incentivar a conversão de residências em hospedagem do tipo cama e café (*bed and breakfast* ou *B&B*). O governo disponibiliza aos residentes — agora vistos como microempresários — um programa de marketing conjunto, um sistema centralizado de reservas (voltado para a alocação justa de hóspedes entre os vários *B&B*s), além de um rígido protocolo de normas (incluindo inspeção regular dos estabelecimentos).

"AUTOGOVERNO" NAS RESIDÊNCIAS CONVERTIDAS EM HOSPEDAGEM PARA A COPA DO MUNDO DA FIFA DE 2010

Fonte: Bianca Freire-Medeiros (acervo da pesquisadora), 2011.

Cada integrante do programa assina um compromisso com o que é designado como "o mercado justo do turismo na África do Sul". O documento, que deve ser exibido na porta de entrada dos estabelecimentos, faz referência tanto a princípios e noções bastante amplos e imprecisos — *fair share*, democracia, respeito, direitos humanos, cultura e sustentabilidade — quanto a ações práticas que, a princípio, ultrapassam os limites do turismo *stricto sensu*: promoção da igualdade de gênero, conscientização sobre HIV/Aids etc. Note-se que as formas de governo operam aqui não através da restrição e limitação da liberdade ou da coerção externa, mas justamente através da atribuição de liberdade e autonomia aos "empreendedores". Em conjunto, essas ações incentivam o que Foucault chama de "autogoverno" centrado na otimização do desempenho e na expansão do controle entre os pares.

E o que dizer da experiência carioca? O programa Rio Top Tour insere-se no contexto das várias ações que estão sob o guarda-chuva da política das unidades de polícia pacificadora (UPPs). Vários autores têm abordado esse tema em sua complexidade (Silva, 2010; Rodrigues e Siqueira, 2012), mas gostaria apenas de lembrar que, entre as justificativas apresentadas pelo governo do estado para instalação da maior parte das UPPs na Zona Sul, Centro e Zona Norte, está a de que aí se concentram favelas em áreas próximas ao chamado eixo turístico-econômico da cidade. Aqui também o mantra dos megaeventos esportivos ecoa repetidas vezes em uma só voz.

O lançamento espetacular do programa Rio Top Tour ocorreu em agosto de 2010, na favela Santa Marta. Situada em uma encosta extremamente íngreme do bairro de Botafogo, a localidade ganhou destaque na mídia, sobretudo a partir dos anos 1980, devido aos constantes conflitos envolvendo diferentes facções de traficantes armados — que disputavam o domínio do território e o monopólio da venda de drogas — e a polícia carioca — que vez ou outra fazia incursões militarizadas no morro. Em dezembro de 2008, o Santa Marta passa a ganhar outra visibilidade nos meios de comunicação nacionais e internacionais, agora não mais em virtude dos conflitos armados, mas sim como exemplo paradigmático da retomada do monopólio da força pelo Estado através de um "novo" modelo de policiamento de perfil comunitário, representado pela implementação da primeira Unidade de Polícia Pacificadora.

Na cerimônia de inauguração do programa Rio Top Tour, o Santa Marta recebeu o então presidente Lula, o governador Sérgio Cabral e o prefeito Eduardo Paes. O discurso oficial reproduzido na mídia referia-se ao programa como uma possibilidade de aproveitar o potencial turístico das comunidades carentes a partir da inclusão dos próprios moradores, que teriam condições para se qualificar e investir em atividades locais econômicas, sociais e esportivas. A intenção seria criar roteiros turísticos nas favelas com UPPs e estimular os turistas a fazerem passeios com alguns moradores, aos quais seria dada a oportunidade de se profissionalizar como guias de turismo. É possível notar que o turismo opera aqui como elemento de convergência, além do bem e do mal, um equivalente de inclusão social e de possibilidade de negócios.

Se a hegemonia da Rocinha como favela turística era incontestada até bem pouco tempo, hoje o Santa Marta aparece como um forte concorrente ao título (Freire-Medeiros, Vilarouca e Menezes, 2012). Enquanto a primeira se consolidou no mercado turístico a despeito da resistência dos vários governos, o Santa Marta, como atração, surge justamente como produto de uma política pública dos governos em seus três níveis. Entre os atrativos turísticos que existem no morro, destaca-se o mirante onde se encontram a estátua de Michael Jackson, de autoria do artista plástico Igi, e o mosaico desenhado por Romero Britto, ambos feitos sob encomenda do poder público.[4] A realização desse marco turístico na favela não deixa de ser irônica se nos lembrarmos das polêmicas em torno da visita do astro do *pop* ao Santa Marta, em 1996 (Freire-Medeiros, 2009b).

---

[4] Alguns moradores questionam o fato de tal marco turístico ser chamado de Laje do Michael Jackson e não haver qualquer referência no presente ao seu antigo nome — Laje do Ambulatório do Dedé —, homenagem ao morador que contribuiu ativamente para a melhoria da prestação de serviços no Santa Marta.

A GEOGRAFIA TURÍSTICA DA FAVELA SANTA MARTA

O território é localizado em relação a outras atrações da cidade e em função de seus marcos oficiais de visitação.
Fonte: Bianca Freire-Medeiros (acervo da pesquisadora), 2010.

Mas nem só de governos se faz a governamentalidade, já nos dizia Foucault. A articulação com parceiros do terceiro setor (Sebrae, entre outros), com instituições de ensino e pesquisa (incluída a Fundação Getulio Vargas) e com agentes do *trade* turístico é fundamental para apresentar o Rio Top Tour como "prática desinteressada".

Os dois casos apresentados aqui, me parece, são bons exemplos de como as relações de poder inscritas no campo do turismo aparecem embaçadas pelas estatísticas oficiais e índices de negócio que enfatizam seu caráter apolítico e gerencial. Ainda que, como sublinha Urry (1990), a própria capacidade de olhar inaugurada com o turismo moderno conforme e reproduza relações entre poder e saber das mais variadas ordens, o recurso a técnicas de auditoria, avaliação, *benchmarking*, parceria e criação de atores autorregulados passa a impressão de uma enorme distância entre o turismo e os *loci* tradicionais de autoridade e poder.

Não ignoro os valiosos esforços dos sociólogos e antropólogos voltados à investigação das políticas de turismo. Mas ainda são escassos os estudos que tomam o turismo como política *per se*, isto é, como um mecanismo político, como uma ferramenta e uma estratégia, como um método e uma tática capaz de reger a sociedade civil e de conduzir politicamente os atores sociais. Em contexto neoliberal, a governamentalidade supõe sujeitos sociais que, na busca "voluntária" por autoconhecimento e por realização dos desejos na esfera do mercado, adotam as funções reguladoras do governo. O que as ações brevemente examinadas aqui nos mostram é que não se trata de um recuo da ação governamental, mas antes de uma reformulação das estratégias, táticas e procedimentos de regulação das subjetividades livres que conforma a própria condição de possibilidade do exercício do governo em territórios estigmatizados como as *townships* e as favelas.

Referências

AHLUWALIA, P. *Out of Africa*: Post-Structuralism's Colonial Roots. Nova York: Routledge, 2010.
BREMNER, L. Reinventing the Johannesburg Inner City. *Cities*, Philadelphia, PA, v. 17, n. 3, p. 185-193, 2000.
CENTER ON HOUSING RIGHTS & EVICTIONS (COHRE). *Any Room for the Poor?* Forced evictions in Johannesburg, South Africa. Johanesburgo, 2005. Disponível em: <www.cohre.org/news/documents/south-africa-any-room-for-the-poor-forced--evictions-in-johannesburg>. Acesso em: maio 2011.
ELLIOT, A.; URRY, J. *Mobile Lives*. Nova York: Routledge, 2010.
FOUCAULT, M. Governmentality. In: BURCHELL, G.; GORDON, C.; MILLER, P. (Ed.). *The Foucault Effect*: Studies in Governmentality. Chicago, IL: University of Chicago Press, 1991. p. 87-104.
FREIRE-MEDEIROS, B. *A construção da favela carioca como destino turístico*. Rio de Janeiro: Cpdoc, 2006. Disponível em: <http://bibliotecadigital.fgv.br/dspace/handle/10438/4138>. Acesso em: jul. 2014.
_____. *Gringo na laje*: produção, circulação e consumo da favela turística. Rio de Janeiro: FGV, 2009a.
_____. The Favela and its Touristic Transits. *Geoforum*, v. 40, p. 580-588, 2009b.
_____. *Touring poverty*. Nova York: Routledge, 2013.
_____; VILAROUCA, M.; MENEZES, P. *Gringos no Santa Marta*: quem são, o que pensam e como avaliam a experiência turística na favela. Rio de Janeiro: Cpdoc, 2012. Disponível em: <http://bibliotecadigital.fgv.br/dspace/handle/10438/10300>. Acesso em: jul. 2014.
FRENZEL, F.; KOENS, K.; STEINBRINCK, M. (Ed.). *Power, Ethic and Politics in Global Slum-Tourism*. Abington, MA: Routledge, 2012.
HALNON, K. B. Poor Chic: The Rational Consumption of Poverty. *Current Sociology*, v. 50, n. 4, p. 501-516, jul. 2002.
KIHATO, C. Governing the City? South Africa's Struggle to Deal with Urban Immigrants after Apartheid. *African Identities*, v. 7, n. 2, p. 261-278, 2007.
MBEMBE, A.; NUTTALL, S. (Org.). *Johannesburg*: The Elusive Metropolis. Londres: Duke University Press, 2008. p. 351-354.

MENEZES, P. *Gringos e câmeras na favela da Rocinha*. Monografia (bacharelado) — Departamento de Ciências Sociais, Universidade do Estado do Rio de Janeiro, Rio de Janeiro, 2007.

O CONGRESSO do turismo. *Veja*. São Paulo, n. 372, p. 63-64, 22 out. 1975. Disponível em: <http://veja.abril.com.br/acervodigital/home.aspx>. Acesso em: jul. 2010.

RODRIGUES, A.; SIQUEIRA, R. As unidades de polícia pacificadora e a segurança pública no Rio de Janeiro. In: _____; _____; LISSOVSKI, M. (Org.). Unidades de polícia pacificadora: debates e reflexões. *Comunicações do ISER*, Rio de Janeiro, ano 31, n. 67, 2012.

ROY, A. Slumdog Cities: Rethinking Subaltern Urbanism. *International Journal of Urban and Regional Research*, v. 35, n. 2, p. 223-238, 2011.

SILVA, L. M. da. "Violência urbana", segurança pública e favelas: o caso do Rio de Janeiro atual. *Caderno CRH*, Salvador, v. 23, n. 59, 2010.

SOWETO. Tourism Development, 2004-2005. Johanesburg, 2007. Disponível em: <www.johanesburg.org>. Acesso em: jul. 2010.

STEINBRINK, M. "We Did the Slum!": Urban Poverty Tourism in Historical Perspective. *Tourism Geographies: An International Journal of Tourism Space, Place and Environment*, v. 14, n. 2, p. 213-234, 2012.

URRY, J. The "Consumption" of Tourism. *Sage Journals Sociology*, v. 24, n. 1, p. 23-35, 1990.

_____. *Mobilities*. Cambridge: Polity, 2007.

WINKLER, T. Prolonging the Global Age of Gentrification: Johannesburg's Regeneration Policies. *Planning Theory*, v. 8, n. 4, p. 362-381, 2009.

PARTE III
PRESOS DO LADO DE FORA: PERIFERIAS, QUILOMBOS, FAVELAS E OCUPAÇÕES

CAPÍTULO 9

Regimes de diferenciação, registros de identificação: identidades, territórios, direitos e exclusão social*

VÉRONIQUE BOYER

O PONTO DE partida desta discussão sobre os regimes de diferenciação e os registros de identificação é a reflexão suscitada pelo título que as organizadoras deram a este colóquio: "Presos do lado de fora: periferias, quilombos, favelas e ocupações". Inicialmente, pode parecer estranho que populações tão diferentes sejam reunidas sob um único título. Pois se são de fato consideradas diferentes, à parte das regras que regem habitualmente a sociedade, é por motivos bastante diferentes. Algumas são isoladas em razão de sua suposta periculosidade para o resto do corpo social: é o caso das favelas, com o argumento da predominância do narcotráfico, e das ocupações, com o argumento do respeito à propriedade privada. Para outras, ao contrário, o objetivo buscado é o inverso: não se trata de separar determinados grupos para proteger as populações ao redor, mas sim de proteger os grupos em questão de agressões exteriores. Aí a delimitação de fronteiras espaciais visa dar segurança a quem está do lado de dentro: é o que acontece com a demarcação das terras das chamadas minorias, para quem se atribui uma história e uma cultura diferenciadas. A intenção do Estado é, sem dúvida, virtuosa, e só se pode concordar em amparar por lei os mais frágeis. Mas quando a proteção é concedida dentro dos limites de um território determinado e em nome de uma diferença intrínseca, essa não pode ser lida e vivenciada também, de certa forma e em alguns casos, como um aprisionamento "do lado de fora"?

Essa observação é inspirada pelo argumento de Veena Das e Deborah Poole (2004:24) quando afirmam que o Estado desenvolve técnicas de conhecimento e de poder para tornar as populações situadas nas suas margens *legíveis*. Pois se a

---

* Tradução do original francês por Lia de Mattos Rocha, doutora em Sociologia pelo Iuperj/Ucam e professora da Uerj.

entidade, chamada outrora e ainda hoje, de "povo", é percebida como festiva, corajosa, religiosa, ela aparece também, muitas vezes, no discurso do Estado e dos dominantes, como incontrolável, multiforme, ameaçadora — um sentimento reconstituído no título *Classes laboriosas e classes perigosas* dado pelo historiador Louis Chevalier (1978) a seu livro sobre a França do século XIX.

É nessa perspectiva que gostaria de examinar as orientações políticas atuais em que o Estado adota as categorias jurídicas e legais baseadas no pressuposto de identidades obviamente diferenciadas, historicamente e culturamente fundamentadas. Parece-me, na verdade, que podemos e devemos nos questionar se essas políticas, enunciadas como tentativas de reverter a desigualdade resultante da história do país, através da atribuição de diversos direitos especiais, não remetem também a tentativas renovadas de colocar ordem na desordem do "povo". Essa organização das margens passa pela busca de correspondências entre os agenciamentos territoriais e populacionais. Por um lado, procura-se homogeneizar, ou afirmar, a homogeneidade de uma população ocupando um dado território. Por outro lado, busca-se desenhar e estabelecer limites claros entre os "grupos/territórios" identificados: aqui a terra de indígenas, aí de quilombolas, lá de povos tradicionais etc. Esse processo, que pode ser qualificado de territorialização cultural, para retomar a expressão de Akhil Gupta e James Ferguson (1997:4), ou ainda de mapeamento cultural, leva à criação de um mosaico de espaços com qualidades diferentes.

Na primeira parte deste capítulo, irei discutir as bases da construção e aplicação das categorias legais, em particular o papel atribuído à história e a cultura. Considerando a inscrição espacial dessas diferenças a partir de exemplos amazonenses, irei em seguida abordar as tensões surgidas entre os grupos que assumem identidades distintas, mas ocupam posições sociais análogas. Terminarei retornando ao denominador comum entre esses grupos e seus vizinhos sem identidade jurídica, a saber, sua fragilidade social e sua situação de dependência.

A diferença em busca de igualdade como base da ação do Estado

Com a Constituição de 1988, os direitos fundamentais de vários grupos minoritários são reconhecidos e/ou reafirmados. No intuito de concretizar esses direitos e de facilitar sua efetivação, o Estado consolida ou cria categorias jurídicas, tais como os povos indígenas, as comunidades remanescentes de quilombo e os povos tradicionais, onde se encaixarão grupos sociais reais. A definição legal dessas primeiras categorias coloca uma ênfase maior sobre dois elementos, a saber, a história e a cultura. Por um lado, cada uma delas é associada a uma história específica dentro da formação histórica do país: a história da conquista para os povos indígenas, a história da escravidão para comunidades remanescentes de quilombo. Mais difícil a princípio é caracterizar com uma palavra só a singularidade da história dos povos tradicionais no Brasil inteiro, mesmo se, para a Amazônia, a consolidação do sistema socioeconômico do aviamento, que vigora do século XIX até os anos 1970 (em algumas regiões), parece uma boa proposta. Por outro lado, afirma-se que os grupos representativos de uma ou outra categoria têm uma cultura própria que, sem muita dificuldade, poderia ser distinguida da cultura brasileira no geral. Como prova disso, aponta-se, às vezes, para o uso de um idioma outro que não o português, outras vezes para uma organização social (sistema de parentesco, sistema religioso etc.) ou práticas econômicas peculiares (agroextrativismo ou autoconsumo, por exemplo). Nessa esfera da "cultura" encontra-se também a relação específica com o território, a natureza e o meio ambiente que os grupos viriam a desenvolver (através da "comunhão", do "respeito", da "memória" etc.).

É conveniente notar que os termos história e cultura não parecem participar da mesma forma da sustentação das classificações jurídicas. A primeira noção permite situar as categorias na história nacional, possibilitando traçar seus contornos administrativos (tratando-se da história da conquista, o objeto da categoria serão, logicamente, os indígenas; tratando-se da história da escravidão, o objeto serão os quilombolas, e se for considerada plausível a proposta do aviamento para a última categoria, ela acolherá os povos tradicionais), enquanto a segunda deveria contribuir para lhes dar um conteúdo a partir de um conjunto de traços consideravelmente fluidos. De fato, excetuando-se a diferença linguística reservada aos indígenas, os elementos "culturais" indicados como sinais de diferença são análogos para todas as categorias: as populações, quer elas sejam indígenas, quilombolas ou tradicionais, supostamente deveriam ter laços mais harmoniosos com seu meio que os outros; elas produziriam todo o necessário para seu próprio consumo; seu sistema de parentesco e seu sentimento religioso deveriam contrastar com as formas "habituais" etc. — sem um maior desenvolvimento do que faria a especificidade de cada categoria,[1] que seria previamente estabelecida por suas histórias.[2]

---

[1] Tal incapacidade das categorias administrativas de dotar-se de conteúdo que as distinga de outras não tem nada a ver com a singularidade de um grupo social que a pesquisa etnográfica pode, ou não, evidenciar.

[2] A indefinição em torno da caracterização das culturas não significa, em nenhum caso, que o princípio de sua diferença não tenha importância. Ao contrário, a inclusão de um grupo social

Assim, o Estado não apreenderia claramente as bases da diferença entre a "cultura" própria de cada categoria, a não ser aquelas referidas à sua "história" e, nesse caso, a referência à cultura revela-se menos eficaz que o recurso à história para distribuir os grupos concretos entre as categorias jurídicas. A qualificação destas últimas, enquanto "étnica" ou "etnorracial" parece também referir-se não a uma cultura que não se deixa definir, mas sim à forma como suas histórias são caracterizadas (pela conquista, que aniquilação, ou pela escravidão, que corrompe): o registro da etnia é suficiente para manter a distância os povos indígenas, que o senso comum representa como distantes; ele é intensificado pela raça, no caso dos quilombolas e dos negros em geral, percebidos como mais próximos da fantasmagórica norma branca. Estranhamente, os povos tradicionais (geograficamente distantes, como os indígenas, mas com múltiplas raízes, como os quilombolas) se distinguem mais uma vez, já que não seriam nem etnia nem raça.

Como antropólogos, nós estamos em posição particularmente privilegiada para compreender as hesitações a respeito das classificações. Nós sabemos de fato que, muitas das vezes, esses critérios culturais não são tão evidentes em sua aplicação, e até nem pertinentes para as realidades com as quais lidamos, para as situações concretas que observamos. Nós estamos conscientes de que grupos incluídos em categorias legais diferentes podem, entretanto, apresentar um "baixo grau de distintividade" cultural (Oliveira Filho, 1999:99) e não nos espantamos quando as pessoas se referem eventualmente a diversas "identidades" em função dos seus interlocutores e do contexto. Compreendemos enfim que um grupo se considera diferente quando a sociedade lhes nega o direito de sê-lo (problema que enfrentam os "índios ressurgidos"), assim como não nos surpreendemos quando outros grupos não se veem como diferentes, e são discriminados assim mesmo (os "caboclos", sistematicamente inferiorizados, por exemplo). A lista certamente poderia se estender, mas o objeto deste texto não é a teoria antropológica — até porque uma vasta literatura nacional e internacional já trata desse tema.

Gostaria de retornar aos termos história ou cultura, mencionados anteriormente, não mais para sublinhar a diferença do papel que cada um desempenha na construção das categorizações institucionais, mas para tentar precisar as maneiras pelas quais, em conjunto, aqueles se articulam a estas. Parece-me

---

em uma categoria jurídica, e assim sua associação a uma história específica, dá início a uma série de expectativas por parte das autoridades sobre o tipo de "cultura" que deveria apresentar. Mas trata-se mais de estereótipos do que da forma como o grupo se organiza e representa o coletivo que constitui. Ver adiante.

que podemos distinguir entre duas modalidades em que a relação entre, de uma parte, o social estudado pela história e pela antropologia e, de outra parte, as categorias jurídicas e administrativas se invertem quase que completamente. Essas modalidades remetem, de fato, a momentos diferentes do trabalho do Estado. No primeiro deles, parte-se da posição de um segmento da população na história e/ou do tipo de cultura que ele deveria supostamente apresentar para tentar definir os contornos de uma categoria legal. É o tempo da consultação e, entre outros interlocutores, a antropologia foi bastante solicitada. Partindo de estudos de casos singulares, os pesquisadores contribuíram com propostas de definições mais abertas. A ressemantização do quilombo,[3] partindo da noção histórica e cada vez mais dilatada para abranger um maior número de grupos sociais, me parece um bom exemplo de uma lógica que abre espaço para a negociação e renegociação de sentidos. Sobre a base desse diálogo (por vezes robusto), efetua-se o trabalho legislativo durante o qual se reflete sobre a maneira adequada de responder às necessidades dos grupos que serão incluídos numa categoria.

Levando em conta a especificidade que já é de uma categoria legal e não mais dos grupos concretos, definem-se os direitos aos quais ela dá acesso e a forma que vão assumir. Para dar o exemplo da educação, o número de alunos para abrir uma nova turma escolar é de seis crianças para os indígenas e de 20 para os quilombolas. Também se pode mencionar o regime territorial que vigorará: trata-se, para os indígenas, de "terras indígenas" com uma concessão de uso sem propriedade do subsolo; para os quilombolas, de uma propriedade plena e coletiva da terra, e, para os povos tradicionais, de reservas extrativistas com concessão de uso da terra mediante o respeito do manejo florestal.

No entanto, existe também outra modalidade em que o ponto de partida encontra-se, dessa vez, na própria nomenclatura institucional. Nesse caso, e este comentário vai no sentido do argumento de Talal Asad (2004:283),[4] é do pertencimento de um grupo a uma categoria jurídica que se deduz que ele apresentará tais traços culturais e que ele se origina em tal história. Essa lógica não corresponde mais ao momento da reflexão e da elaboração de uma tipologia, mas sim ao tempo da ação do Estado. E é nessa fase que se constrói de modo visível o mosaico espacial, a territorialização cultural que evoquei na introdução. A implementação de uma "divisão administrativa do trabalho" com uma especialização institucional, em função das categorias legais, reflete esse processo. Assim, os povos indígenas dependem da Fundação Nacional do Índio

---

[3] Ver, por exemplo, o texto clássico de Afredo Wagner Berno de Almeida (2002).
[4] "O ato de categorizar implica sempre a abstração de um contexto e sua aplicação a outro contexto" (do original francês).

(Funai), enquanto os dossiês quilombolas são tratados num departamento reservado pelo Instituto Nacional de Colonização e Reforma Agrária (Incra), e os povos tradicionais são geridos pelo Instituto Brasileiro do Meio Ambiente e dos Recursos Naturais Renováveis (Ibama). Vale notar que, neste último caso, a proteção dada pelo Estado é mais ambivalente que nos precedentes, pois não têm a segurança total de conservar o domínio da área onde vivem e trabalham.

O objetivo anunciado é compensar as injustiças que, no passado, o Estado, seus representantes e aliados cometeram; permitir que os descendentes daqueles que sofreram e foram espoliados possam agora viver em paz, do jeito que querem. E de fato, os grupos sociais que conseguem incluir-se em uma dessas categorias especiais, e levar até o fim o processo do seu reconhecimento, beneficiam-se de direitos e programas governamentais — os quais permito-me repetir, são diferentes em função da escolha feita.

A inscrição espacial das diferenças: a formação dos "grupos/territórios"

Durante um seminário sobre conflitos socioambientais e direitos humanos numa cidade da Amazônia, onde se esbarravam militantes de ONGs, universitários, representantes de instituições públicas e lideranças, um padre da Comissão Pastoral da Terra afirmou que 99% dos conflitos são gerados pelo governo. Citando exemplos clássicos de madeireiras e sojeiros ocupando a região através de "laranjas", e de fazendeiros grilando terras com altas cumplicidades, explicou que as políticas de colonização tinham por objetivo fornecer matérias-primas e que o governo tinha interesse "no lucro, e não nas pessoas". Várias outras pessoas intervieram também para denunciar a venda de terras públicas pelas autoridades do estado, a falta de vontade de fiscalização por parte dos órgãos responsáveis, bem como sua extrema lentidão na demarcação das terras. Não é necessário insistir nesse aspecto, pois uma ampla bibliografia trata do tema.[5]

O que me chamou mais atenção na fala do padre foi quando, após ter denunciado o governo, que "nos trata como lixo", ele encerrou detalhando esse coletivo de "pequenos" padecendo da ausência de visão política: "o povo quilombola, o povo indígena, o povo tradicional". A enumeração visava, sem dúvida, salientar a riqueza e a diversidade da população amazônica, mas ela estava ao mesmo tempo tornando "invisíveis", no seu discurso, todos aqueles que não se enquadram nas categorias administrativas. Ela estava, além disso, postulando

---

[5] Como exemplo, consultar Cavignac (2006), Ayala e Brustolin (2008) ou Zigoni (2008).

uma convergência tão grande de interesses entre os "povos" citados que qualquer dissensão entre eles era simplesmente inconcebível.[6]

Contudo, um pouco mais cedo, uma líder indígena fez uma intervenção que, para além dos conflitos com os fazendeiros, designava claramente — mas sem citar nenhum nome — os "quilombolas" vizinhos a sua aldeia como os adversários: "Alguns dizem que não somos índios, mas os nossos bisavós nasceram lá e os quilombolas querem pegar a nossa frente", isto é, seu acesso à várzea. Essa declaração é interessante de diversos pontos de vista, a começar por jogar luz sobre as possíveis fricções entre os "pobres" pertencentes a diferentes categorias jurídicas.

Ora, pouca atenção foi dada, até agora, às tensões que surgem eventualmente entre grupos que ocupam posições sociais análogas, mas que, perante a administração, pretendem assumir ou assumiram identidades distintas e aparecem, assim, diferenciados. No entanto com um pouco de atenção é possível notar como menções a esse tipo de casos se tornam mais recorrentes nas listas de discussão sobre o tema das minorias e também na literatura especializada.[7] O assunto em si constitui, portanto, um objeto de reflexão antropológica.

Deparei-me com vários conflitos desse tipo, mais ou menos expostos segundo a situação, no decorrer de uma pesquisa desenvolvida nos últimos anos na Amazônia, primeiro entre grupos quilombolas e, mais recentemente, entre grupos indígenas.[8] Para ficar mais claro ao leitor, ilustrarei meu argumento com uma curta descrição de exemplos. Num povoado, a comunidade se encontrava dividida entre dois campos, um que desejava ardentemente "se tornar" quilombola, e outro lutando para que "nada mudasse". Bem distante de lá, em outra aldeia, a metade dos habitantes gostaria igualmente de obter seu reconhecimento enquanto quilombola, mas a outra metade defendia sua integração a uma reserva extrativista próxima, o que implicava fazer valer uma identidade de seringueiros. Numa outra parte ainda da Amazônia, o problema estava entre duas comunidades vizinhas, ligadas por inúmeros laços de parentesco, uma delas querendo se tornar indígena após a outra ter conseguido seu reconhecimento pela Fundação Palmares como quilombola. Poderíamos acrescentar a essa lista

---

[6] Outro elemento foi a utilização, pelo padre, do pronome "nós", que indica uma identificação pessoal com os "pequenos", numa variante da "realidade discursiva da emoção", perceptível, segundo André Corten (1995:13), na linguagem da teologia da libertação e no pentecostalismo.
[7] Alguns exemplos podem ser citados: Figueroa (2007), Santos (2006), Silva (2008).
[8] O fato de algumas demandas de reconhecimento estarem tramitando em diversos órgãos governamentais impõe o sigilo a fim de não arriscar qualquer interferência com o processo. Por motivos éticos, não darei, portanto, precisão nenhuma sobre o nome dos povoados ou das regiões onde se localizam.

o caso de pessoas ou famílias, moradoras de um lugarejo até agora sem identidade, que, depois de se filiarem à associação quilombola do povoado vizinho e ficarem "decepcionadas", [9] queriam juntar-se ao movimento indígena ou, no Acre, o de seringueiros que se afirmam doravante indígenas (Pantoja, 2004).

Alguns antropólogos interpretam o número crescente de pedidos de reconhecimento junto à Funai ou à Fundação Palmares como a reivindicação de uma identidade já presente como uma virtualidade, ou até então escondida por causa da discriminação. Outros, cientes das críticas ao risco de essencialização incorrida, sugeriram apreender o fenômeno como uma disputa para tornar incontestável a existência de seres sociais no palco político (Almeida, 2007). Apesar de receber muito favoravelmente esta última análise, parece-me que ela não permite responder às duas perguntas suscitadas pelos exemplos apresentados acima: como entender que grupos de parentes morando num mesmo território optem por diferentes "identidades" legalizadas? E como explicar essas sucessivas identificações a diferentes categorias?[10]

Apesar da divergência da segunda proposta em relação à primeira, vigora ainda nela, de modo implícito, o pressuposto de uma relação fortíssima entre identidade e território. Dito de outra forma, se a identidade é tão pronta a ressurgir ou a ser investida, é porque a relação do grupo com seu território — e, mais ainda, com seus limites — foi forjada por um passado histórico e uma cultura singular.

Os conflitos que observei entre grupos que se reconhecem como submetidos a uma mesma situação de dominação sugerem, porém, outro viés de interpretação. Eles não chamam exatamente atenção para a afirmação de uma identidade singular que coincidiria com os limites do espaço geográfico que cada um deles ocupa. Melhor dizer que chamam a atenção — e isto sim, com muita força — para a importância que assumem para eles os recursos naturais que costumam utilizar para sua subsistência: árvores frutíferas, pesca, caça etc. Trata-se então de mobilizar-se para manter livre seu acesso e conservar seu con-

---

[9] Eles recriminavam a associação quilombola por lhes ter deixado de fora dos "benefícios" obtidos, como as cestas básicas.

[10] Responder a essas perguntas requer levar em conta as trajetórias sociais dos grupos e das pessoas, bem como suas relações com a sociedade mais ampla, sejam elas de patronagem, de cumplicidade política, de dependência econômica etc. Para um exemplo onde o "étnico" é considerado uma relação social entre outras, ver Boyer (2008). Na medida em que esta abordagem coloca em relação a emergência de grupos sociais determinados através da execução de políticas públicas, ela vai ao encontro de trabalhos sobre as lógicas sociais que engendram outras categorias que as étnicas, como a reflexão desenvolvida por Cynthia Sarti (2011) sobre a construção da figura da vítima de violência.

trole. Nessa perspectiva, o problema foge da identidade para se focalizar sobre as condições de reprodução dos grupos sociais. Pode-se considerar em seguida que, para alcançar esse objetivo, lancem mão de várias estratégias, inclusive mudar de categoria legal. Por exemplo, os seringueiros cuja cooperativa fracassou "assumirem-se" como indígenas. Ou um povoado, ameaçado pelo processo de demarcação de vizinhos que se tornaram quilombolas, resolver seguir uma trilha análoga. Esses rearranjos, que evocam as "subversões classificatórias" estudadas há tempos por José Maurício Arruti (1998) no Nordeste, enunciam-se em termos identitários, mas concernem primordialmente ao domínio de recursos.

Essa atual focalização sobre a identidade (seja ela dita real ou usurpada) não deixa de surpreender, já que esquemas analíticos mais flexíveis foram propostos há mais de 10 anos. Uma expressão como "aquilombamento da propriedade dos donos", que Berno de Almeida (2002:29) criou para designar a multiplicação de situações de autoconsumo por parte de famílias de escravos nas fazendas (mas também se poderia pensar em outras), abriu, com efeito, pistas que ficaram inexploradas para questionar o que achamos evidente: a propriedade privada como modelo dominante e aspiração da maioria, e as outras formas de relação com o território como exceção, características de grupos restritos da população. Ora, sem evidentemente negar que os meios de sobrevivência de um grupo se situem num território dado, há de se convir que sua representação sobre seus limites não é necessariamente excludente do grupo vizinho: um e outro podem compartilhar o mesmo espaço de pesca e de coleta. O que eles aceitam então como divisas não impede excursões do outro lado, configurando-se estas como áreas flutuantes onde diversas linhas se cruzam. Tal colocação implica esclarecer como e em que casos essas linhas se tensionam a ponto de gerar fortes dissensões, um objetivo que só pode ser alcançado através do exame minucioso das diferentes definições do pertencimento e dos sucessivos modelos de organização dos grupos: família, comunidade, associação de moradores, aldeia/comunidade quilombola.

Em consequência da falta de esforço antropológico para pensar essas questões de um modo mais amplo, é agora literalmente que se deve entender que o território revela a identidade e que a identidade revela o território. Pois as populações que se reivindicam de uma categoria legal (sua "identidade") devem indicar aos representantes dos órgãos públicos os limites de suas terras (o seu "território"), o que vai desvelando, atestando ou construindo sua "diferença" — ou então "*a mobile, often unstable relation of difference*" (Gupta e Ferguson, 1997:13).

Identidade e território devem se sobrepor para se conformar à lógica das instituições que conferem a propriedade ou o usufruto das terras, pois, para o

Estado, o espaço, quer seu uso seja particular ou coletivo, só é concebido como fechado e estável.[11] É nessa condição que ele se torna "administrável". O ordenamento dos "grupos/territórios" se prolonga dentro das categorias legais. Assim, é preciso declarar-se cocama para ficar numa terra indígena TI cocama, mesmo que você se considere e fale *tikuna*. Constitui-se dessa forma um mosaico de terras com estatutos distintos, ocupadas por uma população que o Estado pensa como homogênea por dentro e diferente de seus vizinhos por fora — e a quem ele atribui direitos especiais. É preciso, portanto, insistir no fato de que não é a declaração identitária em si que suscita o desentendimento — cada um pensando que o outro é livre para se definir como quiser —, mas sim suas implicações.[12]

As dinâmicas locais de diferenciação perante a ação do Estado

O que, de modo evidente, é comum a todos os integrantes dessas categorias legais é sua situação de fragilidade social. Como também é claramente o caso de seus vizinhos não *labelizados*. Aliás, uns e outros têm expectativas análogas em relação à ação do Estado: o que eles pedem e esperam são melhorias no atendimento nas áreas da saúde e da educação, segurança territorial, construção de estradas, auxílio para o escoamento da produção, formas de exercício do poder etc.

Todavia, existe uma grande diferença entre eles. Os primeiros insistem no fato de que, com o reconhecimento do Estado, eles são "amparados por lei" (qualquer que seja a efetividade desse amparo). Os segundos, ao contrário, tendo como único atributo sua condição de "pobres", ficam soltos, misturados no "povo" e compartilham com ele a condição de serem "esquecidos pelas autoridades". Dissolvidos na grande massa dos destituídos, sem poder almejar um tratamento diferenciado e preferencial, encontram-se sem defesa não apenas face às ameaças que emanam dos "grandes", mas também face a outros "pequenos" que, de sua parte, já se encaixaram nas categorias do Estado. Assim, a propósito das fortes tensões entre duas aldeias amazonenses que, após a declaração identitária de uma delas, reivindicaram uma o controle e a outro o acesso aos recursos naturais anteriormente compartilhados razoavelmente, uma advo-

---

[11] Essa obervação vai no sentido da análise de Arjun Appadurai (2005:48): "os Estados se esforçam para conter a diversidade étnica existente em territórios culturais fixos e fechados [...]. O culturalismo, em resumo, é a política identitária elevada ao nível do Estado-nação".

[12] Por isso, no caso de tensões entre "pequenos", é a identidade reivindicada em reação a uma outra que constitui uma boa ilustração das "identidades construídas no conflito" estudadas por Berno de Almeida (2002).

gada funcionária de uma ONG que presta serviços às comunidades da região admitiu, a contragosto: "o direito dos quilombolas [mas poderia ser dos indígenas, permito-me acrescentar] sempre prevalece sobre o direito do cidadão comum".[13] Pois, em caso de contestação, o "cidadão comum" não tem recursos institucionais nem agentes de mediação para ajudá-lo. Ainda nesse caso específico, a advogada não encontrou outra saída que a adesão (poderíamos falar de conversão?) de um dos grupos à identidade legal do outro por motivos simplesmente institucionais: este último se encontrava de fato mais avançado no processo de demarcação de suas terras.

O reconhecimento de direitos relativos à diversidade cultural permite de fato vislumbrar a garantia da proteção de populações historicamente marginalizadas em nome de sua exceção. Todavia, tal política avançada não poderia esconder que, ao mesmo tempo, ela leva à exclusão daqueles que, também marginalizados, não estão incluídos nas categorias legais, como levantou Pedro Castelo Branco Silveira (2007:17). Para os grupos sociais, torna-se, portanto, imperativo integrar-se a uma delas para gozar de direitos sociais — especiais na forma, mas no fundo elementares. É bem provável que sejam essas as restrições impostas por uma nova situação — quando a única maneira de chamar a atenção num caso de conflito é conseguir opor um direito especial a outro — que levam povoados a "se definirem", isto é, a se mobilizarem para obter sua afiliação a uma categoria jurídica diferente da de outros "pequenos" com quem se confrontam. Aliás, no exemplo rapidamente exposto acima, a solução proposta pela advogada, que permitiria eventualmente a coabitação das duas aldeias no seio de um território quilombola expandido, foi recusada com veemência por aqueles que se consideravam lesados, e que tinham decidido "assumirem-se" como indígenas. O cacique da vila não poderia exprimir mais claramente a posição do conjunto dos moradores: "Ninguém tira o direito de ser o que eu sou, de dizer o que eu sou. E eu sou índio".[14]

Nos casos amazônicos que estou acompanhando, vale notar que nem os quilombolas, nem os indígenas tentam desqualificar a "identidade legal" do outro. Cada um só se esforça em se situar melhor na genealogia histórica local, os indígenas afirmando que já estavam lá antes de os negros chegarem, os quilombolas dizendo que naquela área nunca houve índios. Em outros termos, trata-se essencialmente de saber quem tem mais "direitos" frente ao Estado, num jogo complexo entre categorias legais, grupos locais e indivíduos — um jogo de vai e vem no qual cada um tenta garantir sua própria posição.

---

[13] Entrevista concedida à autora.
[14] Entrevista concedida à autora.

À diferença das instituições, a principal questão das populações não concerne a uma "verdade" intrínseca e absoluta a revelar ou a "resgatar", qualquer que seja ela. Nos pequenos povoados da região, são feitos comentários sobre a "cor esquisita" e a cultura ainda balbuciante dos outros etnicamente diferenciados, mas sempre com um tom de brincadeira, jamais como uma denúncia. As pessoas admitem também, sem parecerem incomodadas ou ofendidas, que poderiam se ligar a qualquer categoria jurídica, se tivessem "vontade".[15] Não há necessariamente, em sua identidade atual, a manifestação de uma escolha pessoal, mas sobretudo a adesão (mais ou menos espontânea) a uma decisão coletiva, tomada em seguida a encontros com estranhos (freis católicos ou universitários), a aproximações estratégicas com organizações de militantes e com circunstâncias imprevistas (acesso aos recursos naturais cruciais, por exemplo). A adoção do local de moradia como critério de definição da identidade "étnica" parece refletir sobre o caráter um tanto quanto aleatório da combinação desses múltiplos parâmetros. Assim, se o povoado possui uma associação quilombola, os habitantes se considerarão como tal; se possui uma associação indígena, eles serão indígenas.[16] E se eles mudam de local de residência, em função de um casamento, por exemplo, aderirão à categoria de seu cônjuge.

Isso não significa que a referência à "cultura" não tenha importância, e para se convencer disso é só observar o trabalho de "conscientização" operado pelos líderes, apoiados por freis católicos, e o desempenho admirável dos povoados. Os moradores de uma aldeia indígena podem construir uma maloca, usar colares de dentes e sementes, pintar-se nas ocasiões importantes e tentar organizar oficinas para "aprender a língua". Os habitantes de uma comunidade quilombola procuram ter alguém que entenda de candomblé, formar uma turma de capoeira, resgatar lembranças da escravidão. A sinceridade do trabalho sobre si mesmo não é passível de dúvida, e compartilho completamente da opinião de Mauro Almeida (2007:14) quando ele descarta definitivamente a caracterização dessas novas identidades como sendo simplesmente "de balcão" ou ainda de fachada. De fato, considerando que a autoconsciência vem primeiro de fora, esse autor frisa que

> para constituir-se em uma essência autônoma, ocorre uma luta para suprimir aquela sua existência que se dá através do outro. [...] Trata-se de um agir, mas

---

[15] Isso nem sempre acontece em se tratando dos quilombolas, cujo discurso é bastante mais radical, talvez porque sua mobilização seja mais antiga. A pesquisa em curso se propõe esclarecer essas diferenças.

[16] Evidentemente, esse não é o caso dos poucos indivíduos que, por diversas razões, recusam-se a participar da associação. Nesse caso, eles se colocam à parte da vida comunitária.

de um agir que deve exercer-se contra si tanto como contra o outro, ao mesmo tempo em que é o fazer de um e um fazer do outro [Almeida, 2007:14].

É de fato incontestável que, à medida que elaboram essas "identidades" ou essas "autoconsciências", as pessoas se apropriam delas até as investirem plenamente.

Contudo, quando nos colocamos no centro desse processo, isto é, no momento em que a representação de si é reconsiderada, e antes que a nova "identidade" se sedimente, uma questão se impõe: a de que os elementos apontados como representativos de cada "cultura" adquirem sentido, antes de mais nada, enquanto prova da legitimidade do pedido de pertencimento a uma categoria legal. Num contexto em que o Estado atrela a concessão de direitos às qualidades culturais ou étnicas, as populações não têm escolha, a não ser se adequar às categorias da administração e à maneira pela qual estão sendo definidas. Portanto, trata-se de uma cultura substancializada que, como escreve Arjun Appadurai (2005:43), coloca-se do lado da raça.

Essencializadas por sua relação com uma história particular, essas culturas, representadas na forma de grupos/territórios, parecem facilmente apreensíveis e, portanto, mais facilmente administráveis. O credo multiculturalista da "igualdade na diferença" favorece uma gestão diferenciada de uma população ela mesma diferenciada pelo Estado. Um breve parêntese: nessa associação de categorias legais a regimes territoriais específicos, nada é feito para facilitar a vida dos grupos sociais concretos. Assim, o direito não prevê possibilidade nenhuma de criar zonas de uso comum entre terras de estatuto diferente, o que teria ajudado a resolver o conflito que mencionei acima.[17]

A fragmentação da figura do pobre...

Sem pretender avaliar a ação das instituições, gostaria de lembrar que a demarcação de terras indígenas ou quilombolas é extremamente longa e, com muita frequência, ela não se realiza a não ser por pressão dos movimentos sociais mobilizados (ONGs, Igreja, partidos etc.). Tal comentário a respeito da lentidão das administrações remete a outro, voluntariamente provocativo, que consiste em se questionar se, com aparências mais sedutoras, não seria possível iden-

---

[17] Essa possibilidade é, todavia, um tema de reflexão para alguns antropólogos do Ministério Público Federal.

tificar aqui uma nova variante da lógica de exceção que, segundo Das e Poole (2004:10), opera nas margens do Estado.

A execução das políticas públicas focalizadas significa que certos grupos foram bem-sucedidos em tornar efetivos os direitos que lhes garantem a Constituição. Esses são, num certo sentido, os "eleitos", uma palavra que deve ser entendida literalmente em razão da dificuldade de conseguir as vantagens associadas ao reconhecimento oficial. De fato, as dificuldades de aplicação dessas políticas, a complexidade dos procedimentos e, às vezes, a má vontade das instituições significam também que esses que se encontram sempre na fila de espera não conseguem escapar do que é a norma comum do atendimento ao cidadão — isto é, nada ou quase nada —, norma à qual, evidentemente, estão submetidos igualmente todos aqueles, ainda mais numerosos, que ainda nem mesmo sonharam (até agora?) em fazer valer sua particularidade.

Levando o argumento até o fim, poder-se-ia sugerir que dar a raros grupos em nome da sua singularidade, deixar outros esperando sob o pretexto de reunir as evidências de sua peculiaridade condena a grande maioria a permanecer na exclusão. Dever-se-ia, então — o que é bastante difícil, concordo plenamente — aceitar que essa política diferencialista, com suas pretensões de reparação e redistribuição, foi concebida para ser limitada.[18] Nós teríamos aí um bom exemplo da importância, para o Estado-nação moderno, dos dispositivos classificatórios e disciplinares — sobre os quais Foucault e Appadurai já chamaram a atenção.

Tal fato aponta para a necessidade de investigar mais o papel do Estado, os interesses — nem sempre isentos de concorrência — das instituições que o compõem e dos seus representantes nesses processos, bem como as eventuais divergências entre as definições dadas pelo direito, as interpretações que são feitas e as ações que elas justificam — sem nunca abrir mão da obrigação de restituir o ponto de vista das populações e de analisar suas estratégias. Tal abordagem permitiria também incluir num mesmo objeto de reflexão os grupos etnicamente *labelizados* e os grupos marginalizados. No caso dos "favelados", o discurso e a prática do Estado não deixam dúvidas sobre a vontade de cercar o território para extirpar dele o que é considerado o mal da sociedade: o que está sendo procurado é o desaparecimento dos indesejáveis. Mas, se aceitarmos a proposta acima, será que no fundo o tratamento reservado aos grupos etnicamente labelizados não visa a um objetivo análogo? Em que medida a ventilação dos

---

[18] A respeito das comunidades quilombolas, Jean-François Véran (1999:54) indica que a promulgação do art. 68 na ocasião do centenário da abolição "apareceu como uma concessão simbólica obtida pelos movimentos militantes" e não teria forçosamente uma vocação para ser largamente aplicada.

"pobres" entre várias categorias legais não remete a um desejo de fazê-los sumir, através da sua fragmentação e da sua exotização?

Por enquanto, uma coisa parece certa: seja ele considerado "fonte do mal", ou seja ele valorizado representante de um "bem raro", o "pobre" é necessariamente diferente.

Referências

ALMEIDA, Alfredo Wagner Berno de. Os quilombos e as novas etnias. In: O'DWYER, E. (Dir.). *Quilombos*: identidade étnica e territorialidade. Rio de Janeiro: FGV, 2002. p. 43-81.

ALMEIDA, Mauro William Barbosa. *Caipora, macaxeiras e quilombolas*: alguns temas de ontologia política. São Carlos, SP: UFSC, 2007. (Conferência pronunciada no Departamento de Antropologia).

APPADURAI, Arjun. *Après le colonialisme*: Les Conséquences culturelles de la globalisation. Paris: Payot, 2005.

ARRUTI, José Maurício. Subversions classificatoires: paysans, indiens, noirs. Chronique d'une ethnogenèse. *Genèses*, Paris, n. 32, p. 28-50, 1998.

ASAD, Talal. Were are the Margins of the State? In: DAS, Veena; POOLE, Deborah (Ed.). *Anthropology in the Margins of the State*. Santa Fé: School of American Research Press, 2004. p. 279-288.

AYALA, Caroline; BRUSTOLIN, Cindia. "E eles têm documento do gado?" Violência simbólica e dominação numa comunidade quilombola de MS. In: REUNIÃO DA ASSOCIAÇÃO BRASILEIRA DE ANTROPOLOGIA, 26., 2008, Porto Seguro, BA. *Anais...* Brasília, DF: ABA, 2008.

BOYER, Véronique. Passado português, presente negro e indizibilidade ameríndia: o caso de Mazagão Velho, Amapá. *Religião e Sociedade*, Rio e Janeiro, v. 28, n. 2, p. 11-29, 2008.

CAVIGNAC, Julie. Sou quilombola, mas não quero a demarcação!: identidade étnica e faccionalismo em Sibaúma, RN. In: REUNIÃO DA ASSOCIAÇÃO BRASILEIRA DE ANTROPOLOGIA, 25., 2006, Goiânia, GO. *Anais...* Brasília, DF: ABA, 2006.

CHEVALIER, Louis. *Classes laborieuses et classes dangereuses*. Paris: Plon, 1978. (Le Livre de poche, collection Pluriel).

CORTEN, André. *Le Pentecôtisme au Brésil*. Paris: Karthala, 1995.

DAS, Veena; POOLE, Deborah. *Anthropology in the Margins of the State*. Santa Fé: School of American Research Press, 2004.

FIGUEROA, Alba Lucy Giraldo. *Relatório antropológico de reconhecimento de quilombo do Rosa, município de Macapá, AP*. Brasília, DF: Incra, 2007.

GUPTA, Akhil; FERGUSON, James (Ed.). *Culture, Power, Place*: Explorations in Critical Anthropology. Londres: Duke University Press, 1997.

OLIVEIRA FILHO, João Pacheco de. A problemática dos "índios misturados" e os limites dos estudos americanistas: um encontro entre antropologia e história. In: _____. *Ensaios em antropologia histórica*. Rio de Janeiro: UFRJ, 1999. p. 99-123.

PANTOJA, Mariana Ciavatta. *Os Milton*: cem anos de história nos seringais. Recife: Massangana, 2004.

SANTOS, Carlos Alexandre Barboza Plínio dos. *Quilombo Tapuio (PI)*: terra de memória e identidade. Tese (mestrado) — Universidade de Brasília, Brasília, DF, 2006.

SARTI, Cynthia. A vítima como figura contemporânea. *Caderno CRH*, Salvador, v. 24, p. 51-61, 2011.

SILVA, Djalma Antonio da. De agricultores a quilombolas: a trajetória da comunidade quilombola Mato de Tição e a sua luta pela posse da terra. In: REUNIÃO DA ASSOCIAÇÃO BRASILEIRA DE ANTROPOLOGIA, 26., 2008, Porto Seguro, BA. *Anais...* Brasília, DF: ABA, 2008.

SILVEIRA, Pedro Castelo Branco. Conflitos socioambientais e mobilização de identidades: um estudo de caso na Mata Atlântica. In: ENCONTRO ANUAL DA ANPOCS, 31., 2007, Caxambu, MG. *Anais...* São Paulo: Anpocs, 2007.

VÉRAN, Jean-François. Les Découvertes du quilombo: La Construction hétérogène d'une question nationale. *Problèmes d'Amérique Latine*, n. 32, p. 53-72, jan./mar. 1999.

ZIGONI, Carmela. A perenidade do conflito: estratégias de uma comunidade quilombola da Amazônia. In: REUNIÃO DA ASSOCIAÇÃO BRASILEIRA DE ANTROPOLOGIA, 26., 2008, Porto Seguro, BA. *Anais...* Brasília, DF: ABA, 2008.

CAPÍTULO 10

Quilombos e cidades: breve ensaio sobre processos e dicotomias

JOSÉ MAURÍCIO ARRUTI

LÁ SE VÃO 20 anos desde que começamos discutir as formas pelas quais a categoria "quilombo" (brecha multiculturalista em um ordenamento jurídico refratário ao pluralismo) emergiu no horizonte das estratégias de resistência de comunidades negras tradicionais[1] como uma considerável ampliação da sua margem de manobra na luta pela conquista de seus territórios sociais. Esse tempo não foi suficiente, entretanto, para resolver nem as imprecisões e confusões conceituais — mal ou bem-intencionadas —, nem para esgotar os movimentos mais ou menos conscientes, consistentes e consequentes de alargamento da própria categoria — reconhecidamente plástica (Arruti, 2009). A definição e os contornos do conceito, o caráter distintivo dessas comunidades, seu número em permanente expansão, seus direitos a serem reconhecidos, assim como uma série de definições normativas menores, mas fundamentais do ponto de vista prático, constituem um dos campos mais impressionantes de controvérsia pública no Brasil contemporâneo, principalmente em função da forma complexa pela qual tal campo entrelaça história, antropologia, sociologia, direito e teoria política.

Algumas vezes os analistas buscam um caminho em meio a tal complexidade multiplicando as adjetivações do fenômeno, convencidos de que a taxonomia seria em si mesma explicativa. Disso emergem as tentativas de distinção, — ou a simples suposição de diferenças substantivas — entre os "quilombos históricos" e os "quilombos contemporâneos" ou "jurídicos", entre os "quilombos de nego-

---

[1] O reconhecimento de que a cor ou raça seriam elementos sociologicamente relevantes no estudo das comunidades rurais ou camponesas é bastante recente no Brasil, remontando à década de 1980. Desde então, tornou-se relevante a evidência de que os nomes de muitas dessas comunidades são compostos pelo qualificativo de "negro" ou "preto" — do que deriva, por exemplo, a figura sociológica das "terras de preto", trabalhada pela sociologia rural recente (Almeida, 1989). Em outras situações, porém, tais nomes e suas variações discriminatórias podem ser, durante muito tempo, mais imputados pela população do entorno do que autoatribuídos, apontando tanto para a realidade social da fronteira étnica quanto para o complexo jogo entre estigmas sociais e processos de apropriação, releitura e inversão desses estigmas.

ciação" e os "quilombos de rompimento", de "refúgio" ou "abolicionistas", entre os "quilombos culturais" e os "fundiários", entre "comunidades tradicionais" e "neotradicionais" — do que a distinção entre "quilombos rurais" e "urbanos" é apenas uma variação. Uma variação, porém, que tem a propriedade de se apresentar como uma evidência empírica indiscutida, um dado tão substantivo e material quanto as diferenças espaciais parecem ser um dado material para a nossa percepção mais comum.

Assim, ao ser convocado a refletir sobre "dispositivos postos em funcionamento para gerir a pobreza e as formas de resistência de indivíduos e grupos que afloram e também estruturam a vida em espaços diversos",[2] eu me vi provocado a olhar para o tema dos "quilombos urbanos", porém mais por motivos negativos que positivos. Primeiro porque os "quilombos urbanos" — assim como os "índios urbanos" — são hoje as manifestações mais críticas à suposição de que a noção de "pobreza" seria suficiente para delimitar o problema das formas de resistência de grupos que estruturam espaços diversos ou alternativos. Segundo, porque a expressão "quilombos urbanos" tem sido tão utilizada quanto confusamente empregada para descrever uma fração ou uma variação dessas "heterotopias urbanas", pertinentemente evocadas por este colóquio.

Em lugar de partir deste suposto taxonômico (os quilombos urbanos), buscaremos refletir sobre os dispositivos históricos e discursivos que sustentam, permitem ou simplesmente legitimam a emergência e o emprego da noção. Ainda que o trabalho taxonômico seja útil e até mesmo imprescindível, ele não responde ao problema das lógicas de produção e transformação que nos interessam aqui. Diante de um problema tão extenso, porém, nosso objetivo aqui é bem modesto: oferecer algumas pistas para um caminho de saída do emaranhado de categorias sobrepostas que vão se acumulando com as tentativas de apreender (classificando antes de interpretar) a enorme variedade interna ao fenômeno. Pistas que estarão baseadas em um número de situações maior do que aquelas que poderemos citar extensamente aqui, já que não poderemos oferecer uma revisão rigorosa da bibliografia disponível, ainda que estejamos informados por uma leitura assistemática dela. Um ensaio de interpretação que, para efeitos de coerência textual, se restringirá aos exemplos retirados do contexto do estado do Rio de Janeiro.

---

[2] O desafio foi posto pelas organizadoras do colóquio "Dispositivos urbanos e trama dos viventes: ordens e resistências" (Uerj, nov. 2011), a quem eu agradeço pela oportunidade.

Entre campo e cidade

Como não é possível evitá-la, resumiremos bastante a discussão sobre a configuração atual do conceito de quilombo, tendo por foco a dinâmica entre o rural e o urbano. A ressemantização do conceito, que permitiu os usos que lhe são dados hoje, só foi possível à medida que este se fez espaço ou objeto de mediação discursiva entre dois movimentos sociais em princípio absolutamente distintos em suas pautas, ideologias, vocabulários e objetivos. Se a formulação e a proposição do artigo constitucional relativo aos quilombos foram produto do agenciamento dessa categoria enquanto símbolo ou metáfora da "resistência negra" a uma sociedade racista além de escravista, ele só ganharia efetividade, porém, quando recapturado e ressignificado por uma parcela do movimento camponês que, em sua militância pela regularização de territórios de uso comum, aos poucos percebia que sua ancestralidade escrava lhe atribuía uma singularidade social.

A tradução mais acabada do primeiro uso a que nos referimos é encontrada na definição dada por Abdias do Nascimento ao que ele chamou de "quilombismo" (Nascimento, 1980): movimento social de resistência física e cultural da população negra, que se estruturou não só na forma dos grupos fugidos para o interior das matas na época da escravidão, mas também, em um sentido bastante ampliado, na forma de todo e qualquer grupo tolerado pela ordem dominante em função de suas declaradas finalidades religiosas, recreativas, beneficentes, esportivas etc. "Quilombo não significa escravo fugido", sintetiza o autor. "Quilombo quer dizer reunião fraterna e livre, solidariedade, convivência, comunhão existencial" (Nascimento, 1980:263).

Foi necessário, porém, combinar este uso — urbano e que se relacionava com o quilombo enquanto metáfora política e cultural genérica — com o uso que lhe seria dado pela militância camponesa negra — que se relacionava com o quilombo como uma virtualidade histórica e como um modelo de apropriação e uso da terra — para que a ressemantização contemporânea do quilombo se fizesse historicamente possível.

É amplamente sabido que a Constituição de 1988, apesar dos seus vários avanços sociais, representou um fracasso para o movimento pela Reforma Agrária, que não conseguiu introduzir nela nem os dispositivos de democratização de nossa estrutura fundiária, nem o reconhecimento de modalidades alternativas de uso da terra — que contemplassem as formas de apropriação e de manejo de recursos naturais irredutíveis à propriedade privada. Por outro lado, e aparentemente sem qualquer relação com tais demandas, o movimento negro conseguiria introduzir da Constituição alguns avanços importantes com relação ao reconhecimento da importância da população negra na formação histórica e social brasileira. Apesar dessa conquista ter encontrado abrigo apenas no capítulo que trata da cultura, um artigo que falava da posse da terra de comunidades negras rurais, cortado desse capítulo, conseguiria resistir à completa extirpação do texto constitucional ao ser deslocado para o Ato das Disposições Constitucionais Transitórias (ADCT). Marcado pela sua formulação original fincada no campo da história e da cultura negra, o art. 68 do ADCT formularia o reconhecimento desse direito à terra, porém, recorrendo à figura emblemática dos "quilombos", que a essa altura mais traduzia uma metáfora política (Nascimento, 1980) que um conhecimento efetivo das situações que tal direito poderia vir a contemplar.[3]

Ainda assim, esse artigo, aprovado justamente por seu caráter precário e abstrato e por ter sido proposto à margem dos debates relativos à estrutura fundiária e à reforma agrária, seria capturado como o único instrumento jurídico disponível na luta pelo reconhecimento das modalidades de uso comum da terra por parte do movimento camponês da década de 1980 nos estados do Maranhão e do Pará. Este foi o momento em que uma camada de jovens recém-migrados das comunidades rurais para as capitais de São Luiz e de Belém encontrariam abrigo na militância católica da capital e que, diante do uso metafórico e genérico dos quilombos, seriam despertados para os vínculos concretos entre essa metáfora e suas comunidades de origem. Os "Encontros de Consciência Negra", realizados então, motivaram muitos daqueles jovens a retornar às suas comunidades de origem em busca de mais informações sobre suas histórias familiares, o que estabeleceu um vínculo inédito entre as mobilizações negras rural e urbana. Tal vínculo explica por que teria sido justo entre os estados do Maranhão e do Pará que surgiu a Articulação Nacional de Remanescentes de Quilombos em meados dos anos de 1990.

A influência que esse movimento teve sobre a organização das comunidades negras rurais em outras regiões do país contribuiu para que a interpretação e os argumentos produzidos para dar conta daquelas situações (as modalidades regionais de uso comum, traduzidas na expressão "terras de preto" e análogas) se generalizassem, ganhando estatuto de modelo válido para outros contextos nacionais e deslocando o próprio uso do termo quilombo: dos significados que

---

[3] Um complicador importante na operacionalização desse dispositivo constitucional seria justamente o fato de seus propositores ignorarem que o termo "quilombo", por ter sido historicamente empregado como categoria de acusação e estigmatização (cf. nota 1), não só era de uso corrente entre as populações negras rurais como podia ser fortemente recusado por elas. Sua valorização estava restrita a um uso urbano letrado e militante.

lhe eram atribuídos pelo movimento negro das grandes capitais — tão associados às organizações lúdicas e festivas, à arte e à cultura, assim como às casas de candomblé e umbanda —, para os significados que ganhava no contexto da militância agrária do movimento negro daquelas duas capitais periféricas, intimamente vinculadas aos contextos rurais.

Assim, ainda que a terra e o racismo constem das pautas de luta contra as desigualdades sociais, na prática o deslocamento de ponto de vista entre eles acaba produzindo aquilo que Rancière chama de *núcleos de desentendimento*. Uma situação de comunicação na qual, ultrapassado o consenso inicialmente alcançado, seus argumentos entram em um "litígio acerca do objeto da discussão e sobre a condição daqueles que o constituem como objeto", sobre a apreensão sensível desse objeto e sobre "a própria qualidade dos interlocutores em apresentá-lo" (Rancière, 1996:13).

Andrade e Treccani (1999), por exemplo, em um texto de larga influência, que resenha o desenvolvimento das discussões jurídicas sobre o "art. 68", apresentam uma síntese do conceito contemporâneo de quilombo segundo a qual é a "transição da condição de escravo para camponês livre" que "caracteriza o quilombo, independente das estratégias utilizadas para alcançar essa condição (fuga, negociação com os senhores, herança, entre outras)". Dessa perspectiva, defendem os autores, a regularização das terras de quilombos não é uma questão prioritariamente cultural, já que seu direito à terra e, por meio dela, à reprodução de sua diversidade enquanto grupos étnicos, não deriva do seu valor enquanto patrimônio cultural e sim dos direitos territoriais garantidos na Constituição. A diversidade cultural passa a ser vista como subsidiária dos direitos territoriais, já que o suporte de sua identidade sociocultural é justamente o território.

Por esse ponto de vista, os chamados "quilombos urbanos" constituem um fenômeno relativamente deslocado com relação ao sentido que foi sendo consolidado pelos debates relativos à sua aplicabilidade, iniciados em 1992 e cuja normatização se deu em 2003 (ainda que sob contestação).[4] Com o Decreto Presidencial nº 4.788/2003, a regularização fundiária das comunidades remanescentes de quilombos foi deslocada da Fundação Cultural Palmares para o

---

[4] As condições e procedimentos para a regularização de territórios quilombolas, assim como para a implantação de outras políticas públicas, como as de saúde e de educação, estabelecidas pelo Decreto Presidencial nº 4.788/2003, estão sendo questionadas no Supremo Tribunal Federal (STF) por uma Ação Direta de Inconstitucionalidade (nº 3.239/2005). O principal argumento do propositor da ADI, o PFL, atual DEM, é de que o decreto (do Executivo) regulamenta diretamente o dispositivo constitucional, função reservada à lei (ou seja, ao Legislativo).

Instituto Nacional de Colonização e Reforma Agrária (Incra), reforçando uma leitura menos cultural e urbana e mais ambiental e ligada aos territórios rurais. Na verdade, a existência de "quilombos urbanos" implica um debate silencioso dentro do próprio "movimento quilombola" sobre os limites e a conveniência do deslocamento da categoria com relação ao uso centrado na ideia de "terras de uso comum", assim como sobre a garantia de autonomia com relação ao movimento negro (entendido como urbano).

Há aqui, portanto, um conjunto de problemas que se misturam e interferem uns nos outros, mas que seria necessário distinguir. Primeiro, para entender as situações concretas que se apresentam é necessário tomá-las simultaneamente sob a dupla dimensão discursiva e sócio-histórica, ou seja, que tem em conta simultaneamente as configurações sociais do termo quilombo e de seus usos, assim como as diferentes gêneses e configurações sociais das próprias comunidades. Segundo, é preciso tomar a relação que se estabelece entre rural e urbano menos como uma relação entre tipos do que uma relação entre posições em um mesmo processo de transformações. Finalmente, que as situações concretas são sempre resultado de um arranjo complexo entre estes dois eixos: discursivo/sócio-histórico de um lado e rural/urbano de outro. É sobre isso que tentaremos trabalhar a seguir.

Dois "quilombos urbanos"

São duas as situações largamente classificadas como "quilombos urbanos" na cidade do Rio de Janeiro: Sacopã, situada na lagoa Rodrigo de Freitas e frequentemente descrita na imprensa pela característica de ocupar um dos metros quadrados mais caros da cidade mais cara do país; e Pedra do Sal, situada na Gamboa, área de impacto direto das obras do intitulado Porto Maravilha, que resulta de uma Parceria Público-Privada (PPP) que vem transformando radicalmente a região portuária da cidade, ao custo de uma política pública que não deixa nada a dever ao embelezamento devastador de Pereira Passos — em cuja defesa poderíamos arguir, entretanto, ter sido operada em um momento anterior à consolidação jurídica dos direitos humanos e sociais.

Comecemos por Sacopã. Apesar de estar no local desde pelo menos a década de 1920, de ter iniciado sua luta pelas terras que ocupa ainda ao longo dos anos de 1980 por meio de uma ação de usucapião, de ter tido sua condição de quilombola reconhecida pelo estado em 2004, e de seu processo de regularização fundiária ter sido iniciado pelo Incra em 2008, a Família Pinto ou Sacopã ainda não conseguiu a demarcação e a titulação das terras, como ainda é alvo de um processo de remoção, movida por moradores dos prédios de classe alta e média/alta vizinhos. A competência por sua titulação não é simples, cabendo tanto à União quanto ao município, já que ocupa terras incidentes no Parque Municipal José Guilherme Merquior, criado pelo município no ano de 2000, muito posterior à sua ação de usucapião.

A família Pinto ocupa a área desde quando o "patriarca" Manoel Pinto Jr., em 1929, partiu sozinho de Friburgo para o Rio de Janeiro em busca de melhores condições de trabalho e moradia para, depois, buscar a família. Trabalhador agrícola descendente de escravos, Manoel começara sua migração em Minas Gerais, em busca de melhores condições de vida e, depois de um período de sucessivos trabalhos temporários, durante os quais constituiu família — Eva e cinco filhos —, chegaria à cidade do Rio em busca de abrigo junto a seu pai que, como tantos outros ex-escravos e descendentes de escravos, começava a ocupar trechos dos morros na região. A memória da família lembra que na época havia apenas duas ruas naquela área: a Fonte da Saudade e a Epitácio Pessoa, em meio a muito mato, salpicadas de modestas casas, poucos vizinhos e muitos terrenos baldios.

A ocupação do morro da Catacumba, vizinha à Sacopã, ocorria na mesma época e basicamente da mesma forma, por remanescentes de escravos do interior ou mesmo da capital. Existem diferentes versões sobre a origem da ocupação do morro da Catacumba, mas uma delas relata que, no início do século XX, as terras da Chácara da Catacumba teriam sido repassadas, em testamento, pela antiga proprietária para seus ex-escravos. De qualquer forma, em torno de 1925, o estado dividiu a Chácara da Catacumba em 32 lotes e, com o crescimento do fluxo migratório para a cidade, os primeiros barracos apareceram nos anos 1930. Em pouco tempo a localidade transformou-se em uma grande favela, abrigando comércio e serviços variados.

Segundo relatos da comunidade, Manoel Pinto Jr. conseguiu emprego junto à família Darke de Mattos, proprietária da indústria alimentícia Bhering, fabricante do chocolate e do café Globo, e dona de toda extensão de terras que formam o bairro da Lagoa, desde o Sacopã até a Catacumba. Manoel trabalhou como faxineiro e jardineiro, tornou-se pessoa de confiança da família e ainda trabalhou para a Incorporadora Darke, quando esta iniciou a construção das ruas do bairro. É apenas em 1939 que sua esposa e seus cinco filhos deixam Friburgo para juntar-se a ele, já estabelecido na rua Sacopã, local isolado em comparação com a favela da Catacumba. A rua Sacopã só seria concluída e oficialmente inaugurada em 1945 (Relatório Técnico de Identificação e Delimitação — RTID, 2007).[5]

Entre as décadas de 1960 e 1970, com a abertura do túnel Rebouças e o correspondente loteamento da área, houve uma forte valorização da região e sua consequente "limpeza social". A favela da Catacumba, já com cerca de 2.300 barracos, foi removida em 1970, levando ao deslocamento de aproximadamente 15 mil moradores, para a criação do Parque da Catacumba (30 ha).[6] A atual ação de remoção movida contra o quilombo do Sacopã é inspirada pelo mesmo argumento de proteção ambiental que sustentou essas primeiras remoções. O Parque Municipal José Guilherme Merquior, criado no ano de 2000[7] como área de proteção integral pertencente e incidente sobre as terras da família Pinto, tem servido aos argumentos contrários à presença quilombola no local. Argumentos que não se aplicam, evidentemente, aos condomínios de luxo instalados no local 50 anos depois da família Pinto, cuidadosamente excluídos do perímetro do parque (Maia, 2011). Uma circunstância que figura na lista dos casos de "injustiça ambiental" mapeadas no estado, ou seja, um tipo de injustiça que surge em

> sociedades desiguais [que], do ponto de vista econômico e social, destinam a maior carga dos danos ambientais do desenvolvimento às populações de baixa renda, aos grupos sociais discriminados, aos povos étnicos tradicionais, aos bairros operários, às populações marginalizadas vulneráveis [Herculano e Pacheco, 2006 apud Maia, 201:113].

Alertada pelas remoções no morro da Catacumba e pela expansão imobiliária em direção à região da Fonte da Saudade, onde foram erguidos 22 condomínios de classe média alta e alta nos arredores do espaço ocupado pela família

---

[5] Processo administrativo nº 54180.000712/2005-18, de regularização fundiária do Quilombo da Sacopã. Incra-RJ (SR-7), 2007.

[6] O Decreto Municipal nº 1.967, de 19 de janeiro de 1979, oficializa a denominação da área do Parque da Catacumba.

[7] O Decreto Municipal nº 19.143, de 14 de novembro de 2000, cria o parque com 8,3 ha. Segundo o disposto no inciso VII do art. 124 do Plano Diretor Decenal da Cidade do Rio de Janeiro (Lei Complementar nº 16/1992) os parques municipais são classificados como unidades de conservação ambiental. O Decreto nº 19.143 ainda estabelece que "A gestão da área caberá à Secretaria Municipal de Meio Ambiente, que deverá instituir um Conselho Consultivo constituído por órgãos públicos, por organizações da sociedade civil e por representantes da população residente na área de abrangência, sendo presidido por representante daquela Secretaria". A secretaria não considera, porém, a família Pinto parte da "população residente na área".

Pinto, esta entra com um processo de usucapião em 1975.[8] Na década seguinte, o quilombo tornou-se um espaço de integração e de encontros culturais, reunindo personalidades famosas da música negra carioca em uma roda de samba acompanhada de feijoada. As rodas de samba, além de importante fonte de renda para membros da família, tornaram-se também um meio de divulgação da história de resistência do grupo, permitindo que ela se associasse rapidamente à ideia de quilombo, antes mesmo da criação da categoria jurídica. Justo por isso, a família Pinto passou a receber um número crescente de ordens judiciais determinando a cessação imediata das suas atividades, desde as rodas de samba até as tradicionais criações de animais e conserto de automóveis, sem as quais sua permanência no território se vê ameaçada.

***

O fato de estarem sob o mesmo rótulo de "quilombo urbano" dificilmente poderia atenuar a enorme distância que existe entre as situações da comunidade de Sacopã e da Pedra do Sal. Neste segundo caso, conforme exposto no laudo que embasou o Relatório Técnico de Identificação e Delimitação (RTID), coordenado pelo Incra e concluído em dezembro de 2007, a razão do reconhecimento daquele território como quilombola repousaria na noção de "dever de memória",[9] cujo fundamento material é um "monumento negro" — isto é, a própria Pedra do Sal, e não exatamente a "comunidade" que é sua atual solicitante. Como explicam as autoras do laudo, a justificação do território está em um conjunto de práticas culturais que estão na base de uma ampla identidade negra, multiforme, móvel e transitória:

> Com o fim da escravidão, no final do século XIX, ficaria ainda visível o território negro no entorno da Pedra do Sal: ali nasceram os primeiros ranchos,

---

[8] Este processo — referente a cerca de 23.000 m² que incluem 22 condomínios da Fonte da Saudade — durou cerca de 40 anos, chegando até a terceira instância no Supremo Tribunal de Justiça, mas não logrou êxito, sendo abandonado em vista do novo processo de reconhecimento como comunidade remanescente de quilombo, que identifica uma área de 18.000 m², toda cercada por árvores (muitas centenárias), constituindo uma "reserva verde" em contraste com seu seu entorno, caracterizado pela presença de quadras de esportes (algumas abandonadas) e prédios altos (vários acima do limite legal).

[9] O conceito de "dever de memória" é tipicamente francês, tendo surgido em um contexto de extensão das "políticas de identidade" ou das chamadas "políticas de reconhecimento" sobre normativas que pretendem regular aspectos da memória nacional. Submetido a enorme controvérsia naquele país, seu uso nos permite estabelecer interessantes correspondências com as controvérsias identitárias no Brasil, que iluminam contextos compartilhados e diferenças de concepções e procedimentos. Para uma reflexão sobre isso, conferir Heymann e Arruti (2012).

se estabeleceram as casas que abrigavam, material e espiritualmente, os novos recém-chegados, ex-escravos em busca de uma vida melhor na cidade do Rio de Janeiro após a abolição, assim como importantes organizações de trabalhadores negros no porto [Mattos e Abreu, 2011:116].

De fato, na proposta de tombamento da Pedra do Sal como patrimônio material elaborada por Joel Rufino em 1987, ela é caracterizada como um monumento histórico da "cidade negra" por testemunhar a velha ocupação do Centro do Rio pelos "pretos e suas tias baianas" e como monumento religioso por ser remanescente de um espaço ritual onde se faziam despachos e oferendas. Por isso os marcos espaciais do território reivindicado para o território quilombola não mantém relação com práticas de subsistência, de origem comum, ou de simbolização de um grupo específico, mas com práticas e grupos variados, cujo vínculo passa por uma noção genérica de negritude que aos poucos seria assimilada à própria identidade da cidade do Rio de Janeiro enquanto uma cidade negra:

> A área referência da Associação da Comunidade Remanescente de Quilombo da Pedra do Sal é ampla e reúne importantes marcos simbólicos e territoriais identificados com a memória e a história negras na região portuária da cidade do Rio de Janeiro, entre o Largo de São Francisco da Prainha e o Morro da Saúde: o território do mercado de escravos africanos, o Valongo; o cemitério dos pretos novos; o movimento do porto e de seus antigos armazéns, e a Pedra do Sal. Mas é a Pedra do Sal, o Largo João da Baiana e seu entorno, que, por seu amplo reconhecimento e símbolo máximo de todo patrimônio afrodescendente na região, representam mais objetivamente a área pleiteada pela Associação da Comunidade Remanescente de Quilombo da Pedra do Sal. É no entorno da Pedra do Sal que reside a maioria dos membros desta Associação e onde se registram os conflitos territoriais [Mattos e Abreu, 2011:78].

Talvez não fosse de todo dispensável acrescentar que os membros dessa associação eram cerca de cinco pessoas, que não mantinham nem descendência comum, nem naturalidade comum, nem laços de vizinhança. O que havia de comum entre eles era o fato de estarem submetidos à mesma ação violenta do avanço do mercado imobiliário sobre a região, cuja valorização parece precisar da limpeza de um território por demais negro e popular. Como já era apontado no documento de proposição de tombamento, o desenvolvimento urbano e os diversos projetos de "transformação" e "revitalização" da região iniciados na década de 1980 estavam descaracterizando seu entorno e alterando seus usos, enfim, ameaçando suas "tradições" e "patrimônios" (Ferraz, 1997). Adiado por crises econômicas e pela incompetência de sucessivas administrações públicas, tais projetos seriam retomados cerca de 30 anos depois: ao longo da década de 2000 um novo movimento foi feito para unificar as propostas de intervenção urbanística para a região portuária. O Plano de Recuperação e Revitalização da Região Portuária do Rio de Janeiro — Plano Porto do Rio foi proposto com a intenção de inserir a região em um "circuito internacional das cidades" através da redefinição de funções para suas áreas, da criação de um novo sistema viário, da alteração de sua legislação urbanística e da implementação de "projetos especiais" (Guimarães, 2008).

O modo pelo qual tal avanço se mostrou indiferente aos direitos à habitação e à cultura da população que ocupava a região produziu o sentimento de desrespeito comum necessário para estabelecer vínculos entre os habitantes da região. É desse momento que surgem três ocupações de moradores sem-teto, todas elas ganhando nomes relativos ao movimento abolicionista brasileiro: a Ocupação Chiquinha Gonzaga (julho de 2004), com 40 famílias em um prédio da União vazio há mais de 20 anos; a Ocupação Zumbi dos Palmares (abril de 2005), com 120 famílias em um prédio do INSS vazio há mais de 30 anos; a Ocupação Quilombo das Guerreiras (outubro de 2006), com cerca de 100 famílias em um prédio da Companhia Docas vazio há mais de 15 anos (Guimarães, 2008). Foi de natureza semelhante o vínculo — o único vínculo — que se estabeleceu entre aqueles que passaram a reivindicar o território como quilombola. Já que o tombamento dos patrimônios negros da região mostrava-se incapaz de preservar as próprias práticas da população negra, já que o direito genérico à moradia era incapaz de impedir o avanço das remoções, era invocada a força simbólica e, principalmente, legal e administrativa da proposição de um território quilombola:

> Ameaçados hoje de expulsão da área, o grupo de "remanescentes do Quilombo da Pedra do Sal" reivindica ser o legítimo herdeiro deste patrimônio cultural, material e imaterial. Apesar de a Pedra do Sal já ser tombada como patrimônio material do Estado do Rio de Janeiro, esperam transformar seu espaço físico e simbólico em espaço de celebração e encontro dos afrodescendentes da região: um lugar de memória do samba, do candomblé e do trabalho negro no porto [Mattos e Abreu, 2011:16].

É por isso que, ao procurarmos no RTID o marco de origem do citado grupo quilombola e de seu território, encontramos o "contexto de discussão sobre os significados do patrimônio histórico e cultural negro inscrito na zona portuária do Rio de Janeiro", iniciado com o tombamento da Pedra do Sal pelo Instituto Estadual do Patrimônio Cultural (Inepac). Daí a sugestão das autoras do relatório, no sentido de converter o "patrimônio material" representado pela Pedra do Sal em um "patrimônio imaterial" capaz de evocar a "presença cultural" dos afrodescendentes no local e não somente seu passado: "lugar de memória do samba, do candomblé e do trabalho no porto". Solução que deixa em aberto, porém, o problema de se responder "como converter um símbolo cultural afro-brasileiro e, portanto, geral, em reconhecimento étnico de um grupo específico de moradores, [...] de um território que não foi continuamente ocupado por ele ou por seus ascendentes" (Mattos e Abreu, 2007:15-19).

Vetores de urbanização

Ao lado dessas duas situações largamente reconhecidas como urbanas por estarem localizadas em pontos importantes da cidade do Rio de Janeiro, é possível identificar outras que, apesar de situadas em contexto rural, estão sujeitas a vetores de urbanização. Tomemos o autodiagnóstico produzido pelas lideranças do movimento quilombola do estado no contexto da "Consulta sobre a situação dos direitos humanos em comunidades quilombolas no Rio de Janeiro",[10] do qual destacaremos um momento em especial: depois de exporem quais seriam as principais violações de direitos que afligem hoje as comunidades quilombolas do estado, essas lideranças foram solicitadas a refletir sobre quais seriam as particularidades da situação quilombola do Rio de Janeiro, tanto em relação aos quilombolas de outros estados do país, quanto às populações pobres rurais vizinhas.

Com relação ao tema das violações de direitos que afligem hoje as comunidades quilombolas do estado do Rio de Janeiro, as falas dos diretores da Acquilerj apontaram quatro temas críticos: do *racismo institucional*, quando falam das dificuldades de acesso aos direitos básicos e elementares do cidadão comum; da

---

[10] Essa consulta sobre o tema dos direitos e das políticas públicas foi realizada junto à diretoria da Associação de Comunidades Quilombolas do Estado do Rio de Janeiro (Acquilerj) em meados do ano de 2011, tendo em vista subsidiar o "estudo técnico" solicitado pela Secretaria de Estado de Assistência Social e Direitos Humanos (SEASDH) (Arruti, 2011). Tal consulta contou com o apoio de duas pesquisadoras ligadas ao Laboratório de Antropologia dos Processos de Formação da PUC-Rio (Lapf), Paula Bellotti e Daniela Yabeta, e dois observadores da Universidade Federal Rural do Rio de Janeiro (UFRRJ), André Videira e Andrey Ferreira, aos quais agradeço pela parceria.

perversão do reconhecimento, quando falam das dificuldades de acesso às políticas específicas anunciadas pelo governo federal; da *passagem da invisibilidade ao silenciamento*, quando se referem à conversão de uma violência que tinha a forma de uma secular invisibilidade em outra, perpetrada pela impossibilidade de o movimento quilombola e seus representantes poderem se defender ou oferecer seus pontos de vista diante de uma avalanche de opiniões e notícias distorcidas que lhes são desfavoráveis; e, finalmente, mas não menos importante, do *território*, que inclui os obstáculos impostos à regularização fundiária e os problemas decorrentes daí, como a falta de alternativas à geração de renda.

Nesse contexto, a "questão da terra" continua sendo identificada pelas lideranças da Acquilerj como sua "maior bandeira". A ineficiência e a demora no processo de regularização dos territórios quilombolas apareceram como a maior fonte de riscos aos direitos dessas comunidades, à medida que são uma ameaça tanto à manutenção material do grupo quanto a seu modo de vida próprio. A insegurança jurídica de seus territórios gera uma insegurança com relação aos planos de futuro de seus jovens, que cada vez mais se voltam para as cidades como única perspectiva de vida, assim como gera uma insegurança com relação aos modos de enfrentar o mercado. A falta de titulação impede a busca de crédito produtivo ou habitacional e dificulta ou coloca em risco constante e iminente os investimentos produtivos tradicionais, como as roças. Assim, tal situação territorial tem acelerado a evasão de suas populações, que vão se juntando a parentes moradores mais antigos de bairros de periferia ou favelas de suas localidades ou dos grandes centros, assim como tem forçado homens e mulheres a abandonarem seus saberes tradicionais em busca de uma formação profissional vinculada a empregos em um mercado de trabalho de pouca qualificação, de serviços terceirizados ou informais.

No caso das particularidades das comunidades quilombolas em relação às comunidades vizinhas não quilombolas, as lideranças consultadas não vacilam em afirmar diferenças relacionadas tanto à noção de "discriminação" quanto à de "resistência". Lembram que é comum que as comunidades não sejam servidas de aparelhos públicos básicos, como escola, posto de saúde, transporte ou mesmo vias pavimentadas e que, quando as políticas públicas as alcançam, isso acontece depois das comunidades vizinhas. Isso remete a outra dimensão daquilo que apontamos como uma identidade baseada na experiência do desrespeito e do não reconhecimento. Como disse um dos entrevistados, "quando eu era criança eu não sabia o que era quilombo, mas eu sabia o que era terra de preto", porque, explica ele, todos apontavam sua comunidade desta forma, "uma terra de preto chama atenção por si só".[11] E isso se fazia sentir em todas, como ainda se faz sentir em várias, pelo desprestígio moral e pela discriminação na gestão dos recursos públicos. Uma identidade, portanto, negativa, que preexiste à categoria quilombos, mas que é profundamente impactada por esta. A "identidade quilombola" não surge como uma invenção no vazio identitário, mas, pelo contrário, como a positivação de uma marca forte e profunda, que sempre foi lembrada a essas comunidades pela sociedade circundante. A invenção é a inversão do estigma. A esta primeira particularidade das comunidades com relação às suas vizinhas não quilombolas corresponde a segunda, apresentada como uma espécie de resposta histórica a ela. Sua resistência enquanto um grupo social autorreferido, capaz de perpetuar-se no tempo e no espaço apesar ou justamente por ser "uma terra de preto, [que] chama atenção por si só". Como disse um dos participantes: "A diferença das comunidades quilombolas para as vizinhas é a resistência da comunidade quilombola. É um calo, uma pedra no caminho, para o sistema passar".

Mas o ponto que nos interessa especificamente é a definição dessas lideranças sobre as particularidades da situação quilombola no estado do Rio de Janeiro em relação à dos outros estados. Nesse caso, houve uma tendência a identificar dinâmicas que podemos compreender tanto como resultantes quanto como indutoras de processos de urbanização dos contextos rurais do estado. Houve um acordo sobre a dinâmica dos conflitos fundiários estar associada à especulação imobiliária, mais que a qualquer empreendimento produtivo, extrativista, ou, por outro lado, de criação de áreas reservadas. Isso faz com que os interesses contrários à regularização dos seus territórios não tenham uma história de longo termo, estando antes associados a movimentos bruscos de reorientação do mercado de terras; não tenham uma "cara" conhecida, como nos casos das famílias de grandes proprietários ou de grandes empresas, mas o anonimato de um mercado fluido, no qual a expansão numérica dos interessados se combina com a intensa mudança dos atores envolvidos. Um efeito importante disso está no fato de os quilombos do estado, mesmo que a maioria deles não seja caracterizada como urbana, viverem o impacto de processos, ou talvez fosse mais preciso dizer "vetores" de urbanização.

De um lado, há os impactos dos empreendimentos de gás e petróleo, que nesse caso atingem tais comunidades menos pelo viés fundiário do que pela produção de expectativas exageradas e até mesmo fantasiosas — fundamentais,

---

[11] Depoimento de Ronaldo Santos, presidente da Associação de Moradores do Campinho, Paraty, RJ (Amoc), ex-presidente da Acqlerj e representante da Coordenação Nacional de Quilombos (Conaq) no estado (Arruti, 2011).

porém, nos discursos públicos de legitimação e de atenuação do impacto desses empreendimentos — de criação de empregos e de inserção dos jovens dessas comunidades em um novo campo profissional. Este é o caso, em especial, das comunidades da Região dos Lagos, onde pudemos assistir à frustração recíproca da direção e dos professores de uma escola agrícola que tem se esforçado por se fazer quilombola (implementando a Lei nº 10.639, além de iniciar o debate sobre uma "educação diferenciada") e dos seus jovens alunos, que cada vez veem menos utilidade em uma formação agrícola, assim como no esforço de produção de uma memória de suas comunidades ou de fortalecimento de vínculos com seu território.[12]

De outro lado, a presença do turismo que atua por meio da criação de um mercado de trabalho novo e de baixa qualificação vai substituindo a produção agrícola como principal alternativa de renda, primeiro para os seus jovens e depois, diante do declínio da produção local, para toda a comunidade. Nesses casos, mesmo quando o avanço da urbanização não se faz sentir na forma de um mercado de pequenas parcelas sobrevalorizadas, que trocam de mãos com velocidade, outro efeito deste avanço é visível: o da violência normalmente pensada como exclusivamente urbana. Algo que tem atingido diretamente os jovens quilombolas do litoral sul fluminense, que inclui as comunidades de Bracuhi, em Angra, assim como as de Campinho e Cabral, em Paraty.

É importante perceber que nesses casos, localizados no litoral sul fluminense, uma articulação entre as comunidades quilombolas em torno da recuperação ou do aprendizado do jongo, tem servido de importante ferramenta contra tais processos de afastamento dos jovens de suas comunidades de origem e de suas lutas por reconhecimento territorial. Mas para isso foi necessário que ocorresse uma mudança das funções sociais atribuídas ao jongo, que cada vez mais se afasta de seus aspectos mágico-religiosos para assumir uma função prático-discursiva de agenciamento identitário. Se no passado o jongo era restrito aos mais velhos em função dos perigos inerentes aos desafios e às demandas, atualmente as crianças e jovens passam a ser chamados a participar, chegando a ganhar protagonismo em sua prática pública. Quanto mais o jongo conquista legitimidade pública, tornando-se um importante fator de visibilidade política, expressão de uma identidade socialmente positivada, mais ele se torna jovem e sofre alterações em sua *performance* (e, de certa forma, torna-se menos "rural"),

---

[12] O projeto "Panorama Quilombola no Estado do Rio de Janeiro: Terra, Educação e Cultura" (Faperj, 2009-2011) permitiu que acompanhássemos o drama da Escola Agrícola Municipal Nilo Batista, situada em Cabo Frio, que atende jovens da área rural daquele município, mas também de São Padro D'Aldeia e Búzios.

de maneira que possa ser apresentado em novos espaços, como os eventos promovidos pela prefeitura ou pela academia, dentro do Incra e outros espaços de reivindicação e diálogo com agências governamentais (Maroun e Arruti, 2010). Desde os primeiros encontros de visibilização e de valorização do jongo, em meados da década de 1990, passando pelo marco fundamental do seu reconhecimento como patrimônio cultural imaterial pelo Instituto do Patrimônio Histórico e Artístico Nacional (Iphan) em 2005, o jongo tornou-se uma marca de pertencimento quilombola. Tal associação se fez tão importante que as comunidades que já não o dançavam ou mesmo que nunca o haviam dançado, passam a "resgatá-lo",[13] da mesma forma que outras comunidades jongueiras de cidades do interior do estado, mesmo que sem demandas territoriais claras, passaram a se identificar como quilombolas.[14] O jongo, assim com tais processos de "resgate", apresenta-se como importante campo de observação desse jogo complexo que se estabelece entre rural e urbano, assim como entre as dimensões sócio-histórica e de agenciamento discursivo do quilombo.

Eixo de transformações

Uma particularidade das comunidades quilombolas do Rio de Janeiro seria, segundo a percepção de suas próprias lideranças políticas estaduais, sua vulnerabilidade com relação a diferentes vetores de urbanização, cujos impactos antecedem qualquer urbanização propriamente dita. Mas isso aponta para uma presença do urbano bastante distinta daquela pela qual ele se manifesta nos casos de Sacopã e Pedra do Sal, exigindo uma ampliação do nosso campo de observação daquilo que podemos delimitar como "dispositivos urbanos" e suas "ordens e resistências".

Curiosamente, nos casos de comunidades de contexto rural atingidas por vetores de urbanização, a força do agenciamento discursivo do quilombo — aquilo que Nascimento (1980) denominou "quilombismo" — é relativizada pela expectativa de integração econômica e cultural que acompanha a chegada de uma sociabilidade, de relações de trabalho e de uma estética propriamente urbanas. De outro lado, quando tais vetores de urbanização são enfrentados por

---

[13] A comunidade de Bracuí surge nesse contexto como eixo central na rede/processo de recuperação e expansão do jongo na região do litoral sul fluminense, apoiando comunidades quilombolas vizinhas, como Campinho da Independência e Marambaia (Maroun e Arruti, 2010).
[14] Esse parece ser o caso da comunidade de Pinheiral descrita pelo viés do patrimônio cultural pelas historiadoras Hebe Mattos e Martha Abreu (Abreu e Mattos, 2011).

meio do resgate de uma tradição cultural que recupera aquela força discursiva do quilombo, como acontece no caso do "jongo", apesar de isso ser feito pelo recurso a uma tradição eminentemente rural, sua eficácia depende de sua capacidade de se transformar e se depurar de forma a se adaptar aos novos contextos de *performance* eminentemente urbanos.[15]

A diversidade de situações encontradas nos sugere, portanto, menos uma tipologia do que um eixo de transformações, composto de duas variáveis que nos saltam aos olhos a partir dos casos citados: a variável relativa aos vetores rural/urbano e a variável dada pelos pesos relativos das caracterizações sócio-históricas ou prático-discursivas na conformação de cada caso. Extrapolando as situações evocadas acima e tomando de forma fragmentária elementos retirados de outras situações que não pudemos trabalhar aqui, é possível sugerir, a título de hipóteses morfológicas, algumas configurações que emergem desse eixo de transformações.

Em uma primeira configuração, o urbano seria resultado da expansão física das cidades, de sua teia urbana, ruas, quarteirões, bairros. Nesse movimento, as ditas comunidades seriam alcançadas pela malha urbana, de forma que se cria uma nítida fronteira entre uma paisagem social de dentro e de fora, replicando no espaço físico aquilo que já foi definido como fronteira étnica (Barth, 1976). As comunidades tendem a se apresentar ou a serem vistas como nódulos rurais no interior da paisagem urbana, travestidos de pobreza e miséria, e os resquícios de minúsculas capoeiras, quintais, criatórios, casas de pau a pique podem nem mesmo ser ressignificados como quilombos, permanecendo como uma modalidade particular de favela.[16]

Em uma segunda configuração possível, o urbano se manifestaria não exatamente pelo alcance da comunidade pela malha física das cidades em expansão, mas por vetores de urbanização menos físicos, antecipações do urbano: extensões da rede social, estética, econômica, de sociabilidade urbana. No Rio de Janeiro (mas não só) isso tem acontecido como produto de uma determinada expansão do urbano em busca dos espaços valorizados como rurais e tradicionais ou naturais e preservados por meio do turismo. Nesse caso, o turismo implica a busca por manter (ou recriar) cenários bucólicos e rústicos, mas introduzindo

---

[15] Sobre isso, ver a análise das transformações e variações do jongo, cada vez mais tornado signo de identidade quilombola na região que vai do litoral sul fluminense ao Vale do Paraíba (Maroun, 2013).
[16] Podem ilustrar esta configuração, apenas para ficar com casos os mais conhecidos, as comunidades da Rasa, em Búzios (RJ), da Família Silva, em Porto Alegre (RS), e de Mangueiras e Luízes, ambas em Belo Horizonte (MG).

neles relações absolutamente modernas (por vezes violentamente modernas) de trabalho, de estilo de vida, de valores sociais, de hábitos cotidianos, de produção cultural. Ao incluir ou simplesmente avizinhar-se das comunidades quilombolas, esse processo tende a alterar radicalmente a relação dos seus moradores com seu território, apesar de este poder permanecer fisicamente intacto ou até mesmo ser submetido a processos de recuperação ambiental.[17]

Em uma terceira configuração, o urbano se manifestaria por meio da pluralidade do coletivo em questão e, ligado a isso, à sua impossibilidade de autoperpetuação. Nesse caso, aquilo que chamamos de comunidades quilombolas urbanas seriam agrupamentos cuja estrutura social e fronteiras étnicas seriam delimitadas a partir de um conjunto de práticas sociais, culturais, religiosas, mais que pela manutenção de um grupo ou de um território. A estrutura social não se reproduziria principalmente por uma sucessão de gerações com vínculos de descendência ou de aliança, mas pela renovação constante e extensiva dos seus quadros, pela incorporação de indivíduos de fora. Esses espaços, que nascem na própria cidade e não são alcançados por ela, assumem funções rituais e lúdicas alternativas ao tipo de individualismo e fragmentação caracterizados por Simmel (2005) como tipicamente modernos: relações anônimas, impessoais, abstratas e submetidas a mediadores abstratos, como o relógio e o dinheiro. Tais territórios sociais, fincados em contexto propriamente urbano, mas resistentes ao plenamente moderno — próximos ao projeto de quilombismo evocado por Abdias do Nascimento (1980) — não seriam resquícios ou remanescentes de uma ruralidade ou de supostos grupos tradicionais, mas seriam eles mesmos os produtores de ruralidades (quintais, terreiros, jardins) e de laços inspirados por modelos tradicionais.[18]

Finalmente, uma última e extrema configuração seria aquela na qual o urbano seria plenamente dominante. Nesse caso, estaríamos diante de agrupamentos que, não constituindo grupos sociais com estrutura e fronteira nítidas, nem contando com mecanismos de autorreprodução física ou social definidos, ainda assim se enunciam como "comunidades quilombolas" enquanto produto

---

[17] Essa configuração inclui um grande número de comunidades distribuídas por todo o país, podendo ser ilustrada, no Rio de Janeiro, pelas comunidades de Campinho da Independência e Cabral, ambas em Paraty, assim como em parte a comunidade de Caveira, em Cabo Frio.

[18] Pensamos aqui no tipo de situação que emerge em Salvador (BA), por exemplo, com a demanda pelo reconhecimento dos terreiros de candomblé e dos próprios bairros do seu entorno como comunidades quilombolas, mas também em situações como a das "comunidades jongueiras" do Vale do Paraíba (RJ) que vêm cogitando reivindicar o mesmo reconhecimento. Sacopã (RJ), não pelo candomblé ou pelo jongo, mas por seu tradicional e familiar samba com feijoada, seria outro exemplo dessa configuração.

exclusivo de um agenciamento discursivo. O quilombo ocuparia seu lugar pleno de metáfora ou de recurso jurídico para efetivação de um projeto coletivo de caráter político-ideológico ou memorial, capaz de unificar em termos étnico-raciais os diversificados modos de resistência aos imperativos de uma urbanidade burguesa e capitalista, sujeita a sucessivos eventos de limpeza social ou gentrificação (Smith, 2007). Nesse caso, o "quilombismo" é menos produto de práticas locais preexistentes, do que produtor dessas práticas, elas mesmas inteiramente urbanas, mas com intenções contra-hegemônicas; um agenciamento discursivo das brechas abertas pela categoria jurídica "quilombo" em meio aos modos convencionais de regulação dos conflitos urbanos. Isso faz com que, nesses espaços as práticas culturais tenham autonomia com relação às estruturas sociais e possam mesmo existir sem estas.[19]

Considerações finais

No campo coberto pela ideia de "quilombos urbanos" é preciso, portanto, fazer distinções internas tanto quanto relativizar seu caráter de tipo social claro e distinto. O urbano, nesses casos, é tanto uma configuração espacial física quanto um conjunto de relações sociais que independe, antecipa ou, pelo contrário, evita tal configuração espacial. O urbano é também um modo de agenciamento da própria categoria quilombo, que pode dar novos sentidos a práticas sociais de origem rural tanto quanto pode ser virtualmente independente dessas formações sócio-históricas.

Uma compreensão do fenômeno, assim como de sua capacidade de se apresentar como estratégia de resistência aos dispositivos de exclusão e controle do urbano — ou que operam por meio da expansão urbana — deve ter em conta o arco de configurações sociais por meio das quais ele se manifesta. Provisoriamente, propusemos aqui quatro configurações. Duas delas têm sua origem em contextos rurais submetidos a processo de urbanização, tanto físicos (a malha urbana) quanto sociológicos (novos padrões de relações de trabalho, moral e estética). As outras duas, originadas em contextos e de processos propriamente urbanos, têm sua sociogênese ou na reprodução de coletivos lúdico-religiosos, que buscam manter seu caráter "tradicional" em novas condições de socialidade, ou em projetos político-simbólicos que, sustentados em agenciamentos

---

[19] Essa é uma configuração de caso único, já que, até onde eu pude estender minha observação direta ou por meio da bibliografia, não pude encontrar outro exemplo além da Pedra do Sal (RJ).

puramente memoriais ou discursivos, buscam constituir territórios contra-hegemônicos no centro da "cidade oficial", em resposta a seus processos de exclusão generalizada.

Ainda que tais configurações possam ser lidas como um esboço de tipologização, não é esse seu interesse nem é essa sua importância. Elas nos servem antes para pensar os modos variáveis de composição entre vetores e contextos rurais e urbanos, assim como a composição entre materialidades portadoras de uma densidade sociológica e de uma profundidade histórica particulares, de um lado, e de agenciamentos discursivos que têm em vista a manutenção, fortalecimento, proposição ou simples justificação de um coletivo e de um território, de outro. Este último ponto nos interessa particularmente à medida que não pretende estabelecer uma dicotomia simples, mas chamar a atenção para a dualidade intrínseca a essas realidades. Não é possível descrevê-las de um modo puramente objetificante, à medida que sua própria classificação como quilombolas exigiu um agenciamento discursivo sobre as categorias disponíveis, enfim, uma reflexividade cultural. Por outro lado, seria um erro descrevê-las apenas no plano da elaboração discursiva, sem distinguir sobre que bases sociais e históricas os atores são capazes de realizar tais agenciamentos.

Referências

ABREU, Martha; MATTOS, Hebe. Remanescentes das comunidades dos quilombos: memória do cativeiro, patrimônio cultural e direito à reparação. In: SIMPÓSIO NACIONAL DE HISTÓRIA, 26., 2011. São Paulo. Anais... São Paulo: Anpuh, 2011.

ALMEIDA, Alfredo W. B. de. Terras de preto, terras de santo, terras de índio: uso comum e conflito. In: HÁBETTE, J.; CASTRO, Edna (Org.). Na trilha dos grandes projetos. Belém: Naea/UFPA, 1989.

ANDRADE, L.; TRECCANI, G. Terras de quilombo. In: LARANJEIRA, Raymundo. *Direito agrário brasileiro*. São Paulo: LTr, 1999. p. 593-656.

ARRUTI, José Maurício. Quilombos. In: PINHO, Osmundo; SANSONE, Lívio (Ed.). *Raça*: novas perspectivas antropológicas. Salvador: Edufba, 2009. v. 1.

_____. *Políticas de promoção das comunidades quilombolas no estado do Rio de Janeiro*. Rio de Janeiro: Secretaria de Estado de Assistência Social e Direitos Humanos, 2011. (Estudo técnico, manuscrito, 36 p.).

BARTH, Fredrik. Introducción. In: _____. *Los grupos étnicos y sus fronteras*: la organización de las diferencias culturales. México, DF: Fondo de Cultura Económica, 1976. p. 9-49.

FERRAZ, Eucanaã. O tombamento de um marco da africanidade carioca: a Pedra do Sal. *Revista do Patrimônio Histórico e Artístico Nacional*, Rio de Janeiro, n. 25, 1997.

GOMES, Flávio; CUNHA, Olívia M. G. da. Introdução: Que cidadão? Retóricas da igualdade, cotidiano da diferença. In: _____; _____ (Org.). *Quase-cidadão*. Rio de Janeiro, FGV, 2007.

GUIMARÃES, Roberta Sampaio. Discursos de visibilidade e novos usos do território: o caso da Pedra do Sal (RJ). In: ENCONTRO ANUAL DA ANPOCS, 32., 2008, Caxambu, MG. *Anais...* São Paulo: Anpocs, 2008. (GT 1: A cidade nas ciências sociais: teoria, pesquisa e contexto).

HEYMANN, Luciana; ARRUTI, José Maurício. Memória e reconhecimento: notas sobre as disputas contemporâneas pela gestão da memória na França e no Brasil. In: GONÇALVES, Márcia de Almeida et al. (Org.). *Qual o valor da história hoje?*. Rio de Janeiro: FGV, 2012. p. 96-119.

INSTITUTO NACIONAL DE COLONIZAÇÃO E REFORMA AGRÁRIA (INCRA) — RJ. SR-7. *Processo Administrativo nº 54180.000712/2005-18*: regularização fundiária do Quilombo da Sacopã. Rio de Janeiro: Incra, 2007.

MAIA, Patrícia Mendonça de Castro. 2011. 133 f. *As máscaras do quilombo Sacopã*: memória, espaço urbano e meio ambiente. Dissertação (mestrado) — Programa de Pós-Graduação em Sociologia e Direito, Universidade Federal Fluminense, Niterói, 2011.

MAROUN, Kalyla. *Jongo e educação*: a construção de uma identidade quilombola a partir de saberes étnico-culturais do corpo. Tese (doutorado em ciências humanas — educação) — Programa de Pós-Graduação em Educação, Pontifícia Universidade Católica do Rio de Janeiro, Rio de Janeiro, 2013.

_____; ARRUTI, José Maurício. A ressignificação do jongo e sua relação com a educação em duas comunidades quilombolas do Rio de Janeiro: Bracuhy e Campinho da Independência. In: REUNIÃO ANUAL DA ANPED, 33., 2010, Caxambu, MG. *Anais...* Rio de Janeiro: Anped, 2010. (GT 21: Educação e relações étnico-raciais).

MATTOS, Hebe; ABREU, Martha. Relatório histórico-antropológico sobre o Quilombo da Pedra do Sal: em torno do samba, do santo e do porto. In: O'DWYER, Eliane Cantarino (Coord.). *Relatório técnico de identificação e delimitação da comunidade remanescente do Quilombo de Pedra do Sal*. Rio de Janeiro: Incra, 2007.

_____; _____. Remanescentes das comunidades dos quilombos: memória do cativeiro, patrimônio cultural e direito à reparação. *Iberoamericana (América Latina, Espanha, Portugal)*: revista do Ibero-Amerikanisches Institut, Berlin, ano XI, n. 42, p. 147-160, 2011. (Dossiê: Novas etnicidades no Brasil: quilombolas e índios emergentes. Coord. Matthias Röhrig Assunção).

_____; RIOS, Ana Lugão. Introdução. In: _____; _____. *Memórias do cativeiro*: família, trabalho e cidadania no pós-abolição. Rio de Janeiro: Record, 2005.

NASCIMENTO, Abdias. *Quilombismo*. Petrópolis: Vozes, 1980.

RANCIÈRE, Jacques. *O desentendimento*: política e filosofia. São Paulo: Ed. 34, 1996.

RIO DE JANEIRO (município). Decreto Municipal nº 19.143, de 14 de novembro de 2000: cria o Parque Municipal Fonte da Saudade, situado no bairro da Lagoa, e o Parque Municipal José Guilherme Merquior, situado nos bairros do Rio de Janeiro, Copacabana e Lagoa. *Diário Oficial do Município do Rio de Janeiro*, 16 nov. 2000. Disponível em: <http://pgm/textos/legislacao/decreto/DEC1914314112000.pdf>. Acesso em: jul. 2009.

SCOTT, Rebecca J. Introdução. In: COOPER, Frederick; HOLT, Thomas; SCOTT, Rebecca J. *Além da escravidão*. Rio de Janeiro: Civilização Brasileira, 2005.

SIMMEL, Georg. As grandes cidades e a vida do espírito (1903). *Mana*, Rio de Janeiro, v. 11, n. 2, p. 577-591, jan./out. 2005. Disponível em: <http://dx.doi.org/10.1590/S0104-93132005000200010>. Acesso em: jul. 2014.

SMITH, Neil. Gentrificação: a fronteira e a reestruturação do espaço urbano. *Geousp*: Espaço e Tempo, São Paulo, n. 21, p. 15-31, 2007.

CAPÍTULO 11

O quilombo como metáfora: espaços sociais de resistência na região portuária carioca

JÉRÔME SOUTY*

A PARTIR DO final de 2008, comecei a frequentar os bairros da antiga região portuária: Saúde, Gamboa e Santo Cristo. Essa grande área central ou pericentral da cidade, com uma superfície de cerca de 5.000.000 m², é pouco conhecida pela grande maioria dos cariocas — como se fossem bairros separados da cidade, esquecidos ou invisíveis. A região me pareceu ser um espaço social e histórico singular e liminar (ao mesmo tempo tão perto fisicamente do centro urbano e aparentemente tão distante), uma área portadora de uma forma de alteridade em relação ao resto da cidade, em particular em relação à grande visibilidade e opulência dos bairros da Zona Sul.

Desde então, além de realizar entrevistas com responsáveis técnicos e administrativos das atuais reformas urbanísticas na área, e participar de vários eventos locais, festas, fóruns comunitários e reuniões, conversei e/ou entrevistei muitas pessoas da região (moradores dos morros da Providência, do Pinto e da Conceição; das partes baixas da Saúde, da Gamboa e do Santo Cristo; estivadores; membros do movimento afro; responsáveis associativos e sindicais; músicos e artistas locais; frequentadores da área).[1] Nas diversas falas e testemunhos que recolhi sobre a região (focalizando as vivências dessas pessoas, suas representações — passadas e presentes — desses bairros portuários), minha impressão inicial se confirmou. Também me surpreendeu, nas fontes orais ou escritas, a quantidade de referências diretas ou indiretas que foram feitas a eventos ou per-

---

* Programa de Pós-Graduação em Ciências Sociais da Universidade do Estado do Rio de Janeiro (PPCIS/Uerj), pesquisador bolsista Faperj.
[1] Agradeço em particular a disponibilidade amical do Luiz Torres (professor e diretor de escola municipal, historiador, sambista e quilombola), do Maurício Hora (fotógrafo, ativista social e cultural, coordenador do Instituto Favelarte), da Tia Lúcia (artista plástica) — que me guiaram nos bairros respectivos da Saúde, do morro da Providência, da Gamboa e do morro do Pinto —, assim como de Mãe Celina (mãe de santo) e Maria Moura (líder das Baianas do Acarajé).

sonagens históricos, elementos socioculturais e lugares que remetem às formas de resistência coletiva de comunidades populares e/ou negras.

As divisões administrativas, a diversidade das paisagens, das construções e dos tipos de ocupação dos espaços (bairros da Saúde e Gamboa, de urbanização antiga; morros habitados desde o século XVII — Conceição — ou XIX — Providência e Pinto; partes aterradas no século XX com atividades industriais, administrativas e de serviços, mas com poucos moradores), dão uma impressão de grande heterogeneidade espacial e social. Apesar disso, percebi que os habitantes desses bairros compartilham certo senso de pertencimento à mesma área. Ou seja, existe uma relativa unidade sociocultural da área delimitada como região portuária.

Nas últimas décadas, com a falta de modernização do velho porto industrial construído no início do século XX (mal adaptado à conteinerização) e o relativo abandono por parte dos poderes públicos, a antiga área portuária entrou num lento declínio econômico.[2] Ela apresenta hoje uma fraca densidade habitacional, resultante do esvaziamento parcial da população local.[3]

Desde os anos 1980, vários projetos de reformas e planos de "revitalização" foram elaborados, com poucas ações efetivadas (Moreira, 2004). Tal situação mudou com a recente operação Porto Maravilha, que visa implantar uma ambiciosa política de reformas urbanas na região. Esse projeto, estabelecido através de uma parceria público-privada,[4] foi acelerado em função dos "megaeventos esportivos" que seriam realizados na cidade do Rio de Janeiro: a Copa do Mundo de 2014 e as Olimpíadas de 2016. Em função desses grandes empreendimentos, medidas excepcionais foram rapidamente providenciadas: mudança das normas jurídicas urbanísticas existentes,[5] instauração de uma legislação de exceção,[6] "pacificação" de favelas sob controle do tráfico de drogas, políticas

---

[2] A partir dos anos 1940, a região sofreu uma espécie de encapsulamento geográfico, sendo separada do Centro da cidade em função da abertura da avenida Presidente Vargas, e depois (nos anos 1970) afastada da baía de Guanabara pela construção da avenida Perimetral.

[3] Saúde, Gamboa e Santo Cristo acolhem oficialmente 28.187 pessoas (48.664 incluindo o bairro do Caju). Cf.: <http://portalgeo.rio.rj.gov.br> (tabela nº 3.163, município do Rio de Janeiro — 2010). Acesso em: 1 mar. 2013.

[4] A Companhia de Desenvolvimento Urbano da Região do Porto (Cdurp), gestora da prefeitura na Operação Urbana Consorciada Porto Maravilha, é um agente administrativo paralelo ao Poder Executivo municipal.

[5] Modificação do Plano Diretor, do Estatuto da Cidade, da Área de Especial Interesse Social. Ver, em particular, a Lei Complementar nº 101/2009. Ver também o Decreto Municipal nº 34.522, de 3 de outubro de 2011, que trata das "diretrizes para demolição de edificações e relocações de moradores em assentamentos populares".

[6] O fenômeno de instauração de uma legislação *ad hoc*, específica, flexível e casuísta, em virtude da nova "emergência" (a realização dos grandes eventos esportivos de 2014 e 2016) é acentuado

de remoção de habitações populares (irregulares, em áreas de risco ou de "reurbanização"), políticas de "choque de ordem".[7]

A região portuária segue essa lógica. As obras efetivas de "revitalização" e de "reurbanização" começaram em 2011 e avançam num ritmo acelerado. O objetivo declarado da operação Porto Maravilha é transformar a região numa área "de negócio, de lazer e de turismo".[8] A especulação imobiliária, assim como a privatização progressiva e parcial dos espaços públicos e da gestão desses bairros já são fenômenos visíveis.[9]

Os atuais moradores da região portuária são quase todos de classe média baixa ou baixa, apresentando renda bastante inferior à média da cidade e um baixo índice de desenvolvimento humano (IDH).[10] Ora, apesar das declarações sobre a relevância da sustentabilidade da população residente,[11] o atual projeto Porto Maravilha propõe poucas medidas de acompanhamento social para os atuais residentes, e não desenvolve uma política pública de construção de habitações de baixo custo. A análise da legislação que regula essa operação mostra que não há um direcionamento à utilização do solo urbano de forma a garantir seu uso na direção de ampliação da justiça social, nem mesmo a utilizar os potenciais construtivos (os certificados de potencial adicional de construção — Cepacs) priorizando áreas residenciais.[12]

---

pela obrigação de responder às exigências da Fifa e do COI. A cidade dos megaeventos é a cidade das decisões *ad hoc*, das isenções e favores fiscais e urbanísticos, das autorizações especiais, favoráveis ao setor privado. Ver o Dossiê do Comitê Popular da Copa e Olimpíadas do Rio de Janeiro: Megaeventos e Violações dos Direitos Humanos no Rio de Janeiro, de maio de 2013. Disponível em: <http://raquelrolnik.files.wordpress.com/2013/05/dossie-rio.pdf>. Acesso em: 1 set. 2013. Ver também Sánchez e Broudehoux (2013).

As políticas de segurança pública a serem implantadas durante a realização dos grandes eventos esportivos serão também colocadas sob o regime da legislação de exceção (Melo e Gaffney, s.d.).

[7] A política "choque de ordem" reúne atuais ações do governo municipal visando à implantaçao de uma nova "ordem" urbana e à expulsão dos "indesejáveis" (camelôs, ambulantes, moradores de rua) do espaço público.

[8] Cf.: <http://portomaravilha.com.br/>. Acesso em: 1 mar. 2013.

[9] A externalização (já efetiva ou programada) da coleta do lixo e da segurança são exemplos de privatização da gestão urbana na área coberta pela operação Porto Maravilha.

[10] O índice de desenvolvimento humano da região administrativa portuária (IDH: 0,775) é o menor das seis regiões que compõem a Área de Planejamento I (ADP1). Ver o Plano Diretor 2005. Disponível em: <www.armazemdedados.rio.rj.gov.br/arquivos/1653_planodiretor.PDF>. Acesso em: 1 mar. 2013. No entanto, na parte alta do morro da Conceição aumenta a quantidade de pessoas de classe média e média alta.

[11] Segundo a Lei Complementar nº 101/2009, que cria a operação urbana consorciada da região do porto do Rio, as ações devem "assegurar a sustentabilidade da população residente".

[12] Os Cepacs podem ser adquiridos com a mera finalidade de especulação imobiliária, implicando a não construção de espaços loteados. Ver, por exemplo, Ribeiro (2010:15).

A região portuária, zona histórica de habitações populares, sempre constituiu um território de relegação social. Nela habitaram, em condições precárias e/ou informais, grupos sociais desfavorecidos: negros escravizados seguidos por ex-escravos, libertos e seus descendentes afro-brasileiros; pequenos grupos ciganos; imigrantes europeus pobres (principalmente portugueses, italianos e espanhóis),[13] imigrantes judeus ou árabes,[14] assim como marinheiros estrangeiros de diversas origens e, mais recentemente, migrantes nordestinos.

A clássica marginalização dos bairros portuários como espaço liminar (território dos marujos e dos estivadores, área de prostituição) se juntou à estigmatização dos moradores ou frequentadores da região que, nas representações dominantes, são, até hoje, facilmente associados aos pobres e/ou marginais: favelados, camelôs, drogados, traficantes, invasores, moradores de rua, mendigos, jogadores, biscateiros, catadores de lixo.[15]

Uma das singularidades da região portuária é sempre ter sido território do que eu poderia chamar de "espaços sociais e simbólicos de resistência popular". No século XIX, cortiços e habitações coletivas se agruparam nessas duas freguesias portuárias de Santa Rita e Santana[16] (assim como nas freguesias de Candelária e Sacramento). A partir da década de 1870, os primeiros terreiros de candomblé carioca surgiram nos bairros portuários da Saúde e Gamboa (assim como na Cidade Nova, próxima deles).[17] Também nessa área surgiu, na década de 1890, o que é considerado a primeira favela.[18] Hoje, como veremos, a região possui a maioria das ocupações urbanas coletivas da cidade (desde a década de 2000) e, até mesmo, um área quilombola contemporânea (desde 2005). Ou seja, nessa área, grupos populares inventaram — e continuam inventando — lugares sociais alternativos, na tentativa de conquistar uma moradia, um lar, um espaço coletivo de expressão cultural, isto é, formas básicas e

---

[13] A partir de 1840 e chegando em massa nas últimas décadas do século XIX e nas primeiras décadas do século XX.
[14] Comunidades de imigrantes judeus e árabes se concentraram, em particular e respectivamente, nas áreas vizinhas da praça Onze (destruída na década de 1940) (Fridman, 2007) e do atual bairro comercial Saara.
[15] Ver, entre outros, Thiesen, Barros e Santana (2005).
[16] Santa Rita englobava a Prainha, o morro de São Bento, o bairro da Saúde, os morros da Conceição, do Livramento e da Saúde. Santana abarcava a Gamboa, o saco do Alferes, a praia Formosa, os morros da Providência, da Gamboa, do Pinto e de São Diogo.
[17] Sobre os primeiros terreiros de candomblé no Rio, ver Rocha (2000); Chaloub (2006).
[18] Contudo, nota-se que a ocupação do morro da Favela (atual morro da Providência, no bairro Santo Cristo) é muito posterior ao povoamento do morro do Castelo e do morro de Santo Antônio. Na virada do século XX, esses dois morros centrais — destruídos respectivamente nas décadas de 1920 e 1940 — estavam também em processo de "favelização". Os dois outros morros "históricos" — de São Bento e da Conceição — nunca se tornaram favelas.

precárias de organizações visando a certa autonomia em relação a um modelo dominante e excludente.

Interessar-me-ei aqui pelo imaginário do quilombo, que se declina/desdobra de várias maneiras na região portuária carioca. Como veremos, as ocupações coletivas de prédios abandonados colocam em jogo algumas reminiscências de um tipo de quilombo histórico (o quilombo de rompimento). Por outro lado, a comunidade remanescente do Quilombo da Pedra do Sal reivindica oficialmente direitos diferenciados, de acordo com a recente categoria jurídica de quilombo contemporâneo. Enfim, eu considerei que a região outrora chamada de "Cidade Negra" ou "Pequena África", abrigou durante décadas o que pode ser considerado retrospectivamente um grande quilombo urbano abolicionista e pós-abolicionista (no período em torno da década de 1830 até o começo do século XX).

Assim, não considero aqui o quilombo apenas uma antiga realidade histórica brasileira, nem uma categoria jurídica atual, mas, de maneira mais abrangente, uma metáfora possível que designa e se encaixa na categoria de "espaço social de resistência popular".

Partindo da situação atual, revisitando parcialmente o passado, pretendo observar a região portuária de maneira diacrônica e em três diferentes escalas (as ocupações atuais, o Quilombo da Pedra do Sal, a "Pequena África"), realizando assim um corte transversal em alguns espaços sociais, a fim de analisar fragmentos de um imaginário comum, assim como algumas das dinâmicas sociais que atravessam tais espaços.

Ocupações urbanas coletivas e imaginário quilombola

O ato coletivo de invadir um terreno urbano faz parte da história brasileira desde o final do século XIX, quando escravos libertos e populações pobres construíram agrupamentos de habitações precárias em espaços que não atraíam, num primeiro tempo, o interesse do mercado imobiliário. Na segunda metade do século XX, as palavras *ocupação* e *invasão* foram utilizadas para designar tentativas organizadas de apropriar terrenos abandonados, não construídos, mais ou menos próximos dos serviços urbanos. Uso aqui a expressão "ocupações urbanas coletivas" no sentido restrito de *squat*, ou seja, a instalação de coletivo de pessoas em apartamentos ou prédios vazios — e em geral degradados —, sem o acordo legal do titular do lugar. Essas ocupações coletivas pelos *homeless squatters* não se confundem com ocupações de casas e antigos casarões por indivíduos isolados ou pequenos núcleos familiares.[19]

É significativo que, no Rio de Janeiro do início dos anos 2010, esses tipos de ocupações urbanas coletivas se localizem todas na região portuária[20] ou nos bairros centrais vizinhos,[21] com algumas exceções.[22] Isso se explica pela concentração de prédios vazios, desocupados e/ou abandonados numa área em que mais de 65% dos terrenos são de propriedade pública (federal, estadual ou municipal).

Outra característica dessas ocupações urbanas coletivas é o fato de serem recentes. Todas começaram na década de 2000, quando o contexto político se tornou favorável: o programa do PT e a campanha do candidato Luiz Inácio da Silva, antes do seu primeiro mandato presidencial (2002), prometiam transformar os prédios públicos federais abandonados em moradias populares (promessas que não foram cumpridas).

Por fim, é importante notar que em todas as ocupações da região portuária predomina o caráter de moradia: não são especificamente ocupações artísticas e culturais, ateliês ou oficinas,[23] diferentemente do que ocorreu em bairros alvo de "revitalização" em outras cidades brasileiras,[24] e mais ainda estrangeiras.[25]

O ato de nomear uma ocupação tem uma importância particular: com a atribuição de um nome trata-se de inaugurar, apresentar, qualificar e definir esse espaço compartilhado. Ora, não é simples coincidência que várias ocupações da região se autodenominem "quilombo" ou apresentam nomes que fazem

---

[19] Nota-se que na Gamboa (por exemplo, em torno da rua do Livramento e na rua da Gamboa) e no Santo Cristo (por exemplo, na rua Pedro Alves) inúmeros velhos sobrados, invadidos ou não, se tornaram cortiços na segunda metade do século XX.

[20] Chiquinha Gonzaga (desde 2004), Zumbi dos Palmares (2005-2011), Quilombo das Guerreiras (desde 2006), Machado de Assis (2008-2012), Flor do Asfalto (2006-2011), Casarão Azul (removida em 2009).

[21] "Manuel Congo", "Carlos Marighella", "Almor", "Nelson Mandela", "Carlos Marighella".

[22] Por exemplo, a ocupação "17 de Maio" em Nova Iguaçu (2003); "Aldeia Maracanã", no antigo Museu do Índio, no Maracanã (2006-2013). Não trato aqui dos vários tipos de invasões e ocupações (que não se confundem com os *squats* urbanos de prédios vazios) em bairros da Zona Norte ou ao longo da avenida Brasil. Para um panorama detalhado e uma análise sobre "as barricadas do hiperprecarizado urbano" do movimento de sem-teto, ver Ramos (2012).

[23] Mesmo que essas características possam existir. Por exemplo, a ocupação Flor do Asfalto (2006-2011) se dividia entre as moradias de cerca de 20 famílias e um espaço "contracultural" reunindo biblioteca, ateliê e oficinas (de serigrafia, de bicicletas), cooperativa de alimentos, cozinha comunitária, pequena horta.

[24] Por exemplo, na cidade de Salvador, durante o começo das reformas do bairro histórico do Pelourinho, nos anos 1990, havia muitas ocupações de ateliês artísticos, oficinas musicais, sede de associações culturais e de movimentos sociais.

[25] Em particular nos inúmeros e já antigos *squats* artísticos e culturais nas cidades europeias.

referência direta aos quilombos históricos. Por exemplo, a ocupação "Zumbi dos Palmares" (do nome do líder negro do maior e mais famoso dos quilombos históricos)[26] no bairro da Saúde, na avenida Venezuela (2005-2011) ou a ocupação "Quilombo das Guerreiras" (2006-2014), no bairro Santo Cristo, na avenida Francisco Bicalho.

Nota-se, ainda, que muitas vezes um vocabulário marcial é usado, como nos coletivos "Guerreiros Urbanos"[27] ou "Guerreiro Urbano",[28] ou no "Quilombo das Guerreiras" já citado. Está presente um vocabulário da revolta, da insurreição, por exemplo, na "Ocupação Manuel Congo", na Cinelândia, cujo nome faz referência à revolta e à fuga dos escravos nas plantações de café no Vale da Paraíba do Sul, interior do estado do Rio de Janeiro, onde o líder Manuel Congo foi enforcado em 1839.

Chamo a atenção para o fato de que esses ocupantes não se apresentam como remanescentes quilombolas nem reivindicam/pleiteiam o reconhecimento dessas ocupações enquanto categoria jurídica do quilombo contemporâneo.

A referência à rebeldia, à insurreição e ao heroísmo negro ativa, de maneira direta ou indireta, nessas ocupações, uma representação particular do quilombo. São referências ao quilombo colonial, histórico, "clássico", ao quilombo no senso comum (pelo menos até 1988, quando o termo quilombo se tornou também uma categoria jurídica),[29] isto é, o quilombo de rompimento — uma aldeia fortificada, num lugar afastado, que reúne os escravos fugidos da senzala (e cujo modelo mais famoso é o Quilombo de Palmares).

Sabemos que, desde o século XVII foram inúmeras e mutantes as construções sociais do quilombo e as representações dominantes associadas a ele no

---

[26] J. M. C. França e R. A. Ferreira analisaram as representações mutantes no Brasil, no decorrer dos séculos, da figura de Zumbi (e paralelamente as várias construções/representações do quilombo de Palmares — e dos quilombos em geral). Os autores escrevem: "O Zumbi dos séculos XX e XXI torna-se, de saída, um herói pioneiro da luta pela liberdade no Brasil; em seguida, um herói das classes oprimidas da colônia; mais adiante, um herói da raça negra que peleja pela liberdade e a igualdade; um pouco depois, ainda que de modo discreto, um herói de minorias, nomeadamente dos homossexuais; dito em poucas palavras, um herói daqueles que lutaram e lutam contra o caráter excludente da sociedade brasileira, a escravista e as outras suas sucessoras" (França e Ferreira, 2012:14-15).
[27] A ocupação que ficava na avenida Gomes Freire nº 510 (na Lapa) foi despejada em 2009 e se deslocou em 2010 para a avenida Mem de Sá nº 234, ainda na Lapa, de onde foi despejada na hora.
[28] As ocupações "Guerreiro Urbano" da rua Sara nº 85 (na Santo Cristo) e a da ladeira de Santa Teresa nº 143 também sofreram despejos.
[29] Art. 68 (Ato dos Dispositivos Constitucionais Transitórios) da Constituição Federal de 1988 (capitulo 1). A aplicabilidade do artigo, no entanto, só foi claramente definida pelo Decreto nº 4.887 em novembro de 2003.

Brasil.[30] A partir do século XX, o princípio geral que rege essas construções sociais do quilombo é o mesmo: "de um lado, ele é o polo por excelência de contestação da ordem injusta e excludente da colônia; de outro, é um lugar inspirador de utopias e comportamentos contestatórios" (França e Ferreira, 2012:15). É esse tipo de representação do quilombo enquanto arquétipo da resistência dos escravos, mas também de todos os oprimidos, que está sendo acionado nos *squats* urbanos contemporâneos cariocas.

E preciso salientar que a ênfase colocada na dimensão espetacular, épica, violenta, da resistência negra[31] permite, por um lado, mobilizar a imaginação e talvez impulsionar formas de rebeldia e de mobilização. Mas, por outro lado, ela minimiza a importância histórica e a eficiência das formas de resistência surdas, silenciosas, indiretas e disfarçadas dos escravos e dos seus descendentes. Assim, quilombo-refúgio (apesar de ter sido visto durante muito tempo como forma quase exclusiva de resistência e rebeldia dos negros) é apenas um tipo de quilombo particular. A historiografia recente mostrou que os quilombos não eram necessariamente isolados, nem seus membros viviam em situação de autarcia. Quilombos foram também fundados por homens livres e, no período pós-abolição, muitas comunidades quilombolas se apropriaram de seus espaços através da compra de terras com escritura, doação ou ocupação de áreas abandonadas.[32] Isso significa que comunidades quilombolas podiam viver sem confronto direto e violento com as autoridades.

O uso comum de um vocabulário marcial nas atuais ocupações e as referências explícitas ao confronto através do imaginário dos quilombos antigos devem também ser relacionados à história social desses bairros portuários, que foram palco de numerosas formas de resistências, lutas e insurreições populares. A zona portuária foi, no século XIX, uma área de moradia e de atuação dos capoeiristas,[33] assim como um palco das lutas abolicionistas; no começo do século XX, ela foi o epicentro das grandes revoltas e insurreições popula-

---

[30] Sucessivamente, como o mostram França e Ferreira (2012) este foi considerado: 1) um foco de instabilidade e ameaça à sociedade escravocrata (seiscentos e setecentos); 2) um "empecilho à civilização" e um "foco de barbárie" na colônia (oitocentos e novecentos); 3) mais recentemente, um emblema das rebeliões coloniais, um estímulo à luta pela liberdade, um lugar da luta de classes (no século XX, sobretudo a partir da segunda metade, numa visão contestatória, *libertária* e marxista); 4) e finalmente, das últimas décadas do século XX até hoje, um ícone da luta contra todo tipo de opressão (dos oprimidos, dos negros, das minorias).

[31] Os quilombos de rompimento, assim como as fugas coletivas de fazendas escravistas, as insurreições e revoltas, as ações de guerrilha e até os suicídios coletivos.

[32] Ver, entre outros, Gomes (2006), Gomes e Reis (1996); Reis e Silva (2009).

[33] Em particular a Gamboa, o morro do Pinto e a Saúde (Soares, 1998). Nessa época, a prática da capoeira era sinônimo de malandragem e de ilegalidade.

res e, principalmente, negras: revolta da Vacina, em 1904, que juntava o medo da vacina antivaríola com o protesto contra a derrubada das casas;[34] greve dos operários do Cais do Porto, em 1905; revolta da Chibata, em 1910, contra o alistamento obrigatório e a violência dos castigos da Marinha (Morel, 1986). Por fim, esses bairros foram também, nas primeiras décadas do século XX, o berço do sindicalismo, de maioria negra, e das primeiras grandes lutas operárias organizadas.[35] De fato, existe uma longa e antiga tradição de movimentos reivindicatórios (políticos, sociais e profissionais) na área portuária.

As ocupações, que não fazem uma referência nominal à categoria quilombo, muitas vezes remetem de forma explícita à história negra e suas lutas locais ou nacionais. A dimensão religiosa também pode estar presente: por exemplo, a ocupação "Revolta dos Malês" (1997-2001)[36] lembrava a revolta dos escravos islamizados na Bahia do começo do século XIX. No entanto, em geral, o nome remete a uma dimensão artística e cultural. Assim, "Chiquinha Gonzaga", nome da primeira ocupação na região portuária (desde 2004), homenageia uma famosa compositora brasileira (1847-1935), filha de uma negra humilde (e de um general), feminista e familiar da região portuária, que lutou pela abolição da escravidão. Machado de Assis, um dos maiores escritores brasileiros — cuja obra, em parte, se inspira nesses bairros —, mulato e adversário do regime escravocrata, foi criado no morro do Livramento, na Gamboa, perto do prédio que abrigou (2008-2012) a ocupação chamada "Machado de Assis", com até 150 famílias.[37]

Em uma perspectiva histórica local, as atuais ações judiciais de reapropriação dos imóveis portuários e centrais, e as ações efetivas de despejo dos seus ocupantes, ecoam a política de interdição progressiva (ainda no regime imperial),[38] de criminalização (com os discursos higienistas no começo da República)[39] e de erradicação dos cortiços (política do "bota abaixo" da administração Pereira Passos — 1902-1904). Assim, por exemplo, é interessante constatar que o cha-

---

[34] Com numerosas barricadas na Saúde e na Gamboa. Ver Sevcenko (1984), Carvalho (1987), Chaloub (2006).
[35] Havia no porto do Rio de Janeiro sindicatos de maioria negra solidamente organizados: as organizações dos marítimos, dos estivadores e dos carregadores; em particular a " dos trabalhadores em Trapiche e Café" (Cruz, 2000, 2005/6, 2010).
[36] Na rua Riachuelo, nº 48.
[37] Machado de Assis também passou a morar em outros cantos da região portuária, em particular no morro do Pinto (Santo Cristo).
[38] A partir da década de 1860, foi proibida a construção de novos cortiços na área central da cidade, assim como o melhoramento dos antigos cortiços.
[39] Com o fim do regime da escravidão, a população dos cortiços cresceu muito: ela duplicou entre 1888 e 1890, para chegar a 100 mil pessoas, ou seja, quase 20% da população da cidade.

mado "Cabeça de Porco", maior cortiço da cidade no final do século XIX, era localizado muito perto da atual ocupação Chiquinha Gonzaga, na rua Barão de São Félix (respectivamente nos nº 154 e nº 110). Esse local abrigou entre 2 mil e 4 mil pessoas até sua destruição mediatizada em 1893.[40]

A maioria dos "ocupantes" da região portuária é composta de negros e pardos. Mas, devido ao tipo de modelo político-organizativo escolhido nessas ocupações urbanas coletivas, a questão étnica ou racial não é convocada ou instrumentalizada. Em geral os vínculos étnicos, religiosos, ou mesmo familiares, são colocados em segundo plano. Nas ocupações urbanas, não se discute o processo de etnogênese. Dito de outra maneira, não há um esforço aparente para "etnicizar" ou "racializar" as ocupações.[41] Diferentemente dos grupos quilombolas que pleiteiam oficialmente o território ocupado — reivindicando seu reconhecimento jurídico como quilombo contemporâneo —, nas ocupações coletivas as reivindicações comunitárias não se baseiam na busca da ascendência étnica comum, nem na continuidade da existência social e espacial em longo prazo, nem na especificidade de tradições culturais/artísticas/patrimoniais.

Apesar da pressão demográfica crescente na aglomeração carioca e do déficit de habitações populares de baixo custo, a atual operação Porto Maravilha não destina os numerosos imóveis vazios da União (cuja maioria fica nas partes aterradas) para habitações de interesse social. Diante das formas de segregação socioeconômicas que afetam a condição de citadino e de cidadão, diante das ameaças provocadas pelas reformas de revitalização empreendidas pelo poder público, as atuais ocupações de prédios abandonados por trabalhadores hiperprecarizados e moradores de rua aparecem como tentativas precárias de formar lugares coletivos de sobrevivência e de moradia.

Mas isso seria suficiente para dizer que essas ocupações afirmam uma consciência comunitária de resistência? Os aglomerados dos "sem-teto" podem ser vistos como ações de resistência à nova ordem do capitalismo globalizado e ao Estado, que não cumpre suas obrigações sociais?

É comum, por exemplo, que as ocupações enfatizem a dimensão comunitária de suas organizações: o "coletivo", como é chamado, é constituído pelos moradores ocupantes, por oposição ao "grupo de apoio" ou ao "operativo", mili-

---

[40] Cf.: Vaz (1986:29-35); Carvalho (1995:109-177). O romance de Aluísio de Azevedo, *O cortiço*, escrito em 1890, parece ter sido inspirado no cortiço Cabeça de Porco.
[41] No entanto, Adriana Fernandes (2013) descreve uma breve tentativa de "agenciamento afro" na ocupação Machado de Assis.

tantes e diversos simpatizantes exteriores, que formam um segundo círculo. Um regime de propriedade coletiva é, em geral, instaurado. Em contraponto com os modos de produção capitalistas, parte do trabalho é feita em regime coletivo de mutirão. Algumas ocupações instauraram técnicas horizontais de organização política com reduzidos traços de hierarquia e com práticas de democracia direta (assembleias de moradores com caráter deliberativo etc.).[42] Nesses casos, revela-se um ideal de autogestão, a busca de um modelo econômico alternativo e de uma forma autônoma de organização comunitária. Porém, essa proposta coletivista pode ser questionável. Esse objetivo é compartilhado por todos os ocupantes ou é idealizado por apoiadores exteriores (os grupos de apoio contam numerosos intelectuais, ideólogos e ativistas políticos)?[43] Trata-se de uma visão compartilhada por todas as ocupações urbanas ou desenvolvida por alguns movimentos mais politizados?

É claro que todos os "ocupantes", motivados por preocupações urgentes (achar um lar, sobreviver e "se virar" na cidade, ficar no centro urbano), não reivindicam necessariamente a ocupação como uma ação coletiva em favor da justiça social, nem mesmo como uma luta pelo direito à moradia. Essas ocupações podem também ser vistas como acomodações provisórias e táticas empíricas de sobrevivência.[44] Aliás, é grande a diversidade de situações, trajetórias, motivações e formas de engajamento sociopolítico dos "ocupantes" e de seus apoiadores. A "viração" dos sem-teto representa um conjunto de táticas improvisadas e inventivas (e, portanto, oportunistas, no sentido de circunstanciais e adaptáveis) de sobrevivência, mais ou menos individualistas, mais ou menos solidárias.

Nota-se (para fazer uma aproximação entre ocupações urbanas e quilombos rurais) que essa problemática ecoa a organização coletiva (mais ou menos efetiva) das atuais comunidades remanescentes de quilombos. Essas, no meio rural, operam supostamente numa lógica distinta do universo capitalista, através de formas econômicas que envolvem pouca ou nenhuma acumulação de capital (agricultura de subsistência), sem uso do trabalho assalariado. No entanto, a coletivização dos bens materiais e imateriais — que, aliás, é um dos critérios de

---

[42] É o caso, por exemplo, do Quilombo das Guerreiras (Almeida, 2011). Sobre autonomia, autogestão e trabalho, ver Ramos (2012:270-300).
[43] Adriana Fernandes (2013) explora criticamente essa proposta coletivista e mostra que os projetos da "militância" não seguem necessariamente as preocupações dos moradores.
[44] "Táticas" no sentido de Certeau (1990) e por oposição a "estratégias".

reconhecimento jurídico como quilombo contemporâneo[45] — deve ser muito relativizada, pois está longe de ser sempre efetiva.[46]

A dimensão coletivista (mesmo sendo parcial, talvez idealizada, e nem sempre oriunda da base) da organização das ocupações atuais remete também ao tipo de ocupação socioespacial nas habitações populares coletivas nessa mesma região portuária no século XIX e começo do século XX. Para a sobrevivência dos ex-escravos e dos migrantes pobres recém-chegados na cidade, a ajuda mútua e as redes de solidariedade em função de ligações étnicas, religiosas ou de origens geográficas eram essenciais (Farias et al., 2006).

Qualquer que seja o nível de coesão coletiva do grupo dos ocupantes e da implicação política dos seus membros, as ocupações urbanas contemporâneas representam formas de territorialização de confronto que fundamentalmente colocam em questão o estatuto da propriedade. Uma ocupação urbana atual não é vista pelas autoridades como mera tática coletiva de populações pobres e excluídas para conquistar uma moradia, mas como um desafio inaceitável à propriedade privada (apesar de os espaços estarem vazios ou abandonados antes de serem invadidos; apesar de a Constituição teoricamente autorizar a ocupação de prédios desocupados) por grupos marginais, no momento preciso em que essa propriedade privada está sendo extremamente valorizada pelas obras de "revitalização" urbana e pela especulação imobiliária. Daí o uso quase sistemático da força pública para impedir as ocupações urbanas ou para despejar seus habitantes. A questão da autodeterminação de uma comunidade sofrida que busca usufruir seu próprio espaço de vida/moradia está sendo criminalizada, tratada como se fosse um problema policial.[47]

---

[45] O Programa Brasil Quilombola (Brasil, 2004:9) afirma: "É mais plausível afirmar que a ligação com o passado reside na manutenção de práticas de resistência e reprodução do seu modo de vida num determinado local onde prevalece a coletivização dos bens materiais e imateriais".

[46] Contudo, na prática das atuais comunidades remanescentes prevalece a noção de propriedade particular. É raro que o uso da terra seja coletivo, mais raro ainda que a posse da terra seja coletiva. Numa pesquisa de 2010 sobre 144 comunidades quilombolas, somente 6% dos entrevistados apontaram o tipo de posse da terra como coletiva, e apenas cerca de 20% produzem em regime comunitário, ou seja, através de uso coletivo da terra. "Apesar da 'mística' existente em torno do caráter coletivo do território nas comunidades quilombolas [...], a percepção dos quilombolas sobre a propriedade é inversa à noção de posse comunitária, na medida em que somente uma pequena parcela dos entrevistados afirma que a área ocupada pela família é coletiva. Na mesma medida, as situações de produção coletiva são pouco frequentes e [...] vemos o grande predomínio da produção agrícola familiar, com somente algumas iniciativas de produção coletiva ou comunitária" (Brandão, Dalt e Gouveia, 2010:22, 50, 72).

[47] Nota-se, nessa perspectiva, mais um paralelo possível entre ocupações urbanas atuais e quilombos coloniais. O que era insuportável para as autoridades da época colonial ou imperial, não era o fato de alguns negros viverem afastados numa relativa autonomia, mas a recusa e o desafio

De qualquer forma, para as ocupações urbanas contemporâneas, o quilombo histórico oferece um repositório possível de símbolos e de narrativas. O imaginário do quilombo histórico pode ser acionado através dos valores de luta, de resistência e de mobilização coletiva. Alguns elementos desse imaginário são escolhidos, apropriados e ativados pelo uso de emblemas de luta, nomes de efeito, evocações metafóricas, palavras de força. Assim, as ocupações estabelecem uma frágil ligação com a história de luta da população pobre e negra na sociedade brasileira. Não se trata de continuidade efetiva entre ocupações e quilombos históricos, mas de (re)apropriações oportunistas de um simbolismo de luta, de agenciamentos contextualizados. É uma maneira de legitimar a existência dessas ocupações. Para os mais politizados desses coletivos, é também uma maneira de tornar as ocupações tribunas de reivindicação política e social, que dão ressonância a questões atuais em termos de acesso à propriedade, segregação urbana dos pobres e sem-teto, desigualdade socioeconômica.

Na região portuária, o imaginário do quilombo é mobilizador mesmo fora da ocupação de imóveis. Assim, por exemplo, no pé do antigo morro da Gamboa — no bairro Santo Cristo, atrás do hospital da Gamboa, perto do complexo da Cidade do Samba — será construído, com a iniciativa de movimentos sociais, o chamado Quilombo da Gamboa,[48] um conjunto com 142 unidades habitacionais para as famílias da ocupação Quilombo das Guerreiras (que foram desalojadas em 2004), além de outros moradores precários e sem-teto.[49]

Embora dois terços dos futuros moradores não tivessem compartilhado a experiência coletiva de luta nessa ocupação matriz, o termo "quilombo" foi escolhido por eles, em votação realizada por iniciativa própria. Assim, o nome inicial "Projeto Gamboa" foi substituído por "Projeto Quilombo da Gamboa", que também prevê um processo participativo e de responsabilização dos moradores. A construção pela técnica coletiva do mutirão favorecerá a apropriação do projeto e sua identificação, assim como o sentimento de pertencimento coletivo ao lugar. Nesse sistema de cooperativa habitacional, os apartamentos não poderão

---

dos quilombolas em relação à propriedade privada — pois eles mesmos pertenciam aos senhores da senzala —, e a ameaça que, portanto, eles representavam para o regime escravista, no qual se fundou a colônia e, em seguida, o Império. Daí a recorrente invasão e destruição das comunidades quilombolas por forças policiais ou militares coloniais.

[48] Envolvendo o Ministério das Cidades, Fundo Nacional de Habitação de Interesse Social (FNHIS). Parceria entre a Central de Movimentos Populares (CMP), a União Nacional por Moradia Popular (UNMP), a Fundação Bento Rubião e a Associação Chiq da Silva. Atualmente, o projeto Quilombo da Gamboa está inserido no programa "Minha Casa, Minha Vida — Entidades".

[49] Além das 39 famílias da atual ocupação Quilombo das Guerreiras, outra centena de famílias da região portuária ou das áreas centrais da cidade: Parque da Cidade, terreno da Gamboa, Central, moradores do Centro.

ser alugados, *a fortiori* vendidos. O projeto expressa um ideal de propriedade coletiva, apesar de sua realização ser dificilmente atingível no contexto da economia de mercado.[50]

O quilombo contemporâneo da "Pedra do Sal"

A partir do final dos anos de 1980, no novo contexto legislativo e político (reconhecimento dos direitos das minorias, reivindicações étnicas e sociais), ocorreu um processo de mudanças semióticas do termo quilombo, e seu campo de aplicação foi ampliado. Por meio de uma construção jurídica (art. 68 da Constituição de 1988, completado pelo Decreto nº 4.887/2003), o quilombo histórico foi ressignificado para adquirir funções políticas no presente.

A partir de meados da década de 1990, os antropólogos brasileiros concordaram em falar da "ressemantização" da palavra quilombo a fim de explicitar a passagem entre duas realidades distintas: o quilombo colonial e o quilombo contemporâneo, enquanto categoria administrativa e legal.[51] Com essa "ressemantizaçao", a palavra quilombo se tornou uma noção genérica que fala principalmente de reparação em termos históricos. Porém essa releitura sistematizada no campo legal, acadêmico e erudito ainda não foi integrada pelo senso comum.[52] E, aparentemente, essa dicotomia entre quilombo jurídico e quilombo histórico nem sempre é compartilhada pelas próprias comunidades negras (Brandão, Dalt e Gouveia, 2010).

Na região portuária existe apenas um espaço social que reivindica oficialmente a categoria de quilombo: a Comunidade Remanescente do Quilombo da Pedra do Sal. Localizada ao lado do largo da Prainha, no bairro da Saúde, a comunidade reúne 25 famílias em torno da formação rochosa chamada "Pedra do Sal", que fica na pequena praça João da Baiana e nas ruas adjacentes. Essa pedra foi tombada, como patrimônio histórico e cultural (bem material), pela prefeitura (Instituto Estadual do Patrimônio Cultura — Inepac) de maneira provisória em 1984 (em 20 de novembro, Dia da Consciência Negra), e de maneira definitiva em 1987.

---

[50] Nota-se, por exemplo, que os necessários financiamentos exteriores obrigam a aceitar o estatuto da propriedade individual, mesmo se não é o desejo dos moradores, nem dos membros da Fundação Bento Rubião (entrevistas por mim realizadas em setembro de 2011).
[51] Ver, em particular, Arruti (2006); Pinho e Sansone (2008:15-350).
[52] Os dicionários ainda privilegiam uma significação histórica da palavra quilombo, que remete aos modos de resistência dos escravos africanos e de seus descendentes (fuga coletiva, formação de comunidades de fugitivos) até a abolição, em 1888.

Mas o ato inaugural, o estopim, do longo processo jurídico de oficialização do quilombo enquanto categoria jurídica está diretamente associado a um conflito habitacional, às lutas por moradia através de ocupações urbanas. A instituição católica Venerável Ordem Terceira de São Francisco da Penitência (VOT), atuante na região desde o século XVII, é proprietária de muitos imóveis nos arredores do largo da Prainha. Em 2005, a decisão da VOT de aumentar os aluguéis e de realizar ações de despejo em imóveis que a instituição considerava ocupados ilegalmente, provocou a indignação de alguns moradores (inclusive inquilinos ou ex-inquilinos da VOT) que decidiram ocupar alguns sobrados e pleitear o reconhecimento oficial do quilombo. Foi nesse contexto que a comunidade quilombola da Pedra do Sal começou a se autodesignar como tal e a reivindicar seus direitos. O longo processo jurídico ainda está em andamento; os quilombolas esperam a titulação definitiva, que permitirá a regularização fundiária da área.

Essa Pedra do Sal se caracteriza por uma grande atividade festiva e artística, cerimonial e ritual. Na praça João da Baiana, no pé da Pedra do Sal, as rodas de samba atraem centenas de pessoas, pelo menos duas noites por semana (atualmente às segundas e sextas-feiras). Rodas de jongo ou de capoeira são menos usuais. O espaço é frequentemente utilizado para rituais religiosos afro-brasileiros: lavagens da pedra pelas baianas, oferendas e despachos do candomblé, cantos rituais, cortejos. Área de brincar para crianças do bairro, palco de *performance*s artísticas, de espetáculos teatrais e de realizações plásticas (pinturas, desenhos, grafites e pichações nas paredes), a praça abriga também reivindicações políticas e manifestações socioculturais ligadas à causa afro. Esses inúmeros eventos (festivos, rituais e performáticos) em torno dessa pedra são realizados com a autorização, e às vezes com o apoio ou a produção, dos quilombolas. A associação Remanescente do Quilombo da Pedra do Sal (Arquipedra) se tornou a principal organizadora dessas tarefas e a guardiã e gestora privilegiada do lugar.[53]

Essa praça/pedra, antigo depósito de sal acoplado a um trapiche, foi marcada pela presença de trabalhadores escravos ou livres, estivadores, sambistas famosos, candomblecistas, tias baianas, marinheiros rebeldes, capoeiristas etc. Personagens históricos, figuras das artes e da cultura afro-brasileiras, ancestrais simbólicos, figuras tutelares ou entidades religiosas do candomblé são assim convocadas nesses diversos eventos, festas e/ou rituais. A Pedra do Sal é um ponto privilegiado do bairro da Saúde, a partir do qual é possível contar e en-

---

[53] Agradeço a seu líder, Damião Braga, pelas informações concedidas.

cenar a história da região portuária: do tráfico negreiro, do trabalho escravo, da resistência negra, das lutas sindicais e, sobretudo, das práticas artísticas e religiosas das populações afrodescendentes da região. O Relatório Histórico-Antropológico sobre o Quilombo da Pedra do Sal, encaminhado pelo Instituto Nacional de Colonização e Reforma Agrária (Incra), articulou sua argumentação enfatizando três pontos/narrativas que caracterizariam essa comunidade: o samba, o santo (ou seja, os orixás e outras entidades do candomblé), o porto (Mattos e Abreu, 2010).

Os eventos realizados em torno desse espaço simbólico permitem consolidar a inscrição espacial e social de uma identidade cultural coletiva rearticulada e reconstruída. A Pedra do Sal funciona como um reservatório simbólico, um catalisador de narrativas e um emblema identitário, através dos quais se articulam as reivindicações atuais dos quilombolas. A potência desse símbolo permite reforçar a legitimidade das estratégias discursivas sobre etnicidade, genealogia, tradição cultural e continuidade na ocupação espacial. Tudo isso alimenta a afirmação, a reivindicação e a manutenção de uma identidade coletiva quilombola contemporânea.

Muitos atores locais e manifestações relacionadas com a cultura afro, passada ou contemporânea, se agregam e reforçam esse símbolo compartilhado: os diferentes coletivos musicais que organizam rodas de samba, as *performances* rituais do Afoxé Filhos de Gandhi, os cortejos e as lavagens das Baianas do Acarajé, as rodas de jongo ou de capoeira, as comidas associadas à culinária negra que são vendidas nos arredores, as manifestações e espetáculos culturais variados, seja na própria praça João da Baiana[54] ou ainda no vizinho largo da Prainha.[55] Tais experiências musicais, rituais e educativas compartilhadas, os emaranhados de narrativas, a polifonia do lugar não excluem o fato de que esses grupos tenham apropriações diferenciadas, e às vezes conflitantes, desse espaço social e simbólico.[56] De fato, a região portuária reúne vários coletivos que se identificavam como herdeiros de uma memória afro-brasileira e, às vezes, as memórias divergentes ou concorrentes geram tensões e disputas.

---

[54] Além de observações locais e participações em festas, conversei e/ou entrevistei vários frequentadores do lugar: líderes do candomblé, e filhas e filhos de santo, músicos dos grupos de samba, membros do Afoxé Filhos de Gandhi, membros do movimento "Caminhada Planta Memória da Diáspora Africana", artistas plásticos, moradores do bairro etc.

[55] Por exemplo, os ensaios do bloco Escravos da Mauá são frequentemente realizados no largo da Prainha; a sede do Centro Cultural Pequena África ficou um período na Prainha etc.

[56] Na sua tese, a geógrafa Luz Stella Rodriguez Cáceres analisa em detalhe a construção do lugar enquanto Quilombo da Pedra do Sal, seu "agenciamento" e a imputação de significados variáveis (Cáceres, 2012).

Os quilombos se caracterizam por um tipo específico de relação com o território. No meio rural, a base territorial é fundamental para a coesão interna (Leite, 2000). Os quilombos lutam pelo seu reconhecimento em torno da territorialidade fixada em um ecossistema e, até mesmo, preservando o mesmo. A experiência quilombola no mundo rural é referencial para a categoria jurídica de quilombo recentemente construída. Porém, atualmente, o quilombo expressa tanto a exclusão da terra no campo quanto a segregação espacial e fundiária, social e racial na cidade. Em ambos os casos, os grupos definem uma identidade comum através da identificação e da autoafirmação da categoria de remanescentes de quilombo.[57]

Mas, no meio urbano, devido à ausência de terra comunitária, a territorialidade quilombola articula-se de modo diferenciado e singular, preferencialmente com o desenvolvimento de manifestações culturais, artísticas ou religiosas, ou seja, em torno do patrimônio imaterial. Assim, certos traços culturais são usados como marcadores de uma identidade específica.

Essa dinâmica é visível no caso da Pedra do Sal. Mas, nos últimos tempos, o crescente sucesso popular e turístico das badaladas rodas de samba colocou em primeiro plano a dimensão artística e festiva do lugar em detrimento das dimensões profissional (a estiva) e religiosa (o candomblé), que também são eixos culturais destacados pelo relatório do Incra.[58]

Em outras grandes cidades brasileiras (em particular São Paulo e Belo Horizonte) é interessante ver o surgimento de agrupamentos urbanos que se autoidentificam quilombolas, mas sem necessariamente pleitear um reconhecimento oficial. Esses grupos, com expressão cultural própria e diferenciada, organizam-se preferencialmente em torno de estéticas musicais (*hip-hop, rap, funk*, DJ) ou gráficas (na linha do *street art*: grafite, estêncil, pichações) ligadas a manifestações político-culturais de protesto (Rocha, Domenich e Casseano, 2001; Carril, 2005).

Conforme mostrou Fredrik Barth, a "identidade" étnica surge a partir do momento em que se afirma um esforço de autodefinição e de autoafirmação, um desejo de diferenciação.[59] Especificamente, isso passa pelo estabelecimento

---

[57] Hoje, na cidade do Rio de Janeiro, existem apenas dois quilombos urbanos contemporâneos: Sacopã (Lagoa) e Pedra do Sal (Saúde).

[58] O projeto de constituir esse quilombo enquanto área de especial interesse cultural (Aeic Quilombo Pedra do Sal — Projeto de Lei nº 1.091/2011, de 3 de novembro de 2011, Câmara Municipal do Rio de Janeiro) também se inscreveu nessa tendência em colocar a ênfase na dimensão cultural e patrimonial.

[59] Fredrik Barth propõe uma definição relacional, situacional e política de "grupos étnicos". Ele coloca a ênfase na autoatribuição e na atribuição pelos outros dessas "fronteiras" interétnicas (Barth, 1969).

de um limite, de um traçado de "fronteira" entre o grupo e o exterior. Ora, a interpretação antropológica do fenômeno quilombola como categoria administrativa enfatizou justamente as "fronteiras" criadas e mantidas por mecanismos locais, interativos e contrastantes.

Devido à sua localização particular, num bairro de transição por excelência (o porto), essa área da Pedra do Sal foi submetida a grandes mudanças de população em meio urbano. A dinâmica local de territorialização pode ser vista como um processo de reorganização social, e o território pleiteado recentemente se constitui pela dinâmica de ocupação e de atuação de algumas famílias.[60] Do ponto de vista jurídico, a delimitação espacial detalhada é um requisito fundamental para categorizar a comunidade local como quilombola. O Estado só reconhece a "linguagem das fronteiras" (Boyer, 2010:244). Também a determinação de limites geográficos "nítidos" tem relevância para os quilombolas na medida em que isso é fundamental na regularização fundiária.

Ora, o território pleiteado, cuja delimitação física foi feita a partir dos estudos de especialistas coordenados pelo Incra,[61] tem uma superfície espacial muito pequena: trata-se de alguns casarões em torno do centro simbólico da Pedra do Sal e da praça João da Baiana.[62] Ainda, inclui uma extensão: a sede do bloco afro Afoxé Filhos de Gandhi,[63] na atual rua Camerino (em frente da praça dos Estivadores), situada a cerca de 400 m da pedra.[64]

Porém outros lugares próximos, altamente simbólicos e que remetem à história da escravidão, da religiosidade e da cultura negra, não foram incluídos na delimitação física do quilombo. Por exemplo, o cais do Valongo, situado próximo à Pedra do Sal, que foi recentemente "redescoberto" como local de desembarque dos escravos,[65] ecoa fortemente essa área quilombola contemporânea — mesmo sem estar oficialmente incluído nela (nota-se que o antigo trapiche da

---

[60] No processo de reconhecimento jurídico do território pleiteado, destaque-se também o papel central dos agentes externos "mediadores": agentes públicos especializados (Fundação Cultural Palmares, Incra, prefeitura, entre outros), universitários, líderes do movimento negro, responsáveis políticos e jornalistas.

[61] Relatório Técnico de Identificação e Delimitação (RTID), set. 2010.

[62] Na rua São Francisco da Prainha, na travessa do Sereno e na rua Argemiro Bulcão.

[63] O Afoxé Filhos de Gandhi do Rio de Janeiro foi criado em 1954.

[64] Ademais, existiu uma tentativa de aproximação entre o espaço quilombola e o colégio vizinho, Vicente Licínio Cardoso, que acolhia alunos das regiões portuária e central (entrevistas por mim realizadas com Luiz Torres em 2012 e 2013).

[65] De 1811 a 1842, 600 mil a 1 milhão de escravos desembarcaram nesse cais, localizado no bairro da Saúde, no final da atual rua Barão de Tefé. Os cais (do Valongo e da Imperatriz) foram "redescobertos" em 2011, durante obras viárias, e depois escavações de urgência o espaço foi transformado num pequeno sítio arqueológico a céu aberto.

Pedra do Sal tinha seu próprio cais de desembarque, hoje enterrado).[66] Reflexão similar poderia ser feita com lugares mais distantes, por exemplo o Cemitério de Pretos Novos[67] e, até mesmo, os próprios morros da região portuária — em particular o da Providência e o do Pinto — que, por suas histórias sociais, dialogam de forma estreita com esse quilombo contemporâneo.

Assim, o pequeno atual espaço quilombola da atual Pedra do Sal se constitui como um polo simbólico privilegiado da região portuária enquanto "Cidade Negra": ele tem ressonância que ultrapassa os limites físicos estreitos do atual quilombo, ele sintetiza uma realidade maior, tanto na sua dimensão espacial, em diálogo com a região portuária inteira, quanto temporal, em diálogo com a história negra e afro-brasileira local dos três ou quatro últimos séculos. Assim, para entender melhor o que poderia ser chamado de a atual "eficácia simbólica" da Pedra do Sal enquanto suporte de memórias, de identificações e de reivindicações, é preciso revisitar a história social negra ou afro-brasileira de toda a região portuária.

O contexto atual, das rápidas transformações trazidas pela operação Porto Maravilha, acelerou as diversas reelaborações de memórias e reapropriações seletivas sobre o passado negro da região. Essas interpretações e visões retrospectivas servem também para apoiar interesses e reivindicações no presente.[68] Novos processos de "patrimonialização" do passado negro também apareceram. Assim, por exemplo, a prefeitura, através de sua Subsecretaria do Patrimônio e em diálogo com diversos atores locais, recentemente iniciou a organização de um "circuito histórico e arqueológico de celebração da herança africana", cujo objetivo é implantar nesses bairros um tipo de visita guiada cultural e memorial em torno da história do tráfico, da escravidão e da cultura negra. Além da Pedra do Sal, esse circuito passa pelo cais do Valongo, de desembarque dos escravos; pelo pequeno centro cultural Instituto dos Pretos Novos, que abriga os vestígios de um antigo cemitério de escravos recém-chegados;[69] pelo prédio do Centro

---

[66] O cais do antigo trapiche ficava na altura da atual rua Coelho e Castro (numerosos vestígios foram achados durante obras e enterrados de novo), a 150 m da atual praça João da Baiana.
[67] Que fica a uns 800 m de lá, na rua Pedro Ernesto, na Gamboa.
[68] Por sua vez, Roberta Sampaio Guimarães considera que os grupos atuais que se declaram herdeiros de um patrimônio "negro" e "do santo" operam através de um imaginário chamado por ela de "mito" ou de "utopia" da Pequena África (Guimarães, 2011).
[69] Em 1996, durante obras de escavações em um casarão particular da rua Pedro Ernesto (Gamboa), foram encontrados vestígios da cova rasa na qual eram jogados os corpos dos negros (em particular africanos recém-chegados falecidos). Por causa da iniciativa privada dos moradores do lugar, este se tornou um pequeno museu arqueológico, um polo memorial e um centro cultural. Ver Vassallo (2013).

Cultural Municipal José Bonifácio, sede do Centro de Referência da Cultura Afro-Brasileira; pelo "Jardim Suspenso" do Valongo[70] e pelo largo do Depósito.

A "Cidade Negra" e a "Pequena África". Ecos de um quilombo urbano abolicionista e pós-abolicionista?

O sambista e pintor Heitor dos Prazeres (1898-1966) foi provavelmente o primeiro a utilizar a expressão "Pequena África" para qualificar a região portuária, expressão que se popularizou. Por sua vez, o compositor e músico João da Baiana (1887-1974) falou de "África em miniatura" (para caracterizar, em particular, a praça Onze) (Baiana, 1970). Mais recentemente, historiadores brasileiros chamaram a região de "Cidade Negra".[71] Na verdade, o que foi chamado de "Pequena África" estendia-se além dos atuais três bairros portuários de Saúde, Gamboa e Santo Cristo. Essa região englobava a atual avenida Presidente Vargas, a área do atual bairro comercial Saara,[72] o Campo de Santana, a região praça Onze-Cidade Nova-Estácio e a zona do mangue. A expressão "Pequena África" faz, sobretudo, referência à comunidade afro-baiana da região portuária/central entre as décadas de 1880 e 1940. Prefiro usar aqui a noção de "Cidade Negra", ou ainda a noção de "território negro" desenvolvida no contexto das cidades brasileiras (Rolnik, 1989), que são mais abrangentes tanto em termos de período histórico quanto em relação à origem de seus membros. Aliás, a "Cidade Negra" da Corte era majoritariamente banto, com predominância de africanos angola, benguela, moçambique, congo e cabinda. Africanos com procedência da Costa da Mina — os chamados minas (inclusive os "baianos", muitos deles de origem nagô e jeje) — eram minoritários no Rio de Janeiro, apesar de influentes (Karash, 2000; Farias et al., 2006).

No século XIX, a capital do Império possibilitava aos escravos o acesso à liberdade pelas vias institucionais. Por outro lado, a aglomeração, em particular as antigas freguesias de Santa Rita e Santana (área portuária), assim como as de Sacramento e Candelária, constituindo um complexo e intricado tabuleiro labiríntico, oferecia uma chance aos negros evadidos das fazendas, que aproveitavam o anonimato do meio urbano, para se esconder. Esse cenário também

---

[70] Criados durante as obras de Pereira Passos, no começo do século XX e restauradas em 2012.
[71] Sidney Chalhoub fala da "cidade negra" no contexto da segunda parte do século XIX, por oposição a "cidade senhorial", onde predomina a ordem estabelecida pelo Estado, tendo em vista os interesses das classes dominantes (Chalhoub, 2006). Ver também Farias et al. (2006).
[72] Sociedade de Amigos da Rua da Alfândega e Adjacências.

permitia aos escravos urbanos, que fugiam por curtos períodos (lembrando o *petit marronage* caribenho), se dissimularem dos seus senhores e da polícia.

Entre a proibição do tráfico (1831 e 1850) e a abolição da escravidão (1888), o Rio de Janeiro foi a maior cidade escravista das Américas, provavelmente a maior cidade negra do mundo (Rodrigues, 2000). Pretos e pardos (africanos e crioulos, escravos e libertos), muitos deles concentrados nesses bairros centrais e portuários, chegaram a constituir quase a metade da população da cidade.[73] A área portuária abrigava escravos de ganho, negros fugitivos, africanos livres, e muitos ex-escravos que compraram sua alforria, além de populações brancas e pobres, quase sempre trabalhadores precários.[74]

Era uma zona de dormitórios e esconderijos urbanos para os negros libertos e fugitivos que tentavam sobreviver, formando um reservatório de mão de obra barata. Nesse "território negro" carioca, redes sociais e relações mercantis clandestinas envolvendo quitandeiras, fugitivos, escravos de ganho e quilombolas suburbanos possibilitavam formas de sobrevivência e alimentavam o espírito da revolta. Saúde e Gamboa foram palcos de revoltas, barricadas e insurreições armadas (da Vacina, 1904, da Chibata, 1910) e de lutas sindicais (em particular dos anos 1920 aos anos 1940). Como escrevem os autores de *Cidades negras*, "de qualquer modo, as diferenças entre insurreição e quilombo não eram tão demarcadas, principalmente nas cidades" (Farias et al., 2006:58). Diferente dos quilombos rurais, os quilombos urbanos cresceram nos arredores das grandes cidades brasileiras quando se aproximava o fim do período escravocrata.[75] No final do século XIX, existiam no Brasil alguns quilombos urbanos na escala de um bairro inteiro.[76] Nessa perspectiva, pode-se considerar que, durante algumas décadas, apesar de a cidade do Rio de Janeiro constituir o epicentro do poder político com a proximidade imediata das forças de repressão policiais e milita-

---

[73] Recenseamentos da população do Império de Brasil a que se procedeu no dia 10 de agosto de 1872 — Quadros gerais. Ver, também, Silva (1870). Por outro lado, Cruz (2000:276) notam que, em 1890, as freguesias de Santa Rita e de Santana concentravam também uma população estrangeira (branca) muito importante e que os pretos e pardos não eram majoritários na região.

[74] Os homens na estiva (nos trapiches, nos cais, nos galpões), na construção, nas marcenarias e alfaiatarias, nos biscates, entre outros. As mulheres no pequeno comércio e nos serviços domésticos (cozinheiras, lavadeiras, costureiras) (Rocha e Carvalho, 1995).

[75] Sobre a situação dos quilombos urbanos no Rio nesse período, ver, por exemplo, Silva (2003). Destaca-se, ainda, no processo de formação dos quilombos urbanos, o caso das antigas comunidades negras rurais ou comunidades de pescadores que foram atingidas pela expansão urbana, assim como os bairros no entorno dos terreiros de candomblé.

[76] Por exemplo, seria interessante fazer o paralelo entre a "Pequena África" carioca e o quilombo paulista de Saracura, que era um quilombo urbano abolicionista, hoje bairro da Bela Vista (também chamado de Bexiga), no centro da cidade de São Paulo. Outra comparação possível com um bairro paulista: o de Barra Funda.

res, a região portuária assemelhou-se, mesmo de forma parcial, a um quilombo urbano.

Nessa "Cidade Negra" carioca, a solidariedade, com bases étnicas, familiares e religiosas foi essencial para a sobrevivência dos negros. As casas coletivas, procuradas por escravos e libertos, africanos e crioulos, eram locais de trocas sociais, religiosas e culturais, situadas fora do olhar fiscalizador da polícia. Existiam microlugares de encontros e sociabilidade: os pátios dos cortiços e das vilas ou o quintal dos casarões (que se transformavam em *batuques*,[77] em terreiro de candomblé ou de jongo),[78] as *casas de angu* e os *zungus*,[79] as "casas de feitiço", as igrejas dos pretos e as sedes das irmandades religiosas negras, os diversos esconderijos urbanos... Nesse território portuário, a inscrição espacial-identitária evidenciava-se pelas práticas informais. Apesar da perseguição policial, o espaço público (as praças e ruas, o entorno dos chafarizes e dos tabuleiros das quitandeiras) funcionava como rede de relações e de significações, suporte de práticas sociais: *batuques*, saraus, rituais religiosos, samba de roda, ranchos, cordões de carnaval.

É claro que a região portuária não abrigou quilombos de rompimento, no sentido clássico do termo: lugares de refúgio afastados e inacessíveis ao poder colonial. Porém, no período abolicionista e pós-abolicionista, essa área portuária compartilhou muitos traços que evocam um grande quilombo urbano.

Na virada do século passado, o aparelho do Estado, os políticos, os urbanistas, os higienistas, os "cientistas" (médicos intelectuais) queriam construir e promover uma imagem idealizada da cidade, a "Paris dos Trópicos", baseada em valores importados da Europa: modernismo e progresso, higienismo e racionalismo, embranquecimento.[80] Neste contexto, a região portuária sintetizou um contramodelo da cidade oficial e senhoril, um espaço oposto aos valores sociais

---

[77] Lugares onde os escravos e libertos se reuniam para dançar e batucar, lembrando os *calundus* do século XVIII.

[78] Roberto Moura analisa as práticas musicais, dançantes e religiosas que foram desenvolvidas na casa (e no quintal) da Tia Ciata, perto da praça Onze (Moura, 1983).

[79] Os *zungus* e as *casas de angu* eram locais de encontro para libertos e escravos buscando fugir da perseguição senhorial ou policial. Nessas casas, encontravam músicas, danças, comida, prostituição. A *casa de angu*, onde se comia o *angu* — um prato dos escravos e famílias pobres —, também se relaciona com o mundo da capoeira. A palavra *zungu* designava um lugar barulhento e práticas contrárias à ordem social. Os *zungus* eram considerados pelas autoridades policiais focos de rebeliões, levantes e acobertamento de fugas de escravos (Farias et al., 2006).

[80] A partir da segunda metade do século XIX, o favorecimento da imigração europeia foi feito na perspectiva de "branquear" o povo brasileiro, bem como na perspectiva de substituir a mão de obra negra pela mão de obra europeia. As reformas da administração Pereira Passos corresponderam também a uma política racial: o controle sanitário das doenças dos imigrantes em detrimento das doenças das populações negras (tuberculose) (Chalhoub, 2006).

dominantes e ao modelo capitalista. Era a face oculta, negra, invertida, da cidade. Um espaço ameaçador para as elites, que temiam tanto as "revoltas negras" pós-abolicionistas quanto as epidemias (Chalhoub, 2006). Dois modelos, dois universos de representações, dois imaginários coletivos vão se contrapor pelo menos até meados do século XX, e de certa forma continuam até hoje: as classes alta e média *versus* as classes pobres; o marginal, o negro descendente de escravos *versus* o cidadão branco republicano; as habitações precárias, coletivas e alugadas *versus* a moradia individual e a propriedade privada; a sujeição ao trabalho assalariado *versus* o trabalho precário, flexível e informal; a família nuclear *versus* a família desestruturada, matriarcal, monoparental, mas com forte convivência comunitária e/ou étnica.

A "Cidade Negra" (portuária e central) representou um espaço urbano informal, rebelde, alternativo, que se opunha em tudo à cidade oficial "civilizada", legal, formal. Se a "Paris dos Trópicos", a "cidade francesa"[81] representou para as elites brancas e republicanas uma utopia, isto é, um modelo ideal de cidade, uma projeção imaginária, a "Cidade Negra" carioca (e o que depois foi chamado de "Pequena África"), onde desembarcaram em torno de 1 milhão de escravos, foi um espaço bem real, apesar de precário, informal e ocultado pelas autoridades, um território onde negros e pobres de diferentes origens trabalhavam e tentavam sobreviver em condições difíceis durante décadas. A área se aproximou de mais de uma forma de "heterotopia" no sentido de Michel Foucault, isto é, um "contralugar", um "espaço outro" realizado no mundo real (Foucault, 2009); aproximou-se também de uma "região moral" como definida por Robert E. Park e os sociólogos de Chicago, isto é, um espaço no qual prevalece um código moral divergente (Park, 1915:610-612).

No Rio de Janeiro, muitas favelas cresceram, espalharam-se a partir dos lugares de antigos quilombos. Áreas de quilombagem foram "transmutadas" em favelas, tanto em locais de difícil acesso próximos do Centro quanto em áreas de manguezais ou na periferia da cidade.[82] No quadro restrito da região portuária carioca, área que — seguindo a nossa interpretação — remetia em parte a um quilombo abolicionista, existe uma articulação histórica e social direta, no final do século XIX e começo do seguinte, entre a proibição e o desmonte das habi-

---

[81] Com arquiteturas e decorações no estilo *belle époque* e *art nouveau*: na avenida Rio Branco, nas butiques elegantes da rua do Ouvidor, no Passeio Público, na praça Paris etc.
[82] Andrelino Campos entende a favela "como uma transmutação do espaço quilombola, pois, no século XX, a favela representa para a sociedade republicana o mesmo que o quilombo representou para a sociedade escravatora. Um e outro, guardando as devidas proporções históricas, vêm integrando as 'classes perigosas' [...]" (Campos, 2004:63-64).

tações populares centrais e o surgimento das favelas. "A 'semente de favela' saiu do cortiço, deixou a cidade e subiu o morro" (Vaz, 1986:35). Assim, parte do povoamento inicial do atual morro da Providência coincide com a destruição, em 1893, do grande cortiço "Cabeça de Porco", que ficava no sopé de morro, e cujos ex-moradores (ou parte deles) subiram as encostas.[83] Um segundo momento de crescimento da população do morro corresponde à destruição sistemática das habitações populares das regiões portuária e central durante o mandato do prefeito Pereira Passos (1902-1906). Foram demolidas centenas de vilas, casas de cômodos, pensões, porões, estalagens, albergues, cortiços e velhos casarões. Numerosos barracões do morro da Favela (atual favela da Providência) foram construídos a partir do material que sobrou das demolições (Rocha e Carvalho, 1995:69, 90). Em alguns casos, os mesmos antigos proprietários de cortiços continuaram suas atividades alugando áreas ou casebres nas encostas dos morros.[84] Com essas grandes reformas urbanas, milhares de desabrigados (cerca de um décimo da população do Centro do Rio de Janeiro),[85] todos pobres, e na maioria negros, foram obrigados a subir os morros centrais ou, então, a se deslocar para a periferia da cidade.

Assim, o começo da favelização dos morros cariocas é uma consequência direta da política higienista contra as habitações populares e, de forma mais ampla, uma consequência da vontade pública de remover a "Cidade Negra", esse grande espaço urbano informal e subversivo situado no centro da capital da jovem República brasileira. Além das reformas "urbanísticas", foi implantada uma série de medidas disciplinares visando à proibição dos hábitos e costumes populares: proibição aos mendigos, pessoas descalças ou sem paletó de circular livremente pelas ruas da cidade; destruição dos quiosques (por serem redutos de sociabilidades condenáveis); impedimento do comércio ambulante (retirada dos "burros sem rabo" dos ambulantes, das barraquinhas provisórias, dos tabuleiros das "negras baianas" etc.); proibição da criação de animais no centro urbano, entre outras medidas (Rocha e Carvalho, 1995). Implantadas com o

---

[83] Soldados retornados da Guerra do Paraguai (1865-1870) e ex-escravos cuja alforria tinha sido prometida também estiveram provavelmente entre os primeiros habitantes do morro da Favela. Depois, chegaram os soldados ex-combatentes da Guerra de Canudos, inclusive muitos baianos, que em 1897 se juntaram a eles, a partir de então, no chamado "morro da Favela" (favela é o nome de uma árvore comum nas regiões mais secas do Nordeste, que crescia em abundância em Canudos).
[84] Uma das antigas proprietárias do cortiço Cabeça de Porco, lugar a partir do qual se tinha acesso ao morro da Favela, alugava terrenos na encosta do morro (Vaz, 1986:35).
[85] "Ao final do período 1902-1906, entre as obras realizadas pela Prefeitura e pelo Governo Federal, as demolições de imóveis condenados pela Saúde Pública atingem um total de 2.240 edificações e de 36.900 desalojamentos" (Vaz, 1985:226). Ver, também, Needell (1993).

pretexto de controle da "desordem" pública (vadiagem, embriaguez, jogo), essas medidas refletem, sobretudo, o grande medo que as "classes perigosas" (proletária urbana e negros ex-escravos) suscitavam nas elites e nas autoridades no final do século XIX e começo do século XX. Um medo alimentado pela chegada, na região do porto e da Cidade Nova, de milhares de ex-escravos desempregados vindos do interior do estado, de Minas ou da Bahia em busca de trabalho e de condições de sobrevivência (se superpondo à chegada dos numerosos imigrantes europeus pobres). Isso alimentou a política repressiva das autoridades, aumentou a pressão habitacional na região e ampliou o fenômeno da ocupação dos morros portuários e centrais.

Depois das destruições da década de 1900, o declínio final dessa "Cidade Negra" ocorreu com as demolições provocadas pela abertura da avenida Presidente Vargas (mais de 500 edifícios foram suprimidos) e a destruição da praça Onze (centro do Carnaval popular e polo de religiosidade de matriz africana) nos anos 1940, e com a saída de muitos moradores para a periferia nas décadas de 1950 e 1960. Paradoxalmente, foi a partir do momento em que essa "Cidade Negra" começou a se desmanchar que ela passou a ser chamada, retrospectivamente, de "Pequena África".

No início do século XX, nas áreas centrais/portuárias da cidade, o discurso das autoridades era higienista (modernizar e sanear a cidade, combater as epidemias), mas os objetivos eram também econômicos (reservar o centro da cidade às especulações fundiárias da burguesia consolidada, construir um porto moderno) e até raciais ("branquear" a população do centro, impedir as "revoltas negras", suprimir a "Cidade Negra"). As reformas urbanas de Pereira Passos esconderam mal uma deliberada política de desalojamento das camadas populares e de expulsão das "classes perigosas".

No começo do século XXI, com as reformas do Porto Maravilha, a mesma região é tematizada pelo discurso urbanístico ("revitalizar"). Mas essa operação, planejada "de cima para baixo", não inclui a participação efetiva dos habitantes no plano de reformas. Na ausência de uma real política de proteção dos residentes e de construção de habitações sociais de baixo custo na região, a "requalificação" urbana em andamento afastará progressivamente as populações menos favorecidas. O processo de enobrecimento/gentrificação,[86] resultado da valorização fundiária e da especulação imobiliária (já efetiva), indica que a área acolherá prioritariamente classes mais abastadas, além dos turistas internacionais.

---

[86] Uma dinâmica de gentrificação já bem descrita e analisada em muitos outros contextos. Ver, em particular, Smith (2003); Featherstone (1995); Harvey (2010).

A futura saída da região dos residentes de baixa renda por motivos econômicos (fenômeno chamado de "remoção branca") não exclui, da parte dos poderes públicos, atuais medidas mais diretas e violentas: desmontes de casas da favela da Providência,[87] despejos das ocupações urbanas coletivas — os *squats* na Saúde e na Gamboa — assim como de vários velhos casarões da rua do Livramento etc. Atividades julgadas improdutivas também são removidas, por exemplo, o atual remanejamento de agremiações carnavalescas e grupos mirins estabelecidos no Santo Cristo.

Assim, apesar de a história nunca se repetir, os paralelos entre o quadro atual da região portuária e sua situação há um século são surpreendentes: um projeto de cidade excludente está de novo sendo implantado.

Considerações finais

Conforme mostram as etimologias, quilombo e mocambo são duas palavras aparentadas que possuem uma grande riqueza semântica: associação secreta, reunião clandestina, refúgio, abrigo, esconderijo, cabana isolada, encontro íntimo, prostíbulo (Lira, 2010:785). Por outro lado, desde o século XVI, as representações dominantes associadas ao termo quilombo evoluíram radicalmente (França e Ferreira, 2012). Esse termo continua sendo objeto de redefinições e de reinterpretações, mesmo se as representações contemporâneas do quilombo enfatizam, sobretudo, a vivência coletiva de comunidades negras e a capacidade de resistência de grupos discriminados. A extensão recente do sentido da palavra (a aparição do quilombo contemporâneo enquanto categoria jurídica) se conjuga com a maleabilidade das representações do quilombo enquanto fenômeno social.

O uso da metáfora abrangente do quilombo (em lugar do uso restritivo da palavra designando uma realidade colonial ou uma categoria jurídica atual), assim como o uso da noção associada de "espaço social de resistência popu-

---

[87] No morro da Providência, centenas de habitações situadas nas áreas das futuras obras e em supostas áreas de risco foram marcadas pela Secretaria Municipal de Habitação (SMH) para remoção (e uma centena de famílias já havia sido removida até meados de 2013). Ver o Relatório de Violação de Direitos e Reivindicações (Rio de Janeiro, 2011) e o Dossiê do Comitê Popular da Copa e Olimpíadas do Rio de Janeiro: Megaeventos e Violações dos Direitos Humanos no Rio de Janeiro (2013). Raquel Rolnik, relatora especial da ONU para o direito à moradia adequada, apontou irregularidades nos processos de remoção para a Copa e as Olimpíadas: Ver: <http://raquelrolnik.wordpress.com/>. Acesso em: 15 set. 2013. Ver também o site <www.observatoriodefavelas.org.br>. Acesso em: 15 set. 2013.

lar", permite rearticular espaços sociais percebidos como separados, distintos e sem ligações. *Cortiço, quilombo, favela, ocupação urbana...* Hoje esses espaços são categorizados pela linguagem comum e/ou por critérios urbanísticos especializados (normas e definições). E podem, até mesmo, ser categorias jurídicas diferenciadas (o quilombo contemporâneo, a favela).[88] A simples nomeação distingue e separa. A imposição de categorias rígidas tende a identificar, fixar, essencializar realidades sociais cujas fronteiras, no entanto, são (e foram historicamente) bastante móveis, porosas e fluidas.

Todos esses espaços sociais são alternativas de alojamento, tentativas de acesso a uma moradia. Isso remete à etimologia do termo quilombo — ou pelo menos uma das suas etimologias possíveis —, originária da língua banto, que significa "habitação", ou acampamento, lugar de repouso numa viagem, refúgio.

Todos esses lugares podem ser considerados "territórios dissidentes", fora da cidade formal, oficial e legal. A dimensão extraterritorial desses espaços "outros" aponta alternativas ao modelo dominante. São espaços transgressivos, intersticiais e precários, parcialmente invisíveis para a sociedade dominante. Eles se inscrevem na longa história da exclusão socioterritorial dos pobres, que não tiveram acesso à terra e à moradia no mercado formal. Testemunhas de uma insatisfação coletiva, esses lugares são suportes de uma contestação implícita da ordem social.

A alteridade desses lugares sempre chamou a atenção dos poderes públicos, que tentaram erradicá-los ou removê-los. Este foi o caso dos cortiços e das habitações populares da "Pequena África", que há um século povoavam a região portuária carioca. Hoje, é também o caso das ocupações urbanas e dos assentamentos e habitações informais na favela da Providência. No contexto atual, quando não é possível remover ou suprimir esses espaços, as autoridades tentam "reurbanizá-los", integrá-los à cidade oficial e à economia liberal, imprimindo-lhes uma nova visibilidade. Assim, por exemplo, o morro da Providência está recebendo novas infraestruturas e serviços públicos, e está passando por dinâmicas de estetização e de patrimonialização.[89]

Por fim, os habitantes desses lugares seguem uma lógica de apropriação dos espaços centrais desocupados e/ou de autoprodução de seu *habitat*, numa dinâmica de forças centrípetas. São movimentos pela inclusão na cidade, reunindo

---

[88] Sobre a favela enquanto categoria jurídica, ver Gonçalves (2010).
[89] No morro da Providência, o programa Favela-Bairro (a partir de 1994) já tinha implantado alguns equipamentos, infraestrutura e serviços públicos (mirantes, Museu a Céu Aberto). Com a chegada da UPP, em março de 2010, aceleraram-se a "reurbanização" e a "estetização" da favela: traços de vias, construção de um teleférico, passeios turísticos etc.

pessoas que lutam para não ficar "presas do lado de fora". Ao retomar conceitos de Henri Lefebvre, podem ser vistos como maneiras de reivindicar o "direito à cidade",[90] que no contexto da região portuária carioca se confunde com o "direito à centralidade".[91]

Para concluir, não se tratou aqui de buscar elementos que alimentem a tese da existência de continuidade histórica e de unidade das formas de agrupamentos sociais e espaciais e/ou das formas de resistências coletivas na região portuária. Neste texto, indiquei a relativa porosidade entre os vários espaços sociais de resistência popular na região portuária carioca desde o século XIX. Quis apenas apontar a recorrência de algumas formas simbólicas na cidade-palimpsesto e também as metamorfoses de um imaginário ao longo do tempo, ou seja, ressaltar as ressonâncias e desdobramentos atuais desse imaginário e suas novas apropriações por diversos atores em função de diversos objetivos.

Referências

ALMEIDA, Rafael Gonçalves de. *A microfísica do poder instituinte e sua espacialidade*. Dissertação (mestrado) — Universidade Federal do Rio de Janeiro, Rio de Janeiro, 2011.

ARRUTI, José Maurício. *Mocambo*: antropologia e história do processo de formação quilombola. Bauru, SP: Edusc, 2006.

_____. Quilombo. In: PINHO, Osmundo A.; SANSONE, Livio (Dir.). *Raça*: novas perspectivas antropológicas. Salvador: Edufba, 2008. p. 315-350.

AZEVEDO, Aluísio de. *O cortiço*. Porto Alegre: Movimento, 1991.

BAIANA, João da. Depoimento. In: FERNANDES, Antônio Barroso (Org.). *Pixinguinha, Donga, João da Baiana*: as vozes desassombradas do museu. Rio de Janeiro: Museu da Imagem e do Som, 1970. p. 51-69.

BARTH, Fredrik (Dir.). *Ethnic Groups and Boundaries*. Boston: Little, Brown&Co., 1969.

BOYER, Véronique. Quilombo: de la catégorie coloniale au concept anthropologique. *Journal de la Société des Américanistes*, v. 96, n. 2, p. 229-251, 2010.

BRANDÃO, André; DALT, Salete da; GOUVEIA, Victor Hugo. *Comunidades quilombolas no Brasil*. Niterói: EdUff, 2010.

BRASIL. Constituição da República Federativa do Brasil de 1988. *Diário Oficial da União*, Brasília, DF, 5 out. 1988, p. 1, anexo.

---

[90] Nesse contexto, o direito à cidade significa, sobretudo, acesso aos serviços públicos básicos (saneamento, segurança, educação, saúde) (Lefebvre, 1968).

[91] O direito à centralidade significa, neste texto, a possibilidade de aproveitar as vantagens indissociáveis das regiões centrais — o direito de não ser excluído da centralidade urbana. Ver também Lefebvre (1970).

_____. Secretaria de Políticas de Promoção da Igualdade Racial. *Programa Brasil Quilombola*. Brasília, DF: Seppir, 2004. Disponível em: <www.seppir.gov.br/publicacoes/brasilquilombola_2004.pdf>. Acesso em: 15 set. 2013.
CÁCERES, Luz Stella Rodriguez. *Lugar, memórias e narrativas da preservação nos quilombos da cidade do Rio de Janeiro*. Tese (doutorado) — Universidade Federal do Rio de Janeiro, Rio de Janeiro, 2012.
CAMPOS, Andrelino. *Do quilombo à favela*. Rio de Janeiro: Bertrand Brasil, 2004.
CARRIL, Lourdes de Fátima Bezerra. Quilombo, território e geografia. *Agrária*, São Paulo, n. 3, p. 156-171, 2005.
CARVALHO, José Murilo de. *Os bestializados*: o Rio de Janeiro e a República que não foi. São Paulo: Companhia das Letras, 1987.
CARVALHO, Lia de Aquino. Contribuição ao estudo das habitações populares. In: ROCHA O. Porto; CARVALHO, L. de Aquino. *A era das demolições*: habitações populares. Rio de Janeiro: Secretaria Municipal de Cultura, 1995.
CERTEAU, Michel de. *L'Invention du quotidien*. Paris: Gallimard, 1990. Tomo 1: Arts de faire.
CHALHOUB, Sidney. *Cidade febril*. São Paulo: Companhia das Letras, 2006.
CRUZ, Maria Cecília Velasco e. Tradições negras na formação de um sindicato: sociedade de resistência dos trabalhadores em trapiche e café, Rio de Janeiro, 1905-1930. *Afro-Ásia*, Salvador, n. 24, p. 243-290, 2000.
_____. Cor, etnicidade e formação de classe no porto do Rio de Janeiro: a sociedade de resistência dos trabalhadores em trapiche e café e o conflito de 1908. *Revista USP*, São Paulo, n. 68, p. 188-209, dez. 2005/fev. 2006.
_____. Da tutela ao contrato: "homens de cor" brasileiros e o movimento operário carioca no pós-abolição. *Topoi*, Rio de Janeiro, v. 11, n. 20, p. 114-135, jan./jun. 2010.
FARIAS Juliana Barreto et al. *Cidades negras*: africanos, crioulos e espaços urbanos no Brasil escravista do século XIX. São Paulo: Alameda, 2006.
FEATHERSTONE, Mike. *Cultura de consumo e pós-modernismo*. São Paulo: Studio Nobel, 1995.
FERNANDES, Adriana. *Para enxamear a cidade*: dois *agenciamentos* em uma ocupação na Gamboa. Rio de Janeiro: [s.n.], 2013. Mimeo.
FOUCAULT, Michel. De outros espaços. In: MOTTA, Manoel Barros da (Org.). *Estética*: literatura e pintura, música e cinema. Rio de Janeiro: Forense Universitária, 2009. p. 411-422. (Coleção Ditos & Escritos III).
FRANÇA, Marcel Carvalho; FERREIRA, Ricardo Alexandre. *Três vezes Zumbi*: a construção de um herói brasileiro. São Paulo: Três Estrelas, 2012.
FRIDMAN, Fania. *Paisagem estrangeira*: memórias de um bairro judeu no Rio de Janeiro. Rio de Janeiro: Casa da Palavra, 2007.
GOMES, Flávio dos Santos. *Histórias de quilombolas*. São Paulo: Companhia das Letras, 2006.
_____; REIS, João José (Org.). *Liberdade por um fio*: histórias dos quilombos no Brasil. São Paulo: Companhia das Letras, 1996.
GONÇALVES, Rafael Soares. *Les Favelas de Rio de Janeiro*: histoire et droit, XIXe et XXe siècles. Paris: L'Harmattan, 2010.
GUIMARÃES, Roberta Sampaio. *A utopia da Pequena África*: os espaços do patrimônio na zona portuária carioca. Tese (doutorado) — Universidade Federal do Rio de Janeiro, Rio de Janeiro, 2011.

HARVEY, David. *Le Nouvel impérialisme*. Paris: Les Prairies Ordinaires, 2010.
KARASH, Mary. *A vida dos escravos no Rio de Janeiro, 1808-1850*. São Paulo: Companhia das Letras, 2000.
LEFEBVRE, Henri. *Le Droit à la ville*. Paris: Anthropos, 1968.
_____. *La révolution urbaine*. Paris: Gallimard, 1970.
LEITE, Ilka Boaventura. Os quilombos no Brasil: questões conceituais e normativas. *Etnográfica*, Lisboa, v. 4, n. 2, p. 333-354, 2000.
LIRA, José Tavares Correia de. Mocambo. In: TOPALOV, Christian; AMESTOY, Isabelle (Org.). *L'Aventure des mots de la ville*. Paris: R. Laffont, 2010.
MATTOS, Hebe; ABREU, Martha. Relatório histórico-antropológico sobre o Quilombo da Pedra do Sal: em torno do samba, do santo e do porto [2007]. In: INSTITUTO NACIONAL DE COLONIZAÇÃO E REFORMA AGRÁRIA (INCRA). *Relatório técnico de identificação e delimitação da comunidade remanescente do Quilombo de Pedra do Sal*. Rio de Janeiro: Incra, 2010. p. 11-83.
MELO, Erick Silva Omena de; GAFFNEY, Christopher. Megaeventos esportivos no Brasil: uma perspectiva sobre futuras transformações e conflitos urbanos. *Academia. edu*, Niterói, [s.d.]. Disponível em: <http://uff.academia.edu/ChristopherGaffney/Papers/658080/Mega-eventos_esportivos_para_quem>. Acesso em: ago. 2014.
MOREIRA, Clarissa da Costa. *A cidade contemporânea*: entre a *tabula rasa* e a preservação. São Paulo: Unesp, 2004.
MOREL, Edmar. *A Revolta da Chibata*. Rio de Janeiro: Graal, 1986.
MOURA, Roberto. *Tia Ciata e a Pequena África no Rio de Janeiro*. Rio de Janeiro: Funarte, 1983.
NEEDELL, Jeffrey. *Belle époque tropical*. São Paulo: Companhia das Letras, 1993.
PARK, Robert E. The City: Suggestions for the Investigation of Human Behavior in the City Environment. *American Journal of Sociology*, Chicago, IL, v. 20, n. 5, p. 577-612, mar. 1915.
PINHO, Osmundo A.; SANSONE, Livio (Org.). *Raça*: novas perspectivas antropológicas. Salvador: Edufba, 2008. p. 315-350.
RAMOS, Tatiana Tramontani. *As barricadas do hiperprecariado urbano*: das transformações no mundo do trabalho à dinâmica socioespacial do movimento dos sem-teto no Rio de Janeiro. Tese (doutorado em geografia) — Universidade Federal do Rio de Janeiro, Rio de Janeiro, 2012.
REIS, João José; SILVA Eduardo. *Negociação e conflito*: a resistência negra no Brasil escravista. São Paulo: Companhia das Letras, 2009.
RIBEIRO, Cláudio Rezende. Porto Maravilha: paisagem urbana como princípio de interpretação da norma e da forma. In: ENCONTRO DA ASSOCIAÇÃO NACIONAL DE PESQUISA E PÓS-GRADUAÇÃO EM ARQUITETURA E URBANISMO, 1., 2010, Rio de Janeiro. *Anais...* Porto Alegre: Anparq, 2010.
RIO DE JANEIRO (município). Lei Complementar nº 101, de 23 de novembro de 2009: modifica o Plano Diretor, autoriza o Poder Executivo a instituir a Operação Urbana Consorciada da Região do Porto do Rio e dá outras providências. *Diário Oficial*, Rio de Janeiro, 24 nov. 2009.
_____. Decreto nº 34.522 de 3 de outubro de 2011: aprova as diretrizes para a demolição de edificações e relocação de moradores em assentamentos populares. *Diário Oficial*, Rio de Janeiro, 4 out. 2011.

ROCHA, Agenor Miranda. *As nações Kêtu*: origens, ritos e crenças. Os candomblés antigos do Rio de Janeiro. Rio de Janeiro: Mauad, 2000.

ROCHA, Janaina; DOMENICH Mirella; CASSEANO, Patrícia. *Hip-hop*: a periferia grita. São Paulo: Fundação Perseu Abramo, 2001.

ROCHA, Oswaldo Porto; CARVALHO, Lia de Aquino. *A era das demolições*: habitações populares. Rio de Janeiro 1886-1906. 2. ed. Rio de Janeiro: Secretaria Municipal de Cultura, 1995.

RODRIGUES, Jaime. *O infame comércio*: propostas e experiências no final do tráfico de africanos para o Brasil (1800-1850). Campinas: Unicamp, 2000.

ROLNIK, Raquel. Territórios negros nas cidades brasileiras (etnicidade e cidade em São Paulo e Rio de Janeiro). *Revista de Estudos Afro-Asiáticos*, Rio de Janeiro, n. 17, p. 35 e segs., set. 1989.

SÁNCHEZ Fernanda; BROUDEHOUX, Anne-Marie. Mega-Events and Urban Regeneration in Rio de Janeiro: Planning in State of Emergency. *International Journal of Urban Sustainable Development*, v. 5, n. 2, p. 132-153, 2013.

SEVCENKO, Nicolau. *A Revolta da Vacina*, São Paulo: Brasiliense, 1984.

SILVA, Eduardo. *As camélias do Leblon e a abolição da escravatura*. São Paulo: Companhia das Letras, 2003.

SILVA, J. N. Souza e. *Investigações sobre os recenseamentos da população geral do Império e de cada província de per si tentados desde os tempos coloniais até hoje feitas, aviso de 15 de março de 1870*. Rio de Janeiro: Perseverança, 1870.

SMITH, Neil. La Gentrification généralisée: d'une anomalie locale à la "régénération" urbaine comme stratégie globale. In: BIDOU-ZACHARIASSEN, Catherine. *Retours en Ville*. Paris: Descartes, 2003.

SOARES, Carlos Eugênio Líbano. *A negregada instituição*: os capoeiras na Corte Imperial, 1850-1890. Rio de Janeiro: Acess, 1998.

THIESEN Icléia; BARROS, Luitgarde Oliveira Cavalcanti; SANTANA, Marco Aurélio (Org.). *Vozes do porto*: memória e história oral. Rio de Janeiro: DP&A, 2005.

VASSALLO, Simone Pondé. Releituras da escravidão negra e da Zona Portuária do Rio de Janeiro: o caso do Instituto dos Pretos Novos. In: PONTES JR., Geraldo Ramos et al. (Ed.). *Cultura, memória e poder*: diálogos interdisciplinares. Rio de Janeiro: Eduerj, 2013. p. 83-92.

VAZ, Lilian Fessler. *Contribuição ao estudo da produção e transformação do espaço da habitação popular*: as habitações coletivas no Rio antigo. Dissertação (mestrado) — Universidade Federal do Rio de Janeiro, Rio de Janeiro, 1985.

_____. Notas sobre o Cabeça de Porco. *Revista do Rio de Janeiro*, Niterói, v. 1, n. 2, jan./abr. 1986.

_____. *Modernidade e moradia*: habitação coletiva no Rio de Janeiro, séculos XIX-XX. Rio de Janeiro: 7 Letras, 2002.

Outros documentos

Dossiê do Comitê Popular da Copa e Olimpíadas do Rio de Janeiro: Megaeventos e Violações dos Direitos Humanos no Rio de Janeiro. Rio de Janeiro, maio 2013. Disponível em: <http://raquelrolnik.files.wordpress.com/2013/05/dossie-rio.pdf>. Acesso em: 15 set. 2013.

Dossiê da Articulação Nacional dos Comitês Populares da Copa: Megaeventos e Violações de Direitos Humanos no Brasil. Rio de Janeiro, 2011. Disponível em: <http://comitepopulario.files.wordpress.com/2011/12/dossie_violacoes_copa_completo.pdf>. Acesso em: 15 set. 2013.

Pedra do Sal: Relatório Técnico de Identificação e Delimitação (RTID). Ministério do Desenvolvimento Agrário, Incra, Superintendência Regional do Estado do Rio de Janeiro, set. 2010. Disponível em: <www.socioambiental.org/banco_imagens/pdfs/Relatorio_Antropologico_Quilombo_Pedra_do_Sal_Incra_2010.pdf>. Acesso em: 15 set. 2013.

Plano Diretor 2005. Prefeitura da Cidade do Rio de Janeiro. Disponível em: <www.armazemdedados.rio.rj.gov.br/arquivos/1653_planodiretor.PDF>. Acesso em: 15 set. 2013.

Recenseamentos da população do Império de Brasil a que se procedeu no dia 10 de agosto de 1872 — Quadros Gerais. Disponível em: <https://archive.org/details/recenseamento1872bras>. Acesso em: 15 set. 2013.

Relatório de Violação de Direitos e Reivindicações. Fórum Comunitário do Porto. Rio de Janeiro, 24 maio 2011. Disponível em: <http://pt.scribd.com/doc/75358818/Relatorio-do-Forum-Comunitario-do-Porto-do-Rio-de-Janeiro>. Acesso em: 15 set. 2013.

CAPÍTULO 12

Dois agenciamentos e uma ocupação de moradia*

ADRIANA FERNANDES

Um enxame de gafanhotos trazido pelo vento às cinco horas da tarde [...].
(Deleuze e Guattari, 1997:49)

Figura 1
SAÍDA DA ESTAÇÃO CENTRAL DO BRASIL.
AO FUNDO, O MORRO DA PROVIDÊNCIA

Fonte: foto da autora.

---

*Este texto foi apresentado originalmente no colóquio "Dispositivos urbanos na trama dos viventes: ordens e resistências", Programa de Pós-Graduação em Ciências Sociais (PPCIS), Universidade do Estado do Rio de Janeiro (Uerj), em outubro de 2011 e é parte da minha pesquisa de doutorado no mesmo programa. Agradeço as sugestões e o incentivo de Carly Machado e Edson Miagusko. Sou muito grata, pela disponibilidade e abertura, aos militantes: João Barbosa, Jobson Lopes, Maurício Campos, Carlos e Manoel (estes dois últimos, na época, moravam na ocupação Chiquinha Gonzaga). Agradecimentos muito carinhosos a Flavia Regina Vieira, Camila Pierobon e Patrícia Birman, pela leitura e trabalho de pesquisa em conjunto. Agradecimento especial a minha orientadora.

Estamos no final do ano de 2008, alguns ensaios para o Carnaval começam a animar a zona portuária do Rio de Janeiro e seu entorno. O prédio da Cidade do Samba, o Sambódromo e a quadra da escola de samba Unidos da Tijuca são alguns dos pontos para se *fazer dinheiro* — como se diz na linguagem nativa da *viração* (e *viração* como uma modalidade de trabalho predominante entre os ocupantes dos vários prédios invadidos da região portuária e do Centro). No terminal de ônibus Américo Fontenelle, contíguo à estação ferroviária Central do Brasil, carrocinhas com petiscos diversos e o Camelódromo estão com seus serviços em ritmo frenético. A rotina dessa área da cidade só será retomada quando findar o Carnaval, em março de 2009.

Na ocupação Machado de Assis (iniciada em novembro de 2008), localizada na mesma área central, um advogado próximo de alguns militantes responsáveis pela ação trouxe a boa nova de que não havia, até aquele momento, nenhuma ação de reintegração de posse correndo na Justiça. A notícia contribuiu para minimizar o clima apreensivo que perpassava os primeiros dias da invasão.[1] O prédio principal, mais três edificações e um terreno baldio foram desapropriados e decretados para fins de utilidade pública, no mandato do prefeito César Maia, em 2006.[2] Antes da desapropriação, a área pertencera à empresa Unilever. Nos idos dos anos 1940, o mesmo espaço abrigou uma fábrica da glamourosa Confeitaria Colombo (em seus últimos andares, persistiam restos do maquinário em ferro que remetiam ao fato).

Um dos militantes apareceu no *RJ TV* (noticiário local da Rede Globo) justificando a ação como uma forma de realizar o que tinha sido anteriormente acordado pela prefeitura: "O objetivo dessa ocupação é estar garantindo moradia para famílias que não têm condição de pagar aluguel, ou mesmo que estavam na rua. E para cumprir o decreto do prefeito!".[3]

---

[1] Uso aqui tanto o termo *invasão* quanto *ocupação*. O primeiro é utilizado de modo frequente pelos moradores (e rechaçado pelos militantes); o segundo, *ocupação*, é o termo preferido de ativistas e militantes de esquerda ligados a movimentos de habitação ou a outros movimentos urbanos.

[2] O Decreto nº 26.224, referente à desapropriação, listava os seguintes imóveis: na rua da Gamboa, os nºs 111, 117, 119 e 121, e na rua João Álvares, o nº 10. A Machado de Assis dizia respeito, a princípio, ao nº 111, mas a circulação dos ocupantes não se restringiu a tal numeração, haja vista que esses outros espaços contíguos eram acessados livremente do prédio principal. Sobre a desapropriação, ver a publicação do *Diário Oficial do Município do Rio de Janeiro*, em 17 fev. 2006, p. 9. Uma reprodução da página está disponível em: <www.midiaindependente.org/pt/red/2008/11/434186.shtml>. Acesso em: jan. 2010. Sobre o terreno e as edificações, os antigos proprietários e a desapropriação, consultar o Processo nº 2008.001.391007-8, cartório da 39ª Vara Civil.

[3] Ver a reportagem do *RJ TV* em: <www.youtube.com/watch?v=hptOpCdcGmA&feature=related>. Acesso em: jan. 2010.

Na frente do prédio, no dia seguinte à ação, fixou-se uma xerox da edição do *Diário Oficial do Município* com a publicação do decreto da desapropriação. Além disso, o *movimento*[4] postou, em suas listas na internet, uma carta de intenções que anunciava, entre outras coisas, que a ocupação desejava promover "[...] o resgate da cultura da região da Gamboa, berço do samba, do carnaval e de outras manifestações da cultura negra no Rio de Janeiro".[5]

Este capítulo propõe-se a acompanhar a micropolítica atuante nas primeiras semanas da ocupação Machado de Assis, em particular dois de seus *agenciamentos* (Deleuze e Guattari, 1997) que, além de constituírem uma estratégia jurídica objetivando sua permanência, procuravam legitimá-la na rede dos movimentos locais. O primeiro agenciamento, eu nomeei *agenciamento necessitados* e, o segundo, *agenciamento afro*. Mas antes de entrarmos nos fragmentos etnográficos e nas interrogações suscitadas por eles ou que existiam de antemão, será preciso assinalar o que estamos chamando de *agenciamento*.

Agenciamento

> *[...] experimentem agenciamentos, procurem agenciamentos que lhes convenham.*
> (Deleuze e Parnet, 1998:18)

A ideia de agenciamento utilizada neste escrito é uma apropriação da noção de *agenciamento coletivo de enunciação*, de Gilles Deleuze e Felix Guattari, tal como é desenvolvida em *Mil platôs* e na série de entrevistas concedidas por Deleuze a Claire Parnet, nomeadas *O abecedário de Deleuze*. Mas se a noção é fundamental a esses pensadores, nosso intuito é destacar como ela aparece em algumas passagens dessas obras, pontuando determinados elementos que a constituem e que, a meu ver, nos ajudam a pensar a imbricada cena das ocupações.[6] A breve digressão adiante pretende ressaltar tanto o caráter pragmático, quanto performativo, presente na noção *agenciamento coletivo de enunciação*.

A ideia, ao utilizarmos essa noção, é de nos distanciarmos de significados associados aos vocábulos *agenciar* e *agência*, quando estes endossam, em especial,

---

[4] Termos em itálico e em aspas referem-se a expressões anotadas de memória, após as incursões em campo. "Movimento", nesse contexto, significava tanto a militância afim às ocupações, quanto a engajada em sua viabilidade e continuidade.

[5] Disponível em: <www.redecontraviolência.lists.riseup.net>. Acesso em: 21 nov. 2008.

[6] A noção foi explorada amplamente na minha tese "Escuta ocupação: viração, arte do contornamento e precariedade no Rio de Janeiro" (Fernandes, 2013).

a existência de um sujeito autônomo, independente ou diligente. Como registrados no *Dicionário Houaiss*,[7] *agenciar* e *agência* denotam, entre outros sentidos, respectivamente: "[...] trabalhar com afinco para obter (algo)"; "capacidade de agir, de se desincumbir de uma tarefa; diligência, [...], atividade ou trabalho". Por que a noção de *agenciamento* de Deleuze e Guattari se diferenciaria desse registro do Houaiss? *Agenciamento* não compartilharia, segundo eles, e principalmente para nós aqui, a ideia de um sujeito ativo, individualista, motivado ou deliberativo, e que Sherry Ortner (2007:46), de maneira precisa, apontou como um sujeito "ocidental".

Como alternativa a esses sentidos, Deleuze e Guattari salientam o caráter não individual e não deliberativo (embora isso não signifique algo como uma "estrutura" anterior às vontades e intenções dos sujeitos/atores). Para tanto, acoplam ao termo a palavra "coletivo", do mesmo modo que incluem "enunciação", de modo a endossar a ideia de *agenciamento* como algo *social*. E, mais uma vez, não se trata de imaginar um *social* como reprodução de uma estrutura existente (mesmo que a ação ou a motivação dos atores esteja incluída), ou uma reprodução das relações de desigualdade existentes. Mas *social* como modo de realçar as diferenças e as singularidades desse processo ou, conforme os próprios termos de Deleuze e Guattari, pensá-lo em sua positividade, ou seja, do que é capaz de produzir, e enquanto parte de um "maquinário".

"Enunciado" ou "enunciação", por sua vez, são termos que procuram reafirmar o viés pragmático desse pensamento, e que eles chamam também de *speech-act* ou agenciamento "enunciado-ato". São signos que existem associados a outros signos, e que presumem, conforme as pistas dos autores, as ideias de "desejo/desejar". Novamente, esse desejo/desejar nem é individual, nem pressupõe as instâncias individuais e a esfera social como dados de antemão. Também não é da ordem da falta, justo o oposto. Ou seja, (e dizendo de maneira um tanto esquemática) produzir *agenciamentos coletivos de enunciação* é encontrar-se sempre em relação a alguma coisa que não existe em si, mas se constitui enquanto um conjunto de elementos reunidos num maquinário ou num regime de signos:

> Desejar é construir um agenciamento, construir um conjunto, conjunto de uma saia, de um raio de sol [...]. O agenciamento de uma mulher, de uma paisagem. [...]. De uma cor, é isso um desejo... É construir um agenciamento, construir uma região, é realmente agenciar. [...]. Nunca desejo algo sozinho, desejo bem mais, também não desejo um conjunto, *desejo em um conjunto*.

---

[7] Disponível em: <www.houaiss.uol.com.br>. Acesso em: ago. 2014.

Podemos voltar [...] ao que dizíamos há pouco sobre o álcool, beber. Beber nunca quis dizer: desejo beber e pronto. Quer dizer: ou desejo beber sozinho, trabalhando, ou beber sozinho, repousando, ou ir encontrar os amigos para beber, ir a um certo bar. *Não há desejo que não corra para um agenciamento* [Deleuze e Parnet, 1996:14-15, grifos meus].

Mas se os "agenciamentos (que presumem as ideias de desejar e de estabelecer relações) envolvem sempre componentes heterogêneos" (Caiafa, 2007:151-152) é preciso considerar um problema decorrente dessa afirmação: como é possível reunir, de modo consistente, tais componentes, sem que eles percam seu traço de multiplicidade? Ou, de outro modo: como garantir que essas forças e afetos heterogêneos "funcionem juntos"? Deleuze propôs como alternativa ao problema a noção de "simpatia" (numa apropriação ampliada de uma passagem de D. H. Lawrence em que o termo homônimo aparece). Segundo o filósofo, esses componentes heterogêneos podem se associar (por vezes, formando um plano de consistência ou um território), sem perder sua condição de multiplicidade (Deleuze e Parnet, 1998:67). E simpatia, dessa forma, é imaginada como "a penetração dos corpos, ódio ou amor" e também: "A simpatia são corpos que se amam e se odeiam, e há cada vez mais populações em jogo nesses corpos ou sobre esses corpos. Os corpos podem ser físicos, biológicos, psíquicos, sociais, verbais" (Deleuze e Parnet, 1998:66).

Os autores de *O anti-Édipo: capitalismo e esquizofrenia*, nesta passagem, investem numa dimensão que será retomada em vários momentos de seus escritos, que é de privilegiar a variação e as minorias, bem como a contestação das *palavras de ordem* vigentes (já que estas são necessariamente majoritárias) (Deleuze e Guattari, 1995:16). Salientam, dessa forma, outras possibilidades de existência na própria existência, outras possibilidades de corpo social nesse mesmo corpo social, impedindo-nos de pensar em uma "grande Recusa" com relação ao poder. Conforme notou Michel Foucault (1985:91-92): "[...] não existe, com respeito ao poder, um lugar da grande Recusa [...]. Mas sim, resistências, no plural".

Variações, minorias, resistências, portanto, que resultam numa política que positiva o caráter múltiplo e heterogêneo constitutivo da *subjetividade*,[8] do agenciamento, do desejo, do corpo (social) e do real: "E é verdade que a vida é

---

[8] "A subjetividade, embora vivida individualmente, é produzida no registro social a partir de componentes heterogêneos. Entre eles não figura apenas a história pessoal do indivíduo, mas processos sociais e materiais que dizem respeito a sua relação com os outros, com a mídia, a cidade, o corpo, a linguagem etc." (Guattari apud Caiafa, 2007:120).

ambos ao mesmo tempo: um sistema de estratificação, particularmente complexo, e um conjunto de consistência que conturba as ordens, as formas e as substâncias" (Deleuze e Guattari, 1997:150).

Por outro lado, os agenciamentos são sempre coletivos porque se compõem de uma multiplicidade de forças: como ações e paixões e como mistura de corpos reagindo uns sobre outros. Esses componentes existem como *forças* ou *linhas de força* (da ordem da imanência) que se encontram e podem constituir *territórios* ou *planos de consistência* (Deleuze e Guattari, 1997).

Para a narrativa que ora apresentaremos, a ideia é explorar como funcionaram, ou como se tentou fazer com que funcionssem, os *enunciados* e os *territórios/planos de consistência* envolvidos na composição do *agenciamento afro* e do *agenciamento necessitados* na ocupação Machado de Assis, situada no bairro da Gamboa, zona portuária, área central da cidade do Rio de Janeiro.

Figura 2
FAIXAS NA MACHADO DE ASSIS

"Somos legais por sermos constitucionais/Reforma urbana já!". "Ninguém mais para a nossa guerra: Palmares é eterna". "Ocupação Machado de Assis. Quilombo de moradia e cultura". Foto: Carlos Latuff. Disponível em: <www.midiaindependente.org/pt/red/2008/11/434204.shtml>. Acesso em: ago. 2014.

Figura 3
ASSEMBLEIA NO SALÃO QUE POUCOS DIAS DEPOIS
SE TORNARIA UM DORMITÓRIO COMPARTILHADO

Foto: Carlos Latuff. Disponível em: <www.midiaindependente.org/pt/red/2008/11/434204.shtml>. Acesso em: ago. 2014.

Agenciamento necessitados

O mote destacado pelo grupo militante, após a entrada no prédio da rua da Gamboa, era que a ocupação devia servir a pessoas que não tivessem moradia ou que estivessem morando na rua.[9] Ou que a ocupação configuraria moradia para quem precisasse ficar no Centro, por conta do maior número de vagas em trabalhos temporários ou não, e do acesso, nessa região, aos chamados equipaments urbanos (serviços básicos, como saneamento, energia elétrica, coleta de lixo, rede telefônica e de gás, além dos relacionados à educação, cultura, saúde e lazer).[10] Outro atrativo de viver em ocupação, na área central, bastante citado

---

[9] As passagens do trabalho de campo aqui narradas são resultado de minha imersão no terreno nessa ocasião. A experiência, primeiro como candidata a moradora, depois como moradora, durou o breve (e marcante) período de dois meses.

[10] Cf. os arts. 4º e 5º da Lei Federal nº 6.766/1979, que trata dos requisitos urbanísticos para loteamento. Uma resumida discussão sobre o assunto encontra-se em Moraes, Goudard e Oliveira (2008:93-103).

por moradores e candidatos a ocupantes, dizia respeito à diminuição ou mesmo ao fim de taxas relativas ao aluguel de um quarto em alguma das hospedarias do entorno, ou, ainda, o aluguel de um imóvel ou de sua fração.

Este início da Machado de Assis pode ser caracterizado por mobilizar um repertório discursivo (compreendido como práticas verbais e não verbais) composto por imagens e metáforas que acontecem em torno dos seguintes termos, ou a partir deles: *necessidade, necessitados, sem moradia* e *moradores sem-teto*. Por exemplo, ser uma pessoa *sem moradia*, ou ser um *sem-teto*, ou *não ter onde morar*, abarcava também quem desejava residir no Centro, ou que já o fazia, além dos que pretendiam se livrar dos gastos com aluguel ou de outras modalidades de taxas concernentes à moradia.

Os ocupantes eram oriundos, em muitos casos, da região da Baixada Fluminense e queriam diminuir as exaustivas jornadas de trabalho intensificadas pelas condições do transporte público na cidade. Outros moravam em morros circunvizinhos ao Centro e pretendiam fugir de situações de tensão com o tráfico ou a polícia, ou precisavam dar um tempo de situações do plano afetivo. Dois dos novos ocupantes estavam na rua quando "chegaram na ocupação" [expressão nativa]. Para situar o *agenciamento necessitados* e os conflitos que lhe eram constituintes, é preciso mostrar como funcionavam as assembleias na Machado de Assis e comentar a respeito dos grupos que a integravam.

As assembleias eram realizadas diariamente, o voto era presencial, declarado durante as mesmas e contabilizado individualmente (e não por apartamento ou família). Ocupantes moradores e membros do *grupo operativo* (que viabilizou a ocupação) podiam votar e o *grupo de apoio* não podia fazê-lo. Este último era formado por universitários e por pessoas ligadas a movimentos políticos ou sociais, caracterizados por prestar solidariedade, assim como por propor serviços ou aulas aos moradores (de alfabetização, teatro, pintura e inglês, entre outras). Ou, ainda, comprometidos em postar notícias e fotos na mídia alternativa (*blogs* sobre as ocupações), realizar articulações jurídicas, contatar sindicatos e outros movimentos, conseguir doações de alimentos, além de se colocar como "massa de resistência", caso a ocupação recebesse uma intimação para sair do prédio. O *apoio* era referido por alguns moradores, de maneira jocosa, como o *grupo dos militontos*, possivelmente por ser considerado um grupo que romantizava, em alguma medida, a experiência das ocupações e dos *necessitados*. A maior parte desses *militontos*, no caso da Machado de Assis, participava de algum microgrupo político de inspiração anarquista e/ou socialista.

A Machado de Assis foi viabilizada por militantes *independentes* e por participantes da Frente de Luta Popular,[11] também de orientação socialista e/ou libertária que, desde 2004, envolveu-se na organização de ocupações na forma de coletivos não hierárquicos e não representativos. Além da Machado de Assis, ponto de partida de minha pesquisa de doutorado, a FLP foi corresponsável por outras duas ocupações no Centro: a ocupação Chiquinha Gonzaga (iniciada em 2004), situada na rua Barão de São Félix, próximo à estação ferroviária Central do Brasil, e a Zumbi dos Palmares, na rua Venezuela, próximo à praça Mauá, na região portuária (iniciada em 2005 e desmantelada em 2011).

Levantei o braço em uma assembleia e pedi a palavra para questionar a ideia do grupo *operativo* que vinculava, de forma monocórdica, *ocupação-habitação--social-necessitados-e-sem-moradia*. O que, para azar dos ocupantes, eu repeti outras vezes, em outras assembleias, e que dizia mais ou menos assim:

> [Em tom heroico:] Não somos faltosos ou necessitados porque entramos num prédio, pelo contrário. Estamos efetivando algo que pode garantir alguma independência em relação principalmente ao trabalho. E quando lutamos contra a propriedade privada, acabamos por questionar diretamente a enorme desigualdade no país.

Essa fala pretensiosa (e também ingênua) teve, por sua vez, uma recepção gélida, tanto pelos moradores presentes quanto pelos membros dos grupos *operativo* e *apoio*, me fazendo sentir como um bobo da corte. Afinal, por que uma ocupação que se propunha a funcionar como um coletivo autogestionário não era positivada como uma ação contra a propriedade privada ou, simplesmente, com uma forma de lutar pelo direito à moradia? Por que a militância definia os moradores principalmente como *necessitados* e isso era visto como a melhor estratégia para empoderar a ocupação, em especial, no âmbito do Judiciário?

Podemos mencionar, inicialmente, algo já comentado pela historiografia sobre a política e a cultura política nacional, que é a associação dos pobres enquanto *faltosos* ou *necessitados*, como atuante desde o Estado varguista, nos anos 1930, ao contrário de uma discussão e de políticas relativas à questão da justiça social e dos direitos sociais (levantados somente a partir da Constituição de 1988).[12]

---

[11] Sobre a Frente de Luta Popular (conhecida como "FLP") e outros movimentos de inspiração libertária, ver a dissertação de Penna (2010).
[12] Ver Telles (1999:169-194).

Um segundo elemento, que se soma ao quadro de inexistência de uma política social de habitação para as camadas mais precarizadas da população (e são estas que participam de maneira majoritária de invasões), foram as indicações do país e da cidade do Rio de Janeiro como uma das capitais que sediariam os jogos da Copa do Mundo de futebol de 2014 (o anúncio ocorreu em outubro de 2007 e a Machado de Assis deu-se em novembro de 2008), e como sede das Olimpíadas de 2016. Os dois anúncios animaram, na sequência, a retomada do projeto de "revitalização" dos bairros da Gamboa, da Saúde (onde está situada a estação ferroviária Central do Brasil) e do Santo Cristo. As intervenções e reorganização do espaço que estão ocorrendo nessa área central da cidade têm significado a expulsão paulatina de certos "indesejáveis": população de rua, pequenos ambulantes, camelôs, usuários de drogas (tidos como "craqueiros"), prostitutas e, finalmente, ocupações.[13]

Outra pista que ajuda a entender a insistência da militância em utilizar o *agenciamento necessitados* nesse contexto foi apontada por um defensor público do Rio de Janeiro que acompanhava, desde 2008, vários casos relacionados à questão da moradia/ocupações. Uma de suas falas destacou que a atuação do Judiciário — no que concerne às ocupações do Centro e a outras situações de moradia popular consideradas "irregulares" — estaria bastante próxima de uma atuação identificada com a de um poder soberano. O que justificava a impossibilidade de a militância das ocupações acionar um repertório ligado aos direitos sociais, ao "direito à moradia", ou, ao "direito à cidade". Caberia nesse cenário, no máximo, acionar uma discursividade que legitimava a ocupação incorporando práticas assistencialistas, além de uma ética pessoal e patrimonialista (que funciona através de relações pessoais desiguais).

---

[13] Há no site da Wikipédia as seguintes informações sobre o bairro da Gamboa que, a meu ver, caracterizam, de maneira precisa, o que pensa a prefeitura (principal agente) da *"revitalização"*: "Dotado de comércio, de indústrias e de residências de classe média baixa. [...]. Com o tempo, *o crescimento desordenado foi mergulhando toda a região (que engloba também o bairro da Saúde e do Santo Cristo) em um longo processo de decadência que durou até o início do século XXI, quando, impulsionado pela iniciativa privada, a prefeitura voltou a investir na região portuária,* [...] e que ganhará, em breve, o Aquário Municipal, já licitado, a ser construído num dos Armazéns Gerais ainda abandonados. Alguns armazéns estão, no momento, sendo reformados para abrigar um complexo comercial que deverá estar pronto até a Copa do Mundo de 2014. *A reinvenção da Gamboa deve-se principalmente aos empresários que vêm apostando no local*, restaurando seus sobrados históricos, *e lá instalando suas empresas*. Além disso, a Gamboa vem recebendo a alcunha de 'Nova Lapa' com referência ao enorme número de casas de espetáculo e boates que vêm se instalando no bairro, o qual, *com a pacificação do morro da Providência e o aumento dos investimentos governamentais, cresce e evolui a olhos vistos*" (grifos meus). Disponível em: <http://pt.wikipedia.org/wiki/Gamboa_%28bairro_do_Rio_de_Janeiro>. Acesso em: 27 ago. 2012.

O defensor explicou que o Judiciário e o poder público (Executivo, principalmente) continuam a ter hoje uma série de prerrogativas especiais do direito administrativo que opera "quase que como um poder de polícia". Desse modo, torna-se muito difícil impedir que tais poderes (municipalidade, governos do estado e federal) realizem determinadas ações que ele quer realmente realizar. Essas prerrogativas continuam atuantes no país, mesmo que oriundas do período Vargas:

> a Lei de desapropriação, por exemplo, dos anos 40, não reconhece a figura do possuidor. Então, se tem um cara que está há 40 anos morando num prédio que está para ser desapropriado, para a legislação aquele cara não é nada, entendeu? Só conta o proprietário. Aí, o que o município faz? Ele deposita o dinheiro, [...]. Deposita a quantia e fala: "Oh, a discussão entre possuidor e proprietário não me interessa. Me interessa depositar a quantia e desapropriar o bem". E os juízes falam "Ok". Têm alguns juízes que não fazem isso, mas tem alguns juízes que fazem: "Ah tudo bem, a discussão de posse e propriedade não cabe à desapropriação. [...]". Aí expulsa 30 famílias de um prédio [...]. Então isso é o quê? Isso é a aplicação de uma legislação dos anos 40, que não reconhece o possuidor, o direito à posse, que não reconhece o direito à moradia, então nossa legislação é o seguinte: o Estado é o proprietário[...].[14]

E, ainda:

> Se o juiz for aquele cara que não está nem aí e não quer sofrer pressão, pra ele é mais fácil despejar 30 famílias e resolver o problema logo. [...] Muitas vezes a comunidade está lá há um tempo e o município se torna proprietário já com a comunidade assentada lá, mas então ele vai agir, ele age da pior forma possível, porque ele tem todos os poderes que são conferidos para a administração pública, que são esses todos que conferem a ela um poder de autoexecutar seus atos, poder de polícia, aquela coisa toda. E, além disso, ainda tem o poder do proprietário, não é? Então junta os dois e vira uma máquina poderosa.[15]

Acrescenta-se a esse modo de atuar do Judiciário e do Executivo — autoritário, conservador e patrimonialista — a conjuntura referente às ocupa-

---

[14] Entrevista realizada por mim, em 9 de agosto de 2011, com o defensor público do Rio de Janeiro.
[15] Ibid. Sobre a questão da posse no Brasil, num viés etnográfico, ver Holston (1991:695-725).

ções da área central, como já observei: os megaeventos e a implementação do projeto Porto Maravilha, na zona portuária (incorporada pela prefeitura como área central da cidade). Tais fatos geraram, e continuam gerando, ações do poder municipal que intensificaram as pressões e ameaças endereçadas às ocupações.

Uma dessas ações, por parte do governo Sérgio Cabral, resultou no desmanche, em abril de 2011, do grupo de defensores públicos instalados no Núcleo de Terras da Defensoria do Estado. O núcleo funcionava acolhendo denúncias de moradores contra ações e ameaças ilegais de despejos realizados por agentes da prefeitura e do estado, e era uma referência importante para os movimentos locais. Outra ação foi o aumento da truculência da polícia quanto aos prédios ocupados. Numa invasão ocorrida no final de 2010, por exemplo, também na zona portuária, três pessoas foram detidas pela Polícia Federal (o prédio era do INSS) no mesmo dia de sua entrada no imóvel. Os *federais* (Polícia Federal) não tinham identificação, e, num determinado momento, jogaram o camburão e apontaram suas metralhadoras na direção do pessoal do *apoio*, que tentava opor-se ao despejo. Além disso, acabaram por deter e levar para a delegacia um imigrante africano que estava, nessa ocasião, sem documentação (e que, no dia seguinte, foi liberado).

Uma primeira consideração a respeito do *agenciamento necessitados* pode ser depreendida dos acontecimentos e observações apresentados até agora. Se as ocupações na região central têm se constituído como uma alternativa para parte da população pobre quanto ao "problema de moradia", além de uma forma de se contrapor às tentativas de transferi-los para zonas periurbanas da metrópole, o *agenciamento necessitados* funcionou noutra direção, estabelecendo-se, notadamente, como uma estratégia, por parte de sua militância, que objetivava seu reconhecimento e legitimidade no âmbito do Judiciário e na cena dos movimentos sociais locais. Tal estratégia baseou-se numa discursividade que intentava transpor a forma de funcionamento conservadora e patrimonialista dos poderes Executivo e Judiciário. Assim, incorporou aos ocupantes traços identitários e de cunho moralizante, que naturalizavam a visão dos mesmos como *necessitados* e *sem moradia*, e, por conseguinte, *carentes*, *faltosos* e, ainda, não socializados.[16] Todavia, aconteceu algo inusitado na

---

[16] Para alguns exemplos da associação da pobreza e dos pobres como "não socializados" e da ocupação como espaço que promove sua socialização, remeto à minha tese de doutorado (Fernandes, 2013). Como exemplo emblemático, porque envolve inúmeros agentes governamentais, deve-se

Machado de Assis, como repetiam alguns militantes, complexificando ainda mais esse *agenciamento necessitados*.

Figura 4
BALDIO "NÁRNIA" E PRÉDIO DA MACHADO DE ASSIS (AO FUNDO)

Foto: Carlos Latuff. Disponível em: <www.midiaindependente.org/en/red/2008/11/434130.shtml>. Acesso em: ago. 2014.

Ameaças

Quando o *grupo operativo* procurou um imóvel que fosse público e estivesse sem utilização ou abandonado, nunca poderia imaginar que o espaço da rua da Gamboa incluísse outras três edificações anexas ao edifício principal, além de um enorme terreno, logo batizado de Nárnia[17] por um núcleo de ocupantes

---

consultar o processo judicial da ocupação Zumbi dos Palmares (Processo nº 2005.51.01.007798-0, 2ª Região da Seção Judiciária do Rio de Janeiro/Justiça Federal).

[17] Série de filmes baseada no livro *As crônicas de Nárnia*, de Clive Lewis, publicado em 1949. Sinopse do primeiro episódio (lançado em 2005): Na Inglaterra da II Guerra, quatro irmãos descobrem Nárnia através de um guarda-roupa mágico. Nárnia é uma terra fascinante, habitada por bestas que falam, anões, faunos, centauros e gigantes, porém, condenada por Jadis ao inverno eterno. Sob a orientação do leão Aslan, os irmãos lutam para libertar Nárnia (editado de: <http://cinema.ptgate.pt/filmes/3466>. Acesso em: jan. 2010).

(que possuíam no máximo 20 anos). E, ainda, que muitas das pessoas que participaram do curso de 10 meses, realizado como um preparatório para se tornar moradores do prédio autogestionário, não retornariam depois que conhecessem o imóvel.

Este compreendia cinco andares com imensos salões, sem banheiros ou divisórias. Um banheiro ficava na sobreloja e outros três, sem condições de uso, localizavam-se fora do prédio principal. Havia um subsolo que estava alagado e os dois últimos andares possuíam infiltrações. Restava para dormir, naquele momento inicial, um salão no primeiro andar e a sobreloja, que possuía três salas separadas por divisórias de escritório e um banheiro, funcionando precariamente (era preciso pegar água na cisterna do prédio).

Figura 5
MOBILIÁRIO NO CORREDOR DE ENTRADA DA MACHADO DE ASSIS

Foto: Carlos Latuff. Disponível em: <www.midiaindependente.org/pt/red/2008/11/434138.shtml>. Acesso em: ago. 2014.

Figura 6
FRAGMENTO ENCONTRADO NA SOBRELOJA DO PRÉDIO
PRINCIPAL DA OCUPAÇÃO, EM PAPEL OFÍCIO E COM
TIMBRE DA CONFEITARIA COLOMBO

> 6.2 - *Características Ocupacionais - Rua do Livramento, 174*
>
> Consiste em edificação de 4 pavimentos, erigida em estrutura mista (concreto e alvenaria), coberta por telhas de barro sobre peças de madeira, em duas águas.
>
> Muito antiga e de fins residenciais, adaptada porém para uso industrial, compõe-se no pavimento térreo em amplos salões destinados a oficina de manutenção e os pavimentos superiores, acessíveis através de escadas de madeira, compreendem inúmeras salas e salões e

Com "*o meter o pé*" [categoria nativa que significava algo como "deixar rapidamente o local"] dos ex-futuros-ocupantes, ou seja, com a sua desistência em morar em um imóvel nas condições referidas, o grupo acabou com cerca de 30 moradores, o que era considerado pouco, e tornava o prédio vulnerável a investidas, tanto por parte da polícia quanto por parte de grupos locais que poderiam invadir e/ou tomar o prédio. Além disso, não seria de bom-tom, para o movimento, ser visto como o responsável por uma ocupação com tão poucos *necessitados*. Desse modo, longas discussões ocorreram tendo em vista a questão: como trazer mais moradores *necessitados* para a Machado de Assis?

Um grupo dos chamados *morapoios* (um híbrido de apoio com morador e uma brincadeira com a expressão "dar o maior apoio"),[18] no qual eu estava in-

---

[18] Expressão popularizada pelo personagem de nome "Seu Peru", do programa televisivo *Escolinha do Professor Raimundo*, criado por Chico Anísio e representado pelo ator Orlando Drum-

cluída, exigiu/exigimos que fôssemos reconhecidos como moradores e não mais como *apoio* ou *morapoios*. Entre estes, havia um subgrupo nomeado por alguns ocupantes como "grupo dos riquinhos", composto por cinco pessoas consideradas *não necessitadas*. Além dos *morapoios*, havia entre os *ocupantes pioneiros* (expressão minha e relativa aos moradores que participaram das primeiras reuniões para discutir a futura ocupação), uma professora do Serviço Social de uma universidade pública do Rio de Janeiro. Essa professora tinha se endividado durante os anos FHC, possuía problemas de saúde e estava numa situação complicada, morando com a filha na casa de um parente na Zona Sul, e queria muito arranjar outro lugar para morar. Durante os anos de graduação, ela havia trabalhado com uma célebre antropóloga, na favela da Maré, e foi nessa época que se deparou com militantes (da Igreja Católica e/ou participantes de pequenos grupos políticos) que tinham decidido residir em comunidades localizadas, na maior parte das vezes, em periferias ou em regiões metropolitanas.

Ela, Cecília, considerava esse fato marcante em sua trajetória e o utilizava para justificar seu engajamento e a decisão de tornar-se moradora na Machado de Assis. Essa passagem foi igualmente fundamental para se solidarizar com a "causa" dos morapoios (que desejavam ser reconhecidos como moradores), além de animá-la a salientar, em várias assembleias, a importância de a ocupação ser composta por um conjunto de pessoas com trajetórias e de estratos sociais heterogêneos. Por fim, a solidariedade, ou melhor, a cumplicidade de Cecília, ajudou a "causa" dos *morapoios*, já que suas opiniões e juízos eram tidos em boa conta pelo pessoal do *operativo* e pelo grupo dos moradores "pioneiros" (do qual ela fazia parte).

Membros do *operativo* se reuniram com os moradores "pioneiros" duas ou três vezes, tentando chegar a uma conclusão quanto a aceitar ou não os *morapoios* como moradores efetivos da ocupação. Os mesmos "moradores pioneiros", como mencionei, haviam participado do curso preparatório antes da invasão, com aulas ministradas durante 10 meses pelo grupo *operativo*. Segundo este, o curso possuía como objetivo principal fazer com que os futuros ocupantes se conhecessem e lhes propiciar uma formação política quanto à questão da moradia e sobre o que significava viver nos moldes de um coletivo autogestionário. Realçou, nessa ocasião, a importância de se construir uma boa convivência entre os ocupantes, com regras e limites acordados em assembleia, os quais, num momento adiante, serviriam de base para a confecção de um estatuto do prédio.

---

mond. O personagem homoerótico possuía uma *performance* com trejeitos caricatos e o que dizia, ou escutava, possuía invariavelmente uma conotação sexual.

O mesmo grupo *operativo* convidou, no decorrer do curso, alguns participantes a se juntarem como membros do primeiro, comprometendo-se também a encontrar um prédio público situado na área central que estivesse abandonado ou sem uso. Tais características eram vistas como fundamentais pela militância, formando, porém, um pressuposto não exatamente factível: propriedades governamentais abandonadas e ocupadas por pessoas pobres ou "necessitadas" não eram menos passíveis de sofrer despejo. Nesse cenário, o que se mostrou como uma estratégia efetiva para evitar o despejo foi a ampla rede de contatos estabelecida entre militantes, moradores e funcionários ligados a órgãos estatais fundamentais nesse contexto.

Um membro do *operativo* argumentou que uma das dificuldades para que os moradores pioneiros e o *operativo* aceitassem os *morapoios* era a presença dos *riquinhos*. Como contrapartida, o argumento principal pró-*riquinhos* utilizado por um militante do *operativo* não morador, visto de forma positiva por alguns ocupantes e debochado por outros, seria a importância de ter pessoas que "pudessem ajudar" na ocupação. Mas qual o significado deste "ajudar na ocupação"? Os exemplos mencionados, direta ou indiretamente, eram que os *riquinhos* poderiam se envolver na criação e manutenção da creche do prédio, intermediariam vagas em escolas do entorno, disponibilizariam o contato de algum advogado para uma ou outra questão de interesse pessoal, talvez conhecessem uma assistente social da prefeitura que viabilizasse algum tipo de recurso material (roupas, alimentos ou dinheiro), e esta mesma assistente facilitaria a inclusão em projetos sociais, bem como o acesso a cestas básicas disponibilizadas por ONGs locais.

Depois de duas semanas, os *morapoios* foram aceitos como moradores pelo "grupo pioneiro". O que não diminuiu, mas intensificou a fala de uma liderança da Machado de Assis (morador e *operativo*), que repetia, quando da ausência de ocupantes no prédio: se as pessoas não estavam presentes na ocupação a maior parte da semana, era porque possuíam casa e, portanto, não precisavam realmente de moradia. Tal militante, como contrapartida ao esvaziamento, manifestou-se favorável ao plano de que um grupo de ocupantes deveria ir até a av. Presidente Vargas (importante e maior via do centro) para cadastrar novos moradores necessitados. O plano foi objeto de controvérsia entre os ocupantes e Giane, que estava na rua com duas filhas, antes de "chegar na ocupação", disse: "Não, não, é muito perigoso! Como é que vai botar gente que ninguém conhece? Gente da Presidente Vargas?! Não, eu sou contra, é perigoso!".

Esta fala de Giane (e por ser Giane), acompanhada de acento e gestualidade com alguma carga de dramaticidade, resultou fundamental para que a proposta fosse colocada de lado. Muito embora, vez ou outra, algum morador ou membro do *operativo* ou do *apoio* lhe fizesse referência, isso em geral se dava de forma vaga ou debochada.

A Presidente Vargas é comentada por ocupantes como uma avenida "fim de linha" na trajetória da precariedade (não podemos esquecer que nessa via, em 1993, aconteceu a "chacina da Candelária", quando oito pessoas — seis crianças e dois adultos — foram assassinadas por policiais enquanto dormiam sob uma marquise). No ano de 2008, um número grande de pessoas continuava a se dispor diariamente sob marquises, e na mesma avenida, também para dormir (inclusive, bem próximo de onde aconteceu a chacina). E ainda, consumiam sopões e aceitavam cobertores (durante o inverno) ofertados por carros e kombis de associações filantrópicas e/ou religiosas as mais diversas.

Um dos ocupantes comentava que a Presidente Vargas[19] era a última escala para quem estava na rua e se encontrava na "dependência" (nesse caso, na "dependência" do *crack*), o que engrossava a ideia dessa avenida e de suas áreas circunvizinhas como um espaço limiar e fronteiriço,[20] um lugar onde as tensões, os conflitos e as mazelas da cidade despontavam com mais força. Como inúmeras pesquisas mostraram exemplarmente,[21] a região portuária, o entorno da estação ferroviária Central do Brasil e da avenida Presidente Vargas constituem um palco dissonante, interpelador e polissêmico no processo de construção da cidade e de sua urbanidade.

Mesmo depois de aceitos como moradores (o grupo de *morapoios* tinha cerca de 15 pessoas), a presença de ocupantes não exatamente necessitados gerou novos imbróglios. Na segunda semana, um homem que se apresentou como assessor de um vereador do PT, e que dizia possuir um projeto esportivo de promoção de basquete entre jovens e crianças da região, apareceu na portaria para sondar a ocupação, o que não era algo excepcional, pelo con-

---

[19] Sobre a avenida, significados, representações e consequências implicadas em seu surgimento, ver o trabalho de Lima (1990).
[20] A respeito das fronteiras na cidade, cito o trecho muito interessante de Walter Benjamin: "Apenas na aparência a cidade é homogênea. Até mesmo seu nome assume um tom diferente nos diferentes lugares. Em parte alguma, a não ser em sonhos, é ainda possível experienciar o fenômeno do limite de maneira mais original do que nas cidades. Entender esse fenômeno significa saber onde passam aquelas linhas que servem de demarcação, ao longo do viaduto dos trens, através de casas, por dentro do parque, à margem do rio; significa conhecer estas fronteiras, bem como os enclaves dos diferentes territórios. Como limiar, a fronteira atravessa as ruas; um novo distrito inicia-se como um passo no vazio; como se tivéssemos pisado num degrau mais abaixo que não tínhamos visto" (Benjamin, 2006:127).
[21] Sobre diferentes momentos dessa região e os conflitos que a perpassam, remeto aos trabalhos de Sevcenko (2003), Chalhoub (1996), Lopes (2000), Fridman (2007), entre outros.

trário, de passagem ou indicados por algum conhecido, ou pessoas ligadas a movimentos políticos e sociais, se dirigiam à portaria e indagavam a respeito. Conforme as perguntas levantadas, o clima paranoide ganharia terreno ou não para instalar-se no prédio, ao menos naquele dia. Essa qualidade paranoide era instigada principalmente pelo fato de que alguma ameaça de usurpação estaria na iminência de acontecer. Mas, que personagens e forças eram considerados ameaças à ocupação?

É possível destacar os seguintes agentes capazes de *tocar o terror* no edifício: o "tráfico" do morro da Providência invadiria o prédio; a polícia surgiria de forma ilegal (sem mandado de reintegração e/ou identificação); alguém, de algum movimento político local, estaria planejando "tomar" o prédio, cooptando as lideranças que haviam despontado durante o processo; e, por último, mas não menos importante, agentes da prefeitura, além de inquirir sobre as condições do espaço, assuntariam a respeito do número de ocupantes e sobre quem organizava ou tocava a ocupação.

Havia um galpão que, por ter uma forma retangular, parecia exatamente desenhado para ser uma quadra de basquete. E era provável que o assessor soubesse de sua existência, já que os fundos desse espaço davam para a rua do Livramento. O assessor, que se dizia do PT, olhava para Pato na portaria. Pato vinha de família abastada, era universitário, alto, magro, branco, cabelos com *dreads locks* e *vegano* (pessoas que são vegetarianas e compartilham toda uma filosofia a respeito). O rapaz era namorado de Cíntia, de aproximadamente 20 anos, estudante de arquitetura, também branca e também engajada como moradora na Machado de Assis, além de muito empática com os ocupantes, e, mais ainda, com as crianças.

Pato *tirava a portaria* no dia em que o tal assessor apareceu novamente para sondar o prédio (*tirar a portaria* era uma atividade que consistia em controlar o portão de acesso à ocupação, registrando num caderno o nome das pessoas que entravam e saíam, além da hora em que isso ocorria; para essa tarefa, alternávamo-nos em escalas de dois ou três moradores por turno). O assessor puxou conversa com Pato, explicou quem era, falou sobre os projetos com jovens da comunidade da região portuária. Estava acompanhado de outro homem, que ele apresentou como um subalterno seu; ambos eram altos e grandes, mais ainda quando se tornaram exaltados: queriam entrar na ocupação, queriam falar com o responsável da ocupação. Pato replicou:

Não tem responsável não, a ocupação é autogestionária, funciona como um coletivo, não tem um líder não, um representante.

O assessor, com os ânimos mais exaltados ainda, indagou-lhe:
[Assessor]: Não vai me dizer que você é, morador!?
[Pato]: Sou morador, sim.
[Assessor]: Vai me dizer que você não tem lugar pra morar! [Pausa] Conta outra, cara!.

Na sequência, e de maneira súbita, o assessor partiu em direção ao moço vegano (o prédio, naquele instante, encontrava-se com a porta aberta), que conseguiu se desvencilhar do ataque (a propósito, podemos caracterizar Pato como alguém que possuía um estilo tempestuoso, como outras situações comprovaram). Ocupantes, por sua vez, surgiram rapidamente em cena e separaram os envolvidos na discussão.

Na semana subsequente, depois do almoço, o assessor e um comparsa seu invadiram a ocupação pelo baldio Nárnia, intensificando (e corporificando) o clima paranoide. Após a chegada de algumas pessoas do grupo *operativo* e a presença de vários moradores chamados com urgência para comparecer ao local, a tensão foi desfeita: militantes e ocupantes prometeram ao assessor que, num outro momento, discutiriam a ideia de transformar o anexo, objeto da contenda, numa quadra de basquete aberta aos moradores do entorno.

Figura 7
GRAFITE NA RUA BARÃO DE SÃO FÉLIX,
AO LADO DA CENTRAL DO BRASIL

"Que Deus u tenha/É nós/ CV RL [Comando Vermelho, Rio de Janeiro (?)]".

Desgaste e impasse

A situação mencionada acima, referente às ameaças que atravessavam a Machado de Assis, encenava um dos impasses mais caros presentes nessa ocupação (e que também mostrou-se recorrente nas ocupações Chiquinha Gonzaga, Zumbi dos Palmares e Quilombo das Guerreiras — todas na zona portuária e de orientação autogestionária). No caso da Machado de Assis, se uma maneira de se proteger das ameaças de usurpação era dar um sentido ou uma *função social* ao prédio da Gamboa, e isso era dito explicitamente e frequentemente pela militância, o que significava esta "função social" (além de sua referência à Constituição e ao Estatuto da Cidade)? Ou melhor, quais as práticas e os significados envolvidos efetivamente nesse "sentido social",[22] num contexto em que a estratégia principal da militância consistia em produzir *agenciamentos* que legitimavam a ocupação a partir da categoria *necessitados*? Em outras palavras: como empoderar a ação de invadir um prédio público em desuso, utilizando um discurso igualitário (do direito à cidade e do direito à moradia) e, ao mesmo tempo, acionar práticas no prédio (como a organização de uma creche e aulas de capoeira) que endossavam o viés faltoso/passivo (historicamente associado à imagem dos pobres como *necessitados* ou *carentes*)? Como afirmar a ocupação enquanto espaço horizontalizado, se a discursividade atuante se baseava em dispositivos que se referiam a relações assistencialistas (que abrangem um sujeito *faltoso*, *carente*, e, com efeito, passivo e submisso)?[23]

A indagação de fundo que me inquietava era saber por que a Machado de Assis não seria *per se* uma intervenção social em prol da melhoria das condições de moradia, de trabalho e das condições de vida de seus ocupantes? "Era preciso produzir um fato" — enunciava Antunes, militante do *operativo*, inspirado no movimento situacionista francês — buscando, assim, agregar à ocupação agenciamentos mais "fortes" (como os *agenciamentos necessitados* e *afro*), e, conse-

---

[22] Sobre a reinvenção do social ou de uma política social como efeito de uma gestão dos riscos por parte da governamentalidade, remetemos às discussões de Robert Castel e de Michel Foucault (Telles, 2010a, 2010b).

[23] As tensões entre ocupantes e o projeto de construção das ocupações do Centro como espaço horizontalizado e não representativo, conforme urdido pela militância, aparecem ricamente exemplificadas nas discussões em torno de expulsões e punições de moradores nesses espaços. Sobre o tema e em diferentes perspectivas, indico a leitura dos trabalhos de Ostrower (2012), Moreira (2011) e Fernandes (2013). Sobre a tensão entre moradores, militantes e atores associados ao "tráfico de drogas", ver a tese de Miagusko (2008), especialmente o terceiro capítulo, que recorta, entre outros temas, passagens na trajetória de uma ocupante na cidade de São Paulo.

quentemente, ampliar suas chances de permanência e seu poder de barganha diante do autoritarismo e conservadorismo do Poder Executivo, conjugado ao Poder Judiciário (como comprovado nas falas do defensor público). Todavia esse modo de funcionamento — que nomeei "tarefismo civilizatório" — provocou no cotidiano do prédio uma atmosfera que tanto foi desgastando suas relações quanto arrefecendo duas qualidades que lhes eram singulares: a porosidade e a heterogeneidade.[24]

Cito um exemplo. Existiam várias demandas por parte dos moradores que não eram julgadas prioritárias pelo grupo *operativo*, como a exigência de pequenos consertos na estrutura do edifício para resolver o problema do vazamento de água em alguns salões. Salões que seriam transformados, na sequência, nos almejados quartos ou apartamentos. O *operativo*, ao agir desse modo, buscava encorajar que algum pequeno conjunto de moradores se tornasse minimamente implicado na manutenção e cuidado do prédio. Um das orientações da FLP — a Frente de Luta Popular — era de que alguns meses após ocuparem um imóvel, os membros do *operativo* que não fossem moradores deixariam de interferir em seu dia a dia e se eximiriam de direcioná-lo (essa deliberação pressupunha que os ocupantes estariam aptos a tocar as assembleias e de se contrapor às ameaças presentes e futuras).

Para tanto, o *operativo* defendeu que os participantes da ocupação continuassem num único dormitório, de forma a propiciar um maior entrosamento e proximidade entre eles. Isso acabaria por contribuir, consequentemente, para que o prédio se transformasse num *coletivo* [fala do *operativo*].

Decerto [ainda o *operativo*], se os apartamentos fossem criados pouco tempo após a entrada no imóvel, seria provável que ocorresse o que eles apontavam como a "privatização do espaço". Tal fato produziria o isolamento dos ocupantes em seus apartamentos e pouco ajudaria na composição do prédio como um

---

[24] "Porosidade" e "heterogeneidade" são imagens que aludem a termos homônimos utilizados por Walter Benjamin e Felix Guattari, respectivamente. Benjamin tornou célebre a primeira, em seu texto "Nápoles": "Em todos os lugares se preservam espaços capazes de se tornar cenário de novas e inéditas constelações de eventos. Evita-se cunhar o definitivo. [...]. Em tais recantos mal se percebe o que ainda está sob construção e o que já entrou em decadência. Pois nada está pronto, nada está concluído. *A porosidade se encontra* [...], *sobretudo, com a paixão pela improvisação.* [...]. *A porosidade é a lei inesgotável dessa vida, a ser redescoberta*" (Benjamin, 1997:148-150, grifos meus). Já *heterogeneidade* refere-se à noção desenvolvida por Felix Guattari, em *Caosmose*, que considera os espaços das metrópoles como espaços que podem privilegiar a produção de diferença. Tal modalidade resulta assim num atrativo principal, em oposição à vida comunitária/homogeneizante que caracterizaria, de forma preponderante, os pequenos aglomerados populacionais (Guattari, 1992).

coletivo autogestionário, ou, nas palavras de membros do *operativo*, como um "coletivo forte".

Outra possível consequência da "privatização do espaço" seria o esvaziamento do prédio da Machado de Assis, bem como a não compreensão da importância de garantir os apartamentos e de evitar a venda ou outros tipos de negociação em relação aos mesmos, acontecimentos que redundariam, por fim, numa série de problemas. Conforme alertava o *operativo*, era particularmente grave, por exemplo, que ocorresse no prédio a entrada de pessoas sem qualquer compromisso com o processo de engendramento da ocupação como um espaço autogestionário e horizontalizado.

Essa insistência do *operativo* para que os moradores continuassem compartilhando o dormitório e a cozinha da Machado de Assis tinha relação direta com outro fato, muito citado pela militância e entre moradores de ocupações: o de que os moradores da Chiquinha Gonzaga, iniciada em 2004 e principal referência política na cena das ocupações autogestionárias do Centro, haviam dividido, por cerca de seis meses, um mesmo dormitório, e que tal feito teria sido o principal responsável pelo sucesso, até aquele momento, da ocupação.

É possível resumir o desgaste que foi paulatinamente cindindo o prédio da Machado de Assis nos posicionamentos a seguir. Havia os moradores que desejavam os quartos ou apartamentos, ou, pelo menos, uma condição melhor de habitabilidade do prédio da Machado de Assis, e o *operativo*, que percebia a importância da produção de laços de pertencimento e sociabilidade como modo de empoderar a ocupação e a importância de realizar isso, no plano judicial, como modo de se contrapor às ameaças do Poder Executivo estadual e municipal, incorporadas no projeto do Porto Maravilha e nos megaeventos Copa do Mundo de futebol e Olímpiadas. Essa maneira do *operativo* de intervir no cotidiano do prédio através de uma governança não tão colada às demandas e anseios mais imediatos dos moradores pode ser assinalada, a meu ver, como um acontecimento importante na produção do mencionado desgaste. A estória que segue sugere um primeiro momento do processo que resultou em sua intensificação.

Como forma de opor-se ao esvaziamento das assembleias e das atividades que diziam respeito ao dia a dia do prédio da Machado de Assis, decidiu-se, em assembleia, pela criação de uma tabela que ficaria exposta num quadro localizado ao lado do portão de entrada da ocupação. A tabela traria os nomes dos ocupantes e a pontuação relativa a cada um, conforme as tarefas realizadas ou não, durante a semana, como: "limpeza", "tirar a portaria", "trabalhar na cozinha". Depois de um dia fora da Machado de Assis, eu retornava ao prédio quando um grupo de ocupantes começou a escarnecer de mim, assim que fui cumprimentá-los: "Olha, tá sumida, hein, cuidado que seu nome vai acabar no paredão" (numa alusão ao programa de *reality show* Big Brother, veiculado na TV, naquela ocasião). Este "[...] cuidado, seu nome vai acabar no paredão" mostrava, entre outras coisas, que meu sumiço renderia poucos pontos no quadro de tarefas do dia anterior.

Essa forma de conduzir a ocupação intensificou assim o que batizei de um modelo "tarefista", "civilizatório" e também punitivo, entre os moradores não militantes, justificando a imagem repetida, desde então, de forma desdenhosa pelos moradores, e que, a meu ver, é tanto preciosa sobre a experiência na Machado de Assis quanto reveladora do que podemos considerar seu principal impasse: "Ah, não tá dando, vou sair para uma volta, tomar um ar e dar um tempo do Carandiru".[25]

Figura 8
PÁGINA DO LIVRO DE ENTRADA E SAÍDA DA MACHADO DE ASSIS

---

[25] Referência a um dos maiores presídios de São Paulo (capital), conhecido após a morte de 111 presos (números oficiais) pela polícia militar de São Paulo, em 1992 e desativado em 2002 (cf. Moreira, 2011:86).

Agenciamento afro

Figura 9
ENTRADA DO PRÉDIO DA MACHADO DE ASSIS NA NOITE DA INVASÃO

Faixa disposta em frente, com os dizeres: "Favela é senzala/Quilombo é ocupação [...]"
Foto: Carlos Latuff. Disponível em: <www.midiaindependente.org/pt/red/2008/11/434165.shtml>. Acesso em: ago. 2014.

Outro agenciamento criado para fortalecer a ocupação, objetivando seu reconhecimento no plano jurídico e na rede dos movimentos locais, foi anunciado na carta de intenções divulgada no dia posterior à invasão:

ATO DA OCUPAÇÃO
Camaradas,
Na madrugada do dia 21 de novembro [ou seja, um dia após o dia da Consciência Negra no Estado do Rio] os trabalhadores Sem-teto do Rio de Janeiro deram mais uma resposta ao já conhecido problema de habitação popular do nosso país. Cerca de cem famílias ocuparam [...] o que antes era uma fábrica abandonada há cerca de vinte anos e agora é a Ocupação Machado de Assis. Em mais um passo pela abolição da escravatura que continua disfarçada nos dias atuais na forma do subemprego, do racismo e da criminalização do povo pobre, as trabalhadoras e trabalhadores sem-teto iniciaram essa luta

que não é restrita apenas à conquista da moradia. A Ocupação [...] também pretende ser um instrumento de *resgate da cultura da região da Gamboa, berço do samba, do carnaval e de outras manifestações da cultura negra no Rio de Janeiro*. Por isso pretendemos desenvolver *atividades da cultura afro--brasileira como capoeira, culinária afro, carnaval de rua*, entre outras. Além de atender a uma antiga *reivindicação das religiões de matriz africana, que é um espaço que receba as imagens de orixás que estão há décadas retidas no museu da Polícia Militar do Rio de Janeiro*. Venha participar do ato de apoio a resistência da ocupação [...] no dia tal, [...], na porta da nossa ocupação. [...] [grifos meus].[26]

A carta finalizava com um lema recorrente em atos de apoio a ocupações do Centro: "OCUPAR RESISTIR PRODUZIR!". Importa destacar a marca transitiva e ativa que perpassa este mote, no sentido de que a invasão de um prédio através de um micromovimento político não significava ter "somente" de se preocupar com a ocupação e a administração do imóvel, mas principalmente pensar em promover aliados, interlocutores e projetos que positivassem a ocupação "para fora".

No momento inicial da Machado de Assis, o *agenciamento afro* significava promover aulas de capoeira para os ocupantes e, quem sabe mais adiante, para crianças e jovens de todo o bairro. Para a atividade, foi contatado um professor que era conhecido na região e participante do movimento negro. Muzimba apareceu na ocupação e se dispôs a falar na assembleia seguinte. O anúncio animou muitos dos ocupantes; afinal, a perspectiva de abertura do prédio a outros interlocutores e mediadores, quem sabe, ajudaria a apagar a "aura Carandiru" do local. Alguns moradores, entretanto, mostraram-se desconfiados sobre tamanha disponibilidade do professor, assim como sobre a possibilidade de as aulas serem gratuitas (aventada, num primeiro momento, pelo próprio Muzimba). Eis que, num encontro seguinte, foram reveladas suas pretensões.

Muzimba comentou que estava naquela ocasião muito feliz porque a profissão de capoeirista no país acabara de ser reconhecida, e que para alcançarem tal feito, a luta havia sido árdua e longa. E que estava ali para propor aulas de capoeira aos ocupantes, em especial, "crianças e jovens". Além disso, gostaria de discutir a abertura do espaço aos moradores do bairro interessados na atividade. A ideia era que mais adiante poderia cobrar algum tipo de taxa, mas que fosse condizente com a situação econômica dos inscritos. Até aí, tudo bem, a

---

[26] Disponível em: <www.redecontraviolência.lists.riseup.net>. Acesso em: 21 nov. 2008.

maior parte dos presentes concordou: nada mais justo que as aulas rendessem uma contrapartida financeira para o professor. Também disse que gostaria de propor a construção de um bar ou algo como um "Quilombo Muzimba" no terreno baldio da ocupação, mas que funcionaria em separado da Machado de Assis. A ideia era que o espaço, além de conter um bar com música ao vivo, promoveria eventos ligados à cultura afro, e que, num futuro próximo, imaginava transformá-lo num Ponto de Cultura.[27]

Nessa ocasião, o mestre capoeirista vestia *blazer*, calça, sapatos e chapéu, todos de cor branca, além de uma camisa vermelha, escura e brilhante, por dentro da calça, e encontrava-se perfumadíssimo. Sua *performance* teve um quê de celebridade, alimentado principalmente por um militante reconhecido na cena, que, antes da visita de Muzimba, enaltecera o capoeirista repetidas vezes, tanto em assembleia quanto em conversas informais com moradores e militantes. A *performance*, todavia, e o anúncio da composição de um "Quilombo Muzimba" no baldio Nárnia não entusiasmaram os ocupantes; muito pelo contrário. A ideia de "tomar" uma fração do espaço da ocupação, para fins "privados" ou "individuais", funcionou como um banho de água fria, haja vista que a intenção de contatar o capoeirista era tanto de conseguir um apoio externo quanto de aproximar a ocupação dos moradores do entorno. Mesmo o militante que estivera antes tão animado com a visita e a proposta de Muzimba mostrou-se frustrado. Na semana após o ocorrido, as aulas iniciadas não foram retomadas e o silêncio marcou o *apoio* e o *operativo*, não se comentando sobre o assunto nas assembleias posteriores. Entre os moradores, porém, na chamada "boca pequena", o acontecido foi objeto de chacota.

Outro momento que podemos destacar como uma tentativa de composição de um *agenciamento afro* na Machado de Assis ocorreu quando uma mãe de santo conhecida, próxima de um dos militantes do *operativo*, apareceu nos primeiros dias soprando um *pó das bruxas* por todo o imóvel e enterrando uma galinha no Nárnia. Depois disso, vaticinou que a ocupação, embora fosse ter

---

[27] Segundo informações no portal do Ministério da Cultura: "Ponto de Cultura é a ação principal de um programa do Ministério da Cultura chamado Cultura Viva, concebido como uma rede orgânica de gestão, agitação e criação cultural. O Ponto de Cultura não é uma criação de projetos, mas a potencialização de iniciativas culturais já existentes. Em alguns pode ser a adequação do espaço físico, em outros, a compra de equipamentos ou, como a maioria, a realização de cursos, oficinas culturais e produção contínua de linguagens artísticas (música, dança, teatro, cinema, capoeira, entre outras). Os projetos selecionados funcionam como instrumento de pulsão e articulação de ações já existentes nas comunidades, contribuindo para a inclusão social e a construção da cidadania, seja por meio da geração de emprego e renda ou do fortalecimento das identidades culturais". Disponível em: <http://www.cultura.gov.br/site/2011/02/03/pontos-de-cultura-12/>. Acesso em: abr. 2012.

muitos problemas, permaneceria. A ideia era transformar um dos espaços anexos ao prédio principal da ocupação num "museu das religiões de matriz africana". Para tanto, seriam transferidos objetos e trajes de orixás que estavam retidos no Museu da Polícia desde os anos 1920.[28]

Outra parte do patrimônio material e imaterial desse futuro museu étnico-religioso viria da doação de um morador, que guardava em sua casa, no morro de São Carlos, objetos e vestimentas de cultos afro-brasileiros fazia alguns decênios (segundo nos narrou a mãe de santo). Tentamos, inclusive, trazê-los para a ocupação numa kombi do "movimento" (dois militantes, um morador e eu), mas o veículo quebrou a alguns quarteirões da Machado de Assis, impossibilitando assim o "resgate dos orixás" [expressão de Antunes].

Tudo isso alimentou novas expectativas entre os moradores e a militância. A mãe de santo apareceu um dia na ocupação vestida a caráter: saia, blusa, pano de cabeça ("ojá"), todos brancos, e colares de contas no pescoço ("guias"). Fez uma longa exposição sobre a presença negra na região, com destaque para os orixás que haviam sido presos nos morros da Providência e de São Carlos e que estariam bravos por ficarem cativos no Museu da Polícia há tantos anos! A mãe de santo explicou que o movimento negro discutia há tempos o destino desse patrimônio, assim como a Secretaria de Segurança do Estado do Rio desejava, de bom grado, e o mais rapidamente possível, que ele saísse do museu, posto que o local transformara-se em espaço privilegiado de ebós e despachos.

O "museu das religiões de matriz africana", na ocupação da zona portuária, não vingou realmente, e o que foi mais complicado: alguns moradores em assembleia, num dia em que a yalorixá não se encontrava no prédio, sugeriram uma transformação bastante significativa e delicada (enquanto agenciamento afro) quanto ao nome do museu: "Se nós somos brasileiros, por que não nomeá-lo 'Museu das Religiões Brasileiras'?" A sugestão foi aceita vivamente pela maior parte dos ocupantes presentes, certamente por causa da influência que o pentecostalismo e o neopentecostalismo exercem ali. Mas logo que o restante do operativo, os moradores ausentes e a mãe de santo foram informados da modificação, deu-se uma convocatória de urgência. Este conjunto de personagens apresentou-se imediatamente na assembleia seguinte, tentando reverter a história.

O argumento utilizado pela yalorixá era que seria muito difícil emplacar o financiamento (com recursos do governo) de um projeto cultural utilizando o nome "religiões brasileiras". Já o nome "religiões afro-brasileiras" ou "religiões

---

[28] Sobre o material do Museu da Polícia, ver Maggie, Contins e Monte-Mór (1979).

de matriz africana" teria maior aceitação quanto a se obter "apoio" financeiro por parte do governo federal. Afinal, desde as gestões de Gilberto Gil e Juca Ferreira no Ministério da Cultura, em 2003 (no primeiro mandato de Lula), foram acionadas políticas de incentivo e valorização do patrimônio material e imaterial afro-brasileiro, assim como a disponibilização de recursos financeiros e outros tipos de apoio para projetos que enfatizassem tal aspecto. Como a mãe de santo encontrava-se entusiasmada com essa possibilidade, fez um discurso no qual retomava o tom epopeico que marcou a primeira apresentação do *projeto/agenciamento afro* na Machado de Assis. Sua fala consistiu, mais uma vez, em ressaltar a presença negra na região portuária,[29] bem como a importância dessa região na composição e riqueza cultural da cidade, incluída a história dos orixás presos. E, novamente, que eles — os orixás — exigiam há muito, a sua libertação do Museu da Polícia. Mesmo assim, a tentativa de reverter a substituição do termo "matriz africana" não alcançou êxito.

Dois anos após esse acontecido, o espaço onde se imaginou o museu das religiões de matriz africana (ou das religiões brasileiras), passou a ser utilizado pelos ocupantes para a triagem de papelão e de outros materiais que, em seguida, seriam vendidos nos depósitos de reciclagem da região.

Conclusão

Uma das questões centrais da ocupação Machado de Assis, e que procurei destacar, foi a diferença substantiva (e o "desencontro") entre os projetos dos que "precisavam" de moradia e os projetos da militância. Os que "precisavam de moradia" tiveram e perceberam, muitas vezes, seus interesses mais imediatos serem preteridos. Já os projetos da militância, ao desejarem a permanência da ocupação, utilizaram modalidades identitárias valorizadas pelas políticas públicas e os interesses políticos da vez. Nesse caso, as políticas públicas de promoção de uma modalidade de identidade afro e de uma modalidade assistencialista (que acompanhamos com o *agenciamento necessitados*).

Tais modalidades poderiam, com efeito, se constituir como os elementos estratégicos e como a rede que garantiriam a permanência da ocupação na zona portuária. Não podemos, porém, subestimar o "encontro" da ocupação e da região onde ela está situada com as obras do Porto Maravilha (ou "Porto Armadilha" — no trocadilho de alguns moradores e militantes), Copa do Mundo

---

[29] Sobre a política de etnicização da região portuária, ver a tese de Guimarães (2011).

de futebol e Jogos Olímpicos. Tais intervenções, como buscamos mostrar, têm significado um verdadeiro ordenamento via "revitalização" de toda essa área, inflando a escala de forças da governamentalidade (incorporadas, nesse caso, nas ações da prefeitura), se comparamos as forças e agentes ligados às ocupações e aos micromovimentos políticos atuantes nessa cena.

Por seu turno, podemos afirmar que os agenciamentos *necessitados* e *afro* não conseguiram emplacar entre a maioria dos ocupantes, pelo menos da forma devida, pelos motivos que apontamos, ou seja, houve, em grande parte, uma resistência dos moradores que possuíam uma orientação religiosa pentecostal ou neopentecostal aos projetos de etnicização (*agenciamento afro*). O segundo motivo, de cunho interno, mas que se relacionava com a importância de se contrapor às forças "externas" (megaeventos e Porto Maravilha) que desejavam o fim das ocupações, foi a diferença entre os projetos da militância (de promoção de um "coletivo autogestionário" ou um "coletivo forte") e o "projeto" dos moradores (que desejavam um espaço para residir, com certa urgência ou de maneira ocasional, situado na região do Centro).

Tal conjunto de motivos, como acompanhamos, acabou por frustrar a capacidade dos moradores e da militância da Machado de Assis de sustentarem, enquanto plano de consistência ou território, dois elementos caros (e essenciais) a esse tipo de ocupação autogestionária: a capacidade de produzir porosidade e heterogeneidade. Elementos que consistiam — como tentamos mostrar — em dois de seus componentes mais contagiantes e potentes.

Referências

BENJAMIN, Walter. Nápoles. In: _____. *Obras escolhidas II*: rua de mão única. Trad. Rubens Rodrigues Torres Filho e José Carlos Martins Barbosa. São Paulo: Brasiliense, 1997. p. 145-154.
_____. Paris antiga, catacumbas, demolições, declínio de Paris. In: _____. *Passagens*. Rolf Tiedemann. Belo Horizonte: UFMG, 2006.
BRASIL. Lei nº 6.766, de 19 de dezembro de 1979: dispõe sobre o parcelamento do solo urbano e dá outras providências. *Diário Oficial da União*, Brasília, DF, 20 dez. 1979.
CAIAFA, Janice. *Aventura das cidades*: ensaios e etnografia. Rio de Janeiro: FGV, 2007.
CHALHOUB, Sidney. *Cidade febril*: cortiços e epidemias na corte imperial. São Paulo: Companhia das Letras, 1996.
DELEUZE, Gilles; GUATTARI, Félix. Postulados da linguística. In: _____; _____. *Mil platôs*: capitalismo e esquizofrenia. Trad. Ana L. Oliveira e Lúcia C. Leão. São Paulo: Ed. 34, 1995. v. 2, p. 11-59.
_____; _____. *Mil platôs*: capitalismo e esquizofrenia. Trad. Suely Rolnik. São Paulo: Ed. 34, 1997. v. 4.

_____; PARNET, Claire. D de Desejo. In: *O abecedário de Deleuze*. Trad. anônima. [s.l.]:[s.n.], 1996. Disponível em: <www.oestrangeiro.net/esquizoanalise/67-o-abecedário-de-gilles-deleuze, 2005>. Acesso em: jul. 2014. Ver o áudio com legendas em português em: <www.youtube.com/watch?v=7tG4fceymmY>.

_____; _____. *Diálogos*. Trad. Eloisa A. Ribeiro. São Paulo: Escuta, 1998.

FERNANDES, Adriana. *Escuta ocupação*: viração, arte do contornamento e precariedade no Rio de Janeiro. Tese (doutorado) — Programa de Pós-Graduação em Ciências Sociais, Universidade do Estado do Rio de Janeiro, Rio de Janeiro, 2013.

FOUCAULT, M. *História da sexualidade I*: a vontade de saber. Trad. Thereza Albuquerque e J. Guillon Albuquerque. Rio de Janeiro: Graal, 1985.

FRIDMAN, Fania. *Paisagem estrangeira*: memórias de um bairro judeu no Rio de Janeiro. Rio de Janeiro: Casa da Palavra, 2007.

GUATTARI, Félix. Espaço e corporeidade. In: _____. *Caosmose*: um novo paradigma estético. Trad. Ana L. de Oliveira e Lúcia C. Leão. Rio de Janeiro: Ed. 34, 1992.

_____; ROLNIK, Suely. *Cartografias do desejo*. Petrópolis, RJ: Vozes, 2007.

GUIMARÃES, Roberta. *A utopia da Pequena África*: os espaços do patrimônio da zona portuária carioca. Tese (doutorado) — Programa de Pós-Graduação em Sociologia e Antropologia, Universidade Federal do Rio de Janeiro, Rio de Janeiro, 2011.

HOLSTON, James. The Misrule of Law: Land and Usurpation in Brazil. *Comparative Studies in Society and History*, Cambridge, v. 33, n. 4, p. 695-725, 1991. Disponível em português em: <www.anpocs.org.br/portal/publicacoes/rbcs_00_21/rbcs21_07.htm>. Acesso em: jul. 2014.

LIMA, Evelyn Furquim. *Avenida Presidente Vargas*: uma drástica cirurgia. Rio de Janeiro: SMCTE/DGDI, 1990.

LOPES, Myriam Bahia. *O Rio em movimento*: quadros médicos em história (1890-1920). Rio de Janeiro: Fiocruz, 2000.

MAGGIE, Yvonne; CONTINS, Marcia; MONTE-MÓR, Patrícia. *Arte ou magia negra? Uma análise das relações entre a arte dos cultos afro-brasileiros e o Estado*. São Paulo: CNDA/Funarte, 1979. Mimeo.

MIAGUSKO, Edson. *Movimentos de moradia e sem-teto em São Paulo*: experiências no contexto do desmanche. Tese (doutorado) — Programa de Pós-Graduação em Sociologia, Universidade de São Paulo, São Paulo, 2008.

MORAES, Anselmo Fábio de; GOUDARD, Beatriz; OLIVEIRA, Roberto de. Reflexões sobre a cidade, seus equipamentos urbanos e a influência destes na qualidade de vida da população. *Interthesis*, v. 5, n. 2, p. 93-103, 2008. Disponível em: <https://periodicos.ufsc.br/index.php/interthesis/article/download/1807-1384.2008v5n2p93/10881>. Acesso em: jul. 2014.

MOREIRA, Marianna F. *Um "palacete assobradado"*: da reconstrução do lar (materialmente) à reconstrução da ideia de "lar" em uma ocupação de sem-teto no Rio de Janeiro. Dissertação (mestrado) — Programa de Pós-Graduação em Geografia, Universidade Federal do Rio de Janeiro, Rio de Janeiro, 2011.

ORTNER, Sherry. Poder e projetos: reflexões sobre a agência. In: GROSSI, Miriam Pillar; ECKERT, Cornelia. *Conferências e diálogos*: saberes e práticas antropológicas. 25ª Reunião Brasileira de Antropologia — Goiânia. Blumenau: Nova Letra, 2007. p. 45-80.

OSTROWER, Isabel. *Cuidar da "casa" e lutar pela "moradia"*: a política vivida em uma moradia urbana. Tese (doutorado) — Programa de Pós-Graduação em Antropologia Social, Museu Nacional, Rio de Janeiro, 2012.

PENNA, Mariana Affonso. *Socialistas libertários e lutas sociais no Rio de Janeiro*: memórias, trajetórias e práticas (1985-2009). Dissertação (mestrado) — Programa de Pós-Graduação em História, Universidade Federal Fluminense, Niterói, 2010. Disponível em: <www.historia.uff.br/stricto/td/1394.pdf>. Acesso em: jul. 2014.

RIO DE JANEIRO (município). Decreto nº 26.224: declara de utilidade pública, para fins de desapropriação, os imóveis que menciona. Rio de Janeiro, *D.O. Rio*, 17 fev. 2006.

SEVCENKO, Nicolau. *Literatura como missão*. 2. ed. rev. São Paulo: Companhia das Letras, 2003.

TELLES, Vera da Silva. Direitos sociais: afinal do que se trata? In: _____. *Direitos sociais*: afinal do que se trata? Belo Horizonte: UFMG, 1999. p. 169-191.

_____. Cidades, trajetórias urbanas, políticas públicas e proteção social: questões em debate" (Entrevista com Vera Telles por M. Carmelita. Yazbek e Rachel Raichelis). *Serviço Social & Sociedade*, São Paulo, n. 104, p. 773-793, out./dez. 2010a. Entrevista realizada por Maria Carmelita Yazbek e Raquel Raichelis, na PUC-SP, em 27 de maio de 2009. Disponível em: <www.scielo.br/pdf/sssoc/n104/11.pdf>. Acesso em: ago. 2013.

_____. *Cidade*: tramas, dobras e percurso. Tese (livre-docência em sociologia) — Universidade de São Paulo, São Paulo, 2010b.

Referência videográfica

REALENGO, aquele desabafo! Argumento e texto: Themis Aragão, Flavia Araújo, Adauto Cardoso. Revisão: Adauto Cardoso. Roteiro e direção de arte: Tainá Barros. Rio de Janeiro: Ippur/UFRJ, 2011. Vídeo. Disponível em: <www.raquelrolnik.wordpress.com/2011/08/01/>. Aceso em: jul. 2014.

CAPÍTULO 13

Favelas, campos de refugiados e os "intelectuais das margens"

AMANDA S. A. DIAS

NO CAMPO DE refugiados de Beddawi, situado no norte do Líbano, um jovem pintor luta para manter a memória da terra natal viva no espírito das crianças que pertencem à terceira geração de palestinos nascidos no exílio. Ele mesmo conhece a Palestina apenas através dos relatos de seu avô, que ainda hoje carrega consigo a chave da casa deixada para trás em 1948.[1] Na favela de Acari, situada na Zona Norte do Rio de Janeiro, um poeta se esforça para convencer seus jovens vizinhos de que eles têm o direito de almejar uma educação universitária, ou ainda para encorajar os pais de vítimas da violência policial a abrir um processo incriminando os responsáveis pela perda de seus filhos. O que o pintor palestino e o poeta carioca possuem em comum? Ambos são habitantes de espaços situados às margens da cidade e do Estado, lutando para levar aos seus pares certa consciência de sua própria realidade, instigando-lhes a mudar sua condição social e política.

Tanto o pintor quanto o poeta podem ser considerados "intelectuais das margens". Essa noção, que desenvolveremos ao longo do texto, foi construída a partir da pesquisa etnográfica realizada em Beddawi e Acari durante a pesquisa de doutorado, na qual realizei um estudo comparativo entre o campo de refugiados palestinos e a favela carioca (Dias, 2009).[2] A noção de "intelectuais das margens" está em continuidade com as primeiras observações que efetuei

---

[1] A história dos refugiados palestinos remonta a 1947, data do voto da separação da Palestina em dois Estados. Fugindo de suas terras em quatro vagas sucessivas, entre 1947 e 1949 numerosos palestinos partiram para o Líbano e outros países vizinhos. No Líbano, a quase totalidade dos palestinos é originária da Galileia e das cidades litorâneas que se tornaram território israelense. Em 1948, em torno de 100 mil a 130 mil refugiados chegaram ao país. Durante os dois primeiros anos, a Cruz Vermelha era a principal organização assistindo os refugiados palestinos. Em 1950, a UNRWA assume a função.
[2] O estudo comparativo entre um campo de refugiados palestinos e uma favela carioca se desenvolve em torno de uma tripla perspectiva: a do *perceber*, a do *habitar* e a do *agir*. Os trabalhos de campo para a tese, conduzidos no campo de Beddawi e na favela de Acari entre 2004 e 2008, foram financiados pela EHESS e pelo Institut Français du Proche Orient (IFPO).

em Beddawi quando, ainda no mestrado, pesquisava junto aos artistas plásticos do campo (Dias, 2004).[3] Foi a partir da experiência dos pintores palestinos — cujas motivações para pintar oscilam entre a criação artística e o engajamento político[4] — que percebi a presença e importância desses atores no campo de refugiados. Observando a dinâmica de suas relações em Beddawi constatei que, à sua imagem, outras pessoas tentam contribuir com a causa nacional, de modo autônomo em relação às organizações políticas e militares palestinas presentes no campo. Chegando a Acari, observei que ali também artistas e militantes se destacavam do restante da população local, reivindicando notadamente a aplicação do conjunto dos direitos brasileiros sobre o território da favela. Motivada pela experiência de campo, ampliei o quadro da atenção etnográfica não somente do campo de refugiados para a favela, mas também dos artistas plásticos para os demais atores que, mais tarde, identifiquei como "intelectuais das margens".

Apesar da distância e da distinção dos contextos do campo de Beddawi e da favela de Acari, a abordagem comparativa me permitiu constatar o dinamismo de pessoas como o pintor palestino e o poeta carioca. A noção de "intelectuais das margens" resulta da necessidade que encontrei, durante a pesquisa, de desenvolver uma categoria analítica capaz de abrir a reflexão sobre a presença desses atores no campo e na favela.[5] Abordarei, aqui, os principais elementos que surgiram desse esforço de construção de uma noção que fosse ampla o suficiente para abranger os dois campos e que, ao mesmo tempo, respeitasse as especificidades dos atores e dos territórios em questão. A noção de "intelectuais das margens" desenvolvida neste capítulo poderá apoiar outros pesquisadores que trabalham com a temática dos espaços em margens. Não raro, antropólogos e pesquisadores de campo se deparam com tais atores, que são em geral apreendidos como "mediadores". Na antropologia, o "mediador" é comumente percebido como um indivíduo cuja principal função é a de estabelecer um vínculo inicial entre o pesquisador e os pesquisados, cabendo ao investigador a tarefa de

---

[3] A pesquisa etnográfica foi efetuada no campo de refugiados palestinos de Beddawi, financiada pela EHESS.

[4] Ver Dias (2007:249-270).

[5] Enquanto elaborava a noção de "intelectuais das margens", não hesitei em compartilhar meus pensamentos com meus principais interlocutores. De fato, foi durante um dos trabalhos de campo realizados na favela de Acari que o poeta e militante Deley me disse se identificar com a figura do "intelectual orgânico" de Gramsci. Tal atitude corresponde a uma concepção da pesquisa etnográfica que, para além de uma descrição densa do campo, privilegia as conversas engajadas e as trocas — não raro, debati durante horas a fio sobre a condição dos palestinos e dos moradores de favela com os intelectuais de Beddawi e de Acari. Essa atitude se justifica pelas características das pessoas junto às quais pesquisei, assim como pelas relações de confiança que tecemos ao longo dos anos de pesquisa.

afastar-se o quanto antes de seus "discursos prontos". No entanto, mais do que simples narrações destinadas a satisfazer jornalistas e visitantes de passagem, as palavras dos intelectuais das margens testemunham a criação de um discurso que atribui sentido às suas existências. A propósito, como veremos, os intelectuais de Beddawi e de Acari não se limitam à reflexão: eles criam atividades destinadas aos habitantes locais, com o intuito de gerar certa consciência política, assim como de melhorar suas condições de vida. Eles exercem igualmente um papel de mediação entre o campo, a favela e o mundo exterior.

Espaços em margens

Antes de abordamos a noção de "intelectuais das margens", convém explicitarmos o que entendemos como "espaços em margens", e de que maneira o campo de Beddawi e a favela de Acari constituem espaços situados às margens da cidade e do Estado. O termo "margens" se refere a uma marginalidade real e múltipla: ela é social, econômica, política, jurídica e espacial. Das favelas brasileiras aos campos de refugiados orientais, os territórios que estamos designando como "espaços em margens" se inserem no paradigma do *ban-lieu* tal qual descrito por Michel Agier: são mundos infraurbanos, que geralmente não são descritos como cidades (Agier, 1999).[6] Eles se caracterizam por "fortes segregações sociais e raciais, por um acesso desigual aos recursos materiais disponíveis na cidade, pela ausência de um sistema formal de gestão do espaço, e por violências cotidianas" (Agier, 1999:7).

Criados há mais de 50 anos como consequência da criação do Estado de Israel, atualmente os campos de refugiados palestinos se aparentam às margens urbanas que encontramos em diversas partes do globo.[7] Eles são um reflexo da não integração e da precariedade da condição dos refugiados: ausência de infraestrutura apropriada, superpovoamento, pobreza, desemprego... Como nas favelas, seu espaço físico é caracterizado por ruelas sinuosas, fios elétricos emaranhados e lajes por terminar. O campo de Beddawi foi estabelecido pela

---

[6] Esses espaços se situam entre a vulnerabilidade absoluta da *cidade nua* — é o caso de certos campos de refugiados africanos onde a sobrevivência é inteiramente dependente do sistema humanitário — e a abundância da *cidade genérica* — "minoritária e privilegiada, ela é o lugar onde nascem as dominações, econômicas e políticas, sobre o resto do mundo" (Agier, 1999:155, tradução nossa).
[7] Atualmente, 53% dos aproximadamente 406 mil refugiados palestinos registrados junto à UNRWA no Líbano vivem nos 12 campos oficiais estabelecidos pela agência (a esse número, devemos acrescentar entre 15 mil e 16 mil refugiados da guerra árabe-israelense de 1967).

agência onusiana UNRWA[8] em 1955, seis anos após a criação do campo de refugiados vizinho de Nahr al-Bared.[9] Situado a 5 km ao norte de Trípoli, ele abriga os refugiados da década de 1940 e seus descendentes, além das famílias que ali desembarcaram ao longo dos anos. A favela de Acari se situa na Zona Norte do Rio de Janeiro, a aproximadamente 20 km do centro da cidade. É interessante observar que tanto o campo de Beddawi quanto a favela de Acari possuem o nome do vilarejo e do bairro próximos dos quais eles se desenvolveram. Da mesma forma, campos e favelas, em geral, não constam nos mapas oficiais do Líbano e do Rio de Janeiro.

Atualmente, delimitar o espaço dos campos e das favelas com precisão não é tarefa simples. A maioria dos campos de refugiados foi criada pela UNRWA sobre terrenos alugados aos proprietários locais, com o aval dos governos dos países de acolhimento. Ao longo do tempo, os campos se expandiram, ultrapassando seus limites originais. Em Beddawi, uma grande rua comercial delimita a extensão do campo. Para além dessa rua, encontramos um espaço liminar, que nem se situa no espaço propriamente dito do campo, nem nas ruas claras do seu exterior. Quanto à favela de Acari, do ponto de vista de seus moradores, ela se compõe de quatro localidades: favela do Parque Proletário Acari, favela Vila Rica ou Coroado, favela Vila Esperança e Conjunto Habitacional Amarelinho. Segundo a administração municipal, a "favela de Acari" se encontra em três bairros distantes: o Amarelinho e a Vila Esperança se encontram em Irajá; o Coroado, em Coelho Neto; e o Parque Acari, no bairro de Acari. Quanto à polícia, ela inclui a favela de Acari no que chama de "Complexo de Acari".[10]

Da mesma maneira que não podemos definir com facilidade a expansão do campo e da favela, não há um consenso em relação ao número de habitantes. Em dezembro de 2006, Beddawi possuía 15.947 refugiados de origem palestina registrados junto à UNRWA. Devemos acrescentar a esse número cerca de 400 pessoas de origem palestina vivendo no campo sem registro. O campo também conta com aproximadamente 1.500 pessoas de outras nacionalidades — liba-

---

[8] Criada num primeiro momento a título provisório, essa agência da ONU oferece, ainda hoje, serviços sociais, assim como serviços em matéria de educação, de saúde e de emergência aos 4,7 milhões de refugiados palestinos registrados, vivendo na faixa de Gaza, na Cisjordânia, na Jordânia, no Líbano e na Síria. Os palestinos representam hoje o maior grupo de refugiados do mundo.

[9] O campo de Nahr al-Bared foi criado pela Liga das Sociedades da Cruz-Vermelha em 1949 para abrigar os refugiados originários da região do lago Huleh situado ao norte da Palestina. A UNRWA começou a oferecer seus serviços aos refugiados em 1950. Cf.: <www.unrwa.org>. Acesso em: 8 set. 2009.

[10] O termo "complexo", no linguajar policial, refere-se a um conjunto de favelas próximas, dominadas pela mesma facção criminosa. O "Complexo de Acari" é composto por 15 favelas.

neses, curdos e sírios — que, motivados por questões econômicas, se instalam no campo. O número de 18 mil habitantes não leva em consideração os 13.775 refugiados do campo vizinho de Nahr el-Bared que, em 2007, buscaram abrigo em Beddawi, em função dos combates entre os militantes do grupo islamita Fatah al-Islam e o Exército libanês. Em meados de 2009, aproximadamente 10 mil pessoas deslocadas ainda viviam em habitações alugadas no campo de Beddawi e arredores, assim como nas áreas adjacentes e arredores do campo de Nahr el-Bared. Não se sabe quantos deslocados do campo de Nahr el-Bared continuam em Beddawi. Quanto à favela de Acari, o censo do IBGE de 1991 estima que sua população seja de aproximadamente 11 mil habitantes. Marcos Alvito fala de 40 mil habitantes (Alvito, 1998), dado que se aproxima mais do número informado pelo IBGE em 2010: em torno de 27 mil habitantes. O antropólogo italiano Giuseppe Marchi menciona 70 mil habitantes (Marchi 1998), enquanto a associação local Centro Educacional Senhor do Bonfim estima que Acari possua 60 mil habitantes.

A porosidade das fronteiras do campo e da favela e a imprecisão dos dados referentes aos seus habitantes não deixam dúvidas quanto à informalidade desses espaços, que não podemos qualificar como "cidade". Para além da marginalidade geográfica, os campos de refugiados e as favelas conhecem uma marginalidade no seio do Estado e da nação.[11] A situação dos refugiados palestinos no Líbano é unanimemente reconhecida como a mais difícil e precária em relação às outras comunidades da diáspora palestina. A legislação libanesa que rege os direitos dos refugiados palestinos limita seu acesso ao mundo do trabalho, à educação, aos serviços sociais, à propriedade e à mobilidade internacional. O sistema político libanês, baseado na repartição confessional do poder, constitui um problema fundamental na gestão dos refugiados.[12] A integração dos pales-

---

[11] Notemos que, ao utilizarmos o termo "margens" não estamos afirmando que campos e favelas são espaços fechados, isolados da sociedade e privados da presença do Estado. Ao contrário, nossa pesquisa deixa entrever as interações que se formam entre refugiados, moradores de favelas e as sociedades nas quais eles se inserem, assim como as diferentes maneiras através das quais o Estado se faz presente nesses espaços (Dias, 2009). Como Veena Das e Deborah Poole demonstram, o Estado não apenas se faz presente nos espaços em margens, como ele se reconfigura nesses territórios (Das e Poole, 2004).

[12] O Líbano possui aproximadamente 4 milhões de habitantes que pertencem a 18 seitas distintas reconhecidas pelo Estado e representadas na Assembleia Nacional. O poder político no Líbano é dividido entre as várias seitas: assim, o presidente da República é sempre um maronita (cristão); o primeiro-ministro, um sunita (muçulmano), e o presidente da Câmara dos Deputados, um xiita (muçulmano). Essa repartição corresponde, em princípio, à representatividade populacional de cada seita. No entanto, o último censo realizado no país data de 1932, de modo que a atual repartição do poder não considera as mudanças consideráveis que se operaram na população libanesa ao longo das décadas.

tinos sempre representou uma ameaça ao frágil equilíbrio confessional do país. No Brasil, os moradores de favelas são, *a priori*, cidadãos completos. Porém, *de fato*, eles se situam às margens políticas, econômicas, sociais, jurídicas e urbanas da sociedade. Segundo a interpretação predominante no imaginário carioca, as favelas são o espaço por excelência da criminalidade e da droga. Essa interpretação produz um discurso estigmatizante que tem por resultado o distanciamento das populaçãoes faveladas da citadinidade, assim como a legitimação de um uso arbitrário da violência estatal nesses espaços.

Intelectuais das margens

Tendo examinado como o campo de Beddawi e a favela de Acari constituem "espaços em margens", podemos, na sequência, nos dedicar à compreensão de alguns de seus atores como "intelectuais das margens". Nossa compreensão dos intelectuais do campo e da favela é influenciada pelo trabalho do teórico italiano Antonio Gramsci (Gramsci, 1978). Segundo esse autor, o trabalho intelectual não se restringe às classes letradas produzindo escritos. Gramsci distingue aqueles que chama de "intelectuais tradicionais" dos "intelectuais orgânicos".[13]

Dois aspectos de seu trabalho nos interessam em particular, para a análise dos intelectuais de Beddawi e de Acari: a atenção dada ao "elemento ideológico" e o alargamento da categoria "intelectual". Se Gramsci atribui um papel essencial aos intelectuais na sua obra, é porque o autor confere grande importância ao papel das ideias, dos modos de compreensão do mundo e de si mesmo no mundo, nas relações sociais, políticas e econômicas. O trabalho de Gramsci se aproxima das noções foucaultianas sobre o "discurso" e o "saber-poder". Segundo Fou-

---

[13] Único marxista que tratou a questão dos intelectuais em profundidade, Gramsci articulou essa questão com o conjunto de sua estratégia revolucionária, através da ligação dialética entre infraestrutura e superestrutura. Enquanto os intelectuais tradicionais trabalham nos setores hegemônicos com o objetivo de mantê-los, esse novo intelectual, que Gramsci chama de "intelectual orgânico", tem por objetivo derrubar o antigo modo de pensar e de conhecer, ou seja, de realizar o que o autor chama de uma "reforma intelectual e moral". Uma de suas grandes contribuições é ter estudado o intelectual a partir de uma análise de classe. Devemos, entretanto, estar atentos à maneira como usamos seus conceitos, uma vez que nem no campo, nem na favela estamos na presença de um fenômeno de luta de classes. Enquanto os campos se caracterizam, de fato, por uma extrema precariedade, eles se inscrevem, antes de tudo, na historicidade do conflito entre Israel e Palestina. Quanto à favela, se é verdade que a maior parte de seus habitantes pertence a uma camada social desfavorecida, as reivindicações dos intelectuais de Acari se limitam a exigir que os direitos *de jure* dos habitantes de favelas, enquanto cidadãos da nação brasileira, sejam aplicados *de fato*.

cault, os domínios do saber e as relações de verdade que constituem o discurso têm por origem as diferentes condições políticas e econômicas. O "saber-poder" é um elemento inerente ao discurso. Contrariamente ao mito segundo o qual o saber não pertence ao poder político, existe uma correspondência profunda entre os dois: saber e poder mantêm uma relação de interdependência, onde cada um é, ao mesmo tempo, criador e criação do outro.

É nesse sentido que apreendemos os intelectuais de Beddawi e de Acari: preocupados em transmitir suas ideias sobre sua condição social e política às populações do campo e da favela, eles participam na formação e manutenção de certas ideologias e utopias, como o direito dos palestinos de retornarem à sua terra natal, ou ainda o direito dos moradores de favelas de denunciarem agressões arbitrárias realizadas pela polícia. Se os intelectuais não participam diretamente do poder local, suas próprias reflexões — e as ações consequentes dessas reflexões — consistem, em certa medida, em fatos políticos.

O segundo aspecto da análise gramsciana que nos interessa é o alargamento da noção de trabalho intelectual. Segundo Gramsci, o trabalho intelectual não é exclusividade dos intelectuais tradicionais e vai além da pesquisa acadêmica, da produção literária etc. Gramsci prioriza os laços orgânicos estabelecidos pelo intelectual com seu grupo a uma concepção individualista da intelectualidade. Nesse sentido, nosso estudo não abarca os moradores de Beddawi e de Acari que receberam uma educação universitária, mas não demonstram uma preocupação explícita em relação à questão palestina ou à situação das favelas, respectivamente.[14]

Gramsci recusa a ideia de uma autonomia do intelectual, rejeitando toda tentativa de colocá-lo acima e fora de sua realidade social. De fato, para o autor, o intelectual nunca é autônomo em relação ao seu grupo — quer se trate da classe no poder ou da classe emergente. Gramsci desmistifica, desse modo, a imagem do intelectual herdada da tradição idealista e individualista. Para o autor, a noção de intelectual é menos centrada nos indivíduos do que nas relações entre os intelectuais e o grupo social em nome do qual eles falam. Em Beddawi, é evidente que os intelectuais não são autônomos em relação ao seu grupo social: eles falam sempre a partir de uma posição muito clara, a posição do "refugiado palestino". Suas reflexões, assim como suas atividades, giram em torno da causa nacional e de sua condição de refugiados. Do mesmo modo, na

---

[14] Notemos que os próprios intelectuais das margens se mostram extremamente críticos em relação aos jovens formados que não são engajados — sobretudo no caso das favelas, em que o acesso à universidade é percebido como um privilégio. Para uma análise dos estudantes universitários originários de favelas, ver Mariz, Fernandes e Batista (1998).

favela, os intelectuais falam sempre a partir da posição de moradores desses enclaves urbanos. Não raro, ouvi Deley, poeta e militante de Acari, dizer: "Eu me reconheço como um intelectual. Não como um intelectual da favela, mas como um intelectual". No entanto, mais de uma vez, enquanto o acompanhava em debates universitários, constatei que grande parte dos intelectuais tradicionais considerava suas intervenções como "um depoimento importante de um morador de favela" — para citar a frase usada por um sociólogo carioca. É nesse sentido que Deley se afirma como um intelectual: possuidor de uma reflexão real sobre a condição das favelas, e também crítico em relação aos vários aspectos da sociedade brasileira e da cena internacional, ele não deseja ter seu pensamento reduzido ao estatuto de testemunho, simplesmente. No entanto, é importante notar que a reflexão de Deley parte sempre de sua experiência da favela, de sua vivência e de seu testemunho da precariedade, da violência e da criminalização dos moradores desses espaços. Sua preocupação se refere, invariavelmente, aos diversos aspectos da injustiça social e política, incluso quando ele se interessa por problemáticas internacionais.

À imagem dos intelectuais de Gramsci, os intelectuais das margens não são autônomos em relação ao seu grupo de pertencimento social. Ao mesmo tempo, o autor aceita a existência do problema real da liberdade da produção artística e intelectual. O caso dos pintores de Beddawi fornece um exemplo claro dessa relativa autonomia: desejosos de realizar no interior do campo pinturas murais sobre o tema da Palestina, os artistas locais reivindicam a liberdade de expressá-la segundo seu ponto de vista individual, não aceitando que as organizações políticas imponham qualquer objeto que interfira na criação de suas pinturas (Dias, 2007). Se assim o fosse, as pinturas do campo seriam da ordem de propaganda política, mais que criação artística.

Quando falam de si mesmos, os intelectuais de Beddawi gostam de dizer que são "independentes", termo usado para indicar seu não pertencimento às organizações políticas e militares palestinas, os *tanzimat*. A narrativa de Rawandy, jovem intelectual de Beddawi de aproximadamente 20 anos, ilustra bem a questão da "independência" no campo. Através de suas atividades na área da música e educação, Rawandy conhece de perto a maior parte dos campos palestinos no Líbano. Quando fala de Beddawi, ele apresenta a "independência" de seus artistas e de algumas de suas associações como um dos pontos positivos do campo:

> O que eu amo em Beddawi, é que lá tem muita gente independente. É isso que é bonito em Beddawi. [...] Nizar é independente. O Clube Cultural Árabe, com o qual eu trabalho, é independente. Os escoteiros palestinos, eles são

independentes. [...] Tem um ator que se chama Shaher, ele é independente. Tem a MAFPA, independente. Enfim, tem muita gente que é independente.[15]

Os intelectuais de Beddawi são extremamente militantes, e se esforçam para militar fora do quadro institucionalizado das organizações políticas e militares palestinas, os *tanzimat*. No entanto, eles são, ao menos em parte, dependentes dos *tanzimat*. Retomemos o exemplo das pinturas murais: como os artistas não dispõem dos recursos materiais necessários à sua execução, eles se encontram às vezes forçados a aceitar a ajuda financeira de uma organização política. De certa maneira, eles são também ideologicamente dependentes dos *tanzimat*. Dado o predomínio do discurso veiculado pelas organizações palestinas, os intelectuais do campo são recapturados por certa lógica política. Eles se encontram, por assim dizer, na impossibilidade de refletir sobre sua condição fora das premissas estabelecidas pelos *tanzimat*. Além do quadro político das organizações, o espaço ideológico de Beddawi é dominado pelo registro religioso. Se em nível pessoal, todos os intelectuais de Beddawi são muçulmanos praticantes, eles não refletem sobre sua condição a partir desse registro. Apesar de algumas redes islamitas se instalarem em certos campos palestinos (Rougier, 2004), em Beddawi, os intelectuais das margens dão continuidade à tradição laica defendida pela Organização para a Libertação da Palestina (OLP). Os intelectuais do campo se esforçam, assim, em refletir e agir fora dos dois principais quadros de referência do campo: as organizações políticas palestinas e os movimentos religiosos.

Em Acari, os intelectuais das margens também se esforçam para serem "independentes" em relação ao tráfico de drogas e aos políticos. Acari, no contexto carioca, é classificada como uma "favela de tráfico pesado". Nesse local, o tráfico dispõe de um poder *de fato*. Ali circulam membros dos bandos de tráfico locais, munidos de armas e rádios — símbolos de seu poder de matar e de controlar os movimentos dos passantes. Contrariamente ao campo de refugiados, aqui, o esforço de independência dos intelectuais das margens em relação ao tráfico não é de ordem ideológica — porque os traficantes não proclamam nenhum discurso de ordem sociopolítica. Seu esforço consiste em se abster de toda ajuda financeira que o tráfico poderia lhes propiciar. Enquanto eles vivem na precariedade e se encontram, de modo permanente, na ausência de recursos para levar seus projetos a cabo, os intelectuais de Acari devem negar a ajuda financeira que os membros do tráfico poderiam eventualmente oferecer. Aceitá-la significaria, aos olhos do governo e da opinião pública brasileira, uma cumplicidade com

---

[15] Entrevista com Rawandy, em Beirute, em abril de 2007.

essa atividade ilícita, que não somente tiraria todo o crédito de sua ação, mas também a criminalizaria.

Tomemos o exemplo de um jovem cantor de *hip hop* e intelectual da favela de Acari, de aproximadamente 30 anos. Mobilizando esforços consideráveis, o jovem em questão conseguiu executar seu projeto: durante todo um dia, ele organizou uma exposição de fotografias, com projeções de vídeo e *shows* em uma das principais ruas da favela. O projeto foi um sucesso tão grande junto aos moradores locais que o chefe do tráfico propôs financiar sua execução semanal. O jovem intelectual se viu forçado a recusar a oferta do traficante, apesar do desejo de executar o evento regularmente. Além da presença ostensiva do tráfico de drogas, Acari também está impregnada do discurso evangélico. Como em Beddawi, apesar de certos intelectuais das favelas serem religiosos — sobretudo pentecostais e neopentecostais — eles evitam ler sua condição a partir de um registro religioso.

O triplo papel dos intelectuais das margens

No campo como na favela, os intelectuais das margens são conhecidos de todos. Eles constituem uma pequena rede de pessoas que se conhecem e que compartilham, *grosso modo*, as mesmas convicções e inquietudes. São conscientes da distância ideológica que os separa do restante dos moradores. Tomemos o exemplo de Oumm Mahmoud, intelectual de Beddawi e militante da Frente Popular de Liberação da Palestina (FPLP), de aproximadamente 60 anos. Ela é reconhecida pelas gerações mais jovens de Beddawi e do campo vizinho de Nahr el-Bared como "uma verdadeira combatente". Quando a encontrei, eu disse a ela quem eram meus conhecidos no campo. Ao me escutar, Oumm Mahmoud declarou: "Allah te ama". Nizar, pintor e intelectual de Beddawi, de aproximadamente 30 anos, estava presente. Ele respondeu, por sua vez: "Não, Allah *nos* ama". Essa pequena troca não é banal. Ela nos revela que tanto Oumm Mahmoud quanto Nizar são conscientes da distância existente entre eles e o restante da população de Beddawi. Enquanto, para Oumm Mahmoud, eu tinha sorte por ter tido a possibilidade de entrar em contato com esse grupo de pessoas em particular, para Nizar, a sorte era igualmente deles: o artista sabia que eu difundiria os propósitos que escutasse no campo e, a seus olhos, seria nefasto para os palestinos que eu estivesse em contato com pessoas que se desinteressam da causa nacional.

Gramsci observa que "em todos os países existe, ainda que em graus diversos, uma grande distância entre as massas populares e os meios intelectuais, mesmo os mais numerosos e os mais próximos das camadas periféricas da nação, tais quais os professores e os padres" (Gramsci, 1949 apud Macciocchi, 1974:215, tradução nossa). No entanto, a distância separando os intelectuais do conjunto dos moradores é consideravelmente maior na favela que no campo de refugiados. No campo, a causa palestina é, senão homogênea, extremamente presente. Mesmo os palestinos que, segundo a percepção dos intelectuais do campo, "se desinteressam da Palestina", são conscientes do seu estatuto de refugiados e percebem seu exílio como uma injustiça infligida ao povo palestino. Na favela, ao contrário, a maior parte da população se desinteressa pela política e por discussões sobre os direitos civis e humanos. Tomemos o exemplo das festividades no campo e na favela. Em Beddawi, as celebrações da Palestina organizadas pelos *tanzimat* são majoritariamente frequentadas pelos refugiados, até porque elas constituem uma das raras ocasiões que eles têm de se divertir no campo. Na favela, por outro lado, a maior parte dos moradores não se interessa pelos eventos que os intelectuais das margens organizam sobre os temas que eles consideram importantes. Os últimos constatam, não sem amargura, que a maior parte dos moradores prefere frequentar os churrascos ricos em carne e em bebidas oferecidos por membros do tráfico a participar dos pequenos eventos que eles organizam com seus escassos recursos.

Consciente da distância entre os intelectuais de Beddawi e a maior parte dos habitantes do campo, Oumm Mahmoud explica como ela concebe o papel dos primeiros:

> Qualquer revolução no mundo é feita por um pequeno grupo de pessoas. É como um núcleo: é a parte principal que faz realmente a revolução. Então, não importa para qual revolução no mundo, poucas pessoas a fazem. São eles que começam essa revolução. Ao mesmo tempo, não importa qual revolução tem efeitos, positivos ou negativos, sobre a maioria das pessoas.[16]

Oumm Mahmoud fala, como Gramsci, de "revolução". De fato, a obra de Gramsci concerne o trabalho de transformação ideológica que deve ser realizado previamente a qualquer "revolução". No campo, os intelectuais falam da *thawra*, a revolução palestina. Na favela, alguns intelectuais também falam de revolução. O uso do termo se aproxima do sentido dado por autores marxistas, e que corresponde a uma revolução das classes oprimidas. No campo como na favela, para levar a cabo suas respectivas "revoluções", os intelectuais das mar-

---

[16] Entrevista realizada no campo de refugiados de Beddawi em abril de 2007.

gens se autoatribuem um triplo papel: são agentes de reflexão, de construção e de mediação. Em outras palavras, eles se esforçam para desenvolver e transmitir certa consciência política e social, melhorar as condições de vida locais e exercer a mediação entre esses lugares semifechados e a sociedade exterior.

Para abordar seu papel de reflexão, devemos considerar a distância que existe entre os intelectuais e o restante da população. Para Gramsci, esse fosso não coloca problema ao caráter "orgânico" do intelectual, uma vez que esse se inscreve no que ele chama de "filosofia da práxis" — o que quer dizer que o intelectual parte do "senso comum" para em seguida ir além, em um movimento crítico e, finalmente, elevar as "pessoas simples" até uma "concepção superior da existência".[17] De fato, em Beddawi, os intelectuais partem do "senso comum" da causa palestina e da necessidade de mantê-la viva, para em seguida elaborar suas próprias ideias políticas e propagá-las ao resto do campo. Em Acari, o senso comum diz respeito à ineficiência das instituições governamentais em relação à favela e aos abusos de autoridade por parte da polícia. A partir dessas ideias, os intelectuais elaboram um pensamento reivindicando o direito de serem cidadãos de forma integral. O papel do intelectual consiste, assim, em dotar o conjunto da população de um olhar crítico. Em Acari, como em Beddawi, os intelectuais reivindicam seu papel como agente de reflexão para a conscientização do conjunto dos habitantes do campo e da favela.

O segundo papel do intelectual das margens é o de construção. Grande parte do esforço teórico de Gramsci visa à elaboração de uma nova concepção do intelectual, onde o *homo faber* é inseparável do *homo sapiens*. Como o expressa Maria-Antonietta Macciocchi, o autor rejeita "a aberrante divisão do homem em dois seres distintos, um que trabalha com sua cabeça e outro com seus braços" (Macciocchi, 1974:239, tradução nossa). No mesmo sentido, em Acari, Deley se opõe a essa visão dualista: "Eu me reconheço como líder comunitário. Eu faço as coisas na prática, eu estou na atividade. [...] Eu também me reconheço como um intelectual [...] Normalmente, as duas coisas são separadas, as pessoas são muito maniqueístas". Assim como Deley, na favela e no campo os intelectuais das margens não se limitam a refletir sobre sua condição. Seus pensamentos se acompanham de ações concretas. Eles criam múltiplas atividades destinadas aos habitantes dessas localidades, com o objetivo de levar a eles certa consciência política, mas também de melhorar as condições de vida locais.

Em Acari e em Beddawi, observamos a coexistência desses dois eixos: tomada de consciência e melhoramento da existência cotidiana. Em Beddawi, o

---

[17] Essa dialética terminaria estabelecendo uma nova unidade entre os "intelectuais" e as massas.

esforço dos intelectuais é, por um lado, no sentido de manter o espírito da causa nacional vivo e, por outro, de responder às necessidades dos refugiados do campo. Em Acari, as atividades dos intelectuais se focam, por um lado, em torno da tomada de consciência dos moradores da favela sobre seu lugar na sociedade brasileira e, por outro, nas mudanças que devem ser operadas para que eles gozem, de fato, dos mesmos direitos que o conjunto dos cidadãos brasileiros.

Além de seu papel de reflexão e de construção, os intelectuais das margens exercem um papel de mediação entre o campo e o exterior. Eles se expressam mais facilmente que a maior parte da população local e, no caso de Beddawi, falam línguas estrangeiras. Assim, são eles que se dirigem à mídia quando um evento acontece no campo ou na favela. Na favela de Acari, desde a morte do jornalista Tim Lopes,[18] Deley seria um dos únicos autorizado a trazer a imprensa para dentro da favela. Ele está igualmente em contato com o universo acadêmico carioca, em especial com a produção universitária sobre as favelas. De fato, são os intelectuais das margens que promovem a entrada dos "intelectuais tradicionais" e dos artistas nesses espaços.[19] Eles são, de certa forma, os embaixadores locais. Assim, quando cheguei a Beddawi pela primeira vez, me dirigi ao escritório local da UNRWA. Sem saber o que fazer, o diretor da agência no campo chamou Burhân, pintor e escritor de Beddawi de aproximadamente 60 anos, ao seu escritório. Não somente Burhân falava francês fluentemente, como estava qualificado para me informar sobre o campo e a condição dos refugiados no Líbano. Burhân também conhecia diversas famílias no campo. Ele pôde, assim, me ajudar a encontrar uma família que aceitou hospedar-me. De fato, os intelectuais das margens constituem uma referência para os moradores do campo e da favela, que buscam seu conselho em relação a questões políticas, sociais, securitárias, jurídicas ou culturais. Sem se inserir no contexto dos poderes locais ou dos movimentos religiosos, eles se tornam referências tangíveis para as populações do campo e da favela, bem como para os atores externos, assumindo um papel, ainda que limitado, de liderança local.

---

[18] O jornalista da Rede Globo foi assassinado na noite de 2 de junho de 2002, quando realizava uma reportagem sobre as práticas dos traficantes de droga na Vila do Cruzeiro, uma das 12 favelas do Complexo do Alemão, no bairro da Penha, periferia do Rio de Janeiro. Sua morte suscitou grande comoção nacional.

[19] Quanto às ONGs e associações, sua porta de entrada é, na maior parte do tempo, a associação de moradores, tanto no campo de refugiados quanto na favela. Notemos que, nos dois casos, os intelectuais das margens se mostram extremamente críticos em relação a essas instituições. Segundo eles, seus dirigentes aproveitam-se pessoalmente dos projetos que as diversas ONGs e associações destinam às populações locais.

Considerações finais

Meus trabalhos de campo em Beddawi e em Acari devem muito ao encontro com os intelectuais das margens. Durante a pesquisa de doutorado, segui a proposição de Geertz, esforçando-me para "ler sobre os ombros" dos meus interlocutores com a finalidade de apreender a realidade do campo e da favela. Os intelectuais das margens constituíram, assim, as principais entradas microssociológicas da minha análise. De fato, quando o pesquisador se dispõe a escutá-los como mais que simples mediadores ou testemunhas, os intelectuais das margens se constituem como atores-chave para o entendimento desses espaços marcados pela precariedade e estigmatização.

No caso de um estudo comparativo, permanecer próximo ao material empírico, notadamente à vivência dos interlocutores, impede que o estudo derrape em uma "comparação a todo custo". Quando se trata de uma pesquisa que se interessa pelas dimensões subjetivas da existência nos espaços em margens, considerar a presença dos intelectuais das margens revela-se ainda mais importante; afinal de contas, são eles, em grande parte, os responsáveis pela criação e pela difusão dos imaginários locais. Mais concretamente, os intelectuais das margens possuem um vasto conhecimento do campo e de seus numerosos atores. Além de introduzir o pesquisador no universo social do espaço analisado, eles podem eventualmente legitimar sua presença e seu estudo aos olhos dos habitantes locais. Sua mediação prova-se ainda mais preciosa quando se trata de campos que podem ser qualificados como "sensíveis" ou "de risco".

Enfim, se os intelectuais das margens podem ajudar na compreensão de espaços como favelas e campos de refugiados, percebê-los além do estatuto de mediadores ou testemunhas revela-se um exercício de humildade para os intelectuais tradicionais. Ao reconhecê-los como atores capazes de desenvolver reflexões autônomas, pesquisadores do universo acadêmico deverão, mais do que nunca, estar atentos para não incorporar automaticamente em suas pesquisas as informações e reflexões emanadas pelos intelectuais das margens, sem, no entanto, negar sua contribuição.

Referências

AGIER Michel. *L'Invention de la ville*: banlieueus, townships, invasions et favelas. Paris: Editions des Archives Contemporaines, 1999.

ALVITO Marcos. *As cores de Acari*: uma favela carioca. Rio de Janeiro: FGV, 1998.

DAS, Veena; POOLE, Deborah (Ed.). *Anthropology in the Margins of the State*. Santa Fé: School of American Research Press, 2004.

DIAS, Amanda S. A. *Peintres de Beddawi*: Création artistique et imaginaire politique dans un camp de réfugiés palestiniens au Liban. Dissertação (mestrado em sociologia) — École des Hautes Etudes en Sciences Sociales, Paris, 2004.

_____. Peintres de Beddawi, entre création artistique et engagement politique au Proche-Orient. In: PUIG, Nicolas; MERMIER, Franck. *Itinéraires esthétiques et scènes culturelles au Proche-Orient*. Beirute: IFPO, 2007. p. 249-270.

_____. *Du moukhayyam à la favela*: Une Étude comparative entre un camp de réfugiés palestiniens au Liban et une favela carioca. Tese (doutorado em sociologia) — École des Hautes Etudes en Sciences Sociales, Paris; Universidade do Estado do Rio de Janeiro, Rio de Janeiro, 2009.

FOUCAULT, Michel. La Vérité et les formes juridiques. In: _____. *Dits et ecrits II*. Paris: Gallimard, 2001. p. 538-646.

GRAMSCI, Antonio. *Carnets de prison*. Paris: Gallimard, 1978.

MACCIOCCHI, Maria-Antonietta. *Pour Gramsci*. Paris: Seuil, 1974.

MARCHI, Giuseppe. *La città emarginata*: tra violenza e speranza nelle favelas di Rio de Janeiro. Verona: Gabrielli, 1998.

MARIZ, Cecília L.; FERNANDES, Sílvia Regina Alves; BATISTA, Roberto. Os universitários da favela. In: ZALUAR, A.; ALVITO, Marcos (Ed.). *Um século de favela*. Rio de Janeiro: FGV, 1998. p. 323-337.

ROUGIER, Bernard. *Le Jihad au quotidian*. Paris: PUF, 2004.

CAPÍTULO 14

O "repertório dos projetos sociais": política, mercado e controle social nas favelas cariocas

LIA DE MATTOS ROCHA[*]

Introdução

As favelas cariocas são hoje cenário privilegiado para refletir sobre diversos ordenamentos sociais e modalidades de gestão urbana, já que em seus territórios encontram-se em execução políticas públicas e ações sociais (de organizações comunitárias, não governamentais e até mesmo do mercado) bastante significativas das mudanças em curso nas grandes cidades brasileiras. Entre os diferentes temas possíveis para reflexão, tenho me interessado pela questão da juventude e as novas possibilidades de agenciamento constituídas nesse campo, tanto por este segmento quanto para atuar sobre ele. Assim, este texto busca refletir sobre o tratamento da juventude como o "problema de favela" (nos termos de Machado da Silva, 2002), e dos "projetos sociais"[1] como uma solução para esse problema, através da análise dos *repertórios*[2] acionados por essas iniciativas.

A imagem corrente das favelas como lócus de pobreza e violência transfere para seus moradores o estigma de carentes e/ou perigosos. Entre os moradores de favelas, é possível que sejam os jovens aqueles que mais sentem o peso do

---

[*] Professora adjunta do Departamento de Ciências Sociais e do Programa de Pós-Graduação em Ciências Sociais da Universidade do Estado do Rio de Janeiro. Gostaria de agradecer a Márcia Leite e Patrícia Birman pela leitura cuidadosa e pelas sugestões instigantes.
[1] O termo "projetos sociais" está entre aspas por se tratar de uma categoria nativa, que na verdade abriga uma diversidade de ações sociais. Nesse sentido, procuro usar o termo como ele é acionado pelo senso comum. Outras palavras comuns serão utilizadas neste artigo entre aspas, para identificar seu uso enquanto categoria; por exemplo, "comunidade", "guerra", "paz" etc.
[2] A categoria repertório remete ao uso feito por Charles Tilly na sua importante investigação dos movimentos sociais. Para esse autor, os "repertórios de ação coletiva" são conjuntos de formas disponíveis para um grupo fazer política em um determinado momento histórico (Tilly, 1978). Contudo, utilizo o termo repertório também como parte constitutiva, junto a outros repertórios, de uma gramática (como veremos à frente), seguindo sugestão de Silva (2010). Nesta chave, o discurso que sustenta e justifica o repertório constitui uma prática discursiva, nos termos de Foucault (2008).

estigma, por serem considerados a faixa etária mais inclinada a aderir a uma carreira criminosa. Assim, atualmente são os jovens moradores de favelas que personificam o "problema da favela", por serem os agentes potenciais do tráfico de drogas, e é sobre eles que mais incidem as políticas públicas em execução nos territórios, especialmente as ligadas a "projetos sociais".

Vale ressaltar que as políticas sociais voltadas para os jovens no Brasil, no geral, enquadram esse grupo como "problema" mesmo quando não são executadas em favelas (Cf. Sposito e Carrano, 2003). No entanto, muitas dessas ações têm por objetivo, direta ou indiretamente, conter o risco real ou potencial que esses jovens de camadas pobres dos centros urbanos brasileiros representam, através de seu afastamento "da rua" e da ocupação de suas "mãos ociosas". Nos casos que analiso neste capítulo, o enredo do "problema da juventude" se desenrola nas favelas cariocas, o que torna mais complexa a discussão ao adicionar ingredientes como o tráfico de drogas e o problema da "violência urbana" na cidade. Para compreender como política, mercado e controle social se imbricam, analiso abaixo como as organizações não governamentais operam, através de seus "projetos", o que chamei de "repertório dos projetos sociais", a partir de três diferentes contextos de pesquisa.

"Projetos sociais" que ensinam a "ser" outro: o repertório da capacitação e do empreendedorismo

Ao longo das décadas de 1990 e 2000, a importância de uma "intervenção social" articulada à "intervenção policial" para "resolver o problema da "violência urbana" (tão em voga nos discursos sobre as unidades de polícia pacificadora)[3] já era abordada através dos "projetos sociais", que buscavam disputar os jovens moradores de favela com os traficantes, criando "[...] condições de atração da juventude pobre, bloqueando sua cooptação pelos grupos que operam o tráfico de drogas e de armas [...]" (Soares, 1996:298). Tais propostas visavam à inserção

---

[3] Unidades de polícia pacificadora (UPPs) são grupamentos de policiais treinados especificamente para o policiamento de proximidade, e que permanecem localizados dentro dos territórios das favelas. A primeira UPP foi instalada em dezembro de 2009 na favela Santa Marta, Zona Sul do Rio de Janeiro. Atualmente existem mais de 20 UPPs, localizadas em aproximadamente 30 favelas na cidade do Rio de Janeiro. Sobre a necessidade de conjugar segurança pública com investimentos no "social", ver entrevista do secretário de Segurança do Rio de Janeiro, José Mariano Beltrame, ao jornal *O Globo*, em 28 de maio de 2011. Disponível em: <http://oglobo.globo.com/rio/beltrame-quer-pressa-em-investimentos-sociais-pos-upps-nada-sobrevive-so-com-seguranca-2764060>. Acesso em: 13 maio 2013.

do jovem morador de favela em uma sociabilidade institucional-legal alternativa ao mundo do crime, que seria representada pela entrada no mercado de trabalho. Todavia o mercado de trabalho no qual o jovem deveria ser inserido compreende também o mercado informal, com relações de trabalho extremamente precarizadas e informais (Castel, 1994, 1998; Telles, 2006). Nesse sentido, o "empreendedorismo"[4] (individual ou coletivo) aparece como ponto-chave no processo de transmutação do jovem favelado de "potencial bandido" em "trabalhador capacitado para o mundo do trabalho".

O primeiro campo a ser analisado é resultado do projeto de pesquisa que desenvolvi em 2007 e 2008 sobre o Consórcio Social da Juventude (CSJ), *pool* de organizações não governamentais (ONGs) que realizavam cursos de qualificação profissional e inserção de jovens no mercado de trabalho, no âmbito do Programa Nacional do Primeiro Emprego, do governo federal.[5] Ao realizar grupos focais com jovens que tinham passado pelo curso, constatamos que os participantes destacavam como um dos principais aspectos positivos dessa experiência o aprendizado de "como se comportar" em situações de entrevista de seleção para um emprego e no mundo do trabalho em geral, segundo eles conhecimentos fundamentais para o sucesso na entrada no mercado (Rocha e Araújo, 2008).

O conhecimento de "regras" básicas do mundo do trabalho — como escolher a roupa certa, qual a postura e o vocabulário corretos — remete ao aprendizado de normas capazes de modelar o jovem do seu estado "natural" em um estado mais adequado ao novo mundo no qual ele deveria ser aceito. Assim, seria ensinado o código do vestuário, interditando o uso de *shorts*, roupas curtas, chinelos; o código do vocabulário, que impediria o uso de gírias; e o código corporal, que orientaria os jovens a não usarem cabelos descoloridos (imitando alguns artistas populares), *piercings* e outras marcas corporais distintivas. A

---

[4] "Empreendedorismo" é a competência para lançar-se em um empreendimento comercial, visando a resultados positivos. O empreendedor é aquele que reúne não apenas as capacidades técnicas, mas também possui ousadia e iniciativa para tal. No estágio atual do capitalismo, de reestruturação produtiva e novas formas de acumulação, o empreendedorismo se torna um valor central ao incentivar que os agentes econômicos sejam responsáveis por seu próprio desenvolvimento. Para alguns autores, contudo, a ideologia do empreendedorismo mascara uma "forma oculta de trabalho assalariado", através de novas formas de flexibilização de salários, horas de trabalho e estruturas organizativas e funcionais (Antunes, 2008:8). Ver, também, Antunes (2000).

[5] Projeto de pesquisa "Juventude, Raça e Gênero: Desafios para a Inserção no Mercado de Trabalho", realizado pelas organizações Ação Comunitária do Brasil — Rio de Janeiro, incubadora social do Instituto Gênesis/Pontifícia Universidade Católica do Rio de Janeiro e Instituto Palmares de Direitos Humanos, e financiado pela Finep. Os dados a que me refiro neste artigo são resultado da pesquisa realizada por mim e por Emanuelle Araújo, e foram analisados em profundidade em outro artigo (Rocha e Araújo, 2008).

questão que me coloquei, naquele momento, era: distintiva de quê? Apesar de a questão não ter sido formulada pelos entrevistados durante os grupos focais, é evidente que os símbolos, marcas e comportamentos rejeitados pelos códigos ensinados no "projeto social" são aqueles que caracterizam (mesmo que estereotipicamente) os moradores de favelas.

Tais códigos seriam, de acordo com os entrevistados, fundamentais para o sucesso na entrevista de emprego, quando os empregadores estariam avaliando se os candidatos são praticantes dessas regras, portadores desse conhecimento. A mesma avaliação foi feita pelos dirigentes de ONGs executoras entrevistados. Na fala dos jovens entrevistados, o aprendizado das regras de comportamento ocupa um grande espaço, e aparece como muito mais importante que a capacitação técnica oferecida. Nesse sentido, o momento da entrevista se torna o *clímax* do processo de qualificação tal como realizado pelas ONGs analisadas, porque é ali que os jovens devem mostrar se realmente possuem as habilidades para a entrada no mercado de trabalho adulto ou não.

> Porque lá ensinou, né? Como é que tem que se comportar na entrevista, como é que deve se vestir... Por isso que eu vim de calça [para o grupo focal realizado pela pesquisa]. Ouvi falar que não pode, que não pode botar roupa mostrando o corpo. Essa blusa eu botei porque não achei nenhuma outra. Botei essa daqui [Taís,[6] 25 anos, desempregada, participante de projeto, sócia. Entrevista realizada em 2008].
>
> E muitas vezes o jovem não está preparado mesmo para o mercado, até socialmente. Porque ali ele vai ter que cumprir horário, ele vai ter que muitas vezes bater cartão, é "sim senhor", "não senhor". Então a gente tem que preparar o jovem para isso [dirigente de ONG. Entrevista realizada em 2008].

A avaliação sobre a importância do aprendizado dessas "regras" é um dos pontos que fez o projeto ser bem avaliado pelos participantes e pelos executores da iniciativa.

> O ponto alto do programa é esse: tirar esse jovem do mundo dele e levar para um outro mundo que ele ainda não conhece [dirigente de ONG. Entrevista realizada em 2008].

Dessa forma, a experiência de participar do "projeto social" é, antes de tudo, um aprendizado sobre como se apresentar apto para experimentar "outro mun-

---

[6] Este e os outros nomes de entrevistados são fictícios, para garantir seu anonimato e segurança.

do", diferente do mundo ao qual o jovem está acostumado, o mundo da favela. Nesse "outro mundo" ele deve dizer "sim senhor" e "não senhor", saber que roupas usar e como se comportar. A experiência de sucesso, nesse caso, é quando o jovem aprende a "ser" outro e a participar de "outro mundo". Nessa perspectiva, pouco importa se o jovem adere a esse novo perfil (se ele realmente passa a ser outro) ou se apenas utiliza o que aprendeu de maneira tácita. O importante é que esse tipo de capacitação tem como pressuposto a possibilidade de ensinar esse jovem a "saber ser":[7] ser empreendedor, disciplinado para o mercado de trabalho e alguém que porte menos as características do morador de favela (gírias, roupas, marcas físicas). Quero me deter agora nesta última "competência" mencionada, ser "menos favelado".

Diversos autores discutem como a representação das favelas cariocas como sinônimo da violência urbana "carimba" nos moradores desses territórios o estigma de perigosos e violentos, e quais as repercussões desse estigma para a garantia de seus direitos, a manutenção de suas rotinas e sua organização coletiva (Zaluar, 1985; Valladares, 2005; Silva e Leite, 2008; Birman, 2008). Dentro do "repertório dos projetos sociais", a categoria que operacionaliza esse estigma a partir da ideia de transformação proporcionada pelo "projeto social" é "risco social".[8] Como o conceito sociológico de "risco" define, afirmar que um jovem está em "risco social" é dizer que ele ainda não foi atingido pelo perigo, mas que essa possibilidade existe enquanto ameaça. No entanto, o "risco social" não é homogêneo em sua abrangência (como o conceito de "risco" pensado por Giddens (1990) e Beck (2012)); os que podem estar em "risco social" são os que se encontram, permanentemente, em situação de desvantagem social, quase sempre de pobreza. Assim, estar em "situação de risco social", por uma operação

---

[7] As transformações resultantes do processo de reestruturação produtiva tiveram repercussão evidente no perfil do trabalhador. A literatura identifica assim uma passagem do modelo de "saber fazer", baseado na aprendizagem de técnicas e tecnologias, para o modelo "saber ser", em que as "competências" a serem aprendidas têm a ver com características subjetivas dos trabalhadores (Rocha, 2002). Como exemplo, o programa de responsabilidade social do Senac está apoiado em três projetos que visam atuar em competências básicas: ser pessoa, ser cidadão e ser profissional. Disponível em: <www.rj.senac.br/index.php/senac-movel>. Acesso em: 13 maio 2013.

[8] O conceito de risco é bastante trabalhado pela teoria sociológica. Tanto Anthony Giddens (1990) quanto Ulrich Beck (2012) argumentam que a ideia de modernidade tardia está diretamente relacionada à ideia de risco, e que a dificuldade de compreender as grandes transformações que vivenciamos é acompanhada de uma preocupação com o futuro e com medidas para controlar os riscos previstos e imprevistos. Nesse sentido, a categoria traz em si a aspiração de conter, minimizar e eventualmente aniquilar o risco, ao mesmo tempo que assume como pressuposto que esse controle seria inalcançável, pois socialmente produzido, e de forma ininterrupta. Assim, temos de conviver com o risco: "A Modernidade é uma cultura de risco" (Giddens, 1999) e, portanto, todos estamos, de uma forma ou de outra, expostos aos riscos inerentes à modernidade.

de ressignificação semântica, torna-se sinônimo (também) de ser pobre, como descrito, por exemplo, na Política Nacional de Assistência Social:

> Constitui o público usuário da Política de Assistência Social cidadãos e grupos que se encontram em situações de vulnerabilidade e riscos, tais como: [...] exclusão pela pobreza e, ou, no acesso às demais políticas públicas; uso de substâncias psicoativas; diferentes formas de violência advinda do núcleo familiar, grupos e indivíduos; inserção precária ou não inserção no mercado de trabalho formal e informal; estratégias e alternativas diferenciadas de sobrevivência que podem representar risco pessoal e social [MDS, 2013:33].

Contudo, "no repertório dos projetos sociais" o conceito de "risco social" está quase sempre referido aos jovens moradores das grandes cidades e aos perigos a que estão submetidos por serem agentes e vítimas preferenciais da violência urbana, mas sem clareza sobre que perigos são esses — a adesão ao crime seria um deles, mas não o único. Como afirmam Cardia, Adorno e Poleto (2003), o conceito de risco alcança "múltiplos atores e múltiplas formas de atividades", mas, "no mundo ocidental moderno, um dos grupos mais vulneráveis ao risco social é o constituído por jovens". Em muitos projetos sociais o "público-alvo" é caracterizado como "jovens em situação de risco social", mas sem maiores definições sobre como esse "risco social" seria identificado. Como os projetos sociais analisados aqui acontecem nos territórios das favelas, ou têm os favelados como público preferencial, a identificação desses jovens "em risco" se dá pela faixa de renda e/ou local de moradia.

Como aponta Telles (2010:157), o risco social é um cálculo de probabilidades, identificando situações em que seja mais ou menos provável verificar-se a ocorrência (no caso analisado aqui, o engajamento no crime), e nesse sentido como algo passível de ser evitado, por exemplo, através da participação em "projetos sociais". Dessa forma, "afastar" ou "tirar" das redes do tráfico de drogas era sempre mencionado (nesse e em outros contextos, como veremos a seguir) como um dos resultados esperados da participação em "projetos sociais", como exposto no fragmento abaixo:

> O curso tirou ele de lá [do tráfico de drogas]. O curso tirou ele de lá. E se não fosse o curso ele ainda estava lá. [...] Eu falei assim pra ela [irmã do ex--traficante]: "Gente, não acredito que foi o curso que tirou ele dali!". Ela falou assim: "Foi, foi o curso. Porque senão, se não fosse isso, ele ainda tava lá". Ela

falou pra mim [Taís, 25 anos, desempregada, participante de projetos sociais. Entrevista realizada em 2006].

No caso dos projetos analisados aqui, de inserção no mercado de trabalho como parte do Programa Nacional de Estímulo ao Primeiro Emprego, busca-se que o jovem pareça "menos favelado" e, portanto, menos perigoso — já que o estigma "cola" a imagem do jovem morador de favela à imagem do traficante de drogas. O objetivo é dotar o jovem de capacidade para passar de "de risco" para outra condição, no caso, o jovem apto a entrar no mundo do trabalho, tal como se apresenta atualmente.

No entanto, a inserção profissional, que seria a finalidade do projeto e o motivo do financiamento público que ele recebia, não era alcançada em cerca de 70% dos casos,[9] mesmo sendo considerados inseridos no mercado de trabalho aqueles jovens que somente conseguiram trabalho no mercado informal, como manicures ou cobradores em transportes alternativos. Nesse sentido, ainda que a inserção profissional apareça como meta do projeto, o objetivo que ele alcança é a transformação do jovem favelado, especialmente de seu corpo e imagem, em um novo sujeito: disciplinado e capacitado.

Argumento então que há um "ajustamento"[10] do formato e do tipo de atuação das ONGs ao processo de disciplinamento mencionado.[11] Por princípio, uma ONG sustenta suas ações através de financiamentos e doações, e precisa deles para dar continuidade a seu trabalho, garantindo sua "sustentabilidade". Contudo, na relação com esses financiadores — públicos e privados — as ONGs precisam mover-se dentro de um campo que se configura como um mercado, onde disputam financiamentos e buscam reconhecimento para suas ações. Para obter sucesso nesse mercado, precisam convencer os financiadores da pertinência de seus temas, da gravidade dos problemas que denunciam e da eficácia das ações que propõem para mitigar tais problemas. Os termos que usam para divulgar seu trabalho e convencer os financiadores configuram, de acordo com

---

[9] É importante considerar que a meta de inserção de cada instituição era de 30%, e que caso a instituição não alcançasse a meta era obrigada a devolver parte do financiamento recebido.
[10] Utilizo aqui a noção de "ajustamento" no sentido de um bom (ou mau) funcionamento de coisas ou de pessoas. Nesse sentido, definir uma atuação como "ajustada" não comporta um julgamento ou avaliação moral, mas uma avaliação de sua (boa) adequação ao processo em questão. Cf. Boltanski e Thévenot (1991:50 e segs.).
[11] Argumentei anteriormente (Rocha, 2009) que há um "duplo ajustamento" das ONGs ao contexto atual da questão social: em termos de forma, por possibilitar a atuação estatal em formato de "projeto" (Boltanski e Chiapello, 1999), e em termos de conteúdo, por operar dentro da "gramática da violência urbana" (Silva, 2010).

o argumento que apresento aqui, um repertório centrado na convicção de que os jovens moradores de favelas encontram-se em "situação de risco social", e que ações pontuais de intervenção nos territórios podem afastá-los desses riscos. Essas ações comumente envolvem capacitação profissional, inserção no mercado de trabalho (formal e informal) e uma formação humanística, com o objetivo de "resgatar a autoestima" desses jovens e transmitir valores (pouco definidos) como cidadania, respeito e disciplina.

Capacitação e inserção profissional são temas que atraem o interesse dos financiadores,[12] por serem vistos como estratégias para criar novas modalidades de participação no mundo do trabalho em um contexto de crise do regime salarial (Castel, 1994, 1998). Muitas vezes, as organizações acionam esses termos para conseguir o financiamento, ainda que o foco de ação do "projeto social" não seja esse.[13] De qualquer forma, nos últimos anos, os "projetos sociais" têm buscado desenvolver capacitação como incentivo ao "empreendedorismo", seja ele individual, como o investimento na inserção profissional através da capacitação em ocupações que só encontram espaço no mercado informal (como artesanato e jardinagem em garrafas de plástico, por exemplo), ou coletivo, como a formação para realização de iniciativas sociais, culturais e de turismo "solidário". O incentivo ao "empreendedorismo" é cada vez mais presente no trabalho realizado por ONGs em favelas, e está relacionado a novas modalidades de inserção das favelas cariocas e de seus moradores no cenário de uma cidade em mutação como o Rio de Janeiro em tempos de grandes eventos (Copa do Mundo e Jogos Olímpicos). A discussão sobre esse cenário e a inserção das favelas nele fogem ao escopo deste trabalho, mas vêm sendo feitas por outros autores (Leite, 2012; Ost e Fleury, 2013). Também é importante mencionar que permanecem algumas outras formações mais tradicionais, como manicure, garçom e atendente de telemarketing, que, ainda assim possuem, em geral, grande ênfase no trabalho informal e na geração de renda.

---

[12] Apenas como exemplo, em 2012 a Petrobras financiou 130 projetos na carteira "Desenvolvimento & Cidadania". Desses, 27 foram na área de educação para qualificação profissional, e 68 na área geração de renda e oportunidade de trabalho, que também envolve capacitação profissional e formação em empreendedorismo. A Petrobras é uma das grandes financiadoras de "projetos sociais" e sua prioridade, segundo site da empresa, são os jovens. Disponível em: <http://dec.petrobras.com.br/roteiro-de-elaboracao-de-projeto/>. Acesso em: 5 jun. 2013.

[13] Mello (2010:166) comenta que o curso profissionalizante da Central Única de Favelas (CUF) — ONG que foi objeto de sua pesquisa — foi realizado com recursos da Secretaria Municipal de Turismo, no âmbito do projeto "Formação Profissional de Jovens para a Cadeia Produtiva do Turismo", mas a autora não observou em seu trabalho de campo nenhuma menção ao tema "turismo" durante as aulas oferecidas.

Da análise feita então para a que desenvolvo abaixo, chamou-me a atenção o crescimento de organizações atuantes em favelas cuja direção e execução eram realizadas por moradores de favelas, as chamadas "ONGs de dentro" (Pandolfi e Grynspan, 2003). É sobre uma dessas organizações que discorro a seguir.

"Desafiando a percepção popular": ONGs "de dentro" e o repertório da autorrepresentação

Atualmente as grandes ONGs cariocas têm conseguido bastante visibilidade para seus trabalhos, inclusive nos principais canais de televisão. Viva Rio, AfroReggae, Central Única de Favelas, Nós do Morro etc. possuem grandes financiamentos e projetos bastante bem-sucedidos no Rio de Janeiro e em outros estados. Essas organizações, especialmente as conduzidas por moradores de favelas e espaços periféricos, elencam entre seus objetivos mudar a imagem das favelas e de seus moradores, o que explicaria o investimento em projetos ligados à cultura: audiovisual, música e outras representações artísticas que dão visibilidade a uma "cultura da favela". Afirmam que assim ajudam a combater o estigma contra o favelado e o racismo, aumentando a "autoestima" dessa população, mas também buscam intervir nas dinâmicas locais de violência, com o discurso de "tirar os jovens da criminalidade e do ócio" (AfroReggae, 2011). Além disso, adquiriram legitimidade para falar publicamente pelas favelas cariocas, através de seus principais representantes.[14] Tal legitimidade é resultado do sucesso na realização de seus projetos, mas também no fato de apresentarem-se e serem reconhecidas como "o lado bom" das favelas, não envolvidas com o crime (que ajudariam a combater), engajadas no trabalho social, representantes da "cultura" das favelas, artistas etc.

Essas iniciativas têm, direta ou indiretamente, relação com a proposta de autorrepresentação[15] defendida por grupos identificados (seja por origem ou afinidade) com espaços e culturas periféricas, e que hoje se tornam visíveis através de iniciativas bem-sucedidas, como filmes, espetáculos e festivais.[16] Neste con-

---

[14] Como exemplo cito MV Bill, principal representante da Central Única de Favelas, que é artista contratado da Rede Globo de Televisão, e José Junior, representante do AfroReggae, que possui um programa de TV no canal a cabo Multishow.
[15] Estou definindo autorrepresentação como a representação que um grupo constrói sobre si mesmo e que busca legitimar como válida dentro de um campo de disputa com outras representações existentes. Geralmente, como no caso aqui analisado, trata-se de representações de grupos marginalizados ou subalternos, que buscam opor-se a representações hegemônicas.
[16] Ver o relativo sucesso de iniciativas como os filmes *Bróder*, premiado em Gramado em 2010, e *5 x favela: agora por nós mesmos*, realizado por diretores, roteiristas e atores de periferias cariocas;

texto, as ações recentes de moradores de favelas para produzir imagens positivas sobre si mesmos e seus locais de moradia[17] inserem-se em uma disputa simbólica que, no limite, determina quem é "do bem" e quem não é, quem pode ser considerado cidadão e quem não pode. Assim, ao articular iniciativas locais de intervenção social, geralmente ligadas à inserção profissional, com a produção de bens culturais que remetem à valorização das favelas e de sua cultura local,[18] esses moradores de favela tentam apresentar-se publicamente (a si e às favelas) como portadores de valor, e em oposição aos traficantes de drogas, como explicitaram os participantes do projeto "Morrinho" (cuja iniciativa será analisada a seguir) na página inicial de seu site:

> A nossa meta é trazer uma mudança positiva a nossa comunidade local, como também desafiar a percepção popular das favelas brasileiras. A crença que as favelas são apenas dominadas pelo tráfico de drogas e violência não abrange toda a comunidade [Projeto Morrinho, s.d.].[19]

Assim, o segundo contexto de pesquisa aqui analisado é o campo realizado entre 2005 e 2008: o projeto "Morrinho", localizado na favela do Pereirão, em Laranjeiras, Zona Sul do Rio de Janeiro. Inaugurada em 2006,[20] a organização não governamental Morrinho foi criada por jovens moradores do Pereirão — que, juntos, construíram uma enorme maquete feita de tijolos representando favelas cariocas — e por cineastas interessados nas atividades do grupo.[21] Poste-

---

grupos artísticos como Nós do Morro, AfroReggae, Cufa etc.; e iniciativas como o Favela Festival, realizado em 2010 com bastante cobertura da mídia tradicional.

[17] Entre essas iniciativas, podemos destacar o Museu da Maré <www.museudamare.org.br/joomla/> desenvolvido pelo Centro de Estudos e Ações Solidárias da Maré (Ceasm); o site Viva Favela <www.vivafavela.com.br/>, criado pelo Viva Rio; e por fim o Favela Festival, mencionado acima.

[18] Souza (2006) demonstra como um repertório simbólico que remeteria à discriminação — no caso analisado pela autora, as marcas características da mulher negra — pode tornar-se algo a ser valorizado e portado como um emblema, através do acionamento da categoria "autoestima".

[19] A página do Projeto Morrinho foi modificada posteriormente à produção deste artigo, mas sua apresentação ainda se encontra disponível no site: <www.alvovirtual.com/alvo/index.php?secao=noticias_full&idnot=893>. Acesso em: 21 ago. 2014.

[20] Desde 1997, os jovens, então crianças, reuniam-se em torno de uma brincadeira em que construíam casinhas feitas de cacos de tijolos e brincavam com bonecos de plástico, recriando situações da vida cotidiana da favela, principalmente dos traficantes que a controlavam.

[21] Segundo seu site, a ONG se organiza em quatro linhas: (a) a produção e exposição, em eventos de artes plásticas, de uma maquete que reproduz diversas favelas e é feita de tijolos pelos próprios jovens; (b) a produtora audiovisual, que realiza seus próprios filmes e que também faz filmes sob encomenda; (c) o turismo sustentável, que oferece serviço de visita guiada à maquete original, localizada no morro do Pereirão e atualmente com 300 m²; e (d) o Morrinho Social, que possui um projeto de capacitação profissional na área de audiovisual para os jovens da localidade, tendo

riormente, a equipe da ONG redigiu um projeto visando à captação de recursos para a realização de um curso de formação em audiovisual, mas até o fim do trabalho de campo não tinha conseguido financiamento. Apesar dessa dificuldade, o impacto da atuação do Projeto Morrinho pode ser percebido na trajetória pessoal de seus jovens participantes, que já tiveram experiências profissionais na área do audiovisual (como diretores, câmeras, editores), viajaram diversas vezes ao exterior[22] e adquiriam capital social e capital "de rede".[23]

Viagens internacionais, circulação em eventos do circuito das artes plásticas e do audiovisual, redes de ativistas internacionais etc.: como esses jovens pobres (e por isso identificados como excluídos) circulam tanto? Argumento que tal circulação é possível porque esses jovens portam o passaporte simbólico de "jovens de projeto" (Novaes, 2003:148 e segs.), que é carimbado com qualificativos que o distinguem como alguém com autocontrole, disciplina e consciência sobre direitos e deveres — conteúdos geralmente difundidos nas aulas teóricas dos projetos sociais.[24] Não surpreende, portanto, que muitos jovens participem de projetos sociais visando ampliar seu capital social e de rede, que podem ser acionados como "potencializadores" de sua entrada no mercado de trabalho. Ser "jovem de projeto" permite ao participante apropriar-se de uma linguagem e de símbolos, compartilhados por ONGs e pela mídia, que gravitam em torno de ideias positivamente valoradas: cidadania, direitos, "autoestima", "empoderamento" etc. (Novaes, 2003:148 e segs.). Ao ser levado para "fora da favela", tal passaporte permite ao jovem "participante de projeto" realizar operações de limpeza moral, que são fundamentais para que o jovem favelado passe com sucesso pelas diferentes barreiras impeditivas que existem em seu percurso — reais e simbólicas (Jeganathan, 2004). Nesse sentido, o passaporte "jovem de projeto" tenta compensar a identidade estigmatizada de jovem favelado "em/de risco" com a atribuição de diversas características que são consideradas desejá-

---

como instrutores os participantes do grupo, mas que até 2008 (final do trabalho de campo) ainda não tinha encontrado patrocinadores.

[22] Em 2004, os participantes do morrinho foram a Barcelona para o Fórum Mundial Urbano; em 2007, apresentaram-se na Bienal de Veneza, além de terem realizado exposições em Munique (2005), Oslo e Londres (2010) e Holanda (2011). Em novembro de 2011, o morrinho era: Esteves Lúcio, José Carlos Silva Pereira "Júnior", Luciano de Almeida, Marcus Vinícius Ferreira, Maycon Oliveira "Mc Maiquinho", Jesus Nicolas, Paulo Vitor da Silva Dias, Pedro Henrique, Rafael Moraes, Raniere Dias, Renato Dias e Rodrigo de Macedo, além de Cilan Oliveira, que também compõe o conselho da direção.

[23] John Urry (2007 apud Freire-Medeiros e Rocha, 2011:15) chama de capital de rede a capacidade "de gerar, sustentar e instrumentalizar relações sociais com pessoas não necessariamente próximas que possam trazer-lhe benefícios emocionais, financeiros e práticos".

[24] Cf. Rocha e Araújo (2008).

veis, como mencionado, configurando-se, portanto, em mais uma modalidade de identificação.

Contudo, tal "passaporte" para circular por essas outras redes é obtido através da participação em "projetos sociais" que têm como um de seus objetivos a restrição à circulação de jovens quando esta é compreendida como "ociosidade". Tal compreensão habita os discursos dos participantes do Morrinho e dos adultos que circulam em torno do projeto (pais, lideranças comunitárias, participantes da ONG que não residem na favela). Os adultos mencionavam que o engajamento no Morrinho significava uma ocupação positiva do tempo dos participantes, afastando-os de "ideias ruins" e impedindo que fizessem "coisas erradas". Os próprios jovens integrantes do grupo repetem o discurso que opunha o engajamento na atividade de construção da maquete à vida errante das outras crianças da favela, "que não têm nada para fazer" e "ficam o dia inteiro na rua". Dessa forma, o "projeto" assume também a função de, além de moldar os corpos, ocupar o tempo e a cabeça e impedir o ócio. Como vimos, o conteúdo da atividade em que o jovem deverá se engajar é menos importante do que a ocupação de seu tempo, dentro de um espaço confinado e sob a supervisão dos adultos responsáveis pelo projeto.[25] A função de restringir a circulação e impedir a ociosidade que é identificada no "projeto social" remete aos dispositivos disciplinadores que Foucault descreve: a necessidade de controlar o emprego do tempo e o uso do corpo orientam as diferentes "mecânicas disciplinares" (Foucault, 2011:47).

As experiências de pesquisa apresentadas acima indicam que a participação no "projeto social" fornece ao jovem morador de favela um emblema para ser acionado nos processos de "limpeza moral", servindo como evidência do engajamento desse jovem em outras alternativas que não a carreira criminosa. Tal distinção é muito útil para transitar fora da favela, permitindo ao jovem acesso a outros lugares e situações sociais normalmente impermeáveis à participação dos favelados, como o mercado de trabalho formal ou o circuito internacional de exposições de arte. Tais contextos apresentam em comum a forma como a passagem pelo "projeto social" atua como um "detergente moral"/"passaporte simbólico" do jovem "em/de risco". Também evidencia como o "projeto social" atua como dispositivo disciplinador do Estado, atuando através de agências paraestatais por ele financiadas. O contexto de pesquisa analisado a seguir busca

---

[25] Em uma situação vivenciada em campo, constatamos que para a coordenação do projeto que estávamos visitando era tão importante que os jovens fossem ocupados (e não enviados de volta para casa, em função da ausência de um monitor), que a atividade proposta pela equipe técnica foi que todos nos concedessem entrevistas, para nosso constrangimento.

compreender como se dá o imbricamento entre os aparelhos estatais repressores e os aparelhos paraestatais disciplinadores, tendo como pano de fundo a instalação de uma Unidade de Polícia Pacificadora (UPP).

"Agora é de Deus!" A disciplinarização e o repertório da "pacificação"

Na pesquisa em Cidade de Deus,[26] o objetivo era investigar o impacto do projeto das UPPs para a sociabilidade juvenil, considerando que os jovens favelados são alvo prioritário das políticas de segurança pública e que a UPP apresenta-se como uma novidade nesse campo. A análise dos dados apontou que, após a ocupação da favela pelas forças policiais pacificadoras, uma das principais ações da Polícia Militar dentro do território foi controlar o fluxo de jovens pelo espaço público, evitando que eles ficassem concentrados em praças e outros pontos de encontro:

> [Falando sobre um conflito entre policiais e moradores da Cidade de Deus que apareceu no jornal] Aquilo ali foi baile de carnaval, acabou... Acho que tinha acabado. Aí ligaram o som de um carro e eles mandaram desligar e teve toda aquela confusão. Tiro, *spray* de pimenta. Aqui se tiver muita aglomeração eles [os policiais] jogam *spray* na cara dos outros. Se eles veem, assim, muita gente reunida, brigando, aí começa *spray* de pimenta pra tudo quanto é lado... [Ellen, 17 anos, estuda e trabalha em um restaurante de *fast-food*, participante de projeto social, moradora da Cidade de Deus. Entrevista realizada em 2011].

Apesar de destacarem os aspectos positivos da ocupação policial (fim dos tiroteios, dos confrontos e diminuição da exposição de armas e drogas pelos traficantes), os jovens entrevistados deram diversos depoimentos sobre abordagens violentas por parte dos policiais da UPP. Entrevistas que realizamos com adultos e lideranças também na Cidade de Deus[27] indicam que houve mudança

---

[26] Refiro-me, neste texto, à pesquisa financiada pela Faperj e pelo CNPq, no âmbito do Programa de Apoio a Núcleos de Excelência, como parte do Núcleo de Excelência para o Estudo da Juventude (Pronex-Juventude), coordenada por Adalberto Cardoso (Iesp-Uerj). O trabalho de campo foi realizado por mim e pela pesquisadora Cláudia Trindade, dentro do subprojeto de pesquisa "Políticas Públicas de Segurança e Juventude", coordenado por Ignacio Cano (Uerj).

[27] Projeto de pesquisa "Uma Análise Exploratória do Impacto da Unidade de Polícia Pacificadora no Rio de Janeiro", coordenada por Ignacio Cano (Uerj) e financiada pelo Banco de Desarrollo de America Latina (CAF). Nesse projeto, eu e as pesquisadoras Cláudia Trindade e Emanuelle

no tratamento dispensado aos moradores pelos policiais, mas os relatos dos jovens confirmam que esses ainda são vítimas das arbitrariedades cometidas pela polícia.

> Como eu também já sofri. Uma vez, na ponte, com um amigo meu, que estava testando o som. Passou o primeiro carro [de polícia] e falou: "|Dez horas vocês têm que desligar o som". E a gente: "Não, tudo bem, nós vamos desligar o som dez horas". [...] Aí eles chegaram lá, isso eram nove e meia, não eram nem dez horas. Só que ele foi e falou meia dúzia de palavrões, aí meu amigo foi e falou: "Se você está falando, qual é a base, qual a lei que obriga a gente a fazer isso?". Aí ele: "Ah! Eu não sou obrigado a informar a vocês". [...] A gente já tinha desligado o som, ele saiu falando: "Não gostou? Reclama lá na UPP! Vai dar queixa na delegacia. Vamos ver o que vai acontecer". Aquela coisa assim "estou acima de tudo" [Bruno, 29 anos, trabalha em ONG e mora na Cidade de Deus. Entrevista realizada em 2011].

O espaço público, assim, é controlado por decisões arbitrárias dos policiais. A discricionariedade da atuação policial não é novidade nas favelas, regidas pela exceção desde seu surgimento, mas a novidade é que a UPP e seu formato operacional institui a presença policial ininterrupta dentro da localidade, agora no papel de vigilância; e novamente são os jovens o alvo principal:

> Lucas nos contou do dia em que estava com amigos em uma praça na localidade onde mora, e foram todos abordados por policiais em uma viatura da UPP. Segundo Lucas, na praça tinha vários grupos de jovens, e alguns deles estavam fumando maconha, mas todos foram revistados de forma agressiva e desrespeitosa, e a ordem foi que todos deveriam "circular" e que ninguém poderia ficar "parado" na praça. Ao final da abordagem, um dos policiais ameaçou levar o boné e o celular de Lucas, que ele fez questão de explicar que era um Nextel, mas, após pedidos do rapaz e de seus amigos, devolveu os itens [Entrevista realizada com Kauã, 22 anos, pedreiro, e Lucas, 18 anos, desempregado, ambos moradores da Cidade de Deus. Entrevista realizada em 2011].[28]

Araújo entrevistamos 82 pessoas nas favelas do Caju, Cidade de Deus, Manguinhos e Macacos, no Rio de Janeiro, acerca da percepção dos moradores dessas localidades sobre as unidades de polícia pacificadora. O relatório final da pesquisa encontra-se no seguinte endereço: <www.lav.uerj.br/relat2012.html>. Acesso em: ago. 2013.

[28] Extraído do caderno de campo — entrevista não gravada, relato da pesquisadora.

Como dito, o abuso não é novidade, mas a presença policial no local em uma ronda (e não mais em operações pontuais) e a ordem para desocupar a praça são novidades. A função da vigilância inclui também gerenciar esse contingente em termos de suas atividades: regulação e acompanhamento de atividades como bailes *funks*, jogos de futebol, festas etc., que podem ser realizadas de acordo com o arbítrio do comandante da UPP local.

> Acho que a primeira coisa que eles falaram de mudança após a entrada da UPP é que hoje não pode mais ter festa na rua, se você põe um som na rua a polícia chega pra desligar. [...] Então, os entrevistados falaram que as pessoas da Cidade de Deus que querem sair à noite, para se divertir, hoje em dia têm que sair da Cidade de Deus, porque às 21h está tudo fechado. Os entrevistados reclamaram dessa situação, pois mesmo não morando mais na Cidade de Deus eles continuavam frequentando por causa dos amigos e das possibilidades de lazer [caderno de campo sobre entrevista realizada com Uilson, 25 anos, e Vagner, 24 anos, ambos ex-moradores da Cidade de Deus e *motoboys* em uma empresa. Entrevista realizada em 2011].[29]

Nesse contexto de vigilância e controle dos espaços de sociabilidade, o "projeto social" assume a função de um espaço "adequado" para o jovem, porque confinado e supervisionado por tutores: forma de garantir que ele não ficará na rua, em aglomerações consideradas suspeitas, não estará usando ou vendendo drogas durante as horas em que estiver no "projeto" e estará aprendendo "coisas boas", saindo do ócio e "ocupando sua cabeça". Os "projetos sociais" são vistos pelos entrevistados nos diferentes contextos de pesquisa como "espaços" de sociabilidade para os jovens em oposição à ociosidade, ou a ficar na rua de forma considerada errante, ou sem objetivo. O enquadramento do "projeto" como alternativa à rua ou ao ócio, situações que são compreendidas como levando inexoravelmente o jovem ao uso de drogas e ao engajamento em carreira criminosa, aparece diversas vezes ao longo dos diferentes campos realizados e retomados neste capítulo.

No fragmento mencionado anteriormente, em que a entrevistada fala sobre o jovem que o "projeto tirou do tráfico", além de o "projeto social" ser um espaço alternativo, ele é também uma ação eficiente na disputa com os traficantes de drogas pelos jovens moradores de favela. Nesse sentido, o "projeto social" é um instrumento de controle e gestão de populações eficiente, mas tornar-se porta-

---

[29] Extraído do caderno de campo — entrevista não gravada, relato da pesquisadora.

dor dele significa para o jovem uma possibilidade de escapar (ou pelo menos tentar) do estigma que recai sobre essa população. E no caso de encontros indesejados com a polícia, esse "passaporte" também é um meio para (tentar) diminuir a vigilância e a discricionariedade experimentada nessas situações. Assim, os jovens podem dar outro uso ao "passaporte simbólico" que é a participação no "projeto social" e tentar, assim, ultrapassar as barreiras (ou *checkpoints*, como define Jeganathan, 2004) tanto fora das favelas quanto internamente. É essa forma de agenciamento que analiso a seguir.

Uma das entrevistas realizadas na Cidade de Deus indicou que a possibilidade de o "projeto social" funcionar como passaporte simbólico para os jovens estende-se também para os atualmente chamados "egressos do tráfico de drogas". Kauã tem 22 anos e trabalha como pedreiro, mas até 2010 participava de uma quadrilha de tráfico de drogas, chegando à posição de gerente. Em entrevista à equipe de pesquisa, ele contou que após a ocupação militar sua casa foi invadida algumas vezes, ele teve pertences e dinheiro roubados pelos policiais, e tanto ele quanto sua família foram ameaçados. Segundo ele, o objetivo dos policiais era extorqui-lo e, eventualmente, sequestrá-lo; Kauã nos disse que um gerente na sua posição "vale entre R$ 30 mil e R$ 40 mil". Com medo do sequestro, ou algo pior, pediu aos chefes da quadrilha para sair da organização. Depois de passar alguns meses no Nordeste, na casa de familiares, retornou à Cidade de Deus e começou a trabalhar como pedreiro nas obras públicas iniciadas após a entrada da UPP. Logo em seguida, inscreveu-se em um projeto social para jovens, também inaugurado após a ocupação. Em suas palavras, agora ele não era mais bandido, mas mesmo assim alguns policiais continuaram a persegui-lo, na expectativa de achacá-lo novamente. Kauã também acredita que sua foto foi distribuída entre os novos policiais da UPP, pois teria sido reconhecido por alguns policiais na porta do prédio em que acontecem as atividades do "projeto social" de que participa. Com medo dos policiais, entrou no prédio e buscou refúgio na sala de aula, e quando os policiais entraram atrás dele, foram impedidos pela coordenação da ONG responsável pelo "projeto". Também foram os coordenadores que o acompanharam à sede da UPP, quando foi denunciar a perseguição que estava sofrendo. O comandante da UPP, após ouvir a história e dizer que acreditava que o rapaz não estava mais na carreira criminosa, garantiu que isso não iria mais acontecer. Kauã afirmou que hoje tem medo de sair da Cidade de Deus, pois sabe que ali está protegido pela rede de trabalhadores da ONG que executa o "projeto" e pela palavra do comandante, mas quando sai da localidade tem medo de ser sequestrado por policiais. Kauã também fez questão de nos explicar que já foi bandido, mas hoje é um trabalhador e não merece ser perseguido pela polícia.

O mesmo jovem contou que durante uma abordagem policial, realizada à noite e em lugar ermo da Cidade de Deus, foi revistado de forma violenta, e ao reclamar com o policial do procedimento exigiu ser tratado de outra forma, reivindicando seu *status* de trabalhador e participante de "projeto social". O policial respondeu que ele era muito "abusado", e que se ele fazia "projeto social" deveria "saber como se deve falar com a polícia". Nesse caso, se da parte de Kauã a expectativa era de que o "projeto" fosse servir como "passaporte", da parte do policial a expectativa era de que o jovem estaria "disciplinarizado".

Esse relato mostra como expectativas em relação ao "projeto social" estão articuladas: para uns, é o espaço que pode "limpá-los" de vinculações anteriores que seriam moralmente inaceitáveis; para outros, seria o espaço que "pacifica", que "disciplina" e ensina a "falar com a polícia" (uma maneira alternativa de ensinar o "sim senhor; não senhor" mencionado no primeiro exemplo). Em ambos os casos, o "projeto social" transforma o (potencialmente) perigoso em alguém que não porta riscos. O caso também é importante para o argumento porque evidencia como o "projeto social" passa a ser acionado como proteção contra violência policial; como ele pode ser acionado também como "passaporte" em situações de barreiras (como revistas e abordagens policiais). Ele funciona como proteção porque existe uma expectativa, por parte dos outros moradores, dos pais e adultos, do poder público e da polícia, de que o "projeto social" modele o comportamento do jovem, tornando-o menos agressivo, rebelde, contestador e mais "pacificado" e dócil ("sim senhor, não senhor"). Esta articulação entre "projeto social" e disciplinarização (ou pacificação) reforça a suspeita, objeto de pesquisa atual, de que "projetos sociais" são parte importante do dispositivo disciplinar que está em curso hoje através do processo de ocupação militar das favelas.

Outro dado empírico que reforça a conexão entre "projetos sociais" e "pacificação" é o fato de que os jovens moradores da Cidade de Deus entrevistados destacam que um dos maiores impactos, até o momento, da "Pacificação" tem sido a oferta de "projetos sociais" para os jovens na localidade — segundo os entrevistados, as "oportunidades que apareceram por causa da UPP".

> [Pesquisadora: "Eu queria saber o que é que tem de bom e o que é que tem de ruim em morar aqui"]. Eu acho que não só aqui na Cidade de Deus, mas em qualquer comunidade, [o bom] são as oportunidades. Eu acho que o governo, os órgãos [públicos] estão sempre olhando para os jovens da comunidade. Muitas pessoas falam que não têm oportunidade, mas têm. Aqui na Cidade de Deus tem milhares de cursos de capacitação, milhares de escola

para as crianças estudarem. [...] [Pesquisadora: "E sempre foi assim?"] Não, tinha bem menos, agora tem bastante; antigamente era só voltado para os jovens, e eram poucos. [...] agora tem pra jovens, adultos e idosos. Tem pra todo mundo, para todas as idades [Igor, 22 anos, estudante do ensino superior e participante de projetos sociais, morador da Cidade de Deus. Entrevista realizada em 2011].

Assim, acredito que se estabelece uma correlação entre a forma como a "violência urbana" está enquadrada atualmente, especialmente sua dimensão de criminalização da juventude de favela, o "repertório dos projetos sociais" e o processo de gestão das populações marginalizadas das favelas. Investigar como se imbricam essas diversas dimensões e como compõem o contexto das transformações atuais do Rio de Janeiro é uma agenda de pesquisa necessária neste momento.

Considerações finais

Ao analisar os três contextos de pesquisa, busquei argumentar que o formato de atuação através de "projetos sociais", pelo qual as ONGs agem especialmente nos territórios das favelas, está "ajustado" ao dispositivo disciplinador que é imposto aos moradores de favelas, sendo a ocupação policial realizada pelas unidades de polícia pacificadora uma de suas expressões atuais. Esse "ajustamento" tem consequências tanto para os jovens que dele participam quanto para a organização coletiva de moradores de favelas.

Em relação aos jovens moradores de favela que são objeto dessa atuação, o "projeto" exerce a função de disciplinarização de seus corpos (através da restrição da circulação e do combate ao ócio). Mas a disciplina é também moral, ao transmitir valores de como o favelado deveria ser (dócil, que responde "sim senhor, não senhor"), e também qual o novo lugar da favela e de seus moradores na cidade que agora se configura. É nesse sentido que a busca pela "conversão" dos moradores de favelas em empreendedores se torna cada vez mais um tema no rol de atuação das organizações não governamentais. Assim, o empreendedorismo coletivo, que promove a organização coletiva de jovens moradores de favelas para a intervenção em seus territórios de moradia e pertencimento, é hoje a base de muitos "projetos sociais" reconhecidos no país e no exterior. A meu ver, conforma-se assim um dispositivo de controle e gestão que pode, contudo, ser agenciado, por essa mesma população que se pretende controlar e gerir, para criar novos espaços e formas de atuação e organização coletiva nessas localidades.

Porém, o formato "projeto social" representa um desafio para organização de moradores, pois condiciona a ação coletiva dos moradores de favelas engajados nessas organizações, em função das regras para se ter sucesso dentro do "mercado de projetos sociais". Ainda que as ONGs venham se constituindo como meio de atuação pública para muitos moradores de favelas, as obrigações com financiadores e parceiros exigem desses grupos o uso de um repertório "ajustado" à "gramática da 'violência urbana'" (Silva, 2010), que representa a favela como lócus da violência e os favelados como potenciais bandidos.[30] Ainda segundo Silva, essa gramática, que sustenta moral e cognitivamente a criminalização dos moradores de favelas, permite variações de repertório, e é como um dos repertórios possíveis para a gramática da violência urbana que compreendo o "repertório dos projetos sociais".

É importante destacar que as motivações para o engajamento em organizações não governamentais e a realização de projetos como os citados aqui são variadas: independentemente das motivações, interessa-me como o "repertório dos projetos sociais" é acionado.[31] Nesse sentido, acredito que as ONGs operem a partir de um repertório que reifica as representações estigmatizantes sobre as favelas e seus moradores e, portanto, que estaria adequada (ou "ajustada") à gramática da violência urbana nos termos expostos acima. Desse repertório, é central a categoria que identifica os jovens moradores de favelas como "em situação de risco social".

Todavia, dentro do contexto do "repertório dos projetos sociais" há um deslize entre esses diferentes sentidos, e "estar em risco" se metamorfoseia em "ser de risco"; por isso esse tipo de iniciativa sempre apresenta entre suas preocu-

---

[30] Para Silva (2010:284 e segs.), a "gramática da violência urbana" seria um "complexo prático--discursivo que combina o sentimento difuso de medo, uma (errônea) percepção de 'ausência do Estado' e demandas de mais repressão, cujo resultado mais geral é a criminalização da pobreza" (Silva, 2010:284). Tal enquadramento do problema da segurança pública no Rio de Janeiro configura uma linguagem prática (ou "gramática") que produz uma compreensão sobre "boa parte da vida cotidiana nas grandes cidades", na qual a violência e o crime são entendidos como uma unidade que ameaça permanentemente "a integridade física e patrimonial das pessoas", e que se irradia para a cidade a partir dos territórios das favelas, local de atuação dos grupos armados de traficantes de drogas.

[31] Por experiência própria, sei que muitos dirigentes de ONGs vivem pressionados pela necessidade de obter financiamentos, e que muitas vezes o tempo de reflexão sobre o que fazem é tomado pelas tarefas de prestar contas e pedir dinheiro. Contudo, não estão em questão aqui as boas intenções, o pragmatismo ou o compromisso desses profissionais, e sim o enquadramento em que se dá seu trabalho.

pações a ociosidade dos jovens, e apresenta como solução para tal a disciplinarização de seu corpo e a ocupação de seu tempo, através de atividades como a formação em temas abstratos, tais como ética, cidadania e meio ambiente, como descrito pelo Ministério do Trabalho e Emprego, a respeito do projeto "Consórcios Sociais da Juventude" (MTE, 2013). Assim, a categoria "risco social", na forma como é operada por esse repertório, coloca sobre os jovens moradores de favelas o símbolo da criminalidade violenta, ainda que aqueles que a operam estejam, como acredito ser o caso na maioria das vezes, interessados em chamar a atenção para a situação de negação de direitos em que vive esse grupo social.

Assim, esse "repertório dos projetos sociais" mobiliza símbolos que vão de encontro às tentativas de apresentar outras representações sobre as favelas e os jovens favelados, cristalizadas na proposta de mostrar "o outro lado das favelas". O "repertório dos projetos sociais" orienta práticas que criminalizam os moradores de favelas, apesar de serem operadas por agentes que se identificam como representantes desses, como atores legítimos de sua autorrepresentação. Dessa forma, trata-se de uma operação de identificação que define os jovens como potencialmente perigosos, e que, portanto, devem ser objeto de uma ação estatal específica para eles, que controle seu tempo e sua circulação. Birman destaca que os processos de identificação dos grupos favelados não os reconhecem como portadores de direito, ao contrário, e as políticas que sobre eles incidem controlam seus comportamentos e seu acesso à cidade. Nesse sentido "[...] identificar pessoas e grupos não é uma atividade inócua [...]" (Birman, 2008:100).

Por fim, é preciso destacar que as continuidades apresentadas aqui em relação à forma e ao conteúdo dos "projetos sociais" nos três contextos de pesquisa — localizados em momentos diferentes no tempo — podem, à primeira vista, equalizar os diferentes contextos de relação entre favelas e cidade. Todavia, trata-se de contextos diferentes. Se por um lado as favelas permanecem sendo vistas como diferentes da cidade (o "outro" da cidade), por outro lado surge no momento atual um novo lugar social para elas. O projeto das UPPs e dos grandes eventos diferenciam as favelas entre aquelas que participam desses projetos (ainda que de forma subalterna e submissa) e as que estão excluídas deles. Para as primeiras, os "projetos sociais" e o "desenvolvimento local" estimulado pelo "empreendedorismo" (ligado principalmente ao mercado cultural e à atividade turística) são abundantes e recolocam esses territórios de outra forma dentro da cidade. Para as últimas, resta a imagem do lócus do perigo e da pobreza que abate a cidade.

Também é preciso ressaltar que, quando falamos em favelas "pacificadas", estamos nos referindo a territórios ocupados militarmente por uma força que historicamente se relaciona com as populações locais como se estas fossem exércitos inimigos. Ainda que dados de pesquisa apontem para a redução dos índices de letalidade, a relação entre policiais e moradores de favela permanece tensa, desigual e antidemocrática. Nesse sentido, convivem lado a lado como dispositivos de disciplinarização e controle os "projetos sociais" e o exercício da força armada, ambos buscando implementar um modelo "pacificado" e "disciplinado" de "estar na cidade", ou de fazer parte do Rio de Janeiro. No exercício dessa disciplina, definem quais formas de estar no território são vistas como problemáticas, arriscadas, perigosas ou ilegais — no caso, aquelas que se encontram fora de espaços de vigilância, que ocupam a rua, que aglomeram pessoas, que são consideradas ociosas etc. Outras formas, particularmente aquelas que representam a passagem por um espaço de socialização vigiado, são vistas como adequadas e seguras. Assim, retorno à formulação proposta por Foucault (2005) a respeito do poder disciplinador e sua relação com o biopoder: a disciplina dos sujeitos (realizada pelos "projetos sociais") e a gestão da população (em curso com as UPPs) estão articuladas na sociedade da norma, sendo assim complementares.

Desse modo, a passagem pelo "projeto social" cria diferentes formas de pertencimento à cidade, gerando diferentes estatutos que normatizam (e normalizam) formas excepcionais de tratamento de grupos sociais. Ao serem uma possibilidade de escapar da exceção (que pode ser tanto o tratamento estigmatizante quanto a imprevisibilidade que orienta os contatos com a polícia), os "projetos sociais" participam ativamente do processo que transforma essa exceção em regra.

Referências

AFROREGGAE. Memória. *Site institucional* [s.l.], 2011. Disponível em: <www.afroreggae.org/memoria>. Acesso em: 25 ago. 2011.
ANTUNES, R. *Os sentidos do trabalho*. São Paulo: Boitempo, 2000.
_____. Afinal, quem é a classe trabalhadora hoje? *Revista da Rede de Estudos do Trabalho*, Marília, SP, ano II, n. 3, 2008. Disponível em: <www.estudosdotrabalho.org/5RicardoAntunes.pdf >. Acesso em: 25 set. 2012.
BECK, Ulrich. *Sociedade de risco*: rumo a uma outra modernidade. São Paulo: Ed. 34, 2012.
BIRMAN, P. Favela é comunidade? In: SILVA, Luiz Antonio Machado da (Org.). *Vida sob cerco*: violência e rotina nas favelas do Rio de Janeiro. Rio de Janeiro: Nova Fronteira, 2008. p. 99-114.
BOLTANSKI, L.; THÉVENOT, L. *De la justification*: Les économies des grandeurs. Paris: Gallimard, 1991.

_____; CHIAPELLO, E. *Le Nouvel esprit du capitalisme*. Paris: Gallimard, 1999.

CARDIA, N.; ADORNO, S.; POLETO, F. Homicídio e violação de direitos humanos em São Paulo. *Estudos Avançados*, São Paulo, v. 17, n. 47, 2003.

CASTEL, R. La Dynamique des processus de marginalisation: de la vulnérabilité à la désaffiliation. *Cahiers de Recherche Sociologique*, n. 22, p. 11-27, 1994.

_____. *As metamorfoses da questão social*: uma crônica do salário. Petrópolis: Vozes, 1998.

FLEURY, S. Militarização do social como estratégia de integração: o caso da UPP do Santa Marta. *Sociologias*, Porto Alegre, v. 30, p. 194-222, 2012.

FOUCAULT, M. *Em defesa da sociedade*. Rio de Janeiro: Martins Fontes, 2005.

_____. *A arqueologia do saber*. Rio de Janeiro: Forense, 2008.

_____. *Surveiller et punir*: naissance de la prison. Paris: Gallimard, 2011.

FREIRE-MEDEIROS, B.; ROCHA, L. M. Uma pequena revolução: arte, mobilidade e segregação em uma favela carioca. In: CONGRESSO BRASILEIRO DE SOCIOLOGIA, 15., 2011, Curitiba, PR. *Anais...* Sociedade Brasileira de Sociologia: Porto Alegre: 2011.

GIDDENS, A. *As consequências da modernidade*. São Paulo: Unesp, 1990.

_____. Risk and Responsibility. *The Modern Law Review*, Hoboken, NJ, v. 62, n. 1, p. 1-10, jan. 1999. Disponível em: <http://sociologos.insa-lyon.fr/files/rte/file/SOCIOLOGOS/RESSOURCES/DECISION/risque_Giddens_Risk-and-Responsibility.pdf >. Acesso em: 20 set. 2012.

JEGANATHAN, P. Checkpoint: Antropology, Identity, and the State. In: DAS, V.; POOLE, D. (Ed.). *Anthropology in the Margins of the State*. Oxford: James Currey, 2004.

LEITE, M. P. Da metáfora da guerra ao projeto de pacificação: favelas e políticas de segurança pública no Rio de Janeiro. *Revista Brasileira de Segurança Pública*, v. 6, p. 374, 2012.

MELLO, E. F. O T. de. *Luz, câmera, ação*: Cidade de Deus entre histórias e memórias. Tese (doutorado) — Programa de Pós-Graduação em Ciências Sociais, Universidade do Estado do Rio de Janeiro, Rio de Janeiro, 2010.

MINISTÉRIO DO DESENVOLVIMENTO SOCIAL (MDS). *Política Nacional de Assistência Social*. Brasília, DF: MDS, 2013. Disponível em: <http://www.mds.gov.br/falemds/perguntas-frequentes/assistencia-social/assistencia-social/usuario/pnas-politica-nacional-de-assistencia-social-institucional>. Acesso em: 27 maio 2013.

MINISTÉRIO DO TRABALHO E EMPREGO (MTE). Apresentação. In: _____. *Políticas de Juventude*: ProJovem Trabalhador. Consórcios Sociais da Juventude. Brasília, DF: MTE, 2013. Disponível em: <www.mte.gov.br/politicas_juventude/projovem_cons_apresentacao.asp>. Acesso em: 26 maio 2013.

NOVAES, R. R. Juventudes cariocas: mediações, conflitos e encontros culturais. In: VIANNA, H. (Org.). *Galeras cariocas*: territórios de conflitos e encontros culturais. Rio de Janeiro: UFRJ, 2003. p. 117-158.

OST, Sabrina; FLEURY, Sônia. O mercado sobe o morro: a cidadania desce? Efeitos socioeconômicos da pacificação no Santa Marta. *Dados — Revista de Ciências Sociais*, Rio de Janeiro, v. 56, n. 3, p. 635-671, 2013.

PANDOLFI, D.; GRYNSPAN, M. *A favela fala*: depoimentos ao Cpdoc. Rio de Janeiro: FGV, 2003.

ROCHA, Lia de Mattos. *O novo discurso da qualificação profissional*. 2002. 200 f. Dissertação (mestrado em sociologia e antropologia) — Instituto de Filosofia e Ciências Sociais, Universidade Federal do Rio de Janeiro, Rio de Janeiro, 2002.

_____. *Uma favela diferente das outras?* Rotina, silenciamento e ação coletiva na favela do Pereirão, Rio de Janeiro. Tese (doutorado) — Instituto Universitário de Pesquisas do Rio de Janeiro, Rio de Janeiro, 2009.

_____; ARAÚJO, E. S. Programa Nacional de Estímulo ao Primeiro Emprego no Rio de Janeiro: desafios para a inserção no mercado de trabalho. In: ENCONTRO NACIONAL DE ESTUDOS POPULACIONAIS, 16., 2008, Caxambu, MG. *Anais...* Associação Brasileira de Estudos Populacionais: Belo Horizonte, 2008. Disponível em: <www.abep.nepo.unicamp.br/encontro2008/docspdf/ABEP2008_1633.pdf>. Acesso em: 1 jun. 2011.

SILVA, Luiz Antonio Machado da. A continuidade do "problema da favela". In: OLIVEIRA, L. L. *Cidade*: histórias e desafios. Rio de Janeiro: FGV, 2002.

_____. Violência urbana, segurança pública e favelas: o caso do Rio de Janeiro atual. *Caderno CRH*, Salvador, v. 32, n. 59, p. 283-300, maio/ago. 2010.

_____; LEITE, M. P. Violência, crime e política: o que os favelados dizem quando falam desses temas? In: SILVA, Luiz Antonio Machado da (Org.). *Vida sob cerco*: violência e rotina nas favelas do Rio de Janeiro. Rio de Janeiro: Nova Fronteira, 2008. p. 47-76.

SLATER, D. Repensando as espacialidades dos movimentos sociais. In: ALVAREZ, S.; DAGNINO, E.; ESCOBAR, A. (Org.). *Cultura e política nos movimentos sociais latino-americanos*: novas leituras. Belo Horizonte: UFMG, 2000. p. 503-533.

SOARES, L. E. O Mágico de Oz e outras histórias sobre a violência no Rio. In: _____ et al. *Violência e política no Rio de Janeiro*. Rio de Janeiro: Relume-Dumará, 1996. p. 251-272.

SOUZA, P. L. A. de. *Em busca da autoestima*: interseções entre gênero, raça e classe na trajetória do grupo Melanina. Dissertação (mestrado) — Programa de Pós-Graduação em Sociologia e Antropologia, Universidade Federal do Rio de Janeiro, Rio de Janeiro, 2006.

SPOSITO, M. P.; CARRANO, P. C. R. Juventude e políticas públicas no Brasil. *Revista Brasileira de Educação*, Rio de Janeiro, n. 24, p. 16-39, set./out./nov./dez. 2003.

TELLES, V. da S. Mutações do trabalho e experiência urbana. *Tempo Social*, São Paulo, v. 18, n. 1, jun. 2006.

_____. *A cidade nas fronteiras do legal e ilegal*. Belo Horizonte: Argvmentvm, 2010.

TILLY, C. *From Mobilization to Revolution*. Nova York: Newberry Award Records, 1978.

URRY, J. *Mobilities*. Londres: Polity Press, 2007.

VALLADARES, L. P. *A invenção da favela*: do mito de origem a favela.com. Rio de Janeiro: FGV, 2005.

ZALUAR, A. *A máquina e a revolta*. Rio de Janeiro: FGV, 1985.

CAPÍTULO 15

Sociabilidade de grades e cadeados e ordem de tranquilidade: da cidadania dos adimplentes à "violência urbana" em condomínios fechados da Zona Oeste do Rio de Janeiro

JUSSARA FREIRE*

SÃO INÚMERAS AS referências nas seções de cartas de leitores de jornais e revistas, em blogs, sites, jornais televisivos e outros meios de comunicação que relacionam o pagamento de taxas e impostos diversos com dispositivos que incluiriam contribuintes adimplentes no universo dos mais "aptos a serem incluídos na cidadania". Recentemente, denunciando a "presença maciça de embarcações de grande porte no litoral de Ipanema e Copacabana",[1] o jornal *O Globo* buscou dar voz aos moradores desses bairros, tornando públicas suas preocupações com o "impacto na paisagem" e com a "poluição do mar". Maria Luíza, aposentada, mora há 30 anos em Ipanema, e assim manifesta sua indignação:

> Acho um absurdo. Já pagamos um IPTU[2] caríssimo para ter algum conforto e ainda precisamos aguentar essa afronta à paisagem e ao meio ambiente. Também tenho medo de que estes navios poluam as águas das praias, como já ocorre com os emissários submarinos.[3]

Maria Luíza aparece na fotografia vestida com um casaco de frio listrado, com conotação marinha, e com um chapéu de tecido e uma bolsa tiracolo, em pé na calçada da praia de Ipanema, olhando o mar com certa melancolia — como se recordasse os tempos em que não circulavam tantos barcos no mar e

---

* Jussara Freire é professora adjunta da Universidade Federal Fluminense (polo universitário de Campos dos Goytacazes) e membro do Coletivo de Estudo sobre Violência e Sociabilidade (Cevis).
[1] *O Globo*, 15 jun. 2012, p. 11-12.
[2] Imposto sobre a propriedade predial e territorial urbana.
[3] *O Globo*, 15 jun. 2012, p. 12.

em que *sua* paisagem era, então, preservada. Abaixo da foto, há a citação de sua primeira frase, com aspas e em tamanho grande, detalhe que destaca e aumenta literalmente a fala dessa moradora.

A indignação de Maria Luíza mobiliza um repertório singular: "o pagamento do IPTU" em nome de um "nós" ("pagamos"). Em outros termos, Maria Luíza, para ser ouvida no espaço público, apela para seu estatuto de contribuinte adimplente como um ponto nodal que ancora e legitima sua reivindicação de moradora de Ipanema: limitar a circulação de barcos nos mares dos "nossos" bairros. Os estatutos de inadimplência e de adimplência tornam-se, portanto, um primeiro critério que, no interior desse discurso, divide moralmente a cidade. Longe de problematizar o imposto como um *dever cidadão*, Maria Luíza o compreende como uma condição que garante (ou, segundo ela, deveria garantir) o conforto daqueles que pagam mais impostos. Nesse discurso, o pagamento do imposto e sua contrapartida pouco se relacionam com uma *linguagem republicana e universalista dos direitos*. A fala de Maria Luíza permite extrair outra consideração: seu estatuto de adimplente, que justifica sua busca de conforto (evocado por seu olhar nostálgico perdido no mar) se entremeia, de forma turva, com uma linguagem situada dos direitos na cidade do Rio de Janeiro. O conforto que Maria Luíza preza (e pelo qual paga) é um elemento central para compreender seu engajamento circunstancial — mesmo que apenas na situação de elaboração da matéria em análise — como porta-voz dos moradores de Copacabana e de Ipanema (um "nós"), cujas rotinas são afetadas pela "presença maciça" dos barcos que circulam no mar. O desconforto não surge aqui a partir de aspectos que afetam diretamente seu corpo ou aquele de seus próximos, mas é associado a um incômodo sensitivo, ou melhor, a uma "afronta [visual] à paisagem e ao meio ambiente", ponto final de sua indignação. É nessa situação que o argumento dos impostos surge como crítica, desta vez mais explícita, a uma suposta ausência do Estado que não intervém para reduzir o mal-estar e a indignação de Maria Luíza.

O episódio narrado nos sugere uma chave analítica central para compreender a relação possível entre as críticas desse tipo de moradores e as moralidades que segregam a cidade: de um lado, a ameaça da invasão dos territórios da cidade constituídos de/para *cidadãos de primeira categoria, humanos*, por *não humanos* (neste caso, barcos, mas, como veremos a seguir, qualificação que pode designar outros moradores da cidade), cujos direitos não são reconhecidos justamente pelo seu *estado de não humanos*; de outro, os sentimentos de indignação que fundamentam sua avaliação de "ausência do Estado" podem, retoricamente, ser compreendidos como uma busca de defesa da "presença do

Estado" para defender a causa de *cidadãos de primeira categoria*: a defesa de suas paisagens e de seu conforto.

Neste capítulo, proponho levar a sério a construção de repertórios gramaticais de camadas médias que acionam seu estatuto de contribuintes para estabelecer uma gradação cognitiva de *cidadanias* na cidade do Rio de Janeiro.[4] Meu argumento consiste em que o acionamento desse recurso moral mobiliza dispositivos que buscam legitimar a ordem da cidade como se encontra, ao excluir moralmente alguns de seus moradores — e especialmente os favelados — do que Boltanski e Thévenot (1991) designam de uma *humanidade comum*. Nesse trabalho, os autores propuseram um recorte analítico que permite analisar críticas ordinárias enfocando os momentos de disputas, ou provas, entre "grandes" e "pequenos" a partir de um eixo analítico que segue um movimento crítico singular/geral. Tal oscilação realiza-se em função do que eles denominam *cidade* (*cité*): um modelo de humanidade comum, mundo situado no qual existe um acordo em relação aos princípios do que é justo para seus membros, bem como em relação a um bem comum visado, o qual permite estabelecer uma relação de equivalência entre os seres. Na disputa, esse acordo, que concerne às relações de equivalência, é ameaçado, e as partes conflitantes questionam a relação de grandeza. O "bem comum" é um componente do dispositivo de justificação que viabiliza a *humanidade comum* e a definição de ordens de grandeza de uma dada situação.

Neste texto, mobilizo a noção de dispositivo a partir de duas abordagens. Em primeiro lugar, a proposta foucaultiana contribuiu para a formulação do problema deste trabalho, quando remete a uma rede de elementos heterogêneos (Foucault, 1994), como o "dito" e o "não dito", a partir da qual pode ser analisada a coexistência de componentes tradicionalmente considerados inconciliáveis entre eles na argumentação (Peeters e Charlier, 1999). Nessa aceitação, a reapropriação que faço da noção me permitiu problematizar a rede de elementos aparentemente pouco compatíveis entre "os direitos" e as reivindicações de tratamentos estatais diferenciados por parte daqueles que se consideram contribuintes e, por este motivo, "mais dignos" de ser tratados pela "cidadania". Essa perspectiva permitiu analisar como o poder se exerce nestas situações através

---

[4] Agradeço a Luiz Antonio Machado da Silva, Fábio Araújo, Alexandre Werneck e aos membros do Cevis pelas preciosas sugestões, interlocuções e leituras durante a pesquisa e na elaboração do presente capítulo. Agradeço especialmente a Cesar Pinheiro Teixeira, interlocutor de destaque em todas as etapas da pesquisa, por contribuir substantivamente para a elaboração do problema que apresento neste capítulo e pela generosidade de comentar e rever sua versão final. Agradeço ainda a Hernán Armando Mamani pelas sugestões, apoio e contínua presença, que me permitiram dar um "ponto final" a um texto que me parecia nunca terminar.

dos modos segundo os quais os condôminos acionam certos dispositivos, no caso em análise, técnicos e discursivos. Em segundo lugar, Boltanski e Thévenot (1991), Boltanski (1990) e Boltanski e Chiapello (1999) colocaram no cerne de suas inquietações a noção de dispositivo para a análise das situações de provas e de disputas, inspirando-se na obra de Bruno Latour (1989). Para esses autores, o dispositivo é um ajuntamento de objetos, regras, e convenções (por exemplo, o direito) orientados na direção da justiça (Boltanski e Chiapello, 1999). Através dos dispositivos, é possível, de um lado, enquadrar a situação de prova ou de disputa, pois estes sustentam os princípios de justiça, e, de outro, avaliar os princípios de justiça presentes em uma situação específica. No entanto, ao invés de considerar o dispositivo genérico e fixo, os autores destacaram que ele pode ser universalmente situado. Assim, numa perspectiva situacionista, os dispositivos são conjuntos heterogêneos de homens e coisas (ou não humanos) que sempre variam pelo fato de os próprios participantes — seus estados e estatutos — disporem de equipamentos mentais e físicos que também variam de uma situação para outra. Logo, os não humanos são actantes, como os humanos, constantemente passíveis de serem mobilizados, redefinidos e ressignificados. O dispositivo é uma associação sempre prestes a ser recomposta ou reconfigurada, uma mediação que redefine constante e reciprocamente a relação entre humanos e não humanos. Pode-se observar que essas duas propostas dialogam uma com a outra, ainda que a segunda apresente uma crítica em relação à primeira. No entanto, me arrisco a considerá-las simultaneamente pelo fato de que os problemas trazidos por ambas permite analisar mais finamente a continuidade entre uma disputa em um horizonte de força e os não humanos que viabilizam a coexistência entre a força e a justiça. Em outros termos, proponho analisar como o dispositivo pode ser mobilizado em situações de acordo e de disputas que envolvem a coexistência do mundo público com o mundo da força (Cf. Silva, 2008; Feltran, 2011).

Em minha análise, apenas me inspirarei nesse recorte, adaptando as ferramentas analíticas ao meu objeto, uma vez que o pressuposto de universalidade que conduz essa proposta em cada *cité* não é, como já posso adiantar, uma característica do regime de ação[5] em análise. Veena Das afirma em uma recente entrevista:

> A "humanidade comum" não é dada. [...] Acho que há uma questão interessante sobre como as premissas de humanidade comum funcionam em

---

[5] O regime de ação se refere a um modo comum de enquadrar uma situação pelos seus participantes a partir dos princípios morais e da ordem que regem esse espaço-tempo (cf. Boltanski, 1990).

formas sobrepostas de vida. Quem reivindica esses termos? Eles permanecem no nível das opiniões? Quando eles são incorporados como palavras disponíveis? Que recursos essas premissas oferecem aos que podem usá-las "como se" fossem verdadeiras? [Misse et al., 2012:351].

Ainda que essa afirmação não seja necessariamente contraditória com a proposta de Boltanski e Thévenot (1991), a autora aponta para a relação entre a humanidade comum e sobreposição de formas de vida. Por aproximação, a sobreposição de vários princípios superiores comuns, em princípio pouco compatíveis em um mesmo espaço-tempo, torna-se elemento analítico importante para compreender como estes orientam o trabalho de definição de uma mesma situação pelos seus atores. A força (ou *violência*, no sentido de Feltran, 2011) aparece em diferentes ordens sociais situadas de forma transversal, o que contribui para a compreensão da sobreposição de formas de vida em situações diversas, cujos enquadramentos tornam tênues as fronteiras entre o público e a violência.

Seguindo essa perspectiva, busco analisar os enquadramentos morais da *cidadania* na cidade do Rio de Janeiro a partir da particularidade dessa categoria na vida cotidiana carioca e de sua implicação no trabalho cognitivo de classificar os aptos a serem tratados por ela, bem como os não (ou pouco) aptos — isto é, aqueles que não são reconhecidos como plenamente cidadãos. Sustento que esse questionamento aponta para uma degradação e uma deterioração do *estado de humano* desses moradores, vistos como inadimplentes, e portanto não dignos de serem tratados pelo regime de justificação pública carioca. Questionando seu *estado de humano* ou de cidadão mediante a degradação de sua *humanidade* e, portanto, separando discursivamente *humanos* de *não humanos*, o tratamento pelos direitos encontra-se — argumento e pretendo demonstrar no que se segue — simultaneamente interrogado e hierarquizado. Nessa operação cognitiva realizada por parte das camadas médias cariocas, *não humanos* não são passíveis de ser tratados pelos direitos da mesma forma que os *humanos*, diferentemente daqueles que *comprovam* sua cidadania — e, de certa forma, seu *estado de humano* — através de seu estatuto de adimplente.

Dialogando com os outros coletivos estudados nesta pesquisa (policiais, moradores de favelas e advogados "defensores dos direitos humanos"), esse conjunto de questões norteou minha observação de inspiração etnográfica, que realizei em um condomínio de Jacarepaguá (Zona Oeste do município do Rio de Janeiro),[6] visando compreender como seus moradores tematizam a *violência*

---

[6] Operando, portanto, com um recorte possível e não exaustivo das camadas médias cariocas.

urbana e os *direitos humanos*.[7] Nos itens que se seguem, apresento parte dos resultados dessa pesquisa, analisando as críticas ordinárias desses moradores e dos dispositivos por eles acionados, que engendram um repertório específico de *cidadania*. Antes, porém, descrevo os ambientes rotineiros e residenciais onde essas categorias são problematizadas e ambientadas.

O condomínio e seus dispositivos de controle e vigilância

O Condomínio Solar[8] está localizado em uma rua central de Jacarepaguá (na Zona Oeste da cidade do Rio de Janeiro) a 500 m da Cidade de Deus.[9] Composto de 170 casas — as mais antigas construídas nos anos 1960 —, seus moradores pagam hoje uma taxa de condomínio de R$ 180. No portão de ferro da entrada, pode-se observar uma placa branca e vermelha na qual está escrito "moradores". À esquerda, já entrando no condomínio, a guarita de tijolo abriga os porteiros e os seguranças, que vigiam atentamente os movimentos de entrada e saída no lugar. Seis funcionários, todos moradores da Cidade de Deus, dividem os turnos durante o dia. À noite, a segurança é realizada por vigias terceirizados, cuja agência responsável foi contratada pelo síndico. Um porteiro diurno explicou-me que o critério de escolha dos funcionários diurnos (ser morador da Cidade de Deus) foi o meio encontrado pelos moradores para *assegurar a paz* no

---

[7] Refiro-me ao projeto "Direitos Humanos e Vida Cotidiana: Pluralidade de Lógicas e 'Violência Urbana'", financiado pela Faperj e coordenado por mim, que contou com a participação dos pesquisadores Cesar Teixeira, Juliana Farias e Fábio Araújo. A pesquisa teve por objetivo reconstituir o arranjo de moralidades possíveis e presentes na cidade do Rio de Janeiro e, assim, compreender alguns dos significados atribuídos à cidadania nesse contexto metropolitano. Cada pesquisador desenvolveu um eixo da investigação, o que nos possibilitou analisar as moralidades produzidas em torno das temáticas "violência urbana" e "direitos humanos", por quatro tipos de coletivos (respectivamente, moradores de condomínios fechados, policiais militares, advogados que atuam em defesa dos direitos humanos e familiares de vítimas de violência policial), nos quais o reconhecimento dos atores como dignos de serem percebidos e classificados, de forma igualitária e simétrica, em uma "humanidade comum", não era *taken for granted*.

[8] Para preservar o anonimato dos moradores, foram alterados nomes, datas e determinados lugares. Não creio que esses cuidados, derivados de exigências éticas, tenham afetado a fidedignidade da descrição. Só não alterei os nomes de Jacarepaguá e da Cidade de Deus por considerar que essas informações eram importantes para a compreensão do texto e que sua referência não afetava a identificação dos entrevistados (pela grande quantidade de condomínios do mesmo tipo na região). Mantive o nome do condomínio por se tratar de um complexo residencial muito grande e facilmente identificável por ser um dos primeiros construídos na cidade do Rio de Janeiro.

[9] Conjunto habitacional popularizado pelo filme homônimo (dirigido por Fernando Meirelles, 2002) que explorou a "violência urbana" na localidade, aproximando-o dos sentidos usualmente atribuídos às favelas cariocas como "territórios da violência".

condomínio. A presença de porteiros "confiáveis" é percebida como uma forma de evitar qualquer transbordamento de "fora", isto é, da Cidade de Deus para "dentro", mediante uma atuação do profissional que consiste basicamente na vigilância e no controle permanente:

> Eu trabalho aqui... Aqui, tem gente de dinheiro... O pessoal é meu... Se acontecer qualquer coisa por aqui, a primeira pessoa visada é o porteiro... Se houver um problema, eu tenho a obrigação de ficar aqui, de ficar de um lado e do outro. Mas há com os moradores uma relação de confiança total. Muitos deixam comigo as chaves quando viajam para eu cuidar do cachorro ou [molhar suas] plantas... Se tiver maus pensamentos, o mau pensamento é do outro lado. Porque como do outro lado o pessoal sabe que tem gente de grana morando aqui, então, eles ficam me perguntando... Tentam sondar para saber se a casa vai ficar vazia, por exemplo... Para fazer malandragens. Na comunidade, eu entro e saio toda hora, e se acontecer alguma coisa dentro do condomínio, não tem jeito, o pessoal vai dizer que é o porteiro o responsável. Isso cria mais desconfiança. Então nada pode acontecer. Porque vão querer arrumar um culpado e o culpado sempre vai ser o porteiro. Tudo que acontece, eles vão dizer que é da Cidade de Deus. Se houver um roubo, vão dizer que é o pessoal da Cidade de Deus. E para a polícia, tudo vem da Cidade de Deus... Eu sei o que pensam alguns moradores, como somos da Cidade de Deus, eles querem que a gente avise os caras de lá... Que a gente fale o que aconteceu para o pessoal do tráfico... porque sabem o que vão fazer com o bandido. Mas para eu subir lá, eu tenho que ter certeza que o cara é dali... [...] Bem, nos condomínios daqui isso já aconteceu. Denunciaram assaltantes. Aí não foi apenas uma queixa só... foram várias, por parte de vários condomínios. Um morreu. Os outros geralmente castigam. [...] Por isso, a maioria dos contratados são da Cidade de Deus, têm maiores chances de controlar [Milton, porteiro diurno do Solar. Entrevista].

Entrando no condomínio pelo portão principal, encontramos uma praça extensa e uma quadra poliesportiva. Durante o dia, o cenário é sempre o mesmo: crianças brincam em uma área arborizada com diversos brinquedos (escorrega, casinha, balanços, cubos de plástico etc.); alguns moradores estão sentados nas mesas e bancos de cimento. Do outro lado, jovens jogam "peladas" em partidas que podem se estender até a noite, pois a quadra tem iluminação. Ao lado, outros moradores estão sentados na lanchonete do condomínio (que vende lanches, sopas, sucos, refrigerantes e cerveja) ou jogam sinuca.

Os estilos das casas são bastante heterogêneos e as mais antigas, menos exuberantes, estão concentradas nas ruas dos fundos. Na mesma área, acessível também pelo portão dos fundos, é possível ver ainda duas pracinhas, uma ao lado da outra, com brinquedos visivelmente mais antigos. Uma dessas praças, mais próxima ainda da Cidade de Deus, é considerada perigosa por moradores que falam de casos de estupro e de tiros frequentes no lugar. Por tal motivo, muitos dos pais proíbem seus filhos de brincar nessa praça — que não é abandonada, uma vez que alguns jovens a frequentam, encontrando-se ali ocasionalmente para fumar maconha. Um pouco antes de iniciar minha pesquisa de campo nesse condomínio, um dos porteiros me narrou que havia flagrado uns desses jovens em sua ronda[10] e denunciado o fato na reunião da associação de moradores, solicitando medida severa por parte de seus pais. No mesmo período, moradores revestiram as grades — que ofereciam "muita visibilidade" da área interna para quem se encontrava do lado de fora — de zinco pintado de branco.

Chico, casado com Gabi, uma das mais antigas moradoras do local, contou-me "a história do condomínio":

> Esse condomínio é uma *concessão da prefeitura*... É que tinha muitos roubos de botijões de gás há 20 anos e muitos assaltos... Aí, os moradores começaram a se cansar e a querer fazer alguma coisa... A verdade é que fecharam isso aqui na marra! [...] *Eu sou criado e nascido no pé do morro... Muitos daqui são antigos moradores de subúrbios...* No início, eu e Gabi éramos contra o fechamento... Mas os ricos tinham pavor de pobres... Tinham medo de assalto... Tinha! Tinha muito assaltos sim! Na praça [próxima à Cidade de Deus, antes da edificação dos muros do condomínio] então, era impossível sentar sem ser assaltado. *E o poder público era inexistente, a polícia corrupta...* Aí... Se formou um grupo de moradores, fechou tudo. De início, não era ainda uma associação, só depois... A prefeitura multava a associação por ter colocado um portão e umas grades... Eram muitas as multas... *No início, a gente recusava pagar a taxa do condomínio, porque a gente discordava com o fechamento... Mas aos poucos, a gente acabou aceitando...* Um morador, durante muito tempo, não queria pagar, ele era um policial... Aí se formou uma associação.... E ela começou a cobrar a taxa do condomínio. Ela entrou na Justiça para

---

[10] Os vigias do condomínio fazem a ronda por todo o seu território e são também fiscalizados. O dispositivo de fiscalização é um pequeno aparelho eletrônico fixado em um muro dessa praça. Todos eles tinham uma espécie de chave e, quando chegavam na praça, deviam encaixá-la no aparelho, que registrava a hora e passagem dos funcionários.

poder colocar um portão e botar grades. A associação elegeu a diretoria, que *regularizou tudo em cartório*. Aí, a gente começou a cobrar, *a verdade é que a gente colocou segurança!* A gente contratou uma firma e dois advogados e obrigamos a pagar [o casal acabou integrando a associação]. E era preciso cobrar porque serviços eram prestados! Quais eram estes serviços? A limpeza do condomínio, o lixo é de responsabilidade da prefeitura, a obtenção de uma licença para deixar os portões... *Como todo mundo era exposto à violência, todos os moradores acabaram topando, porque o condomínio fica ao lado da Linha Amarela* [via de alta velocidade cercada de favelas]. Na ação, o juiz acabou dando ganho de causa e fizemos um acordo com os moradores... *Nós também temos o direito constitucional de ir e vir!* [...] *A associação de moradores foi feita por grupos de pessoas que frequentam e se encontram. De uma situação de caos, houve uma organização para dentro. Antes tinha 35% de pessoas pagando, agora tem 80%* [Chico. Entrevista, grifos meus].

Em todas as situações de minha etnografia, Chico e Gabi se apresentaram como pessoas de classe média engajadas em "causas sociais", relacionando esse engajamento com a origem popular do casal e o trabalho de Chico, professor de uma escola pública na Cidade de Deus. Dessa forma, sua fala apresenta não somente a *história do condomínio*, mas, antes, a construção cognitiva que naturaliza a necessidade do enclave fortificado (Caldeira, 2000) a partir da adequação entre os sentidos de justiça desse ator com a justeza da medida de fechamento.

Várias sequências são nítidas nessa fala: na primeira, Chico faz uma confissão ("a verdade é") e reconhece a tensão gerada pelo recurso às grades (que aparece quase como uma imposição forçada, "na marra") que fecharam o condomínio. Na segunda, apresenta-se como um remanescente de camada popular, característica que é estendida imediatamente aos outros moradores do condomínio (antigos suburbanos). Na terceira, insiste em explicar sua discordância em relação ao fechamento, buscando coerência entre a origem do casal e o significado do fechamento. Também denuncia as percepções dos "ricos" em relação aos "pobres" em um movimento cognitivo que o afasta da possibilidade de ser considerado mais um "desses ricos que têm pavor de pobres". Na quarta, uma vez estabelecida a separação entre ricos preconceituosos e condenáveis e classes médias remanescentes de camada popular (com causas legíveis e inteligíveis pelas suas origens comuns e experiências residenciais), Chico se apresenta como uma voz legítima para colocar o problema da ameaça física aos moradores em relação à *violência urbana*, sem evocar, no entanto, essa categoria explicitamente. Nessa sequência, a denúncia dos assaltos que ocorrem antes do fechamento pode ser apresentada e relacionada com o fechamento. Relação realçada pela avaliação — de "ausência de Estado" — que destaca a justeza das medidas. Uma vez legitimado — pelo menos cognitivamente — o fechamento, as próximas sequências podem ser lidas como movimentos críticos em plena coerência com as percepções anteriores: a justeza da medida do fechamento precisa ser ancorada na lei. A associação se forma, nesse sentido, construindo uma causa: a de "colocar segurança" em uma área fronteiriça com a Linha Amarela e a Cidade de Deus. Vale destacar que a relação com a lei não se problematiza em torno da legalização, e sim em torno do bem fundado no pagamento da taxa de condomínio. A disputa em torno da aceitação dessa taxa, que legitima formalmente a criação do condomínio até então projetado "na marra", ancora-se no direito de "ir e vir" ou, pelo menos, na tematização desse direito por parte desse segmento. O acordo (que permite passar de 35% de moradores adimplentes para 80%) pode ser realizado apenas na medida em que todos percebem os "assaltos" e a proximidade com *áreas perigosas* como problemas a serem tratados com prioridade, o que se legitima através da decisão do juiz, reconhecendo, portanto, através desta, a *necessidade* (antes de seu direito)[11] de segurança para *esses moradores*. Para o argumento deste capítulo, importa que tal necessidade seja reconhecida como aquela dos *cidadãos de primeira categoria*. Enquadrada dessa forma, a legalização do condomínio se torna possível.

Nessa construção cognitiva, o condomínio pode se transformar *genuinamente* em *bom lugar para se morar*, porque é habitado por *cidadãos de primeira categoria*. Esta relação passa pelo pagamento das *diversas taxas da cidadania* (que não podem se limitar apenas ao IPTU, mas envolvem outras taxas para garantir a manutenção da ordem condominial).

Um bom lugar para se morar: o ambiente e a ordem de tranquilidade

Em uma manhã do inverno de 2009, observei os movimentos da praça, sentada em um dos bancos. No campo de futebol, pais jogavam bola com seus filhos

---

[11] Sobre a relação entre direito e necessidade e sua relação com decisões tomadas por juízes, cf. Carvalho (1990). Poder-se-ia, inclusive, fazer um paralelo entre as formas de problematizar a posse de moradores de favelas em audiências (como Carvalho estuda) e a resolução dos conflitos, descritos neste texto, em torno da legalização de condomínios desse tipo. A fala de Chico aponta para o fato de que os tipos de argumentos mobilizados por esse grupo de moradores não precisaram apelar para a honestidade dos atores ou para o fato de que são trabalhadores, diferentemente do trabalho de "limpeza moral" (Silva, 2008) que é feito pelos moradores de favelas que lutam contra as expulsões (Carvalho, 1990).

pequenos. Um pai, atuando como goleiro, maravilhava-se com cada tentativa de chute dos seus filhos. Outro pegava e abraçava seu filho, levantava-o, rodopiando-o. De repente, um dos pais saiu da quadra para encontrar a esposa que estava chegando, deixando seus filhos brincarem sozinhos. Logo depois, outro pai também se afastou deixando outra criança pequena sem supervisão de um adulto. Uma mãe chegou com suas duas filhas, de vestidos floridos, e todas se sentaram em volta de uma das mesas de pedra em um ambiente risonho. Havia duas crianças de três a cinco anos aproximadamente. As meninas carregavam malinhas cheias de brinquedos e com eles se divertiram por um tempo. Depois, correram pela praça rindo, enquanto a mãe, sentada, lia. As crianças foram encontrar uma amiga na lanchonete e correram até os balanços. Alguns minutos depois, correram pela praça até que uma das meninas gritou: "Cuidado, hein! Ali tem formigas! E essas formigas mordem!". Outra confirmou: "É! Tem um formigueiro aqui". A primeira prosseguiu: "São formigas vermelhas!". Em todas essas sequências, quer as crianças estivessem próximas ou mais distantes da mãe, esta não tirou seus olhos do livro em momento algum para vigiar suas filhas. Cerca de meia hora depois, a mãe interrompeu sua leitura, como se tivesse se lembrado de algo, e, preocupada, gritou: "Iris! Brinque no sol! Arrume uma brincadeira no solzinho!". Imediatamente, Iris chamou suas coleguinhas: "Vamos para o sol, porque aqui está muito frio!". As crianças brincaram mais um pouco, se despediram e saíram da praça.

Esse ambiente apresenta um estilo de vida *slow* (Noel, 2011), no qual os moradores desfrutam da *tranquilidade* oferecida pelo condomínio e que permite aos pais afrouxar a atenção em relação aos filhos. Um *bom lugar*, nesse sentido, caracteriza-se pelo conforto da atenção frouxa dos pais em relação a seus filhos e, portanto, pela suspensão da tensão vivenciada pela circulação extracondominial. A sociabilidade intracondominial pode apresentar tensões de outra natureza (como observei em relação a vários moradores, quando descrevem conflitos de vizinhança), mas nenhuma que seja vivenciada como uma ameaça ou exposição física para si e para seus familiares. A atenção frouxa é o que torna possível o depósito do sentimento de confiança na sociabilidade intracondominial e, por esse meio, contribui intensamente na construção da *ordem de tranquilidade*. Esse estilo de vida pode ser relacionado, inclusive, com a restrição de circulação dos moradores em outras áreas da cidade (exceto para alguns jovens).

Ao longo da etnografia, observei uma insistência dos moradores em relacionar seu condomínio com a ideia de *bom lugar para se morar*.

Não tenha dúvida, aqui oh... é uma infância muito feliz. O que acontece? Onde é que você pode deixar o seu filho andando de bicicleta no meio da rua, jogando futebol dentro do condomínio, jogando basquete dentro do condomínio, convivendo na pracinha no final de semana, batendo papo até a uma da manhã. Onde é que você pode fazer isso? Eles vão criando vínculos. E é uma infância feliz porque se não fosse eles não voltariam, são adultos. São adultos casados morando na Tijuca. Por que que voltam? [Gabi. Entrevista].
É tranquilo, eu acho tranquilo, pelo menos pra nós aqui, porque a gente fala com todo mundo, se dá com todo mundo [Chico. Entrevista].
Ah... o dia a dia? Ah, o relacionamento é assim... muito amigável... é... bastante solidário, sabe, é... bem que... tanto compartilha de lazer, como das dificuldades e prazeres, é tudo muito trocado aqui, sem... perder a privacidade. Ninguém interfere demais na vida do outro, de ficar chateando. É tudo muito *light*. E muito bem, a gente se dá muito bem com solidariedade, no lazer, sem... incomodar [Letícia. Entrevista].
Esse lugar é muito bom para os nossos jovens. É muito bom. Ele faz bons meninos [uma moradora do Solar, fala anotada no diário de campo].

Essas falas, somadas à descrição do ambiente e das medidas de segurança do condomínio analisadas anteriormente, apontam para um constante esforço dos moradores para criar e preservar a *ordem da tranquilidade*. Ordem que aparece como legítima, por parte desses atores, a custo de uma separação entre *bons* e *maus* lugares. Nessa operação mental, *cidadãos de primeira categoria* são atores que se percebem como legítimos para reivindicar o uso dos territórios *tranquilos* da cidade. A *ordem da tranquilidade* ancora, quase sistematicamente, os momentos de justificação de suas opções pelo estilo de vida condominial. No caso dos pais, em particular, a responsabilidade pela educação de seus filhos em ambientes *bons/tranquilos* é o repertório central dessa ordem. O *bom lugar* se opõe aos *territórios da pobreza* da cidade, que ameaçam constantemente a *ordem de tranquilidade*, principalmente no caso do Solar, em que possíveis transbordamentos dos territórios vizinhos (da Cidade de Deus e da Linha Amarela) são controlados pelos porteiros. Estes, por sua vez, contribuem para a sensação de tranquilidade, de um lado, através da própria modalidade de seleção (ser morador ou ex-morador *confiável* da Cidade de Deus), e de outro, através das atribuições que lhes são dadas: evitar, regular e/ou selecionar os contatos diretos "de fora" e os "de dentro". Essas são as competências acionadas pelos atores em situação de definir e controlar quem pode, ou não, circular na *ordem de tranquilidade*.

Ordem de tranquilidade, sociabilidade vigilante e repertórios da cidadania

Diferentemente dos outros coletivos analisados na pesquisa "Direitos Humanos e Vida Cotidiana: Pluralidade de Lógicas e 'Violência Urbana'", no Solar as categorias "direitos humanos" ou "violência urbana" não surgiram espontaneamente nas falas dos moradores. Em seu lugar, surgiam outros repertórios: *assuntos-partículas* (Freire, 2008) gravitavam em torno do núcleo "violência urbana" sem evocá-lo diretamente. O repertório mais próximo, mobilizado com grande frequência, era o da "segurança". A constante tematização da segurança me levou a considerá-la um repertório central da *gramática condominial*.[12] O ambiente residencial seguro (que acarreta uma inquietude permanente de preservar esse estado) representa certamente o *bem* mais prezado pelos moradores do condomínio. Muitas das rotinas desses atores voltam-se para a manutenção da *ordem de tranquilidade*. Há, na vida cotidiana do condomínio, a elaboração de uma série de cálculos que asseguram e/ou reforçam a manutenção dessa ordem. Nesse sentido, uma importante parte da coordenação condominial pressupõe engajamentos individuais e coletivos em projetos de segurança *particular* — que não necessariamente se vinculam com projetos de segurança *pública*. A segurança particular é acionada como bem comum, ou melhor, como *bem de todos*[13] por garantir a manutenção da *ordem de tranquilidade*.

O espaço das reuniões de condomínio é privilegiado para observar o conjunto de cálculos, estratégias — ação em plano,[14] para retomar a expressão de

---

[12] O termo "gramática" se refere ao conjunto de regras a serem seguidas para agir de forma ajustada diante das outras pessoas que compartilham a mesma ação situada (Lemieux, 2000; Boltanski e Thévenot, 1991). Dessa forma, diferentemente da *linguagem*, essa noção permite insistir no conjunto de coerções (*contraintes*) situadas que orientam ações "convenientes" (Thévenot, 2006) e analisar as lógicas que as sustentam.

[13] Propondo uma geometria que permite refletir sobre o grau e a natureza da particularidade mobilizada pela *desculpa*, noção-chave de sua reflexão, Werneck (2012) apresentou uma tipologia de "regimes de efetivação" que desloca a noção de *bem comum* trabalhada no modelo de Boltanski e Thévenot (1991) para o estatuto de um caso particular de universalidade, que engloba as partes diretamente engajadas na situação que visa a um acordo e se efetiva na Justiça. Isto porque existiria outra forma de universalidade, que deixa fluir livremente o movimento entre o universal e o particular. Trata-se da noção de *bem de todos*, a qual se efetiva como "uma totalidade virtualizada", que não toca diretamente nenhum dos atores e se refere "ao maior bem possível para todos os envolvidos em um contexto mais amplo, que ultrapasse as dimensões do par crítico/criticado, o par praticante da ação/outra parte" (Werneck, 2012:35). No caso analisado neste capítulo, o *bem de todos*, a *totalidade virtualizada* corresponde à ordem da tranquilidade, cuja imposição através dos dispositivos comentados não diz respeito a nenhum dos moradores em particular, mas é relativa a todos eles. Em nome do bem de todos, a tranquilidade pode ser efetivada sem exigência de justificação.

[14] Thévenot (1995), propondo o recorte analítico da *ação em plano* ("l'action en plan"), destacou que a ação planificada não somente se relaciona com sua intencionalidade, mas também com a

Thévenot (1995) —, compromissos e acordos em torno dos quais esses atores coordenam suas ações com a proposta coletiva da vigilância constante e da delação. Essa proposta implica engajamentos individuais e coletivos em torno do acordo da prioridade dada ao plano de segurança particular, com a finalidade de garantir a preservação da ordem. A *ordem de tranquilidade*, nesse sentido, pressupõe necessariamente uma sociabilidade vigilante (Sánchez, 2010), que se relaciona com a percepção do peso de uma ameaça externa[15] — vinda dos *territórios da pobreza* — e com sua consequência sobre a necessidade de reagir e de minimizar os riscos. Tal enquadramento cognitivo é o ponto de partida para compreender as propostas a serem incorporadas no plano elaborado na reunião que descreverei agora. Eu o selecionei para análise pela riqueza do material que essa situação oferece para a compreensão dos dispositivos que sustentam a *ordem de tranquilidade*.

A reunião ocorreu na sala da administração do condomínio, em 2009. Quando Mauro (que representava sua mãe, proprietária de uma casa no Solar) e eu chegamos à sala, um morador convidou-nos a sentar na primeira fila. Um dos administradores apresentou-nos o livro de presença. Mauro informou que, como filho de moradora em sua primeira reunião de condomínio, não se sentia capaz de deliberar sobre sua pauta, e que eu estava realizando uma pesquisa e não era moradora. O livro foi retirado das nossas mãos, pois a assinatura implicaria nossa participação com "voz e voto".

O primeiro ponto de pauta era a renovação de isenções de pagamentos das taxas de condomínio de quatro moradores. Dona Ana, que não compareceu à reunião, tinha encaminhado uma carta, lida publicamente, solicitando um desconto de 40%. Chegamos no momento em que se estava avaliando como seria realizada a votação do desconto solicitado por d. Ana. A mesa estava visivel-

---

mise en forme, tornada objetiva pela criação de um plano. A formação do plano se desdobra em sequências de atividades sucessivas e condicionadas, em um horizonte temporal de médio ou longo prazo. O autor analisa os tipos de dispositivos de coordenação que decorrem de um amplo leque de ações em plano. No caso em análise, trata da formação de *planos* particulares de segurança. Este recorte me permitiu entender parte das atividades de coordenação e de justificações dos atores em torno da elaboração e da defesa desse projeto (apresentadas nesta mesma seção).

[15] Linhardt (2001:77) destaca que a ameaça do terrorismo se relaciona menos com a violência política do que com o fato de que paira uma "ameaça indistinta e surda. Tornam-se incertos o *allant de soi* do mundo comum e as crenças compartilhadas na estabilidade do ambiente". Ainda que o meu objeto não tenha nenhuma relação com o terrorismo, o paralelo que faço se relaciona com o fato de que a tensão provocada pela proximidade da Cidade de Deus e a fronteira com a Linha Amarela também afetavam a crença na estabilidade do ambiente, sentimento que ancorava a necessidade de uma organização coletiva em torno de medidas e planos particulares de segurança pessoal.

mente atrapalhada pela inexperiência de três novos membros da direção, que conduziam uma assembleia geral pela primeira vez. Os quatro coordenadores da mesa eram: o novo síndico, o vice (antigo síndico) e dois outros homens (um anotava para elaborar a ata da reunião; outro ouvia atentamente as falas). O antigo síndico rabiscou uma tabela em uma folha de papel. Nela, havia duas colunas: "S" de sim e "N" de não. A mesma pessoa propôs que os moradores fizessem uma cruz em uma das duas colunas para aprovar, ou não, a solicitação de d. Ana. Porém um morador exclamou: "Pô! Mas o voto não é secreto? A pessoa que está atrás de mim vai saber o que eu votei!". Os membros da mesa se consultaram, ligeiramente incomodados, cochichando. Um morador tomou a palavra: "Olha, posso fazer uma sugestão? Por que vocês não cortam o papel em pedaços menores e em cada pedaço escrevem um S e um N. E os moradores depositariam em uma urna, uma sacola de supermercado, seus papéis. O antigo síndico olhou sorrindo para o morador que fez esta sugestão. Os *não humanos* (os papéis e a sacola) com seus usos reorientados, "pacificaram" as tensões (Latour, 1993) crescentes entre os humanos geradas pela indefinição da situação.

O novo e o antigo síndicos providenciaram a elaboração dos boletins de voto e os moradores puderam votar a aprovação ou não do desconto solicitado por d. Ana. Na frente de todos, ambos realizaram a triagem dos papéis e, em seguida, sua contagem: a solicitação de d. Ana foi aprovada. Resolvido o caso de d. Ana, os participantes passaram a analisar o da "sra. Emília", que estava presente. O novo síndico passou a ler sua solicitação: "Ela quer um desconto de 50% porque está com um débito no condomínio, que ela vem pagando regularmente". E convidou a solicitante a explicar seu caso. A mulher, de cerca de 70 anos de idade, levantou-se com certa dificuldade e, com uma expressão facial de cansaço, mobilizou a linguagem do sofrimento para apelar para a compaixão de seu público:

Sra. Emília: Gente, minha situação está muito precária. Estou passando por algo muito difícil. Eu tinha um negócio de velas que eu fazia em casa, de artesanato. Mas não deu certo e eu fiquei muito doente. Estou com artrose na perna e quase não posso me movimentar. Atualmente, o único dinheiro que recebo depende da ajuda de meu ex-marido e de meus filhos... Por isso, queria saber se haveria uma possibilidade de renovar este desconto.
Síndico: Sra. Emília, está pagando em dia? Está com atraso no pagamento?

A mulher respondeu negativamente, balançando a cabeça. O síndico deu início ao mesmo mecanismo de votação e sua solicitação também foi aprovada. A terceira solicitação era do neto de d. Jaciara, falecida moradora do condomínio. O neto explicou que ele não tinha condições de pagar a taxa condominial durante certo tempo. Justificou-se pelo fato de ser estudante de uma universidade pública e, portanto, com recursos financeiros limitados. Encerrou, solicitando a manutenção do desconto atual que lhe era cobrado. Após essa explicação, nova votação: 21 pessoas votaram a favor do pedido e quatro votaram contra.

Uma hora já havia transcorrido, quando o síndico apresentou o segundo ponto da pauta: a festa junina. O síndico explicou os motivos pelos quais foram contratados serviços profissionais para a organização do evento, o que não ocorreu nas festas dos anos anteriores, sempre organizadas pela associação e pelos moradores:

> *Síndico*: Gente, temos essa oportunidade de fazer essa bela festa no bairro... Mas este ano a gente resolveu fazer contratações porque numa festa a gente sempre trabalha muito e quase não aproveita nada da festa... E além disso, a gente... Não somos profissionais de fazer festas... Isso é uma grande oportunidade! Essa pessoa que a gente contatou é moradora do condomínio. Ela vai ter um lucro sobre os preços praticados e mais outro percentual, que irá para o condomínio. Além disso, o dinheiro do bingo que será sábado será somente destinado ao condomínio. Na festa, o condomínio vai ficar com a parte de limpeza e de segurança. E 20% do valor do lucro será para o condomínio. Tudo isso será apresentado na próxima assembleia geral e faremos o balancete de todos os gastos apresentados pela organizadora. Nós vamos botar três seguranças para tomar conta da festa.
>
> *Moradora*: Qual é a média de circulação do evento?
>
> *Síndico*: Em torno de 2 mil pessoas. Gente, esta festa é para familiares de moradores, moradores e amigos de moradores... A gente não vai abrir assim o portão... Nossa festa é para moradores e amigos de moradores. Se vocês observarem alguma coisa estranha ou alguém bebendo com garrafa de cachaça na mão ou escondida, entrem em contato comigo.
>
> *Morador*: Vai ter patrulha de Polícia Militar este ano para garantir a segurança do nosso condomínio?
>
> *Vice-síndico*: Não, este ano, não vamos colocar. Até porque alguns moradores não gostaram da presença da polícia na nossa festa. A gente vai contratar mais seguranças e teremos um carro também. Porque sempre precisamos estar precavidos, e a segurança é importante. Além disso, todos os moradores têm responsabilidade neste assunto... Todos nós temos responsabilidade. Se vocês virem qualquer coisa de estranho, têm que assinalar! Também somos responsáveis pelas pessoas que convidamos... E a responsabilidade é nossa.

Os moradores sentiram-se contemplados por esses esclarecimentos e aprovaram a proposta. Alguns repetiam em voz alta: "Somos responsáveis por quem convidamos". Um homem, que trabalhava na administração do condomínio, levantou para apresentar a organização do bingo no segundo dia da festa junina: "O bingo será realizado no sábado. Os prêmios serão para os convidados e para os moradores, para poder haver uma maior integração".

Ao que o vice-síndico acrescentou:

> Ah sim, gente, esqueci uma coisa. A organizadora da festa irá botar umas mesas no campo e iremos alugar mesa e cadeiras de lá a R$ 10. Se chover, estamos acompanhando e monitorando o tempo... Se houver previsão forte de chuva, a festa será cancelada.

A discussão se encerrou nesse ponto, e a mesa encaminhou o último ponto da pauta: a aprovação de cota para "controle de acesso" e colocação de câmeras em diversos pontos do condomínio. Ponto que foi introduzido pelo antigo síndico:

> Diante do sentimento generalizado de insegurança, a gente observou uma necessidade de se pensar em um controle interno nosso [os moradores aprovaram esta fala com exclamações: "Isso!"]. Por isso, a gente se informou sobre a colocação de câmeras e de mecanismos de acesso. Para não onerar, demos preferência ao controle de acesso e iremos pensar na colocação de câmeras em um segundo momento. Entramos em contato com a empresa [nome da empresa], que oferece um controle de acesso muito bom. Fizemos essa escolha porque identificamos que o verdadeiro problema do condomínio é que muitas pessoas que não são daqui entram. Outro dia, um estranho chegou, entrou com o carro e ficou na praça com o som em volume muito alto. Identificamos que o controle de acesso na portaria está com falhas. Quando o portão abre, os portões se mantêm abertos durante um certo tempo. O visitante também não é identificado e entra e sai do condomínio sem que haja muito controle. Os serviços dessa empresa de controle de acesso são básicos. Temos que ter uma maior rapidez no fluxo de entrada e saída, e mecanismos de controle mais rápidos. Por isso, a empresa tem um sistema de identificação com placas e o porteiro vai ter que identificar. Todos nós vamos ter *tag*. É um adesivo com um sistema de identificação magnético que vocês vão colocar no para-brisa do carro. Se tentar tirar o *tag* do para-brisa, ele quebra. Todos os carros do condomínio terão que ter esse sistema. Vai ter

uma cancela na entrada do condomínio para que os portões fiquem abertos e a cancela será levantada após a identificação magnética do carro.

Uma moradora se indignou:

Moradora: "O portão vai ficar aberto?! Ai... Não sei... Com as portas abertas... Vai estar aberto! Dá uma sensação de insegurança... É o psicológico!" Esta moradora foi cortada por outro morador: "E se eu der o *tag* para um amigo?"
Vice-síndico: Aí todos têm responsabilidade! A responsabilidade é sua! Mas teremos também maior controle dos pedestres. Todos os moradores entrarão com uma senha e a senha será diferente para cada um. Assim, poderemos controlar a entrada e saída do condomínio. Esse sistema está também no pacote da empresa. A gente pensou inicialmente no sistema digital, mas ele deu problema em outros condomínios. Aí optamos pelas senhas. Os visitantes terão que se identificar e serão filmados na entrada. Temos que ter maior controle dos visitantes.
Um morador: Terá senha para as nossas empregadas?
Outro morador: E os pedreiros que trabalham aqui? Terão senha também? Porque se a gente dá a nossa senha, eles podem repassar a senha para outras pessoas!
Um terceiro morador: Aí, gente, vocês teriam que dar suas senhas, ou se não os empregados terão que se identificar todos os dias na entrada. Vocês serão responsáveis pelas senhas distribuídas. Isso vai ter que ser uma coisa muito confidencial.
Um quarto morador: A empregada com uma senha pessoal... ela pode entrar na Justiça, porque ela terá uma prova que ela vem todos os dias trabalhar nas nossas casas? Esse controle poderá ser consultado pela Justiça do Trabalho?
Vice-síndico: Aí vocês são responsáveis por isso... A princípio, o controle não é para isso. Se vocês não declararem os funcionários, e a Justiça solicita esta informação, a princípio temos obrigação de repassar esta informação! Além disso, a ideia é que ninguém que não seja morador entre pela rua [nome da rua dos fundos do condomínio]. Todos terão que entrar pela entrada principal onde será implantado o controle de acesso. Vamos fazer isso nesse portão como plano piloto.

Luciano, porteiro, que estava em pé, encostado na porta da sala, ouvindo atenta e silenciosamente, tomou a palavra: "Acho que isso vai dar muitos problemas com os empregados do condomínio... Muitos vão reclamar porque eles vão ter que se identificar todos os dias para ir trabalhar!"

Vários moradores se indignaram com esse comentário e alguns repetiram com tom autoritário: "Vão reclamar, mas eles vão ter que aceitar!".

Em seguida, o síndico apresentou o orçamento do "controle de acesso" proposto: R$ 1.700 mensais, incluindo a manutenção do sistema, o que geraria uma acréscimo no custo da taxa de condomínio de R$ 5 por casa. Além disso, os moradores pagariam R$ 12 para a aquisição do *tag* a ser colado no para-brisa de cada carro. O síndico novo destacou que esse sistema de segurança era também utilizado em outros condomínios da Barra da Tijuca e que os resultados "foram muito satisfatórios" nesses locais. Após essas informações, o controle de acesso foi colocado em votação, obtendo apenas um voto contrário — do morador que explicitou o receio de que o sistema de senhas pudesse ser usado como prova em uma ação judicial por sua empregada.

Os três pontos da pauta anunciam os três atos da peça. O primeiro define os papéis dos atores e o cenário da peça: os juízes estabanados (a mesa organizadora), o público (os votantes e os que os acompanhavam ou, ainda, Mauro e eu) e os réus (pedindo clemência e precisando justificar publicamente a necessidade dos descontos nas taxas condominiais). No segundo ato, são apresentadas as inquietações em torno da festa junina, relacionadas com a possibilidade dos transbordamentos externos. Nesse momento, os atores inserem os significados em relação ao "fora". Por fim, é apresentado o plano de segurança particularizante, dispositivo interno para controlar os transbordamentos externos. Nos três atos, observa-se uma preocupação, em todas as sequências, em apresentar a prestação de contas ou em publicizar o que será feito com o dinheiro dos moradores. Esta relação com o dinheiro classifica paulatinamente os seres da situação, hierarquizando-os e definindo as "ordens de grandeza" (Boltanski e Thévenot, 1991). Alguns entre eles, os "grandes" (os adimplentes), parecem visivelmente ter uma voz de maior alcance que a dos outros, os "pequenos", cuja tomada de voz é menos frequente. Dessa forma, o pagamento da taxa plena é também o que mensura a plenitude do engajamento na *ordem de tranquilidade*. Pagar sua taxa de condomínio equivale a levar a sério a situação da assembleia e a se sentir no direito de expressar suas preocupações diversas em relação ao "portão aberto" ou, ainda, a publicizar situações externamente ilegais ou ilegítimas, mas internamente compreendidas — como na situação em que o morador que explicita, sem a sombra da ameaça de ser condenado moralmente pelos outros, que sua empregada trabalha sem carteira assinada, ou na situação em que outros moradores defendem a identificação dos funcionários e empregados domésticos para a preservação de sua segurança.

No primeiro ato, que lembra vagamente o formato de tribunal do júri, os seres da situação são classificados entre adimplentes (os que têm uma voz diferenciada em relação aos outros), adimplentes com taxas reduzidas (justificáveis) e inadimplentes (como categoria de acusação). A categoria da qual os solicitantes dos descontos precisam escapar é, portanto, a de inadimplente, condenado moralmente. Mas a ameaça que paira sobre a situação pode se resumir em uma pergunta: se "nós" pagamos, por que "eles" não pagam? Pois essa pergunta orienta tacitamente as operações cognitivas deste e dos dois outros atos. Ela é de fundamental importância para compreender a passagem entre os seres autopercebidos com "mais direitos" em relação aos outros, considerados menos dignos de ser tratados da mesma forma, principalmente se forem inadimplentes.[16] Para escapar desse julgamento, os solicitantes do desconto só têm uma saída: mobilizar a precariedade (de um estado financeiro ou de um estado de saúde) e a complacência para justificar suas demandas e não serem percebidos e julgados como inadimplentes. Não pedem a isenção da taxa, mas sua diminuição, o que não gera a associação desses moradores com a inadimplência. Com esses repertórios, buscam comover a audiência, que julga a pertinência das solicitações a partir da avaliação da veracidade das emoções publicizadas nessa situação e dos problemas apresentados e, portanto, de opinar sobre a moralidade dos solicitantes nos casos julgados como justificados. No entanto, a vulnerabilidade de suas posições os diminui e os lança em uma segunda categoria de moradores, diferente da dos adimplentes exemplares.

No segundo ato, discute-se a respeito do evento: todo *bom lugar para se morar* deve ter seu evento festivo, sua "bela festa". No entanto, a nova direção da associação, cujo trabalho ainda é desconhecido dos moradores, necessita fazer suas provas e se destacar na organização para se legitimar diante dos condôminos exemplares. A estratégia mobilizada para tanto, nos segundo e terceiro atos, é a prioridade dada à segurança dos moradores, reforçando seu papel de "botar segurança". Todos os presentes concordaram e se reconheceram diante da prioridade dada à segurança particular, que se torna uma causa coletiva defendida por todos (da primeira até a terceira categoria: adimplentes exemplares, adimplentes e inadimplentes). Por isso, o síndico repete com insistência que a festa "é para familiares de moradores, moradores e amigos de moradores... A gente não

---

[16] Uma moradora, em uma conversa informal, criticou a atitude dominante dos condôminos adimplentes: "Quem paga não quer que o outro [aquele que não paga a taxa] tenha direito a nada". Por isso, sentia-se compelida a pagar pontualmente as taxas do condomínio para poder ser considerada adimplente exemplar.

vai abrir assim o portão... Nossa festa é para moradores e amigos de moradores". Todos aprovam e se comprometem em seguir a recomendação do síndico.

Pode-se observar que o transbordamento possível se relaciona com a abertura do portão — que reaparece no terceiro ato, quando é evocado por um morador que destaca o efeito "psicológico" do portão aberto. "Abrir o portão" é o que justifica todas as medidas apresentadas, tomadas para garantir a "bela festa", que não se limitam à contratação de seguranças; também levam em conta a responsabilidade individual. Em outros termos, a responsabilidade é o dever moral que deve modelar o arranjo entre aqueles que detêm o *estado de humanos inquestionável*, a partir de sua identificação como *adimplentes exemplares*, *cidadãos de primeira categoria*, e aqueles que sofrem uma deterioração de sua *humanidade* ao serem moralmente classificados como "adimplentes" diminuídos ou "inadimplentes".[17] Essa gradação é acionada em prol do "bem de todos": a segurança dos condôminos. Nesse sentido, a abertura do portão não sugere uma festa *aberta* justamente por conta do dever moral de proteção do círculo dos moradores. E, para defender esse bem, não existe qualquer limite passível de ser criticado internamente e/ou considerado imoral. Por esse motivo, o convite à delação e a suspeita recíproca são inteiramente naturalizados e tomados como *taken for granted* nessa situação. Não se trata aqui de tê-los como um mal menor, mas de uma condição de manutenção da *ordem de tranquilidade*, que não prevê o julgamento moral da figura do delator. Pelo contrário, o delator é um personagem moralmente positivado. O bem da segurança particular dos condôminos tem a primazia sobre quaisquer outros (por exemplo, sobre os sentimentos de seus funcionários, que não são vistos como passíveis de ser reconhecidos e, portanto, tratados de forma igualitária).

Por fim, no último ato, prossegue o trabalho cognitivo da direção da associação de "botar segurança" ao apresentar um plano de "controle interno nosso", introduzido pela constatação de um sentimento generalizado de insegurança (o que se observa nas múltiplas exclamações "Isso!" que seguiram o diagnóstico). Já anunciada na sequência anterior, a proteção do *entre si* pode agora ser ampliada a todas as rotinas do condomínio — e não somente aos eventos festivos. Por esse motivo, o sofisticado plano de segurança e a previsão da seleção de diversas tecnologias, resultantes de um levantamento prévio (a maior eficiência da senha em relação ao sistema digital, a escolha da empresa etc.) não foram questionados em relação ao seu alto custo e ao aumento da taxa condominial

---

[17] Vemos aqui em operação o mesmo dispositivo discursivo analisado no episódio narrado na introdução deste capítulo.

que implicaria. Na defesa desse bem, uma racionalidade de economia de gastos é incompatível com esse *frame* (Goffman, 1991a). No lugar, são tematizadas as consequências de alguns dos dispositivos de segurança, que recaem sobre rotinas de outros regimes de ação dos moradores.

Interessante analisar as falas dos condôminos nessa sequência. Seus fantasmas são apresentados sem nenhum constrangimento ou autocensura diante da presença de Luciano (o porteiro, que ouve, perplexo, essas falas) ou mesmo da minha (estranha à maioria dos condôminos presentes e sentada na primeira fila, ou seja, particularmente visível): o medo da presença das empregadas domésticas,[18] dos pedreiros, dos funcionários, enfim, de todos aqueles que apresentam uma circulação plural na cidade, "dentro" e "fora" do condomínio. Estes são os principais suspeitos que ameaçam a *ordem de tranquilidade*. A fluidez de suas circulações precisa ser controlada pela incerteza que a exploração de outros mundos levanta. A exploração e o contato com diferentes mundos não dizem respeito somente aos territórios da cidade, mas também àqueles que não cabem no modelo de "humanidade comum" acionado na *ordem de tranquilidade*, que se articula com a linguagem da violência urbana da cidade do Rio de Janeiro. A distância entre o "nós" e o "eles" envolve uma qualificação "deles" em que seu "estado de humano" é deteriorado (e por isso o reconhecimento de seus direitos é problematizado), por seu pretenso encaixe com outra ordem, em diferentes graus de inserção, com a "violência urbana". Assim é que podem, por exemplo, no caso dos empregados, revelar-se "desleais" e recorrer à Justiça para reivindicar direitos trabalhistas, explícita e coletivamente não reconhecidos no condomínio. A suspeita atinge um teor mais elevado ainda, gerando uma desconfiança generalizada, em relação aos personagens cuja circulação é desconhecida — caso daqueles que não interagem nas rotinas domésticas, como os pedreiros, que são percebidos como possíveis cúmplices de "bandidos" — estes, como veremos no item seguinte, relacionados aos *territórios de pobreza* e sofrendo com maior intensidade o questionamento de seu *estado de humanos*. Novamente, o dever moral da responsabilidade pela segurança aparece como um dispositivo de controle interno, que permite aos moradores apaziguar as angústias e preservar a *ordem de tranquilidade*.

Diante das inquietações, as respostas que surgem acionam lembretes classificatórios e hierárquicos. Primeiramente, é aprovada a decisão de identificar

---

[18] Várias empregadas domésticas trabalhavam a semana inteira sem carteira assinada. Uma moradora, de origem nordestina, trouxe diversas empregadas do Nordeste para trabalhar na sua casa. Seu filho me explicou que sua mãe escolhia empregadas daquela região para que elas morassem na mesma casa e trabalhassem também nos fins de semana "por não terem outro lugar para ficar".

os *suspeitos*. Em segundo lugar, a distribuição das senhas para e pelos moradores inviabiliza a possibilidade do surgimento de potenciais cúmplices de *bandidos*. Nessa ordem, a confiança apenas pode ser depositada nos condôminos, argumento de força suficiente para eliminar o problema dos transbordamentos violentos, supostamente planejados por aqueles atores, sem maior exigência de justificação. Quando Luciano critica cautelosamente a identificação sistemática dos funcionários, lembrando que são "trabalhadores" (isto é, iguais aos outros) e que, de certa forma, as falas da situação e as ações planejadas degradam seu *estado de humano*, sua voz é imediatamente silenciada por outra, que esvazia autoritariamente qualquer crítica das medidas pelos "de fora": "Vão reclamar, mas eles vão ter que aceitar!". Novamente, sem a necessidade de maior justificação mesmo diante dos questionamentos de Luciano, é aprovada a proposta de controle de acesso e a sistemática identificação dos funcionários. A aprovação é votada em nome do *bem de todos*, que garante a manutenção da *ordem de tranquilidade* que justifica o princípio de vigilância permanente. Em outros termos, a *humanidade comum* delineada nesse regime de engajamento não se apresenta e nem se pretende *universal*; é voluntariamente restrita e assimétrica em nome do *bem de todos*.

"Violência urbana", "ausência do Estado" e proteção dos territórios da cidade: o ponto de vista dos condôminos

As rotinas do condomínio sempre foram marcadas pela elaboração de projetos e/ou reforço de planos de segurança interna, destinados à proteção condominial. A própria criação do Condomínio Solar, como vimos, resulta de uma ação coletiva dos moradores para o fechamento de suas ruas, primeiro marco que inscreve esses moradores na *ação em plano*, posteriormente aperfeiçoada. A impossibilidade de traçar um perfil claro do *bandido* e a ameaça de transbordamento externo são dois *frames* que justificam o investimento nesses planos. A elaboração dos projetos integra sempre a definição coletiva de quem são os *inimigos* (a empregada, o pedreiro, *a favela* etc.), que são percebidos como uma ameaça para os moradores e para a *ordem de tranquilidade*.

A necessidade do enclave fortificado surge dessas definições de perfis hipotéticos que não precisam estar fundamentadas *em fatos*, e sim no consenso da prioridade dada coletivamente à segurança pessoal ou condominial. A gramática da segurança condominial é também eloquente para compreender a relação que esses moradores tecem com a cidade: o contato com a cidade é uma exposição aos riscos gerados pelos *contatos mistos* (Goffman, 1975). Por este motivo, pertencer a uma *humanidade comum* cercada por grades e cadeados pressupõe também colocar, entre si e o resto da cidade, muros semânticos e tecnológicos para não ser contagiado pelas *áreas violentas da* cidade. Ignorar tópicos ameaçadores de sua gramática ("direitos humanos" ou "violência urbana", por exemplo) aparece, portanto, como um recurso de evitação que reforça a *ordem de tranquilidade* e a *humanidade comum* com grades e cadeados, reais (os muros) ou tecnológicos (senhas, *tags*, câmeras etc.). Paralelamente, nessa operação, a presença da linguagem da "violência urbana" na ordem de tranquilidade torna-se claramente um elemento constitutivo dela.

Diante da ausência de uma tematização espontânea da "violência urbana" na minha etnografia, busquei observar como essa categoria era problematizada, incorporando temas muito abertos em meu roteiro de entrevista, para buscar extrair percepções sobre a mesma. Em vários casos, os moradores contaram experiências pessoais de assaltos ou sensação de insegurança durante suas circulações em diversas áreas da cidade. O caso mais ilustrativo foi o de Verônica, assaltada duas vezes na rua do acesso principal ao condomínio:

> Olha, eu gosto muito daqui do condomínio, gosto muito do condomínio, me sinto bem na casa. [...] Ultimamente... tenho certo receio da comunidade que é a Cidade de Deus e a gente vive um pouco... amedrontado... por causa disso... por causa da violência. Porque a gente sai... saiu de dentro do condomínio... por exemplo, na rua principal que dá acesso lá, a gente fica preocupada... Não podemos levar objeto de muito valor, e... Os filhos na rua também, a gente fica preocupado... se chegam mais tarde. A maioria... ou vai buscar ou então vem de táxi porque transitar nesta rua após uma certa hora provoca um certo medo. Agora, há dois meses atrás [período de ocupação do bairro Cidade de Deus pela Polícia Militar para a a implantação da UPP],[19] as coisas melhoraram. Por quê? Porque a polícia está lá dentro. Entendeu? E ela está tomando conta. E isso diminuiu muito a violência porque eu mesmo já fui assaltada duas vezes aqui... na principal: uma vez no ano passado e outra no ano retrasado. [...] Ah! Meu Deus... foi uma tensão muito grande. Aí voltamos pra casa, né? A primeira vez foi de moto, voltamos pra casa e não tinha

---

[19] Apresentadas como programa que propõe um "novo modelo de segurança pública e de policiamento que promove a aproximação entre a população e a polícia, aliada ao fortalecimento de políticas sociais nas comunidades" <http://upprj.com>, as unidades de polícia pacificadora vêm sendo implantadas desde 2008 na cidade do Rio de Janeiro e, em 2009, no bairro da Cidade de Deus.

nada pra fazer... eram as compras... era véspera do Dia das Mães e a gente ia comprar presente... Ela pra mãe, eu pra mim. E aí voltamos [...] tive que ligar pra delegacia, sustar todos os meus talões de cheque. [...] Meu banco me ressarciu. Ah... Mas a gente ficou abalada, né? Chegamos aqui desesperadas [Verônica. Entrevista].

A experiência de Verônica era conhecida de todos os outros moradores com quem estive em contato na minha etnografia. Quando comentava sobre esse caso, eles se demonstravam indignados pela experiência sofrida por Verônica e, então, delineavam os primeiros contornos da problematização da "violência urbana". Tematizavam o risco da circulação fora do condomínio e a proximidade do Solar com a Cidade de Deus. Em diversas situações, como pode se entrever no relato acima, a ocupação da Cidade de Deus pela Polícia Militar era percebida muito positivamente por esses moradores, mesmo cientes — pelos porteiros — das implicações do recurso à força pelos policiais (inclusive as execuções e as invasões nas casas dos moradores da Cidade de Deus). Se a polícia era percebida como um ator legítimo para atuar nesse território, sua presença no condomínio gerava incômodo, como vimos na fala do síndico na assembleia-geral.

A presença policial é percebida como legítima nos *territórios da pobreza*, mas gera constrangimento quando esta se apresenta nos intramuros condominiais. Essa avaliação, somada aos planos de segurança do condomínio, aponta, por um lado, para o fato de que os moradores associam o papel da polícia ao *combate ao crime*, associando a criminalidade a esses territórios, em um processo que reforça a sujeição criminal (Misse, 1999, 2010). Por outro, essa percepção também indica que a presença da polícia no condomínio contamina sua ordem moral e, certamente por esse motivo, "a segurança pública" concerne aos "bandidos" e não aos "cidadãos de primeira categoria". É a operação cognitiva que, a meu ver, permite-nos compreender o investimento e os engajamentos dos moradores na definição de planos de segurança particular, que os afastam da possibilidade de se sentir concernidos pessoal e coletivamente por planos "públicos". Os moradores não se reconhecem em um "público", aparentado a um coletivo turvo sem muros, cuja identificação dos membros é dificilmente realizável. Na sombra da dúvida e da incerteza, a preservação do círculo seguro fundamenta as justificativas de defesa de um plano particular.

Na maioria dos casos, a introdução do tema da "violência urbana" era compreendida pelos entrevistados como um convite à apresentação de longas análises conjunturais, mesmo entre os mais jovens. Quando buscam distanciar a associação dessa categoria em relação a "favelas", contraditoriamente, reforçam mais ainda tal relação cognitiva em um processo de definição confusa do que seria "a comunidade carente":

> Antigamente, eu associava a violência à favela, mas hoje em dia não tem nem mais como associar isso, porque todos os bairros do Rio de Janeiro principalmente estão rodeados de comunidades carentes. Então, eu acredito que a violência não vem também só do... não vem só do centro [da cidade do Rio] e das periferias, vem dos grandes centros urbanos, eles é que propagam... são os grandes propagadores da violência, porque... o Estado fica ausente... quando o Estado fica ausente e a polícia não consegue dar conta de todos os problemas. Eu acho que a violência é apenas o reflexo... das atitudes dos nossos governantes. [...] Nunca vê uma notícia boa no jornal, sempre é desgraça, sempre tragédia, sempre fato ruim. Então significa o quê? Que o terror de uma certa forma... sempre que morre alguém, junta pessoas? Por que que quando uma mãe dá um abraço numa criança não junta pessoas pra ver, mas quando morre uma pessoa, junta pessoas? [Marcos, jovem do condomínio]. Como é que eu percebo? Bom, olha só, é... pra mim é muito fácil perceber, porque eu morei, eu morei grande parte da minha vida no pé do morro. Então eu convivi com favela o tempo inteiro, aqui no Rio. Na verdade quem mora no Rio de Janeiro convive com favela, não tem jeito. [...] A história é da escravidão do Rio, principalmente, e devido a... ao relevo, à geografia, né, é... é... é... da cidade, né, que propicia muito a isso. E também falta de políticas públicas, né, no sentido de... de construir moradias pras pessoas de baixa renda. Então uma coisa que nunca teve aqui no Brasil, né, então quer dizer, então você tem uma coisa assim hoje aqui, e, como eu disse antes, eu trabalho na Cidade de Deus, eu trabalhava no meio da favela ali [Chico].

Em um caso, uma avaliação resignada relacionava "a ausência do Estado" com a falta de instituições públicas que permitiriam *recuperar* os jovens pobres, percebidos como as principais vítimas da "exclusão social":

> Então parece que é a exclusão social, a divisão de classes e esses problemas todos... eles vão se refletir na ocupação... espacial, na ocupação geográfica, não tem saída. O ideal é que tivesse o quê: uma escola muito boa, um... centro de saúde muito bom, perspectiva de inserção social e... qualificação profissional... é... possibilidade de futuro, porque à medida que você pega os jovens e você tira deles todas as chances que eles tem de ser alguém... se ele vai achar que vai fazer isso eternamente e as pessoas vão achar: "que ótimo que

eu não vou ser nada". Não é assim que funciona. A violência, ela é fruto desse tipo de modelo de sociedade que exclui muita gente! Então você não pode excluir, tirar o futuro, tirar as possibilidades das pessoas e achar que elas vão reagir: "Oh, muito obrigada pelo que está me fazendo". Não é assim que funciona. Só que, infelizmente, você tem que evitar, né? [ri] Não é o ideal... o ideal... mas é o que acontece de um lado e de outro [Gabi].

Por mais variadas que sejam essas análises, importa, para o desenvolvimento do meu argumento, observar o diagnóstico comum da "falta", da "insuficiência" ou da "ausência" de Estado como repertórios acionados para explicar "a violência". É diante desse diagnóstico que me parece ser possível compreender o engajamento na ordem de tranquilidade: uma ordem que se apresenta como uma alternativa à pressuposta "ausência do Estado". Uma vez que ela se sustente na "ausência de Estado", a elaboração de planos de segurança particular por "empreendedores condominiais"[20] é legitimada em defesa da proteção de seus moradores. Nesse sentido, talvez o projeto da segurança própria possa ser considerado outro tipo de enquadramento parapolicial (retomando a expressão de Misse, 2011) possível na cidade do Rio de Janeiro, ainda que o sentido atribuído à ordem parapolicial por Misse pouco se relacione com a ordem social que observei. A força como preservação da ordem não é efetivada no condomínio, mas seu uso é moralmente legitimado. No caso em análise, o projeto parapolicial se fundamenta em consensos internos e decisões compartilhadas por parte de moradores da cidade provenientes de certos círculos de suas camadas médias, que justificam, sob o temor da "violência urbana", a elaboração dos planos. De certa forma, pode-se dizer que decorrem de estratégias comunicativas e técnicas limitadas a um círculo de moradia coletiva e, por isso, reconhecidas como legítimas pelos moradores do condomínio. Nesse sentido, vale observar que tal modalidade aponta para o fato de que outra forma parapolicial pode ser legitimada internamente por meio de um consenso em torno da prioridade a ser atribuída à segurança particular como bem de todos. As hesitações e alguns cuidados tomados em todas essas falas apontam para o fato de que não existe uma redução unívoca entre "bandidos" e "favelas" (o que também se percebe nas mo-

---

[20] Em uma das entrevistas com Gabi, ela destacou o perfil do antigo síndico nestes termos: "Nós tivemos um rapaz aqui, que eu considero uma pessoa excelente, que é o Paulo [antigo síndico]. Paulo é 'aquele' empreendedor, é aquela pessoa que 'sabe' lidar com dinheiro, que tem assim na veia, a administração. Ele ouve todos os desaforos do mundo e atura aquilo tudo e passa por cima e... você sai amiga dele. Então ele é uma pessoa talhada pra..., apta pra lidar com estas situações adversas, que são 220 famílias, que são diferentes, né? É difícil administrar tanta gente junta".

dalidades de seleção dos porteiros, com vínculos residenciais com a Cidade de Deus). As "comunidades carentes" podem ser lugares de contágios morais em função da representação de que estes são territórios habitados por sujeitos criminais. Estes, no entanto, são claramente territorializados nessas áreas morais da cidade. Mas a simples aproximação entre os sujeitos criminais e os territórios da pobreza é suficiente para que seja criada uma suspeita generalizada ("o sentimento de insegurança generalizada", evocado na assembleia-geral), que fundamenta o espírito da ordem social/moral da cidade. Desse modo, a ação pública deve atentar para os territórios da cidade percebidos como sempre passíveis de transbordamentos, o que é antinômico em relação à proposta de ordem de tranquilidade que incorpora sujeitos não incrimináveis, autorrepresentados como "limpos" e "cidadãos de primeira categoria". Como se pode perceber, a limpeza simbólica do condômino é muito diferente daquela que foi observada no caso de moradores de favelas (Silva, 2008; Silva e Leite, 2007). Enquanto, no caso de moradores de favela, a limpeza simbólica é um recurso mobilizado para lembrar o afastamento do mundo do crime e/ou para se "re-humanizar" e se "remoralizar" diante da associação favela/crime,[21] a construção dos condôminos limpos é interligada com a autopercepção de cidadãos de primeira categoria adimplentes ou próximos na gradação da cidadania moralmente elaborada por esses atores: a recusa prévia de qualquer vínculo com outros territórios da cidade contaminados com a finalidade de preservar sua ordem própria não necessita de nenhuma justificação. A limpeza, nesse caso, é *taken for granted* e o "público", quando percebido na sua relação com o "popular", não pode concernir aos condôminos (nessa construção) por causa das ameaças de contágio e de transbordamento apresentadas pelos contatos mistos.

Considerações finais: da adimplência à cidadania de geometria variável

Em vários quintais das casas no Solar, observei placas com a inscrição "aqui mora uma família feliz". Vi também anões de jardim e animais coloridos e sorridentes de gesso, como se esses não humanos pudessem convencer o vizinho ou o visitante do bem-estar e da felicidade gerados pela *ordem de tranquilidade*. Deambulando pelas ruas do condomínio, num final de tarde, resolvi visitar Chico e Gabi. Ao entrar na casa, observei diferentes enfeites que pareciam confirmar que a *ordem de tranquilidade* prolongava-se na intimidade dos moradores:

---

[21] Cf. Silva e Leite (2007:574-575).

fotos de família, objetos antigos ou suas réplicas, anjos de diferentes materiais, móbiles que emitiam um som "tranquilizador", reproduções de obras clássicas e renascentistas, e ainda pequenos quadros de natureza morta, flores e plantas. Enfeites que realçavam o investimento da dona de casa no seu espaço doméstico (ela atribuiu a decoração da casa a si mesma, com certo orgulho). Esses cuidados reforçavam a sensação de uma coerência entre a construção do ambiente externo e o ambiente interno. Serviram-me "a famosa canjica de Gabi", sentada em um confortável sofá, o que manifestava também uma coerência entre a hospitalidade, o bem-estar da intimidade e o conforto da *ordem de tranquilidade*. Começamos a conversar. Quando mencionei a proximidade do condomínio com a Cidade de Deus, Chico mudou de tom, até então muito tranquilo:

> Dentro do condomínio... não acontece nada... Ou é muito raro. Agora o problema é na rua [nome da entrada principal do condomínio], uma rua mal iluminada! É um convite para a violência. E quando tem um policiamento ostensivo [na Cidade de Deus], a gente percebe uma melhoria. Fazer o quê... Este é um aspecto da pobreza. *Porque a pobreza tá tomando conta das ruas!* E nessa rua tem muitos assaltos. Mas dentro do condomínio o convívio é pacífico. A fronteira com a Cidade de Deus não está demarcada pacificamente... Só de vez em quando acontece algo aqui... Mas é raro! [grifos meus].

Em seguida, Chico e Gabi adotaram, como muitos dos condôminos, mais uma vez, o papel de analistas da conjuntura, buscando encontrar as causas "da situação de pobreza" no Brasil. Em diferentes ocasiões, me pediam para comparar "a pobreza" na França (por ser francesa) e no Brasil. Eu me esquivava, retornando às perguntas e me colocando na situação de aluna estrangeira pouco informada sobre "a pobreza no Brasil", aproveitando as posturas professorais de meus interlocutores (ambos docentes). Estava sentada no sofá com caneta e caderno em mãos, anotando todas as suas falas. Gabi então se abriu e avaliou que "o grande problema" se devia ao fato de que quem pagava impostos no Brasil eram as classes médias. Chico interrompeu: "É porque a grande verdade, é que quem paga imposto de renda neste país é quem tem contracheque. Ou seja, quem tem muito dinheiro ou não tem nenhum não paga nada!". Gabi prosseguiu: "As classes médias, que pagam tantos impostos, deveriam poder se beneficiar de serviços públicos de qualidade". Ela me apresentou, indignada, todos os custos fixos e seu impacto na renda familiar (enumerando seus gastos com plano de saúde, mensalidades das escolas de seus filhos e outros). Dando continuidade à sua indignação, descreveu-me seu cotidiano profissional: trabalhava em três instituições de ensino superior, o que somava 60 horas semanais de trabalho. Encerrou a descrição evocando seu "extremo cansaço". Voltando ao assunto da proximidade entre a Cidade de Deus e o condomínio, exclamou: "São os moradores da Cidade de Deus que inviabilizam as relações com os condôminos, e não o contrário; são *eles* que não querem e não *nós*!". Contou o caso de uma vizinha que ia para um armazém na Cidade de Deus e teria sido seguida por traficantes até o condomínio. Chico encerrou esse assunto descrevendo sua experiência desgastante como professor de escola pública (trabalhou "a vida inteira com comunidades carentes") e seu engajamento com "a comunidade". Também destacou um cansaço muito grande e a forte depressão que este ocasionou: "Resultado: estou me aposentando, porque eu não aguento mais... Você não sabe o que é ficar no meio de tiros ou não poder entrar na escola porque tem guerra do tráfico...".

A construção cognitiva desse cansaço é uma chave analítica para compreender outra dimensão das operações críticas que contribuem para a fragmentação da cidadania no Rio de Janeiro, ou, nos termos de Lautier (1997:87), para uma *cidadania de geometria variável*, caracterizada pelo "abandono do postulado que define a própria noção de cidadão: a univocidade da cidadania e, portanto, do conjunto de direitos/deveres, sobre um dado território nacional". Seguindo a sugestão desse autor, as situações analisadas neste capítulo apresentam uma constante tematização, explícita ou tácita, daqueles que seriam mais ou menos aptos a ser tratados como cidadãos diferenciados, estabelecendo, portanto, diversas categorias de cidadãos. Nessa construção cognitiva, a *gradação de cidadania* parece se relacionar com um esforço de desqualificar o *estado de humano* dos moradores dos *territórios da pobreza*, que se relaciona com o fato de que são *taken for granted* as hierarquias que acompanham o trabalho de classificação. Em outros termos, tais *sensos do injusto* são sempre contrapostos à fraca legitimidade do tratamento pela linguagem dos direitos dos pobres, *inadimplentes injustificáveis*, que são percebidos, nesse enquadramento, como aproveitadores de serviços públicos. No entanto, não se questiona ou se nega o acesso à cidadania pelos "pobres" (porque Chico e Gabi, afinal, são bem-intencionados e buscam entender "as comunidades carentes"). Em vez disso, suas críticas apontam para o fato de que não existe um tratamento do Estado adequado às indignações das "classes médias". Tal indignação, por sua vez, se situa em um regime de ação no qual o princípio de *humanidade desses seres* é inquestionável e *indegradável*, diferentemente daqueles situados em outros lugares da gradação de cidadanias. As percepções dos atores apresentadas ao longo deste capítulo inviabilizam a possibilidade de se pensar em termos do universalismo que fundamenta o entendimento da cidadania republicana de alguns dos países europeus — reforçando o conceito de "cidadania de geometria variável". Em vez disso, é acionado outro recurso cognitivo: a crítica de "falta de Estado" não universalista, repertório gramatical de uma *cité civique* (Boltanski e Thévenot, 1991) *à brasileira*, que já foi inclusive sugerida por Silva e Leite (2007:554-555):

> Desnecessário dizer que a noção de geometria variável corresponde a uma cidadania que se modifica segundo hierarquias de poder tácitas mas informalmente consolidadas, variáveis e sempre situadas, com forte influência sobre o entendimento e a prática das regras institucionais. Ela admite que nem sempre a linguagem dos direitos é hegemônica e que, quando isso ocorre, o conceito prático de cidadania surge diferencialmente "indexado" às situações e problemas concretos. Em síntese, no plano analítico, a cidadania não deve ser um pressuposto unívoco e universal, como nas abordagens crítico-normativas e contrafactuais anteriormente mencionadas. A análise desenvolvida neste *paper* tem como pressuposto que a "geometria variável" é constitutiva da singularidade de nossa formação social e o centro de nossa matriz cultural, secularmente falada e praticada. Esse modo de integração "fractal" entre Estado e sociedade no Brasil, se por um lado tem garantido a integridade nacional, por outro reproduz sem grandes comoções sociais uma brutal desigualdade social e política. Isto porque o conflito social — no plano dos interesses e no da legitimidade — se realiza entre atores que se constituem como sujeitos e se reconhecem mutuamente a partir das várias hierarquias de poder inerentes à cultura brasileira.

Nesse sentido, as críticas elaboradas pelos condôminos em relação à "falta de Estado" e as ressignificações que orientam certas práticas (por exemplo, as *parapoliciais*) são componentes não negligenciáveis para a compreensão das "margens do Estado" (Das e Poole, 2004): definem um *dentro* e um *fora*; regulam os percursos desses atores no meio urbano a partir das definições situadas de fronteiras e *checkpoints* (Silva, 2004) e apresentam parte das moralidades de um *mapa prático*, que especifica, por sua vez, a circulação dos condôminos e dos moradores de territórios vizinhos.

Nas "margens" desse Estado, modela-se intrinsecamente um regime de ação de "degradação da humanidade", resultante do reconhecimento mútuo *das várias hierarquias de poder* que fundamentam a "cidadania de geometria variável". As gramáticas da "violência urbana" apresentam repertórios múltiplos, que se reelaboram indefinidamente à medida que os citadinos exploram as "margens"

— elas também, em constante processo de redefinição. Em outros termos, o questionamento e a degradação do *estado de humano* encobrem uma pluralidade de formas críticas e morais que se apresentam nas situações em que "a violência" é problematizada nas rotinas dos citadinos. Paralelamente, os repertórios condominiais permitem também apresentar um *modelo de humanidade comum* no qual não existe consenso entre os diferentes sensos do justo em torno de um "bem de todos", deixando uns sujeitos políticos mais vulneráveis que outros. Certamente, devido à sua relação com a "cidadania de geometria variável", os diferentes e contraditórios sensos do justo que compõem o *regime de degradação da humanidade* coexistem sem horizonte simétrico de publicização das vozes que deles decorrem. Esta característica compromete, em primeiro lugar, o acesso ao espaço público das vozes daqueles cujo "estado de humano" é questionado. A "cidadania de geometria variável" implica, necessariamente, tomadas de voz — elas também de geometria variável. Em segundo lugar, apresenta a possibilidade de elaboração de um "modelo de humanidade comum", quando situado nas "margens", sem que haja exigência de consenso no que tange ao bem comum. Melhor: este se impõe sem que seja necessário um acordo, em relação ao seu conteúdo, entre todos aqueles que se engajam nesse regime.

O regime de *humanidade degradada* permite apreender os arranjos de uma pluralidade de sensos de injustiça, que ordenam moral e diferentemente os seres da cidade. Paralelamente, a estas ordens (no caso em análise, a ordem de tranquilidade, a ordem da violência urbana) coexistem, se imbricam e impõem um engajamento comum no regime de *humanidade degradada*. Enquanto alguns seres hierarquizam, outros se tornam vulneráveis pela desqualificação, ela também, de geometria variável. O custo do engajamento é alto para aqueles que estão classificados no ponto mais próximo da *humanidade degradada*, tornando opaca a fronteira entre o *estado de humano deteriorado* e a desumanização.

Referências

BIRMAN, Patricia; LEITE, Márcia Pereira. *Um mural para a dor*: movimentos cívico-religiosos por justiça e paz. Porto Alegre: UFRGS, 2004.
BOLTANSKI, Luc. *L'Amour et la justice comme compétences*. Paris: Métaillé, 1990.
_____; CHIAPELLO, Ève. *Le Nouvel esprit du capitalisme*. Paris: Gallimard, 1999.
_____; THÉVENOT, Laurent. *De La Justification*: Les Économies des grandeurs. Paris: Gallimard, 1991.
BREVILIERI, Marc; TROM, Danny. Troubles et tensions en milieu urbain. In: CÉFAÏ, Daniel; PASQUIER, Dominique. *Les Sens du public*: publics politiques. Paris: PUF, 2003.

CALDEIRA, Teresa Pires do Rio. *Cidade de muros*: crime, segregação e cidadania em São Paulo. São Paulo: Edusp, 2000.

CALLON, Michel; LASCOUMES, Pierre; YANNICK, Barthe. *Agir dans un monde incertain*. Paris: Seuil, 2001.

CARVALHO, Eduardo G. *Direito e necessidade*: a questão fundiária e a justiça no Rio de Janeiro. Dissertação (mestrado) — Instituto de Pesquisa e Planejamento Urbano e Regional, Universidade Federal do Rio de Janeiro, Rio de Janeiro, 1990. Mimeo.

DAS, Veena; POOLE, Deborah (Ed.). *Anthropology in the Margins of the State*. Nova Delhi: Oxford University Press, 2004.

FELTRAN, Gabriel de Santis. *Fronteiras de tensão*: política e violência nas periferias de São Paulo. São Paulo: Unesp, 2011.

FOUCAULT, M. Le Jeu de Michel Foucault. In: DEFERT, D.; EWALD, F. (Ed.). *Dits et écrits*. Paris: Gallimard, 1994. v. 3, p. 298-329.

FREIRE, Jussara. *Sensos do justo e problemas públicos em Nova Iguaçu*. Tese (doutorado) — Instituto Universitário de Pesquisas do Rio de Janeiro, Universidade Candido Mendes, 2005. Mimeo.

_____. Elevar a voz em uma ordem violenta: a indignação colocada à prova pelo silêncio. In: SILVA, Luiz Antonio Machado da (Org.). *Vida sob cerco*: violência e rotina nas favelas do Rio de Janeiro. Rio de Janeiro: Nova Fronteira, 2008.

_____. Agir no regime de desumanização: esboço de um modelo para análise da sociabilidade urbana na cidade do Rio de Janeiro. *Dilemas*: revista de estudos de conflito e controle social, Rio de Janeiro, v. 3, n. 10, p. 119-142, out./nov./dez. 2010.

_____ (Org.). *Direitos humanos e vida cotidiana*: pluralidade lógica e violência urbana. Relatório final de pesquisa. Rio de Janeiro: Faperj, 2012. (Edital Humanidades).

_____ et al. Moralidades na cidade do Rio de Janeiro e a "violência urbana: o regime de desumanização. In: REUNIÃO DE ANTROPOLOGIA DO MERCOSUL, 9., 2011, Curitiba. *Anais...* Curitiba: UFPR, 2011. (Paper, GT Antropologia das Moralidades).

GOFFMAN, Erving. *Stigmate*. Paris: Minuit, 1975.

_____. *Les Cadres de l'expérience*. Paris: Minuit, 1991a.

_____. *La Mise en scène de la vie quotidienne*. Paris: Minuit, 1991b. t. 1, 2.

_____. *Ritual de interação*: ensaios sobre o comportamento face a face. Petrópolis: Vozes, 2011.

GRAFMEYER, Yves; JOSEPH, Isaac (Org.). *L'École de Chicago:* naissance de l'écologie urbaine. Paris: Aubier, 1979.

GUSFIELD, Joseph. *The Culture of Public Problems*: Drinking-Driving and the Symbolic Order. Chicago: University of Chicago Press, 1981.

GUMPERZ, John. *Discourse strategies*. Cambridge: Cambridge University Press, 1982.

LATOUR, Bruno. *La Science en action*. Paris: La Découverte, 1989.

_____. *Petites leçons de sociologie des sciences*. Paris: La Découverte, 1993.

LAUTIER, Bruno. Os amores tumultuados entre o Estado e a economia informal. *Contemporaneidade e Educação*, São Paulo, v. 2, n. 1, p. 28-92, 1997.

LEITE, Márcia. *Para além da metáfora da guerra*: percepções sobre cidadania, violência e paz no Grajaú, um bairro carioca. Tese (doutorado) — Programa de Pós-Graduação em Sociologia e Antropologia, Universidade Federal do Rio de Janeiro, Rio de Janeiro, 2001.

LEMIEUX, Cyril. *Mauvaise presse*: une sociologie compréhensive du travail journalistique et de ses critiques. Paris: Métailié, 2000.

LINHARDT, Dominique. L'Économie du soupçon: une contribution pragmatique à la sociologie de la menace. *Genèses: Sciences Sociales et Histoire*, Paris, n. 44, p. 76-98, 2001

MAIOLINO, Ana Lúcia Gonçalves. *Espaço urbano*: conflitos e subjetividade. Rio de Janeiro: Mauad, 2008.

MISSE, Michel. *Malandros, marginais e vagabundos*: a acumulação social da violência no Rio de Janeiro. Tese (doutorado em sociologia) — Instituto Universitário de Pesquisas do Rio de Janeiro, Rio de Janeiro, 1999.

_____. Crime, sujeito e sujeição criminal: aspectos de uma contribuição analítica sobre a categoria bandido. *Lua Nova*, São Paulo, v. 79, p. 15-38, 2010.

_____. Crime organizado e crime comum no Rio de Janeiro: diferenças e afinidades. *Revista de Sociologia e Política*, Curitiba, v. 19, n. 40, p. 13-25, 2011.

_____ et al. *Entre palavras e vidas*: um pensamento de encontro com margens, sofrimentos, violências. Entrevista com Veena Das. Trad. Carolina Christoph Grillo. *Dilemas*: revista de estudos de conflito e controle sociais, Rio de Janeiro, v. 5, n. 2, p. 335-356, abr./maio/jun. 2012.

NOEL, Gabriel David. Guardianes del paraíso: génesis y genealogía de una identidad colectiva en Mar de las Pampas. *Revista del Museo de Antropología*, Córdoba, n. 4, p. 211-226, 2011.

PEETERS, Hugues; CHARLIER, Philippe. Introduction: Contributions à une théorie du dispositif. *Hermès*: cognition communication, politique, Paris, n. 25, p. 15-23, 1999.

SÁNCHEZ, Pedro José Garcia. Saqueos, ranchos, casetas, peajes, plazas, "liberadas", esquinas "calientes", planes de contigencia, zonas de seguridad... ¿Todos contra lo público?. *Antropolitica*, Niterói, n. 28, p. 221-248, 1. sem. 2010.

SILVA, Luiz Antonio Machado da. Desdobramentos do campo temático dos movimentos sociais. *Cadernos do Ceas*, Salvador, n. 145, maio/jun. 1993.

_____. Criminalidade violenta por uma nova perspectiva de análise. *Revista de Sociologia e Política*, Curitiba, n. 13, p. 115-124, 1999.

_____. Sociabilidade violenta: uma dificuldade a mais para a ação coletiva nas favelas. In: _____ et al. (Org.). *Rio*: a democracia vista de baixo. Rio de Janeiro: Ibase, 2004.

_____ (Org.). *Vida sob cerco*: violência e rotina nas favelas do Rio de Janeiro. Rio de Janeiro: Nova Fronteira, 2008.

_____; LEITE, Márcia Pereira. Violência, crime e polícia: o que os favelados dizem quando falam desses temas? *Sociedade e Estado*, Brasília, DF, v. 22, n. 3, p. 545-591, 2007.

THÉVENOT, Laurent. L'Action en plan. *Sociologie du Travail*, Paris, v. XXXVII, n. 3, p. 411-434, 1995.

_____. *L'action au pluriel*: Sociologie des régimes d'engagement. Paris: La Découverte, 2006.

WERNECK, Alexandre. *De Adão ao bom ladrão*: as desculpas que damos e seu papel na manutenção das relações sociais. Rio de Janeiro: Civilização Brasileira, 2012.

CAPÍTULO 16

De territórios da pobreza a territórios de negócios: dispositivos de gestão das favelas cariocas em contexto de "pacificação"

MÁRCIA PEREIRA LEITE

Introdução

Este capítulo busca compreender as formas de gestão de vida e de administração dos conflitos que vêm sendo implementados em parte das favelas cariocas pelo Estado, há cerca de cinco anos, através do Programa de Pacificação das Favelas. Apresenta alguns resultados das pesquisas que venho desenvolvendo em localidades com unidades de polícia pacificadora (UPPs), centrando-se em meus dados de campo em uma favela situada na Zona Norte do Rio de Janeiro e onde a UPP chegou há cerca de quatro anos.[1] Nessa localidade, as relações dos moradores, das lideranças comunitárias e dos dirigentes das organizações de base com o comandante da polícia *pacificadora* e seus subordinados são tensas e conflituadas. Os motivos dos conflitos são muitos: da ingerência da polícia na vida local (o que se pode ou não fazer: bailes *funk*, festas juninas e outras, churrascos no terreno baldio, ouvir música alta, ficar na rua até tarde etc.) à brutalidade e violência policial nas revistas de moradores e, ainda, o descaso dos policiais com os roubos que lá ocorrem, a interferência do comandante na associação de moradores e sua persistente tentativa de regular a relação destes com o Estado nos agenciamentos que realiza ou medeia na favela. As queixas dos moradores dessa favela não são diferentes das apresentadas por moradores de outras localidades, ouvidos na pesquisa coletiva. E se repetem nos diversos

---

[1] Refiro-me às pesquisas "Territórios da Pobreza, Segregação e Políticas Públicas: Novas Feições da Sociabilidade em Favelas", que desenvolvo com bolsa PQ/CNPq e Prociência/Faperj/Uerj, e "Virtudes e Limites das UPPs, uma Avaliação Socioantropológica", financiada pela Faperj e realizada pelo Coletivo de Estudos sobre Violência e Sociabilidade/Cevis-Uerj, a cujos integrantes agradeço pela discussão sempre produtiva. Agradeço também aos componentes do GT sobre periferias, da Anpocs, especialmente a Gabriel Feltran, Neiva Vieira da Cunha, Cibele Rizek, Patrícia Birman e Machado da Silva, pelos comentários substantivos à versão deste capítulo.

fóruns organizados para propor alternativas para as favelas *pacificadas*[2] e/ou discutir o impacto das UPPs na vida cotidiana nas favelas cariocas.[3] E, no entanto, apesar das queixas e reclamações, há um investimento considerável dos moradores na interlocução com o Estado e/ou com seus mediadores, que se ancora na possibilidade de "melhorar a vida", apoiada na promessa do Estado de, através desse programa, promover a integração urbana dessas localidades à cidade e a "inclusão social" de seus habitantes.

Quando iniciei esse trabalho de pesquisa, tentava apreender o que me parecia um giro de sentido na relação do Estado com essas localidades e seus moradores. O que me movia era entender qual o sentido de sua proposta de integração urbana das favelas que sempre foram constituídas como suas *margens*. Meu eixo analítico era compreender o sentido e a direção dos agenciamentos estatais nas favelas e como seus moradores lidavam com eles. O que então mudava? O que permanecia? Apesar da histórica desconfiança de moradores e de seus intelectuais orgânicos em relação ao Estado, pela longa trajetória deste ator em produzir segregação e cidadania precária nessas localidades, esses agenciamentos vinham acompanhados de iniciativas que pareciam contar com a "boa vontade" do Estado e com a significativa adesão de moradores[4] — ao menos daqueles mais visibilizados, usualmente os mais críticos e com maior lastro de participação em organizações de base, que são os recrutados para falar "pela favela" para o Estado. Busquei, assim, compreender a experiência vivida pelos moradores em localidades em que o Estado, pela primeira vez, afirmava sua presença e, sobretudo, suas expectativas diante dessa interpelação para que se integrassem à cidade (Leite e Silva, 2013; Silva et al., 2012). Neste capítulo, entretanto, ainda que utilizando como fundamento analítico os resultados de minha etnografia, optei por realizar uma análise a partir do Estado e das relações de poder que este constitui, medeia, amplia e capilariza em parte das favelas cariocas, as que designa como *pacificadas*. Meu interesse analítico neste texto é discutir os atuais

---

[2] Cf. o Fórum Nacional/BNDES, organizado pelo ministro Reis Velloso para discutir e viabilizar a integração urbana das favelas *pacificadas* à cidade e a inclusão social de seus moradores, os fóruns organizados pelo programa Territórios da Paz, da Secretaria de Assistência Social e Direitos Humanos/SEASDH do Rio de Janeiro, e os organizados pelo Sebrae/RJ (inclusive virtualmente, através do Facebook), que acompanho em minha pesquisa.

[3] Vários seminários acadêmicos foram organizados com essa finalidade. Entre eles, destaco o seminário "Favela é Cidade", organizado pelo Cevis/Uerj, Ibase e Peep/FGV, em 26 e 27 de novembro de 2012 (disponível em versão editada em: <www.youtube.com/watch?v=uKYULpmrRaI>. Acesso em: set. 2011).

[4] Por exemplo, o Fórum Nacional/BNDES articulado a partir da iniciativa de dois intelectuais orgânicos das favelas que propuseram discutir e ajudar a viabilizar a integração das favelas à cidade em consonância com a interpelação do Programa de Pacificação de Favelas.

dispositivos de gestão dessas favelas e seu impacto sobre os processos de segregação e de ampliação da cidadania. O Programa de Pacificação de Favelas é, pois, tomado como objeto heurístico para compreender como as fronteiras espaciais, sociais e morais vêm sendo trabalhadas/reatualizadas no Rio de Janeiro e, mais especificamente, como os novos dispositivos de governamentalidade implementados através desse programa operam em relação às mesmas.

O texto que se segue está organizado em quatro partes. Na primeira, dialogando com Valladares (2005), discuto diferentes formas de construção social desses espaços urbanos como *margens* do Estado. Ao fazê-lo, considero as modalidades de identificação que historicamente embasaram e, simultaneamente, justificaram formas específicas de gestão estatal desses territórios e populações através de dispositivos que sistematicamente delimitaram as possibilidades de acesso de seus moradores aos equipamentos urbanos e serviços públicos, no quadro do que, em cada momento, foi compreendido e operado como as formas e limites de sua integração social e urbana. Argumento que a construção social desses espaços como o "outro" da cidade vinculou-se a diferentes contextos históricos em que as favelas foram objeto de iniciativas governamentais e não governamentais variadas. Na segunda, apresento brevemente o Programa Estadual de Pacificação de Favelas, detalhando o processo de construção de sua proposta de *pacificação* desses territórios de *margem* e discutindo, como seu subtexto, as formulações e práticas de *pacificação* como dispositivos de disciplinarização — via controle social repressivo e normalização — de seus moradores. Na terceira parte, examino alguns dos dispositivos de governamentalidade implementados nas favelas *pacificadas*. Discuto como assim se produz, nessas localidades, ao menos como virtualidade, um regime territorial bem diverso daquele vigente na maioria das favelas cariocas, submetidas à lógica da "guerra" que reproduz e amplia as dinâmicas de segregação e de cidadania precária nessas localidades. Finalizando o capítulo, exploro — de forma ainda pouco conclusiva, uma vez que minha pesquisa se encontra em andamento — algumas das possibilidades desse novo projeto de gestão das favelas no Rio de Janeiro.

Favelas como margens

Não há novidade em afirmar que, ao longo de seus mais de 100 anos de existência, as favelas cariocas se constituem como *margens* do Estado (Das e Poole, 2004) e sua figuração pública sempre foi a de *margens* da cidade, um espaço não plenamente integrado à mesma. Nem em ressaltar que sua construção social como o "outro" da cidade tem especificidades relativas aos diferentes contextos históricos em que as favelas foram objeto de iniciativas governamentais e não governamentais variadas. Lícia Valladares (2005), por exemplo, analisa o surgimento desses territórios desde seu "mito de origem" até sua constituição como "espaço virtual" ("favela.com"), reconstruindo de forma densa os diversos contextos de produção do "problema da favela" pelo Estado, por jornalistas e profissionais com voz no espaço público, por instituições diversas e pelas ciências sociais. Nesse percurso analítico, Lícia examina as imagens e representações através das quais as favelas e seus moradores são referidos, nomeados, tratados, permitindo-nos compreender como diferentes atores sociais, através das narrativas próprias a seus campos de atuação e formuladas em conjunturas específicas, produzem representações da favela como um território e uma forma de vida que, enquanto tais, não podem ter lugar na cidade. E, com efeito, desde seu surgimento, as favelas tipificam no imaginário carioca espaços e populações que seriam caracterizados por uma alteridade radical em relação aos bairros formais e a seus habitantes. Por isso mesmo, no Rio de Janeiro, essa categoria é um marcador das fronteiras sociais, espaciais e morais que inspiram e justificam dinâmicas de segregação, envolvendo outros espaços (conjuntos habitacionais, loteamentos irregulares e periferias), também representados como locais de moradia dos pobres, espaços da marginalidade, do crime e do "perigo".

Acompanhando a argumentação de Valladares (2005), procuro entretanto, nesta seção, explorar o potencial heurístico das representações *favela* e *favelado* associando-as a duas referências analíticas centrais: as noções de categorias de nominação, de Gérard Noiriel, e de dispositivos, de Michel Foucault. Para Noiriel (2007:5), categorias de nominação — como, no caso, *favela* e *favelado* — são "práticas e tecnologias de identificação" produzidas em meio a relações de poder que colocam "em contato os indivíduos que têm os meios de definir a identidade dos outros e aqueles que são objeto de seus empreendimentos", articulando-se por isso estreitamente ao controle social e à estigmatização destes. Já a noção de dispositivos, em Foucault (1979:244), refere-se a "um conjunto decididamente heterogêneo que engloba discursos, instituições, organizações arquitetônicas, decisões regulamentares, leis, medidas administrativas, enunciados científicos, proposições filosóficas, morais, filantrópicas", assim como à "rede que pode se estabelecer entre esses elementos" e que "tem uma função estratégica dominante". Como exemplo dessa função estratégica dominante, Foucault cita o caso "da absorção de uma massa de população flutuante que uma economia de tipo essencialmente mercantilista achava incômoda", sustentando: "existe aí um imperativo estratégico funcionando como matriz de um dispositivo que pouco a pouco tornou-se o dispositivo de controle-dominação da loucura, da doença mental, da neurose" (Foucault, 1979:244).

Inspirando-me no viés analítico desenvolvido por Noiriel e Foucault, considero que esses dispositivos — *favela* e *favelado* — constituíram, a partir de relações de poder situadas, as favelas como espaços em que "todos os outros lugares reais dessa dada cultura podem ser encontrados, e nas quais são, simultaneamente, representados, contestados e invertidos" — *heterotopias* (Foucault, 2004). É nesse sentido que argumento que essas categorias de nominação, enquanto dispositivos discursivos, constituíram-se como um dos dispositivos com função estratégica dominante para a produção desses espaços urbanos como *margens* do Estado e da cidade, subsidiando e justificando as políticas públicas de urbanização precária — que Rafael Gonçalves (2010), ressaltando o papel do Estado em sua produção, designa "congelamento urbanístico" — assentadas (nos)/justificadas pelos ilegalismos (Foucault, 1997; Telles, 2010) que atravessariam seu cotidiano e teriam seu solo na ilegalidade fundiária das favelas.[5] Dito de outro modo, constituídas na percepção social como território das ilegalidades e, por isso, *margens* da cidade, as favelas podiam ser representadas, tratadas, geridas enquanto *território da violência* e de uma sociabilidade avessa às normas e valores dominantes. É dessa angulação que considero produtivo analisar a construção social da favela como o "outro" da cidade, em três macrocontextos históricos, em que as favelas foram/são objeto de iniciativas governamentais e não governamentais que podem ser compreendidas como diferentes dispositivos de gestão desses territórios e de suas populações.

O primeiro contexto abre-se ao final do século XIX, quando as favelas foram percebidas como um problema social, higiênico e estético que se opunha à utopia de uma cidade limpa e sem miseráveis, alimentando discursos, propostas e políticas de erradicação desses *territórios da pobreza* e da marginalidade que delas derivaria através da destruição desses assentamentos habitacionais e da remoção de seus moradores para outras áreas (distantes) dos bairros mais valorizados da cidade (Valladares, 2005). Discursos, políticas e propostas que se concretizam timidamente nos anos 40 do século passado, com a experiência dos parques proletários que lhes propiciariam a "pedagogia civilizatória" de que necessitariam para uma futura integração social e urbana (Burgos, 1998) e, de forma expressiva nos anos 1968 a 1975. Nesse período, conhecido como "período remocionista", cerca de 80 favelas foram destruídas pelo governo do estado, afetando em torno de 140 mil pessoas, grande parte das quais alocadas em conjuntos habitacionais na peri-

---

[5] Ver Gonçalves (2010) e capítulo 6 deste volume.

feria do Rio de Janeiro (Valladares, 2005:30), a despeito dos esforços do movimento associativo de favelas.[6] Vale notar que, no período remocionista, a "pedagogia civilizatória" permaneceu como dispositivo, ainda que com certos conteúdos alterados, de orientação e justificação das políticas estatais,[7] como se pode observar no depoimento de Sandra Cavalcanti, secretária de Serviços Sociais do Governo Carlos Lacerda (1960-1965), ao Cpdoc/FGV:

> Eu achava, e acho ainda, que não é a favela que tem que ser urbanizada. Quem tem que ser urbanizado é o favelado. Uma das condições para um favelado se urbanizar, para se desfavelizar, é sair daquela paisagem e de seu entorno. Exatamente como uma pessoa que, saindo do interior, vem para a cidade grande. Chega ali e encontra uma outra realidade. Se ele sai daquele fim de mundo, sem água, sem luz, sem nada, ele vai querer mudar. Vai querer se incorporar ao progresso [Freire e Oliveira, 2002:88].

O segundo contexto pode ser localizado a partir dos anos 1980, quando o tráfico de drogas enquistado nas favelas se internacionalizou e passou a gerar fluxos financeiros vultosos decorrentes do comércio ilegal da cocaína e intensas disputas pelos seus pontos de venda no varejo, levando os traficantes de drogas ilícitas a se desencapsular, isto é, a não mais exercer sua atividade de modo intersticial no território, mas a buscar (e conquistar) o domínio militar sobre essas localidades recorrendo a armas de grosso calibre e às mercadorias políticas (Misse, 2007) associadas a esse mercado ilegal (corrupção, proteção etc.). As favelas passaram então a ser representadas sobretudo como *o território da violência*, tematizadas quase que exclusivamente pela violência e insegurança que trariam aos bairros, e seus moradores passaram a ser identificados como "classes perigosas". Se antes *favela* e *favelado* representavam um "perigo" para a cidade por serem associados a trabalhadores não plenamente inseridos no mercado de trabalho formal e ao potencial explosivo dos conflitos de classe — como as formulações sobre a "marginalidade" de seus habitantes expressam (Leite, 2001; Silva, 2009; Misse, 2010) —, doravante o "perigo" refere-se ao crime violento e à segurança individual, física e patrimonial dos habitantes dos bairros.

Como se sabe, a identificação dos subalternos como "classes perigosas" na República Velha operava através da criminalização do movimento operário e

---

[6] Cf. Fischer (2008); Gonçalves (2010); Burgos (1998, 2005); Valladares (2005); Silva (2002, 1967), entre outros.

[7] Ver, para a análise desse dispositivo no período, inclusive no que concerne à sua operação pela Igreja Católica, Conceição (2014).

sindical e se prolongou no governo Vargas com a disciplinarização da força de trabalho e o controle das organizações sindicais e políticas e, paralelamente, com a "pedagogia civilizatória" dirigida aos *favelados*. No segundo contexto analisado, entretanto, é a própria acepção de "classes perigosas" que se transformou, uma vez que na correlação de forças ligada à reestruturação produtiva a classe trabalhadora, enfraquecida, não era mais percebida como perigosa. O medo passou a decorrer do novo sentido de perigo representado pela pobreza e marginalidade que a *favela* tipifica no imaginário social. As representações sobre esses espaços urbanos vincularam a contiguidade territorial de seus habitantes com os traficantes de drogas à expressão de uma cumplicidade dos primeiros em relação aos segundos, da mesma forma que a vulnerabilidade econômica e social dos *favelados* foi interpretada como indicador do risco de adesão à criminalidade (Leite, 2001; Leite, 2008b; Silva, 2008; Silva e Leite, 2012, entre outros). A construção social da favela como *o território da violência* passou a orientar e a legitimar a divisão da cidade entre *asfalto* e *favelas*, encontrando expressão nas políticas de segurança pública praticadas nessas localidades e nos limites postos à integração social de seus moradores.

Aqui se produziu um giro de sentido fundamental na apreensão, tradução e gestão dos conflitos urbanos referidos a esses territórios e a seus moradores, do campo da ação coletiva e da cidadania para o campo da segurança pública e dos dispositivos de controle social repressivo que, em outro lugar (Leite, 2013a, 2001), examinei como a produção da "metáfora da guerra", discutindo a redução das políticas públicas dirigidas a esses territórios a seu escopo.[8] As reivindicações dos moradores de favela por acesso à cidade e à cidadania deixaram de ser apreendidas como expressão dos conflitos de classe — cujo modo de administração envolvia reconhecê-los como expressão da "questão urbana" e, portanto, equacionáveis através de uma integração social progressiva a ser efetivada através de políticas urbanas e sociais que lhes garantissem algum acesso a equipamentos coletivos e serviços públicos — para serem tematizadas como uma questão de segurança pública (Leite, 2013b, 2008b, 2001; Silva, 2010b, 2009, 2008; Burgos, 2005; Burgos et al., 2011, entre outros). Nesse diapasão, produziu-se uma leitura restrita da cidadania que justificou o perfil das políticas públicas implementadas nesses territórios: políticas de urbanização limitadas, estímulo a iniciativas não governamentais através do financiamento de projetos sociais pontuais e direcionados aos segmentos "em situação de vulnerabilidade

---

[8] Ver também Silva (2010b) e Feltran (2010), este para a análise de como o processo tensiona e orienta as relações entre Estado, moradores e "crime" nas periferias em São Paulo.

social",[9] sobretudo os jovens (considerados os mais seduzidos pelo crime violento), e uma política de segurança pública baseada na guerra contra traficantes de drogas, nas "operações policiais" eventuais nas favelas e no extermínio dos "*favelados* violentos" como modalidade de controle social desses territórios (Leite, 2013a, 2012a, 2011; Farias, 2014; Cano, 2003).

As críticas e tensões derivadas dessas modalidades de nominação e de gerenciamento das *favelas* e dos *favelados*, no campo da "metáfora da guerra", que chegaram a seu ápice em 2007, no episódio conhecido como a Chacina do Alemão, por ocasião dos XV Jogos Pan-Americanos no Rio de Janeiro,[10] e as dificuldades do Estado em equacionar o "problema da violência urbana" produzindo uma "cidade segura" que pudesse disputar, no mercado internacional, ser sede de "grandes eventos" levaram à implementação do Programa Estadual de Pacificação das Favelas (Leite, 2012b; Palermo, 2014). A "invenção das UPPs" (expressão de Palermo) consistiu, argumento, em uma estratégia política e institucional de produção da "cidade segura" para os "grandes eventos". Essa dimensão de "laboratório" das UPPs, face à repercussão nacional e internacional dos episódios de 2007, foi explicitada (e justificada) pelo esgotamento do modelo de segurança pública no campo da "metáfora da guerra" em diversas falas do secretário de Segurança Pública do Rio de Janeiro, José Mariano Beltrame (Palermo, 2014), e por seu primeiro coordenador-geral, coronel Robson Rodrigues da Silva, em entrevista para as pesquisas antes citadas.[11] Abriu-se assim, em dezembro de 2008, momento da inauguração da primeira UPP na favela Santa Marta, Zona Sul do Rio de Janeiro, um novo contexto no qual o discurso da "guerra" às *favelas* e aos *favelados* cedeu

---

[9] Analisados por Moraes (2005) como dispositivos de "policialização das políticas sociais". Sobre a natureza e o modo de funcionamento de projetos sociais e culturais nas favelas cariocas e periferias paulistas, ver, respectivamente, Rocha (2013) e capítulo 14 deste volume, e Rizek (2011).

[10] Em 27 de junho de 2007, uma megaoperação policial com um efetivo de 1.350 agentes invadiu o Complexo do Alemão, Zona Norte do Rio de Janeiro, matando 19 pessoas, ato que foi denunciado pela OAB, por ONGs de direitos humanos, parlamentares, moradores de favelas e pesquisadores, com base na análise dos laudos cadavéricos das vítimas, como uma ação de extermínio, visando produzir "segurança" para o evento esportivo na cidade. Ver, por exemplo, as declarações de Phillip Alston, relator da ONU para o Brasil em "ONU: operação no Alemão não tinha argumento", *O Dia*, 14 nov. 2007, e o laudo independente da Secretaria Especial de Direitos Humanos da Presidência da República (disponível em: <www1.folha.uol.com.br/folha/cotidiano/ult95u341949.shtml>. Acesso em: jul. 2012). Em 2007, os registros de autos de resistência (1.330) e de policiais mortos em serviço (23) no estado do Rio de Janeiro — uma proporção de 57,8 para 1 (dados do Instituto de Segurança Pública analisados pela ONG Centro de Justiça Global, disponíveis em: <http://global.org.br/programas/chacina-no-complexo-do-alemao-completa-1-ano-com-ato-e-missa-sexta-feira-10h-na-candelaria/>. Acesso em: ago. 2012) — revelam a política de extermínio referida acima.

[11] Entrevista a Márcia Leite e Luiz Antonio Machado da Silva, em 2010.

terreno para o da *paz* e da *pacificação* dessas localidades. Desde então, as iniciativas estatais voltadas para a redução da violência combinam a implantação de postos de policiamento permanentes (apresentados como tendo sido inspirados no modelo de policiamento de proximidade) em algumas dessas localidades[12] e diversos dispositivos governamentais e não governamentais de controle social e normalização dos moradores, que vêm sendo denominados pelo Estado como alternativas de/para sua "inclusão social", ao lhes proporcionar (e, dessa forma, também ao conjunto da população do Rio) segurança e cidadania:

> Art. 1º. As Unidades de Polícia Pacificadora (UPP), criadas para a execução de ações especiais concernentes à *pacificação e à preservação da ordem pública*, destinam-se a aplicar a filosofia de polícia de proximidade nas áreas designadas para sua atuação.
> §1º. São áreas potencialmente contempláveis por UPP, consoante critérios estabelecidos pela Secretaria de Estado de Segurança, aquelas compreendidas por comunidades pobres, com baixa institucionalidade e alto grau de informalidade, em que a instalação oportunista de grupos criminosos ostensivamente armados afronta o Estado Democrático de Direito.
> §2º. São objetivos das UPP:
> a. consolidar o controle estatal sobre comunidades sob forte influência da criminalidade ostensivamente armada;
> b. devolver à população local a paz e a tranquilidade públicas necessárias ao exercício da cidadania plena que garanta o desenvolvimento tanto social quanto econômico [Rio de Janeiro, 2011, grifos meus].[13]

Na seção seguinte, apresento a formatação institucional desse programa, analisando alguns dos discursos que o justificam, e das práticas que o operacionalizam como elementos norteadores da governamentalidade operada pela polícia *pacificadora* nas favelas cariocas. Procuro apreender analiticamente algumas de suas tensões ao agenciar os moradores dessas áreas como "cidadãos" e como *favelados*. Apontadas por muitos moradores ora como contradições, ora como sinal inequívoco de que nada mudou no tratamento que recebem do Es-

---

[12] O Rio de Janeiro tem, conforme o censo de 2010, 1.071 favelas. Até a redação final deste capítulo, 38 UPPs foram inauguradas. Segundo a Secretaria de Segurança Pública do Estado do Rio de Janeiro, cada UPP produziria efeitos de *pacificação* no complexo de favelas em que está situada, sendo atingidas por esse dispositivo 264 localidades, o que representa cerca de 25% das favelas do Rio de Janeiro.
[13] Decreto nº 42.787/2011, regulamentando as UPPs que já se encontravam em funcionamento.

tado — "é mais do mesmo", como dizem —, essas tensões revelam, argumento, uma nova modalidade de gestão das favelas e de sua população (Foucault, 2002), cuja implementação nas localidades *pacificadas* segue uma lógica temporal que tem no controle social repressivo e na normalização de alguns de seus moradores seus principais vetores.

O projeto do Estado para alguns territórios de margem: pacificação das favelas e de seus moradores

> A ideia é simples. *Recuperar para o Estado territórios empobrecidos e dominados por grupos criminosos armados*. Tais grupos, na disputa de espaço com seus rivais, entraram numa corrida armamentista nas últimas décadas, uma disputa particular na qual o fuzil reina absoluto. [...] Decidimos então pôr em prática uma nova ferramenta para acabar com os confrontos. Ocupamos quatro comunidades em bairros distintos em caráter definitivo. *Fim do fuzil e início das pequenas revoluções* que serão contadas nessas páginas. [...] *Há uma tremenda dívida social* que veio desde a colonização destas terras. A maioria negros, pardos, mulatos, pobres e muito pobres. *Carências tão grandes que é preciso ajudá-los a pedir, pois lhes é difícil até priorizar as emergências* [Beltrame, 2009, grifos meus].

Apresentado como uma grande inovação, pois que uma ruptura com o modelo de segurança pública anterior, o Programa Estadual de Pacificação das Favelas foi celebrado como uma recuperação do controle desses territórios pelo Estado, impedindo o domínio dos mesmos pelo crime violento/tráfico de drogas. A face mais visível do discurso estatal foi elaborada em dois momentos. No primeiro, o governador e o secretário de Segurança Pública afirmavam que a ocupação policial permanente das favelas eliminaria o tráfico de drogas, impedindo o exercício dessa atividade ilegal nesses territórios e forçando seus agentes a deles se retirarem. No segundo, quando ficou claro que os traficantes não haviam sido expulsos e o comércio ilícito de drogas não fora eliminado, a "reconquista dos territórios do crime" (expressão de Beltrame) passou a ser apresentada como o "fim do fuzil", isto é, a supressão do domínio armado ostensivo pelo tráfico de drogas sobre as favelas *pacificadas*.[14] Para além do argumento da reconquista do controle territo-

---

[14] Ver a coluna "Palavra do Secretário", de 10 de setembro de 2009. Disponível em: <http://upprj.com/wp/?p=175>. Acesso em: out. 2011.

rial, entretanto, o discurso do Estado elaborava (e justificava) dois outros e fundamentais sentidos da recuperação da soberania estatal sobre as *favelas*. Primeiro, tratava-se de reconstituir, entre os *favelados*, a legitimidade do Estado, instituindo formas de regulação da vida cotidiana e dos conflitos pautadas na lei e orientadas pelo ideário normativo da cidadania. Duas condições foram explicitadas como necessárias: (1) alterar as tradicionais relações entre polícia e *favelados*, através da implementação de um novo modelo de policiamento "baseado na confiança e no respeito mútuo adquiridos em ações permanentes" e não mais nas "incursões policiais" eventuais;[15] e (2) instituir processos específicos de seleção e formação de agentes para a polícia *pacificadora*. Nesse caso, tratava-se de recrutar novos agentes não socializados na cultura corporativa nem inseridos em suas redes de poder, de modo a evitar discursos e práticas policiais recorrentes no campo da "metáfora da guerra", da identificação dos *favelados* como "inimigos" coniventes com o crime ao recurso usual na corporação às "mercadorias políticas" — abuso e violência policiais e corrupção (Misse, 2007)[16] — quando atuando nesses territórios em que operam nas "dobras do legal e do ilegal (Telles, 2010). No segundo momento, a ocupação policial desses territórios permitiria a integração das favelas à cidade e o acesso dos favelados às instituições e serviços públicos.

O Programa UPP Social, lançado em agosto de 2010, quase dois anos depois do início do Programa de Pacificação de Favelas, seria o grande articulador do resgate da "tremenda dívida social" para com os moradores de favelas, iniciando algumas das "pequenas revoluções" a que se refere Beltrame na citação em epígrafe a esta seção. Para a consecução desse objetivo, cabia-lhe coordenar as intervenções dos vários órgãos públicos nas localidades com UPPs e promover parcerias entre os governos municipal, estadual e federal, o setor privado e a sociedade civil para a realização de projetos sociais, visando:

> [a]o desenvolvimento social, incentivar o exercício da cidadania, derrubar fronteiras simbólicas e realizar a integração plena da cidade [através de] ações que consolidem os avanços trazidos pela pacificação e revertam os legados

---

[15] "As UPPs trabalham com os princípios da polícia de proximidade, um conceito que vai além da polícia comunitária e que tem sua estratégia fundamentada na parceria entre a população e as instituições da área de segurança pública. A atuação da polícia pacificadora, pautada pelo diálogo e pelo respeito à cultura e às características de cada comunidade, aumenta a interlocução e favorece o surgimento de lideranças comunitárias. [...]. As denúncias das comunidades têm sido de grande valia para a prisão de bandidos e apreensões de armas, drogas e produtos ilegais escondidos" (apresentação do programa. Disponível em: <www.upprj.com/index.php/o_que_e_upp>. Acesso em: set. 2012).

[16] Sobre as experiências de polícia de proximidade e a cultura corporativa policial, ver Muniz (1999).

da violência e da exclusão territorial: o desenvolvimento social; incentivar o exercício da cidadania, derrubar fronteiras simbólicas e realizar a integração plena da cidade: apoio a organizações e projetos locais; recuperação de espaços públicos; regularização urbana, de serviços e negócios; oportunidades para a juventude e iniciativas cidadãs, culturais, esportivas e de lazer que apaguem de uma vez por todas as fronteiras do passado.[17]

Entretanto, a lógica subjacente ao Programa UPP Social — ocupação policial do território como condição de possibilidade para a implantação segura e legítima de serviços sociais foi, e ainda é, justificada pela concepção de que as favelas seriam até então territórios marcados pela ausência do Estado.[18] Nesse sentido, sustenta que a *pacificação* como "reencapsulamento" do crime violento e controle do uso ostensivo de armas proporcionaria, de um lado, não apenas segurança para os moradores dessas localidades, mas também a segurança necessária para o funcionamento das instituições nas favelas; de outro, garantiria a legitimidade das demandas de seus moradores, não mais submetidos aos interesses dos traficantes de drogas e/ou das associações locais a eles vinculadas. Tal argumento está presente na citação em epígrafe, que vimos analisando: para resgatar a "dívida social" para com os moradores de favelas, caberia ao Estado "ajudá-los a pedir, pois lhes é difícil até priorizar as emergências". O que poderia ser lido como um viés paternalista, devido às "carências [serem] tão grandes", tem seu sentido forte revelado na avaliação de que "lhes é difícil até priorizar as emergências". O subtexto é a incapacidade dos *favelados* de formularem e priorizarem suas reivindicações e gerirem seus conflitos sob o "império da lei" e o ideal normativo da cidadania por sua submissão às muitas ilegalidades que teriam seu solo fértil nas *favelas*.

É essa concepção do Programa de Pacificação das Favelas que tem orientado as relações dos comandantes de UPPs com os moradores das localidades em que estão situadas, tanto em termos do gerenciamento da vida cotidiana quanto da mediação dos conflitos locais e da intermediação das reivindicações de suas organizações de base ao Estado.[19] Não por acaso, em meu campo, observando várias reuniões do comandante da UPP com os moradores, pude recolher as seguintes falas do primeiro, muito irritadas, em duas situações diversas, mas sempre confrontando as críticas dos segundos aos encaminhamentos e proibições efetuados pela UPP:

---

[17] Disponível em: <www.uppsocial.com.br/o-projeto>. Acesso em: out. 2011.
[18] Para uma discussão sobre esse ponto, enfatizando a modalidade específica de presença do Estado nas favelas e o equívoco da tese de sua ausência nesses territórios, ver Silva (2008); Silva e Leite (2012); Cunha e Mello (2011); Burgos et al. (2011).
[19] Cf. Barbosa (2012); Burgos et al. (2011); Leite (2011); Silva (2010), entre outros.

Quer brigar por causa de festa [proibida pela UPP]. Festa junina? Temos que priorizar os valores. Educação! Faço a minha parte, estou correndo atrás de projetos... [...] Essa reunião está perdendo o foco. Não sai nada de concreto! Quando entramos, ordenamos o espaço. A gente dá a cidadania. Direitos e deveres. Quem promove festas? [referência aos bailes *funk* que seriam promovidos por traficantes de drogas]. Temos que atingir o bem da comunidade. O problema é o lixo...

Essas práticas estatais, em que os moradores de favelas não se reconhecem sendo tratados como cidadãos, têm sido objeto de reclamações constantes de moradores de várias localidades, recolhidas nas pesquisas antes citadas e nos diversos fóruns organizados para discutir os impactos das UPPs nas favelas. E, a meu ver, demonstram que, apesar da conhecida variação na gestão do cotidiano das favelas de acordo com a perspectiva do comandante da UPP ali localizada, atualiza a orientação geral, mais ou menos explícita, dos órgãos de segurança pública: os *favelados* não são cidadãos e, por isso mesmo, têm de ser geridos, controlados, tratados como "população" (Foucault, 2002). Para além do discurso de "integração social e urbana" e de resgate da "tremenda dívida social" para com os moradores de favelas, o Estado continua a gerenciar esses territórios e seus moradores como *margens*, ao identificar e tratar estes últimos como *favelados*, ainda que — como veremos na seção seguinte — abra, para uma parte dessa população e em condições específicas, uma alternativa de *inclusão* não inscrita no campo de possibilidades da "metáfora da guerra".

É isso, argumento, que as oscilações no discurso sobre a *pacificação* desses territórios e a "reconquista da soberania estatal" sobre os mesmos revelam. Decerto indicam também um ajustamento dos objetivos do programa à resistência dos traficantes de droga em deixarem as localidades ocupadas e abrirem mão de sua atividade ilícita e, com isso, uma readequação dos conteúdos discursivos sobre as UPPs dirigidos à sociedade em geral. Para além disso, porém, demonstram que, mais do que o território, o que se pretende *pacificar* são os *favelados*, afastando-os da sedução do crime violento e disciplinarizando-os. Com efeito, como pude observar em minhas pesquisas, as práticas de *pacificação* são dispositivos que contêm como pressupostos as modalidades de identificação *favela* e *favelado*, antes examinadas. Seu gradiente inclui da normalização ao controle social coercitivo[20] e, eventualmente, em certas situações e desde que ainda na fase de implantação das UPPs, o recurso a dis-

---

[20] Na impossibilidade de discutir como o controle social coercitivo vem sendo operado nas favelas *pacificadas*, remeto o leitor a Silva et al. (2012); Burgos et al. (2011); Cano (2012).

positivos do campo da "metáfora da guerra", inclusive ao extermínio (como o "caso Amarildo"[21] tornou amplamente público). E são operadas/atualizadas não a partir de qualquer perspectiva paternalista. Antes, o que as fundamenta é a concepção de que só com o gerenciamento da vida cotidiana, através e a partir dessas práticas, seria possível desfazer, com o tempo, as ligações e lealdades dos moradores de favelas com os traficantes de drogas.[22] Também não é por acaso que a "polícia de proximidade" nas favelas *pacificadas* priorize as crianças,[23] consideradas *ainda* fora do campo da "vulnerabilidade social", nas práticas de normalização:

> Nosso foco são as crianças. A juventude de favela não tem jeito. Já foi cooptada pelo tráfico. Essa nós já perdemos. Agora, temos que investir é na nova geração [coordenador-geral das UPPs, na entrevista antes citada].
> Afinal o que eu quero é dar um futuro melhor para as crianças... [comandante de uma UPP localizada em favela da Zona Norte do Rio de Janeiro].

Em relação aos jovens e aos moradores adultos, as práticas e discursos das UPPs trabalham com outro sentido de *pacificação*, aquele que decorre dos efeitos de sua identificação como *favelados* e, portanto, no mínimo, na fronteira do crime e do tráfico de drogas ilícitas (Leite e Silva, 2013, entre outros). Grande parte desses jovens e adultos é, assim, considerada impossível de ser normalizada, como as falas anteriores sugerem. A eles parece estar reservado, não apenas no momento de implantação da *pacificação* em sua localidade de moradia, mas também no cenário que se projeta para o futuro, designado pelo Estado como de "avaliação e de monitoramento", o controle social repressivo. Essa dimensão temporal do Programa de Pacificação de Favelas foi explicitada na regulamenta-

---

[21] Amarildo de Souza, pedreiro, 43 anos, morador da Rocinha, desapareceu em julho de 2013, após ter sido chamado à UPP situada na favela. Investigação posterior constatou que Amarildo foi assassinado pelos policiais da UPP. Ver <http://global.org.br/tag/amarildo/>. Acesso em: ago. 2013.

[22] A complexidade do tecido social nesses territórios de *margem* não autoriza tal formulação. Entretanto, não há como negar que as redes e os conflitos dos mercados informais, ilícitos e ilegais produzidos pelas novas dinâmicas sociais face à implosão do paradigma fordista de organização do trabalho e seus reverberamentos em termos da reprodução social dos pobres urbanos, tão bem analisados por Telles (2006), Telles e Hirata (2007) e Feltran (2010), flexibilizaram as fronteiras outrora rígidas entre trabalhadores e bandidos (Zaluar, 1985). Ver também Leite (2008b).

[23] Notar a importância concedida ao tema pela recorrência na divulgação, no site oficial do projeto, das atividades de "aproximação" dos policiais com crianças de favelas onde há UPPs e pela divulgação de estudos em que as mesmas são apresentadas como produção de um "ambiente saudável" para elas. Ver, por exemplo <www.upprj.com/index.php/estudo_publicacao/P6>. Acesso em: dez. 2013.

ção das UPPs, em 2011, já considerando, portanto, o ajustamento do programa antes apontado:

Art. 2º. O programa de pacificação, por meio da implantação de UPP, deverá ser realizado nessas comunidades em quatro etapas:

I. INTERVENÇÃO TÁTICA — Primeira etapa, em que são deflagradas ações táticas, preferencialmente pelo Batalhão de Operações Policiais Especiais (Bope), pelo Batalhão de Polícia de Choque (BPChoque) e por efetivos deslocados dos CPA, com o objetivo de recuperarem o controle estatal sobre áreas ilegalmente subjugadas por grupos criminosos ostensivamente armados.

II. ESTABILIZAÇÃO — Momento em que são intercaladas ações de intervenção tática e ações de cerco da área delimitada, antecedendo o momento de implementação da futura UPP.

III. IMPLANTAÇÃO DA UPP — Ocorre quando policiais militares especialmente capacitados para o exercício da polícia de proximidade chegam definitivamente à comunidade contemplada pelo programa de pacificação, preparando-a para a chegada de outros serviços públicos e privados que possibilitem sua reintegração à sociedade democrática. Para tanto, a UPP contará com efetivo e condições de trabalho necessários ao adequado cumprimento de sua missão.

IV. AVALIAÇÃO E MONITORAMENTO — Nesse momento, tanto as ações de polícia pacificadora, quanto as de outros atores prestadores de serviços públicos e privados nas comunidades contempladas com UPP passam a ser avaliados sistematicamente com foco nos objetivos, sempre no intuito do aprimoramento do programa [Rio de Janeiro, 2011].

Parece-me claro que a fase de "avaliação e monitoramento" das ações do Estado, do mercado e das ONGs tem por foco a *pacificação* das *favelas* e dos *favelados*. Nesse caso, como venho argumentando, o Estado projeta certo "trabalho do tempo" para o sucesso dos dispositivos de disciplinarização pela via da normalização e/ou do controle social repressivo. Para além disso, porém, abre também outra alternativa para os "normalizáveis" no curso do processo de *pacificação*: sua "inclusão social" pela via do mercado, ao mesmo tempo que considera a virtualidade do mercado "fazer a sua parte" em relação àqueles que a ele não se ajustem. Antes de discutir esse ponto, entretanto, vale voltar, ainda que brevemente, a um dos aspectos que considero mais relevantes do Programa UPP Social.

Cerca de um ano depois de sua implementação, o Programa UPP Social já se encontrava em franco desgaste. Criticado por grande parte dos moradores de favelas pelo que apreendem como sua "inoperância", perdeu seu diretor, Ricardo Henriques, e foi alocado no Instituto Municipal de Urbanismo Pereira Passos (IPP).[24] As interpretações correntes (na mídia e entre o senso comum *savant*) consideraram essa mudança uma perda de importância da UPP Social e a atribuíram à vitória da dimensão militar do projeto UPP e ao caráter pouco efetivo da proposta de integração social dos *favelados* por parte do Estado. Sem desconsiderar as tensões reveladas nos aspectos citados, argumento, na seção seguinte, que essa mudança representou um ponto de inflexão na relação do Estado com as favelas *pacificadas*, em que o atendimento das reivindicações de seus moradores por bens de cidadania e serviços públicos consistente com a administração dos conflitos sociais pela distribuição dos direitos através de políticas urbanas e sociais (a perspectiva de sua integração social e urbana) saiu de foco em favor de uma opção pela *inclusão produtiva*.

Dispositivos da governamentalidade e "oportunidades" nas/das favelas

Com efeito, considerando o caráter *ad hoc* do projeto de *pacificação* das favelas, a progressiva articulação de seus parceiros e seus sucessivos ajustamentos a partir dos agenciamentos realizados por esses atores em direção aos moradores de favelas, entendo que a inflexão apontada indica menos as fragilidades de nosso Estado ao falar para e agir sobre as *margens* e mais a elaboração de um projeto radicalmente novo para equacionar o "problema da favela", mais especificamente daquelas *pacificadas*. Esse projeto tem como um de seus vetores a reconfiguração dessas favelas como "territórios seguros para a cidade"[25] e que oferecem, para "dentro" e para "fora" "oportunidades de negócios".[26] Uma de suas condições de possibilidade, na fase de implantação das UPPs, é a militarização do território e as práticas de controle social coercitivo dos moradores. Outra, complementar, são as práticas de normalização e os agenciamentos (do Estado, do mercado e de organizações não governamentais) na direção da *inclusão produtiva* de parte de seus moradores.

---

[24] Inicialmente alocado na SEASDH e dirigido por Ricardo Henriques, o programa foi transferido para o município e alocado no IPP, passando a se designar UPP Social Carioca. Sua responsável atual é a presidente do IPP, Eduarda La Rocque, ex-secretária municipal da Fazenda. No plano estadual, a gestão das favelas passou a ser realizada pelo "Territórios da Paz", que não tenho como analisar neste texto.

[25] Os dispositivos de *pacificação* são operados em favelas que, em sua quase totalidade, se situam no chamado "cinturão de segurança" para os "megaeventos": zonas sul e central da cidade ou, quando localizadas em outras áreas, próximas a equipamentos esportivos e/ou vias expressas.

[26] Cf. Leite (2011) e Barbosa (2012), que apresentam perspectivas similares em sua prospecção dos futuros possíveis para as favelas cariocas *pacificadas*.

Vejamos, então, em que consiste essa proposta/política de *inclusão produtiva* dos "pobres urbanos" e, no caso em análise, dos moradores de favelas.

A proposta de *inclusão produtiva* alude à integração social, mas pelo viés da *inclusão social*, sem explicitar suas diferenças (Castel, 1998). Essa ideia consagrou-se, no Brasil, nas práticas e discursos de organizações governamentais e não governamentais, desde que o governo federal lançou (em 2011) o plano "Brasil sem Miséria", com o objetivo de "superar a extrema pobreza até o final de 2014". A *inclusão produtiva*, um dos eixos do programa (os outros são garantia de renda e acesso aos serviços públicos), foi então apresentada como a via "para aumentar as capacidades e as oportunidades de trabalho e geração de renda entre as famílias mais pobres do campo e das cidades".[27]

> Para as cidades, a inclusão produtiva articula ações e programas que favorecem a inserção no mercado de trabalho seja por meio do emprego formal, do empreendedorismo ou de empreendimentos da economia solidária. Reúne iniciativas de oferta de qualificação socioprofissional [através do Programa Nacional de Acesso ao Ensino Técnico e Emprego/PRONATEC] e intermediação de mão de obra, que visam à colocação dos beneficiários em postos de emprego com carteira de trabalho e previdência assinada, de apoio a microempreendedores e a cooperativas de economia solidária [microcrédito produtivo, assistência técnica e apoio à comercialização de seus produtos e serviços]. [...] Na linha do empreendedorismo, os objetivos são estimular a ampliação e o fortalecimento dos pequenos negócios e apoiar o microempreendedor individual (MEI), com prioridade para aqueles que são beneficiários do Bolsa Família. São desenvolvidas ações para trazer o MEI para a formalidade e prestar assistência técnica a esses empreendedores, em parceria com o Serviço Brasileiro de Apoio às Micro e Pequenas Empresas (SEBRAE). A inclusão produtiva urbana articula, ainda, com os bancos públicos iniciativas que visam a ampliar o microcrédito produtivo e orientado, com a redução da taxa de juros, aumento da oferta de linhas de crédito e ampliação do apoio técnico [Brasil, 2011].

Um dos mais influentes formuladores da proposta de *inclusão produtiva* dos pobres urbanos no Brasil é o economista Ricardo Paes de Barros, então subsecretário de Ações Estratégicas da Secretaria de Assuntos Estratégicos da Presidência da República. É dele a reflexão sobre como devem e podem se combinar Estado e mercado para atingir esse objetivo:

---

[27] Cf. <www.brasilsemmiseria.gov.br/apresentacao>. Acesso em: ago. 2012.

É indiscutível que a contribuição primordial das políticas públicas para a inclusão produtiva deva ser a garantia de *pleno acesso dos trabalhadores mais pobres às oportunidades produtivas localmente disponíveis*. Embora as políticas públicas também possam ser eficazes na criação de novas oportunidades de boa qualidade (criação de portas de saída), é na garantia do pleno acesso a essas oportunidades (*acesso efetivo às portas de saída*) que o papel do Estado realmente se destaca. [...] *existe grande complementaridade entre os papéis dos setores público e privado*. Quanto mais a economia e os mercados se mostram capazes de gerar boas oportunidades produtivas dirigidas aos mais pobres, mais os programas públicos podem se concentrar em: *i)* informar sobre as oportunidades localmente disponíveis; *ii)* preparar, formar, instrumentalizar e levantar barreiras (discriminação); e *iii)* garantir condições mínimas aos trabalhadores mais pobres para que eles possam aproveitar plenamente as oportunidades disponíveis [Barros, Mendonça e Tsukada, 2011:9, grifos meus].

E, com efeito, nas favelas *pacificadas*, Estado, mercado e ONGs vêm conclamando os moradores a aproveitarem as "oportunidades" abertas por sua ação combinada nas favelas. É nesse sentido que entendo a reconfiguração do Programa UPP Social, uma vez que o IPP e o Fórum Nacional/BNDES (além de outros atores, como a SEASDH, gestora do programa Territórios da Paz), vêm atuando exatamente como articuladores dessa proposta. Não por acaso a publicização dos diagnósticos, discussões, propostas e projetos do "Plano de Inclusão Econômica e Social das Favelas do Rio de Janeiro", em diversos volumes editados pelo BNDES, tem, em seus títulos, a frase "favela como oportunidade". Esta também tem sido a modalidade de atuação principal da UPP Social. Nas palavras de sua diretora:

> Meu objetivo é trabalhar para diminuir as desigualdades de oportunidades. Temos uma janela de oportunidade até as Olimpíadas que não pode ser desperdiçada. O que já fizemos? Uma grande rede de comunidades integrada. A inclusão das favelas é possível. [Passamos pela fase 1:] oferta de propostas de projetos. [Precisamos:] qualificar as demandas e cruzar com as ofertas; [ter] planejamento integrado das ações conforme os anseios da comunidade; mapeamento das responsabilidades e atribuições; consolidar as leis da comunidade [...].[28]

---

[28] Fala de Eduarda La Roque, presidente do IPP no Fórum Nacional, painel "Nem um dia se passa sem notícias suas/Planos de Inclusão Econômica e Social de Favelas", em 15 de maio de 2013.

Acompanhando o Fórum Nacional e em meu campo em uma favela com UPP, venho observando como se combinam os diversos dispositivos articulados a esse projeto de gerenciamento das favelas *pacificadas*, em que novos agenciamentos são realizados "de fora para dentro" e estimulados para que se reproduzam "de dentro para fora". Entendo que tais dispositivos se inscrevem em uma racionalidade de gestão urbana que considera a virtualidade de determinados territórios e/ou moradores alterarem seu lugar nas *margens*. Nisso residiria a possibilidade de "inclusão social" que postulam e lhes oferecem, sobretudo a partir do mercado e do agenciamento de si próprios e de seus territórios de moradia, como, respectivamente, "empreendedores" e novas "mercadorias" disponibilizadas pelo e para o mercado. A reconfiguração das favelas *pacificadas* como "territórios de negócios" vem sendo proposta através do estímulo, do financiamento e da coordenação de diversas iniciativas de variados atores (internos e externos às localidades) no sentido de "abrir" o território das favelas ao mercado. Entre elas, podemos citar: cursos de capacitação, participação em fóruns como os anteriormente citados, elaboração de projetos e linhas de crédito especiais para desenvolvimento do empreendedorismo em favelas *pacificadas*.[29]

Esses dispositivos não se referem, evidentemente, ao desbravamento de uma fronteira intocada pelo mercado. Como diversos autores já demonstraram (Silva, 2002, 1967; Valladares, 2005; Leeds e Leeds, 1976), as favelas, desde sua origem, estiveram integradas à economia e à sociedade capitalistas. "Abrir" as favelas ao mercado antes significa, no contexto atual, a solução atual encontrada pelo Estado para equacionar o "problema das favelas" reconfigurando parte delas como "territórios seguros". De um lado, pela *inclusão produtiva* de seus moradores "normalizáveis". De outro, pelo controle social repressivo dos que assim não se revelarem e/ou ao lhes tornar inviável a vida em seus locais de moradia originais. Trata-se, nesse caso, de deixar o mercado "fazer a sua parte" para remover, pelos novos custos da habitação e da reprodução social trazidos pela gentrificação dessas localidades e/ou pela especulação imobiliária que a acompanha ("remoção branca", portanto, que se associa às remoções forçadas)[30] aqueles moradores que continuarem, nas novas condições consolidadas nas favelas *pacificadas*, a ser *favelados*. Identificação que se refere aqui àqueles que, como ouvi de um comandante de UPP em meu campo, não conseguirem, no contexto da *pacificação*, "remover a favela de dentro de si". Dessa angulação, entendo o controle social repressivo e as

---

[29] Destaco a atuação do Sebrae. Consultar: <www.sebrae.com.br/uf/rio-de-janeiro/atuacao-e--setores/empreend_nas_comunidades_pacificadas>. Acesso em: nov. 2012.
[30] Ver o capítulo 6 deste volume e Magalhães (2013).

práticas normalizadoras (a "dimensão civilizatória" do programa de *pacificação*) como dois dos dispositivos governamentais acionados com essa perspectiva. A abertura ao mercado seria outro, que combina instituições e práticas governamentais e não governamentais, e reconfigura a favela como uma mercadoria.

Mas não se trata apenas de o mercado "invadir" a favela através da regularização (e cobrança) dos serviços públicos e das concessionárias desses serviços (esgoto, água, luz, IPTU etc.), embora esta seja também uma dimensão significativa do processo em curso, bem como dos conflitos que daí decorrem (Cunha e Mello, 2011; Ost e Fleury, 2013; Burgos et al., 2011; Barbosa, 2012). Nem tampouco de apenas abrir "oportunidades de mercado" na favela "para fora", ampliando seu mercado de consumo através da formalização de serviços antes obtidos em mercados ilegais ou ilícitos (regularização do fornecimento de água, luz, gás e TV a cabo, dos transportes, ampliação dos serviços bancários etc.). Meus resultados de pesquisa indicam que o que está em operação no Rio de Janeiro é, de um lado, a identificação das potencialidades das favelas que são tornadas mercadorias (construção de pousadas, ampliação dos circuitos de turismo em favelas, oferta de bens e serviços aos quais a marca favela agregue valor, por exemplo)[31] e que podem ser exploradas pelos "de dentro" e/ou pelos "de fora", bem como o estímulo aos "de dentro" para que se tornem pequenos empreendedores, produtores culturais e/ou empresários das novas "oportunidades" surgidas/ampliadas nas favelas com a *pacificação*.[32] O trabalho informal transmuta-se, assim, no trabalho por conta própria, ou melhor, no empreendedorismo, valorizado pela iniciativa e autonomia que demonstrariam e trazendo a marca da favela (agora positiva) como um diferencial para o mercado. Vale destacar, contudo, que essa possibilidade não é universal para os moradores de favela, como nos adverte Paes de Barros:

> Para que uma inclusão produtiva bem-sucedida ocorra, não basta que existam oportunidades de boa qualidade e que estas estejam efetivamente acessíveis aos mais pobres. É também imprescindível que, com seu esforço e tenacidade, as famílias pobres aproveitem plenamente essas oportunidades (efetiva utilização das portas de saída). De fato, *oportunidades não são serviços dos quais podemos passivamente nos beneficiar.* [...] *para serem efetivas, as*

---

[31] Cf. Freire-Medeiros (2013, 2009); Almeida (2012), este para o caso de Chapéu Mangueira.
[32] Entre essas, como observei em campo, destaco o "turismo acadêmico" destinado a pesquisadores, o "turismo de fé" nas favelas com tradição e marcas religiosas e a promoção de atividades culturais que seriam características dessas localidades.

oportunidades requerem protagonismo, esforço e perseverança, sem o que não é possível alcançar sucesso na inclusão produtiva [Barros, Mendonça e Tsukada, 2011:5, grifos meus].

Tais dispositivos e agenciamentos interpelam *os favelados*, nas novas condições consolidadas através da *pacificação*, a alterar seu lugar nas "margens", a partir do agenciamento de si próprios como "empreendedores" e de suas localidades de moradia como "mercadorias". Nisso reside a possibilidade de *inclusão* que postulam e lhes oferecem.

Notas finais: o favelado como "novo homem" e a produção de regimes territoriais diversos nas margens da cidade

Para finalizar este capítulo, gostaria de ressaltar dois aspectos. Primeiro, os dispositivos e agenciamentos para a *inclusão produtiva* das favelas e de seus moradores, que vêm sendo realizados pelo Estado, pelo mercado e por organizações não governamentais, inscrevem-se em uma racionalidade de gerenciamento de populações perfeitamente consistente com o "novo espírito do capitalismo" (designado por Boltanski e Chiapello como a "*cité par projets*"):

No novo universo, tudo é possível uma vez que criatividade, reatividade e flexibilidade são as novas palavras de ordem. Ninguém está mais limitado por sua vinculação a uma atividade, nem totalmente submetido à autoridade de um chefe, pois todas as fronteiras podem ser ultrapassadas através dos projetos [...] Outra dimensão sedutora do novo gerenciamento é a proposição feita a cada um de se desenvolver pessoalmente. As novas organizações solicitam todas as capacidades do homem, que pode assim desabrochar plenamente. Os "treinadores" acompanham as pessoas neste empreendimento e tudo será feito para que eles se conheçam melhor e descubram do que são capazes [Boltanski e Chiapello, 1999:139-140, tradução minha].

É nesse sentido que me parece clara a proposta do Estado de, através da *pacificação* e das práticas de normalização que lhe correspondem, possibilitar a produção do *favelado* como um "novo homem" (como uma espécie de *aggiornamento* do fordismo para a ampliação de sua produtividade ajustada aos tempos do capitalismo flexível): *civilizado* e territorializado. Um novo ator que é interpelado pelos "de fora", através de iniciativas estatais e não governamentais, de políticas e projetos variados. Transformar o *favelado*, produzir esse novo homem, primeiro *pacificado* (ou seja, desvinculado dos nós das redes do tráfico de drogas ilícitas e da violência que o acompanha) e depois capturado pelo mercado (através da ideologia do empreendedorismo que anima a atuação estatal e não estatal no território), parece ser, assim, o imperativo estratégico matriz, nos termos de Foucault (2004), dos dispositivos de alteração do lugar de *margem* das favelas na cidade.

Com efeito — e este é o segundo aspecto que gostaria de destacar —, o que meus resultados de pesquisa indicam é que, no Rio de Janeiro, está em curso a produção de diferentes regimes territoriais para as favelas cariocas. Assim é que a grande maioria das favelas cariocas permanece submetida à lógica da "metáfora da guerra" e sob todas as implicações em termos de segregação e de cidadania precária antes analisadas. Entretanto, nas favelas *pacificada*s, outro regime territorial vem sendo gestado. Sua reconfiguração como "territórios seguros para a cidade" pode promover, para o bem e para o mal, sua integração urbana e oferecer a parte de seus moradores, se não cidadania plena, um lugar no mercado pela via da *inclusão produtiva*.

Referências

ALMEIDA, Joel Couto Saar de. *A integração turística da favela na perspectiva dos moradores "pacificados"*: um estudo de caso no Chapéu Mangueira. Monografia (bacharelado em ciências sociais) — Universidade do Estado do Rio de Janeiro, Rio de Janeiro, 2012.
BARBOSA, Antonio Rafael. Considerações introdutórias sobre territorialidade e mercado na conformação das unidades de polícia pacificadora no Rio de Janeiro. *Revista Brasileira de Segurança Pública*, São Paulo, v. 6, n. 2, p. 256-265, 2012.
BARROS, Ricardo; MENDONÇA, Rosane; TSUKADA, Raquel. Portas de saída, inclusão produtiva e erradicação da extrema pobreza no Brasil. Brasília, DF: Secretaria de Assuntos Estratégicos, 2011. (Texto para discussão). Disponível em: <www.sae.gov.br/site/wp-content/uploads/Portas-de-erradicação-da-extrema-pobreza.pdf>. Acesso em: ago. 2012.
BELTRAME, José Mariano. Palavra do secretário. *UPP Repórter* [s.l.], 10 set. 2009. Disponível em: <http://upprj.com/wp/?p=175>. Acesso em: out. 2011.
BOLTANSKI, Luc; CHIAPELLO, Eve. *Le Nouvel esprit du capitalisme*. Paris: Gallimard, 1999.
BRASIL. Ministério do Desenvolvimento Social e Combate à Fome. *Brasil sem miséria*. Brasília, DF: MDS, 2011. Disponível em: <www.brasilsemmiseria.gov.br/inclusao--produtiva/inclusao-produtiva-urbana>. Acesso em: ago. 2012.
BURGOS, Marcelo Baumann. Dos parques proletários ao Favela-Bairro. In: ZALUAR, Alba; ALVITO, Marcos (Coord.). *Um século de favela*. Rio de Janeiro: FGV, 1998. p. 25-60.

_____. Cidade, territórios e cidadania. *Dados*: revista de ciências sociais, Rio de Janeiro, v. 48, n. 1, p. 189-222, 2005.

_____ et al. O efeito UPP na percepção dos moradores das favelas. *Desigualdade & Diversidade*: revista de ciências sociais, Rio de Janeiro, n. 11, p. 49-98, 2011.

CANO, Ignácio. Execuções sumárias no Brasil: o uso da força pelos agentes do Estado. In: CENTRO DE JUSTIÇA GLOBAL & NÚCLEO DE ESTUDOS NEGROS. *Execuções sumárias no Brasil — 1997/2003*. Rio de Janeiro: Centro de Justiça Global, 2003. p. 11-21.

_____ (Coord.). *Os donos do morro*: uma avaliação exploratória do impacto das unidades de polícia pacificadora (UPPs) no Rio de Janeiro. São Paulo: Fórum Brasileiro de Segurança Pública, 2012.

CASTEL, Robert. *As metamorfoses da questão social*. Petrópolis: Vozes, 1998.

CONCEIÇÃO, Wellington da Silva. *Nova casa, novo homem*? O projeto de gestão da população pobre nos condomínios populares do PAC/PMCMV no Rio de Janeiro. Texto de qualificação (doutorado em ciências sociais) — Programa de Pós-Graduação em Ciências Sociais, Universidade do Estado do Rio de Janeiro, Rio de Janeiro, 2014.

CUNHA, Neiva Vieira; MELLO, Marco Antonio da Silva. Novos conflitos na cidade: o processo de urbanização na favela. *Dilemas*: revista de estudos de conflito e controle social, Rio de Janeiro, v. 4, n. 3, p. 371-401, 2011.

DAS, Veena; POOLE, Deborah (Ed.). *Anthropology in the Margins of the State*. Oxford: James Currey, 2004.

FARIAS, Juliana. *Governo de mortes*: uma etnografia da gestão de populações de favelas do Rio de Janeiro. Tese (doutorado em sociologia) — Programa de Pós-Graduação em Sociologia e Antropologia, Universidade Federal do Rio de Janeiro, Rio de Janeiro, 2014.

FELTRAN, Gabriel de Santis. Periferias, direito e diferença: notas de uma etnografia urbana. *Revista de Antropologia da USP*, São Paulo, v. 53, n. 2, p. 565-610, 2010.

FISCHER, Brodwyn. *A Poverty of Rights*: Citizenship and Inequality in Twentieth Century Rio de Janeiro. Stanford: Stanford University Press, 2008.

FOUCAULT, Michel. *Microfísica do poder*: defesa da sociedade. Rio de Janeiro: Graal 1979.

_____. *Vigiar e punir*. Petrópolis: Vozes, 1997.

_____. *Em defesa da sociedade*. São Paulo: Martins Fontes, 2002.

_____. Des espaces autres. *Empan*, Paris, n. 54, p. 12-19, 2004. Conférence prononcée au Cercle d'Études Architecturales en 1967. Disponível em: <www.cairn.info/revue--empan-2004-2-page-12.htm>. Acesso em: ago. 2014.

FREIRE, Américo; OLIVEIRA, Lúcia Lippi (Org.). *Capítulos da memória do urbanismo carioca (depoimentos)*. Rio de Janeiro: Folha Seca, 2002.

FREIRE-MEDEIROS, Bianca. *Gringo na laje*: produção, circulação e consumo da favela turística. Rio de Janeiro: FGV, 2009.

_____. *Touring poverty*. Londres: Routledge, 2013.

GONÇALVES, Rafael Soares. *Les Favelas de Rio de Janeiro*: histoire et droit — XIX et XX siècles. Paris: L'Harmattan, 2010.

LEEDS, Anthony; LEEDS, Elizabeth. A s*ociologia do Brasil urbano*. Rio de Janeiro: Zahar, 1976.

LEITE, Márcia Pereira. *Para além da metáfora da guerra*: percepções sobre cidadania, violência e paz no Grajaú, um bairro carioca. Tese (doutorado em sociologia) —

Programa de Pós-Graduação em Sociologia e Antropologia, Universidade Federal do Rio de Janeiro, Rio de Janeiro, 2001.

_____. Pobreza y exclusión en las favelas de Rio de Janeiro. In: ZICCARDI, Alicia (Coord.). *Procesos de urbanización de la pobreza y nuevas formas de exclusión social.* Bogotá: Siglo del Hombre, 2008a. p. 213-247.

_____. Violência, risco e sociabilidade nas margens da cidade: percepções e formas de ação de moradores de favelas cariocas. In: SILVA, Luiz Antonio Machado da (Org.). *Vidas sob cerco*: violência e rotina nas favelas do Rio de Janeiro. Rio de Janeiro: Nova Fronteira, 2008b. p. 115-141.

_____. UPPs: uma unanimidade? *O Fluminense*, Niterói, p. 1, 16 jan. 2011. Suplemento "Revista O Fluninense".

_____. Da "metáfora da guerra" ao projeto de "pacificação": favelas e políticas de segurança pública no Rio de Janeiro. *Revista Brasileira de Segurança Pública*, São Paulo, v. 6, n. 2, p. 374-388, 2012a.

_____. Las "ciudades" de la ciudad de Rio de Janeiro: reestructuración urbana en el contexto de los "grandes eventos". *Proposta*, Rio de Janeiro, ano 36, n. 125, p. 20-23, 2012b.

_____. La Favela et la ville: de la production des "marges" à Rio de Janeiro. *Brésil(s) Sciences Humaines et Sociales*, Paris, n. 3, p. 109-128, maio 2013a.

_____. Território e ocupação: afinal de que regime se trata? *Le Monde Diplomatique — Brasil*. São Paulo, ano 6, n. 7, p. 13, 2013b. Dossiê "O controle das cidades: a polícia e o crime organizado".

_____; SILVA, Luiz Antonio Machado da. Circulação e fronteiras no Rio de Janeiro: a experiência urbana de jovens moradores de favelas em contexto de "pacificação". In: CUNHA, Neiva Vieira da; FELTRAN, Gabriel de Santis. *Sobre periferias*: novos conflitos no Brasil contemporâneo. Rio de Janeiro: Lamparina, 2013. p. 146-158.

MAGALHÃES, Alexandre de Almeida. *Transformações no "problema favela" e a reatualização da remoção no Rio de Janeiro*. Tese (doutorado em sociologia) — Instituto de Estudos Sociais e Políticos, Universidade do Estado do Rio de Janeiro, Rio de Janeiro, 2013.

MISSE, Michel. Mercados ilegais, redes de proteção e organização local do crime no Rio de Janeiro. *Estudos Avançados*, São Paulo, v. 21, n. 61, p. 139-157, 2007.

_____. Crime, sujeito e sujeição criminal: aspectos de uma contribuição analítica sobre a categoria bandido. *Lua Nova*, São Paulo, v. 79, p. 15-38, 2010.

MORAES, Pedro Bodê de. *Juventude, medo e violência*. [S.l.]:[s.n.], 2005. 17 p. Ciclo de Conferências Direito e Psicanálise: Novos e Invisíveis Laços Sociais. Disponível em: <www.ipardes.gov.br/pdf/cursos_eventos/governanca_2006/gover_2006_01_juventude_medo_pedro_bode.pdf>. Acesso em: ago. 2014.

MUNIZ, Jacqueline. *Ser policial é sobretudo uma razão de ser*: cultura e cotidiano da PMERJ. Tese (doutorado) — Instituto Universitário de Pesquisas do Rio de Janeiro, Rio de Janeiro, 1999.

NOIRIEL, Gérard (Coord.). *L'Identification*: Genèse d'un travail d'Étati. Paris: Belin, 2007.

OST, Sabrina; FLEURY, Sonia. O mercado sobe o morro: a cidadania desce? Efeitos socioeconômicos da pacificação no Santa Marta. *Dados: Revista de Ciências Sociais*, Rio de Janeiro, v. 56, n. 3, p. 635-671, 2013.

PALERMO, Luis Cláudio. *Unidades de polícia pacificadora*: uma genealogia da principal política de segurança do governo do estado do Rio de Janeiro. Texto de qualificação (doutorado em ciências sociais) — Programa de Pós-Graduação em Ciências Sociais, Universidade do Estado do Rio de Janeiro, Rio de Janeiro, 2014.
RIO DE JANEIRO (estado). Decreto nº 42.787 de 6 de janeiro de 2011: dispõe sobre a implantação, estrutura, atuação e funcionamento das unidades de polícia pacificadora (UPP) no Estado do Rio de Janeiro e dá outras providências. *Doerj*, Rio de Janeiro, RJ, 7 jan. 2011. Disponível em: <http://solatelie.com/cfap/html32/decreto_42787_06-01-2011.html>. Acesso em: set. 2012.
RIZEK, Cibele. Práticas culturais e ações sociais: novas formas de gestão da pobreza. In: ENCONTRO NACIONAL DA ANPUR,14., 2011, Rio de Janeiro. *Anais...* Rio de Janeiro: Anpur, 2011. (Paper).
ROCHA, Lia de Mattos. *Uma favela "diferente das outras"?* Rotina, silenciamento e ação coletiva na Favela do Pereirão, Rio de Janeiro. Rio de Janeiro: Quartet, 2013.
SILVA, Luiz Antonio Machado da. A política na favela. *Cadernos Brasileiros*, ano IX, n. 41, p. 35-47, 1967.
_____. A continuidade do "problema da favela". In: OLIVEIRA, Lúcia. L. *Cidade*: histórias e desafios. Rio de Janeiro: FGV, 2002. p. 220-237.
_____ (Org.). *Vida sob cerco*: violência e rotina nas favelas do Rio de Janeiro. Rio de Janeiro: Nova Fronteira, 2008.
_____. Quarenta anos de sociologia das classes populares urbana. In: CARNEIRO, Sandra; SANTANA, Maria Josefina. *Cidade, olhares e trajetórias*. Rio de Janeiro: Garamond, 2009. p. 21-42.
_____. Os avanços, limites e perigos das UPPs. *O Globo*, Rio de Janeiro, p. 3, 20 mar. 2010a.
_____. Violência urbana, segurança pública e favelas: o caso do Rio de Janeiro atual. *Cadernos CRH*, Salvador, v. 23, n. 59, p. 283-300, 2010b.
_____; LEITE, Márcia Pereira. Crime e polícia nas favelas do Rio de Janeiro. In: DURÃO, Suzana; DARCK, Marcio (Org.). *Polícia, segurança e ordem pública*: perspectivas portuguesas e brasileiras. Lisboa: Imprensa de Ciências Sociais, 2012. p. 145-168.
_____ et al. *Virtudes e limites das UPPs*: uma avaliação socioantropológica. Rio de Janeiro: Cevis/Uerj, 2012. Relatório de pesquisa.
TELLES, Vera da Silva. Mutações do trabalho e experiência urbana. *Tempo Social*, São Paulo, v. 18, n. 1, p. 173-195, 2006.
_____. Nas dobras do legal e do ilegal: ilegalismos e jogos de poder nas tramas da cidade. *Dilemas*: revista de estudos de conflito e controle social, Rio de Janeiro, v. 2, n. 5-6, p. 97-126, 2010.
_____; HIRATA, Daniel. Cidade e práticas urbanas: nas fronteiras incertas entre o ilegal, o informal e o ilícito. *Estudos Avançados*, São Paulo, v. 21, n. 61, p. 173-191, 2007.
VALLADARES, Licia do Prado. *A invenção da favela*. Rio de Janeiro: FGV, 2005.
ZALUAR, Alba. *A máquina e a revolta*: as organizações populares e o significado da pobreza. São Paulo: Brasiliense, 1985.

PARTE IV
**EXPERIÊNCIAS DE TERROR:
REVELAÇÃO E OCULTAMENTO**

CAPÍTULO 17

Tempos, dores e corpos: considerações sobre a "espera" entre familiares de vítimas de violência policial no Rio de Janeiro*

ADRIANA VIANNA

DESDE MEADOS DOS anos 1990, temos visto surgir com mais nitidez denúncias sobre a ilegitimidade de ações do corpo policial junto a moradores de áreas pobres e, em especial, de favelas no Rio de Janeiro. Compondo parte da representação plural e complexa da "violência urbana" que, como nos alerta Machado da Silva, deve ser tomada como campo semântico particular, mas sem fronteiras definidas (Silva, 2008), essas ações são objeto de controvérsias simbólicas, políticas e legais. O trabalho feito por certos atores sociais para constituir sua ilegitimidade envolve o deslocamento de significados dentro do próprio espectro da "violência urbana" e de seu dispositivo territorial, no qual as favelas figuram como espaço distinto, tanto em termos simbólicos quanto de formas de gestão estatal. Conexões são traçadas entre o próprio espaço social da favela, como merecedor de respeito e cuidado, denunciando-se o modo como as entradas de contingentes policiais são realizadas nessas áreas, sem atenção para com os moradores; as práticas ilegais empreendidas por alguns policiais, seja formando grupos que se dedicam a atividades de extorsão e assassinato ou através de diversas composições cotidianas com os grupos que movimentam o chamado "tráfico de drogas"; e o modo como a consequência mais brutal dessas ações, a morte de moradores pela polícia, termina por ser representada e registrada burocraticamente.

---

* O texto é uma versão modificada da apresentação feita no colóquio "Dispositivos urbanos e trama dos viventes: ordens e resistências", na Uerj, em 2011. Agradeço a Carly Machado, Patrícia Birman, Márcia Leite e Sandra Sá Carneiro pelo convite e pelas discussões na ocasião, e a Camila Pierobon pela gentileza e paciência. Agradeço ainda os comentários de Jane Russo, Cynthia Sarti e Maria Claudia Coelho feitos no GT "Saúde, emoção e moral" da Anpocs 2011, ocasião em que um primeiro esboço dessas discussões foi apresentado. Por fim, é importante notar que todo esse processo de pesquisa tem contado com a companhia e a interlocução valiosíssimas de Juliana Farias, doutoranda do Instituto de Filosofia e Ciências Sociais (IFCS) da Universidade Federal do Rio de Janeiro (UFRJ) e, por isso, todo agradecimento a ela será sempre pouco.

A imagem do "confronto" tanto funciona para naturalizar e reforçar percepções perversas sobre as relações entre a Polícia Militar, como representante da força armada legítima, e os moradores das favelas, associados à figura englobante do "traficante", quanto para estabelecer os rumos que muitas mortes terão no percurso policial e judicial que se segue. Ao serem registradas como "autos de resistência" nos boletins de ocorrência, essas mortes ficam inscritas em uma malha discursiva e classificatória bastante precisa, que tem como desdobramento antevisto a não punição dos que a causaram. A cruel metáfora da guerra que, como aponta Márcia Leite, compõe desde os anos 1990 parte do cenário de ambiguidade em relação aos direitos de moradores das favelas (Leite, 2000, 2012), continua a operar de maneira ativa para a definição do sentido dessas mortes e de seus personagens, inclusive nos raros casos que chegam a julgamento.[1]

Não pretendo me dedicar aqui à descrição da complexidade social e da profundidade temporal que fazem parte dos processos de fabricação das favelas como espaços de margem e de contraponto necessário a projetos discricionários de ordem pública, algo que vem sendo feito de forma cuidadosa e consistente por pesquisadores com longa trajetória de reflexão sobre o tema.[2] Gostaria apenas de sublinhar, alinhando-me a esses autores, que a localização simbólica dos moradores de favelas no contingente inimigo da "guerra" tem não apenas permitido a naturalização de suas mortes, como estabelecido uma gramática moral centrada na trajetória das próprias vítimas como condição para a eventual apuração das condições dessas mortes e a tentativa de penalização judicial dos responsáveis por elas. O trabalho de singularização tem sido levado adiante normalmente por familiares das vítimas, tendo na figura da "mãe" seu centro moral e afetivo, e tem envolvido desde a construção de biografias morais respeitáveis para as vítimas até a busca por estratégias de sensibilização e humanização, como o uso de fotografias em cartazes e camisetas, a descrição de suas atividades, sonhos e projetos nas falas públicas e o entrelaçamento de memórias privadas a posicionamentos políticos sobre a discriminação e o desrespeito co-

---

[1] Uma cena que demonstra claramente a força dessa imagem de guerra mesmo na etapa de julgamentos pode ser encontrada em Vianna e Farias (2011).
[2] São fundamentais para essa discussão os trabalhos de Valladares (2005); Silva (2004, 2008); Siva e Leite (2008); Leite (2008). Em artigo recente, Márcia Leite recupera diferentes modos pelos quais as favelas foram sendo constituídas como espaços de alteridade radical ou heterotopia no Rio de Janeiro. Como diz a autora, "constituídas na percepção social como 'margens' da cidade, enquanto territórios da violência e de uma sociabilidade avessa às normas e valores dominantes, as favelas são habitadas por uma população identificada por esta designação que a encompassa e que essencializa uma diferença desta em relação ao restante da população da cidade, bem como de seu local de moradia em relação aos bairros, que encontra expressão nas políticas de segurança ali praticadas" (Leite, 2012:376).

tidianos enfrentados por serem pobres, negros em sua maioria e moradores de favelas.[3]

O processo de questionamento e publicização das violências sofridas por essas pessoas mantém uma dinâmica bastante tensa com a imagem mais ampla da "violência urbana" mencionada antes. Como descreverem Birman e Leite (2004), movimentos e iniciativas não governamentais surgidos entre meados dos anos 1990 e o começo dos anos 2000 em torno de situações distintas de violência trouxeram a possibilidade de expressão de ordens variadas de dor e injustiça. A demanda por reparação e reconhecimento do sofrimento advindo da morte de um filho ou familiar pela polícia, por mais que pudesse se aliar parcialmente com movimentos "mistos", que incluíssem também vítimas de outros contextos de violência, sem dúvida coloca questões distintas. Como destacam as autoras, "é sobretudo a falta de reparação e de justiça que produz em muitos o sentimento do intolerável" (Birman e Leite, 2004:10), sentimento esse que se estende aos momentos posteriores à morte, pelo modo como essa será registrada e tratada policial e judicialmente. A percepção da desigualdade que faz parte do universo multifacetado das vítimas é elemento central, portanto, na configuração das formas e temporalidades que constituem o cerne das manifestações de revolta, reivindicação e luto público que começaram a ganhar espaço no período mencionado.

A pesquisa que venho fazendo desde 2010 tem-se concentrado no acompanhamento e participação em algumas ações empreendidas por uma rede de militantes e familiares-militantes que, entre outras frentes de atuação, busca contestar as mortes cometidas por policiais nas áreas de favela, estejam elas registradas como autos de resistência ou não, bem como outras formas de violência institucional, como as que atingem jovens e adultos detidos em unidades da

---

[3] As peculiaridades da atuação política de familiares e, em especial, de mães de vítimas de violência institucional têm sido abordadas por diferentes pesquisadores, resultando em alguns casos também na produção de documentários e outros trabalhos. Entre essas produções, além da coletânea "Um mural para a dor: movimentos cívico-religiosos por justiça e paz" já mencionada, (Birman e Leite, 2004) e, em especial, do artigo de Leite nessa coletânea (Leite, 2004) cabe mencionar o livro *Auto de resistência: relatos de familiares de vítimas da violência armada* (organizado, em 2009, por Barbara Musumeci Soares, Tatiana Moura e Carla Afonso); o livro *Mães de Maio: do luto à luta* (organizado, em 2011, pelo Movimento Mães de Maio — SP); o documentário *Entre muros e favelas* (dirigido por Susanne Dzeik, Kirsten Wagenschein e Márcio Jerônimo); e o documentário *Luto como mãe* (dirigido por Luis Carlos Nascimento). Mais recentemente e lidando também com outras situações de ativismo, há os trabalhos de Ferreira (2013), Lacerda (2012), Araujo (2008 e 2012), Farias (2008) e Freire (2010). Algumas dessas questões foram também exploradas por mim e Juliana Farias em artigo recentemente publicado (Vianna e Farias, 2011).

Polícia Civil ou do Departamento Geral de Ações Socioeducativas (Degase).[4] Em termos concretos, essa participação tem-se dado tanto em alguns atos de protesto e manifestações variadas em espaços públicos (na frente do Fórum, em caminhadas, na porta de instituições do complexo policial-administrativo) como em audiências e julgamentos em torno dos "casos" de familiares, localizados em pontos e momentos distintos dos processos e, mais esparsamente, idas a núcleos de defesa de direitos humanos.[5]

Mas, é claro, como todos sabemos, a agenda visível e pública da pesquisa é feita também de outros alinhavos, em geral mais saborosos, complexos e às vezes constrangedores, nos quais são tecidos afetos, simpatias e compromissos implícitos. Cervejas compartilhadas após as manifestações, conversas pessoais durante as longas esperas no corredor do Fórum e mesmo ocasiões dramáticas, como velórios e sepultamentos, vão fazendo parte desse repertório de percepções, informações e obrigações que não só fazem o tão mistificado "campo", mas nos fazem como pessoas em seu pleno sentido antropológico, ou seja, como seres imersos em malhas densas de obrigações morais, no campo.

Minha escolha para o presente texto recai sobre um desses entrecruzamentos, tanto no sentido da natureza das "informações" coletadas e das percepções produzidas, muitas delas relativas às bordas das cenas públicas e políticas, quan-

---

[4] Trata-se do projeto "Às Portas dos Direitos: as Dinâmicas entre Relações de Gênero, Redes Sociais, Instituições de Justiça e Ação Política", financiado pela Faperj através do edital Jovem Cientista do Nosso Estado, 2010. Essas questões são tema também da pesquisa relacionada à bolsa de produtividade do CNPq, nível 2, "Instituições de justiça, redes sociais e relações de gênero: uma antropologia da experiência dos 'direitos' e do fazer político". A rede em questão é "A Rede de Comunidades e Movimentos contra a Violência" e define-se como "um movimento social independente do Estado, de empresas, partidos políticos e igrejas, que reúne moradores de favelas e comunidades pobres em geral, sobreviventes e familiares de vítimas da violência policial ou militar, e militantes populares e de direitos humanos. A rede se constrói pela soma, com preservação da autonomia, de grupos de comunidades, movimentos sociais e indivíduos, que lutam contra a violência do Estado e as violações de direitos humanos praticadas por agentes estatais nas comunidades pobres" (disponível em: <www.redecontraviolencia.org>. Acesso em: ago. 2014).

[5] Tenho usado o termo "caso" entre aspas como forma de assinalar minha submissão a uma importante categoria usada pelos participantes dessa rede sem, porém, naturalizá-la. Considero esse um termo relevante por indicar a manutenção de certas fronteiras entre as vítimas e seus familiares frente ao universo mais geral de situações tratadas pelo conjunto dos militantes. Ao manterem a distinção entre cada morte, alinhando-a a seu percurso próprio no tempo — um "caso" que segue, evolui ou "fica parado" —, os participantes assinalam, a meu ver, o peso próprio que continua a ter para os diretamente envolvidos, notadamente os familiares, lidarem com essa morte, com seu "caso". Como explorei em outro texto (Vianna, 2014), usualmente os "casos" são referidos pelos nomes das mães ("vai ter nova audiência no caso da Fulana"), a menos que essas não estejam presentes, como na situação que explorarei neste texto. Aqui, é comum que em lugar do nome da mãe, apareça a remissão ao nome do próprio morto, do familiar mais atuante ou, não à toa, da favela onde ele foi assassinado.

to do foco principal que pretendo dar às discussões. Em lugar de tratar do que se desenrola durante as audiências, escolhi como foco inicial o cancelamento de uma delas, fato corriqueiro nas etapas judiciais e que contribui, inclusive, para que os "casos" se estendam por anos a fio. E, agregado a isso, procuro pensar sobre outras tensões e sentimentos de injustiça que parecem, por vezes, não ter espaço nas falas e cenas centrais dessa luta política, mas que não creio que sejam banais no quadro de dificuldades enfrentadas pelos familiares e militantes. Começo, assim, pela descrição de momentos vividos em torno do adiamento de uma audiência.

O adiamento

Estávamos, em torno de 10 pessoas, no Fórum do Rio aguardando o início de uma audiência pública relativa ao assassinato do morador de uma favela carioca há cerca de dois anos. Essa audiência, que teria como motivo a oitiva judicial de uma testemunha presa, já tinha sido adiada uma vez e havia grande expectativa dos familiares em relação a ela. Tal testemunha, segundo registros arrolados no processo em formação, teria declarado nas etapas policiais que o homem morto tinha envolvimento com o "tráfico". Seu depoimento, esperava-se, negaria isso, algo absolutamente central nesses processos, em que a vítima é moralmente escrutinada e nos quais a noção de ser "trabalhador" ou "bandido" ou "vagabundo" redefine completamente os termos do julgamento e o sentido da própria morte.

Um dos familiares, arrolado como assistente de acusação no processo, estava atrasado e seu nome já havia sido chamado pelo oficial de justiça. Os demais membros do grupo — militantes, outros familiares, pesquisadores, todos numa nebulosa variável de engajamentos e posições — inquietavam-se ante a possibilidade que esse atraso trouxesse "problemas", mesmo sem podermos precisar o que isso significaria. Ao chegar, tenso e um pouco esbaforido, ele nos contou que o atraso deveu-se a ter tentado, inutilmente e contrário ao que havia sido combinado dias antes, levar a testemunha de outro "caso", envolvendo vários mortos em outra favela, para prestar depoimento na delegacia. Essa testemunha agora havia desistido de depor e faltado ao encontro. A decepção e o cansaço estampavam-se, então, em seu rosto, ao mesmo tempo que outro familiar dizia-me, contrariando seu estilo mais recolhido e tímido, que a testemunha não entendia que era assim que ficava mais exposta, já que o único jeito de se proteger seria denunciar, aparecer: "se se esconder, eles matam mesmo", explicava-me.

Foi assim, entre linhas cruzadas formadas por mortes diversas e por trânsitos entre dores pessoais e familiares e o trabalho militante de ultrapassagem dos "casos" particulares, que entramos no Tribunal do Júri para a audiência.

Concentrados em um mesmo lado da grande sala, em fileiras de cadeiras dispostas na área reservada ao público, aguardamos o início da audiência. Na área central, da qual estávamos separados por uma espécie de divisória baixa de madeira, dispunham-se os atores principais dessa cena pública: os réus — quatro policiais em trajes civis — de lado para nós; os advogados e defensores públicos responsáveis pela defesa dos réus, situados atrás dos mesmos. À nossa frente, sobre estrados mais altos e atrás de suas respectivas bancadas, o juiz — no ponto mais elevado e central —, o promotor e seu assistente, um defensor público que atua em nome das famílias de vítimas nesses casos e, por fim, a escrivã, à direita do juiz.

O burburinho relativamente baixo das conversas enchia o espaço, alimentado pelos diálogos aparentemente bem-humorados entre membros que formavam a defesa dos réus; pelas falas dos acusados, conversando entre si; pelos comentários jocosos ou críticos que alguns dos familiares dirigiam uns aos outros ou a mim e Juliana. Por entre as observações sobre o que se passava, apareciam também lembranças de outras audiências e julgamentos, sejam as que diziam respeito a seus próprios familiares, sejam as que tinham se desenrolado há menos tempo.

Em um dado momento, o burburinho foi interrompido pela pergunta que o assistente da promotoria dirigiu ao familiar da vítima mais ativo no processo, sentado sozinho na primeira fila do público: "Qual o nome [da vítima] mesmo?". A pergunta, visando preencher alguma demanda burocrática que não ficou clara para nós, da "plateia", não passou despercebida para os demais familiares e militantes, que reagiram a ela com muxoxos expressando desprezo e indignação pela pergunta. Essa mesma pergunta seria lembrada por familiares de outras vítimas do lado de fora minutos depois, quando, notificados de que a audiência seria adiada para muitos meses mais tarde, tentávamos atropeladamente compreender o que teria ocorrido.

Enquanto o assistente de acusação esclarecia o que havia ocorrido para alguns dos familiares e militantes, eu ouvia entrecortadamente as exclamações em torno da nova data ("isso se não adiarem de novo"!), a aparente irrelevância do motivo de seu postergamento — o não comparecimento de uma testemunha que se encontrava detida no sistema prisional — e, por fim, a indignação frente a tudo o que compunha uma espécie de exibição de desrespeito ao "caso" e aos envolvidos neles: os risos dos réus e defensores e, claro, o esquecimento do nome da vítima por um dos principais aliados nesse processo.

Atingida, como todos, pela raiva e pela sensação de impotência, segui um pouco pelo corredor junto com os demais, nessa espécie de procissão errática, que agregava e desagregava microgrupos. Nesse momento, chegou outra pessoa da mesma família, muito abalada. Ao conversar com ela, novos temas vieram à tona. Interpretando erradamente seu choro como resultado da mesma situação, comecei a conversa falando do adiamento, mas rapidamente ela contou-me atabalhoadamente sobre outro drama, esse familiar, envolvendo sobrinhos e sua própria casa, que estaria "desabando", como ela já havia me dito poucos dias antes. "Desabar", aqui, era o verbo que falava de dificuldades materiais enfrentadas depois da morte de sua mãe, ocorrida menos de um mês antes, mas também de tensões no interior do próprio grupo familiar.

O adiamento da audiência vivido naquele momento era, para além de um acontecimento relativo aos procedimentos judiciais, algo que se combinava de maneira singular a todos esses outros planos de relações e temporalidades. Na ligeireza, atropelo e aparente banalidade com que fora anunciado e protocolado no Fórum, ele trazia à tona questões dolorosas sobre a agência dos sujeitos e sobre sua construção moral. Ou, de modo mais geral, sobre o que acontece na vida quando (e enquanto) algo que é objeto de tanto esforço, dedicação e dor pessoal é posto em suspenso.

Tempos e histórias

Em lugar de discutir as variadas estratégias de mobilização e sensibilização acionadas por essa e outras redes de militantes, gostaria de pensar sobre um aspecto específico que as atravessa: o trabalho exercido sobre e no tempo. Parte das ações de militantes e de familiares militantes consiste na difícil gerência dos custos apresentados pelos riscos de uma denúncia feita por moradores de favelas contra policiais, bem como na sustentação dessa denúncia ao longo de muitos anos, até que seja possível o julgamento dos acusados. A transformação da indignação e da dor iniciais que têm lugar com o assassinato de um familiar em uma denúncia judicialmente aceitável pode significar empreitadas complexas e assustadoras que envolvem a identificação dos policiais responsáveis, seu eventual reconhecimento e a busca e convencimento de pessoas que aceitem testemunhar sobre o ocorrido.

Essas ações podem ser pensadas como parte da elaboração de um luto com conotações políticas marcantes, no sentido proposto por Butler (2004), de recusar a distribuição desigual do "direito à dor" que atravessa um mundo social fortemente hierarquizado.

Nos julgamentos, essa contraposição ganha a forma de um embate moral em torno das vítimas, no qual os réus aparecem de modo extremamente periférico. Como afirmou, sem qualquer sutileza, o defensor dos policiais acusados pela morte de quatro pessoas em uma favela carioca, em 2003: "Se eles eram traficantes, mereceram. [...] se esses rapazes eram inocentes, o que aconteceu foi uma fatalidade" (Vianna e Farias, 2011:102). No mesmo julgamento, ocorrido no final de 2010, pudemos ver o quanto a presença materna atua como elemento de ponderação moral na construção da "vítima", indicando a formação de uma curiosa figura diádica mãe-filho como o ponto para o qual convergem as avaliações sobre a veracidade de se estar lidando efetivamente com a morte de um "trabalhador". A forma como precisa ser exaustivamente demonstrado que os mortos não tinham envolvimento com o tráfico, que estudavam ou trabalhavam não é feita sem menções constantes à mãe, do mesmo modo que essa não cansa de enunciar, seja nas manifestações, seja para outros participantes do julgamento, que havia "criado direito o filho".

Essa construção moral diádica não diz respeito, porém, apenas a algo que existiria antes da morte do filho e do engajamento de mães e demais familiares na "luta", mas é tecida no tempo, através da tenacidade demonstrada ao atravessar os longos anos entre o assassinato e os julgamentos e em fazer-se presente em audiências, em telefonemas para os núcleos de direitos humanos, especialmente o da Defensoria Pública, ou em diversas ocasiões públicas de protesto. Como asseverou o assistente de acusação no mesmo julgamento, "mãe de traficante não fica anos lutando por justiça", explicitando não apenas a contraposição exemplar entre "mães" que podem prantear suas perdas (e filhos que podem ser pranteados) e as que não podem, mas também a relevância do tempo na construção de suas verdades enquanto mães e, consequentemente, das verdades sobre seus próprios filhos. No caso que retratei brevemente, embora a figura familiar central não seja a mãe, sua imagem é evocada estrategicamente em diferentes momentos, funcionando como mandato simbólico relevante, algo comum em outros casos e que vivenciamos claramente — eu, Juliana e outros militantes — ao sermos identificados genericamente a "essas mães" no mesmo julgamento citado ou em outras manifestações.

Ainda pensando no relato apresentado antes, gostaria de defender que a angústia com a espera por uma nova audiência não podia ser desvinculada dessa configuração mais ampla que permeia tais "casos" e que está marcada sempre pelo risco de apagamento dos esforços dos envolvidos, por um lado, e da figura do próprio morto, por outro. O nome temporariamente esquecido — embora estivesse nos autos — sintomaticamente foi recuperado através da consulta ao familiar mais atuante no caso, recaindo sobre ele esse estranho legado de lembrar a identidade da vítima naquele "tribunal". Não à toa, também foi sobre ele que recaíram, nesse drama compactado dos corredores, outras ordens de cobranças: de alguns militantes que criticavam indiretamente ele ter "confiado demais" no assistente de acusação, não "pressionando" o bastante ou não buscando um advogado particular e, em outra esfera, de outra familiar sobre o caos das relações familiares, da "casa que desabava".

Independentemente das dinâmicas familiares específicas que possam estar em jogo nessa situação, o que fica claro é o peso que aquele adiamento adquiria nessa situação de enfrentamentos multifacetados, não muito distinta das que vários familiares militantes enfrentam ao longo dos processos envolvendo seus "casos". De modo análogo à responsabilidade de lembrar o nome do morto, a efetividade em fazer o "caso" existir e a "justiça andar" aparecem frequentemente como atributos da ação desses indivíduos e, na sua faceta mais política, dessa rede de militantes como um todo.

Por outro lado, o conflito momentâneo entre os familiares traz à tona os custos pessoais e morais que se entrelaçam à luta judicial e política que forma o "caso". Lidando com três falecimentos no circuito mais nuclear da família, com problemas graves de dinheiro e tendo vivido diversas situações de ameaça explícita por parte de policiais do mesmo batalhão onde estão lotados os acusados do caso em questão, eles enfrentavam ali um momento de especial tensão. Se, do ponto de vista da luta política e judicial, estávamos lidando com o aparente descaso em torno de uma morte específica, do ponto de vista das relações familiares falávamos também de outras mortes e da experiência de uma precariedade maior, formada por múltiplas incertezas.

Parece-me importante pensar o quanto a construção dessas unidades e associações nos revela sobre o processo político específico que estamos acompanhando, tão estreitamente relacionado à gestão do sofrimento e do luto, nos termos colocados antes. Certas fusões parecem fornecer a base de legitimidade para a articulação e ação de boa parte de seus participantes, pessoas que vão construindo seu engajamento a partir de uma perda pessoal e familiar e da indignação frente à banalização de sua dor. O enunciado constante das condições em que a morte se deu, às vezes corroborado soturnamente por fotografias do corpo e por laudos cadavéricos que são levados pelos familiares em bolsas e envelopes, mas também pela memorabilia afetiva composta por retratos sorridentes das vítimas que estampam cartazes e camisetas, costuma ser acompanhado de narrativas sobre o que essa mesma morte representou para os que ficaram vivos. Falas sobre a lembrança que está sempre presente, sobre a dificuldade para dormir, sobre as doenças que foram-se desenvolvendo com o tempo, como pressão alta, taxas irregulares de açúcar e sintomas de depressão, vão compondo narrativas sobre a vida que se alterou, que não voltará a ser a mesma e que exige esforço sobre-humano para prosseguir. "Nem sei como estou aqui"; "só quem é mãe sabe" e frases como essas contam e tecem esse espaço de sofrimento vivido parcialmente em público, mas cuja dimensão intangível é sempre entrevista nas reticências ou em falas como "nem sei te dizer...".

Se o tempo da "luta" ordena-se de modo mais linear, deixando em seu lastro um conjunto de peças burocráticas e datas marcantes (audiências, julgamentos, atos políticos), o tempo familiar desenha-se mais sinuoso, intercalando elementos da "luta" a outros que ocupam suas bordas e tomam a forma de conversas e histórias da e sobre a vida. Em ambos os casos, está presente a combinação entre momentos congelados — estejam eles no passado (o dia da morte) ou no futuro (a condenação judicial dos acusados) — e uma percepção do tempo como processo. "Estar na luta" supõe tenacidade, resiliência, capacidade de suportar as "manobras", de sustentar a coragem, de fazer denúncias, de atuar junto aos demais, dando "apoio", convencendo da importância de persistir, comparecendo às audiências e julgamentos.

Nesse sentido, implica pensar que o tempo é, em si mesmo, a matéria de que a "luta" é feita, já que é preciso "resistir" e não se deixar abater. Tal construção enfatiza a agência dos atores, que buscam acelerar, pressionar e, de certo modo, vigiar os usos do tempo pelos "inimigos" que pretendem fazer o "caso" cair no esquecimento, esmorecer a disposição pessoal dos familiares e militantes ou mesmo eliminar testemunhas. Nessas narrativas e na linguagem que tece tal agência, os corpos aí moldados tornam-se mais e mais resistentes, à medida que provam ser capazes de continuar confrontando seus antagonistas a despeito de tudo o que isso lhes exige. As falas sobre o cansaço e a desesperança são, desse modo, postas dentro de certos limites. A indignação com aquilo que é visto como descaso e desrespeito, o movimento ativo de denunciá-lo nos circuitos alcançados através das redes militantes ou além deles, fazendo manifestações ou tecendo por escrito relatos que possam circular, combatem, de certo modo, o lado mais pernicioso que poderia ser alcançado com essa gestão adversa do tempo.

É nas falas sobre as dores familiares, sobre o ônus doméstico e sobre as doenças que, creio, essa dimensão pode ser plenamente verbalizada. Aqui, a imagem de corpos que se curvam, cansam-se e adoecem não ameaça a resistência pública tão custosamente construída, mas se oferece como espaço narrativo das dores que não cabem no processo judicial ou na luta política. Nesse plano, o tempo que passa é às vezes circular, e não linear, levando sempre de volta ao momento e às circunstâncias da morte. Ou é tornado mágico, através das falas sobre as premonições e manifestações de "aviso" que antecederam a morte ou a acompanharam.[6] E, por fim, pode reverter a realidade, remodelando-a ativamente através de sonhos em que os mortos avisam e protegem os vivos em relação ao que vai acontecer.[7]

Essa ambiguidade entre aquilo que cabe ou não cabe em cada um desses planos aparece, a meu ver, de modo dramático nas formas assumidas pela espera. Ter de esperar é ser posto e se por nesse ponto de máxima indefinição. É confrontar a dupla face do "possível": ter sua dor e seu empenho de algum modo reconhecidos ou vê-los negados dramaticamente no plano público. O trabalho simbólico crucial a ser feito a partir da espera implica, assim, conseguir inseri-la em uma ordem significativamente ativa de tempo, ao localizá-la como parte da própria "luta". Há, porém, algo da espera que parece nunca caber plenamente nessa ordenação, que lhe escapa por falar do rotineiro, do intangível e do não narrável nos termos da "luta". Seria aquilo que não é convertido em agência ativa, ficando marcado pela frustração e pela percepção de estar sem forças e sem poder de reação, submerso em algo maior e, ao mesmo tempo, mais invisível. A "casa desabando" talvez seja a imagem mais pungente, então, para falar não de uma situação familiar específica, mas de tudo aquilo que não encontra lugar nas narrativas individuais e coletivas sobre resistir, indignar-se e reagir; tudo o que o tempo corrói e, de certo modo, soterra como sofrimento ordinário, sem espaço de escuta e reconhecimento.

Mínimas notas sobre dores cotidianas

Ao incluir falas sobre o desânimo, o cansaço e a percepção de desagregação geral dos afetos e espaços domésticos em um cenário de predominância das narrativas políticas de resistência e reivindicação por justiça e equidade, minha intenção não foi estabelecer uma oposição entre essas duas ordens de fala, como se tratassem de domínios distintos da vida ou se desautorizassem mutuamente. Tampouco pro-

---

[6] Uma das mães, cujo filho foi morto na Polinter, contou-nos que estava em casa, passando roupa e se preparando para visitá-lo quando ouviu claramente padre Marcelo, a quem estava acompanhando no rádio, dizer-lhe "seu filho já não está aqui, mãezinha", tendo certeza nesse momento que "algo de muito ruim tinha acontecido". Uma mulher teve um sangramento inexplicável no momento em que seu irmão foi morto por policiais na mesma favela onde mora e ainda hoje tem visões dele. A esposa de um dos mortos em chacina recente ocorrida em uma favela relatou-me que ele dissera dias antes, que teve a sensação de que "algo ruim ia acontecer". Além delas, outras mães e parentes — sempre mulheres — mencionam também ter sonhos constantes com os mortos.

[7] Como relatamos, a mãe de um dos rapazes morto na chacina que foi foco do julgamento que acompanhamos em 2010 relatou, após a absolvição de um dos PMs que estava tranquila porque seu filho, em sonho, tinha lhe avisado dias antes que ainda não seria daquela vez que a justiça seria feita, mas que ela deveria confiar que isso ainda aconteceria no futuro.

curei subscrever uma relação de consequência imediata entre elas, algo que em certas situações pode ser feito pelos próprios atores sociais, como ao representar as doenças desenvolvidas como resultado das dores afetivas, físicas e morais profundas experimentadas no processo de luto e de confronto com a injustiça. Em lugar disso, o que busquei trazer pode ser entendido como pequenas indicações acerca das possibilidades de dissonância relativa dentro de universos plurais de sofrimento, memória, expectativa, agência e construção de si.

Sigo, nesses termos, certas indicações que podem ser encontradas nos trabalhos de Veena Das (2007, 2008) sobre a relevância de considerarmos o cotidiano e o ordinário da vida como os terrenos em que os sentidos são reformulados, os contextos são refeitos e em que a destruição temporária da vida pode ser alterada. Como ela bem alerta, isso não se faz em um movimento de transcendência do mundo, mas de descida ao rotineiro, ao doméstico, ao dia a dia. Nesse sentido, não estamos lidando apenas com contraposições e composições entre espaços distintos, como público e doméstico ou político e familiar, mas também com jogos entre ritmos e temporalidades diversas. Enquanto o arroubo ou a ruptura dramática associam-se mais facilmente à imagem da destruição e mesmo da reação pública a essa destruição — a morte, mas também o protesto, a redenção imaginada na sentença condenatória que um dia virá —, é o ato continuado, o fazer diário e silencioso que parecem responder à gestão não apenas das consequências rotineiras dessas mudanças, mas das possibilidades de refazer a vida.

As queixas sobre a desordem das relações domésticas não deixam de ser, paradoxalmente, a afirmação de seu próprio valor e da necessidade de fazer com que nem tudo seja tragado nas narrativas repetidas e exaustivas da luta, nas quais, como mencionei, não é possível demonstrar abertamente cansaço ou desejo de desistir. Fazendo uma analogia com o que Rechtman e Fassin (2009) apontam como situações em que vítimas de episódios de violência são instadas a provar a verdade de seu sofrimento para distintas ordens de agentes da malha do Estado, de forma a obter o direito ao refúgio, podemos pensar que em situações de assimetria social e política extrema o espaço para as histórias individuais fica parcialmente colonizado por narrativas morais padronizadas.

Enfrentando situações em que serão constantemente desafiados e desacreditados em relação às suas trajetórias pessoais e familiares, já que a mancha renitente que paira sobre aquele que foi morto pela polícia nas favelas se estende potencialmente também a todos os demais moradores, e diretamente a seus familiares, militantes e familiares se veem lidando sempre com limites perigosos de exposição de suas próprias dúvidas e receios. Ficam, desse modo, como se parcialmente capturados por uma direção linear da conexão entre familiar e político, segundo a qual é a dor insuportável da injustiça localizada, do absurdo impensável de ter um familiar morto nessas condições e não ver a morte reconhecida como ato ilegal, que leva à participação organizada e consciente na arena pública. Como destaca Arthur Kleinman, porém, é importante notar sempre que a violência social tem múltiplas formas e dinâmicas, e que as dicotomias que nos marcam, como entre público *versus* doméstico ou entre ordinário *versus* violência política extrema, são inadequadas para compreender a multiplicidade de seus efeitos nas experiências coletivas e individuais de sofrimento (Kleinman, 2000:227). O encontro explosivo entre ordens distintas de decepção nos corredores do Fórum na tarde que descrevi talvez nos permita entrever, então, algo dessa multiplicidade posta em cena dramaticamente através de duas narrativas distintas dentro do mesmo universo familiar, tornadas propícias e simultâneas pelo sentimento comum de indefinição e fragilidade trazido por ter de "esperar".

Referências

ARAUJO, Fabio A. Falta alguém na minha casa: desaparecimento, luto, maternidade e política. In: LIMA, Roberto Kant de (Org.) *Antropologia e direitos humanos V*. Brasília, DF: Booklink, 2008. p. 166-225.

_____. *Das consequências da "arte" macabra de fazer desaparecer corpos*: violência, sofrimento e política entre familiares de vítima de desaparecimento forçado. Tese (doutorado) — Programa de Pós-Graduação em Sociologia e Antropologia, Universidade Federal do Rio de Janeiro, Rio de Janeiro, 2012.

BIRMAN, Patrícia. Favela é comunidade? In: SILVA, Luiz Antonio Machado da (Org.) *Vida sob cerco*: violência e rotina nas favelas do Rio de Janeiro. Rio de Janeiro: Nova Fronteira, 2008. p. 99-114.

_____; LEITE, Márcia Pereira (Org.). *Um mural para a dor*: movimentos cívico-religiosos por justiça e paz. Porto Alegre: UFRGS, 2004.

BUTLER, Judith. *Precarious Life*: The Powers of Mourning and Violence. Londres: Verso, 2004.

DAS, Veena. *Life and words*: Violence and the Descent into the Ordinary. Berkeley: University of California Press, 2007.

_____. Violence, Gender and Subjectivity. *Annual Review of Anthropology*, Palo Alto, CA, v. 37, p. 283-299, 2008.

FARIAS, Juliana. Quando a exceção vira regra: os favelados como população matável e sua luta por sobrevivência. *Teoria & Sociedade*, Belo Horizonte v. 15, n. 2, p.138-171, 2008.

FERREIRA, Letícia de Carvalho M. O desaparecimento de pessoas no Brasil contemporâneo: a ausência como matéria-prima de um problema social. In: VIANNA, Adriana (Org.). *O fazer e o desfazer dos direitos*: experiências etnográficas sobre política, administração e moralidades. Rio de Janeiro: Laced/E-Papers, 2013. p 38-69.

FREIRE, Jussara. Quando as emoções dão formas às reivindicações. In: COELHO, Maria Claudia; REZENDE, Claudia Barcellos (Org.). *Cultura e sentimentos*: ensaios em antropologia das emoções. Rio de Janeiro: Faperj, 2010. p. 168-196.

KLEINMAN, Arthur. The Violence of Everyday Life: The Multiple Forms and Dynamics of Social Violence. In: DAS, Veena et al. (Ed.). *Violence and Subjectivity*. Los Angeles, CA: University of California Press, 2000. p. 226-241.

LACERDA, Paula. O caso dos meninos emasculados de Altamira: polícia, Justiça e movimento social. Rio de Janeiro, 2012. Tese (Doutorado em Antropologia Social) — Programa de Pós-Graduação em Antropologia Social, Museu Nacional, Universidade Federal do Rio de Janeiro. Rio de Janeiro, 2012.

LEITE, Márcia Pereira. Entre o individualismo e a solidariedade: dilemas da cidadania e da política no Brasil. *Revista Brasileira de Ciências Sociais*, São Paulo, v. 15, n. 44, 2000.

_____. As mães em movimento. In: BIRMAN, Patrícia; LEITE, Márcia Pereira (Org.). *Um mural para a dor*: movimentos cívico-religiosos por justiça e paz. Porto Alegre: UFRGS, 2004. p. 141-190.

_____. Violência, risco e sociabilidade nas margens da cidade: percepções e formas de ação de moradores de favelas cariocas. In: SILVA, Luiz Antonio Machado da (Org.). *Vida sob cerco*: violência e rotina nas favelas do Rio de Janeiro. Rio de Janeiro: Nova Fronteira, 2008.

_____. Da "metáfora da guerra" ao projeto de "pacificação": favelas e políticas de segurança pública no Rio de Janeiro. *Revista Brasileira de Segurança Pública*, São Paulo, v. 6, n. 2, p. 374-388, ago./set. 2012.

MOVIMENTOS MÃES DE MAIO. *Mães de Maio*: do luto à luta. São Paulo: Movimento Mães de Maio Brasil, 2011.

RECHTMAN, Richard; FASSIN, Didier. *The Empire of Trauma*: An Inquiry into the Condition of Victimhood. Princeton, NJ: Princeton University Press, 2009.

SILVA, Luiz Antonio Machado da. Sociabilidade violenta: por uma interpretação da criminalidade contemporânea no Brasil urbano. *Sociedade e Estado*, Brasília, DF, v. 19, n. 1, p. 53-84, jan./jul. 2004.

_____. Introdução. In: _____ (Org.). *Vida sob cerco*: violência e rotina nas favelas do Rio de Janeiro. Rio de Janeiro: Nova Fronteira, 2008.

_____; LEITE, Márcia Pereira. Violência, crime e política: o que os favelados dizem quando falam desses temas? In: SILVA, Luiz Antonio Machado da (Org.). *Vida sob cerco*: violência e rotina nas favelas do Rio de Janeiro. Rio de Janeiro: Nova Fronteira, 2008. p. 47-76.

SOARES, Barbara Musumeci; MOURA, Tatiana; AFONSO, Carla (Org.). *Auto de resistência*: relatos de familiares de vítimas da violência armada. Rio de Janeiro: 7 Letras, 2009.

VALLADARES, Lícia do Prado. *A invenção da favela*. Rio de Janeiro: FGV, 2005.

VIANNA, Adriana. Violência, estado e gênero: considerações sobre corpos e *corpus* entrecruzados. In: LIMA, Antonio Carlos de Souza; ACOSTA, Virginia Garcia (Org.). *Margens da violência*: contornos estatais e sociais do problema da violência nos contextos mexicano e brasileiro. Brasília, DF: ABA, 2014. p. 209-237.

_____; FARIAS, Juliana. A guerra das mães: dor e política em situações de violência institucional. *Cadernos Pagu*, Campinas, SP, n. 37, p. 79-116, jul./dez. 2011.

Documentários

ENTRE MUROS e favelas. Direção Susanne Dzeik, Kirsten Wagenschein e Márcio Jerônimo. Brasil-Alemanha, 2005. Video (60 min), cor.

LUTO como mãe. Direção Luis Carlos Nascimento. Brasil, 2009. Video (70 min), cor.

CAPÍTULO 18

Da capa de revista ao laudo cadavérico: pesquisando casos de violência policial em favelas cariocas

JULIANA FARIAS

Introdução

Entendendo o colóquio "Dispositivos urbanos e tramas dos viventes: ordens e resistências" como uma oportunidade para refletir sobre questões que emergem de uma pesquisa ainda em desenvolvimento, encarei como um impulso para a produção da minha comunicação a pergunta que encerrava a proposta da mesa "*Experiências de terror: revelação e ocultamento*": "Como identificar e analisar os contextos, as situações e os atores dessas experiências de terror?". Ainda que a intenção primeira deste exercício reflexivo não tenha sido responder item a item tal indagação, o teor do debate metodológico nela embutido orientou a organização da apresentação de um processo de pesquisa pautado (de formas muito distintas) por aquilo que é visível e aquilo que não é, ou, melhor dizendo, pelo que de certa forma é mais visível e o que é menos visível em um quadro de violações de direitos e violências institucionais.

A linha de raciocínio que desenvolvo neste texto supõe o estabelecimento de gradações de visibilidade — configuradas a partir da tensão constante entre as tentativas de produção da visibilidade dessas mortes de moradores de favelas e as tentativas de produção de invisibilidade das mesmas. No intuito de organizar minimamente essas ideias, decidi iniciar o exercício reflexivo isolando um elemento imagético significativo para esse processo de produção de visibilidade para as mortes em questão — que seria uma capa de revista; e para a continuidade da reflexão, foi escolhido um documento que pudesse trazer algumas pistas para pensar a produção da invisibilidade dessas mortes dos moradores de favelas — no caso, o laudo cadavérico.

Os dois objetos escolhidos para intitular a comunicação — a capa de revista e o laudo cadavérico — condensariam, então, elementos significativos de duas formas distintas de enquadrar um mesmo problema de pesquisa: a fabricação da legalidade das mortes dos moradores de favelas pelo Estado. É a partir dessa leitura que organizo as ideias aqui escritas.[1]

Recortando gradações de visibilidade

Entre um vasto conjunto de noções e ideias que atravessaram os debates relacionados às favelas cariocas durante a década de 2000, aquelas mais diretamente implicadas com a pauta da "visibilidade" foram reeditadas com força total. Nesse período, a produção de "imagens" e "representações" das favelas na cidade passou a contar com novas propostas de ação — cujo motor, na maior parte dos casos, era o comprometimento em mostrar "uma favela diferente" (fosse daquela que aparecia na chamada grande mídia, fosse daquela que habitava o imaginário dos moradores "do asfalto", ou das duas combinadas).

Na esteira dessa produção, a comunicação virtual (através da criação de sites, homepages e posteriormente blogs sobre favelas) foi acompanhada pelo surgimento de diferentes iniciativas (implementadas e/ou coordenadas tanto por moradores dessas localidades quanto por agentes externos) dedicadas à elaboração e divulgação de registros visuais de favelas, como a agência Olhares do Morro (criada em 2002, na favela Santa Marta) ou a Escola de Fotógrafos Populares (criada em 2004, no conjunto de favelas da Maré, no âmbito do projeto "Imagens do Povo"), que se desdobrou em outras iniciativas na mesma localidade, como a Escola Popular de Comunicação Crítica (Espocc, criada em 2006) e o coletivo Favela em Foco (criado em 2009).[2]

---

[1] Gostaria de registrar que o colóquio que deu origem a esta publicação representa uma atividade muito especial nesta etapa da minha formação: as diferentes comunicações, os arranjos das mesas, as intervenções e perguntas dos participantes — tudo me fez e ainda me faz aprender muito; afinal os debates travados durante o colóquio fazem barulho na minha cabeça até hoje. Certamente, este texto não é capaz de condensar o eco desse barulho; por isso faço questão de deixar registrado esse sincero agradecimento às organizadoras do evento e à sua equipe por terem proporcionado a abertura de um espaço para aquele conjunto específico de questões discutidas e pela generosidade na condução da continuidade daquele espaço de interlocução através do convite para esta coletânea.

[2] Como define Gama (2006:65), Olhares do Morro é uma "agência de imagens de favelas" cujo objetivo principal seria "capacitar jovens para formar uma rede de correspondentes capaz de nutrir um acervo de fotografias passíveis de serem comercializadas". Sobre o trabalho dessa agência e suas (auto) representações, ver os trabalhos de Fabiene Gama (especialmente 2006 e 2009). Já a agência inserida no projeto "Imagens do Povo" (da ONG Observatório de Favelas) é apresentada no trabalho de Carminati (2009) como "uma agência fotográfica especializada em temáticas sociais abordadas por aqueles que, em tese, compõem a questão social: os favelados". Sobre a Espocc, consultar <http://www.espocc.org.br> e sobre o "Favela em Foco", consultar <http://favelaemfoco.

Nessa mesma década, cresce outra vertente da produção de "imagens de favela" a partir de trânsitos e interesses distintos: aquelas imagens que compõem o circuito internacional da favela enquanto *trademark*, "como um signo a que estão associados significados ambivalentes que a alocam, a um só tempo, como território violento e local de autenticidades preservadas", seguindo as formulações de Freire-Medeiros (2007:63). Refiro-me aqui, portanto, não só ao crescimento da prática do turismo em favelas cariocas,[3] mas a ações, atividades e empreendimentos que, por sua diversificação ou fluidez, permitem múltiplos suportes a essas imagens e ampliam as possibilidades de acionamento de "favela" enquanto prefixo atraente (como produções cinematográficas, instalações, ou mesmo bares e restaurantes inspirados nas favelas brasileiras) — peças centrais no enquadramento sociológico, difundido por Freire-Medeiros, da favela como fenômeno de circulação e consumo em nível global.[4]

Dialogando direta e indiretamente com todas essas vertentes de produção de "imagens de favela", teve início (também a partir dos anos 2000) um processo de reatualização dos formatos de protesto dos movimentos sociais engajados na luta contra violações de direitos humanos e civis praticadas por agentes do Estado em favelas e periferias do Rio de Janeiro. Tanto a valorização do poder de comunicação das imagens quanto a intencionalidade da amplificação das rei-

---

wordpress.com>. Vale dizer, ainda, que antes da institucionalização como Escola de Fotógrafos Populares, o incentivo à utilização da fotografia enquanto recurso comunicacional no conjunto de favelas da Maré já vinha sendo impresso através das Oficinas de Imagem e Comunicação organizadas pelo Centro de Estudo e Ações Solidárias da Maré (Ceasm), projeto contíguo à criação do jornal local *O Cidadão*, distribuído gratuitamente desde 2002 nas 16 favelas que integram a Maré. Sobre *O Cidadão*, consultar Souza (2011) e Martins (2011). Também data do início da década (mais especificamente do ano 2000), a criação do portal "Viva Favela" — uma iniciativa da ONG Viva Rio, marcado pelo trabalho dos fotógrafos "correspondentes" (moradores de diferentes favelas do Rio). Tive a oportunidade de observar as etapas iniciais desse processo através da participação, como bolsista de extensão, no projeto "Cidadania e Imagem" (no Núcleo de Antropologia e Imagem — NAI), coordenado por Márcia Pereira Leite, a quem agradeço pelos ensinamentos e pela cumplicidade nas orientações e parcerias.

[3] Somente as visitas dos turistas já engrossam consideravelmente a produção e circulação de "imagens de favela" mundo afora, como revela o estudo de Menezes (2007), no qual foram analisados 50 *fotologs* produzidos por turistas estrangeiros, em que eram exibidas mais de 700 fotografias registradas em suas visitas à favela da Rocinha.

[4] Um bom exemplo dessa multiplicidade de suportes é o "Morrinho": iniciativa que "desde os anos 1990 vem se constituindo em torno de uma enorme maquete de tijolos na qual aspectos do cotidiano das favelas são encenados com pecinhas de Lego. Recentemente reconhecido como Ponto de Cultura, o Morrinho se desdobra em quatro iniciativas complementares: TV Morrinho (que já produziu peças audiovisuais para clientes como Nickelodeon e Coca-Cola); Turismo no Morrinho (visitas guiadas à maquete); Morrinho Social (braço responsável pelo desenvolvimento de atividades culturais na favela); e Morrinho Exposição (reprodução da maquete em exposições internacionais e grandes feiras de arte)" (Freire-Medeiros e Rocha, 2011).

vindicações para além das fronteiras nacionais pautaram diferentes estratégias de visibilidade — compreendendo nesse conjunto a criação de sites na internet, a produção de documentários, a organização de oficinas e debates sobre "imagem e violência", bem como o investimento em formas de ocupação do espaço público que combinassem técnicas e idiomas tradicionais da cena política protagonizada por movimentos sociais (latino-americanos, especialmente) com novas tecnologias de protesto.

Foi possível observar, nesse processo, a incorporação de um vocabulário político próprio de familiares de vítimas de violência policial em favelas (em especial suas mães), sustentado pelo valor simbólico da mobilização dos sentimentos em manifestações públicas — ingrediente que, na mesma década de 2000, foi transformado em marca das ações organizadas por movimentos sociais urbanos, como a Rede de Comunidades e Movimentos contra Violência (Farias, 2007).[5]

Desde suas primeiras articulações — cujo marco temporal é a "chacina do Borel", ocorrida em 2003[6] — o grupo que hoje compõe a Rede de Comunidades e Movimentos contra Violência vem elaborando e atualizando estratégias para denunciar a violação dos direitos humanos, exigir justiça, reivindicar acesso à

---

[5] Diversas manifestações públicas protagonizadas pelas mães de vítimas são marcadas por homenagens aos filhos mortos, configurando o que Catela e Novaes (2004) denominam "rituais para a dor". As diferentes etapas que compõem esses rituais, tanto permitem às mães vivenciarem publicamente a experiência do luto quanto reconstruírem moralmente a imagem de seus filhos e atribuírem sentido a suas mortes: os filhos, antes referidos em manchetes de jornais como traficantes mortos em troca de tiros com a polícia, são então ressignificados como mártires da luta contra a violência, como observam Leite e Farias (2009:440). Esse quadro político passa a ser demarcado a partir dessa figura englobante da "mãe", que, como argumentam Vianna e Farias (2011:93), expressa "uma insurgência política definida em estreitas conexões com as construções — sempre em processo — de gênero": sejam mães, irmãs ou irmãos (ou seja, tanto mulheres, quanto homens) se movem nessa busca por justiça a partir de uma inscrição no feminino — trazendo esse feminino não nos seus corpos, mas como "marca de significação das relações que se romperam, bem como da violência ilegítima que as destruiu" (Vianna e Farias, 2011:93). Sobre o protagonismo de mães e familiares de vítimas de violência do Estado em favelas cariocas, além da referência central em Leite (2004), ver também Araujo (2008, 2012), Farias (2008), Freire (2010).

[6] No dia 17 de abril de 2003, 16 policiais do 6º Batalhão da Polícia Militar realizaram uma operação no morro do Borel, Zona Norte da cidade do Rio de Janeiro. Tal operação resultou na morte de quatro rapazes: Carlos Alberto da Silva Ferreira, pintor e pedreiro; Carlos Magno de Oliveira Nascimento, estudante; Everson Gonçalves Silote, taxista; e Thiago da Costa Correia da Silva, mecânico. O episódio, que ficou conhecido como "chacina do Borel", passou a ser apresentado por organizações de defesa dos direitos humanos como "caso emblemático" do uso excessivo da força pelos agentes do Estado (cf. Centro de Justiça Global, 2004, 2003a, 2003b; Anistia Internacional, 2003) e constitui um marco da retomada do processo de mobilização política contra a violência policial, impulsionando a criação do "Movimento Posso me Identificar?" e a posterior organização da "Rede de Comunidades e Movimentos contra Violência" (Farias, 2007).

cidade e também para descriminalizar e legitimar a luta de moradores de favelas contra a violência praticada por agentes do Estado nesses locais.

Para dar prosseguimento à discussão sobre as estratégias de visibilidade desse coletivo, vale lembrar que, durante a década de 2000, a histórica associação entre pobreza e criminalidade[7] foi reelaborada como justificativa para o endurecimento de ações e decisões no campo da segurança pública no Rio de Janeiro. Cito aqui um simples exemplo capaz de ilustrar o que acontecia no período: no dia do enterro de uma das vítimas da "chacina do Borel", mencionada anteriormente, alguns moradores foram levados para a delegacia porque estavam colocando uma faixa na passarela que dá acesso ao morro. A faixa, na qual estava escrito "Foram assassinados quatro inocentes", havia sido confeccionada para ser levada para o sepultamento. Ainda que o ato de pendurar uma faixa em algum lugar dificilmente pudesse ser confundido com uma ação violenta, os moradores do Borel que fizeram isso foram levados para a delegacia pela manhã e só foram soltos às oito horas da noite.[8]

Contextualizando o período a partir de referenciais institucionais, relembro ainda que menos de um ano após a "chacina do Borel", o então secretário de Segurança Pública, Anthony Garotinho, determinou que os delegados titulares das delegacias distritais passassem a enquadrar por "crime de associação ao tráfico" todas as pessoas que antes eram autuadas por "crime de depredação do patrimônio privado"[9] — enquadramento sob o qual costumava-se "alocar" moradores de favelas que participassem de algum tipo de manifestação pública compreendida como "arruaça" pelas forças policiais. "Arruaça" foi a mesma palavra utilizada por um dos policiais acusados pelas mortes ocorridas nesse episódio do Borel, durante seu depoimento no Tribunal do Júri, no dia de seu julgamento. Segundo seu depoimento, no dia 17 de abril de 2003 foi feita uma denúncia anônima no 6º Batalhão da Polícia Militar, comunicando que "vários

---

[7] Nos limites deste texto não cabe uma recuperação do debate sobre a associação entre pobreza e criminalidade, essencial para a compreensão da construção da favela como "o outro da cidade" — construção que, através de angulações e referenciais empíricos variados, fundamenta inúmeros trabalhos sobre as favelas do Rio de Janeiro, entre os quais destaco os de Valladares (1991, 2000, 2005), Silva (2002, 2008), Silva, Leite e Fridman (2005), Leite (2000) e Leeds e Leeds (1978).

[8] Informação fornecida por Dalva Correia, mãe de Thiago Correia da Costa, em conversa não gravada, durante a etnografia que realizei em 2004.

[9] Conforme explicação técnica apresentada pelo Centro de Justiça Global (2004), casos de queimas de ônibus ou interrupção de avenidas e túneis, por exemplo, eram enquadrados como "associação ao tráfico" através do art. 14 da Lei nº 6.368/1976: "Art. 14. Associarem-se duas ou mais pessoas para o fim de praticar, reiteradamente ou não, qualquer dos crimes previstos nos artigos 12 ou 13 desta Lei: Pena — Reclusão de três a dez anos, e pagamento de cinquenta a trezentos e sessenta dias-multa".

traficantes do Borel estavam se reunindo pra roubar carros e tocar fogo em ônibus". Então, para evitar a ocorrência desses atos, conhecidos dentro da instituição como "arruaças", os policiais que estavam de plantão nesse batalhão decidiram realizar uma incursão no morro do Borel.

Estamos, então, diante de um quadro de sobreposições de criminalização: a potencialidade de crime que é utilizada como justificativa para a incursão que provoca a chacina é a mesma potencialidade depositada na ação dos moradores que quiseram pendurar uma faixa na passarela e foram presos; essa é a mesma potencialidade que reúne as vítimas da chacina, seus familiares e os demais moradores da favela sob uma nebulosa de suspeitas.[10] Aqui pesam inscrições biográficas em uma determinada "região moral" (Park, 1973) da cidade — a favela (carioca, no caso) carrega no seu histórico intervenções governamentais que a deslocam do centro das atenções higienistas das políticas públicas de saúde e assistência social para alvo principal das políticas de segurança pública, marcando investidas de poderes disciplinares e biopoder.[11]

É nesse quadro que as mães — mulheres/negras/moradoras de favelas — são referidas na fala de um governador de estado como "verdadeiras fábricas de marginais" e enquadradas como um problema merecedor de técnicas de governo compatíveis com uma "proposta de tratamento epidemiológico da população favelada", seguindo a análise de Birman (2008). A mesma relação Estado/margens que constrói o enquadramento corpos/fábricas, no Tribunal de Justiça, por exemplo, pode ser mapeada através da argumentação elaborada do defensor público que, invertendo os papéis de réu e vítima, coloca sob suspeitas e julgamentos morais tanto as vítimas fatais de uma chacina quanto suas mães, como destacam Vianna e Farias (2011).

Pensando em episódios como a "chacina do Borel", que se transformou em caso emblemático justamente por configurar quatro execuções sumárias praticadas por agentes do Estado, não seria equivocado afirmar que o acionamento dessa potencialidade de crime se dá em etapas que tanto antecedem essas mortes de moradores de favelas quanto em etapas posteriores — seja no momento

---

[10] Como argumentam Birman e Leite (2004), as mães de vítimas se veem diante de (e tendo de lidar com) duas modalidades distintas de violência: a violência física, que interrompe inesperadamente a vida de seus filhos; e a violência moral, configurada na criminalização das vítimas, na destituição de sua dignidade como pessoas e como cidadãos.

[11] Essa convivência entre poder disciplinar e biopoder poderia ser lida atualmente através da cidade do Rio de Janeiro em sua fase "pré-megaeventos" — fase marcada pela continuidade da política do choque de ordem, pela instalação das unidades de polícia pacificadora (UPPs) e os incessantes investimentos para a sofisticação das operações do Batalhão de Operações Policiais Especiais (Bope), por exemplo.

imediatamente posterior ao homicídio, quando algum policial coloca junto ao corpo da vítima uma arma de fogo e/ou trouxinhas de maconha, por exemplo, forjando o "*kit* bandido" (prática que — quando o caso é devidamente investigado — pode ser enquadrada juridicamente como "fraude processual"), seja no momento em que se produz, na delegacia, um registro de "auto de resistência".

Segundo Cano (1997:8), "auto de resistência" é a "nomenclatura oficial que a polícia usa para definir as mortes e os ferimentos ocorridos em confronto, decorrentes da resistência à autoridade policial". Inicialmente regulamentado pela Ordem de Serviço "N", nº 803, de 2 de outubro de 1969, da Superintendência da Polícia Judiciária, do antigo estado da Guanabara, o "auto de resistência" foi registrado pela primeira vez no dia 14 de novembro do mesmo ano, após uma ação policial realizada por integrantes do Grupo Especial de Combate à Delinquência em Geral — grupo que também havia sido formado em 1969 e ficou conhecido como "Grupo dos Onze Homens de Ouro" (Verani, 1996).[12]

Em dezembro de 1974, o conteúdo da Ordem de Serviço nº 803/1969 foi ampliado pela Portaria "E", nº 30, do secretário de Segurança Pública. De acordo com o desembargador Sergio Verani (1996), essa portaria desenvolveu uma ilegalidade básica, pois estabelecia que o policial não poderia ser preso em flagrante nem indiciado. Verani destaca que:

> A preocupação fundamental da Portaria é com o esclarecimento, no inquérito, das "figuras penais consumadas ou tentadas pelo opositor durante a resistência". E determina que o inquérito, com o auto de exame cadavérico e o atestado de óbito do opositor, seja remetido "ao Juízo competente para processar e julgar os crimes praticados pelo opositor", com o fim de "permitir ao juízo apreciar e julgar extinta a punibilidade dos delitos cometidos ao enfrentar o policial". Se o opositor não morrer, a autoridade deverá "ordenar a lavratura do auto de prisão em flagrante para os que foram dominados e presos" [Verani, 1996:37].

Para o desembargador, tal portaria seria marcada por uma "absurda inconstitucionalidade", pois, através dela, "quem legisla para o policial que mata é o próprio Secretário de Segurança, de nada valendo o Código Penal, o Código de Processo Penal e a Constituição Federal" (Verani, 1996:37). Quando,

---

[12] Para uma abordagem mais recente sobre o tema, ver Nascimento, Grillo e Neri (2009) e também Misse et al. (2011). Para uma reflexão sobre o "auto de resistência" como peça-chave de uma modalidade específica da presença do Estado em territórios considerados marginais, ver Farias (2008).

a partir da década de 1990, tal registro é reeditado no repertório de práticas burocráticas da Polícia Militar do Rio de Janeiro,[13] o "auto de resistência" se configura como um desafio burocrático e político a ser enfrentado pelos familiares das pessoas mortas durante operações policiais nas favelas; afinal, a imensa maioria dos casos registrados como "auto de resistência" ou "resistência seguida de morte" são casos nos quais as vítimas foram executadas sumariamente.[14]

Convidado para expor seu posicionamento sobre o tema em audiência pública realizada pela Comissão de Defesa dos Direitos Humanos e Cidadania da Assembleia Legislativa do Estado do Rio de Janeiro, em junho de 2009, o desembargador Sergio Verani retoma ponto abordado em seu livro sobre a inconstitucionalidade do registro de "auto de resistência" e sua origem datada da ditadura civil-militar no Brasil, destacando que todos os secretários de Segurança Pública que sucederam o período ditatorial mantiveram o registro como um recurso possível de ser acionado pelos policiais em serviço. Na ocasião, Verani afirmou estarmos diante de "um escândalo democrático", enquanto o sociólogo Ignacio Cano, também presente na audiência, tratou a possibilidade do registro do "auto de resistência" como "um limbo legal que invisibiliza o problema".

Os exemplos mais gritantes de "auto de resistência" decorrem dos casos nos quais a morte foi provocada por tiro de fuzil na nuca ou casos nos quais os laudos cadavéricos atestam que os disparos foram efetuados a curta distância, atingindo regiões do braço e do antebraço, que só poderiam ser atingidas caso as vítimas estivessem rendidas — de joelhos no chão, com os braços na cabeça. O desafio burocrático e político que se coloca aos familiares dessas vítimas fatais, portanto, está relacionado à possibilidade que o policial tem de realizar o registro de "auto de resistência" descrevendo os fatos do episódio no qual se deu a morte do morador de favela de outra forma — trata-se da produção de um documento oficial que localiza a morte em questão como decorrente da resistência à autoridade policial, como se tivesse havido confronto, como se o agente do Estado que efetuou o disparo o tivesse realizado para se defender.

Analisando dispositivos de produção das favelas como "espaços heterotópicos" no Rio de Janeiro, a socióloga Márcia Leite (2013:110) localiza o "auto de resistência" em um conjunto de dispositivos governamentais que atribuem "ao agente policial 'na ponta' a prerrogativa de decidir quando, como e contra

---

[13] Para análise da intensificação dos registros de auto de resistência na década de 1990, ver Cano (1997).
[14] Ver Centro de Justiça Global (2003b).

quem agir de forma extralegal, em um movimento discricionário que 'embaralha' o legal e o ilegal, o legítimo e o ilegítimo". Leite (2013) desenvolve essa linha de raciocínio acionando os estudos de Telles (2010) desenvolvidos a partir do argumento de que as relações de poder se processam nas "dobras do legal-ilegal". Assim como Telles (2010), Leite (2013) se inspira na noção de "gestão diferencial dos ilegalismos" (Foucault, 1987), trazendo para o centro da discussão a possibilidade de enxergar positividades nos ilegalismos, ao invés de imperfeições ou lacunas na aplicação das leis — ou seja, enxergar agenciamentos, ações possíveis dos ilegalismos na composição dos jogos de poder. Tal enquadramento é fundamental para compreender a possibilidade da existência do registro do "auto de resistência", mas também para refletir sobre outros processos dessa gestão governamental das mortes dos moradores de favelas na cidade do Rio de Janeiro, como analiso na seção "De favelas, mortes e invisibilidades" deste texto.

Por ora, retomo outra parte do argumento desenvolvido por Leite ao analisar "a dimensão segregatória e excludente" da relação do Estado com as favelas e seus moradores para dar continuidade à reflexão sobre o desafio burocrático e político colocado aos familiares das vítimas desses casos registrados como "autos de resistência": o peso da versão do "confronto" não se faz valer apenas no momento do registro na delegacia, mas é atualizado em diferentes momentos, especialmente nas audiências públicas desses casos, como mencionei. Leite (2013) destaca a relação entre o fato de essas mortes serem registradas como "legítima defesa em exercício do dever legal pelo agente policial" e a possibilidade da inimputabilidade dos agentes policiais, lembrando que o Código de Processo Penal (CPP) estabelece que "não há crime quando o agente pratica o fato: I - em estado de necessidade; II - em legítima defesa; III - em estrito cumprimento do dever legal ou exercício regular de direito".[15] Nessas audiências, a impossibilidade do ataque ao réu está diretamente conectada ao campo de possibilidades de formular acusações a respeito das vítimas, suas famílias e seus territórios de moradia — e é através de mecanismos desse tipo que a criminalização dos moradores de favelas vai sendo reeditada de formas variadas ao longo de cada etapa dos processos judiciais desses casos de mortes registradas como "autos de resistência". Por esse motivo reside aí um dos desafios mais cruéis a ser enfrentado pelos familiares das vítimas que decidem investir no encaminhamento jurídico dos mesmos.

---

[15] Art. 23 do CPP. Para uma análise detalhada sobre o registro do "auto de resistência" e entraves em processos judiciais dos mesmos, ver Leandro (2012).

Seja na organização e realização de manifestações públicas, seja nas peregrinações cotidianas a diferentes instituições e órgãos públicos que passam a compor a agenda desses familiares de vítimas, faz-se necessário reunir esforços para construir um rebatimento desse processo de criminalização: uma contra-argumentação frente ao "argumento de autoridade" do agente do Estado; uma contraimagem frente à parcela de "imagens de favela" (e de favelado) que alimentam aquela ideia da favela como foco irradiador da violência que assola a cidade, que alimentam, portanto, a "metáfora da guerra" (Leite, 2000) no Rio de Janeiro.

Entre as gradações de visibilidade com as quais venho trabalhando, apresento aqui o que tenho compreendido como ícones de dois extremos desse gradiente: a capa de revista e o laudo cadavérico, como foi dito na introdução, condensam elementos significativos de duas formas distintas de enquadrar a fabricação da legalidade das mortes dos moradores de favelas pelo Estado enquanto objeto de pesquisa. Parte do esforço por pautar essas mortes através de diferentes estratégias de visibilidade é trazida neste texto através da reflexão em torno do objeto "capa de revista" — movimento de publicização de casos de execução sumária, que foram registrados como "autos de resistência", protagonizados por familiares dessas vítimas, pelos movimentos sociais nos quais esses familiares se inserem ou fundam e por organizações de defesa dos direitos humanos.

No outro extremo do gradiente, então, enxergo o "laudo cadavérico" — esse documento de difícil acesso (especialmente se comparado à capa de revista, que pode ser encontrada pendurada na banca de jornal) capaz de trazer informações fundamentais sobre as mortes provocadas durante ações policiais nas favelas. Como discuto na seção "De favelas, mortes e invisibilidades" deste texto, o "laudo cadavérico" pertence ao conjunto de documentos oficiais relacionados às mortes em questão, assim como pertence o registro do "auto de resistência" — ambos habitam a esfera burocrática da gestão governamental das mortes dos moradores de favelas. No entanto, o preenchimento do "laudo cadavérico" guarda a potencialidade de transformar esse documento em prova do processo judicial que contesta a versão dos fatos registrada no "auto de resistência".

Tanto a "capa de revista" quanto o "laudo cadavérico" podem trazer "verdades" a respeito das mortes dos moradores de favelas em questão — a distância entre um e outro é demarcada neste trabalho considerando os contextos de produção de um e de outro, as aproximações e os afastamentos desses contextos de produção de órgãos e instâncias governamentais e as implicações desses contextos de produção em relação ao acesso público das informações que cada um desses objetos carrega consigo. Considerar esses aspectos e destrinchar diferentes situações que compõem esse quadro de gestão governamental da vida e da morte dos moradores de favelas no Rio de Janeiro não é tarefa de que eu possa dar conta neste texto (tal tarefa faz parte do estudo que desenvolvo no âmbito da minha tese de doutorado).[16] Aqui trago apenas reflexões sobre duas pontas desse fio que se estende através de diferentes gradações de visibilidade em torno das mortes de moradores de favelas provocadas por agentes do Estado.

Um cartaz bilíngue na foto de capa

Em meio a faixas, bandeiras, camisetas e demais objetos utilizados como suporte para a exposição pública de reivindicações, denúncias e propostas políticas do movimento protagonizado pelos familiares de vítimas, uma das confecções mais simples adquiriu destaque: um cartaz no formato pirulito, cuja haste havia sido produzida com um pedaço fino de madeira, sobre o qual era acoplado um pedaço retangular de papelão que trazia em cada lado de sua superfície uma folha branca de papel A3 colada, com dizeres impressos em tinta preta. De um lado de cada cartaz, os dizeres estavam em português; do outro, em inglês.

A primeira vez que vi o cartaz bilíngue foi durante uma manifestação pública em abril de 2004 — que marcava um ano da "chacina do Borel", referida anteriormente. Nos cartazes bilíngues, era possível ler frases como: "Moro onde os meios de comunicação só chegam para contar os mortos" e "Moro no Brasil: o país com a segunda pior concentração de renda do mundo!".

Um ano depois, em abril de 2005, o cartaz bilíngue apareceu estampado na primeira página da *Folha de S.Paulo*. A fotografia havia sido realizada durante uma passeata coorganizada pela Rede de Comunidades e Movimentos contra Violência e o MST-RJ, e exibia uma menina negra que trazia na mão direita o cartaz. No registro escolhido pelo jornal, o lado do cartaz que está à mostra não é o que foi escrito em português: a frase que chamava a atenção do leitor naquele dia era "*I have been a victim of violence!!! Who will be the next? YOU??? We hope not*". Abaixo da fotografia, a legenda: "Globalizados. Menina exibe cartaz, em inglês, contra violência; 1.200 sem-terra e favelados do Rio protestaram na língua para atingir 'a opinião pública internacional'".

---

[16] Trabalho realizado no Programa de Pós-Graduação em Sociologia e Antropologia (PPGSA) do Instituto de Filosofia e Ciências Sociais (IFCS) da Universidade Federal do Rio de Janeiro (UFRJ), com bolsa da Faperj, sob a orientação de Luiz Antonio Machado da Silva.

Figura 1
PUBLICAÇÃO NA FOLHA DE S.PAULO EM 16 DE ABRIL DE 2005

Não cabe aqui desenvolver uma análise sobre impacto/recepção de uma matéria jornalística para o debate em questão, mas sim reconhecer o potencial do cartaz bilíngue como instrumento de luta, como estratégia de visibilidade eficaz diante das dificuldades enfrentadas pelos movimentos sociais para pautar suas reivindicações e bandeiras no que se convencionou chamar de "grande mídia". Foi uma fotografia da mesma menina, na mesma passeata, ainda com o cartaz bilíngue em punho, que estampou a capa da revista *Carta Capital* no mês seguinte — cuja matéria principal explicitava no título a necessidade de algum posicionamento político em meio ao debate: "Por que a polícia mata", frase sem ponto de interrogação, aparecia seguida do subtítulo "Sem controle, repressão ao crime arrasta o País a uma espiral de violência".

Figura 2
REVISTA CARTA CAPITAL DE 11 DE MAIO DE 2005

A capa de revista referida no título deste trabalho aparece, então, nesse processo, como um ícone que cumpre aqui uma dupla função — tanto sintetiza algum sucesso, ainda que limitado, do esforço por visibilizar e pautar essas mortes dos moradores de favelas na cidade, quanto evidencia o conteúdo imagético sobre o qual minha pesquisa se debruçava.

A oportunidade de acompanhar etapas iniciais da construção de um movimento social como a Rede contra Violência a partir das suas estratégias de visibilidade torna possível alocar em um mesmo conjunto um cartaz feito à mão e um documentário — visto que importa menos a tecnologia envolvida na confecção desses instrumentos de luta e mais a intenção de comunicar que alimenta sua produção. Levando em conta as condições de possibilidade da enunciação dessas mortes no espaço público como mortes ilegítimas, a intenção de comunicar guarda estreita ligações com sentimentos como indignação, dor, revolta, saudade, enfim — combustíveis não menos importantes nesse campo político.

Pensando especialmente no episódio que ficou conhecido como "chacina do Borel", o equilíbrio entre as emoções e o cálculo para organizar da melhor forma as manifestações públicas contra a violência policial em favelas contribuiu para que fossem construídos caminhos bem-sucedidos de comunicação e de visibilização das mortes em questão. Também é fundamental destacar que, para além das especificidades do caso do Borel, consolidava-se na esfera de luta em defesa dos direitos humanos a prática de denúncia de violações às organizações internacionais — ação desempenhada tanto para esse quanto para outros casos de violência institucional pelo Centro de Justiça Global, mas que, neste caso específico, resultou nas visitas (ainda em 2003) da secretária-geral da Anistia Internacional, Irene Khan, e de Asma Jahangir, relatora da Organização das Nações Unidas para Execuções Sumárias, Arbitrárias e Extrajudiciais ao morro do Borel.

Durante sua visita, uma das frases marcantes proferidas por Asma Jahangir nas entrevistas que concedeu aos jornalistas interessados pelo caso foi: "Nenhuma sociedade civilizada deu à polícia o direito de julgar e matar". Tal frase foi escrita à mão com hidrocor preto em uma cartolina verde e exibida na mesma manifestação na qual foi registrada a fotografia que se tornou capa da *Folha de S.Paulo* e da *Carta Capital*. Estratégias diferentes para comunicar a ilegitimidade das mortes de uma mesma população: os moradores de favelas.

Mas, se cores, formas e textos enxutos marcaram a rotina de um trabalho de campo que tinha ruas e praças como espaços privilegiados de observação, agora outro desenho de etnografia vem sendo construído através do acompanhamento das peregrinações institucionais às quais me referi anteriormente — compostas por idas à Defensoria Pública do Rio de Janeiro, ao Fórum, à Assembleia Legislativa, a delegacias e outros espaços institucionais que passam a integrar a agenda de compromissos de familiares de moradores de favelas que são assassinados por policiais no Rio de Janeiro.[17]

De favelas, mortes e invisibilidades

Ao invés do colorido estourado de bandeiras, faixas, cartazes e camisetas, a investigação agora é marcada pelo preto e branco seco das folhas dos processos

---

[17] A partir da segunda metade de 2010, fui presenteada com a companhia de Adriana Vianna nesse trabalho de campo — a quem deixo registrado meu agradecimento pela sua generosidade sem tamanho na construção da nossa parceria intelectual.

judiciais, dos documentos xerocados e anexados aos "autos" — e, em meio a toda essa papelada que registra, classifica e regula mortos e vivos, o laudo cadavérico talvez seja o objeto que materialize mais fortemente o percentual de aridez do material coletado até esta etapa da pesquisa. Esse é um dos motivos para o laudo cadavérico ocupar aqui o lugar de contraponto da capa de revista colorida e comemorada.

Mas tal função, quase didática, do documento para a minha reflexão está atrelada, ainda, a outros três fatores:

a) trata-se de um documento que traz impressa uma imagem que também passa a representar as vítimas cujas fotografias são exibidas pelos familiares, especialmente suas mães, durante as manifestações referidas anteriormente, ainda que tais representações se prestem a fins muito diferentes (refiro-me aqui, especialmente, à silhueta dos corpos das vítimas, no caso dos laudos, e, no segundo caso, àqueles registros fotográficos das vítimas ainda vivas, bem-arrumadas, que são coladas em cartazes, ou estampadas em camisetas e *banners* — que Leite (2004) designa como "foto-símbolo");

b) é um documento produzido pelo Estado, em grande volume e padronizado — remetendo-nos ao caráter totalizante da medição/contagem de mortos, para depois ser modificado através da intervenção (via preenchimento) por um agente do Estado (em geral, o médico legista) responsável pelas anotações específicas a respeito de cada corpo perfurado de um morador de favela que chega ao IML — remetendo-nos à percepção da documentação de indivíduos como técnica de controle inerente a processos de produção de sujeitos, na linha trabalhada por Ferreira (2009);[18]

c) trata-se de um documento cujo acesso — em termos de produção de legibilidade — é restrito a alguns profissionais específicos que, nesse contexto, são também agentes do Estado.

Na elaboração da comunicação, portanto, foi o laudo cadavérico que direcionou a discussão para o foco do projeto de pesquisa de doutorado que desenvolvo atualmente — o documento é destacado nesta discussão entre tantos papéis "oficiais", não oficiais e extraoficiais que compõem esse quadro de mortes de moradores de favelas e que são frequentemente solicitados/acionados durante

---

[18] Ainda que o enquadramento teórico-analítico desta pesquisa seja diretamente orientado pelos estudos de Michel Foucault, a atenção dada aqui a especificidades dos processos de produção de sujeitos e populações e de formação de Estado quando se trata de investigações envolvendo documentos de rotina de instituições públicas (como o IML-RJ) é resultado da leitura dos trabalhos de Letícia Ferreira, em especial Ferreira (2009).

esses encontros entre agentes do Estado e familiares de vítimas que tenho tido a oportunidade de acompanhar.

Seguindo o intuito de refletir sobre o laudo cadavérico, para a ocasião do colóquio estabeleci um recorte do material coletado até então, privilegiando curiosidades e desdobramentos do encontro entre um perito legista aposentado da Polícia Civil do Estado do Rio de Janeiro, familiares de Carlos Eduardo — um morador do morro do Pepino que foi executado por policiais militares — e o defensor público que atuava como assistente de acusação do caso junto ao Ministério Público.[19]

O encontro em questão aconteceu em outubro de 2010, na sala do Núcleo de Defesa dos Direitos Humanos da Defensoria Pública do Estado do Rio de Janeiro (Nudedh), que à época ainda se localizava no edifício que abriga a Defensoria Geral. Marcada pela família da vítima, a reunião tinha como objetivo apresentar ao defensor que estava encarregado do caso um perito legista que, em função de uma atuação como pesquisador do seu próprio ofício, havia concordado em realizar um novo estudo — com estatuto de "parecer técnico-científico" — para o homicídio em questão.

Durante a reunião, familiares, defensor e perito conversaram bastante sobre a próxima audiência marcada e sobre a possibilidade da utilização do tal parecer no desenrolar do processo. Defensor e familiares aproveitaram o encontro para tirar dúvidas com o perito a respeito de alguns detalhes da documentação produzida pelo Instituto Médico Legal Afrânio Peixoto no dia seguinte à morte da vítima.

Entre os pontos abordados na conversa, uma anotação específica no laudo cadavérico toma o tempo e a atenção dos presentes. Trago, então, para dentro deste texto, parte do percurso de críticas e explicações apresentadas pelo perito legista a partir da leitura, em voz alta, do trecho da descrição da necropsia destacado a seguir:

> INSPEÇÃO EXTERNA: Cadáver de um homem de cor parda, que mede cerca de 166 cm de altura, em rigidez muscular generalizada com livores violáceos nas regiões posteriores do corpo; é de compleição física boa, bom estado de nutrição e cerca de 42 anos de idade; cabelos pretos, curtos e anelados;

---

[19] Nesta seção do texto, todos os nomes (da favela, da vítima, de seus respectivos familiares e dos profissionais envolvidos no caso) são trocados ou omitidos, por estar em discussão um processo judicial ainda em desenvolvimento (e em fase relativamente inicial). Pelo mesmo motivo, optei por ocultar a data da ação policial que resultou na execução em pauta e não trazer para a composição do texto a descrição do episódio.

olhos com córneas transparentes, íris castanhas, escleróticas esbranquiçadas; barba e bigode por fazer; dentes naturais em regular estado de conservação; genitália externa masculina normal; apresenta ferimento de bordos regulares e invertidos, com características de entrada de projétil de arma de fogo (PAF), localizado na região occipital, assinalado no esquema 2 pela letra E; apresenta ferimento de bordos irregulares e evertidos, sangrantes, com características de saída de PAF localizado em região fronto-parietal, assinalado no esquema 1 pela letra S; apresenta orla de tatuagem no membro superior esquerdo, acometendo parte do braço e toda a extensão ao antebraço nas faces antero-lateral posterior, assinalados nos esquemas 1 e 2 pela letra T; os demais segmentos corporais estão normais.

O trecho, mesmo curto, expressa a demarcação de um campo de conhecimento específico, com vocabulário e narrativa próprios — mas cujas informações podem ser compreendidas por leigos, desde que munidos de alguma bagagem sobre o assunto (como, em geral, é o caso dos familiares de vítimas, já habituados a acompanhar diferentes casos de violações, e também o caso dos demais profissionais — especialistas de outras áreas — envolvidos nos casos), ou orientados pelas explicações de um especialista da área (como é o caso dos familiares que estão lidando com esse tipo de documentação pela primeira vez, e também como foi o meu caso, na reunião em pauta). Mas daqui a pouco será aberta uma janela sobre possibilidades de leitura desse tipo de documentação.

Por enquanto, gostaria de transportar para esta reflexão o mesmo destaque que teve, durante o encontro entre os familiares, o perito e o defensor, uma das marcas encontradas no corpo de Carlos Eduardo: registrada na descrição transcrita acima como "orla de tatuagem" (mas tratada também como "zona de tatuagem" nos estudos sobre traumatologia médico-legal), tal marca "é formada pela deposição da fumaça resultante da combustão da pólvora e terá colorido correspondente à natureza dos produtos químicos empregados para a composição da pólvora, após sua combustão" (Fávero, 1991).

Trata-se de uma marca que permite ao especialista estimar a distância entre atirador e vítima e também a distância entre o cano da arma e a vítima. Conforme esclareceu o perito durante a reunião, "a orla de tatuagem é necessariamente produzida a tiro de curta distância" — afirmação ratificada através das explicações para os familiares e o defensor sobre o aparecimento da orla de tatuagem no braço da vítima, quando o tiro foi dado na cabeça. Segundo o perito legista, os fuzis utilizados pelos policiais militares possuem "eventos laterais", através dos quais, no momento do disparo, são expelidos grânulos da pólvora — daí a dedução de que Carlos Eduardo deveria estar com as mãos na cabeça (provavelmente algemado, seguindo a interpretação do perito), pois esta é a posição sugerida pela presença da "orla de tatuagem" no braço esquerdo da vítima, como evidencia a anotação "T", produzida durante a perícia no IML.

Figura 3
LAUDO CADAVÉRICO (ESQUEMA)

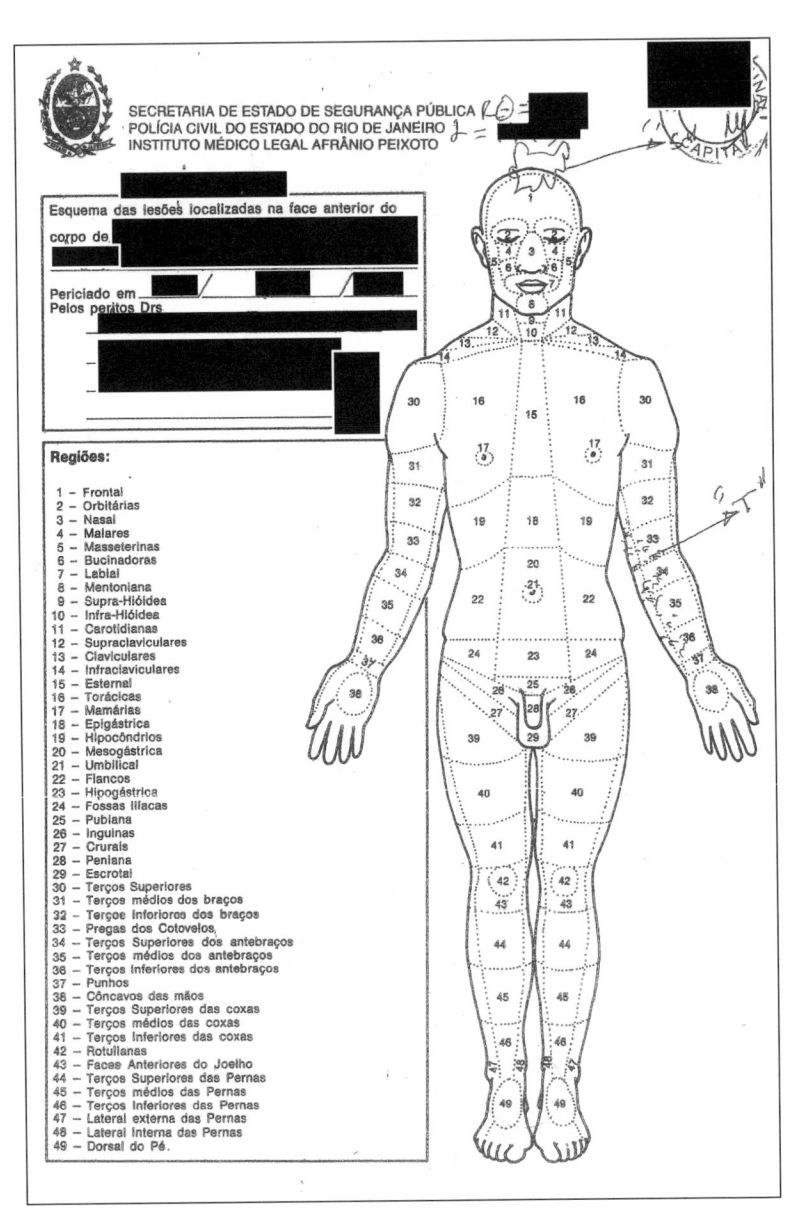

A tal anotação "T" realizada à mão (que pode ser facilmente identificada neste esquema que compõe o laudo)[20] ao indicar a localização da "orla de tatuagem", encaminha, portanto, a investigação do homicídio de Carlos Eduardo para uma direção diferente daquela sugerida pelo registro de ocorrência realizado na delegacia da região pelos policiais que participaram da incursão em pauta.

Nesse caso do morro do Pepino, assim como na grande maioria dos casos de execução sumária de moradores de favelas cometidos por policiais militares, o registro de ocorrência traz a versão da troca de tiros entre traficantes e policiais — versão na qual estes últimos, "na iminência de serem alvejados por tantos disparos, não tiveram outro modo de agir, a não ser fazer uso das armas de fogo que traziam consigo, em legítima defesa e como forma de fazer cessar a resistência oposta pelos infratores".[21] Configura-se, assim, o já referido registro do "auto de resistência", que neste — como também em muitos outros casos semelhantes — vem acompanhado da informação de que os policiais presentes na "operação" prestaram socorro à vítima, levando-a para o hospital municipal mais próximo, local onde ela, então, teria falecido.

No entanto, a existência da "orla de tatuagem" no corpo de Carlos Eduardo e, mais especialmente, seu adequado registro no laudo cadavérico somado às informações acerca da entrada e da saída do projétil são informações capazes de comprovar que o tiro fatal foi dado pelas costas e à curta distância. Informações que, segundo o perito legista convocado pelos familiares, deveriam aparecer articuladas na continuidade do preenchimento do laudo cadavérico no momento da perícia no IML, através da seção do laudo reservada para as "respostas aos quesitos", constituída de cinco perguntas, que reproduzo aqui com as respectivas respostas preenchidas no documento relativo à vítima Carlos Eduardo:

1) Houve morte?
SIM.

---

[20] O esquema teve algumas informações cobertas por mim através de editor de imagem (com marcação em preto), como nome completo da vítima; nome completo, matrícula e registro do CRM do perito que realizou o exame, bem como uma anotação contendo o número da delegacia que solicitou o mesmo.

[21] Trecho do registro de ocorrência, que, como os demais documentos utilizados para a elaboração deste texto, encontram-se anexados ao processo do caso em questão, ao qual tive acesso a partir da autorização da própria família de Carlos Eduardo — que solicitou ao mesmo defensor público referido neste texto o empréstimo das pastas para que eu pudesse fazer uma cópia. A todos eles, deixo registrado um agradecimento por sua interlocução e pela confiança depositada no meu trabalho.

2) Qual foi a causa da morte?
FERIMENTO TRANSFIXANTE DE CRÂNIO COM LESÃO DE ENCÉFALO.
3) Qual foi o instrumento ou meio que produziu a morte?
AÇÃO PERFURO CONTUNDENTE.
4) Foi produzido por meio de veneno, fogo, explosivo, asfixia ou tortura, ou por outro meio insidioso ou cruel (resposta especificada)?
SEM ELEMENTOS PARA RESPONDER POR DESCONHECER A DINÂMICA DO FATO.
5) Outras considerações objetivas relacionadas aos vestígios produzidos pela morte, a critério do Senhor Perito Legista.
SEM OUTRAS ALTERAÇÕES [sic].

Segundo as explicações do perito para os familiares e o defensor, apesar da referência à "orla de tatuagem" na descrição da necropsia e da indicação da marca no esquema que compõe o laudo cadavérico, a forma como os cinco quesitos foram respondidos prejudica de modo concreto a investigação do caso,[22] como fica explícito através do trecho do parecer técnico-científico produzido posteriormente pelo perito legista, que destaco a seguir. A crítica desse profissional ao trabalho realizado no IML Afrânio Peixoto acompanha a ideia de que "há situações em que o perito não vê e o que vê não descreve" (recuperando uma passagem da explicação durante a reunião na Defensoria Pública). O posicionamento do perito convocado pelos familiares de Carlos Eduardo poderia ser resumido com outra frase que anotei no meu caderno de campo — "o problema do laudo é que é um somatório de incompetências" —, no entanto, vale complementar a argumentação com a versão formal (e técnica) da crítica:

> Quando o perito legista não encontra sinais cadavéricos que expressem o emprego de "veneno, fogo, explosivo, asfixia ou tortura ou outro meio insidioso ou cruel", resta absolutamente errôneo prejudicar o QUARTO QUESITO, sob a alegação de "PREJUDICADO", ou "SEM ELEMENTOS DE CONVICÇÃO PARA RESPONDER", ou "SEM ELEMENTOS POR DESCONHECER A DINÂMICA DO EVENTO", ou mesmo, como se pode ler no Laudo de Exame Cadavérico em comento, "SEM ELEMENTOS PARA RESPONDER POR DESCONHECER A DINÂMICA DO FATO". Ora, se o perito quer ter

---

[22] Vale ressaltar que, nessa situação, "prejudicar a investigação do caso" não é uma frase neutra, mas posicionada, e que indica uma acusação de mau uso da "verdade técnica".

informações sobre a dinâmica do evento, ele poderá solicitar ao delegado de polícia que preside o inquérito policial, ou mesmo ao INSTITUTO DE CRIMINALÍSTICA CARLOS ÉBOLI, informações sobre a Perícia de Local de Crime. E, ainda, quando o cadáver provém de unidade hospitalar, solicitar informações hospitalares, sobre o atendimento prestado, ou, no caso de morte no ingresso da unidade hospitalar, o que foi evidenciado pelos médicos. E, como vimos, o perito legista independe de informações adicionais, de Local de Crime, para afirmar ou negar se houve emprego de "VENENO, FOGO, EXPLOSIVO, ASFIXIA OU TORTURA OU OUTRO MEIO INSIDIOSO OU CRUEL". [...] Em suma, "PREJUDICAR" a resposta ao QUARTO QUESITO é pura tergiversação capaz de deixar pairarem dúvidas inaceitáveis sobre os fatos, que obrigatoriamente têm de ser determinados por meio de um Exame Cadavérico corretamente realizado, o que trará prejuízos para o processo penal. Respondê-lo corretamente é *dever de ofício* do perito legista [grifo no original].

Nesse parecer técnico-científico, o foco da crítica do perito legista acionado pelos familiares de Carlos Eduardo não se prende à maneira de responder o quarto quesito — ao contrário, espalham-se pelas páginas do estudo apontamentos sobre cuidados que não foram tomados e que, da mesma forma que ocorre com a resposta ao quarto quesito, acabam deixando "dúvidas inaceitáveis sobre os fatos". Dessa lista, destaco mais dois exemplos: (1) a ausência de uma mensuração completa das duas feridas por PAF (projétil de arma de fogo) — mensurações imprescindíveis para a estimativa do calibre do projétil (para conferir se o calibre coincidia ou não com os calibres das armas utilizadas pelos policiais durante a "operação") e que, vale ressaltar, deveriam acontecer através da utilização de instrumentos de medição específicos, como o paquímetro digital ou mesmo uma régua milimetrada; e (2) a ausência de descrição da forma da ferida de entrada do projétil — que, segundo o estudo, poderia esclarecer a trajetória do projétil, dado que poderia ser utilizado para inferir em que posições estavam atirador e vítima.

Justapondo-se, portanto, à porção "visível" do preenchimento do laudo, percebe-se que há uma série de perguntas a serem respondidas pelo perito que não estão impressas no documento (da forma como estão os cinco quesitos citados anteriormente). Se somássemos as perguntas não impressas (e não respondidas) às perguntas impressas com respostas incompletas, poderíamos compor uma lista considerável de ausências nesse laudo cadavérico — ausências que correspondem a informações que não foram registradas no devido documento pelo profissional capaz de fazê-lo, ou seja, informações invisíveis aos olhos dos não especialistas.

Esse tipo de produção do laudo cadavérico pode ser entendido, então, como um procedimento orientado por uma espécie de negativo da revelação, não porque esconde informações, mas porque revela a força de um indizível burocrático, porque explicita a intimidade do especialista com uma economia de palavras em um documento crucial para o prosseguimento de investigações, para o encaminhamento de acusações, para o tratamento jurídico/legal de violações e crimes de Estado. Aqui reside, portanto, o caráter de (i)legibilidade dessa documentação, nos termos trabalhados por Das e Poole (2004) em suas reflexões sobre processos de construção e reconstrução do Estado através das suas práticas de escrita — (i)legibilidade que pode ser compreendida, ainda, através da chave interpretativa de que governar é também não fazer, conforme sugerem os trabalhos de Vianna (2002) e Lugones (2009).

Seguindo a chave analítica proposta por Das e Poole (2004), o problema da (i)legibilidade da documentação do Estado é encarado como uma das bases de consolidação do controle estatal sobre populações, territórios e vidas — enquadramento anunciado no início desta seção do texto, a partir da enumeração dos dois últimos fatores relativos à escolha do laudo cadavérico como contraponto para a capa de revista na elaboração do eixo de condução da comunicação aqui registrada.

Considero pertinente, então, utilizar este momento da reflexão para aproximar focos de atenção que costuram as duas experiências de pesquisa iconizadas na capa de revista e no laudo cadavérico: os opostos visibilidade/invisibilidade e legibilidade/ilegibilidade, ao mesmo tempo que podem demarcar abordagens isoladas, abrem espaço para possibilidades de interpretação pautadas por contrastes e/ou escalas do visível e do legível, como no caso dos desdobramentos de leitura do laudo a partir da "orla de tatuagem" aqui discutida.

Por se tratar de uma marca no corpo e uma anotação no esquema gráfico que compõe o laudo que podem ser enxergadas por leigos (e inclusive compreendidas, se devidamente explicadas), a "orla de tatuagem" pode sugerir a garantia da legibilidade desse documento para além da esfera da perícia estatal.

Uma simples anotação "T", feita à mão pelo perito de plantão no IML, no dia seguinte à morte de Carlos Eduardo, carrega consigo uma determinada versão dos fatos, e o devido preenchimento dessa informação na documentação em questão orienta, correlaciona ou confronta diversas outras informações a respeito da morte desse morador de favela — tanto informações que habitam ou deveriam habitar o mesmo laudo cadavérico quanto informações produzidas Pensando a partir do recorte de gradações de visibilidade sugerido no início deste texto, é possível explorar nessa documentação do Estado uma informação visual (mesmo que o conteúdo imagético e seu potencial comunicativo sejam radicalmente distintos da fotografia que ilustra a capa de revista, por exemplo). Mas é também indiscutível o fato de que não peritos (ou seja, leigos, como eu) possam enxergar a anotação "T" no laudo. O ponto a ser destacado a partir desta leitura é que o fato de não peritos enxergarem (e até entenderem) a anotação "T" não faz do laudo cadavérico um documento completamente "legível".

Aqui, volta ao debate a questão das especializações; afinal, mesmo que muitos possam enxergar a anotação referente à orla de tatuagem, não são todos que podem realizar essa anotação no documento e não são todos que, dentro do Tribunal do Júri, podem construir argumentações a partir dessa anotação durante o julgamento do policial que efetuou o disparo. Nesse pequeno (mas determinante) trajeto burocrático, estão conectados saberes de áreas distintas que se entrecruzam na engrenagem estatal que se supõe soberana e rearticula cotidianamente estes saberes específicos a fim de renovar e perpetuar tal soberania.

No caso em questão, o domínio do campo da medicina legal tanto possibilitou o esclarecimento de informações quanto sua omissão — e o controle dessas informações passou por especialistas que trabalham produzindo registros oficiais. Provavelmente foi considerando o peso dessa oficialidade que o perito legista acionado pelos familiares de Carlos Eduardo explicitou seu julgamento nas páginas do parecer técnico-científico elaborado para o caso do morro do Pepino:

> A Ciência Forense prescinde de peritos legistas que, propositalmente escudados da evasiva resposta ao QUARTO QUESITO — "SEM ELEMENTOS PARA RESPONDER POR DESCONHECER A DINÂMICA DO FATO" —, lavam suas mãos (mãos claramente irresponsáveis), como se PILATOS pós--modernos fossem, diante de fatos científicos, de suma importância para a Justiça; e mais que para esta, para a própria sociedade, ao final de tudo. [...] O povo, pelo geral, atribui a impunidade à Justiça; mas nesse caso, em particular, a impunidade fora referendada por exame cadavérico malfeito, desidioso, incompleto, falho, omisso e incompetente.

Apesar do enfoque dado à perícia na discussão aqui travada e de uma possível interpretação da escolha da citação acima como aglutinadora de posicionamentos políticos afins, considero fundamental deixar claro que este texto é produzido a partir da compreensão de que no percurso deste caso de execução de Carlos Eduardo (e dos demais casos de violações cometidas por agentes do Estado nas favelas e periferias do Rio de Janeiro) há múltiplas esferas e agências de Estado intercaladas.[23] Não se trata de arrastar para cima de determinado perito legista ou para o IML-RJ holofotes (ou acusações) que recaem com maior frequência sobre ações individuais de policiais ou sobre a instituição da Polícia Militar como um todo, ou sobre o sistema de Justiça em curso,[24] mas sim de identificar e perseguir analiticamente as imbricações institucionais que marcam essa reconstrução cotidiana do Estado através das relações estabelecidas com suas margens.

Decantando o movediço

Falar de relações Estado-margens é falar de relações estabelecidas, mas não estabilizadas; marcadas por fragilidades, ruídos, surpresas, desgastes, enfim, elementos variados que se combinam na configuração de arranjos para governamentalidades específicas — a partir dos quais torna-se possível acessar uma extensa lista de recursos acionáveis, que se estenderia desde carimbos e papéis timbrados a medidas provisórias e decretos-leis.

Quando recorto essa lista tomando como referência especificidades da gestão das favelas e dos favelados no Rio de Janeiro, aparecem, obviamente, os registros de "auto de resistência" e as "fraudes processuais" que geralmente os acompanham (como a prática de depositar junto aos corpos das vítimas uma arma de fogo e trouxinhas de maconha ou papelotes de cocaína — o chama-

---

[23] Ainda que, nos limites deste trabalho, não seja realizada a devida discussão sobre o conceito de Estado e seus usos, vale explicitar que venho buscando enxergar nuances nos exercícios de poder de "um estado segmentado e conflituoso", nos termos trabalhados por Lima (2002) em suas considerações sobre formas administrativas de "gestar e gerir desigualdades". Cabe registrar que a peregrinação institucional realizada pelos familiares de vítimas aqui referidos é tomada na presente investigação como parte da reconstrução cotidiana de um Estado encravado em práticas, linguagens e lugares considerados às margens do Estado nacional — lendo essas margens no sentido proposto por Das e Poole (2004:8-10), como: (1) periferias habitadas por pessoas tidas como insuficientemente socializadas de acordo com as leis e a ordem vigentes; (2) lugares onde os direitos podem ser violados através de dinâmicas distintas de interação das pessoas com documentos, práticas e palavras do Estado; e (3) um espaço localizado entre corpos, leis e disciplina.

[24] Em relação a esse ponto da discussão, gostaria de ressaltar que não é desconsiderado aqui o fato de o Instituto Médico Legal Afrânio Peixoto fazer parte da estrutura da Polícia Civil do Estado do Rio de Janeiro, alocado especificamente no Departamento de Polícia Técnica e Científica da instituição. No entanto, não seria analiticamente coerente deslocar o foco de acusação de uma polícia para a outra (considerando especialmente o enquadramento exposto na nota anterior).

do "*kit* bandido"; ou simplesmente a prática de apresentar esse *kit* na delegacia como material apreendido durante a operação). Tal recorte traria como uma espécie de orientação de fundo o comprometimento de pensar essa agenda de pesquisa como fonte de situações privilegiadas para encarar determinadas práticas do Estado na linha sugerida por Das e Poole (2004) — não nos termos da lei ou da sua transgressão, mas como práticas que se encontram simultaneamente dentro e fora da lei.

No entanto, pautada pelo trabalho de campo que venho realizando e sem descartar o recorte mencionado acima, tenho considerado explorar formas menos "arrumadas" desses recursos e arranjos, formas mais "borradas" talvez.[25]

Decorre daí também essa primeira investida analítica focada no laudo cadavérico e suas (i)legibilidades — cujo arranjo não seria pensado como mais ou menos borrado simplesmente pela forma como foi conduzido o preenchimento do documento ainda no IML ou pela resposta dada ao quarto quesito, mas pelas circunstâncias do próprio desdobramento encaminhado pelos familiares de Carlos Eduardo junto ao perito aposentado que, ao se propor a produzir um parecer técnico-científico para um caso em andamento, passa a ocupar uma função — temporária — em outra "esfera de Estado" que não aquela na qual se acostumou a desempenhar seu trabalho. Esse caráter de transitoriedade ao qual me refiro (evidenciado nas palavras do próprio autor do parecer: "[...] este perito legista, ora na função de assistente técnico junto ao Núcleo de Defesa dos Direitos Humanos da Defensoria Pública do Estado do Rio de Janeiro [...]") tem aparecido como uma marca em diferentes situações de pesquisa observadas.

Tal transitoriedade tanto se expressa em relação a deslocamentos individuais dos profissionais envolvidos nos casos — por exemplo, o afastamento de algum defensor público de uma função ocupada em um dos núcleos da defensoria cuja atuação é marcada por laços estreitos com movimentos sociais urbanos de luta por moradia (no caso do Núcleo de Terras)[26] ou movimentos de defesa dos direitos humanos (no caso do já referido Nudedh) — quanto em relação a redesenhos institucionais em maior escala.

---

[25] O borrão aqui é acionado a partir das suas derivações por metonímia: "primeira feição de algo"; "qualquer rascunho que se faz no borrador ('caderno')"; ou ainda, sob a rubrica da literatura, como "texto escrito com emendas, ou para emendar e aprimorar" (definições 2 e 2.1 do *Dicionário Houaiss da língua portuguesa* — versão 2009).

[26] Para um debate atual e comprometido a respeito das lutas por moradia no Rio de Janeiro, ver Magalhães (2008).

A partir da rubrica da literatura para "borrão" enunciada na nota 25 — um "texto escrito com emendas, ou para emendar e aprimorar" — retomo aqui a discussão sobre os registros estatais destacados neste texto, mais especificamente o que se pode registrar ou deixar de registrar no "laudo cadavérico" e, também, o que se fixa enquanto verdade sobre determinada morte no registro do "auto de resistência". Todos esses registros, que são produzidos em meio à burocracia estatal ao mesmo tempo que a produzem, podem ser compreendidos sob a luz dessa ideia de um escrito que se faz para emendar ou aprimorar.

O tratamento de mortes em geral enquanto estatísticas estatais, ainda que seja predominantemente apresentado como dado inquestionável porque formulado a partir de ciências exatas, também pode estar permeado de obscuridade. Não porque a estatística foi mal calculada, mas porque tal cálculo já é produzido de forma a ressaltar determinados números em detrimento de outros, a valorizar arranjos quantitativos que alocam num mesmo conjunto informações que deveriam aparecer separadas umas das outras. É o que acontece, por exemplo, com os homicídios que são registrados como "mortes violentas com causa indeterminada" por diferentes estados da federação: segundo pesquisa recente do Ipea, realizada com dados do Sistema de Informações sobre Mortalidade (SIM), a taxa de homicídios no Brasil é 18,3% superior aos números presentes nos registros oficiais — percentual que indica que 8,6 mil homicídios por ano no Brasil são classificados erroneamente como "mortes violentas com causa indeterminada" (Cerqueira, 2013).[27]

Tal pesquisa do Ipea, apresentada como "Mapa dos homicídios ocultos", traz no próprio título a noção de uma informação não disponibilizada, apagada dos registros oficiais. Em pesquisa anterior realizada especificamente a partir de dados sobre homicídios no município do Rio de Janeiro, o Ipea havia divulgado que os bairros onde ocorre a maior parte desses crimes correspondem às regiões nas quais estão localizadas aproximadamente 60% das favelas da cidade (Rivero e Imanishi, 2009). A mesma pesquisa revelou que o trabalho letal de polícia concentra-se nas mesmas áreas: favelas ou entorno de favelas.

Ao pautar a discussão em torno das burocracias estatais a partir dos registros mencionados acima e, em especial, das possibilidades de preenchimento

---

[27] Movimento análogo pode ser observado em relação ao tratamento dos dados relativos aos desaparecimentos forçados. Segundo Araujo (2012), entre 1991 e maio de 2012, o estado do Rio registrou 92 mil casos. No entanto, muitos desses casos registrados como desaparecimento correspondem a homicídios praticados por agentes estatais, em especial aqueles que integram milícias, mas praticados também por traficantes de drogas ilícitas.

do "laudo cadavérico" e suas potencialidades como documento oficial, chamo a atenção para tentativas de produção da invisibilidade das mortes de moradores de favelas e a relação dessa produção com a gestão governamental das mortes provocadas por agentes do Estado em favelas e periferias. Tal recorte se alimenta diretamente da noção de "tecnologias movediças" lançada por Foucault (2008) ao argumentar a favor do investimento nos estudos sobre governamentalidade. Decantando o movediço na direção de uma suscetibilidade à mudança de posições, poderíamos pensar em tecnologias da inconstância ou da volubilidade previstas na marcação de um quadro de gestão de populações como esse recortado aqui a partir de relações entre Estado e favelas.

Como nos lembram Das e Poole (2004), estamos diante de um Estado que se reconstrói continuamente nos intervalos do cotidiano — e, portanto, capturar o que vem acontecendo em alguns desses intervalos é um desafio traçado para a continuidade dessa investigação.[28] Distante da apresentação de ideias fechadas ou resultados, o que exponho aqui é justamente o contrário: reflexões "de meio de caminho", cuja divulgação não tem outro objetivo senão a troca que nos permite repensar possibilidades analíticas, afinar enquadramentos e articular agendas de pesquisa.

Referências

ARAUJO, Fabio A. Falta alguém na minha casa: desaparecimento, luto, maternidade e política. In: LIMA, Roberto Kant de (Org.). *Antropologia e direitos humanos V*, Brasília, DF: Booklink, 2008. p. 166-225.

_____. *Das consequências da "arte" macabra de fazer desaparecer corpos*: violência, sofrimento e política entre familiares de vítima de desaparecimento forçado. Tese (doutorado) — Programa de Pós-Graduação em Sociologia e Antropologia, Universidade Federal do Rio de Janeiro, Rio de Janeiro, 2012.

---

[28] Na agenda de campo dessa pesquisa que realizo no momento, situações como a reunião na Defensoria entre os familiares de Carlos Eduardo, o perito legista aposentado e o defensor público acontecem justamente nos períodos que antecedem as audiências públicas e os julgamentos no Fórum, por exemplo — períodos que talvez possam ser lidos como intervalos no andamento desses processos judiciais. Há, sem dúvida, uma infinidade de possibilidades de leitura de cotidianos (e intervalos), mas quando se trabalha com casos de assassinatos de moradores de favelas praticados por agentes do Estado, algumas marcações cronológicas se impõem de forma determinante — e é a partir dessas marcações que se faz possível compreender como se dá o preenchimento do cotidiano desses familiares de vítimas. Sobre dimensões menos óbvias dos períodos pré-audiências e outras temporalidades que marcam as trajetórias desses familiares, ver o capítulo 17 desta publicação.

BIRMAN, Patrícia. Favela é comunidade? In: SILVA, Luiz Antonio Machado da (Org.). *Vida sob cerco*: violência e rotina nas favelas do Rio de Janeiro. Rio de Janeiro: Nova Fronteira, 2008. p. 99-114.

_____; LEITE, Márcia Pereira (Org.). *Um mural para a dor*: movimentos cívico-religiosos por justiça e paz. Porto Alegre: UFRGS, 2004.

BRASIL. Lei nº 6.368, de 21 de outubro de 1976: dispõe sobre medidas de prevenção e repressão ao tráfico ilícito e uso indevido de substâncias entorpecentes ou que determinem dependência física ou psíquica, e dá outras providências. *Diário Oficial da União*, Brasília, DF, 22 out. 1976.

CANO, Ignacio. Letalidade da ação policial no Rio de Janeiro. Rio de Janeiro: Iser, 1997.

CARMINATTI, Thiago. Imagens da favela, imagens pela favela: etnografando representações e apresentações fotográficas em favelas cariocas. In: GONÇALVES, Marco Antonio; HEAD, Scott. *Devires imagéticos*: a etnografia, o outro e suas imagens. Rio de Janeiro: 7 Letras, 2009.

CATELA, Ludmila; NOVAES, Regina. Rituais para a dor: política, religião e violência no Rio de Janeiro. In: BIRMAN, Patrícia; LEITE, Márcia Pereira (Org.). *Um mural para a dor*: movimentos cívico-religiosos por justiça e paz. Porto Alegre: UFRGS, 2004.

CERQUEIRA, Daniel. *Mapa dos homicídios ocultos*. Brasília, DF: Ipea, 2013. (Texto para discussão, n. 1.848).

DAS, Veena; POOLE, Deborah. State and its Margins: Comparative Ethnographies. In: _____; _____. *Anthropology in the Margins of the State*. Santa Fé: School of American Research Press, 2004.

FARIAS, Juliana. *Estratégias de visibilidade, política e movimentos sociais*: reflexões sobre a luta de moradores de favelas cariocas contra violência policial. Dissertação (mestrado em ciências sociais) — Programa de Pós-Graduação em Ciências Sociais, Universidade do Estado do Rio de Janeiro, Rio de Janeiro, 2007.

_____. Quando a exceção vira regra: os favelados como população "matável" e sua luta por sobrevivência. *Teoria & Sociedade*, Belo Horizonte, v. 15, n. 2, p. 138-171, 2008.

_____. Da política das margens: reflexões sobre a luta contra a violência policial em favelas. In: HEREDIA, Beatriz; ROSATO, Ana; BOIVIN, Maurício (Org.). *Política, instituciones y gobierno*: abordajes y perspectivas antropológicas sobre el hacer política. Buenos Aires: Antropofagia, 2009. p. 351-379.

FÁVERO, Flamínio. *Medicina legal*: introdução ao estudo da medicina legal. Identidade, traumatologia, infortunística, tanatologia. 10. ed. Belo Horizonte: Vila Rica, 1991.

FERREIRA, Letícia. *Dos autos da cova rasa*: a identificação de corpos não identificados no Instituto Médico-Legal do Rio de Janeiro, 1942-1960. Rio de Janeiro: E-papers, 2009. 198 p.

FOUCAULT, Michel. *Vigiar e punir*: nascimento da prisão. Petrópolis: Vozes, 1987.

_____. *Segurança, território e população*: curso dado no Collège de France (1977-1978). São Paulo: Martins Fontes, 2008.

FREIRE, Jussara. Quando as emoções dão formas às reivindicações. In: COELHO, Maria Claudia; REZENDE, Claudia Barcellos (Org.). *Cultura e sentimentos*: ensaios em antropologia das emoções. Rio de Janeiro: Faperj, 2010. p. 168-196.

FREIRE-MEDEIROS, Bianca. A favela que se vê e que se vende: reflexões e polêmicas em torno de um destino turístico. *Revista Brasileira de Ciências Sociais*, São Paulo, v. 22, n. 65, p. 61-72, 2007.

_____; ROCHA, Lia M. Uma pequena revolução: arte, mobilidade e segregação em uma favela carioca. In: CONGRESSO BRASILEIRO DE SOCIOLOGIA, 15., 2011, Curitiba, PR. *Anais...* Sociedade Brasileira de Sociologia: Porto Alegre: 2011.

GAMA, Fabiene. Olhares do morro: uma reflexão sobre os limites e os alcances da autorrepresentação fotográfica. In: FREIRE-MEDEIROS, Bianca; COSTA, Maria Helena/(Org.). Natal, RN: UFRN, 2006.

_____. Etnografias, autorrepresentações, discursos e imagens: somando representações. In: GONÇALVES, Marco Antonio; HEAD, Scott. *Devires imagéticos*: a etnografia, o outro e suas imagens. Rio de Janeiro: 7 Letras, 2009.

HOUAISS, Antonio. *Dicionário Houaiss da língua portuguesa*. Rio de Janeiro: Objetiva, 2009.

LEANDRO, Sylvia Amanda da Silva. *O que matar (não) quer dizer nas práticas e discursos da justiça criminal*: o tratamento judiciário dos "homicídios por auto de resistência" no Rio de Janeiro. Dissertação (mestrado em direito) — Universidade Federal do Rio de Janeiro, Rio de Janeiro, 2012.

LEEDS, Anthony; LEEDS, Elizabeth. *A sociologia do Brasil urbano*. Rio de Janeiro: Zahar, 1978.

LEITE, Márcia. Entre o individualismo e a solidariedade: dilemas da política e da cidadania no Rio de Janeiro. *Revista Brasileira de Ciências Sociais*, São Paulo, v. 15, n. 44, 2000.

_____. As mães em movimento. In: BIRMAN, Patrícia; LEITE, Márcia Pereira (Org.). *Um mural para a dor*: movimentos cívico-religiosos por justiça e paz. Porto Alegre: UFRGS, 2004.

_____. La Favela et la ville: De la production des "marges" à Rio de Janeiro. *Brésil(s) Sciences Humaines et Sociales*, Paris, n. 3, p. 109-128, maio 2013.

_____; FARIAS, Juliana. Rituais e política: manifestações contra violência no espaço público. In: CARNEIRO, Sandra de Sá. (Org.). *Cidade*: olhares e trajetórias. Rio de Janeiro: Garamond, 2009.

LIMA, Antonio Carlos de Souza. Sobre gestar e gerir a desigualdade: pontos de investigação e diálogo. In: _____ (Org.). *Gestar e gerir*: estudos para uma antropologia da administração pública no Brasil. Rio de Janeiro: Relume-Dumará, 2002.

LUGONES, Maria Gabriela. *Obrando en autos, obrando en vidas*: formas e fórmulas de proteção judicial dos tribunais prevencionais de menores de Córdoba, Argentina, nos começos do século XXI. Tese (doutorado em antropologia social) — Programa de Pós-Graduação em Antropologia Social, Universidade Federal do Rio de Janeiro, Rio de Janeiro, 2009.

MAGALHÃES, Alexandre. *Entre a vida e a morte*: a luta! A construção da ação coletiva por moradores de favelas no Rio de Janeiro. Dissertação (mestrado) — Programa de Pós-Graduação em Sociologia, Instituto Universitário de Pesquisas do Rio de Janeiro, 2008.

MARTINS, Gizele. *Cidadãos e vítimas*: a representação de dois crimes nos jornais cariocas. Monografia (graduação em jornalismo) — Departamento de Comunicação Social, Pontifícia Universidade Católica do Rio de Janeiro, Rio de Janeiro, 2011.

MENEZES, Palloma. *Gringos e câmeras na favela da Rocinha*. Monografia (graduação em ciências sociais) — Universidade do Estado do Rio de Janeiro, Rio de Janeiro, 2007.

MISSE, Michel et al. (Coord.). *Quando a polícia mata*: os homicídios por "autos de resistência" no Rio de Janeiro (2001-2011). Rio de Janeiro: Núcleo de Estudos da Cidadania, Conflito e Violência Urbana, Universidade Federal do Rio de Janeiro, 2011. (Relatório de pesquisa). Mimeo.

NASCIMENTO, Andrea; GRILLO, Carolina; NERI, Natasha. Autos com ou sem resistência: uma análise dos inquéritos de homicídios cometidos por policiais. In: ENCONTRO ANUAL DA ANPOCS, 33., 2009, Caxambu, MG. *Anais...* São Paulo: Anpocs, 2009. (GT 8: Crime, violência e punição).

PARK, Robert. A cidade: sugestões para investigação social no meio urbano. In: VELHO, Otávio G. (Org.). *O fenômeno urbano*. Rio de Janeiro: Zahar, 1973.

RIVERO, Patricia; IMANISHI, Rute. *Indicadores socioeconômicos de proteção e risco para a instrumentação de políticas públicas em favelas*. Rio de Janeiro: Ipea, 2009.

SILVA, Luiz Antonio Machado da. A continuidade do "problema favela". In: OLIVEIRA, Lúcia Lippi (Org.). *Cidade*: história e desafios. Rio de Janeiro: FGV, 2002.

_____ (Org.). *Vida sob cerco*: violência e rotina nas favelas do Rio de Janeiro. Rio de Janeiro: Nova Fronteira, 2008.

_____; LEITE, Márcia Pereira; FRIDMAN, Luis. *Matar, morrer, civilizar*: o problema da segurança pública. Rio de Janeiro: Ibase/Actionaid/Ford Foundation, 2005. (Relatório do projeto Monitoramento Ativo da Participação da Sociedade — Mapas). 1 CD-ROM.

SOUZA, Renata. *O cidadão*: uma década de experiência ideológica, pedagógica e política de comunicação comunitária. Dissertação (mestrado) — Programa de Pós-Graduação em Comunicação e Cultura, Universidade Federal do Rio de Janeiro, Rio de Janeiro, 2011.

TELLES, Vera. *As cidades nas fronteiras do legal e do ilegal*. Belo Horizonte: Argumentum, 2010.

VALLADARES, Licia. Cem anos pensando a pobreza (urbana) no Brasil. In: BOSCHI, Renato (Org.). *Corporativismo e desigualdade*: a construção do espaço público no Brasil. Rio de Janeiro: Iuperj, 1991.

_____. A gênese da favela carioca: a produção anterior às ciências sociais. *Revista Brasileira de Ciências Sociais*, São Paulo, v. 15, n. 44, p. 5-34, 2000.

_____. *A invenção da favela*: do mito de origem a favela.com. Rio de Janeiro: FGV, 2005.

VERANI, Sérgio. *Assassinatos em nome da lei*: uma prática ideológica do direito penal. Rio de Janeiro: Alderbarã, 1996.

VIANNA, Adriana. *Limites da menoridade*: tutela, família e autoridade em julgamento. 2002. 334 f. Tese (doutorado em antropologia social) — Programa de Pós-Graduação em Antropologia Social do Museu Nacional, Universidade Federal do Rio de Janeiro, Rio de Janeiro, 2002.

_____; FARIAS, Juliana. A guerra das mães: dor e política em situações de violência institucional. *Cadernos Pagu*, Campinas, SP, n. 37, 2011.

Documentos

ALSTON, Philip. Relatório do relator especial de execuções extrajudiciais, sumárias ou arbitrárias (Documento ONU A/HRC/11/2/Add.2). Disponível em: <www.extrajudicialexecutions.org/>. Acesso em: 10 jun. 2010.

ANISTIA INTERNACIONAL. Rio de Janeiro: Candelária e Vigário Geral 10 anos depois. Londres: Amnesty International, 2003.

CENTRO DE JUSTIÇA GLOBAL. *Direitos humanos no Brasil 2003*. Rio de Janeiro: Justiça Global, 2003a. (Relatório Anual do Centro de Justiça Global).

_____. *Execuções sumárias no Brasil* — 1997-2003. Rio de Janeiro: Justiça Global/Núcleo de Estudos Negros, 2003b.

_____. *Relatório RIO*: violência policial e insegurança pública. Rio de Janeiro: Justiça Global, 2004.

CAPÍTULO 19

Morte, perdão e esperança de vida eterna: "ex-bandidos", policiais, pentecostalismo e criminalidade no Rio de Janeiro

CARLY MACHADO

Introdução

Policiais e bandidos são os principais protagonistas das imagens da violência na esfera pública do Rio de Janeiro, ocupando diariamente as telas das TVs dos moradores dessa cidade e de todo um país que acompanha diariamente a dinâmica do crime e seu combate no estado. O modo como se vê a violência cometida e a compaixão com o sofrimento da vítima no Rio de Janeiro passam, assim, por um processo de representação fortemente informado por produções da mídia de massa que produzem e reproduzem seus vários sentidos.

No contexto específico da política de pacificação,[1] instaurada pelo governo do estado do Rio de Janeiro no ano de 2008, assiste-se pela TV a uma exibição cada vez mais detalhada dos eventos de violência na cidade e seu combate, nos quais todas as personagens e os enredos em que cada uma se encaixa tornam-se cada vez mais delimitados e previsíveis.

---

[1] A partir do ano de 2008, um movimento específico marca uma mudança na relação entre guerra e paz no Rio de Janeiro. Onde antes predominava a lógica da "guerra contra a guerra" (policiais contra o tráfico), a Secretaria de Segurança do Estado do Rio de Janeiro incorpora estrategicamente a paz no combate à guerra. Implementando uma proposta de "polícia pacificadora", a intervenção do Estado passa a ser a de dominação de territórios considerados "de risco" pelo poder público — leia-se, as favelas — por UPPs (unidades de polícia pacificadora) que, após instaladas, deveriam atuar junto às "comunidades pacificadas" através de ações sociais preventivas à violência. Tais mobilizações do Estado e da sociedade civil em torno de um projeto de pacificação para as populações do Rio de Janeiro revelam, no ponto de vista que procuro evidenciar, uma densa articulação entre religião e política em um cenário em que projetos de pacificação surgem como resposta a um pano de fundo urbano concebido (ou construído) a partir de um "cenário de guerra" e no qual a paz adquire perfil de estratégia de segurança pública — através do controle social pela intervenção pacífica — mas também uma dimensão simbólica importante na qual projetos de pacificação tornam-se projetos de redenção e salvação de todos os atores envolvidos. Ver Birman e Leite (2004); Leite e Farias (2009).

Bandidos armados, policiais em cerco, tiros, correria, inocentes em risco, tudo isso é retratado pela mídia jornalística que se qualifica como elemento indispensável da dinâmica que começa com as denúncias acerca dos territórios e das populações apresentados e representados como perigosos e de risco e desdobra-se, numa consequência cada vez mais previsível, no acompanhamento passo a passo das estratégias militares de ocupação das "comunidades" para a promoção de sua, assim chamada, pacificação. De tão "por dentro" dos eventos, as equipes de reportagem cariocas colocam-se em risco ao acompanhar e transmitir o momento da ocupação militar dos territórios da cidade. Em novembro de 2011, fatalmente, o cinegrafista Gelson Domingos, da Band (rede de TV aberta), foi morto com um tiro de fuzil enquanto acompanhava uma operação do Batalhão de Operações Especiais da Polícia Militar do Estado do Rio de Janeiro (Bope) na favela de Antares, na Zona Oeste do Rio de Janeiro. O momento em que ele foi atingido foi filmado por outro cinegrafista e exibido em rede nacional.

Diante dessas imagens e reportagens produzidas e assistidas nos telejornais, uma audiência múltipla produz sentidos cotidianos sobre a violência no Rio de Janeiro e sobre aqueles que são percebidos como suas vítimas e seus algozes. Disputando a representação do algoz, os enredos da mídia de massa reforçam o *bandido* como autor exclusivo do ato violento, duelando diretamente contra uma representação fortemente presente em certas populações do Rio de Janeiro para as quais o *policial* é também um importante — muitas vezes o principal — autor da violência na cidade.[2] A conversão do policial de algoz em pacificador é um dos principais projetos da mídia da pacificação no estado do Rio de Janeiro nos últimos anos.

Já do ponto de vista da produção das representações acerca da vítima,[3] outras disputas se colocam. De um lado, a população carioca como vítima. De outro, uma população ambivalente, pobre, "quase" bandida, que, dependendo da cena, pode ser lida ora pela perspectiva da vitimização, ora pela criminalização.

Mas há ainda uma terceira dimensão a ser considerada, e esta conforma-se como foco específico do interesse deste capítulo: aquela demandada por bandidos e policiais, cujas representações na mídia de massa alternam-se no lugar do

---

[2] Sobre a violência na cidade do Rio de Janeiro, a realidade das favelas cariocas e sua relação com a polícia, ver Silva (2008).

[3] As construções sociais da categoria vítima são temas de diferentes trabalhos e tópico relevante do debate sobre a violência. Destaco aqui os estudos de Sarti (2009, 2011) como importante referência para o desenvolvimento dessa temática. A autora discute a relação da figura da vítima com a legitimação moral de demandas sociais.

algoz, nunca da vítima, mas que também disputam um lugar de reconhecimento e de legitimidade moral como aqueles que sofrem na cidade. Coloca-se assim, perturbando o enredo estável do algoz sem sentimentos *versus* uma vítima que sofre, a exigência do incômodo espaço simbólico para o sofrimento do algoz. Reconhecer o sofrimento do outro significa compadecer-se, compartilhar sua dor, e quando o outro que sofre é o autor da violência, uma complexa política das emoções entra em cena. E é esta que aqui me interessa analisar.

Além da mídia jornalística, o cinema brasileiro tem também participado intensamente da produção das imagens e sentidos acerca dos autores da violência e daqueles que com esta sofrem no estado do Rio de Janeiro. E no cinema o sofrimento de policiais e bandidos encontrou algumas representações importantes nos últimos anos. *Tropa de elite* e *Cidade de Deus*[4] são dois filmes exemplares nesse sentido. Se a intenção das coberturas jornalísticas dissimula-se em visibilidades e invisibilidades em torno de uma suposta transmissão isenta dos fatos, nas produções cinematográficas os argumentos são mais claros, de acordo com as intenções do filme. Em *Tropa de elite* (1 e 2) o destaque se dá sobre a figura do policial representado no filme como um profissional honesto, um trabalhador da segurança pública digno, que só quer "cumprir sua missão" (lema do Bope), o que frequentemente o coloca diante do risco de morte. Em *Cidade de Deus*, as honras são feitas ao bandido pobre, "sem opção", que também encontra a morte, vítima de uma sociedade injusta e desigual.

Compadecer-se dessas personagens, ou compreender suas perspectivas de vida, foi o tema, alvo de controvérsias públicas importantes no Rio de Janeiro e no Brasil, tomando como ponto de partida o debate sobre os referidos filmes. O controverso capitão Nascimento, personagem central de *Tropa de elite*, conquistou fãs que repetiam suas frases mais famosas no filme e defendiam sua perspectiva de policial durão, mas que sofre com as injustiças de sua prática profissional e com os riscos a ela inerentes. Para outros, este mesmo capitão Nascimento nada mais era do que um policial violento, torturador, símbolo do Bope e de suas práticas autoritárias nas favelas cariocas, forjado em herói em um filme controverso. Sem dúvida, *Tropa de elite* confirmou o protagonismo

---

[4] *Tropa de elite 1* foi lançado em 2008 e sua continuação, *Tropa de elite 2*, em 2010, ambos com a direção de José Padilha. *Tropa 1* recebeu o prêmio Urso de Ouro do Festival de Berlim em 2008. *Cidade de Deus* é um filme brasileiro de 2002 dirigido por Fernando Meirelles a partir do livro de mesmo nome escrito por Paulo Lins. Recebeu quatro indicações ao Oscar. Todos esses filmes tiveram forte repercussão na audiência brasileira e tornaram-se tema do debate público no Rio de Janeiro, local de ambientação para ambos os enredos.

da figura polêmica do policial na vida carioca e fluminense, seja para o bem ou seja para o mal.

Em *Cidade de Deus*, diferentes personagens provocam a simpatia e a compreensão da audiência, entre eles, Zé Pequeno, conhecido inicialmente como Dadinho. Ao acompanhar a trajetória desta personagem do filme, o público pode aproximar-se afetivamente de sua história de vida e seus sofrimentos e, ao mesmo tempo, horrorizar-se com seus atos criminosos. Mas Zé Pequeno, como outros bandidos importantes de filmes brasileiros, é humanizado em *Cidade de Deus* no que nele há de pior e melhor, e também controversamente provoca emoções menos previsíveis na audiência: da repulsa à simpatia.

Esses elementos da realidade e da ficção misturam-se na configuração de uma realidade social complexa que pauta questões morais e emocionais no Rio de Janeiro acerca da conformação da subjetividade do algoz da violência, daquele que é capaz de matar. E não é só a mídia de massa, em sua versão jornalística e cinematográfica, que informa esse campo simbólico do sofrimento do autor da violência. Interessa-me, neste capítulo, um esforço da mídia nativa que vai fortemente nessa direção, elegendo o campo da religião como ambiência central da produção de representações acerca do tema.

Embebidos nessa trama simbólica densa e tensa que reposiciona o lugar do sofrimento como lócus também daqueles que são frequentemente vistos exclusivamente como autores da violência, esvaziados de qualquer lugar para a dor, a angústia ou o arrependimento, agentes religiosos (res)surgidos entre policiais e ex-bandidos[5] produzem suas próprias mídias e seus sentidos para suas vidas e mortes. Na busca por redenção, esses homens procuram traçar seus próprios enredos e reivindicam o lugar de protagonistas de suas próprias vidas, buscando uma chance de escapar da morte e expressar como se sentem diante de suas batalhas espirituais e urbanas. Ex-bandidos procuram redenção e salvação fora do mundo do crime, dentro da Igreja, dispondo-se a resgatar da morte outros que, como eles, sofrem na criminalidade. Policiais procuram redenção e salvação dentro da corporação, tentando abrir espaço para sua fé no interior da prática e da instituição policial, levando a Igreja para dentro da polícia, e esforçando-se, ainda, para conciliar o mundo da rua com o mundo da fé.

Pensar a violência a partir da perspectiva do sofrimento tem sido um caminho adotado por diferentes autores (Kleinman, Das e Lock, 1997; Das et al., 1997; Biehl, 2005; Sarti, 2011). Mas, do mesmo modo como urge a necessidade de pluralizar a categoria violência — tratando-se de *violências* — cujos múlti-

---

[5] Sobre o tema ex-bandidos e pentecostalismo, ver Teixeira (2011).

plos significados precisam ser analisados, também é preciso pluralizar os vários significados possíveis dos *sofrimentos* que atingem diferentes populações e grupos no estado do Rio de Janeiro, no contexto específico das violências nas cidades. É possível perceber-se, pretendo argumentar aqui, uma cartografia moral do sofrimento, capaz de indicar quem pode sofrer e como deve viver esse sofrimento, do mesmo modo como esse mesmo mapa delimita aqueles aos quais não cabe a experiência de sofrimento.[6] Tal cartografia dinâmica, pretendo enfatizar, é continuamente desafiada e alterada por projetos morais específicos, entre eles projetos midiáticos, políticos e religiosos, que intentam reposicionar atores, alterando os regimes morais aos quais estes são submetidos. Trato aqui especificamente de como certas experiências de grupos evangélicos reivindicam sua própria cartografia moral do sofrimento de policiais e bandidos.

O sofrimento conforma-se, assim, em uma categoria analiticamente interessante à reflexão sobre o agressor, o autor da violência e sua condição como sujeito moral. Se representado como um criminoso frio e sem perdão, sem arrependimento pelos seus atos, a ele não caberia a categoria sofrimento enquanto aquela que desperta compaixão solidária. Sua dor é merecida. E mesmo as dores a ele imputadas pela ação violenta estatal no sistema prisional são bem-vindas. O sofrimento do agressor é, na maioria das vezes, seu merecido castigo.

Mas, se arrependido, o sofrimento reconhecido configura a passagem do algoz ao mundo dos redimidos. Sua dor é vertida em sofrimento e devidamente legitimada como via moral privilegiada para sua entrada no mundo da cidadania. A partir desse ponto, todas as suas dores são valorizadas positivamente como tormento de sua *via crucis* pessoal: as torturas que sofreu, as angústias que sentiu acerca das mortes provocadas, as vezes em que, quase morto, sobreviveu, suas cicatrizes, seus ferimentos, no corpo e na alma.

Central a essa política do sofrimento é a atuação de diferentes *ministérios, governos das almas e das condutas*, nos termos de Foucault (2008b), que, na produção de governamentalidades, formulam abordagens específicas para as violências e os sofrimentos. Procuro analisar aqui o modo como alguns *ministérios* do Rio de Janeiro apresentam versões particulares desses governos em sua

---

[6] Destaco, na análise de Sarti (2011) especificamente voltada para o campo da saúde, uma reflexão importante desta autora sobre a determinação social de certos grupos sociais como passíveis de *sofrer* atos violentos, e outros não. Neste mesmo processo, podemos pensar, certos grupos são reconhecidos como aqueles passíveis de *causar* atos violentos, e outros não. Daí a produção conjugada de vítimas e agressores potenciais, sendo aos primeiros reconhecido o direito ao sofrimento e aos segundos não.

mídia nativa. Nestes, a força converte-se em arsenal contra o mal, e a guerra é concretizada em práticas políticas, religiosas e seculares significativas.[7]

Uma importante mídia religiosa do sofrimento e da possibilidade de redenção disputa espaço neste imbricado contexto de produções de representações aqui apresentado. Imagens e músicas pentecostais são vias privilegiadas de articulação de uma importante relação entre religião, mídia, crime, risco de morte e sofrimento, através da qual ex-bandidos e policiais formulam sua própria agência no amplo processo de pacificação e redenção do estado do Rio.[8] A fim de discutir esse contexto específico, analisarei dois ministérios: a Assembleia de Deus dos Últimos Dias, do pastor Marcos Pereira, e a Tropa de Louvor, banda gospel do Bope.

Desenvolvo essas reflexões tomando como material analítico o trabalho de campo realizado junto a esses grupos nos últimos três anos. Priorizo, neste estudo, a centralidade de uma análise antropológica da mídia[9] nativa de ambos os grupos — especialmente sua produção audiovisual e fonográfica — em articulação com o campo desenvolvido nas atividades conduzidas por esses ministérios.

Pensando o "resgate da morte" e a salvação do ex-bandido

O pastor Marcos Pereira, líder da Assembleia de Deus dos Últimos Dias (Adud), é conhecido no Rio de Janeiro por sua ação junto a presidiários, ex-presidiários, bandidos, ex-bandidos e seus familiares. Iniciou sua carreira pastoral nos anos

---

[7] Acompanho o debate acerca da configuração do religioso e do secular a partir das reflexões provocadas por autores como Talal Asad (1993, 2003); Emerson Giumbelli (2002, 2008); Patrícia Birman (2003, 2012); Paula Montero (2012). No amplo conjunto de questões suscitado por esses pesquisadores, compartilho sua preocupação em analisar as condições históricas e políticas da construção das categorias "religioso" e "secular", sua implicação com ideologias e projetos da modernidade e sua conformação a contextos específicos dos Estados nacionais.

[8] Em seu livro *Necro citizenship*, Castronovo (2001) persegue a questão sobre como a morte estrutura a vida política e, em seus termos, como a morte decifra uma pedagogia para a esfera pública. Segundo Castronovo, a mortalidade foi indispensável para uma construção específica da cidadania nos EUA no século XIX. Para esse autor a cidadania tem uma materialidade que reconhece determinados corpos e pessoas e, nesse processo, os direitos de cidadania e os rituais na esfera pública concernem a corpos vivos e mortos — os cadáveres. "Nem todos os sujeitos já estão no cemitério da democracia", afirma Castronovo (2001:3). Afirma ainda: "A morte produz corpos cuja materialidade perturba a impessoalidade da cidadania" (2001:8).

[9] Compreendendo a mídia — sua produção, difusão, recepção e representação — como uma prática social (Ginsburg, Abu-Lughod e Larkin, 2002), acompanho os interesses de uma antropologia da mídia enquanto análise das formas como as pessoas usam e dão sentido às diferentes tecnologias midiáticas. A antropologia da mídia baseia-se em trabalhos etnograficamente informados, historicamente baseados e sensíveis aos diferentes contextos (Askew e Wilk, 2002).

1990, no presídio da Ilha Grande. De lá para cá expandiu sua atuação através da institucionalização de suas ações. Fundou a Adud e legitimou sua intervenção em prisões e delegacias. Suas ações nas penitenciárias do Rio de Janeiro ganharam destaque no período dos governos de Garotinho (1999-2002) e Rosinha (2003-2007), quando atuou como mediador em rebeliões de prisioneiros a convite do Estado.

Desde 2004, no entanto, o pastor Marcos Pereira foi proibido de entrar nos presídios do Rio de Janeiro por suspeita de associação com o tráfico.[10] Tais suspeitas envolviam questionamentos quanto aos limites de sua proximidade com lideranças de uma importante facção do tráfico carioca, usualmente confirmada durante sua atuação como mediador de conflitos, bem como acusações de que sua Igreja faria "lavagem de dinheiro" desses mesmos traficantes. Atualmente as intervenções de sua Igreja situam-se principalmente em delegacias e favelas no estado do Rio de Janeiro e presídios fora do Rio e do país.[11]

Pastor Marcos direciona o projeto de sua Igreja para uma ampla comunidade moral[12] forjada por seu trabalho, que cria uma equivalência entre crime e pecado, aproximando uma categoria geral de pecadores a uma categoria genérica espiritualmente informada de "criminosos". Nessa perspectiva, se todos são pecadores, todos são de alguma forma também criminosos perante Deus. Crime, nesse contexto, torna-se o delito contra a vontade de Deus e seus desígnios, não contra a vontade dos homens.

Uma das principais ações desse pastor e sua Igreja é o "resgate da morte" (categoria utilizada pelo próprio grupo) de pessoas condenadas pelo "tribunal do tráfico". Acompanhado por um registro audiovisual indispensável ao projeto de difusão da Igreja, esse resgate busca o pecador/criminoso nos territórios de risco da cidade, no contexto liminar da quase morte, e o traz de volta à vida, em um entrelaçamento impossível de ser desfeito entre categorias metafóricas de

---

[10] Em março de 2012, as acusações contra o pastor Marcos foram vastamente divulgadas pela mídia, desta vez denunciadas pelo criador do grupo cultural AfroReggae — importante ONG do Rio de Janeiro —, José Júnior. Pastor Marcos e José Júnior já haviam atuado juntos em favelas e prisões no Rio de Janeiro através da convergência de ressocialização de ex-presidiários. O líder do AfroReggae acusa pastor Marcos de colocar sua vida em risco ao nomeá-lo informante da polícia nas favelas do estado. Suas acusações incluem ainda outros desvios do pastor, como abuso sexual de mulheres de sua Igreja e orquestração de rebeliões em 2006 para que ele surgisse como mediador dos conflitos provocados. Em maio de 2013, pastor Marcos Pereira foi preso pelas denúncias de abuso sexual e encontra-se encarcerado durante a escrita deste trabalho.
[11] Pastor Marcos exibe com frequência, durante os cursos na sede de sua Igreja, vídeos de cultos em presídios em São Paulo, no Maranhão e nos EUA.
[12] Cf. análise realizada em outro artigo (Birman e Machado, 2012).

uma morte espiritual e social e a morte física propriamente dita.[13] Tal resgate atua nos dois sentidos simultaneamente: espiritual e político.

Importante dizer que a Adud está longe de ser um caso isolado no Rio de Janeiro. Diversas igrejas pentecostais pautam seus ministérios na negociação com criminosos visando "resgatar" jovens condenados pelo chamado "tribunal do tráfico".

A realidade do tribunal do tráfico evidencia o modo como criminosos regulam a vida e a morte de um número significativo de pessoas na cidade, julgam suas ações e dão seus veredicos, à revelia dos tribunais do Estado. Como consequência, outras normas, regras e todo um campo particular de direitos e deveres operam sobre essas populações (Biondi, 2010; Feltran, 2011). Execuções são decididas por grupos e seus líderes como resposta ao ato transgressor. E os corpos executados não têm lugar na cidade ou, ainda, ocupam outro lugar na cidade, e uma política funerária específica se ocupa de seu desaparecimento.[14]

Ex-bandidos convertidos, muitos dos quais pastores, apresentam-se na esfera pública carioca como negociadores da libertação dos condenados pelos tribunais do tráfico, e tal negociação implica uma ingerência religiosa expressiva no mundo do crime, especificamente do tráfico. A decisão sobre a vida e a morte no Rio de Janeiro hoje — afirmam esses pastores, suas igrejas e uma camada significativa da população carioca que testemunha tais atos — passa, muitas vezes, pela negociação entre bandidos e pastores pentecostais, estes mesmos muitas vezes ex-bandidos cujo capital social anterior à conversão é indispensável nessas situações.

Tal intervenção religiosa no tribunal do tráfico é apresentada pelas igrejas como um acordo moral: à comunidade religiosa caberá a responsabilidade de não deixar aquele desviante retomar suas atividades criminosas. Ele pode continuar vivo, desde que fora do crime. Contrapondo-se à imagem que se tem de que só se sai do crime morto, nesses casos é a saída do crime através da igreja, e por ela moralmente avalizada, que dá a garantia da vida, terrena e eterna.

Todo este enredo que parte do julgamento pelo tribunal do tráfico e termina com o resgate do "condenado" pelo pastor não é vivenciado diretamente pela maior parte da população nem pelos membros das comunidades religio-

---

[13] Rodrigues (2005) cuida em desenhar certa articulação entre religião, morte, política e cidade ao discutir a secularização da morte no Rio de Janeiro nos séculos XVIII e XIX, a partir dos cemitérios públicos da cidade e da disputa entre a Igreja e o Estado acerca do poder de decisão sobre aqueles que podem ou não ser enterrados nesses cemitérios. O trabalho de Rodrigues ilumina o fato de que falar da morte é falar de certa relação entre religião e secularização.
[14] Cf. Araujo (2007); Ferreira (2009, 2011); Farias (capítulo 18 deste livro).

sas agenciadoras dessas situações. A filmagem das intervenções aqui descritas é elemento indispensável à confirmação desse projeto e de sua eficácia. E a Adud é um importante exemplo da produção e divulgação dessa estratégia religiosa via mediação imagética. Nos vídeos produzidos durante suas ações de resgate, pastor Marcos exibe uma atuação incisiva, definitiva e mesmo violenta contra o crime, como canal do poder de Deus que atua através dele. Dando tiros espirituais com a Bíblia ou com sua mão em riste como uma arma divina, pastor Marcos lança ao chão bandidos armados, dominando o demônio que habita seus corpos e libertando-os com o sopro do Espírito Santo que sai de sua boca e os faz retornar à vida, agora redimidos e salvos. Tal como já analisado em outro trabalho (Birman e Machado, 2012), a ação do pastor instaura-se sobre a égide da violência contra a violência. A violência dos justos contra a violência do pecado. Ao lado do pecado, a *força*. Ao lado do pastor, o *poder* de Deus. E o poder prevalece. Sempre.

Os vídeos da Adud chamam ainda a atenção do público em geral pelas imagens que exibem dos corpos feridos, à beira da morte. *Closes* em rostos machucados, cortes na cabeça e no corpo, braços e pernas quebrados, essas imagens cuidadosamente feitas no momento da chegada dos "resgatados da morte" à igreja ou no próprio ato de seu resgate, são contrastadas nos vídeos com suas imagens meses depois, já curados, recuperados, saudáveis e bem vestidos. A dicotomia vida e morte, metáfora espiritual da redenção, é vivida literalmente neste contexto: no tráfico, a morte — "porque o salário do pecado é a morte"; na igreja, a vida — "mas o dom gratuito de Deus é a vida eterna".

Esses ressurgidos recebem o aval da sociedade. Resgatados das margens da ilegalidade, eles se inscrevem no domínio da cidadania, muitas vezes sem prestar contas, junto ao sistema jurídico, dos crimes cometidos. No lugar da prisão, a Igreja. Enquanto uma determinada biopolítica do Estado exercita o *deixar morrer* nas prisões, as igrejas pentecostais realizam o *fazer viver*, exercendo um governo das almas complementar ao Estado. As fronteiras da morte na cidade são assim as fronteiras da política e da cidadania. E, em diferentes situações, são mediadores religiosos que estão desafiando esses limites.

Corpos feridos, mortos ou à beira da morte fazem parte do dia a dia de uma mídia sensacionalista que faz da violência seu mercado.[15] E muitas vezes a mídia nativa de igrejas como a Adud mostra ainda mais de perto a ferida, o sangue e o tormento dos "regatados", exibindo sem censura o resultado do pecado.

---

[15] Kleinman e Kleinman (1997) analisam cuidadosamente em seu trabalho a questão da visibilidade do sofrimento e da violência na produção de apropriações culturais do sofrimento.

Veem-se, durante os cultos, sem a regulação das transmissões de TV aberta, jovens muito feridos, corpos sangrando, membros quebrados, todos exibidos em detalhes. Mas a mídia religiosa da Adud traz um diferencial: sobre esses corpos feridos, sangrando, atua o cuidado da Igreja. Cuidar do sofrimento é a missão redentora da Igreja, que conduz o pecador à conversão. O resgate da morte, o ato de tirar a vítima das mãos de seu algoz ainda não completa o processo de efetivamente trazê-la à vida. Não morrer não é ainda voltar a viver. O que traz à vida, a uma nova vida, é o cuidado: cuidado das feridas, dos sofrimentos, e seu perdão. "A primeira coisa que a igreja fez foi me perdoar", afirma um dos resgatados em seu depoimento em vídeo.

Nos vídeos e no cotidiano da Igreja é possível ver a demonstração do cuidado das feridas. Limpeza das feridas, curativos, imobilização de membros fraturados, mesmo a oferta de um colo ao ferido resgatado, essas imagens fazem parte do arsenal simbólico da Adud. Durante os cultos os recém-resgatados são levados ao púlpito para que todos possam ver sua condição e o cuidado que a Igreja oferece. Nesse momento, o que se vê já não são mais as feridas abertas como nos vídeos, mas curativos, imobilizações e abraços dos irmãos.

Passado esse momento de ferimentos recentes, a Assembleia de Deus dos Últimos Dias é uma igreja de cicatrizes. Corpos marcados pela experiência do sofrimento e da quase morte são muito visíveis: dificuldades motoras, cicatrizes, marcas de tiros, todos esses sinais do crime e do pecado, na versão teológica criminalista da Adud, convertem-se em sinais do poder de Deus em mudar a vida daqueles que a ele se entregam.

Os resgatados da morte constituem uma categoria separada na Igreja. No dia a dia da Adud, eles são frequentemente convocados como exemplo maior do trabalho do pastor Marcos Pereira. Chamados ao púlpito, lotam a frente do templo enquanto pastor Marcos conta suas histórias de pecado e sua trajetória de transformação. Nesse momento, a construção de valor se dá em uma complexa *economia do mérito e demérito* (Foucault 2008a:228-229), nos termos de Foucault, a partir da qual se constitui uma correspondência alternada: quanto pior a ovelha, melhor o pastor, e quanto pior o pastor, melhor a ovelha. Tal economia das almas, na análise foucaultiana, é própria ao modelo da governamentalidade, tal como discutida por esse autor, que tem no pastorado cristão um importante modo de subjetivação, fundamental em criar "ovelhas" que serão governadas.

Quanto pior o bandido, mais poderoso o pastor em promover sua salvação. Assim, ao invés de apagar os pecados dos "resgatados" no túmulo do passado, o pastor mantém crimes e pecados vivos no presente da memória, pois são esses pecados que dão força ao ex-bandido convertido em missionário e à própria missão que o resgata. Esse orgulho invertido do passado opera na vida desses homens de forma muito particular e eficiente, já que a vida no crime lhes rendeu um mérito que, em certa medida, a Igreja lhes permite conservar como seu.

A subjetivação desses homens, em seu passado no crime, partia de densas relações hierárquicas que incluíam fazer parte de uma irmandade em forma de facção, submeter-se a superiores e fazer outros submissos a si. Um governo próprio da conduta, feito pelo crime e seus regimes morais. Na Igreja, o sujeito convertido é convidado a reinventar sua irmandade, que se amplia sobre fronteiras antes intransponíveis, como as das facções criminosas. "Bandidos" em geral tornam-se um grupo homogêneo, quando na vida da cidade a heterodoxia é o padrão. Além dos criminosos, suas famílias se integram a essa comunidade moral, todos prisioneiros — ou ex-prisioneiros — das amarras do pecado. A submissão ao superior conforma-se em obediência a Deus e ao pastor. E a submissão de outros perde espaço para a solidariedade que leva ao cuidado de seus pares.

Também no espaço público esses homens representam a força deste "ministério", como é denominado o trabalho da Igreja. No ato de entrega da Medalha Tiradentes ao pastor Marcos Pereira, na Assembleia Legislativa do Rio de Janeiro, em 2011, os "resgatados" realizaram uma *performance* de homenagem ao pastor, na forma de um jogral. Quase 100 homens ocupavam a frente do plenário da Assembleia Legislativa, com a força e a intensidade de suas vozes em coro, proclamando o poder de Deus que atua através de seu pastor, transformando aquela assembleia dos homens, por alguns minutos, em uma assembleia de Deus, e desafiando o Estado a reconhecer a eficiência da Igreja em transformar bandidos em cidadãos e, de certo modo, reconhecer seu fracasso nessa missão. Aqueles homens que matavam, roubavam e traficavam, em confronto cotidiano com as leis e a ordem pública, colocaram-se ali diante de seu pastor, este sim o seu governante, para declarar sua transformação. "Estou entregue à sociedade através dessa Igreja", afirma um "resgatado" em um dos vídeos da Adud.

Sem dúvida, o ministério da Adud desafia a relação entre religião e política ao instaurar um governo sobre a vida de uma determinada população. Esse governo de almas não se limita a uma experiência espiritual, mas coloca-se no mundo como uma experiência social e política. A conversão que se efetiva o é simultaneamente a Cristo e à cidadania. Aceitar Cristo e o governo da Igreja e de seu pastor significa aceitar inserir-se na sociedade através desse governo. Foucault analisa o poder pastoral cristão como pano de fundo histórico da governamentalidade do Estado moderno, pautado em uma economia da salvação, da obediência e da verdade.[16] A economia das almas do poder pastoral cristão opera, de acordo com Foucault, no governo dos homens em sua vida cotidiana, visando à salvação na escala da humanidade. O pastorado encarrega-se assim de conduzir para a salvação, através de um estado de obediência/dependência e da direção da consciência.

Conclamados ao arrependimento — categoria fundamental nessa passagem — os ex-bandidos forjam novas subjetividades pela submissão e pela obediência. "Pelo Senhor e pelo nosso pastor", como em um dos lemas da Igreja. Obedientes e dependentes do aval que a Igreja lhes concede para a vida cidadã, esses novos sujeitos, e ex-bandidos, formam um novo exército. Não mais um exército do tráfico — em que eram sargentos ou generais —, nem um exército do Estado — do qual seriam prisioneiros —, mas um exército governado por um comando divino, acima dos homens e suas falhas. Um exército no qual sua maior virtude é a obediência a Deus e ao pastor. Nesse novo exército, algumas de suas armas precisam mudar: no lugar do fuzil, a Bíblia. Mas nele, a batalha continua. Só que o inimigo agora é outro: não mais o bandido, mas o pecador, mais especificamente o demônio que dele se apossa. Libertar, e não mais matar, esta é sua nova missão. Mas que exige igualmente estratégia de negociação e poder de fogo, agora espiritual.

Ministério Tropa de Louvor e a vitória sobre a morte

Outras brigadas evangélicas formadas por homens convertidos circulam pelo Rio de Janeiro "lutando o bom combate e guardando sua fé". Mas alguns, além de suas Bíblias, carregam também seus fuzis. Esse é o caso da Tropa de Louvor, ministério evangélico do Batalhão de Operações Especiais (Bope) da Polícia Militar do Rio de Janeiro. Autodenominado "heróis anônimos", o Ministério Tropa de Louvor referencia o início de suas atividades aos encontros da Comunidade Evangélica do Bope, oficialmente instaurada em 2007,[17] cujas reuniões aconteciam na sede da corporação. Esses policiais evangélicos eram, àquela época, denominados "Caveiras de Cristo". Criada em 2009, a banda fez em 2010 uma

---

[16] "Se de fato há nas sociedades ocidentais modernas uma relação entre religião e política, essa relação talvez não passe essencialmente pelo jogo entre Igreja e Estado, mas sim entre o pastorado e o governo. Em outras palavras, o problema fundamental, pelo menos na Europa moderna, sem dúvida não é o papa e o imperador, seria antes esse personagem misto ou esses dois personagens que recebem em nossa língua [...] um só e mesmo nome: ministro" (Foucault, 2008a:253).

[17] Um grupo de policiais evangélicos já se reunia informalmente no Bope desde 1995, segundo o histórico da banda.

sequência de *shows* em comunidades atingidas pelas intervenções das UPPs, entre elas o Borel, na Tijuca, Pavão—Pavãozinho, Ladeira dos Tabajaras, em Copacabana, e morro da Providência, na Gamboa.[18] Em 2010 foi realizado o lançamento do primeiro CD do grupo, bem como diversas reportagens sobre suas atividades.

Conhecido por enfrentar situações de extremo risco e perigo, o Bope apresenta como sua principal missão entrar de forma decisiva em situações de conflito, matando ou morrendo, se preciso. Matar quando preciso é uma de suas principais tarefas. Sua luta cotidiana é contra o crime e a morte. Assim, a temática mística da morte marca seus brados, seus motes e seus cantos de treinamento. O lema do Bope é "Vitória sobre a morte!". Seu canto de treinamento é uma ode às mortes que o policial do Bope é capaz de provocar. Conforme lemos em seus versos: "Homem de preto, o que é que você faz? Eu faço coisas que assustam Satanás. Homem de preto, qual é sua missão? Entrar pela favela e deixar corpos no chão".

A produção simbólica da imagem do policial do Bope no Rio de Janeiro se dá internamente ao grupo, chamado "de elite", a partir da construção de sua representação como um herói místico, um guerreiro protegido, acima do bem e do mal, que vence a morte e luta o bom combate com a força e a violência necessárias, fazendo coisas que "assustam Satanás". O policial do Bope dá medo até no Diabo. Todo o ambiente de seu batalhão sede e as falas que acompanham seus cerimoniais reforçam essa potência supernatural, no limite do sobrenatural, deste superpolicial do Rio de Janeiro.

Para fora da corporação, é medo o principal sentimento que o policial do Bope pretende despertar. "Não faça movimentos bruscos", diz uma placa na entrada de sua sede. Em sua discussão crítica sobre as ações de segurança pública no Rio de Janeiro, Rocha e Silva Filho (2009) analisam como uma "hermenêutica do terror" é acionada pelo "caveirão" do Bope (viatura usada pelos policiais desse grupo para intervenção em favelas cariocas), controversamente denominado "pacificador", e sua entrada nas favelas com o sinistro alerta a toda população: "Eu vou roubar sua alma".

O convívio com a morte faz da face institucional do Bope um importante híbrido político-religioso, desde a imagem da caveira que o representa como marca, até seus motes oficiais: a oração das forças especiais, a canção do Bope e seus mandamentos. Na oração ao "poderoso Deus", o policial do Bope pede

---

[18] Cf. <http://odia.terra.com.br/portal/rio/html/2010/5/banda_gospel_do_bope_leva_paz_as_comunidades_81608.html>. Acesso em: 8 jun. 2011.

proteção em sua luta pela liberdade humana, na defesa dos indefesos e na libertação dos escravizados. Entre seus pedidos, o policial clama por sua honra e pede que nunca envergonhe sua fé, sua família e seus camaradas. Pede coragem, sabedoria, força e conclui: "É pelo Senhor que nós combatemos/E a ti pertence o louro por nossas vitórias/Pois teu é o Reino, o Poder e a Glória para sempre/Amém!".[19]

A defesa da sociedade em situações extremas, muitas vezes associada a uma simbólica da guerra, faz com que essa missão política e profissional do Bope seja forjada a partir de uma aura mais do que terrena, mais do que natural, de forma a dar sentido a ações injustificáveis pela simples lógica do natural, pois nada mais contra a natureza do que matar ou dar-se em sacrifício. A missão do Bope, portanto, enquanto dispositivo do Estado, é circunscrita simbolicamente como uma missão mais do que política. Uma missão sagrada.

O Ministério Tropa de Louvor é apresentado como um "projeto social" do Bope e reconhecido institucionalmente como uma de suas principais faces de relação com a sociedade. Nele, estes mesmos policiais, que cotidianamente apresentam-se à sociedade vestidos de preto, com armas em punho e rostos cobertos, dispostos a matar e a morrer, sobem ao palco também de preto, de calça e coturno do uniforme, e fazem *shows* gospel em diversos espaços da Região Metropolitana com seu lema "Se queres a paz, prepara-te para a guerra" e seu significativo "brado": "Treinamento duro, combate fácil/Pois não há missão que o soldado em Cristo Jesus não possa cumprir/Pois missão dada é missão cumprida no nome de Jesus/Combatemos um bom combate e guardamos nossa fé... Amém".[20]

Os membros da Tropa de Louvor apresentam-se sobretudo como soldados: de Cristo e da sociedade. A guerra espiritual pentecostal é por eles vivida como uma guerra literal, contra aqueles que encarnam o mal. Aqui não há lugar para metáforas, mas para literalidades. Combater o bom combate não é um modo de referir-se a viver um dia a dia seguindo a vontade de Deus, mas de lutar contra o mal social, representado pela criminalidade, dispostos a matar e a morrer, como em uma guerra santa.

"Vinde a mim todos os cansados e sobrecarregados, e eu vos aliviarei", diz a mensagem bíblica citada pela Tropa de Louvor. Policiais buscam no pentecostalismo sua salvação e o perdão pelos seus atos. Procuram um pastor que cui-

---

[19] Cf. <www.boperj.org/>. Acesso em: 4 jun. 2011.
[20] Disponível no website do grupo: <http://tropadelouvor.blogspot.com/>. Acesso em: 22 nov. 2010.

de de suas feridas e acalme seus sofrimentos.²¹ Que os proteja da morte, assim como eles se veem protegendo a sociedade. Se nos vídeos da Adud a imagem do bandido ferido é um ícone de seu sofrimento, nos vídeos da Tropa de Louvor é a imagem do policial chorando e do policial orando que é mobilizada para evidenciar seu sofrimento. Esse policial que cumpre uma missão em nome de Deus e do Estado. "Eu tenho um chamado", diz a letra de uma das músicas que acompanham as falas dos policiais da Tropa de Louvor. Esse policial se vê, então, como alguém que se coloca a serviço de Deus na proteção da sociedade, uma sentinela que oferece sua vida em sacrifício.

Sofrer, para o policial, é suportar, diz um dos sargentos do grupo. "Sofrer como um bom soldado", afirma ele em sua mensagem, para receber como galardão a coroa da vida que é o mérito daqueles fiéis até a morte. No testemunho de outro sargento, também membro da tropa e um de seus fundadores, assim formula-se a descrição de sua conversão: "Se não vier pelo amor, virá pela dor". E é pela dor da morte de seu companheiro cristão em combate que ele explica como se converteu a Cristo. Pela dor de seu corpo ferido no mesmo confronto em que seu companheiro perdeu a vida, e pelo milagre do chamado que esse companheiro, já morto, foi capaz de fazer para livrá-lo de uma emboscada naquela mesma incursão. A mãe do policial morto, ao reencontrar seu companheiro que dá o testemunho na apresentação da Tropa de Louvor, deixou com ele a mensagem de seu parceiro: "Combati o bom combate. Encerrei a carreira. Guardei a fé" (II Timóteo 2:7). Juntos, todos os membros do grupo cantam após esse testemunho: "Pare de chorar. Pare de sofrer. Deixe Jesus Cristo cuidar de você".

Além de salvação e perdão, os policiais da Tropa de Louvor buscam esperança: "Esperança no ar, a paz reinará, chega de violência entre nós. Vamos unir nossa voz e gritar pela paz no Brasil". A letra dessa música da banda, cantada com muita emoção em suas apresentações, indicam mais um elemento central do envolvimento desses policiais com o pentecostalismo: a possibilidade de ter esperança, em meio ao seu cotidiano de violência e sofrimento. Este "tempo de paz", no entanto, na fala do grupo, é mais do que uma perspectiva religiosa de um futuro com Cristo, mas um projeto concreto em curso através do processo de pacificação em andamento no estado. Mais uma vez o religioso e o político se fundem: a ideia de paz no Brasil é assim um projeto político-religioso dos policiais da Tropa de Louvor, e com isso esse ministério confere ao projeto estatal

---

²¹ Os debates sobre o sofrimento policial e os riscos da carreira dão-se preferencialmente em dois campos: o dos índices da violência retratados no campo da saúde e o das questões dos direitos humanos aplicados à prática policial. Sobre vitimização policial na perspectiva da saúde, ver Minayo, Souza e Constatino (2007), e sobre o debate acerca dos direitos humanos, Muniz (2006).

de pacificação mais um elemento, o qual não pode nem deve ser dissociado de sua análise.

Mas assim como sofrem, morrem e temem, policiais matam. No que diz respeito ao matar, a ideia da "encarnação do mal" é decisiva na solução das tensões morais quanto às exigências da prática policial na perspectiva desses policiais evangélicos. "A luta não é contra a carne, mas contra as potestades", afirma um dos sargentos da Tropa de Louvor. Atingir a carne é apenas um meio de atingir as potestades, os espíritos do mal. "Que Deus nos use como um canal de bênção". E essa bênção é sutilmente posicionada entre o matar ou atingir gravemente quem deve morrer para deixar viver "a quem de direito". Essa é a missão do Bope.

Diferentemente do que ocorre com os ex-bandidos, o arrependimento pelas mortes cometidas não é acionado no repertório policial evangélico do Bope. A morte do suposto bandido é raramente mencionada. A morte que faz sofrer, a morte que dói, é a de outro policial que morre em sacrifício na guerra contra o crime na cidade. O policial não busca um aval moral para sua vida em sociedade. Ele se considera, sobretudo, aquele que torna possível a vida em sociedade. Enquanto os cidadãos vivem seu cotidiano, os policiais se representam como aqueles que protegem a vida citadina, fazendo o que for preciso, sem arrependimento. A morte cometida é morte justa, que não demanda arrependimento, nem espiritual. Essa morte não é pecado cometido. A morte considerada sacrificial, do policial em serviço, esta sim é tomada por eles como foco de sofrimento.

Mas a missão do ministério religioso da Tropa de Louvor ainda vai além do trabalho secular da polícia da cidade: cumprida a missão do Bope, eles vão buscar as almas que esperam para ser salvas. "Estes homens aqui, treinados para tirar vidas, 'silenciar o oponente', esses homens agora ganham almas". Daí os cultos nos locais ocupados pelo projeto de pacificação do governo do estado do Rio de Janeiro. "Ocupação e oração", nos termos da tropa. Depois de entrar com armas em punho, "salvando os territórios" dominados pelo tráfico e "libertando-os" dos opressores, os policiais entram nesses mesmos territórios com seus cânticos e uma mensagem de salvação para aqueles que ali ficaram e que podem se libertar também do jugo moral da criminalidade através da conversão a Cristo e ao Estado.

Esses dispositivos forjam pessoas que precisam ser salvas. Nos termos de Foucault "o homem ocidental aprendeu durante milênios [...] a se considerar uma ovelha entre as ovelhas. Durante milênios ele aprendeu a pedir sua salvação a um pastor que se sacrifica por ele" (Foucault, 2008a:174). Forjam-se assim populações que se compreendem enquanto sujeitos que precisam de salvação. Populações que esperam pela chegada do pastor, do Bope ou mesmo de um traficante que as salve da morte. Através da mensagem desses atores, populações são conduzidas, sobretudo, a esperar por quem as salve.

Do "sangue frio" à redenção das dores pelo sangue do cordeiro: uma política das emoções à beira da morte

Homens frios, insensíveis, "sem coração": essas são diferentes formas de descrever a impressão mais geral que se tem acerca das emoções daqueles capazes de matar. Matar "a sangue frio", na expressão cotidiana. Trabalhos sobre bandidos e presidiários nos mostram com detalhe e delicadeza a produção de uma política emocional da insensibilidade vigente no cotidiano dos agressores, algozes da violência na cidade (Biondi, 2010; Lopes, 2011, entre outros).

À guisa de conclusão deste trabalho, pretendo discutir como a articulação entre o pentecostalismo e a vida desses homens vem evidenciar outro lado dessa política das emoções. Um lado que revela dor, sofrimento, angústia, dúvidas, medo, desesperança, busca por acolhimento, cuidado, proteção. Ex-bandidos "durões", forjados por uma virilidade da violência e do crime,[22] aconchegam-se no colo dos irmãos do templo que cuidam de suas feridas, como se naquele momento lembrassem o que significa sentir dor e receber acolhimento. Esses ex-bandidos descrevem em detalhes, através de seus testemunhos, as técnicas de insensibilização às quais foram submetidos: tortura, abandono junto a animais, alimentar-se das comidas de porcos, ter a cabeça mergulhada na água suja desses animais até quase se afogar, presenciar a morte ou a tortura de outrem, ser amarrado com fita crepe quando à beira da morte, enfim, um conjunto detalhado de experiências que produzem nessas pessoas uma política emocional da insensibilidade, que participa da produção desses homens "sem coração", que matam "a sangue frio". Mas ao serem resgatados da morte, eles são resgatados também desse mundo da insensibilidade, e seus relatos cedem espaço à dor e ao sofrimento, agora lavados pelo sangue do cordeiro. Os vídeos da Adud, mídia religiosa nativa produzida pelos resgatados da morte, exibem inúmeras imagens e testemunhos desse passado da insensibilidade e do presente de transformação e ressensibilização, permeado por dores e arrependimentos, sem colocar em questão sua masculinidade e virilidade. "Homem que é homem, chora", diz pastor Marcos. "Quero ver ter coragem para pedir perdão. Tem que ser muito macho para pedir perdão", continua o pastor. Acionando de diferentes modos

---

[22] Sobre masculinidades e violências, ver Cecchetto (2004).

a relação entre emoção, masculinidade e virilidade, pastor Marcos refaz os padrões emocionais valorizados ao identificar como um ato de coragem entregar-se à dor do arrependimento e do sofrimento.

O "treinamento duro" dos policiais do Bope, por sua vez, configura um conjunto eficaz de técnicas capazes de produzir homens que declaram sua "vitória sobre a morte". Esse treinamento forja corpos e subjetividades prontos para confrontos cotidianos, com um mínimo de margem de erro.[23] Policiais blindados emocionalmente, que jogam o jogo da ameaça, que lançam o medo e o sofrimento para longe de si; que se afastam de qualquer angústia ou arrependimento pelos atos cometidos quando se habituam ao mundo da rua, suas regras, suas exigências, seus riscos. Soldados que se veem como aqueles que guardam a cidade e que não podem pestanejar. Na experiência pentecostal, esses mesmos homens choram, vivenciam seus medos, angústias, pedem perdão, envolvendo-se em uma política de emoções diferente daquela que padroniza a prática policial, sem ameaçar sua profissão ou sua virilidade. Nos cultos e nos *shows* da banda da tropa, configura-se um espaço próprio a essas emoções, um espaço blindado não ao sofrimento, mas, ao contrário, um espaço protegido que possibilita a vivência desse sofrimento de modo legítimo. A mídia produzida pela Tropa de Louvor é, então, espaço de expressão dos sentimentos dos policiais, espaço público viabilizado pela música e pela legitimidade que se cria para a manifestação das dores desses policiais convertidos.

Mas o pentecostalismo não pacifica totalmente os ex-bandidos da Adud nem os policiais da Tropa de Louvor. Eles continuam atuando no mundo com a força dos homens, e também com o poder de Deus. E assim não são esvaziados daquela insensibilidade forjada em seus corpos e subjetividades, seja pelo treinamento do crime ou da polícia. E é a conjugação de sensibilidade e insensibilidade, do potencial de matar e de resgatar da morte, o sangue frio mesclado ao sangue quente do cordeiro que fazem esses homens eficazes simbólica e pragmaticamente nas fronteiras em que atuam. Daí a ambiguidade, em geral incômoda, que trazem em si: não se tornam anjos aos olhos dos outros. Conservam uma gravidade em seus atos e suas falas. Deslizam entre a fala suave da compaixão e a fala dura da ameaça ou a fala mole da malandragem. São policiais, não ex--policiais. São ex-bandidos, ou seja, definem-se a partir do bandido que foram e não simplesmente pelo cidadão que pretendem ser. E essa ambiguidade não é visível nos vídeos nem audível nas músicas. Ela se dá nos espaços intersticiais

---

[23] O grupo Tropa de Louvor refere-se ao Bope como o melhor grupo de combate urbano do mundo.

das relações, nas conversas, nas brincadeiras, no subliminar, na ironia, naquilo que não tem estatuto de roteiro oficial da mídia nativa, mas que é indispensável à sua eficácia.

"Cuidado com o rapaz que está lá na porta, viu? Ele está de olho em vocês", diz o policial da Tropa de Louvor durante um dos *shows* da banda. E lá estava mesmo um policial do Bope fazendo a guarda na única saída liberada do templo. A Tropa de Louvor não divulga sua agenda de *shows* por questão de segurança, e mesmo quando dentro das igrejas, fazendo suas apresentações, seus membros atuam como policiais, atentos aos perigos de sua vida na cidade. Os "resgatados da morte" da Adud, quando fora de seus testemunhos, conversam entre si usando o "linguajar da bandidagem". "Tamo junto", dizem uns aos outros. Lembram, de forma elogiosa, as loucuras cometidas. Falam com certa saudade sobre sua vida bandida.

Sem o tom de ameaça da brincadeira do policial, e sem a malandragem da fala do ex-bandido, a mídia e o testemunho desses homens não seriam legitimados por seu passado. Uma política específica do tempo é acionada em suas trajetórias de vida. O passado pecador deve estar sempre presente para que seu presente transformado possa ter seu devido valor. E essa presença não se dá apenas nos relatos dos testemunhos, mas no detalhe de suas falas, seus corpos, suas cicatrizes. Com isso, produz-se um modo de subjetivação ambíguo, ou talvez melhor seja dizer "texturizado". Texturas, cicatrizes, marcas corporais e emocionais. As experiências desses homens têm altos e baixos, densidade, trechos lisos e grossos, porosidades, e são essas texturas emocionais tão variadas que fortalecem suas vivências e os diálogos que procuram estabelecer com suas ações. E essa variação provoca também respostas variadas de uma audiência impactada, que ora se compadece, ora se aborrece. "Loucura aos olhos dos homens". É esse desconforto mesmo que se pretende provocar. Então: missão dada, missão cumprida.

Considerações finais

Este capítulo pretendeu trazer à discussão os dispositivos de poder na cidade, questões sobre a produção de representações acerca da violência e do sofrimento no Rio de Janeiro produzidas pelas mídias de massa e nativa, no contexto das políticas de pacificação. Como recorte específico, destacou-se a temática do sofrimento do agressor, e o modo como cartografias dinâmicas do sofrimento são forjadas por diferentes mediadores do campo religioso, produzindo regiões morais nas quais o direito ao sofrimento é negociado de modos particulares. Para tal foram analisados dois ministérios religiosos: um voltado para bandidos e outro para policiais — ambos operando na produção de zonas de sofrimento e acolhimento possíveis àqueles aos quais normalmente não se projeta o "direito" de sofrer.

Na análise da produção do agressor enquanto sujeito moral suscetível ao sofrimento, destacou-se, na construção do argumento central deste trabalho, a execução de governos das almas e das condutas, tal como discutido por Foucault, capazes de produzir subjetividades obedientes e submissas como ovelhas sem pastor, que precisam ser salvas — por Cristo e pela Igreja — e dedicam-se a salvar a outrem.

Em suas missões de salvação, esses projetos produzem, sobretudo, mais do que pessoas salvas, resgatadas ou protegidas, populações que se veem e são vistas como aquelas que precisam de alguém que as salve e, consequentemente, alguém que as governe — que as pacifiquem.

Referências

ARAUJO, Fabio A. *Do luto à luta*: a experiência das mães de Acari. Dissertação (mestrado) — Programa de Pós-Graduação em Sociologia e Antropologia, Instituto de Filosofia e Ciências Sociais, Universidade Federal do Rio de Janeiro, Rio de Janeiro, 2007.

ASAD, Talal. *Genealogies of Religion*: Discipline and Reasons of Power in Christianity and Islam. Londres: The Johns Hopkins University Press, 1993.

_____. *Formations of the Secular*: Christianity, Islam, Modernity. Stanford, CA: Stanford University Press, 2003.

ASKEW, Kelly; WILK, Richard R. (Ed.). *The Anthropology of Media*: A Reader. Malden, MA: Blackwell, 2002.

BIEHL, João. *Vita*: Life in a Zone of Social Abandonment. Oakland, CA: University of California Press, 2005.

BIONDI, Karina. *Junto e misturado*: uma etnografia do PCC. São Paulo: Terceiro Nome, 2010.

BIRMAN, Patrícia (Org.). *Religião e espaço público*. São Paulo: Attar, 2003.

_____. Cruzadas pela paz: práticas religiosas e projetos seculares relacionados à questão da violência no Rio de Janeiro. *Religião & Sociedade*, Rio de Janeiro, v. 32, n. 1, p. 209-226, 2012.

_____; LEITE, Márcia Pereira (Org.). *Um mural para a dor*: movimentos cívico-religiosos por justiça e paz. Porto Alegre: UFRGS, 2004.

_____; MACHADO, Carly. A violência dos justos: evangélicos, mídia e periferias da metrópole. *Revista Brasileira de Ciências Sociais*, São Paulo, v. 27, n. 80, p. 55-69, out. 2012.

CASTRONOVO, Russ. *Necro Citizenship*: Death, Eroticism, and the Public Sphere in the Nineteenth-Century United States. Durham, NC: Duke University Press, 2001.
CECCHETTO, Fátima Regina. *Violência e estilos de masculinidade*. Rio de Janeiro: FGV, 2004.
DAS, Veena et al. (Ed.). *Violence and Subjectivity*. Los Angeles, CA: University of California Press, 1997.
FELTRAN, Gabriel. *Fronteiras de tensão*. São Paulo: Unesp, 2011.
FERREIRA, Letícia. *Dos autos da cova rasa*: a identificação de corpos não identificados no Instituto Médico-Legal do Rio de Janeiro, 1942-1960. Rio de Janeiro: E-papers, 2009.
_____. *Uma etnografia para muitas ausências*: o desaparecimento de pessoas como ocorrência policial e problema social. Tese (doutorado) — Programa de Pós-Graduação em Antropologia Social do Museu Nacional, Universidade Federal do Rio de Janeiro, Rio de Janeiro, 2011.
FOUCAULT, Michel. *Segurança, território e população*: curso dado no Collège de France (1977-1978). São Paulo: Martins Fontes, 2008a.
_____. *Nascimento da biopolítica*. São Paulo: Martins Fontes, 2008b.
GINSBURG, Faye D.; ABU-LUGHOD, Lila; LARKIN, Brian (Ed.). *Media Worlds*: Anthropology on New Terrain. Oakland, CA: University of California Press, 2002.
GIUMBELLI, Emerson. *O fim da religião*: dilemas da liberdade religiosa no Brasil e na França. São Paulo: Attar, 2002.
_____. A presença do religioso no espaço público: modalidades no Brasil. *Religião e Sociedade*, Rio de Janeiro, v. 28, n. 2, p. 80-101, 2008.
KLEINMAN, Arthur; DAS, Veena; LOCK, Margaret (Ed.). *Social Suffering*. Oakland, CA: University of California Press, 1997.
_____; KLEINMAN, Joan. The Appeal of Experience, the Dismay of Images: Cultural Appropriations of Suffering in our Time. In: KLEINMAN, Arthur; DAS, Veena; LOCK, Margaret (Ed.). *Social suffering*. Oakland, CA: University of California Press, 1997.
LEITE, Márcia Pereira. Da metáfora da guerra à mobilização pela paz: temas e imagens do Reage Rio. *Cadernos de Antropologia e Imagem*, Rio de Janeiro, ano 3, n. 4, p. 121-145, 1997.
_____; FARIAS, Juliana. Rituais e política: manifestações contra violência no espaço público. In: CARNEIRO, Sandra Maria Corrêa de Sá; SANT'ANNA, Maria Josefina Gabriel (Org.). *Cidade*: olhares e trajetórias. Rio de Janeiro: Garamond, 2009.
LOPES, Natânia. *Os bandidos da cidade*: formas de criminalidade da pobreza e processo de criminalização dos pobres. Dissertação (mestrado) — Programa de Pós-Graduação em Ciências Sociais, Universidade do Estado do Rio de Janeiro, Rio de Janeiro, 2011.
MINAYO, Maria Cecília; SOUZA, Edinilsa; CONSTATINO, Patrícia. Riscos percebidos e vitimização de policiais civis e militares na (in)segurança pública. *Cadernos de Saúde Pública*, Rio de Janeiro, v. 23, n. 11, p. 2767-2779, nov. 2007.
MONTERO, Paula. Controvérsias religiosas e a esfera pública: repensando a religião como discurso. *Religião e Sociedade*, Rio de Janeiro, v. 32, n. 1, p. 167-183, 2012.

MUNIZ, Jacqueline. *Direitos humanos na polícia*: notícias de uma frustração. Rio de Janeiro: [s.n.], 2006. Disponível em: <www.academia.edu/4068442/Direitos_Humanos_na_Policia_Noticias_de_uma_Frustracao>. Acesso em: 8 jun. 2011.

ROCHA, Viviane; SILVA FILHO, Dario Sousa. Quem pacifica o "pacificador" e quem tem medo do "caveirão"? As representações da violência segundo jovens da favela no Rio de Janeiro. In: CARNEIRO, Sandra Maria Corrêa de Sá; SANT'ANNA, Maria Josefina Gabriel (Org.). *Cidade*: olhares e trajetórias. Rio de Janeiro: Garamond, 2009.

RODRIGUES, Cláudia. *Nas fronteiras do além*: a secularização da morte no Rio de Janeiro (séculos XVIII e XIX). Rio de Janeiro: Arquivo Nacional, 2005.

SARTI, Cynthia. Corpo, violência e saúde: a produção da vítima. *Sexualidad, Salud y Sociedad*: revista latinoamericana, Rio de Janeiro, n. 1, p. 89-103, 2009. Disponível em: <www.sexualidadsaludysociedad.org>. Acesso em: 8 jun. 2011.

_____. A vítima como figura contemporânea. *Caderno CRH*, Salvador, v. 24, n. 61, p. 51-61, jan./abr. 2011.

SILVA, Luiz Antonio Machado da (Org.). *Vida sob cerco*: violência e rotina nas favelas do Rio de Janeiro. Rio de Janeiro: Nova Fronteira, 2008.

TEIXEIRA, Cesar. *A construção social do ex-bandido*: um estudo sobre sujeição criminal e pentecostalismo. Rio de Janeiro: 7 Letras, 2011.

CAPÍTULO 20

O espetáculo da destruição e a manutenção do sistema

MYRIAN SEPÚLVEDA DOS SANTOS

Introdução

> *As notícias da Colônia eram indefinidas e agoureiras, talvez mais alarmantes por não se determinarem; a mais simples referência ao desgraçado lugar gelava as conversas e escurecia os rostos.*
> (Graciliano Ramos. *Memórias do cárcere*, 1965:165)

A análise que será realizada sobre a destruição de complexos penitenciários com grande apoio da mídia é resultado tanto de um estudo sobre as diversas prisões que foram instaladas na ilha Grande como da coordenação de um projeto para a criação de um museu no local das ruínas do antigo Instituto Penal Cândido Mendes (IPCM).[1] Independentemente das conclusões obtidas nos diversos recortes que foram realizados para compreender a violência presente no interior dessas prisões ao longo dos anos, tornou-se cada vez mais evidente que há, em diversos setores da sociedade brasileira, um forte desejo de esquecimento em relação às barbáries que acontecem nos presídios. Os espetáculos não só são produzidos, como consumidos. Para compreendermos melhor esse processo, é importante, por um lado, analisarmos os grandes aparatos ligados à desativação e à destruição dos presídios e, por outro, trazermos uma vez mais à tona dados sobre as práticas que procuram ser esquecidas.

Antes desta análise, entretanto, trago algumas reflexões sobre minha participação nessa pesquisa. A partir da desativação do IPCM e da implosão de parte de suas edificações, em 1994, a exploração do turismo na ilha Grande passou a ocorrer de forma acelerada. A Universidade do Estado do Rio de Janeiro (Uerj) obteve o direito de cessão das áreas e benfeitorias remanescentes localizadas na Vila Dois Rios, anteriormente ocupadas pelo instituto penal, e iniciou suas atividades na ilha Grande em 1995. A partir de dispositivos legais relacionados ao

---

[1] Sobre esses projetos, ver, entre outros trabalhos, Santos (2005, 2009).

termo de cessão, que incluía a instalação de um museu sobre a história da ilha Grande no lugar das ruínas do antigo presídio, a sub-reitoria de pós-graduação e pesquisa me convidou a fazer um projeto para o museu a ser criado. Com o apoio do museólogo Mario Chagas, formulamos o projeto do Ecomuseu ilha Grande, voltado para a preservação da história e do meio ambiente a partir da participação da comunidade e instituições envolvidas.

Como sabemos, os conceitos de história e natureza não são neutros; eles são construções atravessadas por poder, formação de hierarquias e exclusões sociais. Após a desativação do IPCM, na ilha Grande, decretos voltados para a preservação ambiental se sucederam, bem como empresários, pousadeiros, donos de hotéis, de embarcações, e verificou-se um significativo aumento do fluxo de turismo em geral. No que diz respeito à história, o maior desafio da universidade foi o de preservar o passado dos presídios. Os primeiros projetos voltados para a construção de um *campus* universitário no local procuravam apagar o que havia sobrado das antigas prisões lá instaladas. A equipe, formada por gestores administrativos, arquitetos e escritores, planejava o uso de cores fortes e a demolição dos muros e guaritas, entre outras medidas, com o propósito de eliminar os "fantasmas do passado", expressão que aparecia literalmente nos documentos oficiais. Além disso, os responsáveis pela recuperação da área perceberam no traçado militar da vila, com arborização, praças e jardins bem cuidados, a existência de uma antiga proposta local de "convívio humano agradável". Se eu recupero esses primeiros projetos, que foram abandonados ao longo de percurso, é porque, hoje, tenho plena consciência de que eles foram o primeiro sinal de um problema que se tornou cada vez mais forte: a dificuldade da sociedade em geral de refletir sobre a natureza e situação dos estabelecimentos penitenciários brasileiros.

Museus e memórias podem ser formas de expressão em busca de justiça e direito ao passado quando se colocam como alternativas as estratégias utilizadas por diferentes grupos sociais para neutralizar ou encobrir práticas violentas do passado, como a escravidão, o holocausto ou a ditadura militar na América Latina. Os museus, contudo, nem sempre estão vinculados à memória. No Brasil, até pouco tempo atrás, o dito popular nos dava conta de que museu é lugar de coisa velha. Quando um museu reverencia mitos e desvincula-se das relações entre passado e presente, ele está mais ligado ao esquecimento do que à memória. A construção de um "museu do cárcere", que tenha por objetivo suscitar a reflexão sobre o significado de um sistema prisional através de exemplos do passado, é um grande desafio. Essa proposta envolve duas instituições extremamente problemáticas do mundo moderno. Não só os museus são frequentemente utilizados para promover o esquecimento através da celebração de um passado inventado, como prisões são instituições que todos querem esquecer. Apesar de serem elas crescentemente criticadas por sua ineficácia tanto na aplicação de castigos quanto na recuperação de criminosos, a insegurança gerada por crimes não resolvidos provoca na população uma demanda maior pelas prisões e um fechar de olhos para os resultados obtidos pelas mesmas.

Um dos modelos de museu/prisão mais conhecido no mundo é aquele utilizado na ilha de Alcatraz, nos Estados Unidos da América, em que os prédios de uma prisão federal de segurança máxima, desativada em 1963, foram transformados em um ponto de turismo. Apesar da preservação do prédio, tudo lá é apresentado ao público como celebração de fatos de exceção, sem vínculos com a vida cotidiana ou mesmo com as políticas penais existentes. A violência é descontextualizada e associada a criminosos que são transformados em heróis pela sua periculosidade. Alcatraz tornou-se objeto de consumo na indústria de turismo e cinematográfica; várias reportagens, livros e filmes foram realizados sobre a prisão. Em janeiro de 2012, teve início uma série de ficção científica, produzida para a televisão, intitulada "Alcatraz", que apresentava ao público todas as fantasias que foram construídas em torno da antiga prisão. Prisioneiros extremamente perigosos e guardas desaparecidos por ocasião da desativação retornavam, 40 anos depois, sem terem sinais de envelhecimento e ameaçando a sociedade. A visita a Alcatraz e as produções midiáticas não nos fazem refletir sobre os problemas por que passam as penitenciárias, mas reiteram o lugar da prisão como meio de proteger a sociedade de assassinos terríveis.

A produção do esquecimento se dá de várias formas; ela não é padronizada. A violência que ocorria no interior das prisões da ilha Grande dificilmente pode ser associada a um evento esporádico ou mesmo a uma realidade do passado, pois ela tem sido inerente às instituições prisionais e continua a fazer parte dos noticiários nacionais. Uma das características das prisões da ilha Grande, responsável por tornar o esquecimento mais difícil de se concretizar, foi a de associar presos políticos a presos comuns ao longo de 100 anos de existência. Mais do que um conjunto isolado de memórias locais, a "história de Dois Rios" hoje faz parte da história da construção da nossa República. Já em 1893, edificações construídas na Vila de Dois Rios foram utilizadas para manter em prisão os participantes da Revolta da Armada. A Colônia Correcional de Dois Rios foi criada em 1894 e serviu como campo de extermínio dos "vagabundos" que ocupavam as ruas da capital federal. Em 1932, os participantes da Revolta Constitucionalista foram para lá transferidos. O governo de Getúlio Vargas também deslocou para a ilha lideranças e simpatizantes comunistas e integralistas, indesejáveis à ordem. Em meados da década de 1940, reformas jurídico-penais tiveram expressão na Ilha; duas grandes instituições federais foram lá instaladas para a recuperação, pelo trabalho agrícola, de prisioneiros que cumpriam a fase final da pena. Nesse período, foram enviados para a colônia, além dos presos transferidos de Fernando de Noronha, muitos estrangeiros, entre eles alemães, italianos e japoneses acusados de espionagem. Em duas décadas, tanto a Colônia Penal Cândido Mendes, localizada no Abraão, quanto a Colônia Agrícola de Dois Rios tornaram-se anacrônicas e ineficazes. A primeira foi desativada em 1963, e a segunda manteve-se ativa como penitenciária de segurança máxima até 1994. Na década de 1970, o governo militar novamente reuniu presos políticos e presos comuns. Na década seguinte, a ilha foi palco do surgimento de diversas organizações criminosas. Durante todo o período, em que pese à existência de diferentes estruturas e objetivos penais, uma violência extrema sempre esteve presente. Os presos políticos, oriundos em sua maioria de setores médios da população, obtiveram maior visibilidade nas denúncias que faziam às medidas arbitrárias impostas a eles.

Em 2009, a Universidade do Estado do Rio de Janeiro, finalmente, inaugurou o Museu do Cárcere. O projeto de criação de um museu procurou deixar em aberto a reflexão sobre o significado dos regimes presentes nas prisões brasileiras. O tempo para captar recursos e obter apoio no interior da universidade e fora dela foi de 10 anos. A proposta de incentivar a reflexão sobre instituições que ocupam os limites tênues entre moral e degradação humana dificilmente se concretizará. Nem o público nem a instituição têm interesse em provocar uma reflexão mais aprofundada sobre a ilegalidade e insensatez das práticas que ocorrem no sistema penitenciário. Dificuldade de financiamento, documentos perdidos e silêncio por parte de muitos que lá viveram configuraram o cotidiano da pesquisa. De forma emblemática, um mês antes da inauguração do museu, os responsáveis pelo *campus* universitário destruíram os muros do antigo IPCM, preservados a duras penas, para que estes fossem utilizados como entulho para recuperação da estrada que liga a Vila do Abraão à Vila Dois Rios.

Como mencionado acima, em diversos países, antigas masmorras transformaram-se em museus, memoriais e/ou centros de visitação. A violência ocorrida no passado surge aos olhos do visitante como algo que ocorreu no passado e que não mantém vínculo com as práticas prisionais do presente. Ela perde totalmente seu sentido quando apresentada em *shoppings* e parques ecológicos. Mas, no Brasil, não observamos nem mesmo a musealização dos presídios. Tornou-se comum a destruição de grandes complexos penitenciários por meio de grandes espetáculos midiáticos. A transformação da violência em espetáculo de destruição é problemática, pois a ideia transmitida é a de que o passado foi totalmente eliminado. Sabemos que, embora transformada, e com novas formas, as práticas arbitrárias e violentas continuam a existir. Como a violência continua a ser regra no Brasil, onde prisões são descritas como aquelas que acumulam as taras das piores jaulas do Terceiro Mundo (Wacquant, 2001), a associação entre violência prisional e passado não tem o poder de seduzir o público. A violência prisional não se apresenta nem como passado nem como fato de exceção; ela se eterniza no vazio em que é colocada.

A destruição de complexos penitenciários

Quatro grandes complexos penitenciários foram destruídos nos últimos 50 anos: a Colônia Penal Cândido Mendes, em 1962; o Instituto Penal Cândido Mendes, em 1994; o Carandiru, em 2002; e, finalmente, o complexo Frei Caneca, em 2007. Conforme enfatizado em trabalhos anteriores, em cada um desses eventos, autoridades e imprensa apontaram uma renovação do sistema. A destruição física dos prédios procura afastar as imagens negativas associadas a cada instituição. A ampliação dos espetáculos pela mídia cria a ilusão de que transformações radicais irão acontecer no sistema carcerário. Como veremos, não só as mudanças não foram tão expressivas, como, algumas vezes, quando elas acontecem, trouxeram resultados mais desastrosos.

Com a transferência da capital para Brasília, em 1960, dois grandes complexos penais da ilha Grande, construídos no período do Estado Novo, deixaram de ser responsabilidade do governo federal e passaram para o âmbito do governo estadual. Em 1962, dois anos depois de ser eleito, o governador do estado da Guanabara, Carlos Lacerda, foi o responsável pela desativação da Colônia Penal Cândido Mendes (CPCM), na Vila do Abraão. Lacerda foi uma das principais lideranças da União Democrática Nacional (UDN), partido político de orientação conservadora. Ele foi opositor das políticas trabalhistas de Getúlio Vargas e de seus seguidores.

As instalações da CPCM foram consideradas impróprias pelo governo estadual. Os prédios existentes eram antigos e não haviam sido construídos para abrigar uma penitenciária. Inicialmente, foram recuperados antigos prédios do antigo Lazareto, complexo de quarentena instalado, no final do século XIX, pela defesa sanitária do governo imperial. O objetivo era isolar passageiros de navios vindos do exterior, quando havia suspeita de doença epidêmica. A sede do Lazareto, um casarão de dois pavimentos, fazia parte da antiga Fazenda do

Holandês, e foi utilizada para abrigar as diversas atividades administrativas. As demais construções também datam do final do século XIX. Para edificação do Lazareto, embora propostas de estruturas arquitetônicas de forma pentagonal e radiada, vigentes na época, tenham sido consideradas, foi escolhida a construção de três pavilhões isolados, destinados, respectivamente, aos passageiros de primeira, segunda e terceira classes. Os dois primeiros ficavam no topo de uma colina, e o último, junto ao mar. No pavilhão, próximo ao mar, anteriormente destinado aos passageiros de terceira classe, as celas da colônia penal foram instaladas. Elas eram alvos de inúmeras denúncias, pois, sem condições de higiene, úmidas e superlotadas, evidenciavam práticas abusivas e desumanas de encarceramento.

Em 1963, todo o complexo encontrava-se destruído. Em matéria de jornal de 7 de maio, lemos uma denúncia sobre a depredação dos prédios. O diretor da colônia penal, sr. Enio Jorge, teria dito a uma comissão especial de parlamentares e ao secretário de Justiça que os prédios estavam sendo demolidos porque haviam sido condenados por uma equipe de engenheiros. Há uma nota dos parlamentares que aponta o conflito entre as esferas estadual e federal, pois propõe o impedimento de destruição de prédios federais por autoridades cariocas. Notícias sobre desvio dos materiais das demolições apareceram na imprensa. Ainda, segundo a matéria, havia dificuldade de obtenção de informações sobre o que lá acontecia; a desativação da colônia poderia estar relacionada à existência de ricas jazidas de areia monazítica no local (*Jornal do Brasil*, 1963:11).

Memórias são sempre escritas no presente e a partir do ponto de vista de quem as escreve. As prisões da ilha Grande ocupavam um lugar maldito no imaginário nacional. Orígenes Lessa denunciara as péssimas condições da Colônia Penal Cândido Mendes; ele fora preso em 1932 ao se insurgir contra o governo de Getúlio Vargas. Em 1935, o escritor Graciliano Ramos tornou célebre sua passagem de 10 dias pela colônia agrícola. Diversos outros presos políticos denunciaram maus-tratos em suas biografias.[2] Para jornalistas e para o público em geral, as prisões eram malditas. É interessante observar, contudo, que, para os moradores da Vila do Abrão, aquelas prisões não estavam associadas apenas à maldição; a colônia penal ocupava prédios históricos, que faziam parte da memória dos antigos moradores. Ainda hoje, os moradores mais antigos não se conformam com a destruição dos prédios da colônia penal, que, segundo eles, foram sucateados. Nos relatos são lembradas as madeiras nobres do casarão co-

---

[2] Ver, entre outros, Barata (1978); Basbaum (1976); Bezerra (1980); Lessa (1932, 1933); Lima (1982); Ramos (1965).

lonial, as colunas de pinho-de-riga e o mobiliário que foi tirado da ilha, sem explicação. O antigo casarão fora sede da fazenda cafeeira, no século XIX, mais tarde sede administrativa do Lazareto, e, a partir de 1942, sede da colônia penal, cuja lembrança, para muitos moradores, não era maldita, pois esta representava o primeiro emprego de alguns, o contato com o continente ou, ainda, o prestígio alcançado pela ilha, que devido às colônias recebia sempre jornalistas, políticos e autoridades estaduais e federais. A presença de duas grandes instituições federais na ilha gerou emprego e impulsionou a economia local. Atualmente, pouco resta da antiga Colônia Penal Cândido Mendes; as ruínas das masmorras à beira do mar, encontradas por aqueles que chegam à praia Preta, no Abraão, são poucas e estão desaparecendo à medida que são encobertas pela mata e destruídas pela maresia.

Em 1994, a cena de destruição se repetiu na ilha Grande. Apesar das promessas de mudança, a Colônia Agrícola do Distrito Federal (CADF), localizada na Vila de Dois Rios, continuou a proporcionar a seus internos péssimas condições de higiene, superlotação, insalubridade e uma violência desnecessária. Diferentemente do que ocorrera com a colônia penal, a edificação da colônia agrícola obedecera a projetos de arquitetura modernos e a uma reforma gigantesca do sistema penal. As novas leis decretavam que para a penitenciária seriam enviados os presos de bom comportamento, que cumpriam a última parte da pena, a serem recuperados pelo trabalho agrícola. O novo prédio atendia a todos os requisitos das edificações penais mais conceituadas da época. No interior das muralhas havia o prédio da administração e, logo atrás, uma grande construção retangular, composta por três andares, com galerias, e celas individuais e coletivas dispostas frente a frente. Na parte central de cada andar ficavam os guardas. Os espaços eram bem equipados e possibilitavam a vigilância das celas e galerias. Refeitório, cozinha e espaço de lazer, todos foram construídos de forma que os guardas tivessem total controle sobre a movimentação dos presos. A colônia tinha como proposta ser autossuficiente; além de casas para funcionários, espaços administrativos e celas arejadas. Lá havia instalações específicas para enfermaria, escola, biblioteca, cinema, alfaiataria, sapataria, barbearia, estábulos, estaleiros, olaria, diversas oficinas e usina hidrelétrica. Os presos eram responsáveis pela manutenção do sistema: trabalhavam na pesca, agricultura e criação de animais; na estrada e limpeza da vila; na fabricação de barcos pesqueiros; na olaria, que produzia em média 15 mil tijolos por dia; e na usina, que distribuía energia elétrica para toda a ilha.

As edificações da CADF foram mantidas, mas a instituição sofreu mudanças importantes. Como vimos, ao ser construída, na década de 1940, a colônia agrícola fez parte de mudanças radicais ocorridas no sistema penal, que se voltava para a recuperação dos criminosos pelo trabalho agrícola. Na década de 1970, todo o complexo, agora denominado Instituto Penal Cândido Mendes (IPCM), fora transformado em prisão de segurança máxima, e para lá foram enviados indivíduos considerados perigosos para o regime, como assaltantes de bancos e opositores da ditadura militar. Após a eleição de Leonel Brizola, em 1983, quando foi estabelecida uma nova política de direitos humanos, os presídios e penitenciárias do estado ganharam maior visibilidade. "Dois Rios", como era conhecido o Instituto Penal, foi associado ao pior dos mundos. Ainda assim, ele ainda sobreviveu por mais de uma década, sempre associado à falta de condições dignas de sobrevivência e à brutalidade extrema. Por ordem do governador Nilo Batista, sucessor de Leonel Brizola, que em seu segundo mandato (1991-1994) deixara o cargo para disputar a presidência da República, o IPCM foi abaixo. Em 1994, o enorme complexo arquitetônico foi destruído por quilos de dinamite, com a presença de autoridades governamentais e da imprensa. Tanto o governador quanto seu antecessor eram lideranças do Partido Democrático Trabalhista (PDT), partido político de centro-esquerda vinculado à ideologia trabalhista da era Vargas.

A destruição do IPCM foi descrita pelas manchetes dos jornais como o fim do "caldeirão do diabo". Dessa vez o grande problema do complexo penitenciário lá instalado não era atribuído à estrutura arquitetônica. Julita Lemgruber, diretora do sistema penitenciário do Rio de Janeiro entre 1991 e 1994, denunciou os altos custos de manutenção do sistema, marcado por corrupção, e a dificuldade de controle sobre a violência.[3] O distanciamento do centro urbano da cidade, anteriormente valorizado pelas autoridades, agora era apontado como o grande responsável pela falta de controle do Estado sobre as práticas lá existentes. Em uma reportagem do programa *Fantástico*, da TV Globo, de 1994, as notícias sobre a desativação eram as seguintes:

> No lugar do presídio, que vai sumir do mapa, um hotel cinco estrelas e um centro de estudos ecológicos. A história da ilha Grande começa uma nova fase. O Instituto Penal Cândido Mendes vai ficar como uma lembrança incômoda do passado.[4]

---

[3] Entrevista dada à autora, em 1999, quando ocupava o cargo de ouvidora de polícia do estado do Rio de Janeiro, no governo de Anthony Garotinho. Arquivo do Projeto Cnpq/Uerj "Violência e Barbárie nas Prisões da Ilha Grande".
[4] Disponível em: <www.youtube.com/watch?v=Yh_EWVAQNBU&feature=related>. Acesso em: 21 mar. 2012.

Apesar das promessas de início de uma nova fase, as condições carcerárias no país deterioravam-se. A destruição do complexo penitenciário que alcançou maior projeção na mídia foi, sem dúvida, a do Carandiru. Podemos dizer que quanto mais atroz o complexo, maior o alarde da mídia sobre sua destruição. Em 1992, a Polícia Militar de São Paulo invadiu o Carandiru durante uma rebelião, sendo responsável pela brutalidade e por 111 mortos, fato que marcou a história do maior presídio do estado. O massacre foi divulgado pelos principais jornais do país e do mundo, e muitas de suas imagens fazem parte da memória coletiva da nação. As denúncias realizadas através do livro de Dráuzio Varella e do filme de Hector Babenco ampliaram a visibilidade do massacre.

A decisão da desativação dessa vez coube ao governador de São Paulo Geraldo Alckmim, membro do Partido Social Democrata Brasileiro. Em dezembro de 2002, 10 anos após o massacre, os pavilhões 6, 8 e 9 foram destruídos por 250 kg de dinamite. Jornais de todo o país noticiaram o fim do presídio. No *Diário Popular*, lemos: "Implosão acaba com inferno chamado Carandiru", ou, ainda, "Em sete segundos o maior e mais violento presídio do país foi destruído". Segundo matéria do jornal *O Estado de S. Paulo*, publicada no dia anterior, a implosão do Carandiru seria atração dominical: "Nem praia nem cinema. O programa de domingo... é ver a implosão de três pavilhões da Casa de Detenção" (*O Estado de S. Paulo*, 2002:15).

A penitenciária foi construída em 1920 como presídio-modelo, com projeto e materiais considerados de excelente qualidade na época. A arquitetura prisional era a de "espinha de peixe", com a parte coletiva (pátio) formando a espinha central, e as celas dispostas lateralmente. Elogiado até a década de 1940 por suas condições de higiene e cuidado com os presos, o complexo ganhou posteriormente novos pavilhões sem relação com o projeto original para resolver problemas de superlotação, chegando a abrigar 8 mil presos. A construção não era antiga, inapropriada ou distante do centro urbano. O presídio ficava na Zona Norte de São Paulo, ao lado de uma estação de metrô. Dessa vez, autoridades e jornalistas atribuíam o fracasso do sistema prisional ao gigantismo da construção. O espetáculo de destruição corrobora narrativas que associam os males do sistema ao passado e apontam um novo futuro. O governo, também nesse caso, substituiu as memórias do passado por novas instalações públicas: um parque, uma faculdade, uma biblioteca e espaços para *shows* e saraus. Segundo um dos ex-assessores do governador:

> Quem passa hoje pelo Carandiru nem sonha que ali foi palco de guerras, rebeliões e um dos lugares que mais se desvalorizou na região norte de São

Paulo [...] Dando continuidade a esse magnífico projeto o Governo do Estado terminou mais uma fase para o Complexo do Carandiru que começou com Alckmin e foi inaugurado por José Serra [*Blog do Patomatti*, 2010].

Na sequência, descrevemos a destruição do Complexo Penitenciário Frei Caneca, localizado no bairro do Estácio, Centro do Rio de Janeiro, em 2010. O Presídio Hélio Gomes, última construção do complexo, foi demolida por implosão. O complexo estava praticamente desativado desde 2006. A penitenciária mais antiga do Rio de Janeiro começou a ter prédios erguidos ainda em 1850. Coube ao governador Sérgio Cabral, membro do Partido do Movimento Democrático Brasileiro (PMDB), maior partido político de centro no Brasil, destruir os pavilhões, com a promessa de que o local seria ocupado por um conjunto habitacional de 2.500 apartamentos populares, capazes de abrigar moradores de áreas de risco.

Nos quatro casos descritos, os políticos responsáveis pelas desativações alegaram haver problemas na estrutura, localização e tamanho das edificações em que as penitenciárias haviam sido instaladas. No caso da colônia penal, as construções antigas eram inadequadas e impróprias, motivo superado na construção do instituto penal, quando o grande problema foi creditado a distância em relação ao centro da cidade. O Carandiru, localizado na Zona Norte de São Paulo, fracassou devido ao seu gigantismo, enquanto o complexo da Frei Caneca, localizado no centro da cidade, possibilitava fugas através de túneis.

Os pavilhões do Instituto Penal Cândido Mendes foram destruídos por 200 kg de dinamite; os três pavilhões do Carandiru, por 250 kg de dinamite; e os oito pavilhões da Frei Caneca, por 850 kg de dinamite. Nos últimos dois casos um grande esquema policial foi montado para segurança da operação. As cidades contaram com trânsito interditado, intenso policiamento e cobertura dos canais de televisão. Pouco atentas à incoerência dos argumentos fornecidos por autoridades, as matérias jornalísticas colaboraram com a montagem dos espetáculos. Além das matérias jornalísticas, foram feitas séries fotográficas, vídeos e filmes. Há reproduções no YouTube das duas últimas implosões.[5] É possível observar que, na montagem dos espetáculos, as técnicas evoluíram. Na implosão do complexo Frei Caneca, microcâmeras foram instaladas por dentro das estruturas, para que a destruição fosse vista por novos ângulos pelo público. O público, que também foi filmado, comportou-se como se estivesse em um jogo

---

[5] Ver "Implosão do Carandiru". Disponível em: <www.youtube.com/watch?v=QhLt7iKUrYY>. Acesso em: 21 mar. 2012; "Implosão do Frei Caneca". Disponível em: <www.youtube.com/watch?v=L17uT7gasds>. Acesso em: 21 mar. 2012.

de futebol ou mesmo em um culto religioso, tal a tensão emocional. Expressavam-se por meio de palmas, vaias, berros e uivos. Alguns gritavam e outros se declaravam trêmulos.

Em todas essas ocasiões, todos os principais jornais, entre eles *Jornal do Brasil*, *O Globo*, *Folha de S.Paulo* e *O Estado de S. Paulo* enfatizaram paralelamente a intensidade da explosão, a quantidade de dinamite e a intensidade emocional sentida a cada segundo, a resolução sobre novas propostas para os locais em questão, o futuro diferente, a substituição do velho pelo novo. Há nos discursos, bastante próximos, a associação entre a implosão e um futuro diferente. Aparentemente desaparecem, com a implosão, não apenas os prédios, mas também as lembranças de fugas, rebeliões, mortes e massacres. Nas duas instituições da ilha Grande, as ruínas foram deixadas devido à dificuldade de retirar o entulho de uma ilha. Mas, nos últimos dois casos, as propostas foram de retirada imediata dos vestígios das antigas construções, para dar lugar, respectivamente, a áreas de lazer e conjuntos habitacionais. Como vimos, essas práticas foram reiteradas por partidos políticos de diferentes matrizes ideológicas: antiga UDN, PDT, PSDB e PMDB. O irônico é que a imprensa continua sendo incapaz de mostrar que os espetáculos de destruição se reiteram. A cada destruição sucederam-se novas construções de complexos penitenciários, que trouxeram com eles arbitrariedades, violência e fracasso institucional.

Em 2011, após a destruição do complexo Frei Caneca, o artista plástico Carlos Vergara realizou uma exposição no Parque Lage, no Rio de Janeiro, denominada "Liberdade".[6] O artista utilizou as ferragens deixadas entre os escombros e ruínas, abrindo a questão, que está no centro desta análise: "Por que não tentar olhar sem preconceitos para um assunto tão estranho como a implosão de um presídio?" Vergara tem absoluta razão em seu questionamento, pois tanto a destruição dos prédios, que muitas vezes poderiam ser aproveitados para outros fins, quanto o espetáculo que é construído são eventos muito estranhos. Afinal a obsessão pela memória e a dificuldade de aceitar a perda são marcas do nosso tempo. Os espetáculos que descrevemos, contudo, são muito bem aceitos pela população.

Prisões: heterotopias e invisibilidade

O regime de punições e o sistema prisional são ineficientes para isolar, punir e recuperar os infratores da lei. Por que motivo são mantidos? As diversas expli-

---

[6] Ver <www.cvergara.com.br/pt/exposicoes/liberdade/>. Acesso em: 21 mar. 2012.

cações sobre o porquê de práticas carcerárias serem tão precárias e se perpetuarem de forma ilegítima em detrimento dos controles democráticos existentes são muito frágeis. Essa é uma questão já desenvolvida por mim em outros trabalhos. Os 100 anos de cárceres da ilha Grande nos oferecem um exemplo magistral do fracasso das instituições lá instaladas (Santos, 2009). Autoridades e a mídia em geral atribuem o mau funcionamento das prisões à má conservação dos prédios, à superpopulação, à falta de condições de higiene, às doenças endêmicas e à violência generalizada. Estes são o resultado de políticas públicas e nada explicam.

Entre os estudiosos do tema, destacam-se as explicações que partem de críticas ao neoliberalismo, ao crescimento das prisões e ao fortalecimento do que se denomina "Estado penal", sem que análises mais aprofundadas sobre as contradições inerentes ao sistema sejam desenvolvidas (Wacquant, 2001). Há ainda aqueles autores que percebem as incoerências do sistema, mas, ainda assim, acreditam que ele é mantido porque desempenha funções diferenciadas. Para o sociólogo e criminalista David Garland, por exemplo, a punição opera em pelo menos dois registros diferentes: o de traduzir a proposta contemporânea de manutenção da ordem, através da gestão de risco, e o de traduzir o sentimento do público (Garland 1999:61). Essa análise não está muito distante daquela que nos oferece René Girard (1977), para quem as sociedades necessitam de uma vítima expiatória para consolidar seus laços sociais. Poderíamos dizer que a crença de que o "mal" está contido no interior dos presídios faz com que todos aqueles que estão em liberdade se identifiquem com seu oposto, o "bem". A construção de uma identidade associada ao mal não só explica a violência entre os internos, como aquela que é perpetrada pelos guardiões do sistema.

Nesse contexto, podemos também utilizar o conceito de estigma, desenvolvido por Erving Goffman (2003). Ele marca todos aqueles que passam pelo sistema prisional. Reforçam essas teses os dados que mostram que a maior parte da população carcerária, no Brasil e em outras partes do mundo, é constituída pelos mais pobres e sem recursos, e que o "mal", o "perverso", e o "pecaminoso", são adjetivos que a eles ficam associados. Segundo Garland, as mudanças ocorridas nas últimas décadas, com a crise dos Estados de bem-estar social, as novas gestões de risco e privatizações da execução penal trazem novas configurações às contradições anteriores, sem que haja qualquer progresso da situação antiga para a nova (Garland, 2001:25-26).

Os jornais, de tempos em tempos, estampam em suas manchetes as denúncias do sistema, como se fossem novidade. Em matéria da *Folha de S.Paulo*, de 25 de março de 2012, deparamo-nos com a declaração de diversos especialistas de que o número de prisões por droga e furto é desproporcional e que o custo e eficácia do sistema são questionáveis.[7] Entre fevereiro e março de 2013, o jornal *O Globo* publicou uma série de reportagens sobre a situação precária dos internos no país. Na matéria do dia 17 de março, somos informados de que o país ignora a taxa de reincidência, embora alguns estudos informem que o índice chegue a, pelo menos, 70%.[8] Independentemente da aceitação ou não da funcionalidade dos presídios, pois sociedades não operam sempre a partir da racionalidade e da lógica funcional, é interessante observarmos as formas e estratégias que permitem seu estabelecimento.

Michel Foucault (2001) trabalhou com dois conceitos que nos ajudam a compreender tanto as ambiguidades do sistema quanto o surgimento de grandes espetáculos construídos em torno da destruição de presídios no Brasil: heterotopia e invisibilidade. O conceito de heterotopia remete a lugares e espaços de alteridade. Foucault contrastou os conceitos de utopia e heterotopia. O significado mais comum de utopia nos remete a um lugar ideal ou a uma sociedade perfeita que existe apenas de forma imaginária. A utopia se volta para uma visão fantasiosa, distante do mundo real. Segundo o autor, se por utopia compreendemos imagens aperfeiçoadas da realidade, por heterotopias podemos compreender múltiplas imagens de uma mesma realidade. Vemos na imagem do espelho o que queremos, mas a imagem, ela própria, tem vida e se afasta da utopia porque é real.

Nas palavras de Foucault (2001:1572): "Nós estamos no momento da simultaneidade, na época da justaposição, do próximo e do distante, do lado a lado e do disperso".

Dessa forma, os cafés, os cinemas, as praias, os museus, as bibliotecas, os circos, as casas, os interiores, os motéis, os colégios internos, os quartéis, os cemitérios, os parques e jardins, todos são lugares de significados múltiplos. Mas Foucault se preocupa especialmente com aqueles lugares que têm a propriedade curiosa de suspender ou inverter o conjunto de relações por eles designadas. Há dois grandes tipos desses lugares: utópicos e heterotópicos. A utopia é a sociedade aperfeiçoada, a sociedade invertida, mas dentro de um imaginário, de uma construção sabidamente irreal. A heterotopia é aquele lugar real, efetivo, que, embora localizável, está fora de todos os lugares. Para Foucault, algumas heterotopias são fundamentais porque elas representam uma contestação mítica e real do espaço em que vivemos, do espaço que naturalizamos como único e

---

[7] Ver *Folha de S.Paulo*, 25 mar. 2012, p. C1, C3. "Cotidiano".
[8] Ver *O Globo*, 17 mar. 2013, p. 3. "País".

verdadeiro. A prisão é uma heterotopia por excelência porque ela nega continuamente a si mesma. Compreender a prisão como heterotopia é compreender que ela contém significados ambíguos.

Contemporaneamente, diversos autores têm criticado as certezas de uma ciência positiva aplicada ao mundo social e exploram os significados ambíguos, ambivalentes e contraditórios, que podem estar associados à produção e reprodução da vida social. O indiano Homi Bhabha, por exemplo, ao utilizar as noções de hibridismo, terceiro espaço, e cultura *in between*, procura subverter as narrativas aprovadas pelas autoridades coloniais e desestabilizar conceitos como origem e identidade (Bhabha, 1993). Em suas formulações, é fundamental a percepção de que a ambivalência é inerente às condições e processos. A partir da contribuição de autores como Foucault e Bhabha, compreendemos que fenômenos, imagens e processos não têm um significado único, aniquilador de qualquer subdeterminação, ambivalência ou contingência. Substituímos a lógica do "ou isto ou aquilo" pela procura do diverso, instável e contraditório.

Quando acompanhamos o pensamento de Foucault, compreendemos melhor a manutenção dos sistemas penitenciários. Por um lado, o Estado precisa do sistema penitenciário para manter a ordem. No extensivo levantamento realizado para a construção de uma história das prisões, Morris e Rothman (1995:xii) afirmam que o público está sempre dando suporte às diversas formas de punição propostas como meio de combater o crime e aumentar sua segurança. Destacam-se, nos mais diferenciados sistemas penitenciários, alguns objetivos comuns: proteção dos cidadãos por meio da retirada de circulação dos criminosos, cumprimento da pena, recuperação para o convívio social, e diminuição da criminalidade. Por outro lado, o cumprimento desses objetivos está longe de ser realizado. Estudos mostram que os muros das prisões são frequentemente violados, as penas nem sempre são justas e cumpridas, criminosos raramente são recuperados, e o sistema propicia a emergência de valores sociais próprios à cultura da delinquência.[9] A tentativa de recuperação dos aprisionados a partir de regras como isolamento, silêncio e impessoalidade entra em conflito com a construção de um mundo paralelo construído pelos próprios presos.[10] Além disso, o poder de Estado não se exprime apenas através da lei, e as ditas "forças brutais" não podem ser atribuídas apenas aos condenados. Podemos dizer, portanto, que as contradições internas ao sistema penitenciário são praticamente

---

[9] Ver, por exemplo, a coletânea organizada por Salvatore e Aguirre (1996) sobre as prisões na América Latina.
[10] Ver, nesse sentido, Coelho (1987); Goffman (2003, 2007); Ramalho (1983); Sykes (1958).

insolúveis. A antiga máxima de que não aprendem a viver em liberdade aqueles que dela são retirados continua atual.

Embora os Estados ainda defendam as prisões em função do papel que cumprem no combate ao crime e manutenção da segurança social, entre os formuladores das políticas públicas há a constatação de que objetivos, normas e leis relacionados ao sistema penitenciário estão muito distantes do que se observa na prática.[11] Mais do que um distanciamento entre as leis e sua aplicação, é preciso compreender a manutenção do sistema a partir da duplicidade de sentidos inerente a ele; as prisões são instituições que, se por um lado protegem e mantêm a sociedade da ordem, por outro lado colocam em questão os valores e modos de existência dessa mesma sociedade.

Os agentes penitenciários, policiais e até mesmo a população que vive em torno das prisões são personagens que, a partir de seu cotidiano, percebem as ambivalências do sistema. Após anos e décadas de trabalho, eles percebem que nas prisões há todo um aparato constituído para controlar a delinquência, os maus-tratos, as fugas e as rebeliões, mas sabem também que, no interior das prisões, há vida como em qualquer outro lugar: momentos de felicidade e tristeza; quebras da rotina; romances improváveis; amor, ódio, ressentimento e mágoa; e os atos heroicos, ainda que poucos e exemplares. Alguns sentem falta do tempo em que a cadeia fica "normal", ou seja, dos jogos de cartas e do futebol; outros se lembram das bravuras e conquistas com nostalgia. O cotidiano das prisões rompe com os imaginários que estão presentes entre aqueles que estão fora dos presídios. O cotidiano das prisões deixa evidente que a barbárie que o regime carcerário impõe não gera efeitos absolutos; há sempre resistências e expressões que podem ser reveladas.

A partir de uma pesquisa que vem sendo realizada por meio de entrevistas com guardas e moradores do Abraão e da Vila Dois Rios, observamos um forte sentimento de nostalgia pela perda do presídio.[12] Atualmente há um blog intitulado "Colônia Dois Rios — Ilha Grande", que foi criado em agosto de 2009, por Antonio Pereira de Souza Neto, que é filho de um ex-funcionário do presídio. O blog conseguiu atrair a atenção de diversas pessoas, desde ex-moradores da Vila Dois Rios até antigos funcionários, filhos, netos e bisnetos destes.[13] O blog

---

[11] Ver, entre outros, Cancelli (1994); Pedroso, Pereira e Romero (2003); Salla (1999).
[12] Projeto da autora: "Violência e Barbárie nas Prisões da Ilha Grande", financiamento CNPq/Uerj.
[13] Ver <http://coloniadoisrios-ilhagrande.blogspot.com.br/>. Acesso em: 21 mar. 2012. Agradeço as bolsistas de iniciação científica Amanda Riodades e Renata Moreira Foutoura pelas pesquisas sobre o blog.

possui 48 membros ou seguidores e 56 pessoas o acompanham pelo Facebook. Nele, podemos encontrar alguns depoimentos sobre o "entrelugar" que os antigos moradores ocupam na vida do presídio:

> Para administrar todo esse complexo carcerário, residiam na Vila (Colônia Dois Rios) cerca de 120 funcionários e seus familiares. Era um trabalho de responsabilidade e até certo ponto perigoso, considerando-se a alta periculosidade de alguns detentos, fato que aumentava a preocupação dos guardas e funcionários, em razão da presença de seus familiares na Vila. [...] Quando o assunto é "Presídio da Ilha Grande, Caldeirão do Inferno" não encontramos nenhuma referência aos dedicados funcionários que lá trabalharam... e o que mais me revolta é constatar que a mídia e alguns historiadores desinformados só abrem espaços para alguns heróis bandidos e políticos corruptos que lá estiveram presos.[14]

Na reportagem feita por ocasião da implosão do Carandiru, encontramos o depoimento de alguns guardas que reiteram o "entrelugar" que ocuparam:

> José Francisco dos Santos, 58, mais conhecido como Chiquinho da Detenção, passou os últimos 22 anos no complexo, trabalhando no setor administrativo. [...] Ele presenciou — e foi refém — de inúmeras rebeliões e participou de episódios que ele mesmo divide entre "felizes", "tristes" e "engraçados". Entre as histórias engraçadas, Santos conta que, uma vez, um dos presos que teve o maior número de entradas e saídas do presídio — foram 18 no total — chegou a implorar, de joelhos, para que não o tirassem de dentro da Casa de Detenção. [...] Os laços que o agente Paulo Sérgio de Almeida Braga, 44, mantém com o complexo são "familiares". Seus avós trabalhavam no local como agentes. Seu pai e sua mãe se conheceram — e se casaram — dentro do presídio. [...] Meu pai levava a gente para cortar o cabelo, almoçar com os detentos, ver eles jogarem bola. Uma vez, até sentei do lado do Luz Vermelha, e minha mãe trabalhou com o Chico Picadinho, afirma, relacionando nomes de bandidos famosos. [...] Álvaro Alberto Moreira, 53, e agente penitenciário desde 1977, conta que sentirá saudade principalmente das festas de final de ano, tempo em que a cadeia ficava "normal", como os próprios detentos definiam.[15]

---

[14] Ver <http://coloniadoisrios-ilhagrande.blogspot.com.br/>. Acesso em: 21 mar. 2012.
[15] Cf. jornal *O Estado de S. Paulo*, 7 dez. 2001, p. 15.

As visões de dentro e de fora dos presídios coexistem em discursos híbridos, que não são destruídos nem mesmo pelas dezenas e centenas de dinamites colocadas nas estruturas dos presídios. Foucault procurou fugir da rigidez das estruturas e configurações, e formulou o conceito de espaço heterogêneo, que é um espaço detentor de significados múltiplos, ambíguos, controversos, que são constituídos através do tempo. Não há transparência possível nesse espaço que permita a apreensão de um único e verdadeiro significado. Ao espaço fixo ele denomina espaço de dentro. Sua preocupação é com o espaço de fora. Para ele, nós vivemos no interior de um conjunto de relações cujos espaços são irredutíveis uns aos outros. Para exemplificar o espaço heterogêneo, Foucault cita lugares que abrigam o comportamento desviante: asilos, casas de repouso, clínicas psiquiátricas e prisões. Esses lugares, como os demais, desempenham determinadas funções. Ou bem eles criam um espaço de ilusão, que acaba por denunciar todos os demais como mais ilusórios ainda, ou, ao contrário, eles criam um espaço perfeito e meticulosamente real, que torna o nosso espaço desordenado e imperfeito. No primeiro caso, teríamos a heterotopia da ilusão e, no último caso, a heterotopia da compensação.

Os guardas penitenciários e policiais que entrevistamos na ilha Grande não estavam preocupados com o porquê de o sistema não cumprir seus objetivos. Havia, entre os entrevistados, praticamente um consenso de que as penitenciárias não recuperavam os presos. O motivo era atribuído ao caráter delinquente do bandido. Os agentes diretamente encarregados do cotidiano do sistema não se preocupavam com grandes metas institucionais; tudo se resumia à segurança interna e esta só era obtida por meio da violência. Esta última, certamente, varia de sociedade para sociedade, de contexto a contexto, mas nunca está ausente.

As palavras de um ex-policial de Dois Rios sintetizam as dificuldades relacionadas ao sistema:

Olha, rapaz, você sabe que as coisas se modificaram muito. Da nossa época do presídio que eu deixei de trabalhar em 94, e de lá pra cá modificou-se muito, né? Nas penitenciárias aí já foram criados outros tipos de facções, né, com outras mentalidades, rapaziada tudo nova; você sabe que um rapaz novo não vai pensar em morrer, o pensamento dele é completamente diferente, tem o Comando, tem o Comando Vermelho, o Comando Jovem nas penitenciárias, tem agora, o Comando Jovem; tão com outros tipos de mentalidades, já não [...]. Então, é meio difícil, é complicado o sistema penitenciário, entendeu? Você é um diretor, você vem, você quer melhorar, se você abre uma precedência pra isso, pra aquilo e coisa e tal, o preso vai e te apunhala pelas costas. O que eu quero dizer, sabe, é [...], já, não, entendeu? Não vai, não tá acreditando em você. Se você chega e você bota um regime duro, aí também você também não presta. Se você bota um regime mole, mais visitas, tratamento melhor e coisa e tal, o preso, vem uns, que vacilam também. Daqui a pouco o diretor tá até caindo, entendeu, tá até saindo do sistema. Então, é muito complicado, é muito complicado, trabalhar com preso é complicado, entendeu?[16]

O segundo conceito importante que gostaria de destacar é o de invisibilidade, trabalhado por Foucault (1986:9-29), em *Vigiar e punir*. Ao analisar detalhadamente o sistema penitenciário como órgão de vigilância, o autor aponta mudanças importantes na forma de punição a partir de meados do século XIX. Nos séculos precedentes, o castigo ocorria por meio de penas que dilaceravam o corpo em espetáculos públicos. O novo modelo de punição, aparentemente mais "humano", passou a ocorrer a partir de uma vigilância contínua. O controle do crime, portanto, deixou de depender do suplício do corpo; os castigos impostos aos condenados se tornaram mais sutis e deixaram de estar relacionados à dor física. As novas técnicas penais, contudo, que tinham por base a vigilância e a disciplina, tornaram-se mais eficazes e passaram a controlar os instintos, desejos e atitudes do criminoso. Outro aspecto destacado por Foucault relaciona-se à visibilidade do castigo. Anteriormente, os corpos eram dilacerados em espetáculos públicos. A violência estava presente não apenas nos atos dos condenados, mas também nos carrascos, juízes e no júbilo do público. Em contraposição, nas sociedades modernas, a aplicação da pena tornou-se a parte mais velada do processo penal; ela permanece fora da visão do público. A sociedade disciplinar não se coaduna com execuções públicas, capazes de estimular explosões de sentimentos e desordem. Aqueles que punem deixaram de assumir a violência que é inerente ao castigo. Nem os juízes, nem o público, nem os executores da pena queriam ser identificados à punição. Em todas as prisões modernas, há a tentativa de tornar o cotidiano invisível. Em suma, o teatro visível da punição foi extinto, e o controle do crime deixou de depender da exposição do sofrimento do condenado.

---

[16] Entrevista concedida, em 23 de setembro de 2011, por um ex-policial do Instituto Penal Cândido Mendes, que trabalhou por mais de 20 anos na penitenciária, exercendo temporariamente o cargo de diretor. Arquivo do Projeto "Violência e Barbárie nas Prisões da Ilha Grande". Agradeço aos bolsistas de iniciação científica Yasmim Issa, Weslley Hanns Carvalho Matos e Rafaely Camilo Costa pelo suporte à pesquisa.

No Brasil, problemas como os de superlotação e condições praticamente inexistentes de higiene tornam o sistema insustentável e fonte de tortura. Indivíduos são jogados em celas sujas em estado de seminudez, comem comidas estragadas, contraem doenças como a tuberculose e Aids, sobrevivem a toda forma de taras e vícios, tudo em um espaço mínimo, pouco arejado e nauseante. O total descaso da sociedade que é comum em relação aos mais carentes, que frequentemente são criminalizados por nada, chega às raias do absurdo com a população carcerária. Em 2005, uma adolescente de aproximadamente 15 anos, apreendida por tentativa de furto, foi jogada em uma cela superlotada de homens, sendo abusada sexualmente por 26 dias, em uma prisão do estado do Pará.[17]

Embora as prisões brasileiras tenham sido descritas como aquelas em que o grau de violência é um dos maiores do Terceiro Mundo (Wacquant, 2001), os abusos presentes no interior dos cárceres não são um privilégio nacional. Os Estados nacionais têm-se mostrado incapazes de garantir a segurança dos detentos, e órgãos internacionais têm desempenhado um papel importante na denúncia sistemática da violência intramuros. O relatório do Human Rights Watch, de 1993, após investigar a prisão em 20 países, denunciou o sistema pelo encarceramento de milhares de pessoas em todo o mundo, majoritariamente pobres, membros de grupos minoritários ou discriminados, desarticulados e submissos aos piores impulsos de guardas penitenciários.[18] Os excessos cometidos por agentes penitenciários e policiais variam de nação para nação, mas estão sempre presentes nas instituições penais. No caso brasileiro, como em outros países que contam com grandes desigualdades nos acessos a direitos, a situação se agrava.

A violência no interior das prisões não é decididamente um fenômeno específico da nação brasileira, de regimes autoritários ou de legislações positivistas. As prisões são palco de tensões constantes entre o processo civilizador, responsável por uma nova susceptibilidade do público, e a violência como instrumento de manutenção da ordem pelo Estado. Apesar de todas as críticas à violência e às condições desumanas do sistema penitenciário, convivemos no Brasil com uma forte demanda por penas mais longas e pela construção de novas prisões. Frente à incapacidade de explicar a violência presente no interior dos presídios, algumas iniciativas surgem com o objetivo de dar voz aos encarcerados. Que

---

[17] Sobre o andamento desse processo, ver matéria de Roberto Delmanto, advogado criminalista, em: <www.conjur.com.br/2007-nov-30/menina_presa_homens_virou_jogo_empurra-empurra>. Acesso em: out. 2011.
[18] Ver, ainda, Human Rights Watch (1998, 2003).

eles falem por si mesmos e que o impacto de suas declarações seja capaz de modificar a sociedade que enclausura. Como vimos, as denúncias mais frequentes são aquelas oriundas de presos políticos. Recentemente, apesar de todas as dificuldades em encontrar recepção e divulgação, alguns relatos têm surgido de presos comuns.[19] É preciso, ainda, lembrar que esses depoimentos fortalecem a percepção de que os de dentro são seres humanos como os de fora; as denúncias sobre abusos cometidos nem sempre são eficientes, uma vez que aqueles que sofreram violações físicas ou emocionais muito fortes, muitas vezes, não são capazes de construir representações sobre tais eventos.

Conclusão

No Brasil, autoridades e público não se responsabilizam pela barbárie existente no interior dos presídios. Embora haja um forte consenso de que as prisões fazem parte de nossa sociedade como algo que está presente e não precisa ser repensado, vimos que elas têm mais de um significado e que há um jogo entre o visível e o invisível no que diz respeito às estratégias lá desenvolvidas. A tentativa de tornar a punição invisível gera contradições importantes. Por um lado, as prisões não podem ser localizadas no centro urbano porque ficam muito expostas e facilitam o contato dos presos com o público. Por outro lado, a opção por lugares isolados dificulta o controle desse mesmo público sobre aqueles que executam a pena, aumentando a violência. Por um lado, o alto custo da proposta de isolamento faz com que complexos arquitetônicos cada vez maiores sejam criados, mas, por outro lado, o gigantismo do sistema em pouco tempo torna-se inoperante. Em países pobres, autoritários ou com grandes desigualdades sociais, como acontece no Brasil, as contradições se ampliam. Aqui, as autoridades reproduzem as leis, normas e disciplinas de instituições "ideais" de encarceramento, como se elas fossem possíveis, mas, mesmo nesse caso, a fragilidade das populações destituídas de recursos inviabiliza qualquer pretensão de execução da punição dentro dos marcos da lei.

Voltando, agora, às destruições midiáticas dos complexos penitenciários, podemos observar que, em todos os casos descritos, o castigo aos cativos extrapolara os limites impostos pelos muros dos presídios. As masmorras da Colônia Penal, as barbáries cometidas no Caldeirão do Diabo, o massacre do Carandi-

---

[19] Ver não só os livros publicados (Lima, 1991; Mendes, 2001), mas também os vídeos que são divulgados nas redes sociais, entre eles, o documentário *Luz no Cárcere*. Disponível em: <www.youtube.com/watch?v=p506zy5utN4>. Acesso em: out. 2012.

ru e as fugas e conflitos frequentes da Frei Caneca, todos foram eventos amplamente divulgados pelos meios de comunicação. A visibilidade da aplicação da pena, bárbara e sem obediência a nenhum dos princípios da sociedade da ordem, colocou em xeque não só a instituição, mas o público, que se tornara cúmplice das penas que estavam sendo aplicadas.

É importante ressaltar que a punição, que teve por base a violência e o arbítrio, deixara de ser invisível e se tornara pública, e que, nesse caso, os espetáculos de destruição tiveram a capacidade de neutralizar o que se tornara público. Os espetáculos libertam a população de um mal-estar coletivo produzido pela lembrança e pelas imagens de uma violência infame contra a população prisional. Nesse sentido, autoridades, reportagens, vídeos e filmes sobre as implosões oferecem à sociedade não propriamente a recuperação do sistema, mas sua invisibilidade. Por mais contraditório que pareça, o espetáculo proporciona invisibilidade. Não há uma nota nos jornais, nesses episódios, que mostre que os espetáculos são repetitivos e que vêm-se renovando com as mesmas promessas, sem que mudanças significativas ocorram nas práticas carcerárias no país. Não se corrigem as práticas, mas erguem-se novos muros sobre o que acontece no sistema penal.

Em síntese, podemos dizer que as prisões brasileiras, contrariamente a todas as denúncias sobre violência, arbitrariedades e ilegalidades, continuam a ser consideradas pela população espaços da ordem capazes de protegê-la dos contraventores. A destruição espetacular das construções que simbolizavam o fracasso institucional permite a manutenção da crença de que essas instituições são espaços da ordem. A Colônia Penal, Dois Rios, Carandiru e Frei Caneca, pela visibilidade obtida por fugas, motins, massacres e denúncias, tornaram-se instituições malditas; as práticas contidas entre as paredes daquelas penitenciárias tornaram-se públicas. A destruição daqueles complexos promove uma catarse coletiva, pois permite que seja restaurado o duplo sentido da instituição, sem que ninguém se sinta responsável pelas práticas reiteradas de imposição de uma miséria humana em grau inimaginável.

Referências

BARATA, Agildo. *Vida de um revolucionário*: memórias. São Paulo: Alfa-Ômega, 1978.
BASBAUM, Leôncio. *Uma vida em seis tempos*. São Paulo: Alfa-Omega, 1976.
BEZERRA, Gregório. *Memórias*. Rio de Janeiro: Civilização Brasileira, 1980.
BHABHA, Homi K. Culture's in between. *Artforum*, p. 167-214, set. 1993.
CANCELLI, Elizabeth. *O mundo da violência*: a polícia da era Vargas. 2. ed. Brasília, DF: UnB, 1994.

CHRISTIE, Nils. *Crime Control as Industry*: Towards Gulags Western Style. Londres: Routledge, 2000.
COELHO, Edmundo Campos. *Oficina do diabo*: crise e conflitos no sistema penitenciário do Rio de Janeiro. Rio de Janeiro: Espaço e Tempo, 1987.
FOUCAULT, Michel. *Surveiller et punir*: Naissance de la prison. Paris: Gallimard, 1975.
_____. *Des Espaces Autres*. In: _____. *Dits et écrits* 1954-1988. Paris: Gallimard, 2001. tomo II (1976-1988), p. 1571-1581. (Conférence au Cercle d'études architecturales, 14 mar. 1967. *Architecture, Mouvement, Continuité*, Paris, n. 5, p. 46-49, out. 1984.)
GARLAND, David. As contradições da "sociedade punitiva": o caso britânico. *Revista de Sociologia e Política*, Curitiba, n. 13, p. 59-80, 1999.
_____. *The Culture of Control*: Crime and Social Order in Contemporary Society. Oxford: Oxford University Press, 2001.
GIRARD, René. *Violence and the Sacred*. Baltimore: John Hopkins University Press, 1977.
GOFFMAN, Erving. *Estigma*: notas sobre a manipulação da identidade deteriorada. Rio de Janeiro: LTC, 2003.
_____. *Manicômios, prisões e conventos*. São Paulo: Perspectiva, 2007.
HUMAN RIGHTS WATCH. *The Human Rights Watch Global Report on Prisons*. Nova York: Human Rights Watch, 1993. Disponível em: <http://dmitrijus.home.mruni.eu/wp-content/uploads/2009/12/Human-Rights-Watch-Global-Report-on-Prisons.pdf>. Acesso em: 21 mar. 2012.
_____. *Behind Bars in Brazil*. Nova York: Human Rights Watch, 1998. Disponível em: <www.hrw.org/legacy/reports98/brazil/>. Acesso em: 21 mar. 2012.
_____. *US Prisons and Offenders with Mental Illness*. Nova York: Human Rights Watch, 2003. Disponível em: <www.hrw.org/reports/2003/usa1003/usa1003.pdf>. Acesso em: 21 mar. 2012.
LESSA, Orígenes. *Não há de ser nada...*: notas de um repórter entre os "Voluntários de Piratininga". São Paulo: Companhia Editora Nacional, 1932.
_____. *Ilha Grande*: do jornal de um prisioneiro de guerra. São Paulo: Companhia Editora Nacional, 1933.
LIMA, Heitor Ferreira. *Caminhos percorridos*. São Paulo: Brasiliense, 1982.
LIMA, William da Silva. *Quatrocentos contra um*: uma história do Comando Vermelho. Petrópolis: Vozes, 1991.
MENDES, Luiz Alberto. *Memórias de um sobrevivente*. São Paulo: Companhia das Letras, 2001.
MORRIS, Norval; ROTHMAN, David J. *The Oxford History of the Prison*: The Practice of punishment in western society. Nova York: Oxford University Press, 1995.
PEDROSO, Regina Célia; PEREIRA, Lauro Ávila; ROMERO, Mariza *Os signos da opressão*: história e violência nas prisões brasileiras. São Paulo: Arquivo do Estado, 2003.
RAMALHO, José Ricardo. *Mundo do crime*: a ordem pelo avesso. 2. ed. Rio de Janeiro: Graal, 1983.
RAMOS, Graciliano. *Memórias do cárcere*. 5. ed. São Paulo: Martins, 1965.
SALLA, Fernando. *As prisões em São Paulo*: 1822-1940. São Paulo: Annablume, 1999.
SALVATORE, Ricardo; AGUIRRE, Carlos. *The Birth of the Penitentiary in Latin America*: Essays on Criminology, Prison Reform, and Social Control, 1830-1940. Austin: University of Texas Press, 1996.

SANTOS, Myrian Sepúlveda dos. Os conflitos entre natureza e cultura na implementação do Ecomuseu Ilha Grande. *História, Ciências, Saúde-Manguinhos*, Rio de Janeiro, v. 12, p. 381-400, 2005. Suplemento.
_____. *Os porões da República*. Rio de Janeiro: Garamond, 2009.
SYKES, Gresham M. *The Society of Captives*. Princeton: Princeton University Press, 1958.
VARELLA, Dráuzio. *Estação Carandiru*. São Paulo: Companhia das Letras, 1999.
VERGARA, Carlos. *Liberdade*. Porto Alegre, set./out. 2011. (Exposição de artes plásticas). Disponível em: <www.cvergara.com.br/pt/exposicoes/liberdade/>. Acesso em: 21 mar. 2012.
WACQUANT, Loïc J. D. *As prisões da miséria*. Rio de Janeiro: Jorge Zahar, 2001.

Jornais, blogs e vídeos

Folha de S.Paulo, São Paulo, 25 mar. 2012, p. C1, C3. Caderno Cotidiano.
Jornal do Brasil, Rio de Janeiro, p. 11, 7 maio 1963. Disponível em: <http://news.google.com/newspapers?nid=0qX8s2k1IRwC&dat=19630507&printsec=frontpage&hl=pt-BR>. Acesso em: 21 mar. 2012.
O Estado de S. Paulo, São Paulo, p. 15, 7 dez. 2002.
Blog do Patomatti. São Paulo, 2010. Disponível em: <http://patomatti.wordpress.com/2010/12/09/929>. Acesso em: 21 mar. 2012.
Blog Colônia Dois Rios — Ilha Grande. Disponível em: <http://coloniadoisrios-ilhagrande.blogspot.com.br/>. Acesso em: 21 mar. 2012.
Vídeo: *Fantástico*. TV Globo, 1994. Disponível em: <www.youtube.com/watch?v=Yh_EWVAQNBU&feature=related>. Acesso em: 21 mar. 2012.
Vídeo: *Fantástico*. TV Globo. Implosão do presídio de São Paulo. Carandiru — Primeira etapa. Disponível em: <www.youtube.com/watch?v=QhLt7iKUrYY>. Acesso: em 21 mar. 2012.
Vídeo: Implosão do presídio da Frei Caneca, mais antigo presídio do país. Disponível em: <www.youtube.com/watch?v=L17uT7gasds>. Acesso: em 21 mar. 2012.

Sobre os autores

Adriana Fernandes é antropóloga e doutora pelo Programa de Pós-Graduação em Ciências Sociais da Universidade do Estado do Rio de Janeiro (PPCIS/Uerj) com tese sobre ocupações de moradia da região central do Rio de Janeiro, modos de existência na viração e políticas concernentes a tal experiência. Atualmente, realiza pós-doutorado (é bolsista da Fundação de Amparo à Pesquisa do Estado do Rio de Janeiro — Faperj) pelo mesmo Programa, estudando a circulação nas camadas pobres, relações com o Estado, narrativas de violência, construção de memória e silenciamento.

Adriana Vianna é antropóloga e professora do Programa de Pós-Graduação em Antropologia Social do Museu Nacional da Universidade Federal do Rio de Janeiro (PPGAS/MN/UFRJ). Desenvolve pesquisas nas áreas de Antropologia do Estado, relações de gênero, direitos e violência. Publicou O mal que se adivinha: polícia e menoridade no Rio de Janeiro, 1910-1920 (Rio de Janeiro: Arquivo Nacional, 1999; Prêmio Arquivo Nacional, 1999), o ensaio "Direitos, moralidades e desigualdades: considerações a partir de processos de guarda de crianças" (In: Lima, Roberto Kant (Org.). *Antropologia e direitos humanos*. Niterói: Eduff, 2005; Prêmio ABA/Ford, 2004) e a coletânea *O fazer e o desfazer dos direitos: experiências etnográficas sobre política, administração e moralidades* (Rio de Janeiro: Laced/E-papers, 2013).

Amanda S. A. Dias é doutora em Sociologia por cotutela internacional pela École des Hautes Etudes en Sciences Sociales (EHESS, Paris) e pela Uerj. É pesquisadora associada ao Instituto Interdisciplinar de Antropologia do Contemporâneo (IIAC-LAU/CNRS-EHESS/Paris) e ao Centro de Pesquisa sobre o Brasil Colonial e Contemporâneo (CRBC-EHESS/Paris).

Bianca Freire-Medeiros é socióloga e doutora em História e Teoria da Arte e da Arquitetura pela Binghamton University. Professora associada da Escola de Ciências Sociais do Centro de Pesquisa e Documentação de História Contemporânea do Brasil da Fundação Getulio Vargas (Cpdoc/FGV), é coordenadora do UrbanData — Brasil (Banco de Dados sobre o Brasil Urbano) e pesquisadora do Conselho Nacional de Desenvolvimento Científico e Tecnológico (CNPq). Tem diversos artigos e livros publicados sobre temas urbanos e sobre o turismo de pobreza no Brasil e no exterior.

Carly Machado é professora de Antropologia do Programa de Pós-Graduação em Ciências Sociais da Universidade Federal Rural do Rio de Janeiro (PPGCS/UFRRJ). Doutora em Ciências Sociais pela Uerj com pós-doutorado na Universiteit van Amsterdam, desenvolve suas pesquisas no campo interdisciplinar que envolve as temáticas religião, esfera pública, mídia e tecnologia, tendo várias publicações sobre esses temas.

César Teixeira é doutor em Sociologia pelo Programa de Pós-Graduação em Sociologia e Antropologia (PPGSA) do Instituto de Filosofia e Ciências Sociais (IFCS) da UFRJ, pesquisador do Núcleo de Estudos da Cidadania, Conflito e Violência Urbana (NECVU) da mesma universidade, e do Coletivo de Estudos sobre Violência e Sociabilidade (Cevis) da Uerj. Atualmente é bolsista de pós-doutorado da Faperj na UFRJ, onde pesquisa os temas crime, violência e religião. É autor do livro *A construção social do ex-bandido: um estudo sobre sujeição criminal e pentecostalismo* (Rio de Janeiro: 7Letras, 2011).

Daniel Hirata é doutor em Sociologia pela Universidade de São Paulo (USP). Atualmente é professor de Sociologia na Universidade Federal Fluminense (UFF), pesquisador do NECVU/UFRJ e do Laboratório de Pesquisas Sociais (Laps) da USP, onde estuda a articulação entre ilegalismos populares e suas formas de controle em São Paulo e no Rio de Janeiro.

Lia de Mattos Rocha é doutora em Sociologia pelo Instituto Universitário de Pesquisas do Rio de Janeiro (Iuperj), professora adjunta e pesquisadora do Departamento de Ciências Sociais e do PPCIS da Uerj. Integra o coletivo Cevis e o Cidades — Núcleo de Pesquisas Urbanas, ambos da Uerj. Em 2013 publicou *Uma favela diferente das outras? Rotina, silenciamento e ação coletiva na favela do Pereirão* (Rio de Janeiro: Quartet/Faperj).

Jérôme Souty é doutor em Antropologia Social (EHESS/Paris) e pesquisador PDJ/Faperj na Uerj. É membro associado ao Centre d'Études Africaines (CEA/EHESS) e membro do comitê editorial da revista *Brésil(s)* (EHESS/MSH/CRBC). Suas áreas de pesquisa são a cidade contemporânea, as culturas e religiões afro-brasileiras, arte e antropologia. É autor de *Pierre Fatumbi Verger. Do olhar livre ao conhecimento iniciático* (São Paulo: Terceiro Nome, 2011, com edição francesa de 2007) e *La Rencontre des cultures* (Paris: Le Cavalier Bleu, 2011).

José Maurício Arruti é graduado em História pela UFF e mestre e doutor em Antropologia Social pelo Museu Nacional/UFRJ. É autor de *Mocambo — antropologia e história do processo de formação quilombola* (Bauru: Edusc, 2006). Atualmente é professor do Departamento de Antropologia da Universidade Estadual de Campinas (Unicamp), onde dirige o Centro de Pesquisa em Etnologia Indígena (CPEI) e coordena o Laboratório de Pesquisa e Extensão com Povos Tradicionais Afro-Americanos (Lapa), do Centro de Estudos Rurais (Ceres).

Juliana Farias é pesquisadora da organização de direitos humanos Justiça Global. É graduada em Ciências Sociais pela Uerj, com mestrado em Ciências Sociais pelo PPCIS da mesma universidade, e doutorado em Ciências Humanas pelo PPGSA/UFRJ.

Jussara Freire é graduada e mestre em Sociologia (com área de concentração em sociologia urbana) pela Université Paris X-Nanterre e doutora em Sociologia pelo Iuperj. Atualmente, é professora adjunta da UFF/Campos. Integra o Cevis/Uerj e coordena o grupo Cidades, Espaços públicos e Periferias (CEP28) na UFF/Campos. Atua nas linhas de pesquisa arenas e problemas públicos; ação coletiva, movimentos sociais urbanos e engajamento político; sociabilidade urbana e ordem violenta, tendo diversas publicações sobre esses temas.

Márcia Pereira Leite é doutora em Sociologia pelo PPGSA/UFRJ, com pós-doutorado em Sociologia Urbana pela EHESS/Paris e pelo Iuperj. É professora associada do Departamento de Ciências Sociais e do PPCIS da Uerj e pesquisadora do CNPq. Integra o Cevis e o Cidades — Núcleo de Pesquisas Urbanas, ambos da UERJ. Desenvolve suas pesquisas na área de Sociologia Urbana, dedicando-se atualmente aos temas favela, sociabilidade e ação coletiva; territorialidades, Estado e formas de gestão; religião, segregação e política, tendo diversas publicações sobre esses temas.

Michel Agier é antropólogo, diretor de estudos na EHESS/Paris e diretor de pesquisa no Institut de Recherche pour le Développement (IRD/Paris). Liderou o Centre d'Études Africaines (EHESS/IRD) de 2004 a 2010. Desde 2013, está ligado ao Institut Interdisciplinaire d'Anthropologie du Contemporain (EHESS).

Suas pesquisas tratam das relações entre a mundialização humana, as condições e os lugares do exílio, e a formação de novos contextos urbanos. Publicou recentemente *La Condition cosmopolite. L'anthropologie à l'épreuve du piège identitaire* (Paris: La Découverte, 2013), *Managing the Undesirables. Refugee Camps and Humanitarian Government* (Cambridge: Polity Press, 2011) e *Antropologia da cidade. Lugares, situações, movimentos* (São Paulo: Terceiro Nome, 2011).

Michel Misse é doutor em Sociologia pelo Iuperj. Professor do Departamento de Sociologia do IFCS/UFRJ e do PPGSA/UFRJ. Coordena o NECVU/UFRJ, e é pesquisador 1 do CNPq e membro do comitê diretor do Grupo Europeu de Pesquisas sobre a Normatividade (GERN), com sede em Paris, França. Publicou recentemente, em 2ª edição, *Crime e violência no Brasil contemporâneo* (Rio de Janeiro: Lumen Juris, 2011) e, em coautoria, *Quando a polícia mata* (Rio de Janeiro: Booklink, 2013) e *Estado y crimen organizado en América Latina* (Buenos Aires: Libros de la Araucaria, 2014).

Myrian Sepúlveda dos Santos é professora associada na Uerj e pesquisadora do CNPq. Seus temas de pesquisa são memória, identidade, relações raciais, práticas e políticas culturais. Autora de diversos artigos em sociologia da cultura e dos livros *Memória coletiva e teoria social* (2. ed., São Paulo: Annablume, 2012), *A escrita do passado em museus históricos* (Rio de Janeiro: Garamond/MinC/Iphan/Demu, 2006), *Porões da República* (Rio de Janeiro: Garamond, 2009) e *Memória coletiva e identidade nacional* (São Paulo: Annablume, 2013). Coordena os grupos de pesquisa: Arte, Cultura e Poder e Museu Afrodigital Rio.

Patricia Birman é professora titular de Antropologia do Departamento de Ciências Sociais e do PPCIS/Uerj e pesquisadora do CNPq. Como antropóloga, especializou-se no domínio dos estudos sobre religião, realizou pesquisas sobre cultos afro-brasileiros, pentecostalismo no Brasil e religiões no espaço público. Atualmente, pesquisa sobre as conexões de discursos e práticas religiosas com conflitos na cidade e também sobre territórios, identidades e formas de segregação no espaço urbano.

Rafael Soares Gonçalves é advogado, historiador, doutor em História e Civilização pela Universidade de Paris VII e pós-doutor pela EHESS/Paris. Atualmente, é professor adjunto do Departamento de Serviço Social da Pontifícia Universidade Católica do Rio de Janeiro (PUC-Rio) e Jovem Cientista do Nosso Estado da Faperj desde 2012. Em uma perspectiva interdisciplinar, suas pesquisas se concentram, sobretudo, no campo da História Urbana e do Direito Urbanístico. Publicou recentemente *Favelas do Rio de Janeiro: história e direito* (Rio de Janeiro: Pallas/PUC-Rio, 2013), que tem uma edição francesa de 2010.

Sandra de Sá Carneiro é professora adjunta de Antropologia do Departamento de Ciências Sociais e do PPCIS/Uerj e pesquisadora do CNPq. É doutora em Antropologia pelo PPGSA/IFCS/UFRJ com pós-doutorado em Antropologia na Universidade de Santiago de Compostela (USC, Espanha), e na Universidade Federal do Rio Grande do Sul (UFRGS). Desenvolve pesquisas nas áreas de Antropologia Urbana, Antropologia da Religião e Antropologia do Turismo, tendo diversos livros e artigos publicados sobre religião e cidade, e sobre turismo e peregrinações religiosas.

Vera Telles é professora livre-docente do Departamento de Sociologia e pesquisadora do Laboratório de Pesquisa Social (Laps), ambos da USP. Publicou recentemente *A cidade nas fronteiras do legal e ilegal* (Belo Horizonte: Fino Traço, 2011), *Ilegalismos, cidade e política* (Belo Horizonte: Fino Traço, 2011), em coautoria com Christian Azais e Gabriel Kessler, e *Nas tramas da cidade: trajetórias urbanas e seus territórios* (São Paulo: Humanitas, 2006), em coautoria com Robert Cabanes.

Véronique Boyer é antropóloga, diretora de pesquisa do Centre National de la Recherche Scientifique (CNRS, França) e diretora do laboratório de pesquisa Mondes Américains (Paris). Autora de *Femmes et cultes de possession au Brésil* (Paris: L'Harmattan, 1993) e de *Expansion évangélique et migrations en Amazonie brésilienne* (Paris: IRD-Karthala, 2008). Trabalha atualmente sobre a formulação de reivindicações identitárias na mesma região.

Esta obra foi produzida nas
oficinas da Imos Gráfica e Editora na
cidade do Rio de Janeiro